ENCYCLOPÉDIE
DES
TRAVAUX PUBLICS

Fondée par **M.-C. LECHALAS**, Insp⁻ gén⁻ des Ponts et Chaussées,

Médaille d'or à l'Exposition universelle de 1889

MANUEL
DE
DROIT ADMINISTRATIF

SERVICES DES PONTS ET CHAUSSÉES ET DES CHEMINS VICINAUX

PAR

GEORGES LECHALAS

INGÉNIEUR EN CHEF DES PONTS ET CHAUSSÉES

TOME DEUXIÈME
Seconde partie

PRINCIPES GÉNÉRAUX DE POLICE :
GRANDE VOIRIE. — SIMPLE POLICE. — ROULAGE.
DOMAINE PUBLIC :
CONSISTANCE ET CONDITION JURIDIQUE. — DÉLIMITATION.
REDEVANCES ET PERCEPTIONS DIVERSES. — PRODUITS NATURELS.
CONCESSIONS. — OCCUPATIONS TEMPORAIRES.

PARIS
GAUTHIER-VILLARS ET FILS, IMPRIMEURS-ÉDITEURS
55, QUAI DES AUGUSTINS, 55

ENCYCLOPÉDIE DES TRAVAUX PUBLICS

Directeur : M.-C. LECHALAS, 12, *rue Alphonse de Neuville, PARIS*
Volumes grand in-8°, avec de nombreuses figures.
Médaille d'or à l'Exposition universelle de 1889

OUVRAGES DE PROFESSEURS A L'ÉCOLE DES PONTS ET CHAUSSÉES

M. Bechmann. *Distributions d'eau et Assainissement.* 2e édit., 2 vol. à 20 fr........ 40 fr.
M. Bricka. *Cours de chemins de fer de l'École des ponts et chaussées.* 2 vol., 1.343 pages et 514 figures............................. 40 fr.
M. L. Durand-Claye. *Chimie appliquée à l'art de l'ingénieur,* en collaboration avec *MM. Derôme et Feret,* 2e édit. considérablement augmentée, 15 fr. — *Cours de routes de l'École des ponts et chaussées,* 606 pages et 234 figures, 2e édit., 20 fr. — *Lever des plans et nivellement,* en collaboration avec *MM. Pelletan et Lallemand.* 1 vol., 703 pages et 280 figures (cours des écoles des ponts et chaussées et des mines, etc.).................. 25 fr.
M. Flamant. *Mécanique générale (Cours de l'Ecole centrale),* 1 vol. de 514 pages, avec 203 figures, 20 fr. — *Stabilité des constructions et résistance des matériaux.* 2e édit., 670 pages avec 270 figures. 25 fr. — *Hydraulique (Cours de l'Ecole des ponts et chaussées),* 1 vol., 716 pages et 129 figures................................. 25 fr.
M. Gariel. *Traité de physique.* 2 vol., 448 figures.................... 20 fr.
M. Guillemain. *Navigation intérieure, rivières et canaux.* 2 vol. (1.172 pages, avec 200 figures; cours de l'Ecole des ponts et chaussées)............... 40 fr.
M. F. Laroche. *Travaux maritimes.* 1 vol. de 490 pages, avec 116 figures et un atlas de 46 grandes planches, 40 fr. — *Ports maritimes.* 2 vol. de 1006 pages, avec 524 figures et 2 atlas de 37 planches, double in-4° (*Cours de l'Ecole des ponts et chaussées*)..... 50 fr.
M. Nivoit *Géologie appliquée à l'art de l'ingénieur,* cours professé à l'Ecole des ponts et chaussées. 2 vol. de 1.274 pages, avec 555 figures.................. 40 fr.
M. M. d'Ocagne, *Géométrie descriptive et Géométrie infinitésimale* (cours de l'Ecole des ponts et chaussées), 1 vol., 340 fig. .... 12 fr.
M. J. Résal. *Traité des Ponts en maçonnerie,* en collaboration avec *M. Degrand.* 2 vol., avec 600 figures, 40 fr. — *Traité des Ponts métalliques* 2 vol., avec 500 figures, 40 fr. — *Constructions métalliques, élasticité et résistance des matériaux : fonte, fer et acier.* 1 vol. de 652 pages, avec 203 figures. 20 fr. — Le 1er volume des *Ponts métalliques* est à sa seconde édition (revue, corrigée et très augmentée) — *Cours de ponts,* professé à l'Ecole des ponts et chaussées. 1 vol. de 410 pages, avec 284 figures. (*Études générales et ponts en maçonnerie,* 14 fr.). — *Cours de résistance des matériaux* (Ecole des ponts et chaussées) .... 16 fr.

OUVRAGES DE PROFESSEURS A L'ÉCOLE CENTRALE DES ARTS ET MANUFACTURES

MM. Brisse et Picquet, *Cours de Géométrie descript. de l'Ecole centrale,* voir ci-dessous.
M. Debarme. *Chemins de fer. Superstructure* ; première partie du cours de chemins de fer de l'Ecole centrale. 1 vol. de 696 pages, avec 310 figures et 1 atlas de 73 grandes planches in-4° doubles (voir *Encyclopédie industrielle* pour la suite de ce cours). 50 fr.
M. Denfer. *Architecture et constructions civiles.* Cours d'architecture de l'Ecole centrale : *Maçonnerie.* 2 vol., avec 794 figures, 40 fr. — *Charpente en bois et menuiserie.* 1 vol., avec 680 figures. 25 fr. — *Couverture des édifices* 1 vol., avec 423 figures, 20 fr. — *Charpenterie métallique, menuiserie en fer et serrurerie.* 2 vol., avec 1.050 figures, 40 fr. — *Fumisterie (Chauffage et ventilation).* 1 vol. de 726 pages, avec 731 figures (numérotées de 1 à 375, l'auteur affectant chaque groupe de figures d'un numéro seulement). 25 fr. *Plomberie : Eau, Assainissement. Gaz,* 1 vol. de 568 p. avec 391 fig......... 20 fr.
M. Dorion. *Cours d'Exploitation des mines.* 1 vol. de 692 pages, avec 1.100 figures. 25 fr. Ce Cours, professé à l'Ecole centrale, est suivi du recueil complet des documents officiels, actuellement en vigueur, relatifs à l'exploitation des mines (lois, ordonnances et décrets, circulaires).
M. Monnier. *Electricité industrielle,* cours professé à l'Ecole centrale, 2e édit. considérablement augmentée, 2 vol., à 12 fr. le volume (*sous presse*).
M. M⁰ˡ Pelletier *Droit industriel,* cours professé à l'Ecole centrale. 1 vol........ 15 fr.
MM. E. Rouché, ancien professeur de géométrie descriptive à l'Ecole centrale, et C. Brisse, professeur du même cours : *Coupe des pierres.* 1 vol. et un grand atlas........ 25 fr.
MM. C. Brisse, et H. Picquet : *Cours de géométrie descriptive de l'Ecole centrale,* 1 vol. grand in-8° avec figures (Voir ci-dessous : *Encyclopédie industrielle*).

OUVRAGE D'UN PROFESSEUR AU CONSERVATOIRE DES ARTS ET MÉTIERS

M. E. Rouché, membre de l'Institut. *Eléments de statique graphique.* 1 vol., 12 fr. 50.

OUVRAGES DE PROFESSEURS A L'ÉCOLE NATIONALE SUPÉRIEURE DES MINES

M. Aguillon. *Législation des mines, française et étrangère.* 3 vol............... 40 fr.
M. Pelletan. *Lever des plans et nivellement souterrains* (Voir ci-dessus : *Durand-Claye*).

OUVRAGE D'UN PROFESSEUR A L'ÉCOLE NATIONALE FORESTIÈRE

M. Thiéry. *Restauration des montagnes,* avec une *Introduction* par M. Lechalas père. vol. de 442 pages, avec 173 figures.................................... 15 fr.

(Voir la suite ci-après)

MANUEL

DE

DROIT ADMINISTRATIF

ENCYCLOPÉDIE
DES
TRAVAUX PUBLICS
Fondée par M.-C. LECHALAS, Inspr génᵃˡ des Ponts et Chaussées

Médaille d'or à l'Exposition universelle de 1889

MANUEL
DE
DROIT ADMINISTRATIF
SERVICES DES PONTS ET CHAUSSÉES ET DES CHEMINS VICINAUX

PAR

GEORGES LECHALAS
INGÉNIEUR EN CHEF DES PONTS ET CHAUSSÉES

TOME DEUXIÈME
Seconde partie

PRINCIPES GÉNÉRAUX DE POLICE :
GRANDE VOIRIE. — SIMPLE POLICE. — ROULAGE.
DOMAINE PUBLIC :
CONSISTANCE ET CONDITION JURIDIQUE. — DÉLIMITATION.
REDEVANCES ET PERCEPTIONS DIVERSES. — PRODUITS NATURELS.
CONCESSIONS. — OCCUPATIONS TEMPORAIRES.

PARIS
GAUTHIER-VILLARS ET FILS, IMPRIMEURS-ÉDITEURS
55, QUAI DES AUGUSTINS, 55

1898

PRÉFACE

Comme nous l'avons fait en tête du premier volume et de la
première partie du second volume de ce *Manuel*, nous recom-
manderons de ne considérer nos renvois à des documents divers
que comme des indications pour une étude personnelle, et nous
prierons nos lecteurs de vouloir bien nous signaler les erreurs
qu'ils relèveraient dans cette nouvelle partie.

Grâce à l'un de ceux de la première partie du présent volume,
M. Roussel, rédacteur au ministère des travaux publics, nous
avons pu signaler, dans les *Annales des ponts et chaussées*
(1894, 1ᵉʳ sem.) une grave erreur qui nous était échappée, et
nous pensons devoir reproduire ici cette rectification.

Nous avions dit, p. 52, que le décret du 18 novembre 1882
n'est pas applicable aux marchés des départements. Or, par un
avis du 27 juin 1889, le Conseil d'Etat s'est prononcé en sens
contraire, en même temps qu'il reconnaissait également l'applicabilité à ces marchés du décret du 3 juin 1888, relatif à la
participation des sociétés d'ouvriers français aux marchés de
l'Etat. Cet avis a été porté à la connaissance des préfets par
une circulaire du Ministre de l'intérieur, en date du 25 juillet
1889, et inséré, avec celle-ci, au *Bulletin officiel du Ministère
de l'intérieur* (année 1889, p. 264 et suiv.) Ajoutons qu'une
loi du 29 juillet 1893 a rendu les dispositions du décret du 4 juin
1888 applicables aux travaux communaux. Tous ces documents
ont été rappelés dans une circulaire du Ministre du commerce,
de l'industrie, des postes et des télégraphes en date du 6 oct.
1897.

ABRÉVIATIONS

Cass. Arrêt de la Cour de cassation.
C. c. Code civil.
C. E. Arrêt du Conseil d'Etat.
C. i. Code d'instruction criminelle.
C. p. Code pénal.
C. p. c. Code de procédure civile.
D. Dalloz, *Jurisprudence générale*.
D. C. Décret sur conflit.
O. C. Ordonnance sur conflit.
T. C. Décision du Tribunal des conflits.

NOTA. — Les renvois aux auteurs les plus fréquemment cités ne sont souvent accompagnés d'aucune indication de l'ouvrage. Ces renvois sont faits alors :

Pour M. Aucoc, aux *Conférences sur l'administration et le droit administratif*, tome III, 2e édition.

Pour M. Ducrocq, au *Cours de droit administratif*, 6e édition.

Pour M. Henry, au *Traité pratique des chemins vicinaux*.

Pour M. Laferrière, au *Traité de la juridiction administrative*, 2e édition.

Pour M. de Passy, à l'*Etude sur le service hydraulique*, 3e édition.

Pour M. Picard, au *Traité des chemins de fer* ou au *Traité des eaux*, le sujet désignant suffisamment duquel il s'agit.

Pour M. de Récy, au *Traité du domaine public*.

PRINCIPES GÉNÉRAUX DE POLICE

1

La présente partie de notre *Manuel* a pour objet de grouper un grand nombre de principes intéressant à la fois plusieurs des sujets que nous aurons à traiter ; nous éviterons ainsi des répétitions fastidieuses, qui, d'ailleurs, ne nous prémuniraient pas contre l'inconvénient de faire chaque fois une étude incomplète. La grande voirie forme un ensemble bien délimité, mais complexe ; la simple police vise des objets essentiellement hétérogènes ; quant à la police du roulage, qui s'applique à la fois aux routes et aux chemins vicinaux de grande communication, elle constitue une application mixte des règles de la simple police et de celles de la grande voirie. Nous ne nous enfermerons d'ailleurs pas étroitement dans le sujet spécial de la police du roulage, car nous indiquerons les principes posés par le Code pénal sur les questions de même ordre à l'égard des autres voies publiques, et nous étudierons les questions soulevées par les voitures automobiles et les vélocipèdes, questions non résolues par la loi sur la police du roulage et les règlements faits pour son application.

Nous aurions pu comprendre un quatrième chapitre dans la présente partie, chapitre consacré à la police correctionnelle, mais elle présente pour nous beaucoup moins d'importance que la simple police et la police de la grande voirie, en sorte qu'il suffira de compléter, le cas échéant, ce que nous en avons dit dans notre introduction (tome I, p. LXXVIII).

CHAPITRE XXV

POLICE DE LA GRANDE VOIRIE

§ 1. Permissions de grande voirie. — § 2. Constatation des contraventions de grande voirie. — § 3. Répression des contraventions de grande voirie.

Les règles générales concernant la grande voirie comprennent des règles de police et des règles d'ordre domanial. Les premières seront seules étudiées dans le présent chapitre, les autres devant l'être dans la huitième partie, qui est comprise dans le présent volume. L'examen des règles de police sera réparti en trois paragraphes, consacrés aux permissions, à la constatation des contraventions et à leur répression.

§ 1

PERMISSIONS DE GRANDE VOIRIE

I. Caractère et portée des arrêtés préfectoraux. — II. Forme des demandes. — III. Conditions générales des autorisations. — IV. Recours contre les permissions de voirie, leur refus et leur retrait.

I. Caractère et portée des arrêtés préfectoraux. — Le ministre des travaux publics a adressé aux préfets, par une circulaire du 20 sept. 1858, un projet d'arrêté réglementaire sur les permissions de grande voirie, en sorte qu'il existe, dans chaque département, un arrêté préfectoral à peu près conforme à ce type. Celui-ci a été rédigé particulièrement en vue de la police des routes, mais les dispositions générales sont applicables à l'ensemble de la grande voirie.

Il convient, d'ailleurs, de faire remarquer que, d'une façon générale, la violation d'un arrêté préfectoral quelconque ne saurait constituer une contravention de grande voirie que s'il reproduit une disposition ayant force de loi et en même temps caractère de règlement de grande voirie, auquel cas il n'a pas de valeur propre, ou s'il prescrit une mesure destinée à assurer l'exécution d'une telle disposition. Dans l'un et l'autre cas, la pénalité applicable est celle qu'a prévue le règlement en question. Si l'arrêté préfectoral n'a, au contraire, que le caractère d'une mesure de police générale, le juge de paix doit être appelé à faire application de l'art. 471, n° 15, du Code pénal, ainsi que s'il était destiné à assurer l'application d'un règlement autre que ceux de grande voirie. Nous aurons à étudier souvent l'application de ces principes, mais nous donnerons ici quelques exemples assez caractéristiques.

Si un arrêté préfectoral a interdit le passage des chevaux sur les digues d'un canal, on considère cette mesure comme prise pour assurer l'exécution de l'art. 11 de l'arrêt du Conseil du 24 juin 1777, qui défend de dégrader les ouvrages de navigation, et le Conseil d'Etat applique la pénalité prévue par cet article (11 déc. 1885, Noë). Il en est de même des dispositions relatives à la composition des convois et équipages mais avec cette différence que l'art. 8 du même arrêt du Conseil, que l'on peut invoquer dans l'espèce, n'a édicté aucune pénalité (6 janv. 1858, Bourgeois); au contraire, s'il s'agit d'un bateau à vapeur, le Conseil d'Etat déclare que le texte à appliquer est, non un règlement de grande voirie, mais un règlement de police des bateaux à vapeur, ce qui transforme la contravention en contravention de simple police (18 août 1857, Mercier). La même solution s'impose si l'arrêté préfectoral n'a aucune base spéciale, comme lorsqu'il prescrit d'inscrire sur les bateaux les nom et résidence du propriétaire (23 août 1845, Pinsonneaux).

En ce qui concerne spécialement les arrêtés généraux pris en exécution de la circulaire du 20 sept. 1858, nous ne connaissons aucun arrêt du Conseil d'Etat qui en fasse l'application directe. C'est qu'en effet on les considère, dans la pratique, comme servant seulement à uniformiser les arrêtés individuels, et les modèles de ces derniers, joints à la circulaire du 31 déc. 1859, contiennent une référence explicite à l'arrêté règlementaire, dont extrait doit être annexé à l'arrêté individuel. Lors donc que pour des permissions ne concernant pas les routes, on ne renverrait pas à l'arrêté réglementaire, il y aurait lieu d'en insérer dans l'arrêté individuel toutes les dispositions applicables.

Après ces quelques réflexions, nous allons passer en revue les articles du type d'arrêté réglementaire de 1858 qui ont une portée générale.

II. Chapitre I. Forme des demandes. — *Art. 1. — Toute demande de permission de grande voirie… doit être faite sur papier timbré et adressée au préfet ou au sous-préfet ; elle est présentée par le propriétaire ou en son nom et contient l'indication exacte de ses nom, prénoms et domicile. Elle désigne la commune où les travaux doivent être entrepris, en ajoutant dans les traverses l'indication de la rue et du numéro de l'immeuble auquel ils se rapportent, et, hors des traverses, ceux des lieux dits, tenants et aboutissants et des bornes kilométriques entre lesquelles ils doivent être exécutés.*

Nous verrons, à l'occasion de chaque sujet spécial, ce qui exige ou non une permission de voirie ; la prescription que la demande doit être présentée par le *propriétaire* ou en son nom n'a d'ailleurs pas un caractère absolu, et c'est ainsi qu'une circulaire des ministres de l'intérieur et des travaux publics en date du 15 août 1893, relative aux canalisations sur les voies publiques, prévoit des autorisations accordées sur leur demande aux usufruitiers et locataires. Notons d'ailleurs ici que l'obligation de faire la demande sur papier timbré résulte de l'art. 12 de la loi du 13 brumaire an VII, qui assujettit au timbre de dimension *les pétitions présentées à toutes autorités constituées*. Le même article y assujettissant également *les actes des autorités constituées administratives qui se délivrent aux citoyens*, les permissionnaires doivent verser à la préfecture 1 fr. 80 pour le timbre de l'expédition de l'arrêté qui doit leur être remise [1]. Toutefois, l'art. 80 de la loi du 15 mai 1818, après avoir formulé de nouveau le principe de la délivrance des copies aux parties sur papier timbré, ajoute : *si ce n'est à des individus indigents et à la charge d'en faire mention dans l'expédition*. En outre, l'art. 16 de la loi du 13 brumaire an VII dispense aussi du timbre les expéditions *qui se délivrent par une administration ou un fonctionnaire public à une autre administration ou à un fonctionnaire public, lorsqu'il y est fait mention de cette destination.*

L'usage est de faire faire la notification des permissions par le maire de la résidence du permissionnaire ; toutefois le Conseil d'Etat a jugé que celui-ci avait eu suffisante connaissance de l'arrêté par la lecture qui lui en avait été faite à la mairie et par les indications données sur le terrain (11 mai 1883, Colein), mais l'absence de remise d'une expédition à l'intéressé nous paraît en tout cas fâcheuse.

III. Chapitre IX. Conditions générales des autorisations. — Rappelons d'abord que l'art. 98 de la loi du 5 avril 1884, parlant des routes nationales et départementales (et des voies de communication, c'est-à-dire des chemins vicinaux de grande ou de moyenne communication, d'après la circulaire du ministre de l'intérieur en date du 15 mai 1884) [2], énonce les prescriptions suivantes : *Les alignements individuels, les autorisations de bâtir, les autres permissions de voirie sont délivrés par l'autorité compétente, après que le maire aura donné son avis dans le cas où il ne lui appartient pas de les délivrer lui-même.* Lorsqu'il y a dés-

---

1. Aux termes de l'art. 63 de la loi du 28 avril 1816, les expéditions de tous actes reçus par les dépositaires publics ne peuvent être délivrées que sur du moyen papier, dont l'art. 17 de la loi du 2 juill. 1862 a fixé le prix à 1 fr. 50, soit 1 fr. 80 en ajoutant les deux décimes établis par l'art. 2 de la loi du 23 août 1871.

2. Nous ne voyons, du reste, aucun motif pour ne pas étendre l'application aux dépendances du domaine public fluvial ou maritime qui constituent de véritables voies publiques.

accord grave avec le maire et s'il n'y a pas urgence, l'affaire doit être soumise au ministre de l'intérieur qui provoque les observations de celui des travaux publics. Cette indication de la circulaire du 15 mai 1884 nous paraît discutable en ce qu'elle semble donner la prééminence à celui des ministres dont le département n'est pas directement intéressé.

Dans le cas où un maire refuserait ou négligerait de répondre, le préfet pourrait fixer un délai, passé lequel il statuerait régulièrement. C'est en ce sens que s'est prononcé le ministre des travaux publics à l'occasion d'une autorisation de locomotive routière (décision du 4 mai 1888, voir chap. XXVII, § 4).

Art. 35. — **Durée des autorisations.** — *Les autorisations ne sont valables que pour un an, à partir de la date des arrêtés et sont périmées de plein droit, si l'on n'en a pas fait usage avant l'expiration de ce délai.*

En l'absence d'une telle disposition, la validité d'une permission de voirie ne prendrait pas fin au bout d'un an (16 juillet 1840, Lagnier) [1]. Il est bien clair, d'ailleurs, que cet article ne limite aucunement la durée d'une autorisation d'occupation du domaine public, mais seulement le temps pendant lequel on peut exécuter les travaux. La Cour de cassation a d'ailleurs jugé, en matière de voirie urbaine, que le permissionnaire qui avait commencé les travaux dans le délai d'un an pouvait, non seulement les continuer après ce délai, ce qui n'est guère contestable, mais les suspendre et les reprendre plusieurs années ensuite (23 avril 1887, Francfort).

Art. 36. — **Procès-verbaux de récolement.** — *Toute permission de grande voirie donne lieu à une vérification de la part des agents de l'administration. Si les conditions imposées au permissionnaire ont été remplies, le résultat de cette opération est constaté par un procès-verbal de récolement en double expédition, dont l'une, après avoir été visée par les ingénieurs est remise par le préfet au propriétaire. Dans le cas contraire, il est dressé un procès-verbal de contravention, lequel est déféré au conseil de préfecture.*

Nous traiterons dans les deux paragraphes suivants la double question de la constatation et de la répression des contraventions.

Art. 37. — **Réparation des dommages causés à la route.** — *Aussitôt après l'achèvement de leurs travaux les permissionnaires sont tenus d'enlever tous les décombres, terres, dépôts de matériaux, gravois et immondices, de réparer immédiatement tous les dommages qui auraient pu être causés à la route ou à ses dépendances et de rétablir dans leur premier état les fossés, talus, accottements, chaussées ou trottoirs qui auraient été endommagés.*

Art 38. — **Entretien en bon état des ouvrages situés sur le sol de la route et de ses dépendances.** — *Les ouvrages établis sur le sol de la voie publique et qui intéressent la viabilité… seront toujours entretenus en bon état et maintenus conformes aux conditions de l'autorisation, faute de*

---

1. Dans l'ancienne généralité de Paris, on pourrait invoquer en faveur de la périmation annale les lettres patentes du 22 oct. 1733 sur les droits de voirie.

quoi cette autorisation serait révoquée, indépendamment des mesures qui pour-
raient être prises contre le permissionnaire pour répression de délit de grande
voirie et pour la suppression de ces ouvrages.

Cet article vise, on le voit, de même que le suivant du reste, les
occupations temporaires du domaine public, qui seront étudiées dans
la huitième partie du *Manuel*. Nous n'y insisterons donc pas ici.

Art. 39. — **Suppression des ouvrages sans indemnité.** — *Les*
permissions de pure tolérance concernant les ouvrages mentionnés à l'article
précédent peuvent toujours être modifiées ou révoquées, en tout ou en partie,
lorsque l'administration le juge utile à l'intérêt public, et le permissionnaire
est tenu de se conformer à ce qui lui est prescrit à ce sujet, sans qu'il puisse
s'en prévaloir pour réclamer aucune indemnité.

On se reportera à la remarque inscrite à la suite de l'article précédent.

Art. 40. — **Réserve des droits des tiers.** — *Les autorisations de*
grande voirie ne sont données que sous toutes réserves des droits des tiers,
des règlements faits par l'autorité municipale dans les limites de ses attribu-
tions, des servitudes militaires et de celles résultant du code forestier.

Le principe de la réserve des droits des tiers s'applique essentiellement aux permissions de voirie. Lorsqu'il ne s'agit que d'une simple
permission il ne saurait guère y avoir de difficulté : ainsi l'autorisation
donnée au riverain d'une route d'établir un trottoir ne met aucun obstacle aux réclamations d'un voisin dont les eaux pluviales et ménagères se trouvent arrêtées par ce trottoir ; mais, ajoute le Conseil d'Etat,
s'il appartient à l'autorité judiciaire d'ordonner la réparation du dommage, elle ne saurait ordonner la démolition du trottoir qu'à la charge
d'obtenir l'autorisation préalable de l'administration (D. C. 14 fév.
1861, Boujol). Si le plaignant avait fait opposition à l'exécution du
trottoir avant tout travail, nous pensons que le tribunal eût pu l'interdire puisque, en ce faisant, il n'aurait ni mis opposition à un travail
prescrit par l'autorité administrative, ni ordonné aucune modification
au domaine public. A plus forte raison le tribunal aurait-il tout pouvoir soit d'interdire, soit de faire supprimer un travail autorisé par
l'administration sur le terrain du pétitionnaire, et même le Conseil
d'Etat a déclaré que rien ne s'opposerait à ce que l'administration don-
nât une permission de construire sur un terrain dont la propriété était
contestée, une telle permission ne préjugeant en aucune manière les
questions de propriété et les intéressés n'en usant qu'à leurs risques et
périls (2 déc. 1853, Jourdain [1]).

Le fait qu'il s'agirait d'un terrain cédé par voie d'alignement au ri-

---

1. Cet arrêt concerne la petite voirie, dans l'examen de laquelle nous n'entrons
pas pour l'instant ; mais, quand il s'agit, comme ici, d'une question appréciée
par le Conseil d'Etat, et non la Cour de cassation, en vertu de principes indé-
pendants du genre de voirie, la distinction est sans intérêt.

verain introduirait un élément de discussion entre celui-ci et l'administration, au point de vue de la valeur du terrain cédé, mais ne changerait aucunement ses relations avec les tiers, et l'autorité judiciaire aurait pleins pouvoirs pour interdire des travaux ou allouer une indemnité (D. C. 31 mai 1855, Favatier ; 6 déc. 55, Sauvaget) ; le conseil de préfecture serait d'ailleurs compétent pour interpréter l'acte de cession et apprécier la portée de l'arrêté d'alignement, en vertu de l'art. 4 de la loi du 28 pluviôse an VIII (O. C. 16 avril 1841, Delarue). Il va de soi enfin que si le terrain cédé par l'administration appartenait en réalité à un tiers, ce que l'autorité judiciaire pourrait seule apprécier, la vente du terrain serait nulle comme étant la vente de la chose d'autrui, et encore ici le conseil de préfecture jugerait des suites de cette nullité (C. E. 30 juillet 1857, Broutta).

Art. 41. — **Réserve concernant la police de la petite voirie.** — *Une permission de grande voirie accordée pour une propriété qui fait l'angle d'une voie communale ne préjuge rien sur les obligations qui peuvent être imposées par l'autorité locale, en ce qui concerne la façade sur la voie communale.*

Ce n'est là qu'une application particulière de la réserve des droits des tiers, stipulée à l'article précédent.

IV. Recours contre les permissions de voirie, leur refus et leur retrait. — Nous ne parlerons pas ici des permissions comportant une occupation du domaine public, devant les étudier d'une façon spéciale dans le chap. XXIX. On remarquera qu'il existe une grande différence entre les dites permissions et la plupart de celles qui ne comportent pas une telle occupation. Les premières, en effet, ont, sauf de rares exceptions, un caractère purement bénévole, tandis que les autres n'ont généralement pour objet que de rendre effective la surveillance de l'administration sur des travaux que l'intéressé a le *droit* d'exécuter. D'autre part, nous ne parlerons pas du recours hiérarchique ouvert devant le ministre des travaux publics et que nous avons déjà étudié d'une façon générale (t. I, p. cviii).

1° Recours contre les permissions. — Ces recours peuvent émaner des permissionnaires eux-mêmes ou de tiers intéressés. Les permissionnaires peuvent se plaindre soit de l'insertion de clauses essentiellement illégales, soit de dispositions reposant, suivant eux, sur une appréciation inexacte des faits. Dans le premier cas, la recevabilité des recours pour excès de pouvoir ne saurait être douteuse. Ainsi le Conseil d'Etat a annulé un arrêté d'alignement qui, en l'absence d'un plan général approuvé, obligeait le riverain à céder une certaine étendue de terrain (25 mars 1867, Valleran), ainsi qu'un arrêté fixant un alignement en contradiction avec un plan approuvé (30 juin 1842, Genielle ; 17 janv. 90, Dufresne). Citons encore le cas où il avait été imposé au riverain d'un chemin d'accès à une gare des obligations établies par le Code civil en vue des relations des propriétés privées entre elles (26 juin 1869, Le Brun de Blon), ainsi que celui de l'exigence du prix d'un terrain dont la propriété était contestée (17 janv. 1890, Dufresne). Dans certains cas, l'ensemble de l'arrêté peut être maintenu, les clauses illégales étant seules annulées : tel est celui de l'insertion d'une renonciation, de la part du permissionnaire, à un droit éventuel à indemnité (23 janv. 1868, Terravalien; 17 avril 69, Tabardel), ainsi que celui de dispositions destinées à trancher des questions de servitudes (15 déc. 1859, Klein) [1].

En principe, l'administration tranche souverainement les questions d'appréciation ; toutefois il est des cas très particuliers, comme celui des réparations aux constructions en saillie sur les alignements approuvés, où, comme nous le verrons à l'occasion des recours contre les refus d'autorisation et à celle des poursuites pour contraventions. le Conseil d'Etat reconnaît aux tribunaux administratifs le droit de réformer l'appréciation de l'administration.

Quant au recours des tiers, ils sont généralement irrecevables, les permissions de voirie étant données, comme nous l'avons vu p. 7, sous réserve de leurs droits. Aussi le Conseil d'Etat a-t-il repoussé par une fin de non recevoir un recours contre une autorisation de construction sur un chantier de la Loire, le plaignant pouvant réclamer une indemnité au permissionnaire, le jour où sa construction serait pour lui une cause de dommage (23 janv. 1883, Boitard), et il a repoussé de même un pourvoi contre une autorisation de construire, à Paris, la hauteur étant prétendue contraire au décret du 23 juillet 1884 (13 nov. 1896, Vincent). Il ne faudrait pas cependant exagérer la portée de ces arrêts, car le Conseil d'Etat a admis un recours d'un voisin contre un arrêté d'alignement modifiant la limite de la voie publique en l'absence d'un plan approuvé (25 juill. 1834, Pivain), et un considérant d'un arrêt du 7 mars 1873 (Ducros) paraît admettre en principe le droit de recours dans ce cas et dans celui d'un alignement contraire à un plan approuvé.

Les maires jouissent d'un droit de recours spécial, fondé sur l'inobservation de l'art. 98 de la loi du 5 avril 1884, qui prescrit de les consulter avant de délivrer les alignements et d'accorder les permissions de voirie sur les routes nationales et départementales et voies de communication (p. 5); lorsque cet avis n'a pas été pris, le Conseil d'Etat annule les arrêtés préfectoraux sur la demande du maire (12 fév. 1886, comm. de Baho). Le préfet jouit ensuite, bien entendu, d'une pleine liberté d'appréciation pour prendre un nouvel arrêté, après

---

[1]. En étudiant les excuses invoquées contre les procès-verbaux de contravention nous verrons des clauses illégales incapables d'engendrer des contraventions.

consultation régulière du maire. Toutefois, il pourrait arriver que le
Conseil d'Etat constatât en même temps une irrégularité de fond, la
violation d'un alignement approuvé par exemple, et alors la portée de
son arrêt serait naturellement tout autre.

2° Recours contre les refus d'autorisation. — Les refus d'autorisation ont donné lieu à de nombreux recours ; du moment d'ailleurs
qu'on laisse de côté les demandes d'autorisations comportant une occupation du domaine public, ces recours sont très souvent recevables.
Ainsi en est-il dans le cas où le riverain d'une voie publique se voit refuser l'autorisation de construire le long de cette voie, refus ayant
souvent pour cause un projet de modification des alignements ou celui
d'ouverture d'une voie nouvelle (2 mai 1861, Letellier ; 31 août 61, Di-
guet ; 22 nov. 66, Guéret ; 23 janv. 68, Vogt ; 12 janv. 83, Matus-
sière[1] ; 23 fév. 83, Sarlandie ; 22 juin 83, Gallian). De même, le Conseil
d'Etat a annulé un refus d'autorisation de réparer un moulin voisin
d'une route, en l'absence d'un ancien règlement local (9 mai 1866,
Rouillon).

Lorsque la demande d'autorisation soulève une question d'appréciation, le refus qui lui est opposé ne peut généralement être attaqué par
la voie contentieuse ; ainsi a-t-il été jugé à l'occasion de réparations à
des constructions en saillie sur l'alignement (25 nov. 1852, Clérisse ;
1er déc. 52, Prouvost ; 30 janv. 62, Benoist ; 9 déc. 64, Leseurre ; 2
juin 69, Dupont) et à l'occasion de refus d'autorisation de construire
à Paris, suivant des dispositions trouvées non satisfaisantes au point
de vue de la solidité ou de la salubrité, mais avec autorisation de
construire dans d'autres conditions indiquées (26 déc. 1862, Bourcier ;
13 fév. 85, Ducos). Au sujet de ce dernier cas, nous noterons que, le
décret du 26 mars 1852, sur lequel s'appuie ce genre de refus, prescrivant d'indiquer les dispositions à prendre, l'absence de telles indications serait une cause d'annulation (23 janv. 1868, Vogt).

La question des constructions en saillie exige de plus longs développements, car la jurisprudence que nous venons d'indiquer soulève
bien des objections et n'est pas très nettement établie, un arrêt y étant
contraire, au moins dans une certaine mesure. Les objections contre
l'irrecevabilité des recours contre les refus d'autorisation de réparations n'est guère d'accord avec le fait que le Conseil d'Etat attribue,
ainsi que nous le verrons, aux conseils de préfecture et à lui-même le
droit de reconnaître si la démolition d'un travail fait sans autorisation
doit être ordonnée ou non, par appréciation de son caractère confortatif ou non : pouvant faire cette appréciation, pourquoi refuse-t-il de
la faire quand on lui défère un refus d'autorisation ? Il y a là, semble-
t-il, une contradiction de principes qui s'est manifestée d'une façon

1. L'utilité publique était déclarée, mais la cessibilité du terrain n'était pas
encore prononcée.

caractéristique dans l'arrêt Prouvost précédemment cité (1er déc.
1852) : le Sr Prouvost avait fait une réparation malgré le refus opposé
par le préfet à sa demande d'autorisation ; poursuivi et condamné par
le conseil de préfecture à l'amende et à la démolition du travail, il
demanda au Conseil d'Etat l'annulation de la décision en question,
ainsi que de l'arrêté de refus du préfet. Reconnaissant que les réparations n'étaient pas confortatives, le dit Conseil annula l'ordre de démolition, mais refusa d'annuler l'arrêté préfectoral, en même temps
qu'il maintenait l'amende, en sorte que, le Sr Prouvost, ayant au fond
le droit de faire la réparation en question, ne pouvait l'exécuter qu'au
prix d'une condamnation [1]. C'est là un résultat aussi immoral que
choquant de la double jurisprudence du Conseil d'Etat ; aussi a-t-on
cherché à trouver la marque d'un revirement dans cette jurisprudence : on ne peut guère citer dans ce sens un arrêt du 1er fév. 1866
(Lebrun) qui a annulé le refus de réparer une dégradation faite par
l'administration en vue d'une constatation ; mais un arrêt du 12 mai
1869 (Clément) a beaucoup plus de portée, bien que celle-ci soit restreinte par le fait qu'il s'agissait de réparer un mur mitoyen mis à nu
par la démolition de la maison voisine : le travail ne touchant pas au
mur de face, le Conseil d'Etat a pu déclarer qu'il n'était pas, en soi, de
nature à consolider celui-ci sans aller contre une appréciation de l'administration active, qui avait étendu à tort l'interdiction légale à un
mur auquel elle ne s'appliquait pas. On conçoit donc que le Conseil,
après avoir admis le recours Clément, ait rejeté le recours Dupont (2
juin 1869), relatif à des travaux à exécuter à une façade [2]. Quoi qu'il
en soit, cet arrêt est déjà ancien, et nous espérons que le Conseil d'E-
tat serait aujourd'hui disposé à examiner au fond une demande dirigée contre un refus de réparation d'une façade en saillie.

En cas d'absence de réponse à une pétition, il y a lieu de s'adresser
au ministre, parce que, en cas d'un nouveau silence pendant quatre
mois, l'art. 7 du décret du 5 nov. 1864 permet de porter un recours
devant le Conseil d'Etat contre ce silence qui équivaut à un refus
(voir t. I, p. cvii) ; application de ces principes a été faite dans la ma-

Mentionnons enfin un cas d'annulation d'un refus pour vice de
forme, consistant dans l'absence d'avis du maire au sujet d'une demande d'autorisation de pose d'une canalisation sous une traverse de
route, cet avis étant obligatoire aux termes de l'art. 98 de la loi du 5
avril 1884 (26 nov. 1886, Larbaud).

En cas d'absence de réponse à une pétition, il y a lieu de s'adresser
au ministre, parce que, en cas d'un nouveau silence pendant quatre
mois, l'art. 7 du décret du 5 nov. 1864 permet de porter un recours
devant le Conseil d'Etat contre ce silence qui équivaut à un refus
(voir t. I, p. cvii) ; application de ces principes a été faite dans la ma-

---

1. L'arrêt Prouvost aurait échappé à toute critique s'il avait été autrement
motivé : le prévenu avait eu le tort de ne pas attaquer le refus du préfet avant
de faire ses travaux, et, d'autre part, son recours contre ce refus était non-rece-
vable comme tardif.

2. L'arrêt Clément constituait cependant un progrès de la jurisprudence, car
l'arrêt Clérisse du 25 nov. 1852 concernait aussi un mur mitoyen laissé à dé-
couvert.

tière qui nous occupe par un arrêt du 11 janv. 1866 (Chabanne ; voir aussi 10 fév. 69, Broutin).

On se demande naturellement quelle est la portée pratique de l'annulation d'un refus. Quand elle n'est motivée que par un vice de forme, comme dans l'affaire Larbaud, il est évident qu'elle n'a pour effet que de renvoyer le plaignant devant l'administration, pour être statué à nouveau. Parfois, comme dans l'arrêt Chabanne, le Conseil d'Etat fait explicitement ce renvoi, et il n'y a alors aucune difficulté, non plus que s'il autorise explicitement l'exécution du travail, ainsi qu'il l'a fait dans l'arrêt Clément. Mais où le doute surgit, c'est lorsqu'il annule simplement le refus, comme il le fait le plus souvent : nous pensons que les particuliers feront bien en pareil cas de réclamer une autorisation et les préfets de la délivrer sans même attendre une nouvelle demande ; mais nous ne pensons pas que le Conseil d'Etat vit une contravention dans le fait d'élever une construction, d'ailleurs parfaitement correcte, en vertu du seul arrêt d'annulation du refus.

3° **Recours contre les retraits d'autorisation.** — Ces recours sont très rares, en dehors des cas d'occupation du domaine public que nous n'étudierons que dans le chap. XXIX, attendu que l'administration n'a guère l'occasion de retirer des autorisations n'atteignant pas le domaine public. Il est à peine besoin de dire qu'il n'est ouvert aucun recours spécial contre un retrait d'autorisation prononcé immédiatement par un ministre en sa qualité de supérieur hiérarchique du préfet (24 nov. 1876, Ménier). D'autre part, il est évident qu'on ne saurait prétendre faire démolir une construction élevée en dehors du domaine public par le retrait de l'autorisation y relative, et le Conseil d'Etat refuse toute condamnation contre les personnes n'obéissant pas à des injonctions de ce genre (16 avril 1851, Délier ; 20 avril 54, Roux-Lecoynet, modification d'alignement ; 5 fév. 57, de la Tournelle, travaux autorisés sans réserve sur une maison en saillie). Mais il y a des cas où il s'agit d'autorisations ayant le caractère de permissions de pure tolérance, et alors, comme nous le verrons à propos des permissions sur le domaine public, le retrait serait entaché d'excès de pouvoir s'il n'était pas motivé par des considérations tirées de la raison d'être des pouvoirs du préfet : c'est ce qu'on appelle le détournement de pouvoirs. Application de ce principe a été faite dans le cas du retrait des permissions relatives aux bannes établies sous les arcades de la rue de Rivoli, retrait motivé par le désir d'imposer un modèle uniforme (11 mai 1888, Chevalier).

4° **Demandes d'indemnité.** — Nous avons étudié dans notre tome I (p. 449) les demandes d'indemnité auxquelles donnent lieu les refus d'alignement, et nous ne reviendrons sur cette question que pour signaler deux nouveaux arrêts en date du 5 avril 1889 (ville de Pamiers) et du 29 juill. 1892 (d'Uzer), accordant des indemnités, à raison du refus de l'autorisation de reconstruire ou de réparer des façades qui n'étaient pas assujetties à une servitude de reculement.

Nous avons également étudié (I, 450 et 452) les demandes d'indemnité fondées sur des erreurs dans l'indication de l'alignement et du nivellement : le principe de l'indemnité doit être admis toutes les fois que l'autorité compétente commet une erreur dommageable. La compétence appartient au conseil de préfecture, comme nous l'avons vu à propos des refus d'alignement et des retards dans leur délivrance (I, 412 ; voir aussi 5 avril 1889, ville de Pamiers) ; un arrêt du 25 avril 1890 (Raymond), en confirmant cette jurisprudence a ajouté que le conseil de préfecture n'est compétent ni entre le demandeur et le constructeur, ni entre celui-ci et l'administration (il s'agissait de petite voirie ; si l'Etat était en cause, ce serait le ministre qui serait compétent dans le dernier litige).

§ 2

CONSTATATION DES CONTRAVENTIONS DE GRANDE VOIRIE

I. *Agents verbalisateurs.* — II. *Procès-verbaux.*

I. Agents verbalisateurs. — 1° **Enumération de ces agents.** — Les agents ayant qualité pour constater les contraventions de grande voirie ont été désignés par diverses lois et par des décrets-lois dont nous allons reproduire les dispositions.

Loi du 29 floréal an X, art. 2. — Les contraventions seront constatées concurremment par les maires ou adjoints, les ingénieurs des ponts et chaussées, leurs conducteurs, les agents de la navigation, les commissaires de police et par la gendarmerie. Les agents de la navigation comprennent naturellement ceux de la navigation maritime comme ceux de la navigation fluviale. Indépendamment des agents inférieurs faisant l'objet du décret du 17 août 1893, les officiers et maîtres de port (voir tome I, p. 56) sont au nombre des premiers ; le personnel spécial au bassin de la Seine (t. I, p. 59) et les cantonniers de navigation, chefs ou ordinaires, sont au nombre des seconds (circ. du 18 nov. 1864). Nous ajouterons que les concessionnaires de voies navigables peuvent faire agréer des agents par l'administration, ainsi que l'art. 23 de la loi du 15 juill. 1845 permet de le faire aux concessionnaires et fermiers de chemins de fer.

Décret du 18 août 1810, art. 1er. — Les préposés aux droits réunis (contributions indirectes) et aux octrois seront à l'avenir appelés, concurremment avec les fonctionnaires publics désignés en l'art. 2 de la loi du 29 floréal an X, à constater les contraventions en matière de grande voirie, de poids des voitures et de police sur le roulage.

L'art. 112 du décret du 16 déc. 1811, relatif à l'affirmation des pro_
cès-verbaux, comprend, dans l'énumération incidente des agents verbalisateurs, les *cantonniers* et les *gardes champêtres*. En ce qui concerne
les premiers, il est certain que cette désignation n'a plus d'effet, à supposer qu'elle en ait eu auparavant, depuis que la loi du 23 mars 1842
a attribué le droit de verbaliser aux seuls cantonniers-chefs ; cette restriction ne s'applique pas d'ailleurs aux cantonniers des voies navigables, lesquels sont aptes à verbaliser, comme nous l'avons vu à propos
de la loi de l'an X. En ce qui concerne les simples cantonniers des
routes, ils ne sauraient intervenir en matière de police de la grande
voirie que dans les limites indiquées par l'art. 13 du règlement pour
le service des cantonniers en date du 20 fév. 1882. *Pour prévenir autant
que possible les délits de grande voirie, les cantonniers doivent avertir les
riverains des routes qui, par des dispositions quelconques, feraient présumer
qu'ils pourraient se mettre en contravention. Ils ont l'œil, en conséquence, sur
les réparations, constructions, dépôts, anticipations et plantations qui auraient lieu sans autorisation sur la voie publique, dans l'étendue de leur
canton. Ils doivent signaler ces contraventions aux agents de l'administration, lors des tournées de ces agents, ou même les leur faire connaître immédiatement, soit par correspondance, soit par l'intermédiaire des cantonniers-
chefs.*

A l'égard des gardes champêtres, au contraire, l'énonciation incidente du décret de 1811, est considérée comme leur donnant qualité
pour verbaliser en matière de grande voirie, (1er mars 1842, Moussu) ;
ajoutons que la loi du 30 mai 1851 sur la police du roulage, en son
art. 15, leur a donné pareil pouvoir, de même, du reste, qu'aux cantonniers-chefs.

Pour ces derniers, comme nous l'avons dit tout à l'heure, leur droit
de constater les contraventions de grande voirie est établi par la loi
du 23 mars 1842, dont l'art. 2 est ainsi conçu : *Les piqueurs des ponts
et chaussées et les cantonniers-chefs, commissionnés et assermentés à cet effet,
constateront tous les délits de grande voirie, concurremment avec les fonctionnaires et agents dénommés dans les lois et décrets antérieurs sur la matière.* Nous noterons simplement que les *piqueurs* ont reçu depuis lors
les appellations *d'employés secondaires* (décret du 17 août 1853) et de
commis (décret du 9 juin 1888).

L'art. 23 de la loi du 15 juill. 1845 sur les chemins de fer contient
la disposition suivante : *Les crimes, délits ou contraventions prévus dans
les titres Ier et III de la présente loi* (le titre Ier concerne la conservation
des chemins de fer) *pourront être constatés par des procès-verbaux dressés
concurremment par les officiers de police judiciaire, les ingénieurs des ponts
et chaussées et des mines, les conducteurs, gardes-mines* (aujourd'hui contrôleurs des mines) *et gardes nommés ou agréés par l'administration et dûment assermentés.*

Les officiers de police judiciaire comprennent, en sus des agents désignés par l'art. 9 du Code d'instruction criminelle [1], les commissaires de surveillance administrative, auxquels ce caractère est conféré par l'art. 3 de la loi du 27 fév. 1850 et dont nous avons parlé dans notre tome I (p. 61). Quant aux gardes *agréés* par l'administration, ce sont des agents des concessionnaires ou fermiers, ainsi que l'énonce explicitement la suite de l'art. 23, comme nous le verrons tout à l'heure, en parlant des limites dans lesquelles les agents divers peuvent verbaliser (C. E. 11 mai 1883, Colein). En ce qui concerne spécialement les contraventions de voirie commises par les concessionnaires de chemins de fer, faisant l'objet du titre II de la loi de 1845, l'art. 12 charge de la constatation *les ingénieurs des ponts et chaussées ou des mines et les conducteurs, gardes-mines et piqueurs, dûment assermentés.*

Les dispositions qui précèdent, spéciales aux chemins de fer, ont été étendues aux tramways par la loi du 11 juin 1880, dont l'art. 37 déclare la loi du 15 juill. 1845 applicable aux tramways, sous réserve d'exceptions qui ne comprennent pas les art. 12 et 23.

Enfin le décret du 21 fév. 1852 contient, en son art. 4, des dispositions spéciales au domaine maritime : *Les syndics des gens de mer, gardes maritimes et gendarmes de la marine pourront constater, concurremment avec les fonctionnaires et agents dénommés dans les lois et décrets relatifs à la grande voirie, les établissements irrégulièrement formés sur le domaine public maritime.*

On remarquera que les gardes-pêche n'ont reçu d'aucun texte le pouvoir de constater les contraventions de grande voirie [2] ; aussi le Conseil d'Etat ne le leur reconnaît-il point (25 avril 1890, Pénin). D'autre part, on a vu que la loi du 23 mars 1842 ne confère pas d'une façon absolue le droit de verbaliser aux commis et cantonniers chefs : elle exige qu'ils soient commissionnés à cet effet (par le préfet dans la pratique). La circulaire du 18 nov. 1864 admet que les cantonniers de navigation doivent l'être également, bien qu'elle les considère comme des *agents de la navigation*, désignés par la loi du 29 floréal an X. Le système du commissionnement s'étend forcément au cas d'agents de concessionnaires, vu qu'il est nécessaire pour leur conférer un caractère public : c'est ce qui a lieu par la force des choses pour les voies navigables (voir p. 13) et en vertu de l'art. 23 de la loi du 15 juill. 1845 pour les chemins de fer et les tramways (voir p. 14). On ne saurait évidemment étendre le commissionnement à des personnes n'ayant

1. Gardes champêtres et forestiers, commissaires de police, maires et adjoints, procureurs de la République et leurs substituts, juges de paix, officiers de gendarmerie, commissaires généraux de police, juges d'instruction.

2. Ce fait, très-regrettable pour les gardes-pêche des canaux et rivières navigables, s'explique par la circonstance qu'ils ne sont sous l'autorité du ministre des travaux publics que depuis le décret du 29 avril 1862 (voir tome I, p. 46).

pas qualité, en principe, pour verbaliser, et prétendre leur conférer ainsi cette qualité ; mais le Conseil d'Etat admet qu'il suffit de remplir une fonction donnant pouvoir de verbaliser dans la matière (et d'être assermenté comme nous le verrons tout à l'heure), pour pouvoir constater les contraventions de grande voirie (2 juill. 1880, Maquinnehau, agent assermenté exerçant les fonctions de conducteur).

Il nous reste à dire un mot des limites dans lesquelles un agent peut constater les contraventions. En principe, son action est limitée au service dont il est chargé ; il y a toutefois exception pour les gendarmes, auxquels le Conseil d'Etat a reconnu le droit de verbaliser sur toute l'étendue du territoire (7 juin 1851, Dudefoy), l'art 1er de la loi du 28 germinal an VI chargeant la gendarmerie d'assurer sur tout le territoire l'exécution des lois [1] ; on doit bien noter d'ailleurs que cet arrêt spécifie, comme circonstance essentielle, que les gendarmes verbalisateurs étaient dans l'exercice de leurs fonctions, bien qu'en dehors de la circonscription de leur brigade.

2º **Serment.** — L'art. 2 de la loi du 29 floréal an X, dont nous avons donné le commencement, p. 13, se termine ainsi : *A cet effet, ceux des fonctionnaires publics ci-dessus désignés qui n'ont pas prêté serment en justice le prêteront devant le préfet.* Nous avons déjà vu d'ailleurs que l'art. 2 de la loi du 23 mars 1842 (p. 14) et les art. 12 et 23 de la loi du 15 juillet 1845 (p. 15 et 14), prescrivent l'assermentation des agents appelés à verbaliser. La dernière de ces dispositions législatives spécifie que, *au moyen du serment prêté devant le tribunal de leur domicile les agents de surveillance de l'administration et des concessionnaires ou fermiers pourront verbaliser sur toute la ligne du chemin de fer auquel ils seront attachés.* Ce n'est point là un principe spécial aux chemins de fer, et le Conseil d'Etat admet, quel que soit le genre de grande voirie dont il s'agisse, qu'un seul serment, judiciaire ou administratif, suffit, bien que la surveillance de l'agent s'étende sur plusieurs ressorts de justice ou plusieurs départements (11 fév. 1857, Fichaux). En cas d'un changement de résidence, le serment ne doit pas être renouvelé, à moins, dit la circ. du 5 fév. 1851, relative aux chemins de fer, qu'il n'y ait en même temps changement de grade et, par suite, de qualité des fonctions.

La prestation de serment administratif donne lieu à quelques observations. On a vu que, aux termes de la loi du 29 floréal an X, elle doit avoir lieu devant le préfet, mais, en ce qui concerne les officiers préposés à la police des ports, elle peut avoir aussi lieu devant les maires, en vertu de la loi du 13 août 1791. Comme d'ailleurs, la loi du 23 mars 1842 n'a rien spécifié à l'égard des commis et des cantonniers-chefs, on a admis, dit la circulaire du 18 nov. 1864, que le préfet peut déléguer le sous-préfet ou le maire pour recevoir leur serment.

____

1. Ce principe est rappelé par l'article 1er du décret du 1er mars 1854.

Les frais d'enregistrement de l'acte de prestation de serment ont fait l'objet de dispositions qui peuvent occasionner des confusions ; nous allons d'abord les reproduire :

Loi du 22 frimaire an VII, art. 68. — § 3. Actes sujets à un droit fixe de 3 francs... 3° Les prestations de serment des greffiers et huissiers des juges de paix, des gardes des douanes, gardes forestiers et gardes champêtres, pour entrer en fonctions... § 6. Actes sujets à un droit fixe de 15 fr... 4° Les prestations de serment des notaires... et de tous employés salariés par la République autres que ceux compris sous le paragraphe 3 ci-dessus, nombre 3, pour entrer en fonctions.

Par assimilation, le droit de 3 francs avait été reconnu applicable aux conducteurs, aux agents de la navigation, aux agents-voyers et aux cantonniers-chefs (instruction du directeur général de l'enregistrement en date du 27 juin 1850, 1er recueil Potiquet, t. I, p. 341), mais aucune disposition législative n'avait tranché la question avant la loi du 28 fév. 1872, dont l'art. 4 est ainsi conçu : *Les divers droits fixes auxquels sont assujettis par les lois en vigueur les actes civils, administratifs ou judiciaires, autres que ceux dénommés en l'article 1er [1], sont augmentés de moitié. — Les actes de prestation de serment des gardes des particuculiers et des agents salariés par l'Etat, les départements et les communes, dont le traitement et ses accessoires n'excèdent pas 1.500 fr., ne seront soumis qu'à un droit de 3 francs.*

Cette dernière disposition, ainsi placée à la suite du principe général d'augmentation de moitié, nous avait paru établir une dérogation à ce principe et nous l'avons interprétée en ce sens dans la note 3 de la page 346 de la première partie de notre tome II, mais tel n'est pas le sens qui lui est attribué par l'administration des finances et est admis implicitement par la circulaire du ministre des travaux publics en date du 12 nov. 1873. Dans une instruction du 29 fév. 1872 [2], le directeur général de l'enregistrement déclare la majoration applicable aux droits dont parle le deuxième paragraphe de l'art. 4 de la loi de 1872, ce paragraphe ayant eu pour unique objet de mettre fin aux difficultés d'interprétation et d'assimilation qu'avaient soulevées les deux tarifs de la loi du 22 frimaire an VII.

Le principal du droit d'enregistrement se trouvait ainsi fixé à 4 fr. 50 et à 22 fr. 50, suivant que le traitement n'excédait pas ou excédait 1.500 fr. ; mais la loi du 28 avril 1893, par son art. 26, a élevé à 4.000 fr. le taux des traitements jusqu'auquel il n'est perçu que 4 fr. 50. Il faut ajouter d'ailleurs à ces chiffres deux décimes et demi conformément aux lois des 6 prairial an VII, 23 août 1871, art. 1er, et 30 déc. 1873. Les droits de timbre sont différents, suivant qu'il s'agit d'un ser-

---

1. Les droits dénommés par cet article sont transformés en droits gradués par l'art. 2. L'art. 4 vise donc la généralité des droits laissés fixes.

2. 1er recueil Potiquet, t. IV, p. 136.

ment devant le préfet ou devant le tribunal : dans le premier cas, il y
a le double timbre de 1 fr. 20 ou 1 fr. 80 pour la commission et la minute ; dans le second cas, au lieu du timbre de la minute, on doit acquitter celui du registre d'audience (0 fr. 60, décret du 29 nov. 1871),
et celui de la mention au répertoire du greffe (0 fr. 25, idem). Les
greffiers n'ont droit à aucun émolument et il n'est délivré aucun reçu
distinct donnant droit à une perception (voir t. I, p. 50 et 51).

II. Procès-verbaux. — 1° Rédaction. — En principe, aucune
forme n'est prescrite pour la rédaction des procès-verbaux constatant
les contraventions, mais une circulaire du directeur général des ponts
et chaussées en date du 8 août 1816 a donné un modèle de rédaction.
Si le procès-verbal doit naturellement être signé par le rédacteur, il
n'est pas indispensable qu'il soit écrit de sa main (20 janv. 1888, Marié).
L'indication des textes de lois servant de base à la poursuite n'y est
pas nécessaire (28 déc. 1894, Camus).

Aucun délai à partir de la constatation de la contravention n'est imposé pour la rédaction du procès-verbal, sous réserve de ce que nous
dirons plus loin (n° VII) de la prescription de l'amende (21 avril 1864,
Granger ; 20 fév. 80, Le Maux ; voir aussi 22 août 39, Haton, et
13 juill. 70, Canal du Midi). De cette absence de délai résulte qu'un
procès-verbal égaré peut être remplacé par un nouveau (8 août 1885,
Lemaire). Il n'en est pas moins à désirer, bien entendu, qu'aucun retard ne se produise dans la constatation officielle des faits.

Il n'est pas nécessaire que le procès-verbal énonce explicitement en
quoi consiste la contravention, pourvu que les faits matériels la constituant soient bien constatés (9 août 1880, de Manneville [1]). Le Conseil d'Etat a même admis qu'un procès-verbal pouvait servir de base
à une condamnation, alors qu'il avait été omis de constater un détail
matériel nécessaire pour donner le caractère de contravention au fait
incriminé, mais que ce fait était constant (15 fév. 1889, Dorizon, existence d'une clôture d'un chemin de fer).

Le Conseil d'Etat attache d'ailleurs relativement peu d'importance
aux erreurs de rédaction quand elles ne donnent lieu à aucun doute sur
le fait de la contravention (18 nov. 1842, Fillon, 9 mars 50, Sellier,
20 sept. 59, Viriot, 26 déc. 91, Chozenon, erreurs de nom ; 8 janv.
43, de Barrois, désignation inexacte d'un emplacement). A ces exemples, on peut en opposer un autre où le Conseil d'Etat a refusé de prononcer une condamnation pour des faits de prise d'eau paraissant établis, mais à des époques différentes de celle indiquée par le procès-verbal, dont l'inexactitude avait un tout autre caractère que celui d'une
simple inadvertance (21 janv. 1842, Deretz).

D'une façon générale, du reste, le Conseil d'Etat n'admet pas qu'on

____

1. Le procès-verbal contenait même des erreurs doctrinales.

puisse prononcer une condamnation à raison d'une contravention, même avouée, quand ce n'est pas elle qui fait l'objet du procès-verbal (2 août 1889, Pagès), mais il ne s'arrête pas à discuter de prétendues irrégularités de celui-ci si le fait qui y est énoncé est reconnu par l'inculpé (7 août 1874, Duluat).

Il se dégage de ces divers arrêts que le Conseil d'Etat est peu strict sur tout ce qui ne porte pas atteinte à sa certitude, pourvu toutefois qu'il y ait un procès-verbal constatant la contravention : comme le dit M. Laferrière (II, 660), la contravention de grande voirie ne peut être prouvée par témoins, à défaut de procès-verbaux, ainsi que l'a décidé l'art. 154 du Code d'instr. crim. pour les contraventions de police ; dans sa première édition, il en donnait comme raison que la preuve testimoniale n'était pas organisée devant la juridiction administrative, mais les art. 26 et 27 de la loi du 22 juill. 1888, relatifs à la procédure d'enquête, ont fait évanouir cette raison, et il ne reste plus à l'appui que le principe d'après lequel la procédure devant le conseil de préfecture est essentiellement écrite [1].

Il est clair, d'ailleurs, qu'un arrêt ne serait pas vicié par le fait qu'il viserait par erreur un procès-verbal étranger à l'affaire, mais alors qu'il en existerait bien un constatant la contravention (5 fév. 1857, de la Tournelle) ; mais il y aurait, au contraire, absence de procès-verbal si des faits postérieurs à un arrêté du conseil de préfecture se produisaient par suite de la contravention déjà réprimée et si l'administration négligeait de verbaliser à nouveau (20 mars 1874, Pams-Bohé).

2° **Affirmation**. — L'art. 2 du décret du 18 août 1810, dont nous avons reproduit l'art. 1er, p. 13, est ainsi conçu : *Les préposés ci-dessus désignés, ainsi que les fonctionnaires publics désignés en l'art. 2 de la loi du 29 floréal an X (p. 13), seront tenus d'affirmer devant le juge de paix les procès-verbaux qu'ils seront dans le cas de rédiger, lesquels ne pourront autrement faire foi et motiver une condamnation.* D'autre part, l'art. 112 du décret du 16 déc. 1811 porte : *A dater de la promulgation du présent, les cantonniers, gendarmes, gardes champêtres, conducteurs des ponts et chaussées et autres agents appelés à la surveillance de la police des routes pourront affirmer leurs procès-verbaux de contraventions ou de délits devant le maire ou l'adjoint du lieu.*

Cette disposition a d'ailleurs été rendue applicable aux canaux, rivières navigables, ports maritimes de commerce et travaux à la mer par le décret du 10 avril 1812, art. 1er, en même temps que tout le titre IX du décret du 16 déc. 1811.

Dérogation au principe général de l'affirmation a été apportée par

1. M. Aucoc paraît enseigner une doctrine contraire (III, 213), mais les arrêts qu'il cite concernent ou des procès-verbaux dressés sur renseignement ou un procès-verbal non enregistré, et non le cas où il n'y a pas de procès-verbal constatant la contravention.

l'article unique d'une loi du 17 juill. 1856 : *A l'avenir, les procès-verbaux dressés par les brigadiers de gendarmerie et les gendarmes ne seront, dans aucun cas, assujettis à la formalité de l'affirmation.* D'autre part, en matière de chemins de fer, l'obligation de l'affirmation est restreinte par l'art. 24 de la loi du 15 juill. 1845 portant : *Ceux* (les procès-verbaux) *qui auront été dressés par des agents de surveillance et gardes assermentés devront être affirmés dans les trois jours, à peine de nullité, devant le juge de paix ou le maire, soit du lieu du délit ou de la contravention, soit de la résidence de l'agent.* Cette disposition, dispense par prétérition, de l'obligation de l'affirmation, en cette matière, les officiers de police judiciaire, tels que les commissaires de surveillance administrative (6 avril 1870, Adonis ; 20 juill. 77, Renaud ; 4 mars 81, Filoque ; 2 déc. 87, Sébire) et les maires (7 avril 1864, chemins de fer de l'Ouest), ainsi que les ingénieurs des ponts et chaussées et des mines, les conducteurs et les contrôleurs de ces services. Cette exonération est, bien entendu, limitée à la police des chemins de fer et des tramways [1] (6 mars 1856, Grand, procès-verbal dressé par un ingénieur des ponts et chaussées).

L'obligation de l'affirmation a plusieurs fois été reconnue absolue en dehors des dispenses spéciales (30 nov. 1850, Maurice ; 23 juin 53, Négrin ; 6 mars 56, Grand ; 7 janv. 64, canal du Midi, cas d'affirmation avant la rédaction du procès-verbal). Quant aux cas où des irrégularités plus ou moins réelles sont relevées contre la validité de l'affirmation, le Conseil d'Etat en écarte la discussion assez facilement, lorsque les faits sont bien établis (25 mai 1837, Noguès ; 7 août 74, Duluat).

L'art. 24 de la loi du 15 juillet 1845 permet explicitement l'affirmation devant le juge de paix ou le maire du lieu de la contravention ou de la résidence de l'agent verbalisateur : le Conseil d'Etat avait reconnu déjà ce droit au choix territorial (14 déc. 1837, Pacton ; 15 juin 42, Lelièvre ; 22 juin 43, Pondès ; 7 déc. 43, Ravel) ; si, d'ailleurs, l'affirmation ayant eu lieu devant le maire d'une commune autre que celle de la contravention, le procès-verbal n'indiquait pas la résidence de son rédacteur, le conseil de préfecture devrait vérifier cette résidence, mais non prononcer *de plano* la nullité du procès-verbal (27 juill. 1853, Ferrary).

Quant à l'obligation de procéder à l'affirmation des procès-verbaux dans les trois jours de leur rédaction, elle est spéciale aux chemins de fer : le Conseil d'Etat avait bien étendu d'abord à la grande voirie cette règle, formelle en matière de taxes d'entretien des routes (loi du 14 brumaire an VII, art. 22), de droits de navigation (arrêté du 8 prairial an XI, art. 26) et de contributions indirectes (décret du 1er germinal

---

1. L'art. 24 de la loi du 15 juill. 1845 n'est pas excepté de son applicabilité aux tramways (art. 37 de la loi du 11 juin 1880).

an XIII, art. 25), ainsi qu'il résulte de ses arrêts des 8 nov. 1836 (Garreau), 18 nov. 38 (Desramées), 16 juill. 40 (Tastet) et 13 mars 67 (Piot). Mais ce Conseil est revenu sur sa jurisprudence, à la suite d'observations présentées par M. Gomel dans la première des affaires suivantes (11 fév. 1881, Arlot ; 22 juin 83, Rédarès ; 23 janv. 85, Lhomme ; 4 mai 94, Vigouroux).

L'affirmation ne saurait être suppléée par la légalisation de la signature du rédacteur (30 nov. 1850, Maurice) ; mais elle peut consister dans la simple attestation sans serment que le procès-verbal est sincère et véritable (10 nov. 1847, Dubernet ; idem, Larroquette ; 12 fév. 49, Hirigoyen ; 30 nov. 50, Maurice) Il n'est pas nécessaire, d'ailleurs, que lecture du procès-verbal soit faite avant l'affirmation (8 avril 1842, Denayrouse ; 18 mars 43, Langlois ; 7 déc. 43, Goudey), ni que l'agent verbalisateur signe avec celui qui reçoit celle-ci, la signature de ce dernier en établissant l'authenticité (18 mars 1843, Camuseau ; 7 déc. 43, Palisson ; 5 fév. 67, Delord ; 22 juin 83, Rédarès).

3° **Timbre et enregistrement.** — L'art. 24 de la loi du 15 juill. 1845, relative aux chemins de fer, porte : *Les procès-verbaux dressés en vertu de l'article précédent seront visés pour timbre et enregistrés en débet.* Tel est le seul texte particulier à la grande voirie. Pour toute autre dépendance de la grande voirie que les chemins de fer, on ne saurait donc invoquer que des textes généraux.

Le principe du droit de timbre paraît posé très nettement par l'art. 1er de la loi du 13 brumaire an VII : *La contribution du timbre est établie sur tous les papiers destinés aux actes civils et judiciaires et aux écritures qui peuvent être produites en justice et y faire foi. — Il n'y a d'autres exceptions que celles nommément exprimées dans la présente.* L'art. 12 ajoute : *Sont assujettis au droit de timbre, établi en raison de la dimension... 1° les actes et les procès-verbaux des gardes et de tous autres employés ou agents ayant le droit de verbaliser...* D'autre part, les dispositions suivantes de la loi du 22 frimaire an VII ont été invoquées en ce qui concerne l'enregistrement. — *Art. 20. — Les délais pour faire enregistrer les actes publics sont, savoir : De quatre jours pour ceux des huissiers et autres ayant pouvoir de faire des exploits et procès-verbaux... — Art. 34... — L'exploit ou procès-verbal non enregistré dans le délai est déclaré nul et le contrevenant responsable de cette nullité envers la partie...*

Enfin la loi de finances du 25 mars 1817 contient la disposition suivante : *Art. 74. — Les actes et procès-verbaux des huissiers, gendarmes, préposés, gardes-champêtres, ou forestiers (autres que ceux des particuliers), et généralement tous actes et procès-verbaux concernant la police ordinaire et qui ont pour objet la poursuite et la répression des délits et contraventions aux règlements généraux de police et d'impositions, seront visés pour timbre et enregistrés en débet, lorsqu'il n'y aura pas de partie civile poursuivante, sauf à suivre le recouvrement des droits contre les condamnés.* Ce der-

nier texte nous paraît régler uniquement une question de forme et
non poser, en principe, l'obligation du timbre et de l'enregistrement
pour un acte qui n'y eût pas été soumis antérieurement.

Admettons d'abord, comme l'avait fait la jurisprudence, que les procès-verbaux relatifs à la police de grande voirie soient, en vertu de
ces dispositions, soumis à la formalité de l'enregistrement comme ils
le sont certainement au visa pour timbre, et voyons quelles seraient
les conséquences de leur inaccomplissement. Ainsi que l'indique une
circulaire du 15 oct. 1849, les conseils de préfecture concluaient souvent de l'art. 34 de la loi du 22 frimaire an VII que le défaut d'enregistrement entraîne la nullité des procès-verbaux ; mais, s'appuyant
sur plusieurs arrêts de la Cour de cassation, le ministre des travaux
publics s'élevait contre un telle interprétation. Cependant, le conseil
de préfecture de la Mayenne ne s'étant pas conformé à la jurisprudence
de la Cour de cassation, le ministre se pourvut devant le Conseil d'État
et en obtint un arrêt du 1er fév. 1851 (Bertron), où est reproduite textuellement la doctrine de cette Cour :

« Considérant que les formalités d'enregistrement et de visa pour
« timbre, auxquelles sont assujettis les procès-verbaux dressés en ma-
« tière de grande voirie, sont étrangères à la substance de ces actes ;
« qu'elles ont surtout pour but d'assurer la perception de certains
« droits au profit du trésor ; que leur omission ne peut rendre lesdits
« procès-verbaux nuls, si ce n'est dans le cas où la loi y aurait for-
« mellement attaché cette peine ;

« Considérant que, si l'art. 34 de la loi du 22 frimaire an VII a pro-
« noncé d'une manière générale la nullité des exploits ou procès-ver-
« baux non enregistrés dans le délai prescrit, cette disposition géné-
« rale a été nécessairement restreinte par l'art. 47 de la même loi, qui
« ne défend de rendre jugement sur des actes non enregistrés que lors-
« que le jugement serait rendu en faveur des particuliers ; que, par
« cette restriction, la loi a évidemment voulu conserver toute leur
« force aux actes qui intéressent l'ordre et la vindicte publique, et ne
« pas subordonner leur effet aux intérêts pécuniaires du fisc, sauf
« le recouvrement de ces droits à la charge de qui il appartient ; ... »
Cette doctrine a été reproduite exactement dans des arrêts des 29 juin
1853 (Rollier) et 4 mars 81 (Filoque) et en a inspiré plusieurs autres
(19 avril 1854, Bouvier ; 29 août 67, Express de la Seine ; 19 déc. 67,
Perrault ; 23 janv. 85, Lhomme [1]). On pourrait trouver une confirmation du caractère non essentiel de l'enregistrement dans le silence observé à son égard par l'art. 10 de la loi du 22 juill. 1889 (voir p. 29),
lequel mentionne au contraire l'affirmation « quand elle est exigée ».

Cette doctrine, qui s'applique d'une façon indiscutable aux chemins

1. Ces arrêts parlent souvent d'un délai de trois jours qu'on prétendait emprunter à l'art. 19 de la loi du 30 mai 1851 sur la police du roulage.

de fer pour lesquels l'enregistrement est prescrit, sans spécification de nullité par l'art. 24 de la loi de 1845 (l'arrêt Filoque concerne un chemin de fer), pourrait être combattue, en ce qui concerne l'obligation de l'enregistrement, en s'appuyant sur un arrêt du Conseil d'Etat du 8 août 1882 (de Tourdonnet), aux termes duquel « aucune disposition. « législative n'assujettit à la formalité de l'enregistrement les procès- « verbaux concernant les contraventions de grande voirie ». Cette énonciation est d'autant plus remarquable que, le procès-verbal ayant été dressé par la gendarmerie, toute contestation sur la validité du procès-verbal était oiseuse en présence de l'art. 498 du décret du 24 avril 1858 : *Ils* (les procès-verbaux de la gendarmerie) *ne peuvent être annulés sous prétexte de vice de forme ou pour défaut d'enregistrement, les droits pouvant être perçus avant ou après le jugement.* Quoi qu'il en soit, il nous semble que, si les expressions dont il s'est servi n'ont pas dépassé la pensée du Conseil d'Etat, on devrait en conclure que les procès-verbaux ne devraient pas être enregistrés ou que, s'ils l'ont été, les contrevenants ne doivent pas être condamnés aux frais de cette formalité, puisqu'on ne doit rien mettre à leur charge qui ne soit prévu par la loi.

Cette conséquence de l'arrêt du 8 août 1882 n'ayant point encore été affirmée par le Conseil d'Etat, les rédacteurs de procès-verbaux n'ont évidemment pas à s'en inquiéter, mais doivent se conformer aux prescriptions de la circulaire du 15 octobre 1849, qui ordonne de faire enregistrer les procès-verbaux et invite les préfets à adresser, de concert avec les ingénieurs en chef, des réprimandes sévères aux agents qui ne procéderaient pas à cette formalité.

4° **Autorité des procès-verbaux.** — L'art. 498 du décret du 24 avril 1858 porte : *Les procès-verbaux de la gendarmerie font foi en justice jusqu'à preuve contraire.* Pour tous les agents verbalisateurs en matière de chemins de fer, l'art. 23 de la loi du 15 juill. 1845 porte de même : *Les procès-verbaux des délits et contraventions feront foi jusqu'à preuve contraire.* C'est d'ailleurs un principe admis d'une façon constante par la jurisprudence en matière de grande voirie (voir comme particulièrement nets, 12 janv. 1844, Grellet, et 3 août 50, Petit) Dire que les procès-verbaux font foi jusqu'à preuve contraire, c'est dire que les inculpés sont admis à faire cette preuve (15 mars 1834, Pichard ; 17 mai 51, Grimard) ; un arrêt du 14 juill. 1841 (Lahore) a cependant refusé d'annuler, au point de vue de la forme, un arrêté dans lequel le conseil de préfecture avait énoncé à tort que les procès-verbaux font foi jusqu'à inscription de faux, mais avait néanmoins puisé les motifs de sa décision dans les éléments d'une instruction régulière.

Dans le cas où des faits relatés au procès-verbal n'ont pas été constatés personnellement par le rédacteur, le procès-verbal ne vaut, à leur égard, que comme un élément d'instruction, et la preuve est à faire par l'administration, soit au moyen de l'aveu de l'inculpé, soit autrement [1] (13 avril 1853, Rousselet; 18 fév. 54, Labougerie; 27 déc. 54, Pinchenat; 27 juin 65, bateaux du haut Rhône; *26 juill. 78, Toledano*; 11 fév. 81, Arlot: *8 août 82, Lafon; 23 fév. 83, Kolling*; 16 mai 84 et 23 janv. 85, Lhomme; *23 janv. 85, Bougeard; 29 mars 89, Frétigny; 27 mars 96, Yon*). Il en est de même, naturellement, si une circonstance nécessaire au jugement n'est pas relatée au procès-verbal (29 juin 1870, Denouville, époque de travaux confortatifs prétendus par l'inculpé antérieurs à l'approbation du plan d'alignement).

§ 3

RÉPRESSION DES CONTRAVENTIONS DE GRANDE VOIRIE.

I. *Mesures d'urgence.* — II. *Règles de compétence.* — III. *Procédure.* — IV. *Excuses.* — V. *Amendes.* — VI. *Réparations.* — VII. *Prescription.* — VIII. *Transaction, grâce et amnistie.* — IX. *Personnes responsables des contraventions.* — X. *Questions diverses.*

I. Mesures d'urgence. — La loi du 29 floréal an X accordait à l'administration les plus grands pouvoirs pour faire disparaître les effets d'une contravention de grande voirie. Son art. 3 portait en effet : *Les procès-verbaux sur les contraventions seront adressés au sous-préfet, qui ordonnera par provision et sauf le recours au préfet ce que de droit pour faire cesser le dommage.* Néanmoins, l'art. 4 portant *qu'il sera statué définitivement en conseil de préfecture,* on voit que la décision du préfet n'était point irréformable; mais il n'en restait pas moins qu'il pouvait prescrire toutes les mesures qui lui paraissaient utiles, le conseil de préfecture ne pouvant plus statuer que sur les conséquences de ces mesures.

Le décret du 16 déc 1811, spécial aux routes, mais dont les dispositions relatives à la répression des contraventions ont été rendues applicables aux canaux, rivières navigables, ports maritimes de commerce et travaux à la mer par le décret du 10 avril 1812 (voir p. 19), a réduit ces pouvoirs par son art. 113, ainsi conçu : *Ces procès-verbaux seront adressés au sous-préfet qui ordonnera sur-le-champ, aux termes des art. 3 et 4 de la loi du 29 floréal an X, la réparation des délits par les délinquants, ou à leur charge, s'il s'agit de dégradations, dépôts de fumier, immondices ou autres substances, et en rendra compte au préfet en lui adressant les procès-verbaux.*

La caractéristique de cette énumération consiste en ce qu'elle ne comprend que la réparation des dégradations et l'enlèvement des dépôts, c'est-à-dire des opérations pour ainsi dire indiscutables, les res-

[1]. Les arrêts mentionnés en caractères italiques déclarent les preuves insuffisantes.

ponsabilités seules pouvant être contestées. M. Aucoc (III, 218) ajoute
que le préfet conserve un pouvoir plus étendu, mais seulement pour
prescrire des mesures urgentes en vue de rétablir la circulation publique. Tel est bien, en effet, l'esprit de la jurisprudence. Les enlèvements
de dépôts ne sauraient soulever de difficulté (18 mars 1881, Vander-
cruyce ; 2 mars 83, idem ; 11 mars 87, Nénert ; 2 mars 88, Godet), non
plus que les travaux urgents (6 janv. 1853, Boucher, enlèvement d'obstacles à l'écoulement des eaux d'une route interceptant la circulation ;
13 nov. 74, André, réparation d'ouvrages dont la ruine était imminente ; 30 mai 84, Guignard, relèvement d'un navire faisant obstacle
à la navigation)[1] ; mais, après avoir admis l'application la plus large
de l'art. 3 de la loi de l'an X (14 juill. 1841, Lahore ; 9 janv. 43, de
Barrois), le Conseil d'Etat refuse depuis longtemps à l'administration
le droit de faire démolir d'office des constructions ou supprimer des
plantations qui ne menacent pas d'une façon imminente la sécurité
publique (5 juill. 1851, Viet ; 30 juill. 63, Martin ; 25 fév. 64, Valetti ;
2 juill. 75, Fouques de Wagnonville ; 16 mars 77, de Rozières ; 29 juin
77, Mandement)[2] ; on pourrait invoquer en sens inverse un arrêt du
23 janv. 1862 (Legendre), relatif à la démolition d'une ancienne cave
existant sous la voie publique, mais, si les conclusions du commissaire
du gouvernement peuvent être lues avec intérêt, nous ne croyons pas
qu'il y ait là un exemple à imiter.

Dans le cas où les intéressés n'accepteraient pas la mise des frais à
leur charge, ils devraient naturellement refuser d'opérer le versement
de la somme mise en recouvrement, et l'administration serait forcée
de saisir le conseil de préfecture. Mais une autre voie est ouverte contre les arrêtés prescrivant les mesures d'office, celle du recours pour
excès de pouvoir : c'est dans ces conditions qu'ont été rendus les six
arrêts cités précédemment. Dans le cas où une exécution d'office reconnue irrégulière aurait causé un préjudice à l'intéressé, il n'est pas
douteux qu'il ne fût fondé à réclamer une indemnité devant le conseil
de préfecture, puisqu'il s'agirait d'une difficulté en matière de grande
voirie (loi du 28 pluviôse an VIII, art. 4, t. I, p. xciii).

Nous ferons remarquer, en terminant, que le Conseil d'Etat ne paraît attacher aucune importance à ce que les travaux de simple réparation aient ou non été régulièrement autorisés par le sous-préfet ou
exécutés par les ingénieurs sans décision spéciale ; mais nous devons
ajouter que nous ne connaissons aucun arrêt discutant cette question.

1. En pareille matière, l'enlèvement d'office est fait sur l'ordre des officiers de
port (décret du 27 janv. 1876).
2. Il va de soi que des arrêtés de mise en demeure qui ne prescriraient pas
l'exécution d'office ne pourraient être attaqués pour excès de pouvoir (16 nov.
1850, Decaze ; 4 mars 58, de Colmont ; 18 mars 58, Denis ; 7 mars 90, Phélip-
pon).

II. Règles de compétence. — Nous examinerons successivement à quelle juridiction doivent être déférées les contraventions de grande voirie et qui a qualité pour le faire.

1° Juridiction compétente. — Nous avons déjà plusieurs fois mentionné la compétence du conseil de préfecture, mais il convient de poser ici nettement les principes généraux. L'art. 4 de la loi du 28 pluviôse an VIII porte que les conseils de préfecture prononceront *sur les difficultés qui pourront s'élever en matière de grande voirie* ; mais ces termes vagues ne leur avaient pas conféré le pouvoir répressif (t. I, p. xciv). C'est la loi du 29 floréal an X qui le leur a accordé ; l'art. 1er porte d'abord : *Les contraventions en matière de grande voirie, telles qu'anticipations, dépôts de fumiers ou d'autres objets, et toutes espèces de détériorations commises sur les grandes routes, sur les arbres qui les bordent, sur les fossés, ouvrages d'art et matériaux destinés à leur entretien, sur les canaux, fleuves et rivières navigables, leurs chemins de halage, francs bords, fossés et ouvrages d'art, seront constatées, réprimées et poursuivies par voie administrative.* Puis, après les art. 2 et 3 que nous avons reproduits p. 13, 16 et 24, l'art. 4 débute ainsi : *Il sera statué définitivement en conseil de préfecture.* Le mot *définitivement* s'explique par le fait que l'art. 3 parle d'un recours au préfet contre la décision du sous-préfet, mais elle n'en est pas moins incorrecte, l'appel au Conseil d'Etat étant toujours ouvert contre les arrêtés des conseils de préfecture, principe confirmé par la loi du 22 juill. 1889, dont l'art. 57 porte sans restriction : *Les arrêtés des conseils de préfecture peuvent être attaqués devant le Conseil d'Etat....* Du reste l'art. 4 de la loi de l'an X fait lui-même allusion à cet appel, quand il dit que *les arrêts seront exécutés ... nonobstant et sauf tout recours.*

Le principe de la compétence du conseil de préfecture, bien que posé très-nettement, par les art. 1er et 4 de la loi du 29 floréal an X, pour toutes les contraventions de grande voirie, on a prétendu parfois la limiter à celles que prévoit explicitement le dit art. 1er ; mais la jurisprudence a toujours reconnu que cette énumération n'est aucunement limitative (C. E. 15 août 1839, Guernier ; 23 fév. 41, Germain ; 30 juin 42, Longis ; 8 août 82, de Tourdonnet ; idem, Ferkat-ben-Embarek ; idem, Mohamed-ben-Saad ; idem, Mangiavacchi ; idem, Rouanet ; Cass. 18 mars 53, Cie des Papins ; 8 mars 72, de Grave ; 13 janv. 87, Charlait).

Une difficulté plus sérieuse a été soulevée à la suite de la loi du 28 avril 1832, portant modification des art. 471 et 479 du Code pénal et ajoutant aux contraventions de simple police les obstructions, dégradations et usurpations commises sur la voie publique ; mais le Conseil d'Etat a reconnu que cette loi n'avait en rien modifié la législation sur la grande voirie (22 août 1839, Blanpain ; 28 juill. 40, Chovelon ; 14 janv. 42, Barré ; 21 avril 48, Choné). La Cour de cassation, sans contester aucunement que les textes relatifs à la grande voirie ont conservé toute leur valeur, a déclaré qu'un même fait pouvait constituer une double contravention relevant des deux juridictions (8 avril 1839, Fluquet ; 25 avril 39, Double ; 24 fév. 42, Lefèvre ; 3 oct. 51, Lepage ; 19 mars 63, Tertereau) [1].

Ainsi se trouve soulevée la question de deux poursuites distinctes exercées pour le même fait. Cette multiplicité des poursuites se justifie pleinement lorsqu'il s'agit de prononcer sur deux éléments distincts de la répression : tel est le cas où un ancien règlement édicterait une peine corporelle que le conseil de préfecture n'aurait pas le droit d'appliquer, tandis qu'il serait compétent pour statuer sur l'amende et la réparation (C E. 27 mai 1857, Dufuit) [2] ; de même, si le juge de paix avait prononcé une amende conformément à la jurisprudence de la Cour de cassation que nous venons d'indiquer, le conseil de préfecture devrait incontestablement ordonner la réparation du dommage (C. E. 7 fév. 1867, Angot) ; mais nous ne saurions admettre qu'il puisse y avoir double poursuite en vue d'une condamnation à l'amende. Le Conseil d'Etat l'avait cependant admis d'abord (9 août 1851, Ajasson de Grandsagne, bris de la clôture d'un chemin de fer); mais il est revenu à une jurisprudence plus correcte suivant nous (19 mars 1864, Brohon ; 7 fév. 67, Angot). Dans le cas d'ailleurs où une première poursuite devant le juge de paix aurait abouti à un acquittement, non-seulement le conseil de préfecture ne pourrait plus condamner à l'amende, mais il ne pourrait même plus statuer sur la réparation (5 fév. 1875, Pinguet). On voit dès lors combien il est essentiel qu'un juge de paix saisi à tort d'une contravention de grande voirie se déclare incompétent au lieu de prononcer un acquittement (Cass. 21 janv. 1859, Jurcy ; 16 janv. 75, Mignot ; 4 avril 79, Bordenave) ; le juge de paix doit d'ailleurs apprécier de suite s'il s'agit ou non d'une contravention de sa compétence sans ordonner un sursis pour que l'affaire soit portée devant le conseil de préfecture (5 mars 1864, Depoilly).

En dehors des cas particuliers dont nous avons parlé tout à l'heure, les difficultés sur la compétence tiennent uniquement à ce qu'il peut

1. Un arrêt du 15 février 1894 (Bertreux) a reconnu l'incompétence du juge de paix, alors qu'il s'agissait de dépôts de détritus sur une dépendance d'un chemin de fer, parce que leur police ne rentre pas dans les attributions des maires (art. 21 de la loi du 15 juill. 1845, tandis que l'art. 3, titre XI, de la loi du 24 août 1790 confie à leur autorité tout ce qui intéresse la sûreté et la commodité des voies publiques.

2. Nous verrons (n° V, 1°) que le conseil de préfecture ne peut ordonner que la réparation du dommage lorsque l'ancien règlement appliqué a omis de prononcer aucune amende ; dans ce cas, il semble que le juge de paix pourrait appliquer l'article 471, n° 15, du Code pénal (voir C. E. 6 janv. 1858, Béna : idem, Bigouret ; idem, Bourgeois ; 28 déc. 58, soc. du Levant ; 14 avril 59, Baudrin Douchy ; 22 fév. 78, Rousset ; 2 juill. 80, Maquinnehau ; 20 juill. 83, Benex).

y avoir doute sur le caractère de contravention de grande voirie; doute
pouvant tenir au caractère des arrêtés préfectoraux : nous avons déjà
donné quelques indications à ce sujet (p. 3 et 4), notamment en ce qui
concerne les voies navigables, et nous examinerons de nombreux cas
de ce genre en étudiant les routes.

2º **Personnes ayant qualité pour poursuivre la répression.** —
Nous avons vu (p. 24) que l'art. 3 de la loi du 29 floréal an X fait intervenir le préfet, dans la répression des contraventions de grande
voirie, immédiatement avant le conseil de préfecture ; c'est en effet lui
qui doit poursuivre la répression devant ce tribunal, dans les formes
prescrites par l'art. 10 de la loi du 22 juill. 1889, que nous étudierons
à propos de la procédure (nº III). En conséquence, nul que lui ne peut
engager les poursuites, ni le maire de la commune (21 nov. 1873, ville
d'Hyères) [1], ni un concessionnaire (12 janv. 1850, chemin de fer de
Rouen au Havre ; 22 fév. 50, Sabot ; 24 janv. 61, Dupont ; 14 mars 63,
chem. de fer de Ceinture ; 25 janv. 66, Dupuis , 28 mai 80, Yvert; 1er
avril 81, Yvert). Toutefois nous serions porté à faire exception en faveur des concessionnaires perpétuels, dont les droits ont un caractère
très particulier (voir tome II, 1re part. p. 335) ; les actes de concession
leur ont du reste souvent accordé explicitement le droit de poursuivre
la répression des contraventions (voir pour le canal du Midi l'art. 197
du décret du 12 août 1807 et des arrêts du Conseil d'Etat des 25 janv.
1866, 19 juill. 72 et 4 juill. 84) [2].

Si un tiers, même intéressé, ne peut poursuivre la répression des
contraventions, un inculpé ne peut non plus mettre en cause un tiers
qu'il prétend coupable, devant se borner à demander son propre acquittement (23 juin 1853, Jossier ; 16 déc. 87, touage); de même encore,
celui qui se trouve lésé par la contravention d'un tiers ne peut contrain-
dre l'administration à exercer des poursuites en déférant son refus au
Conseil d'Etat pour excès de pouvoir (7 mars 1873, Ducros [3]), ni enfin
engager devant le conseil de préfecture une action en indemnité, ce
tribunal ne pouvant ordonner la réparation du préjudice causé qu'en
prononçant sur la contravention elle-même (25 juin 1857, Coste ; 14
mars 63, chem. de fer de Ceinture [4]). Ceci permet de prévoir qu'au con-

---

1. Cet arrêt, ainsi que plusieurs de ceux que nous allons citer, vise spécialement l'appel, mais le principe s'applique naturellement au 1er degré.

2. Voir aussi 18 août 1857, Maillet du Boullay (canal de Briare).

3. L'acte déféré au Conseil d'Etat était l'arrêté d'autorisation pris après l'exécution des travaux.

4. Un autre arrêt de même date et relatif au même chemin de fer est cité par
MM. Carpentier et Maury (nº 1992) comme reconnaissant le droit du concessionnaire de demander des dommages-intérêts devant l'autorité compétente (l'autorité judiciaire) ; mais cet arrêt concerne un cas où le dommage ne résulterait pas
d'une contravention. Sur ce sujet, il faudrait du reste pouvoir citer des arrêts de
cassation, et nous n'en connaissons pas.

traire un concessionnaire peut *intervenir* lorsque le préfet a engagé les poursuites (14 mars 1863, chem. de fer de Ceinture ; 7 août 74, Duluat ; 5 fév. 75, Pinault ; 7 avril 76, Lainé ; 19 déc. 84, Forneret ; 20 janv. 88, Marié). Ce droit d'intervention est strictement limité à la réparation et n'existe pas en ce qui concerne la répression même de la contravention, en y comprenant la démolition d'une construction trop voisine d'un chemin de fer (12 mai 1853, Chauvin). Comme d'ailleurs la demande de réparation du dommage ne peut être que l'accessoire de la poursuite de la contravention et que le concessionnaire ne peut être partie principale, il ne peut intervenir que si cette réparation est demandée par l'administration (8 janv. 1886, de Champigny). Il est à peine besoin de dire qu'en appel l'intervention ne peut être admise que si le recours du ministre est lui-même recevable (16 janv. 1891, Jeltsch). Remarquons, en terminant, que tout intéressé direct aurait sans doute un droit d'intervention semblable à celui des concessionnaires, mais il en existe peu en dehors de ceux-ci : ainsi le Conseil d'Etat a refusé d'admettre l'intervention de voisins d'une construction qu'on prétendait élevée en saillie sur l'alignement, vu qu'ils n'avaient pas éprouvé de préjudice *direct* (15 juill. 1841, de Turin). Au contraire, il a admis l'intervention d'un syndicat dont la situation était analogue à celle d'un concessionnaire (7 août 1883, Bonnet).

En ce qui concerne l'administration, les appels doivent être formés par le ministre et non par le préfet (7 déc. 1843, Barbier ; 16 mai 79, Radiguet ; 23 avril 80, Mignan ; 15 mai 91, préfet de l'Aube) ; aux termes des deux premiers de ces arrêts, le ministre de l'intérieur est compétent quand il s'agit des rues de Paris, et le ministre des travaux publics pour les routes départementales aux termes des deux derniers. Le pourvoi doit être signé par le ministre lui-même et non par un directeur autorisé (21 nov. 1890, Mezon ; 16 janv. 91, Jeltsch ; 30 janv. 91, Focet) ; ce dernier arrêt ajoute que, une fois le délai de recours écoulé, le ministre ne peut rectifier l'irrégularité par la présentation d'une ampliation du recours signée par lui. Nous parlerons des recours dans l'intérêt de la loi et des recours incidents à propos de la procédure (no III, 4º).

III. Procédure. — **1º Introduction et instruction préparatoire.** — L'art. 10 de la loi du 22 juill. 1889 est ainsi conçu : *Lorsqu'il s'agit de contravention, il est procédé comme il suit, à défaut de règles établies par des lois spéciales* [1] : — *Dans les dix jours qui suivent la rédaction d'un procès-verbal de contravention et son affirmation quand elle est exigée, le préfet fait faire au contrevenant notification de la copie du procès-*

---

1. Loi du 30 mars 1851 sur la police du roulage et décret du 10 août 1853 sur les servitudes militaires.

verbal ainsi que de l'affirmation, avec citation à comparaître dans le délai d'un mois devant le conseil de préfecture. La notification et la citation sont faites dans la forme administrative. — La citation doit indiquer à l'inculpé qu'il est tenu, s'il veut fournir des défenses écrites, de les déposer dans le délai de quinzaine à partir de la notification qui lui est faite et l'inviter à faire connaître, en produisant sa défense écrite, s'il entend user du droit de présenter des observations orales à l'audience. — Il est dressé acte de la notification et de la citation ; cet acte doit être adressé au conseil de préfecture et y être enregistré comme il est dit en l'art. 1er. — Le conseil de préfecture ordonne, s'il y a lieu, la communication à l'administration compétente du mémoire en défense produit par l'inculpé et la communication à l'inculpé de la réponse faite par l'administration.

Cet article remplace l'art. 8 du décret du 12 juill. 1865. Aux termes de ce dernier, la notification du procès-verbal était confiée au sous-préfet qui devait y faire procéder dans les cinq jours ; on a vu qu'aujourd'hui ce soin est transféré au préfet, qui dispose d'un délai de dix jours. Le Conseil d'Etat a jugé que, pas plus que l'ancien délai (18 déc. 1874, Dodé ; 5 juill. 77, Durillon ; 7 août 83, Bonnet ; 2 août 89, Rieunier), le nouveau n'est prescrit sous peine de nullité (8 août 1890, Giraudel) ; il nous semble qu'il eût été préférable de fixer un délai plus long, mais vraiment obligatoire.

Nous avons vainement cherché à comprendre ce que signifie « la ci- « tation à comparaître dans le délai d'un mois devant le conseil de « préfecture ». Le décret de 1865 ne mentionnait aucun délai, et la ci- tation constituait simplement un avis que le contrevenant était déféré au dit conseil ; en fait, la citation ne peut être autre chose, car ce n'est que plus tard et conformément à l'art 43 qu'est fixé, par le pré- sident du conseil, le jour où l'affaire sera appelée. L'exposé des motifs, rédigé par M. Aucoc, est muet sur cette addition ; quant à la circulaire du ministre de l'intérieur du 31 juill. 1890, elle en donne le commen- taire suivant : « La citation à comparaître dans le mois n'a pas pour « effet d'obliger le conseil à statuer dans ce délai, ce qui serait sou- « vent difficile, soit qu'il y ait lieu de communiquer à l'administration « le mémoire de l'inculpé produit dans le délai de quinzaine et à l'in- « culpé la réponse de l'administration, soit que le conseil de préfec- « ture, dont les membres ont des attributions actives en dehors de « leurs fonctions de juges, ne puisse se réunir avant l'expiration du « délai. A mon avis, l'intention du législateur, que ces inconvénients « n'ont pu manquer de frapper, a été surtout de hâter le jugement des « affaires concernant les contraventions. Le délai imparti par l'art. 10 « semble donc purement comminatoire et ne pas comporter de dé- « chéance ». Cela nous paraît fort juste, mais il semble bien singulier que, pour indiquer un délai comminatoire au conseil de préfecture, on l'insère dans une citation à l'inculpé qui n'y peut rien.

Il va de soi que le délai de quinze jours accordé à l'inculpé pour produire ses moyens de défense n'entraîne aucune forclusion et signifie simplement que, lorsqu'il est écoulé, l'affaire peut être portée au rôle ; mais on remarquera qu'une fois l'affaire appelée le conseil n'aurait pas à s'arrêter à des conclusions à fin de sursis déposées tardivement (24 avril 1896, Savard). Ainsi que le rappelle la circ. du 31 juill. 1890, le mémoire en défense est soumis au timbre, aucun texte ne l'en dispensant.

Cette circulaire fait remarquer que le procès-verbal de la notification et de la citation est adressé au conseil et non plus au sous-préfet, comme le prescrivait le décret de 1865. En réalité, c'est l'envoi au préfet qui remplace l'envoi au sous-préfet, car le conseil n'est saisi qu'ensuite par le préfet, qui lui transmet le procès-verbal de contravention et celui de notification. L'enregistrement dont il est parlé fait l'objet du 2ᵉ paragraphe de l'art. 1ᵉʳ ainsi conçu : *Ces requêtes sont inscrites, à leur arrivée, sur le registre d'ordre qui doit être tenu par le secrétaire greffier ; elles sont, en outre, marquées, ainsi que les pièces qui y sont jointes, d'un timbre indiquant la date de l'arrivée.*

L'art. 8 du décret de 1865 stipulait que si le rapporteur reconnaissait l'inaccomplissement de la notification et de la citation, il devait en référer au conseil pour assurer l'accomplissement de ces formalités ; si cette clause ne se retrouve pas dans la loi de 1889, « c'est uniquement parce qu'elle a semblé superflue » (exposé des motifs rédigé par M. Aucoc et circ. du 31 juil. 1890). Du reste, la jurisprudence s'était depuis longtemps prononcée dans ce sens (27 déc. 1857, Pinchenat, arrêt disant que, si la notification n'est pas régulière, le conseil doit la faire régulariser et non pas relaxer l'inculpé).

S'il n'est parlé de la notification qu'*au contrevenant*, il est clair qu'elle doit être faite à toutes les personnes que l'on veut comprendre dans la poursuite, conformément aux principes de responsabilité que nous étudierons sous le nᵒ IX ; mais, dans le cas où l'on renoncerait à poursuivre l'auteur du fait matériel pour ne viser que son maître, la notification à celui-ci suffirait (17 janv. 1873, Balph).

Il est clair que l'absence de notification du procès-verbal, de citation et d'invitation à produire les moyens de défense et à faire connaître si l'on entend présenter des observations orales entraîne la nullité de la condamnation (23 déc. 1892, Ambrosi ; 8 août 94, Argeliès).

On remarquera que le dernier paragraphe de l'art. 10 de la loi de 1889 prévoit, sans la rendre obligatoire, la communication des moyens de défense et de la réponse de l'administration ; mais, des deux côtés, les intérêts essentiels sont, en tout cas, sauvegardés par la disposition de l'art. 8, aux termes de laquelle *les parties ou leurs mandataires peuvent prendre connaissance au greffe, mais sans déplacement* [1], *des pièces de l'affaire.*

1. La suite de l'article permet au président d'autoriser le déplacement des pièces.

2° Moyens de vérification, incidents. — Les moyens de vérification et les incidents n'offrent guère de particularités en ce qui concerne la poursuite des contraventions ; aussi pouvons-nous nous borner à peu près à ce que nous en avons dit tome II, 1re partie, pages 325 et 326. Nous noterons seulement que l'art. 13 ne comprend pas le cas de contraventions parmi ceux pour lesquels l'expertise est obligatoire si elle est demandée, ce qui ne fait que confirmer la jurisprudence antérieure (13 janv. 1882, Malpas ; 18 déc. 85, Lecourt) ; il en est naturellement de même de l'enquête, que l'art. 26 ne rend jamais obligatoire (17 déc. 1886, Duffault ; 15 mai 91, Menu). Rien ne s'oppose en cette matière, comme en toute autre, à ce que le conseil ordonne un complément d'information non assujetti aux formes des enquêtes ou expertises (1er mars 1866, Roux ; 24 juin 87, mines de Meurchin ; 25 avril 90 et 24 avril 91, Pénin), mais il faut, bien entendu, que les résultats de cette information soient portés à la connaissance de l'inculpé (16 mars 1883, Naquard). En pareil cas, si la communication n'était pas ordonnée, il y aurait sans doute lieu d'appliquer les dispositions de l'art. 33 de la loi de 1889, relatives au cas où les parties n'ont pas assisté à une enquête.

Le fait que les concessionnaires ne peuvent poursuivre la répression des contraventions n'empêche pas, bien entendu, qu'il puisse y avoir lieu de les entendre dans les enquêtes (20 avril 1883, Moreau) ; mais il s'oppose incontestablement à ce qu'ils soient appelés à désigner un expert, lorsqu'ils ne sont pas intervenus pour réclamer des dommages-intérêts (28 mars 1890, Despeyroux) ; par son libellé, cet arrêt permettrait même de supposer qu'il n'en est pas autrement dans le cas d'intervention.

Il arrive assez souvent que les inculpés soulèvent dans leurs moyens de défense des questions qui relèvent d'une autre juridiction. En pareil cas, un sursis peut s'imposer pour permettre de faire trancher ces questions par l'autorité compétente, mais le Conseil d'Etat restreint le plus possible ces sursis. Dans le cas, par exemple, où l'inculpé a réclamé une indemnité soit devant le ministre (9 août 1880, Chauveau, pierre faisant saillie sur le plafond d'un canal et ayant provoqué un échouage), soit devant le tribunal civil (17 déc. 1886, Duffaut, fausse manœuvre d'un éclusier d'un concessionnaire), le Conseil d'Etat estime que le conseil de préfecture est compétent pour apprécier les faits invoqués comme moyens de défense : ce n'est pas la seule circonstance où deux juridictions apprécient, avec pleine indépendance, les mêmes faits pour en tirer des conclusions d'ordres différents.

Les questions de propriété ne rentrent pas dans ce cas, car le conseil de préfecture ne peut les apprécier lorsqu'une vente nationale n'est pas en cause ; mais, le plus souvent, le Conseil d'Etat refuse le sursis parce que le fait de la contravention subsisterait même dans le cas où la question de propriété serait tranchée en faveur de l'inculpé ; lorsque, en effet, un terrain a été irrégulièrement incorporé à un ouvrage public, le droit du propriétaire se résout en un droit à indemnité, et toute entreprise de sa part sur le terrain qui lui a été enlevé constitue une contravention. Un sursis n'aurait dès lors pas de raison d'être (6 avril 1836, Jullien ; 26 oct. 36, Belin ; 25 janv. 38, canaux d'Orléans et du Loing ; 22 août 38, Lampérière ; 30 juin 39, Cossin ; 13 fév. 40, d'Auxilhon ; 16 juill. 40, Vauchel ; 4 juin 41, Chappuis ; 13 avril 42, Guyard ; 1er fév. 44, Leriche ; 4 avril 45, Houdet ; 12 janv. 50, Vauchel ; 16 fév. 50, Grass ; 11 mai 50, Lauque ; idem, Collard ; 7 déc. 50, de Montesquiou-Fézensac ; 9 août 51, Ajasson de Grandsagne ; 7 déc. 54, canal du Midi ; 6 mars 56, Grand ; 6 mars 57, étang de Capestang ; 27 mai 57, Dutuit ; 9 fév. 60, Langlade ; 23 mai 61, Coquard ; 27 fév. 62, canal du Midi ; 4 août 66, Boutillié ; 17 janv. 67, Labbé-Godineau ; 29 mai 67, Lebourg ; 26 août 67, Fournel ; 25 juin 68, Laroulle ; 22 août 68, Taxil ; 16 mars 70, Delord ; 16 mai 72, Reig-Arthaud ; 7 avril 76, Loizel ; 13 juill. 77, Ricci ; 10 mai 78, Vincent ; 28 mai 80, Pascal ; 2 juill. 80, Hubert ; 9 juill. 80, Domy ; 13 avril 83, Ch. Fleury ; idem, Fleury père et fils ; 30 mai 84, Bachelard ; 27 juin 84, Lanteyrès ; 11 mai 88, Bernard ; 15 juin 88, Loisnel ; 28 fév. 90, Franceschi ; 21 nov. 90, Enoch ; 3 juill. 91, Le Bossé ; 24 juin 92, Vuaillat ; 7 juill. 93, Cheux ; 7 fév. 96, Redortier).

Dans certains cas exceptionnels sur lesquels nous reviendrons en traitant des excuses, l'existence de la contravention dépend de la question de propriété, et alors il y a lieu à sursis (9 déc. 1843, Bernard ; 6 août 61, Revol ; 5 fév. 67, Delord ; 20 mai 81, de Sommariva). Il est à peine besoin de dire que, si le droit de propriété revendiqué s'appuyait sur une vente nationale, le conseil de préfecture procéderait lui-même au jugement de cette question préjudicielle (14 nov. 1884, Guiblin ; voir aussi 15 avril 69, Lambert, 1re esp.) ; mais, ainsi qu'il résulte de ce dernier arrêt, ce conseil doit suspendre le jugement de la contravention, afin de procéder suivant une procédure moins sommaire à l'interprétation de la vente nationale.

Les droits de servitude donnent relativement plus souvent lieu à une excuse, et par suite à un sursis, s'ils sont contestés ; nous examinerons d'ailleurs plus loin ce genre d'excuse (IV, 1o). Il est à peine besoin de noter qu'il n'y aurait pas lieu à sursis, si l'inculpé ne faisait valoir aucun indice sérieux à l'appui de sa prétention à une servitude (20 juin 1865, Ségonne).

3o **Jugement.** — Nous allons reproduire les dispositions du titre IV de la loi du 22 juill. 1889 qui contiennent quelques particularités relatives à la répression des contraventions.

Art. 44. — Toute partie doit être avertie, par une notification faite conformément à l'art. 7, du jour où l'affaire sera portée en séance publique.

Lorsqu'elle est représentée devant le conseil de préfecture, la notification est faite à son mandataire ou défenseur, domicilié dans le département. — Dans les deux cas, l'avertissement est donné quatre jours au moins avant la séance. — En matière de contributions directes ou de taxes assimilées, d'élections et de **contraventions,** *l'avertissement n'est donné qu'aux parties qui ont fait connaître, antérieurement à la fixation du rôle, leur intention de présenter des observations orales. — Il peut, dans ces mêmes affaires, être donné par lettre recommandée, exempte de toute taxe postale.*

Ce texte ne motive que quelques observations : en ce qui concerne spécialement les contraventions, on voit que l'avertissement n'est obligatoire que pour les personnes ayant annoncé leur intention de présenter des observations orales [1] ; le délai de quinzaine, fixé pour la production des moyens de défense, auxquels doit être jointe cette déclaration (art. 10, p. 29), n'a, à l'égard de celle-ci aucun caractère absolu, puisqu'il suffit qu'elle soit faite avant la fixation du rôle. On a vu aussi que la notification administrative n'est pas de rigueur et qu'une lettre recommandée suffit en cette matière (3 juin 1892, Hardy). Cette lettre « est envoyée sous bande avec le contre-seing du président aux parties domiciliées dans le département ; si elles sont domiciliées hors du département, la lettre leur est transmise par l'intermédiaire du préfet du département qu'elles habitent » (circ. du 31 juill. 1890). Dans le cas où l'inculpé a un défendeur domicilié dans le département, il n'est pas douteux qu'une notification faite à lui-même serait nulle, car, sous le régime du décret de 1865 dont l'art. 12 était moins précis (t. I, p. xcviii), le Conseil d'Etat a reconnu l'obligation de l'avis au mandataire (18 déc. 1874, Wilson). Il va de soi d'ailleurs que, conformément à l'art. 1033 du Code de procédure civile, le jour de la notification ou de la réception de l'avis et celui de la séance où l'affaire doit être appelée ne sont pas compris dans le délai de quatre jours ; c'est ce qu'exprime la circulaire du 31 juill. 1890 en disant que ces jours doivent être francs.

L'art. 45 stipule que *le conseil de préfecture peut entendre les agents de l'administration compétente ou les appeler devant lui pour fournir des explications ;* mais, comme il n'appartient pas à ces agents de représenter l'Etat en matière répressive, la mention de leur audition dans l'arrêté n'est pas rendue obligatoire par l'art. 48 (*mention y est faite que les parties ou leurs mandataires ou défenseurs et le commissaire du gouvernement ont été entendus* — 7 juill. 1893, Cheux).

Ce même art. 48 porte que, *lorsque le conseil statue en matière répressive, les dispositions législatives* (dont il est fait application) *doivent être textuellement rapportées.* C'est la reproduction d'une disposition des art. 163, 195 et 369 du Code d'instruction criminelle. En conséquence, est annulé l'arrêté qui se borne à un visa du texte législatif ; le plus

1. Annulation si pas avis malgré demande (25 mai 1894, Gonzalez).

souvent, d'ailleurs, le Conseil d'Etat évoque de suite le fond de l'affaire (6 déc. 1895, Rauffet).

Enfin l'art. 51 contient les dispositions suivantes : *Toute décision est notifiée aux parties à leur domicile réel dans la forme administrative, par les soins du préfet,... lorsque le conseil de préfecture a prononcé en matière répressive.* On remarquera qu'ici il n'est plus question de notification au défenseur, vu que l'action est terminée ; cette notification ne serait donc pas valable (2 août 1889, Hautin-Létard).

4º Opposition et recours. — L'art. 52 de la loi du 22 juill. 1889 est ainsi conçu : *Les arrêtés non contradictoires des conseils de préfecture en matière contentieuse peuvent être attaqués par voie d'opposition dans le délai d'un mois à dater de la notification qui en est faite à la partie. — L'acte de notification doit indiquer à la partie que, après l'expiration dudit délai, elle sera déchue du droit de former opposition. — L'opposition est formée suivant les règles établies par les art. 1er à 4 de la présente loi. Les communications sont ordonnées comme pour les requêtes introductives d'instance.*

On a pu remarquer que cet article vise d'une façon spéciale les arrêtés en *matière contentieuse*, ce qui paraît exclure les arrêtés *en matière répressive ;* mais il n'y a là qu'une simple apparence due au sens vague de l'épithète « contentieuse ». Prise dans son acception la plus générale, elle désigne toute affaire sur laquelle deux ou plusieurs parties sont en débat, et dès lors la matière répressive est un élément de la matière contentieuse. La loi de 1889 n'oppose d'ailleurs jamais ces deux expressions, et l'art. 52 s'applique d'une façon non contestée à la totalité des affaires faisant l'objet de cette loi, sous réserve des questions d'élection, pour lesquelles les lois des 5 avril 1884 (art. 51) et 22 juin 1833 établissent des délais spéciaux, ainsi que le fait remarquer la circulaire du 31 juill. 1890.

En ce qui concerne les détails de l'art. 52 de la loi du 22 juill. 1889, nous signalerons seulement à l'attention le 2e paragraphe, dont on doit conclure que, si l'acte de notification n'a pas indiqué le délai d'opposition et la déchéance qu'entraîne son expiration, le droit à l'opposition reste ouvert, comme autrefois, jusqu'à l'exécution (commentaire de M. Barry).

Art. 53. — Sont considérés comme contradictoires les arrêtés rendus sur les requêtes ou mémoires en défense des parties, alors même que les parties ou leurs mandataires n'auraient pas présenté d'observations orales à la séance publique. — Toutefois, si, après une expertise, les parties n'ont pas été appelées à prendre connaissance du rapport d'experts, elles pourront former opposition contre la décision du conseil de préfecture.

Art. 54. — Lorsque la demande est formée contre deux ou plusieurs parties, et que l'une ou plusieurs d'entre elles n'ont pas présenté de défense, le conseil surseoit à statuer sur le fond et ordonne que les parties défaillantes seront averties de ce sursis par une notification faite conformément à l'art. 7, et invitées de nouveau à produire leur défense dans un délai qu'il fixe. Après l'expiration du délai, il est statué par une seule décision, qui n'est susceptible d'opposition de la part d'aucune des parties.

Il est clair que cet article ne s'applique qu'au cas où l'une au moins des parties a produit des moyens de défense : l'art. 153 du Code de procédure civile, contenant une disposition analogue, est mieux rédigé à cet égard.

Art. 55. — L'opposition suspend l'exécution, à moins qu'il n'en ait été autrement ordonné par la décision qui a statué par défaut.

Art. 56. — Toute partie peut former tierce opposition à une décision qui préjudicie à ses droits, et lors de laquelle ni elle ni ceux qu'elle représente n'ont été appelés. — Il est procédé à l'instruction dans les formes établies par les art. 1 à 9 de la présente loi.

Art. 57. — Les arrêtés des conseils de préfecture peuvent être attaqués devant le Conseil d'Etat dans le délai de deux mois, à dater de la notification, lorsqu'ils sont contradictoires, et à dater de l'expiration du délai d'opposition lorsqu'ils ont été rendus par défaut.

Cet article a réduit de trois à deux mois le délai d'appel, pour les arrêtés des conseils de préfecture, mais nous n'avons rien à changer à ce que nous avons dit, tome I, p. cxxiv, sur la manière de calculer ce délai. — Un arrêt du 24 avril 1896 (Savard), relatif à une affaire de contravention, a déclaré non recevable un recours formé dans le mois de la notification d'un arrêté par défaut. Un autre arrêt du 1er mai 1896 (Marchand) a également repoussé un pourvoi formé plus de deux mois après la notification.

Art. 58. — Ce délai de deux mois est augmenté, conformément à l'art. 73 du Code de procédure civile, modifié par la loi du 3 mai 1862, lorsque le requérant est domicilié hors de la France continentale.

Cette disposition générale, qui vise notamment la Corse et l'Algérie, comme le dit l'exposé des motifs de M. Aucoc, abroge, en ce qui les concerne, du moins à l'égard des appels contre les arrêtés des conseils de préfecture, l'art. 1er de la loi du 11 juin 1859, qui avait abrogé lui-même, pour ces pays, la disposition de l'art. 13 du décret du 22 juill. 1806, semblable à celle de l'art. 58 de la loi de 1889.

Art. 59. — Lorsque le conseil de préfecture a statué en matière répressive, le délai court contre l'administration à partir de la date de l'arrêté.

Comme cette règle s'applique aussi bien aux arrêtés par défaut qu'aux arrêtés contradictoires (voir Picard, *Traité des Eaux*, III, 327) un même arrêté peut se trouver à la fois frappé d'opposition et d'appel. Dans ce cas, le Conseil d'Etat attendrait sans doute que le conseil de préfecture eût statué sur l'opposition. Lorsque le délai d'opposition est écoulé, le ministre peut se pourvoir encore, mais seulement dans l'intérêt de la loi et sans que cela puisse préjudicier à l'inculpé (12 janv. 1844, Grellet; 17 déc. 62, Bonnain; 21 mai 75, Meyer; 11 fév. 76, Mozeret; 3 fév. 82, Girard; 29 juin 83, Wilbüer; 21 mars 90, Lebaudy; 11 déc. 91, Focet; 24 fév. 93, Clavet; voir t. I, p. cxix). La condition que les délais d'appel soient expirés est rigoureuse (14 janv. 1876, Mignonneau); un recours dans l'intérêt de la loi serait d'ailleurs sans objet, et par suite non recevable, s'il ne reposait que sur une erreur de fait (13 avril 1850, Franc; 3 janv. 81, Mayoux). Un recours par une personne incompétente ou un recours tardif d'une partie compétente laissent l'affaire dans la même situation que s'il n'y avait eu aucun recours, et, par suite, l'affaire peut donner alors lieu à un recours dans l'intérêt de la loi (28 mai 1880, Yvert; 4 juill. 84, canal du Midi). On doit bien noter d'ailleurs que, en matière répressive, le ministre ne peut se pourvoir par voie de recours incident (24 juin 1887, Collignon; 4 mai 88, Boulliez; 13 déc. 95, Margueritat). Cette jurisprudence, conforme à celle de la Cour de cassation, a été posée contrairement à l'avis de M. Marguerie, commissaire du gouvernement dans l'affaire Collignon. Il en résulte, conformément à l'énonciation explicite des trois arrêts cités, que, passé le délai d'appel, le ministre ne peut se pourvoir que dans l'intérêt de la loi. Ces pourvois ne peuvent porter sur les motifs à l'exclusion du dispositif (16 mai 1896, ministre de la guerre).

Art. 60. — Les dispositions du Code de procédure civile relatives à l'appel des jugements préparatoires et interlocutoires sont applicables aux recours formés contre les décisions des conseils de préfecture.

On se reportera au tome I, p. ciii.

Art. 61. — Le recours au Conseil d'Etat, contre les arrêtés des conseils de préfecture, peut avoir lieu sans frais et sans l'intervention d'un avocat au Conseil d'Etat en matière : .... 3° De contraventions aux lois et règlements sur la grande voirie et autres contraventions dont la répression appartient au conseil de préfecture, ainsi que d'anticipation sur les chemins vicinaux.... — Le recours peut être déposé, dans les cas ci-dessus visés, soit au secrétariat général du Conseil d'Etat, soit à la préfecture, soit à la sous-préfecture. Dans ces deux derniers cas, il est marqué d'un timbre qui indique la date de l'arrivée, et il est transmis par le préfet au secrétariat général du Conseil d'Etat. — Il en est délivré récépissé à la partie qui le demande.

Nous avons vu (p. 29) qui a qualité, du côté de l'administration, pour se pourvoir devant le Conseil d'Etat. Du côté de l'inculpé, c'est naturellement la personne condamnée elle-même, et non le propriétaire quand la condamnation a été prononcée contre le fermier (17 nov. 1876, Mercier), ou le successeur du contrevenant (8 juin 1847, Parmentier). L'avocat du condamné devant le conseil de préfecture ne peut former le pourvoi sans un mandat spécial (24 avril 1896, Savard). Nous rappellerons qu'en vertu de l'art. 1er du décret du 22 juill. 1806 (t. I, p. cxx), l'arrêté attaqué, ou l'extrait notifié, doit être joint à la requête ou du moins produit avant la décision du Conseil d'Etat (11 déc. 1891, Buffet-Rivet).

5° Dépens. — L'art. 62 de la loi du 22 juill. 1889 porte que *toute partie qui succombe est condamnée aux dépens*, et l'art. 63 applique ce principe à l'administration, mais non en matière répressive : *En matière répressive*, dit-il, *la partie acquittée est relaxée sans dépens*. Aux termes de l'art. 64, *les dépens ne peuvent comprendre que les frais de timbre ou d'enregistrement, les frais de copie des requêtes ou mémoires, les frais d'expertise, d'enquêtes et autres mesures d'instruction et les frais de signification de la décision* (ce dernier élément n'est ici d'aucune application).

Nous devons examiner successivement la mise des dépens à la charge de l'inculpé et à la charge de l'administration et distinguer les frais de timbre et d'enregistrement de ceux de vérification.

Les frais de timbre et d'enregistrement du procès-verbal sont mis d'une façon non contestée à la charge du contrevenant condamné soit à l'amende, soit à la réparation d'un dommage (voir cependant ce que nous avons dit de l'enregistrement, p. 22). Pour une demi-feuille, qui suffit généralement, le droit de timbre est de 1 fr. 80. Quant au droit d'enregistrement, fixé à 1 fr. par l'art. 68 (§ 1, 50°) de la loi du 22 frimaire an VII. il avait été porté à 2 fr. par l'art. 8 de la loi du 18 mai 1850, fixant, sauf exception, ce minimum aux droits fixes ; puis la loi du 19 fév. 1874 (art. 2) avait établi une surtaxe temporaire de moitié, qui a été rapportée par l'art. 22 de la loi du 28 avril 1893. Le droit d'enregistrement est donc, en principal, de 2.fr., et de 2 fr. 50 en y ajoutant les deux décimes et demi établis par les lois des 6 prairial an VII, 23 août 1871 et 30 déc. 1873. Une difficulté surgit quand, l'inculpé ayant commis réellement une contravention, le texte applicable ne prononce aucune amende et quand, en même temps, aucun dommage n'est constaté. Autrefois, le Conseil d'Etat condamnait le contrevenant aux frais du procès-verbal (7 janv. 1859, Renard ; idem, Mourren ; 4 mai 59, Leleu ; 17 août 66, riverains du Rhône ; 29 juin 69, Gombàult ; 5 janv. 77, Martin). On pourrait bien citer des arrêts remontant à la même époque ne prononçant aucune condamnation ; mais le ministre n'avait demandé, dans ces espèces, que la condamnation à l'amende. Cette ancienne jurisprudence nous paraît très logique, car, du moment qu'il y a eu contravention, l'administration a eu raison de la constater et le coupable doit, semble-t-il, supporter les frais de cette constatation. Mais le Conseil d'Etat a formellement condamné cette jurisprudence en déclarant que la condamnation aux frais du procès-verbal ne peut être prononcée qu'accessoirement à une autre condamnation (6 juill. 1877, Pécher ; 10 mai 78, Moreau ; idem, Renan ; 2 juill. 80, Maquinnchau ; 13 avril 83, Fleury fils ; 14 déc. 83, Ferrère ; 8 janv. 86, de Champigny ; voir aussi 22 fév. 78, Rousset). Toutefois, des arrêts des 8 juill. 1887 (Oger) et 15 fév. 95 (Jal), postérieurs à ceux que nous venons de citer, ont prononcé la condamnation aux seuls frais du procès-verbal ; le premier de ces arrêts ne contient aucun

considérant particulier, mais le second porte que l'absence d'amende
« ne pouvait dispenser le conseil de préfecture de condamner le sieur
Jal aux frais du procès-verbal dressé contre lui par application de
l'art. 62 et du § 2 de l'art. 63 de la loi du 22 juill. 1889 ». Faut-il y
voir une nouvelle volte-face du Conseil d'Etat? tel n'est pas l'avis de
M. Laferrière, dont nous reproduisons le subtile commentaire : « Entre ces deux jurisprudences, absolues en sens inverse, il y aurait place
pour une distinction. Il est vrai que toute infraction aux règlements,
toute désobéissance aux ordres de l'administration ne constitue pas
nécessairement une contravention de grande voirie justifiant la rédaction d'un procès-verbal aux frais du contrevenant ; mais il ne s'ensuit
pas que les frais ne puissent jamais être que l'accessoire d'une autre
condamnation ; il existe, en effet, des contraventions pour lesquelles
aucune amende n'est prévue et qui n'occasionnent aucun dommage,
mais qui sont *de nature à en occasionner ;* à la désobéissance se joint
alors un dommage éventuel, imminent, peut-être même un dommage
réel, mais dont la réparation n'appartient pas à la juridiction administrative ; tel est le cas où un capitaine, en désobéissant à l'officier de
port, aborde d'autres navires et leur fait des avaries dont la réparation ne pourra être réclamée que devant le tribunal de commerce. En
pareil cas, c'est à bon droit qu'un procès-verbal est dressé et que le
contrevenant est condamné à en supporter les frais, même en l'absence
de toute autre répression (II, 672). » Les deux exemples cités ci-dessus et qui le sont par M. Laferrière, peuvent, à la rigueur, rentrer dans
cet ordre d'idées, car il y est question d'un navire ou d'un bateau
ayant gêné la navigation, et le mot « dommage » est même prononcé
dans le premier arrêt ; mais rien n'indique, dans le libellé, que la condamnation aux frais du procès-verbal soit motivée par la nature de la
contravention.

Dans son *Traité des Eaux* (III, 295), M. Picard se borne à signaler la
théorie de M. Laferrière sans la discuter [1].

Indépendamment des frais du procès-verbal, l'inculpé devrait supporter les frais de timbre exposés par un tiers irrégulièrement mis
en cause par lui (16 déc. 1887, Touage entre Conflans et la mer) ;
nous avons vu, du reste, que ces mises en cause ne sont jamais recevables (p. 28). Cette condamnation spéciale doit d'ailleurs être prononcée quelle que soit la décision sur la contravention.

Les frais de timbre du mémoire en défense eussent été en principe
les seuls frais que l'Etat pût être condamné à rembourser à l'inculpé

---

1. Un autre arrêt n'a également prononcé que la condamnation aux frais du
procès-verbal, mais parce que ceux de déplacement d'office d'un navire avaient
été déjà acquittés par le contrevenant. Ces frais se trouvant mis à sa charge,
ceux du procès-verbal n'en étaient en réalité que l'accessoire (3 juin 1892,
Pacderbock).

acquitté; mais nous avons vu que l'art. 63 de la loi de 1889 spécifie qu'il est *relaxé sans dépens*. Cette règle résultait précédemment du décret du 2 nov. 1864 (t. I, p. cxxxiii), qui ne permettait pas de mettre les dépens à la charge de l'administration lorsqu'elle agissait comme représentant la puissance publique (13 déc. 1866, Dupin).

En ce qui concerne les frais occasionnés par les expertises et autres moyens d'information, il est évident qu'ils ne sauraient être mis à la charge de l'inculpé renvoyé des fins du procès-verbal, d'où il résulte forcément que ces frais doivent être acquittés par l'administration (voir un arrêt du 7 août 1891, Dupuy, qui, ayant été précédé d'une expertise, prononce relaxe pure et simple de l'inculpé sans parler des frais de cette expertise). Même dans le cas où il y aurait condamnation, la question des frais d'enquête ou d'expertise peuvent donner lieu à discussion, car l'administration peut encourir une responsabilité à raison d'exagérations dans l'évaluation des dommages ; aussi un arrêt du 24 juin 1887 (mines de Meurchin) constate-t-il que, « *dans les circonstances de l'affaire,* c'est avec raison que le conseil de préfecture a mis la totalité desdits frais à la charge de la compagnie » (contrevenante), et un arrêt du 18 août 1857 (Maillet du Boullay) a-t-il mis une part des frais d'expertise à la charge d'un concessionnaire perpétuel qui avait exagéré le dommage.

Nous devons étudier maintenant les questions soulevées par le fait qu'il s'agirait d'une partie de la grande voirie ayant fait l'objet d'une concession. En ce qui concerne les frais du procès-verbal, il est bien certain qu'on ne saurait les mettre à la charge du concessionnaire (17 nov. 1876, Champieux). On conçoit même difficilement comment l'idée contraire a pu être soutenue, puisqu'il ne s'agit ici que de frais *en débet* et dont la réalisation n'a pas lieu en cas d'acquittement. D'autre part, l'art. 63 de la loi de 1889 s'oppose d'une façon générale à ce que les dépens pour timbre soient accordés à la partie acquittée en matière répressive ; du reste, lorsqu'il s'agit d'un concessionnaire ordinaire, il ne saurait être condamné aux frais d'une instance qu'il n'a pas engagée (18 août 1862, Duval ; 11 mai 72, Dudouet [1] ; 3 fév. 82, Girard).

Reste la question des frais de vérification. S'il s'agit d'un concessionnaire perpétuel, exerçant lui-même la poursuite de la contravention, il peut supporter tout ou partie de ces frais, comme nous l'avons vu tout à l'heure. Quant aux concessionnaires ordinaires, nous avons dit (p. 28) qu'ils ne peuvent poursuivre la répression, mais qu'ils peuvent intervenir pour demander réparation du dommage qui leur a été causé. S'ils ne sont pas intervenus, il ne saurait y avoir doute que, n'étant nullement en cause, ils ne peuvent encourir aucune condamnation, et cela alors même que le procès-verbal aurait été dressé par un de leurs agents et que l'administration aurait demandé une indemnité en leur

____

1. L'inculpé réclamait le remboursement des frais divers.

faveur [1] (*24 déc. 1863, Boyer ; 4 août 64, Ouest ; 23 mars 88, Orléans*).
Mais, si un concessionnaire intervenait pour appuyer la demande d'indemnité en sa faveur, il nous semble que rien ne s'opposerait à ce qu'il encourrût une responsabilité, en raison de ses exagérations ; on notera dans cet ordre d'idées, que l'arrêt du 23 mars 1888 (Orléans) spécifie que la Compagnie n'était pas intervenue.

Ici se présente une question de procédure : par qui et sous quelle forme peut être formé le pourvoi contre une décision condamnant un concessionnaire non intervenant aux dépens ? L'arrêt du 18 août 1862 (Duval) avait admis un recours du ministre au Conseil d'Etat et deux autres, des 24 déc. 1863 et 17 nov. 76 (Boyer, Champieux), ont fait de même, mais alors que l'appel relatif aux dépens n'était que l'accessoire d'un appel sur le fond. La question s'étant présentée de nouveau sans cette circonstance spéciale, le Conseil d'Etat a déclaré, conformément aux conclusions du commissaire du gouvernement, l'appel du ministre non recevable, vu qu'il appartenait à la compagnie concessionnaire « de réclamer par les voies de droit décharge de la condamnation prononcée contre elle » (23 juin 1882, Lehmann). Le commissaire du gouvernement, M. Levavasseur de Précourt, avait fait remarquer que le ministre ne faisait que défendre les intérêts particuliers de la compagnie et avec cette circonstance bizarre que, en faisant décharger la compagnie, il ferait mettre les frais à la charge de l'Etat ; il ajoutait, d'ailleurs, que le ministre pourrait après l'expiration des délais, se pourvoir dans l'intérêt de la loi, et l'arrêt réserve bien ce mode de recours. Le Conseil d'Etat a confirmé plusieurs fois cette jurisprudence (7 août 1883, Breton ; 22 mai et 4 déc. 85, Peyron). Le premier de ces arrêts offre un grand intérêt, car il pose implicitement une distinction que n'avait pas faite M. Levavasseur de Précourt et qui paraît avoir échappé à M. Picard (*Traité des chemins de fer*, II, 992) : si l'on doit admettre qu'un recours du ministre sur le fond peut être accompagné d'un recours sur les dépens mis à la charge du concessionnaire, attendu que la condamnation de l'inculpé aurait pour résultat de mettre les frais à sa charge et de décharger par suite celui-là, on doit reconnaitre, avec l'arrêt Breton, que, si le recours au fond est rejeté, le recours sur les dépens se trouve isolé et n'est plus recevable. Nous devons ajouter que les arrêts Boyer et Champieux n'avaient pas fait cette distinction, mais ils étaient antérieurs à l'arrêt Lehmann, qui a marqué l'évolution de la jurisprudence.

Etant donné que c'est au concessionnaire lui-même qu'il appartient de demander décharge des dépens, quelle procédure doit-il suivre ? l'appel s'imposerait évidemment s'il était intervenu devant le conseil de préfecture, mais, dans le cas contraire, on peut se demander s'il y

1. Dans les affaires signalées en caractères italiques, le procès-verbal avait été dressé par un agent du concessionnaire.

a lieu à opposition ou à tierce opposition. Comme il s'agit ici d'un arrêté notifié à la personne qui en demande le rappel, il convient de procéder par voie d'opposition proprement dite (23 mars 1888, Orléans), et, par suite, le délai expiré, il y aurait lieu à l'appel.

A l'égard des frais d'appel, il est clair qu'il ne peut être prononcé aucun dépens, si le Conseil d'Etat n'ordonne pas de mesures d'instruction, puisqu'il y a exonération du timbre et de l'avocat (p. 37 ; 12 janv. 1874, Bailly ; 14 juil. 76, Leroy ; 9 nov. 77, Midi ; 20 nov. 81, de Sommariva ; 14 nov. 84, Guiblin ; 16 janv. 91, Jeltsch).

IV. Excuses. — A propos de la procédure, nous avons signalé certaines excuses pouvant motiver une demande de sursis. Nous allons maintenant examiner diverses excuses, en commençant précisément par celles que nous avions mentionnées alors. On remarquera que nous ne parlons pas ici des circonstances atténuantes qui seront étudiées à propos des amendes (n° V, 1°), mais uniquement des considérations qui peuvent être invoquées en faveur d'un acquittement.

1° **Invocation d'un droit de propriété ou de servitude.** — Ainsi que nous l'avons vu (p. 31), le fait qu'un terrain privé aurait été irrégulièrement incorporé à la grande voirie ne saurait constituer une excuse et le conseil de préfecture doit passer, en outre, au jugement sans accorder de sursis, puisque la reconnaissance des droits de l'inculpé ne ferait pas disparaître la contravention et lui permettrait seulement de réclamer une indemnité devant l'autorité judiciaire (voir t. I, p. 314). Si, d'ailleurs, des doutes s'élèvent sur le caractère du terrain, qui peut ou non dépendre réellement de l'ouvrage public, il appartient au conseil de préfecture et au Conseil d'Etat de reconnaître eux-mêmes ce qui en est. Ainsi a-t-il été jugé à l'occasion d'un terrain incliné que l'inculpé prétendait être dans son état naturel et ne pas faire partie des talus d'une route (26 janvier 1854, Rabourdin) ; mais c'est en matière de rivières navigables et de rivage de la mer que la difficulté surgit le plus souvent. A ce sujet, on doit remarquer que, si d'abord la jurisprudence a voulu que le conseil de préfecture s'en rapportât aux arrêtés de délimitation sans apprécier lui-même la question (4 avril 1845, Ballias, et 11 mai 50, Lauque, condamnation *de plano* en vertu de la délimitation ; 26 juill. 51, David, sursis jusqu'après délimitation), le Conseil d'Etat reconnaît maintenant que le conseil de préfecture a plein pouvoir, soit pour statuer en l'absence de délimitation (27 fév. 1862, Miquel ; 14 mars 73, Repos ; 5 fév. 75, Saintemarie ; 5 janv. 77, Martin ; idem, Hache ; 19 janv. 77, Périer ; 27 juill. 77, Véron ; 17 juin 81, Canard ; 13 avril 83, Fleury ; 19 nov. 86, Mercier ; 18 fév. 87, Bouillez ; 20 janv. 88, Bouly ; 27 juill. 88, Fouché [1] ; 6 juin 90 et 27 fév. 91, Dolnet ; 17

---

1. Cet arrêt, tout en ordonnant une vérification, a déclaré qu'elle n'était pas nécessaire en principe.

juin 91, Lebrun ; 24 fév. 93 et 25 mai 94, Pérouse), soit, au cas où une délimitation aurait été faite par l'autorisation administrative, pour juger avec une pleine indépendance (29 juin 1869, Audouin ; 27 mars 74, Barlabé ; 10 mai 78, Vincent ; 19 janv. 83, Thirel ; 23 mai 84, Clavé ; idem et 4 déc. 85, Verdier ; 7 août 86, Drouet ; 8 août 95, Tostain). M. Laferrière fait remarquer que, surtout en présence d'un décret de délimitation du rivage de la mer, délibéré en Conseil d'Etat, une grande réserve s'impose au juge de la contravention ; « mais, comme il l'ajoute, ce n'est plus là une question de compétence, c'est une question d'appréciation et de preuve qui relève du juge du fond » (II, 637). Il semble qu'on aurait pu soutenir logiquement que les actes de délimitation pouvant être dé.. r.. au Conseil d'Etat qui les vérifie au point de vue du tracé de la délimitation, le juge de la contravention devrait les respecter ; mais, comme le fait remarquer M. Laferrière, les limites du domaine public variant fréquemment, ce juge aurait forcément le droit de vérifier si les limites constatées existent encore.

Nous verrons en étudiant le domaine public (chap. XXIX), que des titres exceptionnels, concessions antérieures à 1566 et ventes nationales, peuvent avoir conféré des droits privatifs sur des dépendances du domaine public, et il n'est pas douteux que, comme l'enseigne M. Laferrière (II, 650) ces titres peuvent être invoqués en cas de poursuite pour contravention, mais les deux arrêts qu'il cite en matière de concessions antérieures à 1566 (15 fév. 1866, Fréneau et 20 janv. 82, Bellenger) concernent en réalité des recours pour excès de pouvoir ; au contraire, un arrêt du 28 fév. 1873 (moulins de Moissac) a reconnu le droit de réparer sans autorisation des ouvrages faisant l'objet de titres antérieurs à 1566. Quant aux ventes nationales, elles ont fait l'objet d'arrêts des 15 avril 1869, Lambert (1re esp.) et 14 nov. 84, Guiblin (voir p. 33).

En dehors de ces cas de droits privatifs irrévocables, se trouvent les concessions accordées de 1566 à 1789, lesquelles peuvent être retirées moyennant indemnité, les droits réservés dans les actes d'acquisition à des particuliers, lesquels sont dans le même cas, et enfin, les simples permissions précaires et révocables. Un arrêt du 22 mars 1889 (Mabilat) a reconnu l'excuse résultant d'une concession antérieure à 1789[1] et deux arrêts des 28 juill. 1852 (Mignon) et 19 janv. 54 (Robinot) ont fait de même à l'occasion d'actes de vente réservant aux vendeurs le droit de circulation sur une levée, mais des arrêts des 29 mars 1851 et 19 juill. 72 (Chabanne et Midi) ont refusé d'admettre qu'il pût y avoir une excuse de ce genre à l'occasion de ponceaux établis pour permettre de

1. S'il s'agit d'une exonération de la servitude de halage, une mise en demeure de laisser libre la largeur prescrite par les règlements met fin à cette exonération, sous réserve d'une indemnité (23 mars 1854, Cornudet). Un arrêt du 8 août 1872 (d'Arberats) a refusé de reconnaître l'existence d'une concession invoquée sans preuve suffisante.

franchir un chemin de fer à niveau ou d'accéder à la levée d'un canal
(voir aussi 6 juill. 1888, ville de Toulouse). Quant aux cas où un amo-
diataire des produits de francs-bords serait en cause, il est clair qu'il
faudrait s'appuyer sur le texte du contrat (voir 22 juill. 1892, Pochet).
Restent les simples permissions d'occupation temporaire : il va de soi
que, tant qu'elles n'ont pas été retirées, celui qui se borne à en jouir
ne saurait commettre une contravention, mais les travaux de réparation et d'entretien doivent généralement faire l'objet d'autorisations spéciales, s'il n'en a été autrement décidé par les actes d'autorisation (7
mars 1873, Honnelattre). Les permissionnaires ne sauraient faire obstacle aux actes des agents de l'administration, sauf à réclamer, s'il y
a lieu, une indemnité (6 mars 1869, Guillomet, tenue des eaux d'un canal). Il est clair, d'ailleurs, qu'on ne saurait invoquer une autorisation
accordée antérieurement à une autre personne aux droits de laquelle
on ne serait aucunement substitué (voir 14 mars 1873, Repos). Notons
enfin qu'une simple injonction émanant des ingénieurs ne saurait remplacer un retrait d'autorisation (14 nov. 1879, Bretault).

Nous venons d'étudier les circonstances dans lesquelles, d'une façon
normale, peuvent être invoqués contre les procès-verbaux des titres de
propriété échappant aux tribunaux ordinaires ou des concessions administratives ; nous devons y ajouter quelques cas exceptionnels où
des titres de propriété ordinaires pourraient être invoqués de même et
motiveraient par suite des sursis devant le conseil de préfecture. Si,
par exemple, l'Etat construit une dérivation d'une rivière canalisée et
ne *construit* pas un chemin de contre-halage, les terrains pouvant être
utilisés comme tels ne subissent pas une incorporation matérielle au
domaine public, et, dès lors, la servitude de halage n'étant pas applicable le long d'une dérivation artificielle, un terrain non acquis ne peut
être considéré comme affecté au service de contre-halage (5 fév. 1867,
Delord). Nous comprenons également qu'un droit de propriété puisse
être utilement invoqué à l'occasion d'une dérivation conduisant les
eaux d'une rivière flottable à un moulin (23 juill. 1844, de Dauvet) ;
mais le Conseil d'Etat l'a admis aussi dans des circonstances qui nous
surprennent, soit à propos d'une oseraie plantée dans le lit d'un fleuve
(6 août 1861, Revol), soit à propos de terrains qui auraient ou non été
acquis pour l'établissement d'un canal mais ne faisaient pas matériellement partie de ses dépendances (9 déc. 1843, Bernard ; 20 mai 81, de
Sommariva). Dans ce dernier cas, il nous semble qu'il ne peut y avoir
contravention de grande voirie et que tout se borne à un litige d'ordre
judiciaire, car le Conseil d'Etat a plusieurs fois jugé que les terrains
acquis, mais non incorporés à la grande voirie, ne peuvent donner lieu
à des contraventions (26 juin 1869, Videau ; 7 août 83, Allix ; 17 juill.
85, Lutscher [1] ; voir aussi 7 mars 73, Roux, et 10 janv. 90, Rigaud).

____

1. Notons qu'il en est de même s'il s'agit d'un terrain occupé temporairement

2º Autorisations émanant d'une autorité incompétente. — De telles autorisations étant essentiellement nulles, les contrevenants ne peuvent évidemment les invoquer comme excuses proprement dites, mais rien n'empêche, bien entendu, de les admettre à titre de circonstance atténuante. Le plus souvent, il s'agit d'autorisations accordées par des maires (17 juill. 1843, Rochas ; 23 fév. 54, Perrin ; 28 déc. 54, Dunkel ; 5 janv. 55, Bernasse ; 8 déc. 76, Forner ; 28 juin 95, Hubert) ; mais le principe s'applique également si l'autorisation a été accordée par un autre préfet que celui du département (25 juin 1880, Théry-Lepreux), ou par le préfet seul quand le consentement d'un concessionnaire est nécessaire (18 mai 1870, ville de Carcassonne). A plus forte raison ne pourrait-on se prévaloir d'une autorisation accordée par un simple agent de l'administration, un conducteur des ponts et chaussées, par exemple, essentiellement incompétent pour accorder aucune autorisation (9 fév. 1883, Villiers). Au contraire, s'il s'agissait d'une autorisation donnée par l'autorité judiciaire, l'excuse serait évidemment valable, quelque incompétente que fût cette autorité (15 juin 1842, Tauriac, autorisation de démolir un travail public donnée en référé). Ainsi que le fait observer M. Laferrière (II, 653), le conseil de préfecture apprécie lui-même la validité des autorisations.

Notons, d'ailleurs, qu'une injonction d'une autorité ne pouvant autoriser le travail ne dispense naturellement pas de l'obligation d'obtenir une autorisation régulière (12 avril 1866, de Besse, injonction de la commission des bâtiments insalubres). Nous allons voir toutefois, un ordre donné par un maire à titre d'excuse.

3º Travaux ordonnés par les maires. — En thèse générale, les administrations municipales sont tenues de se pourvoir des mêmes autorisations que les particuliers, quand elles veulent exécuter des travaux intéressant la grande voirie (26 août 1842, Banges ; 14 juin 51, commune de Tournon ; 23 nov. 65, c. d'Hennebon ; 6 juill. 88, ville de Toulouse)[1]. Mais il y a des circonstances exceptionnelles où un maire peut légitimement donner des ordres d'urgence, soit pour faire exécuter par un particulier un travail nécessité par l'intérêt public (16 juill. 1842, de Virieu), déplacement d'un moulin à nef, soit pour faire les préparatifs d'une fête publique (4 mai 1854, Duron). Ces exemples, dont il ne faudrait pas exagérer l'autorité, surtout en ce qui concerne le dernier, se comprennent aisément ; on pourrait d'ailleurs invoquer l'art. 96, 6º, de la loi du 5 avril 1884, quand il s'agit de prévenir les accidents et fléaux calamiteux.

4º Faits dont l'inculpé n'est pas responsable. — Il ne s'agit pas ici des difficultés que soulève la question de savoir à qui incombe la res-

sur lequel le propriétaire ferait des travaux interdits par une convention (11 janv. 1889, Magne).

1. Voir *contra* un arrêt peu net du 23 juill. 1850 (Motheau).

ponsabilité d'une contravention, question qui sera étudiée plus loin (n° IX), mais des excuses tirées de la bonne foi, de la force majeure et des fautes ou erreurs de l'administration. La bonne foi ne saurait être invoquée comme excuse en matière de contravention, et par suite l'ignorance de la loi ne met point obstacle à une condamnation (30 déc. 1841, Prunier; 26 août 42, Banges). L'absence d' « intention » est dans le même cas, c'est à-dire qu'il suffit d'avoir laissé le fait se produire par l'effet d'une pure négligence, pour que la contravention doive être réprimée. Ainsi une condamnation doit être prononcée à l'occasion d'atterrissements dans une rivière, provenant du déversement de vinasses que la gelée avait empêché le sol d'absorber (12 juill. 1895, Lesaffre), et il en est de même à l'égard d'un cultivateur dont les bestiaux ont divagué sur une route plantée, et cela sans qu'il y ait lieu de discuter les circonstances qui ont amené cette divagation (28 déc. 1858, Jarry). Cette jurisprudence est d'une application constante à propos des pénétrations d'animaux sur les voies ferrées, comme nous le verrons dans notre tome III; mais nous devons signaler spécialement ici un arrêt qui a poussé le principe jusqu'à ses plus extrêmes conséquences : un cheval ayant été volé à la porte d'une auberge, puis abandonné par les auteurs de ce délit, sa pénétration sur la voie ferrée fut imputée à contravention à ses propriétaires par le Conseil d'Etat (23 mars 1888, Charlot).

Dans un tel cas, il semble qu'on eût bien pu admettre l'excuse de force majeure, dont le principe n'est pas contesté. Cette excuse a été admise dans un cas de rupture d'une digue d'étang à la suite d'un violent orage (5 janv. 1855, de Vaublanc) et dans celui de navires qui, entrant dans un port, avaient été poussés contre les jetées par un vent « d'une force invincible » (15 janv. 1875, Beck; 9 juin 76, Maryn; 17 déc. 80, Minto). L'excuse a été aussi accordée au capitaine d'un navire qui fit des avaries aux jetées du Havre, alors qu'il avait dû abandonner ce navire par suite d'un cas de force majeure (26 déc. 1884, Scopinich) ; mais elle a été refusée alors que l'accident était dû à la rupture du gouvernail sans qu'il fût établi que cette rupture eût été elle-même causée par une circonstance de force majeure (15 janv. 1875, Johannesen), ainsi qu'à l'occasion d'une avarie faite à un barrage en temps de crue et par un vent violent (28 nov. 1879, Morel). Dans ce dernier arrêt, ainsi que dans un autre du 18 nov. 1892 (Chevillier), le Conseil d'Etat a employé des expressions qu'on pourrait interpréter contre le principe même de l'excuse pour force majeure ; mais ce serait certainement fausser sa pensée, et il a sans doute simplement voulu dire, spécialement dans l'espèce Chevillier, que les faits invoqués ne comportaient pas la réalité de la force majeure : il s'agissait de branches tombant dans le lit de la Seine pendant un élagage. A fortiori ne saurait-on excuser celui qui opérerait un dépôt de matériaux non autorisé sur une route sous prétexte qu'il ne pourrait les mettre ailleurs (31 mai 1854, Bourlon).

On range souvent dans les cas de force majeure ceux où il y a faute de l'administration; mais, comme le remarque justement M Laferrière (II, 646), il y a plutôt alors déplacement de responsabilité qu'excuse pour force majeure. Tel est le cas où le propriétaire d'un bateau coulé par suite de la rencontre d'une pierre faisant saillie sur le fond normal d'un canal refuse de le relever (6 août 1881, Rochard-Lebreton), cas dont on peut rapprocher celui d'un bateau coulé par le tir de canon- nières françaises (12 juin 1874, Bailly ; idem, Ballot) et celui où un éboulement sur une route s'est produit par le fait de travaux de l'admi- nistration : le propriétaire des terres éboulées peut refuser de les enle- ver (28 juill. 1864, Grégoire). Un autre cas très fréquent d'excuse de ce genre est celui où des bestiaux pénètrent sur un chemin de fer dont les clôtures ne sont pas en bon état d'entretien et présentent des brè- ches (7 avril 1876, Lainé; 17 nov. 76, Champieux), ou encore lorsque la pénétration a lieu par des barrières irrégulièrement ouvertes (28 nov. 1879, Farçat ; 5 août 81, Geoffroy ; 7 août 83, Breton). De même, on ne saurait incriminer les armateur et patron d'un bateau qui a brisé une estacade non signalée comme il était prescrit et alors qu'en outre les arrêtés relatifs à cette estacade n'avaient reçu qu'une publi- cité insuffisante ; cette excuse est naturellement subordonnée au fait d'avoir pris en vain les mesures nécessaires après que l'obstacle avait été aperçu (20 déc. 1889, Biette)

M. Picard range au nombre des excuses les erreurs commises par l'administration dans la délivrance d'un alignement (*Traité des chemins de fer*, II, 989) ; mais tel n'est pas l'avis de M. Laferrière, que nous croyons devoir rapporter intégralement : « Que décider, dit-il, si l'em- piétement reproché au riverain est le résultat d'une erreur commise par l'autorité qui a délivré l'alignement et qui avait compétence pour le faire? Nous n'hésitons pas à penser que cette erreur ne peut pas dispenser le juge de réprimer la contravention et d'ordonner la démo- lition des ouvrages. *Elle ne peut même pas le dispenser de prononcer l'a- mende*, car l'erreur commise ne prouve qu'une chose, c'est que le con- trevenant était de bonne foi ; or la bonne foi n'est pas absolutoire en matière de contravention, elle n'empêche pas que le riverain ne soit l'auteur matériel de la contravention, et par conséquent son auteur responsable. Nous ne saurions accepter dans ce cas, comme offrant une satisfaction suffisante au domaine public, l'assujettissement de la construction à la servitude de reculement. Cette servitude naît lorsque la voie publique, étendant ses limites en vertu d'un plan général d'ali- gnement, vient elle-même empiéter sur des constructions existantes ; mais, quand ce sont des constructions nouvelles qui empiètent sur les limites du domaine public, la servitude de reculement ne suffit pas : la démolition s'impose » (II, 653).

Les arrêts du Conseil d'Etat cités à l'appui par M. Laferrière ne sauraient trancher la question d'amende, car ils concernent la petite voirie [1]. Pour nous, il nous semble que M. Picard est dans le vrai, car on
ne saurait condamner à l'amende un individu qui s'est conformé à
un alignement délivré par l'autorité compétente. Au contraire, l'imprescriptibilité du domaine public exige évidemment que la démolition soit ordonnée sous réserve des questions d'indemnité (voir p. 13
et considérants des arrêts des 5 août 1881, Bourdais, et 1er fév. 84, Mon-
ginoux).

5° Cas où une mise en demeure est nécessaire. — En thèse générale, il n'est aucun besoin d'une mise en demeure pour constituer en
contravention la personne responsable d'un fait irrégulier ; la jurisprudence a toutefois reconnu certaines exceptions. Si, par exemple, une
rivière navigable vient, en rongeant une berge, à mettre en saillie une
souche d'arbre, le propriétaire riverain sera tenu de l'enlever si elle
forme obstacle à la navigation ; mais, tant que l'administration ne le
met pas en demeure de le faire, aucune faute ne peut lui être reprochée, et, s'il est poursuivi, le conseil de préfecture devra se borner à
ordonner l'enlèvement de la souche sans prononcer d'amende (14 mai
1847, Renault).

De même, si l'exercice de la servitude de halage n'a point été réclamée à la suite de la construction d'un canal (ou de la déclaration de
navigabilité d'une rivière), on devra, en l'absence d'une mise en demeure, se borner à reconnaître l'existence de la servitude, sans prononcer aucune condamnation (6 mars 1856, Castillon). Un cas encore
plus analogue au premier est celui où un riverain d'une rivière navigable a, par ses irrigations, provoqué un éboulement dans le lit de
celle-ci (24 mai 1878, Aguiré) : ici le Conseil d'Etat n'a même pas prescrit l'enlèvement par le riverain ou à ses frais, ce qui nous étonne [2]. A
plus forte raison en est-il de même si l'administration procède d'office
à l'enlèvement d'une épave, non-seulement sans mise en demeure,
mais malgré les propositions du propriétaire ou de son représentant
(30 juin 1876, Gaudet). Ces questions relatives à la portée d'une mise
en demeure soulèvent d'ailleurs des difficultés sérieuses qu'on ne peut
approfondir qu'à l'occasion des diverses sortes de dépendances de la
grande voirie (voir 10 sept. 1845, Viard, absence de contravention
pour inexécution de la démolition légalement ordonnée d'un barrage
non construit par son propriétaire).

6° Excuses diverses. — Si l'administration vient à modifier un ar-

---

1. Un arrêt du 23 mai 1879 (Fontaine), relatif à la grande voirie, a prononcé
l'amende, bien que les contrevenants eussent fait valoir une prétendue erreur
des agents de l'administration ; mais l'arrêt constate l'exécution de travaux tout
autres que ceux dont l'exécution avait été autorisée.

2. Voir, à propos d'un éboulement sur une route, un arrêt du 1er juill. 1892
(Blondel) et, sur un chemin de fer, un arrêt du 14 mars 1863 (Ceinture).

rêté individuel, il n'y a évidemment pas contravention de la part de celui qui a usé de l'arrêté primitif avant de recevoir notification du second (14 fév. 1873, Coudray) ; mais un retrait légal d'autorisation constitue en contravention celui qui prétend continuer à en jouir jusqu'au jugement de son recours pour excès de pouvoir (29 nov. 1895, Bovis). D'autre part, si la notification d'un arrêté de mise en demeure indique un délai plus long que l'arrêté lui-même, c'est le plus étendu qui est seul obligatoire (27 juill. 1888, Chognoux). Quant au fait que l'on jouirait d'un délai pour rentrer dans l'alignement, il ne saurait faire excuser une nouvelle construction en saillie élevée avant l'expiration de ce délai (10 mars 1864, Lebon). La violation d'une clause illégale insérée dans un arrêté ne saurait constituer une contravention, qu'il s'agisse d'un arrêté individuel (7 avril 1859, Delondre, conditions ornementales), ou d'un arrêté général (27 mars 1885, Gaubert) ; mais le Conseil d'Etat n'étend pas ce principe au cas où un travail qui eût dû être autorisé a fait l'objet d'un refus d'autorisation (1er déc. 1852, Prouvost ; 9 mars 54, Gy ; voir, p. 11, notre discussion relative au premier de ces arrêts, notamment la note).

Il n'est guère besoin de noter que l'inaccomplissement d'engagements pris par un tiers, fût-ce une administration, ne saurait être invoqué à titre d'excuse (13 fév. 1868, Peretti) ; mais il pourrait y avoir doute si l'art. 41 de la loi des 28 sept.-6 oct. 1791 (titre II)[1] peut justifier un fait de circulation sur une dépendance de la grande voirie autre qu'une route, dans le cas où un chemin public voisin serait impraticable : le Conseil d'Etat a justement déclaré que ce texte ne vise que les terrains privés et ne peut dès lors être invoqué dans le cas précité (4 juin 1852, Rousseau, digue d'un canal).

Dans le cas où une dégradation à une dépendance de la grande voirie proviendrait d'un fait antérieur à l'établissement de l'ouvrage endommagé, par exemple d'infiltrations provenant d'un ancien canal, il n'y aurait pas contravention, mais seulement une question de dommage relevant des tribunaux ordinaires (6 fév. 1831, Girand).

Signalons enfin le cas de jet indirect d'eaux impures dans une rivière, par l'entremise d'un égoût communal : il n'y a pas contravention de grande voirie (21 janv. 1881, Oriol ; 20 déc. 89, Mangoul). A fortiori en est-il de même si les eaux impures passent d'abord par un affluent de la rivière navigable (7 juill. 1893, Chapheau).

V. Amendes. — **1° Principes généraux.** — Les anciens règlements sont généralement fort compliqués en ce qui concerne le taux des amendes. chaque article contenant souvent une disposition spéciale à ce point de vue. Tantôt on est en présence d'une amende fixe, et tantôt le texte laisse à l'arbitraire du juge le taux de la peine ; enfin il n'est pas rare que le rédacteur ait oublié de prévoir une amende.

1. Voir tome I, p. 411.

4

Dans ce dernier cas, aucune pénalité ne doit être prononcée, sous réserve des questions de réparations et de dépens (voir, p. 38, ce que nous avons dit des dépens en l'absence de dommage et, au nº VI, ce que nous disons des réparations). Sur la question même de l'amende, l'absence de condamnation ne soulève aucun doute (29 juin 1850, Guion ; 13 janv. 53, Rouvier ; 14 déc. 53, Guennoc ; 19 avril 54, Bouvier ; 1er fév. 55, Lephay ; 6 janv. 58, Béna ; idem, Legros ; idem, Bigouret ; idem, Bourgeois ; 28 déc. 58, Société du Levant ; idem, Cardon ; 14 avril 59, Baudrin-Douchy ; 10 mai 60, Musellec ; 8 janv. 63, Samson ; 1er juin 64, Chevalier ; 11 août 64, Prevost ; 27 mars 65, Blin ; 17 janv. 73, Balph ; 16 juin 76, Bauchot ; 5 janv. 77, Hache ; 23 janv. 80, Bresnu ; 19 nov. 80, Lejeune ; 13 janv. 82, Malpas ; 22 juin 83, Rédarès ; 20 juill. 83, Benex ; 27 fév. 91, Dolnet ; 12 juin 91, Lebrun ; 4 déc. 91, Schack ; 8 avril 92, Laurent ; 24 fév. 93, Clavet). Nous verrons, p. 53, que le conseil de préfecture ne saurait faire application de l'art. 471 (15º) du Code pénal.

Cette jurisprudence est incontestablement correcte, attendu qu'il n'existe aucun texte général établissant des amendes pour la répression des contraventions de grande voirie : la loi du 29 floréal an X n'en a, en effet, édicté aucune, et le législateur de 1842 n'a pas cru devoir établir des pénalités, pour les cas qui n'en comportaient pas jusqu'alors. On voit donc combien profonde a été la méprise de celui de 1880, lorsque, dans la loi du 19 février (art. 2), il a dit que les contraventions aux prescriptions relatives aux déclarations de chargement à faire par les mariniers seraient *assimilées aux contraventions de grande voirie et punies des mêmes peines :* ce texte ne comporte l'application d'aucune pénalité par le conseil de préfecture. Antérieurement à la loi du 23 mars 1842, la situation était la même en cas d'amende arbitraire, le Conseil d'Etat n'admettant pas que, en l'absence d'un texte précis, aucune amende pût être prononcée (20 avril 1840, Kerriou ; 12 avril 44, Lepelletier ; 29 juin 44, Forterolot[1]) ; mais cette loi a mis fin à cet état de choses, en même temps qu'elle a permis de modérer les amendes fixes prévues par les anciens règlements. Son art. 1er est en effet conçu dans les termes suivants :

A dater de la promulgation de la présente loi, les amendes fixes établies par les règlements de grande voirie antérieurs à la loi des 19-22 juill. 1791, pourront être modérées, eu égard aux circonstances atténuantes des délits, jusqu'au vingtième desdites amendes, sans toutefois que ce minimum puisse descendre au-dessous de seize francs. — A dater de la même époque, les amendes dont le taux, d'après ces règlements, était laissé à l'arbitraire du juge, pourront varier entre un minimum de seize francs et un maximum de trois cents francs.

1. Les contraventions visées par ces deux derniers arrêts étaient antérieures à la loi de 1842.

Disons de suite que, en ce qui concerne les chemins de fer et les tramways, l'art. 11 (titre I) de la loi du 15 juill. 1845 a fixé uniformément à ces chiffres de 16 et de 300 fr. les limites des amendes encourues pour contravention à la police de la conservation [1]. D'après M. Aucoc (III, 811 et 817), ces amendes s'appliquent non-seulement aux faits nouveaux prévus par la loi de 1845, mais aux faits interdits par les anciens règlements sur la voirie et se substituent aux peines édictées par eux, à quoi il faudrait ajouter, selon M. Picard (*Traité des Chemins de fer*, II, 983), que par là même cette loi assure une sanction aux règlements qui en étaient dépourvus, mais seulement, bien entendu, quand il s'agit d'un chemin de fer ou d'un tramway. Ce dernier avait bien remarqué, il est vrai, que le Conseil d'Etat invoque la loi de 1842 pour abaisser l'amende au-dessous du chiffre fixé par un ancien règlement (voir 21 nov. 1873, Bernard); mais il n'y voyait qu'un simple lapsus de rédaction. En fait, le Conseil d'Etat, ainsi que le prouvent des arrêts postérieurs, considère que l'art. 11 de la loi de 1845 ne concerne que les contraventions nouvelles prévues par les art. 4 à 8, ainsi que l'énonce formellement un arrêt du 16 mars 1894 (Lemoine); cet arrêt, de même qu'un autre du 8 avril 1892 (Laurent), concerne le cas où les anciens règlements ne prévoyaient pas d'amende, mais ses termes indiquent clairement que, dans le cas contraire, ces amendes eussent été applicables, sous réserve, bien entendu, de la modération permise par la loi de 1842 [2]. Il convient de noter que les amendes spéciales, édictées par l'art. 14 (titre II) de la loi du 15 juill. 1845 à l'égard des contraventions de voirie commises par les concessionnaires, peuvent être réduites en vertu de l'art. 463 du Code pénal sur les circonstances atténuantes, l'art. 26 de la même loi le déclarant applicable aux condamnations prononcées en exécution de la dite loi (2 arrêts 4 août 1876, Lille à Valenciennes); il va de soi que l'art. 26 ne peut viser les contraventions au titre I pour lesquelles le minimum de 16 fr., identique au minimum fixé par la loi de 1842, est absolu.

De tout temps le Conseil d'Etat a déclaré que les conseils de préfecture doivent appliquer l'amende édictée, soit d'après son taux fixe (très nombreux arrêts, 4 avril 1837, Roberjot, par exemple), soit dans les limites qui résultent de la loi de 1842 ou des lois spéciales (24 juill. 1847, Sorel ; 24 mars 49, Lasmolle ; 13 avril 53, Benassit ; 9 janv. 61, Anglade ; 21 mai 75, Meyer ; 4 juill. 84, canal du Midi ; 24 juin 87,

____

1. *Les contraventions aux dispositions du présent titre... seront punies d'une amende de seize à trois cents fr., sans préjudice, s'il y a lieu, des peines portées au Code pénal et au titre III de la présente loi.*

2. « Considérant que cette loi (de 1845) en déclarant purement et simplement « applicables aux chemins de fer les lois et règlements sur la grande voirie « rappelés par son art. 2, en a par cela même maintenu toutes les dispositions, « y compris celles fixant les pénalités encourues... »

Collignon ; 4 mai 88, Bouilliez). Mais, sous les régimes monarchiques et en vertu de la fiction légale de la *justice retenue* (t. I, p. cxviii), le Conseil d'Etat s'attribuait le droit d'abaisser l'amende au-dessous du taux fixe ou du minimum légal. Surtout avant la loi de 1842, il faisait un très fréquent usage de ce véritable droit de grâce, et on le voyait souvent annuler un arrêté de conseil de préfecture, puis prononcer la même amende, ainsi qu'il l'a fait dans l'affaire Roberjot. La loi de 1842 rendit ces abaissements d'amende moins fréquents, puisqu'elle donna aux conseils de préfecture le droit de les modérer eux-mêmes ; on pourrait néanmoins en citer encore de très nombreux exemples, et l'arrêt Anglade a, comme l'arrêt Roberjot, prononcé précisément l'amende motivant l'annulation. Nous noterons d'ailleurs que, sous la République de 1848, le Conseil d'Etat a usé du même pouvoir jusqu'à la loi du 3 mars 1849 et même un peu au-delà (17 janv. 1849, Bourgeois ; 2 avril 49, Dubernet). Nous ne croyons pas que pareil fait se soit produit entre la révolution du 4 sept. et la promulgation de la loi du 24 mai 1872 ; en tout cas, sous le régime de cette loi, l'obligation pour le Conseil d'Etat de s'enfermer dans les limites légales ne saurait faire l'objet d'un doute (25 juin 1880, Théry-Lepreux ; 16 fév. 83, Collignon ; 8 août 90, deux arrêts Giraudel).

Remarquons enfin que le principe de la condamnation à l'amende légale subit une exception, en vertu du principe *non ultra petita*, lorsque le préfet ou le ministre ne demande pas qu'il en soit prononcé (29 août 1867, Express de la Seine ; 19 déc. 67, Perrault). Dans tout ce qui précède, nous avons parlé des chiffres d'amende énoncés dans les textes qui ont établi les pénalités, et ce sont eux que doivent appliquer les tribunaux administratifs ; mais des dispositions d'un caractère purement fiscal ont majoré les amendes de deux décimes et demi, comme nous avons vu qu'ils l'ont fait des droits d'enregistrement : ce sont les lois des 6 prairial an VII (art. 1er), 23 août 1871 (art. 1er) et 30 déc. 1873 (art. 2).

2o **Question du cumul.** — En principe, quand il y a plusieurs contraventions de grande voirie, l'amende applicable à chacune doit être prononcée (5 déc. 1842, Derreulx, travaux confortatifs à une maison en saillie et encombrement de la voie publique ; 31 mars 47, Ballias et 14 déc. 53, Lemanach, contravention répétée plusieurs jours ; 4 mai 58, chemins de fer de l'Est, et 4 août 76, 4 arrêts Lille à Valenciennes, autant d'amendes que d'ouvrages irréguliers ; 8 août 85, Lemaire, empiétement et dépôts sur la voie publique); mais l'administration ne saurait faire multiplier les amendes en faisant constater par plusieurs procès-verbaux divers éléments d'une même contravention (19 déc. 1848, Vaton), sans toutefois que ce principe empêche d'exercer de nouvelles poursuites si le contrevenant continue ses travaux après une première condamnation (26 juill. 1854, Ronce) [1]. Quant à un arrêt du

____

1. Un arrêt du 23 juill. 1840 (Juestz) manque un peu de clarté : il a prononcé

23 fév. 1854 (Perrin), si l'on en juge par le résumé de l'arrêtiste qui précise plus que le texte, il pourrait y avoir une seconde condamnation pour défaut d'enlèvement d'un dépôt dans le délai prescrit par le conseil de préfecture : ce principe nous paraîtrait inadmissible, la véritable sanction consistant, en sus de l'amende primitive, dans l'exécution d'office aux frais du contrevenant (voir n° VI).

Rappelons ici que nous avons étudié précédemment (p. 27) la question du cumul des poursuites devant des juridictions différentes.

3° **Dispositions du Code pénal.** — Les art. 471 et 479 du Code pénal donnent lieu à quelques remarques.

Le premier, en son n° 15, punissant d'une amende de un à cinq francs *ceux qui auront contrevenu aux règlements légalement faits par l'autorité administrative*, on a songé à y trouver la base d'une condamnation dans le cas où un ancien règlement ne contient l'indication d'aucune amende ; mais le Conseil d'Etat n'a pas admis que les tribunaux administratifs fissent l'application de cette peine de simple police (19 mars 1845, Briant ; 23 août 45, Millière et sept autres arrêts de même date ; 30 mars 46, Saboulard ; 17 juin 48, Pochet ; idem, Laporte ; idem, Minguy) ; nous avons d'ailleurs indiqué (note 2 de la page 27) un certain nombre d'arrêts posant le même principe et indiquant que cette application devrait être faite par le juge de paix. Nous ne connaissons malheureusement aucun arrêt de la Cour de cassation décidant si ce juge peut, en effet, faire cette application aux règlements de grande voirie.

Nous avons déjà vu (p. 26) que ce même article 471, ainsi que l'art. 479 du Code pénal, réprimant, depuis la loi du 28 avril 1832, les obstructions, dégradations et usurpations commises sur la voie publique, il n'en était résulté aucun changement de compétence en ce qui concerne la grande voirie. Il en est naturellement de même au point de vue du taux de l'amende (30 déc. 1843, Allibe).

4° **Recouvrement.** — L'art. 4 de la loi du 29 floréal an X porte que *les arrêts* (des conseils de préfecture) *seront exécutés sans visa ni mandement des tribunaux.* D'autre part, l'art. 25 de la loi de finances du 29 déc. 1873 contient la disposition suivante : *A partir du 1er janv. 1874, les percepteurs des contributions directes*[1] *seront substitués aux receveurs de l'enregistrement pour le recouvrement des amendes et des condamnations pé-*

deux amendes à raison de deux procès-verbaux constatant des réparations confortatives à une maison en saillie : la distinction affirmée des deux contraventions tient-elle à la continuation des travaux après le premier procès-verbal ou, comme l'indique M. Laferrière (II, 666), à la distinction des réparations ? Dans ce dernier cas, il semble qu'il aurait dû y avoir plus de deux amendes, et en outre il serait fort difficile de limiter les distinctions et le nombre des amendes.

1. Ces percepteurs relèvent du trésorier-payeur général et non du directeur dés contributions directes, lequel s'occupe exclusivement de l'assiette de l'impôt, et non de son recouvrement.

*cuniaires autres que celles concernant les droits d'enregistrement, de timbre,
de greffe, d'hypothèques, le notariat et la procédure civile. — Sont mainte-
nuès toutes les dispositions des lois qui ne sont pas contraires au paragraphe précédent ; toutefois les porteurs de contraintes pourront remplacer les
huissiers pour l'exercice des poursuites.*

L'art. 4 de la loi du 29 floréal an X contenait la disposition suivante : *Les individus condamnés seront contraints par l'envoi de garnisaires et saisie de meubles ;* mais la loi du 9 fév. 1877 a abrogé le mode de poursui-
tes par voie de garnison individuelle. Au contraire, la contrainte par
corps est applicable, conformément à l'art. 52 du Code pénal, la loi du
22 juill. 1867 ne l'ayant supprimée qu'*en matière commerciale, civile et
contre les étrangers* (art. 1er) ; nous croyons superflu d'ailleurs d'entrer
dans les détails d'application formulés par cette loi. Nous ferons remarquer seulement qu'une loi du 19 déc. 1871 a abrogé l'art. 2 de la
loi de 1867, qui avait supprimé la contrainte par corps pour les frais
dus à l'Etat à raison des condamnations pour lesquelles elle était main-
nue. Les frais de recouvrement des amendes et de poursuite, s'il y a
lieu, sont naturellement à la charge des contrevenants (15 juin 1842,
Gaulet).

En matière de navigation intérieure ou maritime, le recouvrement
des amendes et autres condamnations pécuniaires rencontre de fréquentes difficultés, les bateliers et marins n'ayant pas souvent de domicile fixe et échappant ainsi aux poursuites. Pour obvier à cet inconvénient, le ministre des travaux publics a adressé aux préfets, par
deux circ. du 26 déc. 1879, deux modèles d'arrêté concertés avec le
ministre des finances. Ces deux modèles sont identiques, sauf en ce qui
concerne l'art. 1er ; nous allons donner dans le texte celui qui concerne
les ports maritimes et en note celui qui est relatif à la navigation intérieure [1].

*Art. 1er. — Toutes les fois qu'un capitaine de navire est pris en contra-
vention au règlement de la police des ports, son navire est provisoirement retenu, conformément à l'art. 40 du dit règlement, et le procès-verbal est immédiatement porté à la connaissance du commandant du port, qui ajourne la
délivrance du billet de sortie jusqu'à ce qu'il ait été satisfait aux prescriptions mentionnées dans les articles suivants.*

*Art. 2. — L'agent verbalisateur arbitre provisoirement, conformément
aux indications relatées au tableau annexé au présent arrêté, le montant de
l'amende en principal et décimes, et, s'il y a lieu, ceux de réparations ; il
prescrit la consignation immédiate à la caisse du percepteur, à moins qu'il
ne soit présenté à ce comptable une caution solvable.*

*Art. 3. — S'il n'existe pas de percepteur dans la commune et si mieux
n'aime le contrevenant verser lui-même la somme à consigner dans la caisse*

---

1. *Art. 1er. — Toutes les fois qu'un batelier est pris en contravention, son
bateau est provisoirement retenu.*

du percepteur du ressort, la consignation devra être faite entre les mains de l'agent verbalisateur, à charge par lui d'en donner un reçu et d'en verser le montant dans un délai de trois jours à la caisse du percepteur, en allant soumettre le procès-verbal, soit à la formalité de l'enregistrement, soit à celle de l'affirmation.

Art. 4. — Le contrevenant est tenu d'élire domicile dans le département du lieu où la contravention a été constatée ; à défaut par lui d'élection de domicile, toute notification lui sera valablement faite au secrétariat de la commune où la contravention aura été constatée.

Nous n'avons pas connaissance que la légalité de ces dispositions ait été contestée, mais l'administration ne pourrait saisir et consigner les marchandises expédiées ultérieurement par le contrevenant, ou, du moins, il faudrait qu'elle y fût autorisée par l'autorité judiciaire, le conseil de préfecture n'étant pas compétent dans l'espèce (28 janv. 1887, Berthoz).

Nous ajouterons qu'il est d'usage de ne faire application des arrêtés dont nous venons de parler que dans les cas où il paraît y avoir intérêt pratique à le faire.

5° Répartition du produit des amendes. — La loi de finances du 26 déc. 1890 a profondément changé les règles antérieures sur la répartition du produit des amendes. Son art. 11 a été modifié de la manière suivante par l'art. 45 de la loi du 28 avril 1893 :

Art. 11. — Le produit des amendes et condamnations pécuniaires prononcées par les tribunaux répressifs, dont le recouvrement a été confié aux percepteurs par la loi du 29 déc. 1873 (voir p. 33), est attribué comme suit : — Le produit des amendes en principal est réparti annuellement dans chaque département de la manière suivante : 20 0/0 pour l'Etat ; 80 0/0 pour le fonds commun. — Les décimes sur les amendes, en principal, les frais de justice, les confiscations, les réparations au profit du Trésor et des droits de poste sont acquis à l'Etat. — Les frais d'extraits d'arrêts et de jugements sont encaissés pour le compte du fonds commun qui en fait l'avance. — Sur le fonds commun sont prélevés, en vertu d'ordonnances de paiement du préfet : 1° Les frais de poursuites exposés en vue du recouvrement et tombés en non-valeur ; 2° Les gratifications dues aux agents verbalisateurs, à raison de 10 francs par condamnation prononcée en matière de chasse ou de pêche et de 1 fr. 25 par condamnation recouvrée en toute autre matière donnant lieu à gratification ; 3° Le paiement des droits dus aux greffiers des cours et tribunaux pour les extraits d'arrêts et de jugements adressés dans les délais réglementaires au service de recouvrement. — Ces prélèvements opérés, le reste du fonds commun est attribué, savoir : Un quart au service des enfants assistés ; Trois quarts aux communes, suivant la répartition faite par la commission départementale, après avoir entendu l'avis ou les propositions du préfet, conformément à l'art. 81 de la loi du 10 août 1871. — En cas de transaction ou de remise sur amendes encourues ou prononcées, la gratification due à l'agent verbalisateur est toujours réservée. Les frais de perception des amendes et condamnations pécuniaires, les frais d'abonnement au **Journal officiel des communes** (*chefs lieux de canton*) *et une allocation fixe de 15.000 fr. à verser annuellement à la caisse des invalides de la marine en représentation du produit des amendes qui lui sont attribuées par les lois et règlements, sont compris parmi les dépenses du budget de l'Etat.*

On a vu que, sauf en ce qui concerne la chasse et la pêche, le texte qui précède se réfère aux textes spéciaux pour l'existence même du droit des agents verbalisateurs. En ce qui concerne la grande voirie, le principe de ce droit se trouve dans l'art. 115 du décret du 16 déc. 1811 : *Un tiers des amendes de grande voirie appartient à l'agent qui aura constaté le délit...* En vertu de la loi du 26 déc. 1890, ce taux proportionnel est ramené au chiffre fixe de 1 fr. 25. On remarquera qu'elle n'est due que si l'amende a été *recouvrée*, mais que, en cas de remise, celle-ci réserve la part due à l'agent verbalisateur. Le paiement de cette part est fait sur mandat du préfet.

VI. Réparations. — **1º Principes généraux.** — Les contraventions ont souvent pour résultat de causer des dégradations aux ouvrages publics, et souvent aussi elles consistent dans des travaux constituant un empiétement sur le domaine public. Dans l'un et l'autre cas, les contrevenants encourent une responsabilité à laquelle ne saurait satisfaire le paiement de l'amende : ils doivent *réparation*, en prenant ce mot dans son sens large, soit qu'il s'agisse au propre d'une réparation, soit qu'il s'agisse de la démolition de l'ouvrage illicite. Ce principe général est nettement posé par l'art. 3 de la loi du 29 floréal an X (voir p. 24) ; nous avons vu que la portée de cet article a été restreinte par le décret du 16 déc. 1811, mais seulement au point de vue du pouvoir des préfets et sous-préfets de faire procéder d'urgence aux réparations. Les textes spéciaux contiennent d'ailleurs souvent des dispositions à ce sujet.

Il convient de faire une distinction entre les diverses réparations qui peuvent être ordonnées : s'il s'agit d'un dépôt ou d'une construction, rien ne s'oppose, en général, à ce qu'on permette au contrevenant de procéder lui-même à l'enlèvement ou à la démolition, mais il n'en est pas de même quand il y a eu dégradation d'un ouvrage public, les travaux de remise en état ne pouvant être exécutés que par l'administration [1]. On doit même remarquer que le conseil de préfecture doit s'abstenir de prescrire aucun travail sur le domaine public, même par les soins de l'administration (23 mai 1884, Guérin ; voir 23 janv. 37, caserne de Montierneuf, et 22 fév. 50, Dartigue). Du moment que les travaux ne doivent pas être exécutés par le contrevenant, la condamnation

---

1. Un arrêt du 25 juill. 1884 (Lanleyrès) a cependant condamné le contrevenant à rétablir le fossé d'une route comblé par lui (voir aussi 12 avril 1844, Lepelletier, rétablissement de gazon sur un chemin de halage).

est exclusivement pécuniaire ; le conseil de préfecture en fixe d'ailleurs immédiatement le montant s'il est possible, ou sinon il statue sur le principe, réservant une fixation ultérieure (5 mars 1875, Exposition universelle de Lyon ; 11 fév. 81, Arlot ; 15 mai 91, Menu). Il convient naturellement de fournir, s'il est possible, au conseil de préfecture tous les renseignements lui permettant de statuer de suite définitivement, ainsi que la circulaire du 15 mai 1880 a recommandé de le faire quand il s'agit d'un appel au Conseil d'Etat. Dans le cas où les dégradations à réparer ne seraient pas exclusivement imputables au contrevenant, il ne devrait naturellement supporter qu'une partie des frais (14 déc. 1852, Charamaule). En thèse générale, l'administration ne manque pas de demander le remboursement des frais de réparation ; mais, si elle omettait de le faire (et cela peut arriver surtout quand ce remboursement devrait être fait à un concessionnaire), il ne saurait être ordonné même si le procès-verbal contenait l'estimation des dégradations (15 janv. 1868, Debrade).

Lorsqu'il s'agit d'un enlèvement de dépôt ou d'une démolition, le conseil de préfecture condamne le contrevenant à y procéder, faute de quoi l'administration est autorisée à y procéder aux frais de celui-ci. En général, la plus simple solution consiste dans la fixation par la décision du tribunal administratif du délai accordé au contrevenant pour satisfaire lui-même à la condamnation, et il y a de nombreux arrêts du Conseil d'Etat statuant ainsi ; même si la décision a omis de dire que, faute par le contrevenant de satisfaire à cette injonction dans le délai fixé, il y sera procédé d'office, le préfet peut ordonner cette exécution, le délai écoulé (21 fév. 1890, Drouet). Mais il arrive trop souvent que la décision ne fixe pas de délai ; dans ce cas, nous pensons qu'il appartient au préfet d'en indiquer un et que le conseil de préfecture devrait ordonner le remboursement des frais faits d'office après l'expiration de ce délai, à moins qu'il n'estimât celui-ci trop court pour avoir permis au contrevenant d'user de la faculté qui lui était accordée. D'autre part, si les travaux prescrits ne sont pas suffisamment précisés, il appartient au préfet d'indiquer l'interprétation donnée par l'administration à l'arrêté du conseil de préfecture et de mettre le contrevenant en demeure de s'y conformer : en cas de désaccord, ce dernier doit demander au dit conseil l'interprétation de sa décision et non former un recours pour excès de pouvoir (22 avril 1858, Caffin).

Tout travail irrégulier ne doit pas par là même faire l'objet d'une condamnation à démolition, car il peut s'agir d'un travail que l'administration eût dû autoriser, si la demande lui en avait été faite : c'est ce qui se présente journellement en matière de réparations à des bâtiments en saillie sur l'alignement ; en pareil cas, le conseil de préfecture, s'il juge la réparation non confortative, doit se borner à appliquer l'amende pour travail non autorisé (très nombreux arrêts, par exem-

ple, 29 déc. 1853, Desprez ; 12 avril 66, de Besse ; 14 juill. 76, Leroy ;
9 juin 82, de Mérode ; 21 nov. 84, Bourget). Ce cas n'est pas d'ailleurs
le seul où ce principe trouve son application (15 juill. 1841, de Turin,
construction élevée sans autorisation sur un alignement modifié postérieurement ; 14 août 71, Cottin, construction d'un mur le long d'une
route ; 8 déc. 76, Forner, idem ; 19 janv. 94, Shoult, travail non autorisé sur une maison trop en saillie pour que la servitude d'alignement lui
fût applicable ; 1er fév. 95, Pons, construction non autorisée, mais non
en saillie). Nous avons vu précédemment qu'un refus illégal d'autorisation ne fait pas disparaître la contravention (p. 49), mais il est clair
que l'amende ne doit pas être accompagnée de l'ordre de démolition
(1er mars 1852, Prouvost ; 9 mars 54, Gy).

Hors ces cas, le conseil de préfecture est tenu d'ordonner la démolition (10 sept. 1856, Robert-Bayard ; 3 déc. 67, Montaud)[1] ; mais cet ordre n'empêche aucunement l'administration d'autoriser la conservation
de tout ou partie des travaux faits (3 mai 1850, Sicard-Duval). Parfois,
du reste, le Conseil d'Etat, en prescrivant la démolition, formule une
réserve sur l'autorisation éventuelle de conservation (23 fév. 1841,
Roussay ; 23 nov. 65, commune d'Hennebon ; 8 août 72, d'Arberats) ;
il lui est arrivé aussi de laisser explicitement à l'administration le soin
de prescrire la démolition, si elle le jugeait convenable (8 déc. 1857,
Mazelier), et même de renvoyer le contrevenant devant l'administration pour être statué sur la suppression (4 janv. 1866, Adam). Ce sont
là des formes discutables dans des arrêts du Conseil d'Etat et qui ne seraient sans doute pas admissibles dans des arrêtés de conseils de préfecture.

2° **Questions de compétence.** — Indépendamment de la réparation
des dégradations et des frais de démolition, l'administration, ou son
concessionnaire, peut être fondée à réclamer certaines indemnités ;
mais alors le conseil de préfecture ne serait pas compétent. Ainsi a-t-
il été jugé à propos des dommages causés au concessionnaire d'une
voie navigable par l'entrave apportée à la navigation (11 mai 1862,
Pouzot). Tel doit être aussi le cas où des bestiaux rencontrés par une
locomotive causeraient à celle-ci des dégradations, celles à la voie et à
ses dépendances constituant seules une contravention de grande voirie.

Un exemple plus caractéristique est celui où une fouille ayant été

---

1. Le fait que le texte appliqué n'a pas prévu d'amende n'empêche naturellement pas la condamnation à la réparation ou démolition, en même temps alors
qu'aux frais du procès-verbal (29 juin 1850, Guion ; 13 janv. 53, Rouvier ; 14
déc. 53, Guennoc ; 19 avril 54, Bouvier ; 1er fév. 55, Lephay ; 6 janv. 58, Béna ;
10 mai 60, Musellec ; 8 janv. 63, Samson ; 1er juin 64, Chevalier , 11 août 64,
Prévost ; 17 janv. 73, Balph ; 16 juin 76, Bauchot ; 5 janv. 77, Hache ; 23 janv.
80, Bresnu ; 19 nov. 80, Lejeune ; 13 janv. 82, Malpas ; 22 juin 83, Rédarès ;
27 fév. 91, Dolnet ; 12 juin 91, Lebrun ; 4 déc. 91, Schack ; 8 avril 92, Laurent ; 24 fév. 93, Clavet).

faite indûment, la terre enlevée se trouverait avoir une valeur propre : l'administration ne pourrait demander au conseil de préfecture une indemnité motivée par cette valeur (11 nov. 1892, Balu).

Une question fort discutable a été, d'autre part, soulevée à Bordeaux par l'amarrage d'office de navires à des corps-morts concédés : le Conseil d'Etat a reconnu que le refus d'amarrage sur l'ordre du capitaine de port constituait une contravention, et que le conseil de préfecture devait ordonner le remboursement des frais de corvée occasionnés par l'amarrage d'office (54 arrêts 7 juin 1878, Large, etc. ; 23 juill. 86, Gay ; 8 juill. 87, Ménard) ; mais il n'a pas reconnu sa compétence à l'égard des droits de location des engins d'amarrage (arrêts du 7 juin 1878), ces droits rentrant dans la catégorie des taxes indirectes. On doit bien remarquer que, en principe général, tous les frais occasionnés par l'exécution d'office rentrent dans la compétence du conseil de préfecture ; mais, dans le cas présent, il y avait contestation sur la régularité de la perception d'une taxe obligatoire par le concessionnaire des corps-morts, ce qui changeait le caractère du litige. La décision du Conseil d'Etat nous paraît supposer que le concessionnaire réclamait le paiement à l'armateur, car, si c'était à l'Etat de faire le paiement, il semble que le conseil de préfecture pourrait seul ordonner le remboursement, auquel cas il y aurait lieu à sursis, et non à déclaration d'incompétence.

3° **Questions diverses**. — Le recouvrement des frais de réparation ou de démolition ne soulève aucune question spéciale, les textes cités à l'occasion du recouvrement des amendes visant ces frais aussi bien que ces dernières (voir p. 53).

Mais il convient de signaler que les sommes recouvrées rentrent dans les produits généraux du budget, et qu'elles ne peuvent être affectées au paiement des travaux ; si donc les crédits dont dispose le ministre lui paraissaient insuffisants, il devrait en demander l'augmentation au Parlement. Lorsque l'auteur d'une dégradation reconnaît sa responsabilité et accepte de payer les frais de réparation, il arrive souvent que l'affaire ne reçoive aucune suite officielle, et que les dépenses soient payées par le contrevenant, sans qu'elles figurent dans la comptabilité ; mais on ne saurait toujours procéder ainsi, et l'on a cherché comment, les travaux ayant été payés par l'administration, celle-ci pourrait en être remboursée de telle sorte que le versement ne rentrât pas dans les ressources générales du budget : après avoir songé à faire opérer ce versement à titre de fonds de concours, on a reconnu que le mieux était de faire opérer un reversement au nom des parties prenantes par l'auteur de la dégradation (dépêche ministérielle du 24 avril 1895, relative à des avaries faites au port de Dieppe par le steamer « *Italie* »).

L'art. 4 de la loi du 29 floréal an X porte que les arrêtés des conseils

de préfecture *seront exécutés*.... *nonobstant et sauf tout recours*, principe
général que nous avons étudié tome I, p. xxvii. Il en résulte que l'administration peut poursuivre l'exécution d'un arrêté déféré au Conseil
d'Etat, mais à ses risques et périls, en sorte que si elle a fait démolir
une construction, en vertu d'un arrêté qui viendrait à être annulé ensuite, elle devrait une indemnité, tant à raison de la démolition elle-
même qu'à celle de la privation de jouissance jusqu'à la reconstruction (23 nov. 1850, Bertrand). Nous pensons d'ailleurs que, conformément au principe général indiqué t. I, p. cxxviii, le remboursement
de l'amende exigée devrait être accompagné des intérêts depuis le
jour du versement.

On ne doit pas perdre de vue que l'opposition est suspensive (p. 36)
et que, par suite, en cas d'arrêté rendu par défaut, il faut attendre
l'expiration du délai d'un mois accordé pour la former.

Notons enfin que, si les frais de réparation sont exposés par l'administration et mis à la charge du contrevenant, les intérêts en sont
accordés quand l'administration les demande : un arrêt du 15 janv.
1875 (Johannesen) en a fixé les points de départ, conformément à la
demande, aux dates de notification des procès-verbaux de réception
provisoire et définitive des travaux.

VII. Prescription. — 1° **Prescription en première instance.** —
L'art. 640 du Code d'instruction criminelle porte : *L'action publique et
l'action civile pour une contravention de police seront prescrites après une année révolue, à compter du jour où elle aura été commise, même lorsqu'il y
aura eu procès-verbal, saisie, ou poursuite, si dans cet intervalle il n'est point
intervenu de condamnation.*

Le Conseil d'Etat fait, sans contestation aucune, application de ce texte,
quand il s'agit d'une contravention purement passagère et ne laissant
aucune suite après elle [1] ; mais il y a des contraventions qu'on peut
appeler permanentes, telle que serait une construction empiétant sur
les limites de la grande voirie. Dans les cas de ce genre, le Conseil
d'Etat avait d'abord déclaré que, les contraventions étant permanentes,
aucune prescription de l'amende ne pouvait être acquise (1er nov. 1838,
Clisson) ; mais il n'a pas tardé à poser une distinction fort logique, en
vertu de laquelle il accorde le bénéfice de la prescription à l'égard de
l'amende, tandis qu'il la refuse à l'égard des réparations et démolitions,
vu qu'on est en présence « de l'intérêt toujours subsistant de la conservation des dépendances de la grande voirie » (13 avril 1842, Guyard ; 30 juin 42, de Beaucorps ; 9 janv. 43, de Barrois ; 19 mai 43,

---

1. Quand nous disons qu'il n'y a pas contestation, cela signifie simplement
que le Conseil d'Etat n'a jamais varié dans sa jurisprudence, car l'administration
a plusieurs fois demandé l'application de la prescription triennale de l'art. 638,
et M. Laferrière est, en principe, favorable à cette thèse (voir son intéressante
discussion t. II, p. 675).

Hébert; 19 avril 44, Lauvergnat; 19 mars 43, Legneux-Cornisset;
4 avril 45, Houdet ; 24 juill. 45, Smetz; 20 août 47, Fleurquin ; 21
avril 48, Meusnier ; 2 août 48, Deboise ; 9 avril 49, Durot ; 1er juin 49,
Pommier; 28 juill. 49, Gorin; 22 fév. 50, Picard-Duval ; 9 mars 50,
Sellier ; 3 mai 51, Coulbeaux; 8 déc. 57, Mazelier ; 4 janv. 66, Adam;
31 mai 66, Devauchelle ; 18 juill. 66, Dora ; 17 janv. 67, Dubuc ; 3 déc.
67, Montaut; 8 mai 74, Boucher ; 13 nov. 74, André ; 4 juin 75, Boulenger; 27 avril 77, Dodun de Kérouan; 10 mai 78, Vincent ; 19 janv. 83,
Thirel; 4 fév. 87, Mulot; 11 mars 87, Nénert; 26 déc. 90, Van Cronenburg ;
7 juill. 93, Cheux ; 9 août 93, Lhotellier ; 1er fév. 95, Pons).

Certains de ces arrêts présentent un caractère particulier. Ainsi l'arrêt Dora du 18 juill. 1866 a prescrit la démolition, bien que la construction remontât à plus de trente ans, et l'arrêt Adam du 4 janv. 1866 a
reconnu le caractère de contravention permanente et non successive à
une plantation qui va toujours se développant. D'autre part, les arrêts
Boucher, André, Boulenger, Nénert et Cheux (8 mai 1874, 13 nov. 74,
4 juin 75, 11 mars 87 et 7 juill. 93) font application de l'imprescriptibilité annale aux *frais* de réparation, contrairement à la jurisprudence de la Cour de cassation : cette dernière ne voit qu'une action
civile dans la poursuite de la réparation, tandis que le Conseil d'Etat
estime « que l'action est domaniale, qu'elle a pour but d'assurer la
conservation des ouvrages publics en fournissant à l'administration les
moyens de les réparer » (Laferrière, II, 669). Toutefois, l'éminent
vice-président du Conseil d'Etat fait remarquer que, bien que domaniale, l'action n'est pas imprescriptible d'une façon absolue, comme
l'action en restitution ou démolition : celle-ci est une action *réelle*, tandis que celle en réparation du dommage est *personnelle* et, comme telle
doit être soumise à la prescription trentenaire, opposable à l'Etat en
vertu de l'art. 2.227 du Code civil.

Si l'action de l'administration tendant à faire condamner le contrevenant au paiement des frais de réparation est domaniale, quand ces
frais sont supportés par elle, perd-elle ce caractère quand ils sont à la
charge d'un concessionnaire appelé dès lors à bénéficier de la condamnation ? Telle paraît être la doctrine du Conseil d'Etat, qui, dans un tel
cas, a déclaré l'action civile prescrite au bout d'un an (11 mai 1872,
Dudouet) ; mais M. Picard s'élève, justement croyons-nous, contre la
jurisprudence qui résulterait de cet arrêt, l'action publique appartenant exclusivement à l'autorité administrative et la conservation d'un
ouvrage dépendant du domaine public étant toujours en cause (*Traité
des chemins de fer*, II, 991).

On doit noter, d'ailleurs, que les frais du procès-verbal ne sont pas
eux-mêmes soumis à la prescription; si, en l'absence de dommage, la
prescription à l'amende fait disparaître toute condamnation, les dits
frais disparaissent en même temps (8 août 1894, Argeliès ; 1er fév. 95,

Pons), mais si des réparations sont ordonnées, le contrevenant est condamné à ceux-là (voir notamment 9 août 1893, Lhotellier).

Après avoir reconnu ces principes généraux sur la prescription il nous reste à préciser un certain nombre de détails. Et d'abord on ne saurait la faire disparaître au moyen d'une mise en demeure de supprimer le résultat matériel de la contravention, le défaut d'obéissance à cette mise en demeure ne constituant point une nouvelle contravention de grande voirie (20 août 1847, Fleurquin). Mais nous avons vu (p. 48) que, dans certains cas, une mise en demeure est nécessaire pour qu'il y ait contravention ; alors évidemment, celle-ci n'existant qu'à partir de l'expiration du délai accordé, la prescription ne peut courir que de cette expiration (27 déc. 1878, Yvonneau). Il en est naturellement de même dans le cas de retrait d'une autorisation temporaire (12 janv. 1850, Vauchel).

Du moment que la jurisprudence a reconnu l'applicabilité de l'art. 640 du Code d'instruction criminelle, il ne saurait y avoir de doute sur ce que le délai de prescription court du jour de la contravention, quelle que soit la date du procès-verbal (29 janv. 1847, Berlin ; 17 juin 48, Minguy ; 13 août 52, Caillard ; 31 mai 66, Devauchelle ; 11 mai 72, Dudouet ; 8 mai 74, Boucher ; 1er fév. 95, Pons).

Mais, s'il s'agissait de faits successifs, chacun d'eux constituerait une contravention soumise à sa prescription particulière. Toutefois, dans certains cas, il serait exagéré de multiplier indéfiniment les contraventions : tel serait celui où des eaux industrielles exerceraient à la longue une action corrosive sur un égoût ; alors le délai de prescription ne saurait courir que du jour où les dégradations constatées pouvaient l'être (11 fév. 1881, Arlot).

L'art. 640 dit qu'il y a prescription s'il n'est point intervenu de *condamnation*, d'où il résulte qu'un arrêté ordonnant une vérification quelconque ne saurait l'interrompre, mais que, au contraire, une condamnation par défaut a ce résultat : la prescription ne commence à courir de nouveau qu'à partir de la notification de l'opposition (8 fév. 1865, Dussol d'Héraud ; 17 fév. 88, Larrieu). On remarquera qu'il y a *interruption* et non simple *suspension* de la prescription, c'est-à-dire que le temps écoulé entre le jour de la contravention et celui de l'arrêté par défaut ne compte plus : une nouvelle année est nécessaire à partir de l'opposition, ainsi que l'énonce très-nettement l'arrêt Larrieu.

Il y aurait également interruption dans le cas où le conseil de préfecture renverrait une question préjudicielle aux tribunaux civils ou au Conseil d'Etat, ou si lui-même procédait à l'interprétation d'une vente nationale (voir p. 33). M. Laferrière, qui appuie cette thèse de fort bons arguments, ne cite aucun arrêt du Conseil d'Etat (II,678).

Notons enfin qu'il appartient naturellement au contrevenant de faire la preuve de la prescription (18 juill. 1873, Baillache ; 30 mai 84, Bosse ; 21 nov. 90, Enoch).

2° Prescription en appel. — L'art. 640 du Code d'instruction criminelle se termine ainsi : *S'il y a eu jugement définitif de première instance, de nature à être attaqué par la voie de l'appel, l'action publique et l'action civile se prescrivent après une année révolue, à compter de la notification de l'appel qui en aura été interjeté.*

Comme en matière de contravention de police il n'y a pas d'appel de la part du ministère public, qui n'a que la voie du recours en cassation, le mot d'appel, dans l'art. 640, ne peut viser que celui du contrevenant condamné, et par suite la disposition que nous venons de reproduire entraîne, comme conséquence forcée, que la condamnation prononcée en première instance est prescrite et disparaît au bout d'un an s'il n'a pas été statué sur l'appel (Cass. 28 juin 1845, Lalanne). En matière de grande voirie, l'appel étant ouvert à l'administration, la question se pose de savoir si la prescription est acquise, en cas d'acquittement en premier ressort, un an après la contravention ou un an après la notification de l'appel. Un arrêt du 29 déc. 1870 (Guegon) s'était prononcé dans le premier sens ; mais le Conseil d'Etat est revenu sur cette appréciation qui aurait rendu illusoire, au point de vue de l'amende, la faculté d'appel (2 mai 1879, Cuitot-Cheminon [1]). Il ne saurait d'ailleurs y avoir doute que la prescription soit acquise un an après la notification du pourvoi du ministre (28 mai 1880, Cie gle Transatlantique [2]; idem, Pascal ; 9 août 80, Moncada ; 26 janv. 83, Teinturier ; 14 déc. 83, Ferrère ; 4 juill. 84, canal du Midi [3] ; 8 janv. 86, de Champigny ; 7 juill. 93, Cheux).

Jusqu'ici il n'y a qu'une application toute naturelle de l'art. 640 aux conditions spéciales de la répression des contraventions de grande voirie, mais le Conseil d'Etat s'écarte nettement des dispositions du Code d'instruction criminelle en ce qui concerne les appels des contrevenants condamnés, car il refuse de leur reconnaître aucun droit à la prescription en raison du retard apporté à sa propre décision, alors que précisément l'art 640 ne visait que l'appel du contrevenant (23 mai 1884, Clavé) [4]. Cette anomalie apparente se trouve justifiée dans les observations présentées par M. Levavasseur de Précourt, commissaire du

1. Le commissaire du gouvernement dans cette affaire avait cité l'arrêt Dodun de Kérouan du 27 avril 1877 comme semblable à l'arrêt Guegon ; mais les circonstances de ces deux affaires étaient bien différentes, le conseil de préfecture n'ayant statué que plus d'un an après la contravention Dodun de Kérouan : la prescription était donc acquise.

2. Cet arrêt concernant une affaire où des frais d'enlèvement étaient en cause, application de la prescription n'a naturellement été faite qu'à l'amende.

3. Ici le pourvoi émanait du concessionnaire perpétuel. Comme il portait sur un relèvement de l'amende, le chiffre prononcé par le conseil de préfecture est resté acquis.

4. La décision est implicite, la question de prescription n'ayant été soulevée que par le commissaire du gouvernement.

gouvernement dans cette affaire : « L'appel, a-t-il dit, est suspensif devant l'autorité judiciaire; il ne l'est pas devant le Conseil d'Etat : lorsque l'affaire de contravention se présente devant le Conseil d'Etat, la condamnation est souvent exécutée : elle ne l'est jamais devant l'autorité judiciaire lorsqu'il est statué sur l'appel ; on comprend donc qu'il puisse y avoir application de la prescription là où tout est encore en état et que cette application ne soit pas faite là où il y a déjà exécution de la condamnation ». Enfin, dans le cas où une condamnation en premier ressort est annulée pour vice de forme, le Conseil d'Etat accorde le bénéfice de la prescription un an après le jour où la contravention a été commise (8 août 1894, Argeliès).

3° **Prescription des condamnations**. — Nous ne connaissons aucun arrêt relatif à la prescription des amendes prononcées; mais MM. Aucoc et Picard disent, avec raison semble-t-il, qu'il y a lieu d'appliquer la prescription de deux ans, établie par l'art. 639 du Code d'instruction criminelle pour *les peines portées par les jugements rendus pour contraventions de police*. Les arrêtés des conseils de préfecture étant susceptibles d'appel, le point de départ de ce délai doit être, aux termes du même article, le jour où ces arrêtés *ne pourront plus être attaqués par la voie de l'appel*.

En ce qui concerne les condamnations pécuniaires pour frais de réparations, M. Picard estime qu'elles ne se prescrivent que par trente ans, comme les poursuites elles-mêmes (voir p. 61 ; *Traité des Eaux*, III, 330).

Cette prescription trentenaire est également applicable aux condamnations prescrivant la démolition des ouvrages illicites (31 mars 1864, Dupin); mais, comme ici l'action de l'administration est imprescriptible, elle peut faire dresser un nouveau procès-verbal et obtenir une nouvelle condamnation (13 avril 1870, Dupin).

VIII Transaction, grâce et amnistie. — L'art. 3 de la loi constitutionnelle du 25 fév. 1875, relative à l'organisation des pouvoirs publics, dispose : *Il* (le Président de la République) *a le droit de faire grâce ; les amnisties ne peuvent être accordées que par une loi.*

1° **Transaction et grâce.** — La disposition reproduite ci-dessus réserve au Chef de l'Etat le droit de faire grâce, et semblable disposition était déjà inscrite dans la loi du 17 juin 1871 (art. 2) : il ne peut donc être statué que par décret. Les ingénieurs sont cependant habitués à recevoir avis de décisions du ministre des travaux publics portant remise d'amendes, prononcées, soit en matière de grande voirie, soit en matière de pêche fluviale; mais ces remises n'ont pas légalement le caractère de grâces : ce ne sont que des *transactions*. Ces avis portent, en effet, que la remise a été accordée par application des pouvoirs conférés au ministre des travaux publics par le décret du 7 sept. 1870 ; or, ce décret réservait les recours en grâce au ministre de la justice, mais il contient, d'autre part, les dispositions suivantes : *En matière de délits ou contraventions relatifs à la pêche fluviale ou maritime ou à la grande voirie, les administrations de la marine ou des ponts et chaussées, représentées par les ministres ou les agents par eux désignés, auront respectivement le droit de transiger avec les justiciables des tribunaux ordinaires ou des conseils de préfecture dans les conditions prévues pour les délits forestiers par la loi du 18 juin 1859 et le règlement d'administration publique du 21 déc. 1859.*

Cette loi du 18 juin 1859 a modifié un certain nombre d'articles du Code forestier. L'art. 159, ainsi modifié, porte : *L'administration des forêts est autorisée à transiger avant jugement définitif... Après jugement définitif, la transaction ne peut porter que sur les peines et réparations pécuniaires.*

Le ministre des travaux publics s'est toujours réservé le droit de transaction, tandis que, dans l'administration forestière, de très larges délégations sont attribuées aux divers agents. C'est ainsi que, à la suite du décret du 7 nov. 1896, plaçant dans les attributions de cette administration le service de la pêche dans les cours d'eau autres que les canaux et les rivières canalisées, un décret du 20 mars 1897 a donné le droit de transaction aux conservateurs jusqu'à 1.000 fr. et au directeur jusqu'à 2.000 fr., réparations civiles comprises.

Nous avons vu (p. 55) que l'art. 11 de la loi du 26 déc. 1890 ne permet pas de faire remise de la partie de l'amende représentant la gratification due à l'agent verbalisateur ; sous cette réserve, la *transaction* n'a aucune limite pécuniaire et ne se distingue dès lors de la grâce, quand il n'y a pas de peine corporelle, ainsi qu'il en est toujours en matière de grande voirie, que par l'autorité qui l'accorde.

Qu'il s'agisse de grâce ou de transaction, il ne saurait y avoir remise des frais de justice, ainsi que le rappelait la circulaire du 25 mars 1856, qui ne pouvait, du reste, parler que des recours en grâce, seuls existant alors ; elle ajoutait qu'il en était de même des frais de réparation, mais nous venons de voir que la loi du 18 juin 1859 permet de les comprendre dans les transactions. La même circulaire rappelle que les recours en grâce ne sont plus recevables lorsque les condamnations ont été acquittées et que si, par erreur, une grâce est ensuite accordée par décret, un remboursement ne pourrait avoir lieu que contrairement aux principes de la comptabilité ; aussi la circulaire prescrit-elle aux préfets diverses mesures destinées à arrêter la perception de l'amende quand un recours en grâce a été présenté. Sous réserve de ce que l'administration des domaines n'est plus chargée de cette perception (voir p. 53), ces prescriptions nous paraissent applicables en cas de demandes de transaction.

1° **Amnistie.** — Nous avons vu (p. 64) que la loi constitutionnelle du 25 fév. 1875 ne reconnaît qu'au pouvoir législatif le droit d'accorder une amnistie. Sous les régimes monarchiques, les amnisties étaient accordées par voie d'ordonnances ou de décrets et étaient relativement très fréquentes. Depuis 1870, il n'en a plus été accordé qu'une en matière de grande voirie, par la loi du 19 juill. 1889. Cette loi contenait les dispositions suivantes :

Art. 5. — Amnistie pleine et entière est accordée pour toutes les condamnations prononcées ou encourues jusqu'au 14 juill. 1889, à raison de délits ou contraventions en matière de forêts, pêches fluviales, chasse, voirie et police de roulage. — Ne jouiront du bénéfice de la présente amnistie que les contrevenants ou délinquants qui auront justifié du payement des frais de poursuite et de la part revenant aux agents.

Art. 6. — Remise est faite de la contrainte par corps aux individus contre lesquels elle est ou peut être exercée en vertu de condamnations prononcées jusqu'au 14 juill. 1889.

Art. 7. — L'amnistie n'est pas applicable aux frais de poursuite et d'instance avancés par l'Etat, aux droits fraudés, restitutions, dommages-intérêts, ni aux sommes dues en vertu des transactions souscrites par les contrevenants. — Les sommes recouvrées à quelque titre que ce soit ne seront pas restituées. — Dans aucun cas l'amnistie ne pourra être opposée aux droits des tiers.

Dans chaque cas spécial d'amnistie, des dispositions spéciales sont naturellement établies ; mais, à l'occasion du texte de 1889, nous pouvons étudier les principales dispositions usitées.

Le 2° alinéa de l'article 5 soulève une question : à quel moment le contrevenant devait-il justifier du versement des frais de poursuite et de la part revenant aux agents ? lorsque la condamnation avait été prononcée avant la loi, il nous semble que le bénéfice de celle-ci pouvait être invoqué au moment même de la mise en recouvrement, à condition de faire alors le versement nécessaire, mais, en cas de poursuite postérieure à la loi devant le conseil de préfecture, le Conseil d'Etat a exigé que le versement eût eu lieu avant la décision en premier ressort (4 déc. 1891, Pons).

En ce qui concerne les restrictions apportées à l'amnistie, on doit remarquer qu'il en est une, toute tacite et essentielle, celle de la démolition des ouvrages illicites. Comme le dit un arrêt du 19 nov. 1852 (Chauveau), « les constructions faites en contravention aux lois et règlements sur la grande voirie constituent des infractions dont la répression peut et doit être toujours poursuivie dans l'intérêt toujours subsistant de la viabilité publique » (voir aussi 16 fév. 1870, Ferey ; 30 mars 70, Marzelle ; 27 avril 70, Drevet ; 19 juill. 72, canal du Midi ; 8 août 72, d'Arberats). On doit considérer également comme une exception implicite les frais de réparation, distincts, semble-t-il, des dommages-intérêts mentionnés à l'art. 7, car, au décret d'amnistie du 14 août 1869, ces dommages-intérêts n'étaient exceptés que s'ils résultaient de jugements passés en force de chose jugée, et cependant le Conseil d'Etat a postérieurement ordonné le paiement par les contrevenants des frais de réparation (9 mars 1870, Corvol ; 30 mars 70, Marzelle [1] ; voir aussi 10 sept. 56, Guilmet).

Quant aux frais de poursuite et d'instance, le décret de 1869 les avait exclus du bénéfice de l'amnistie, comme la loi de 1889 ; aussi ne comprenons-nous pas que des arrêts des 16 fév. 1870 (Ferey), 19 juill. 72 (canal du Midi) et 8 août 72 (d'Arberats) aient statué en termes formellement contraires. Un arrêt du 5 fév. 1857 (Lauba) avait, au contraire, condamné aux frais du procès-verbal à la suite d'une précédente amnistie.

Au sujet du remboursement des sommes déjà recouvrées, remboursement qu'interdisait le décret de 1869 comme la loi de 1889, M. Laferrière dit que, si une condamnation à l'amende venait à être prononcée après et malgré l'amnistie et si le versement en était opéré, restitution devrait en être faite (II, 665). Cette assertion nous paraît parfaitement juste, mais il nous semble qu'il y aurait lieu simplement, pour le contrevenant, de déférer l'arrêté au Conseil d'Etat, et le remboursement n'aurait aucun caractère spécial. M. Laferrière cite à ce sujet deux arrêts (16 fév. 1870, Ferey, et 19 juill. 72, canal du Midi) ; mais rien n'indique, dans la première affaire, que l'amende eût été versée, et, dans la seconde, le Conseil d'Etat a déclaré qu'il n'y avait lieu de statuer sur l'amende, vu l'amnistie et alors qu'il n'y avait pas eu arrêté définitif du conseil de préfecture. Il va de soi, d'ailleurs, que s'il s'agissait d'une amende seulement consignée, elle devrait être remboursée (28 janv. 1835, Messageries royales, police du roulage).

IX. Personnes responsables des contraventions. — Nous croyons devoir emprunter tout d'abord quelques considérations générales à M. Laferrière, vu qu'elles servent d'explication à la jurisprudence. « En matière correctionnelle ou de simple police, dit-il, l'amende a le caractère d'une véritable pénalité, et elle ne peut être prononcée que contre l'auteur du délit ou de la contravention ; d'un autre côté, comme la répression pénale suppose la responsabilité personnelle du délinquant, elle ne peut pas atteindre des êtres impersonnels, tels que des départements, des communes, des sociétés ou autres personnes morales. Mais, à la différence de l'amende, les réparations civiles peuvent être mises à la charge de toutes les personnes que les art. 1384 et suivants du Code civil rendent pécuniairement responsables du fait d'autrui. Ces distinctions s'effacent presque complètement en matière de grande voirie, parce que les amendes n'ont pas le caractère de véritables pénalités, et que les condamnations ne peuvent pas, comme en matière de simple police, aboutir à l'emprisonnement en cas de récidive. C'est pourquoi la répression des contraventions de grande voirie at-

1. Arbres coupés.

teint directement des personnes qui ne pourraient encourir, d'après le droit commun, qu'une responsabilité civile et dérivée » (II, 642).

1° Personnes morales. — Comme exemples de condamnations de personnes morales à l'amende, nous signalerons celles des départements (23 juill. 1841, dép. du Loiret) ou des communes (14 juin 1851, comm. de Tournon ; 23 nov. 65, comm. d'Hennebon), ainsi que celles prononcées contre les compagnies concessionnaires de chemins de fer, en vertu de l'art. 14 de la loi du 15 juill. 1845 (4 mai 1858, Est ; 31 mars 74, P.-L.-M. ; 4 août 76, Lille à Valenciennes) ou, en général, contre une compagnie quelconque (13 sept. 1864, mines de Bouxwiller).

De ces condamnations à l'amende on peut rapprocher des condamnations directes aux frais de réparation et à ceux du procès-verbal, en l'absence d'une amende (14 nov. 1884, syndicat du canal de Dalt ; 24 juin 87, mines de Meurchin).

2° Responsabilités directes. — En ce qui concerne la superposition des responsabilités, les textes spéciaux contiennent parfois des dispositions que nous étudierons à l'occasion des diverses branches de la grande voirie; mais, comme le dit M. Laferrière (II, 642), la répression atteint, en principe général, et celui qui en est matériellement l'auteur et celui *pour le compte duquel* elle a été commise. Par suite, le propriétaire est responsable directement, non seulement des travaux qu'il a donné l'ordre formel d'exécuter (31 juill. 1843, Noubel ; 22 fév. 55, Fraumont ; 17 juill. 74, Beuchot ; 23 mai 79, Fontaine ; 20 mars 85, Bossuat ; 6 juill. 88, ville de Toulouse), mais encore de faits pouvant être considérés comme personnels à l'entrepreneur (16 juin 1876, Valette, extension d'un dépôt de matériaux pendant la construction d'une maison ; voir aussi 8 août 85, Lemaire).

Dans le cas où une ville exécute un travail dans l'intérêt d'un tiers et sur sa demande, celui-ci peut naturellement être poursuivi directement comme s'il avait chargé un entrepreneur de ce travail (4 fév. 1887, Rivière-Deshéros).

De même, le maître est directement responsable du fait de ses ouvriers ou domestiques (2 mai 1845, Lemoine ; 19 avril 54, Closménil ; 7 janv. 59, Renard ; 13 sept. 64, mines de Bouxwiller ; 17 janv. 73, Balph ; 17 juill. 74, Beuchot ; 5 janv. 77, Durillon ; 28 janv. 87, Alberge ; 18 nov. 92, Chevillier) ; le cas comprend naturellement celui d'un patron et de son marinier (28 janv. 1887, Berthoz ; 16 déc. 87, touage ; 8 mai 96, Gilotte)

Dans cette question de la responsabilité directe, le Conseil d'Etat est allé parfois fort loin, car il l'a attribuée à un syndicat à l'occasion du défaut d'entretien d'une rigole secondaire, à l'égard de laquelle il n'avait qu'un devoir de surveillance (14 nov. 1884, synd. du canal de Dalt de Prades). La question des locataires est fort controversée : d'anciens arrêts ont prononcé des condamnations contre le proprié-

taire étranger à la contravention (23 fév. 1841, de Lyonne [1] ; 23 déc.
45, Bourriat) ; mais le Conseil d'Etat est revenu sur cette jurisprudence bien rigoureuse (4 août 1862, Levet [2] ; 14 nov. 79, Piédoye).
Nous devons signaler toutefois que, par un arrêt encore plus récent
(4 avril 1884, Labouré), il semble avoir opéré une évolution en sens
inverse. En ce qui concerne la démolition, il est clair qu'il convient de
comprendre le propriétaire dans l'ordre qui est donné d'y procéder ;
toutefois, le Conseil d'Etat y a compris aussi le locataire, dans l'affaire
Levet. Comme il s'agissait d'une construction entière élevée irrégulièrement dans une zone de servitude militaire, cela se comprend ; mais
il y a bien des cas où il nous paraît que le propriétaire seul doit recevoir l'ordre de démolition, sous réserve de son recours civil contre son
locataire.

Lorsqu'il y a plusieurs propriétaires indivis ou plusieurs associés,
les poursuites peuvent être exercées isolément contre l'un d'eux (15
juin 1870, Grenet ; 8 août 85, Lemaire ; 18 déc. 85, Lecourt) ; mais il va de
soi que la poursuite pourrait être dirigée contre tous les propriétaires
ou associés solidairement (voir 16 mai 1837 et 27 fév. 40, Dunoguès,
usufruitier et nu-propriétaire ; 16 juin 76, Valette, deux propriétaires ;
20 mars 85, Bossuat, deux entrepreneurs).

D'autre part, si deux personnes ont commis ensemble une contravention et si l'une reste inconnue, l'autre encourt la totalité de la responsabilité envers l'administration (9 mars 1870, Corvol, mariniers
ayant amarré ensemble leur couplage de bois). Les architectes ne sont
pas désignés explicitement comme responsables des contraventions
par l'arrêt du 17 fév. 1765, relatif aux constructions le long des routes, mais le Conseil d'Etat leur a étendu la responsabilité imputée aux
maçons, charpentiers et ouvriers (31 juill. 1843, Noubel). Dans les autres
cas de contraventions de grande voirie, il refuse au contraire de les
déclarer responsables, non plus que les mandataires (9 août 1880 et 16
déc. 81, Bercioux) ; toutefois, quand c'est le fils de la propriétaire qui
a donné l'ordre d'exécution, il n'hésite pas à le condamner (2 juill.
1880, Hubert).

En thèse générale, lorsque la responsabilité directe d'une personne
est engagée par le fait d'une autre, il ne doit être prononcé qu'une
amende, soit contre elle seule, ce qui est la solution la plus fréquemment adoptée, soit contre les deux personnes, déclarées solidaires (14
juill. 1874, Beuchot ; 28 janv. 87, Berthoz ; 8 mai 90, Gilotte). Mais,
lorsqu'il s'agit d'appliquer l'arrêt du 17 fév. 1765, les amendes sont
distinctes (31 juill. 1843, Noubel ; 22 fév. 55, Fraumont ; 23 mai 79,
Fontaine ; 20 mars 85, Bossuat).

1. Le propriétaire avait demandé l'autorisation, et le locataire avait commencé
le travail avant l'obtention de celle-ci ; ce dernier fut mis hors de cause comme
simple représentant du propriétaire.
2. Arrêt relatif aux servitudes militaires.

3º Responsabilité civile. — Dans certains cas, le lien qui unit l'auteur de la contravention à celui dont la responsabilité est engagée n'est pas assez directe pour comporter autre chose qu'une responsabilité civile. Ainsi en est-il d'un père dont le fils mineur a commis une contravention sans qu'il y ait aucunement participé (10 sept. 1856, Guilmet). Dans un cas où le contrevenant était un patron de barque, l'armateur n'a été également déclaré que civilement responsable (16 janv. 1880, Lancien) ; au contraire le propriétaire d'un navire est essentiellement responsable si c'est lui-même qui, par son refus de retirer son navire échoué, commet la contravention (10 juin 1870, Grenet). La responsabilité civile paraît du reste assez souvent prononcée aux lieu et place de la responsabilité directe réellement engagée ; c'est ce qui a lieu notamment à l'égard du maître d'ouvriers ou domestiques en contravention (16 mai 1884, Lhomme ; 15 mai 91, Menu ; 7 août 91, Gogot ; 3 juin 92, Taïeb-ben-Marzouk).

4º Cas d'irresponsabilité. — Mentionnons enfin quelques cas où le lien finit par être trop lâche pour qu'il y ait aucune responsabilité. Ainsi en est-il des aubergistes dont les clients font irrégulièrement stationner leurs voitures devant leurs auberges (15 mai 1848, Daloz) ; des propriétaires de marchandises transportées dans des barques ne leur appartenant pas et déchargées par les transporteurs (20 juill. 1867, Courtial) ; du propriétaire d'un bateau qui a causé matériellement une dégradation, mais par la faute de tiers, seuls responsables (9 mars 1870, Corvol) ; d'un transporteur qui a opéré un dépôt d'une marchandise que son propriétaire n'enlève pas assez vite (11 déc. 1885, compagnie transatlantique) ; d'un propriétaire à l'égard des faits imputables au berger de son métayer (9 nov. 1888, Mauger) ; d'un entrepreneur à celui des contraventions commises par les ouvriers de son sous-traitant (3 juin 1892, Taïeb-ben-Marzouk). Mentionnons d'une façon spéciale les cas d'extraction de matériaux sur le domaine public, notamment sur les plages : si celui qui fait faire une extraction est naturellement responsable du fait des ouvriers qui y procèdent, il n'en saurait être de même de celui qui se borne à acheter aux ouvriers extracteurs (27 juill. 1859, Escarraguel). On doit bien noter d'ailleurs que la complicité n'est point admise en matière de contravention de grande voirie (4 juill. 1884, canal du Midi, fermier d'un lavoir ayant autorisé le contrevenant à laver en dehors de celui-ci).

Enfin le Conseil d'Etat reconnaît l'irresponsabilité de certains auteurs matériels de contravention, l'ouvrier proprement dit qui ne fait qu'exécuter le travail commandé pouvant difficilement en être rendu responsable (13 sept. 1864, mines de Bouxwiller) ; la même irresponsabilité est reconnue à l'agent d'une ville dans l'exercice de ses fonctions, la ville et l'entrepreneur pouvant seuls être poursuivis (6 juill. 1888, ville de Toulouse).

5° Cas de vente ou de décès. — Lorsqu'il s'agit d'une propriété
sur laquelle ont été exécutés des travaux illicites, l'intérêt de la conservation du domaine public exige que, sous toute réserve du droit de
recours contre le vendeur, la réparation puisse être poursuivie contre
le propriétaire actuel (18 août 1857, Maillet du Boullay ; 18 juin 68,
Fradier) ; il y aurait même quelque chose de choquant à prononcer la
démolition contre l'ancien propriétaire, bien que cela ait pu avoir lieu
alors que la poursuite avait été engagée avant la vente (28 juill. 1849,
Gorin).

Mais en ce qui concerne l'amende, celle-ci ayant un caractère personnel, nous estimons qu'elle ne peut frapper que l'auteur de la contravention et ceux qui étaient responsables de ses actes ; c'est le principe que la jurisprudence semble appliquer, mais parfois avec une
certaine incertitude. Les dépôts de marchandises ont donné lieu, dans
cet ordre d'idées, à plusieurs difficultés. S'il s'agit d'un dépôt irrégulier en soi, c'est celui qui détenait la marchandise et l'a fait déposer
qui est responsable (7 janv. 1859, Renard, et 30 mai 84, Lagache, dépôt après vente ; 23 juill. 86, Toulouzan, dépôt avant achat définitif).
S'il s'agissait au contraire d'un dépôt licite en soi mais dont l'enlèvement n'a pas été opéré dans les délais réglementaires, il nous semble
que l'auteur du dépôt doit être mis hors de cause, s'il justifie d'avoir
vendu sa marchandise avant l'expiration de ces délais ; c'est ainsi qu'a-
vait jugé un arrêt du 19 mai 1876 (Goacolon), mais un autre du 8 août
1882 (Wagnart) a déclaré que la vente n'était pas de nature à dégager
l'auteur du dépôt de ses obligations vis-à-vis de l'administration [1]. Le
Conseil d'Etat paraît toutefois être revenu à ses premiers principes
à l'occasion d'une affaire où la discussion nous paraît possible : un
propriétaire riverain de la Seine, autorisé à établir une estacade dans
le lit du fleuve, l'avait vendue en même temps que son terrain ; l'acquéreur l'ayant ensuite démolie imparfaitement, de façon à laisser des
écueils, le propriétaire primitif fut acquitté, bien qu'il y eût entre lui et
l'administration un lien plus étroit que dans le cas d'un dépôt sur
un quai public (11 fév. 1887, Brunel, voir les observations de M. Marguerie, commissaire du gouvernement).

Une autre application du principe qu'il faut être auteur ou co-auteur
d'une contravention pour pouvoir être condamné à l'amende est faite
constamment en cas de décès du contrevenant avant le jugement (13
avril 1850, Royer ; 30 nov. 50, Fouquet ; 24 mai 51, Marot) ; les héritiers sont naturellement responsables au point de vue des réparations.

X. Questions diverses. — **1°** Autorité des anciens règle-

---

1. Un arrêt déjà cité du 11 déc. 1885 (compagnie transatlantique) est inspiré
par les mêmes principes que l'arrêt Goacolon, refusant d'admettre la responsabilité du transporteur quand le propriétaire de la marchandise ne l'enlève pas
assez tôt.

ments. — La loi des 19-22 juill. 1791 porte : *Titre I. — Art. 29, § 2. Sont également confirmés provisoirement les règlements qui subsistent touchant la voirie, ainsi que ceux actuellement subsistants à l'égard de la construction des bâtiments et relatifs à leur solidité et sûreté....* Ce maintien provisoire a été confirmé par la loi du 23 mars 1842 (art. 1er p. 50). Nonobstant ce maintien, le Conseil d'Etat refuse d'appliquer la peine de la confiscation des matériaux quand elle est prononcée par un ancien règlement, déclarant qu'aucune loi en vigueur n'a maintenu cette peine (9 juin 1882, de Mérode). Nous avons étudié, sous le n° V, les questions soulevées par l'application des amendes et, sous le n° VI, celles qui concernent les réparations. Sous l'ancien régime, les règlements n'étaient applicables que dans les provinces où ils avaient été enregistrés par les parlements, en sorte qu'on s'est demandé si, actuellement encore, l'absence d'enregistrement n'avait pas pour effet de rendre un ancien règlement inapplicable dans les limites de l'ancienne province où l'enregistrement n'avait pas eu lieu ; mais le Conseil d'Etat a jugé que ce défaut d'enregistrement était couvert par la confirmation résultant de la loi de 1791 (19 avril 1844, Villard). La Cour de cassation s'est du reste prononcée dans le même sens (arrêt du 20 sept. 1845, Michelini, confirmé toutes chambres réunies le 14 déc. 1846). On doit remarquer toutefois que cette confirmation n'a pu couvrir qu'un défaut de forme et n'a point, par suite, étendu à l'ensemble du territoire les règlements locaux (C. E. 12 mars 1846, Dezeaux-Caffin).

2° **Opposition matérielle aux travaux.** — Cette opposition tombe à la fois sous le coup des règlements de grande voirie (5 juill. 1851, Orliac) et sous celui de l'art. 438 du Code pénal (Cass. 6 juill. 1844, Ballias ; 22 mai 57, Chanonat), lequel est ainsi conçu : *Quiconque, par des voies de fait, se sera opposé à la confection de travaux autorisés par le gouvernement sera puni d'un emprisonnement de trois mois à deux ans, et d'une amende qui ne pourra excéder le quart des dommages-intérêts ni être au-dessous de seize francs. — Les moteurs subiront le maximum de la peine.*

Nous avons précédemment étudié (tome I, p. 314 et suiv.) les voies de recours ouvertes aux personnes sur les terrains desquelles des travaux seraient indûment entrepris.

3° **Défaut d'accomplissement des obligations des entrepreneurs et amodiataires.** — Ainsi que nous l'avons vu (t. II, 1re partie, p. 131), les entrepreneurs sont soumis aux règlements généraux de la grande voirie et passibles des peines prononcées par eux ; il en est naturellement de même des amodiataires des produits des dépendances de la grande voirie (22 juill. 1892, Pachet). On a parfois cherché à les frapper de pénalités en faisant assimiler à des contraventions le simple fait de leur part de ne pas remplir leurs obligations ; mais le Conseil d'Etat a refusé d'entrer dans cette voie (9 juin 1812, Mourier, et 16 déc. 81, Bonnote, défaut de coupe au moment prescrit).

CHAPITRE XXVI

PRINCIPES GÉNÉRAUX SUR LES CONTRAVENTIONS DE SIMPLE POLICE

La simple police ne présente pas une unité intrinsèque comme la grande voirie, car elle s'applique aux objets les plus divers, son unité résultant uniquement des peines applicables en cas d'infraction, ainsi que l'énonce l'art. 137 du Code de procédure civile : *Sont considérés comme contraventions de police simple, les faits qui, d'après les dispositions du quatrième livre du Code pénal, peuvent donner lieu soit à quinze francs d'amende ou au-dessous, soit à cinq jours d'emprisonnement ou au-dessous, qu'il y ait ou non confiscation de choses saisies et quelle qu'en soit la valeur.* Il en résulte que, à la différence de ce que nous avons fait pour la grande voirie (chap. XXV), nous n'examinerons, dans le présent chapitre, que des questions de répression.

§ 1

CONSTATATION DES CONTRAVENTIONS

I. Agents verbalisateurs. — En dehors des textes spéciaux, l'art. 11 du Code d'instruction criminelle porte : *Les commissaires de police et, dans les communes où il n'y en a point, les maires, au défaut de ceux-ci, les adjoints de maire, rechercheront les contraventions de police, même celles qui sont sous la surveillance spéciale des gardes forestiers et champêtres, à l'égard desquels ils auront connaissance et même prévention. Ils recevront les rapports, dénonciations et plaintes qui seront relatifs aux contraventions de police.*

L'article 12 donne compétence à chaque commissaire de police dans toute l'étendue des communes divisées en plusieurs arrondissements ; l'art. 14 porte qu'ils sont suppléés par les maires et adjoints.

L'art. 16 donne compétence aux gardes champêtres et forestiers pour rechercher *les contraventions de police qui auront porté atteinte aux propriétés rurales et forestières, chacun dans le territoire pour lequel ils auront été assermentés.* Ce texte vise notamment les contraventions relatives à la police des cours d'eau non navigables (Cass. 7 nov. 1879, Tisseyre). L'art. 102 de la loi du 5 avril 1884, après avoir énoncé que les gardes champêtres doivent être assermentés, ajoute : *En dehors de leurs fonctions relatives à la police rurale, les gardes champêtres sont chargés de rechercher, chacun dans le territoire pour lequel il est assermenté, les contraventions aux règlements et arrêtés de police municipale. Ils dressent des procès-verbaux pour constater ces contraventions.* En dehors des objets ainsi définis, les gardes champêtres sont sans compétence (2 déc. 1848, Richard ; 1er mai 68, Milloy ; 20 déc. 89, Albigès).

On doit remarquer que l'art. 4 de la loi du 20 messidor an III porte que *tout propriétaire aura le droit d'avoir pour ses domaines un garde champêtre.* Comme ceux des communes, ils sont agréés par le sous-préfet. Le droit ainsi reconnu aux particuliers s'étend aux associations syndicales et à de simples particuliers : telle est l'origine des gardes-rivières (voir l'art. 11 du règlement de police type joint à la circulaire du 21 juin 1878 et l'art. 37 du modèle d'association syndicale joint à la circulaire du 13 déc. 1878).

Ajoutons enfin que, aux termes de l'art. 16 du Code d'instruction criminelle, les gardes champêtres ne peuvent *s'introduire dans les maisons, ateliers, bâtiments, cours adjacentes et enclos, si ce n'est en présence soit du juge de paix, soit de son suppléant, soit du commissaire de police, soit du maire du lieu, soit de son adjoint.*

L'art. 316 du décret du 1er mars 1854 sur la gendarmerie est ainsi conçu : *Elle dresse des procès-verbaux contre ceux qui commettent des contraventions de petite voirie dans les rues, places, quais et promenades publiques, hors du passage des grandes routes et de leur prolongement, sur les chemins vicinaux, ainsi que les canaux ou ruisseaux flottables appartenant aux communes.* Du reste, les art. 313 à 335, formant la section II consacrée à la police des routes et des campagnes, énumère une série de délits et contraventions de façon à donner à la gendarmerie la compétence la plus étendue. On a pu remarquer, dans le texte de l'art. 316, l'exclusion des traverses des grandes routes : cette exclusion est sans portée, car, d'une part, la gendarmerie verbalise en matière de grande voirie (art. 313 et loi du 29 floréal an X, art. 2, voir p. 13), et, d'autre part, il se commet, sur les grandes routes, des contraventions de simple police. A ce sujet, nous ferons remarquer que ces contraventions y sont constatées comme en tout autre lieu (22 fév. 1895, Frétat).

En ce qui concerne le serment, dont nous avons vu la nécessité à l'occasion des gardes champêtres (art. 16, C. i. c., et art. 102, loi du 5 avril 1884), et que ceux-ci prêtent devant le juge de paix (art. 1er, section VII de la loi du 6 oct. 1791), nous noterons qu'il doit essentiellement être prêté serment devant l'autorité judiciaire, ainsi que l'a rappelé une circulaire du 18 nov. 1864 sur le serment des cantonniers. La nécessité générale du serment ne résulte, du reste, que d'un texte ne visant pas la rédaction des procès-verbaux : c'est l'art. 196 du Code pénal qui punit d'une amende tout fonctionnaire public entré en fonctions sans avoir prêté le serment ; mais la nécessité du serment pour rendre valables les procès-verbaux est admise sans contestation.

Nous n'avons pas à revenir sur les frais de prestation de serment, dont nous avons déjà parlé (p. 17).

II. Procès-verbaux. — **1° Principes généraux**. — L'art. 11 du Code d'instruction criminelle, après avoir chargé les commissaires de police, maires et adjoints, de rechercher les contraventions de police (p. 73), ajoute : *Ils consigneront dans les procès-verbaux qu'ils rédigeront à cet effet, la nature et les circonstances des contraventions, le temps et le lieu où elles auront été commises, les preuves ou indices à la charge de ceux qui en seront présumés coupables.* L'art. 16 s'exprime à peu près de même à propos des gardes champêtres et forestiers.

La nécessité d'un procès-verbal pourrait être induite du libellé de certains arrêts (5 nov. 1881, Galli) ; mais l'art. 154 du Code d'instruction criminelle montre que cette interprétation dépasserait la pensée véritable de la Cour suprême, cet article portant : *Les contraventions seront prouvées soit par procès-verbaux ou rapports, soit par témoins à défaut de rapports et procès-verbaux ou à leur appui.*

De l'absence de nécessité d'un procès-verbal résulte, non seulement qu'un procès-verbal unique peut permettre de poursuivre plusieurs contraventions (14 fév. 1863, Daguin) ou qu'il importe peu qu'un procès-verbal vise inexactement les textes applicables (10 sept. 1868, Soucaze) [1], mais encore que l'irrégularité des procès-verbaux n'empêche pas la répression de contraventions avouées (28 avril 1859, Soret ; 12 nov. 59, Fichet ; 7 nov. 79, Tisseyre). Il ne faudrait pas cependant conclure de là que la régularité est chose insignifiante, puisque, comme nous le verrons (n° 3), les procès-verbaux réguliers font foi jusqu'à preuve contraire.

En outre, il pourrait arriver qu'un jugement prononçât, à tort croyons-nous, l'acquittement à raison de la nullité du procès-verbal et

______

1. Dans ces deux cas, du reste, le procès-verbal est valable.

2. *Toute personne acquittée légalement ne pourra plus être reprise ni accusée à raison du même fait.* Cette disposition s'oppose à ce que, après un acquittement, une poursuite nouvelle soit exercée en vertu des mêmes faits mieux précisés (22 jan. 1864, Trotignon).

alors la Cour de cassation n'admettrait pas une seconde poursuite, en vertu de la maxime *non bis in idem* et de l'art. 360 du Code d'instruction criminelle (8 fév. 1861, Lacroix).

2° Affirmation, timbre et enregistrement. — L'affirmation a fait l'objet de prescriptions générales, en ce qui concerne les procès-verbaux des gardes champêtres et forestiers et des gendarmes : ceux de ces derniers en sont toujours dispensés par la loi du 17 juillet 1856 (p. 20), tandis que ceux des premiers y sont toujours astreints, en vertu de l'art. 6 de la loi des 28 sept.-6 oct. 1791, complété par l'art. 11 de la loi du 28 floréal an X.

Nous ne reproduirons pas ce dernier texte, attendu que la jurisprudence a étendu aux gardes-champêtres les règles un peu plus larges posées à l'égard des agents forestiers par l'art. 165 du Code forestier (9 mars 1866, Antoniotti) [1]. Cet article est ainsi conçu : *Les gardes écriront eux-mêmes leurs procès-verbaux ; ils les signeront et les affirmeront au plus tard le lendemain de la clôture des dits procès-verbaux, devant le juge de paix du canton ou l'un de ses suppléants ou par devant le maire ou l'adjoint, soit de la commune de leur résidence, soit de celle où le délit a été commis ou constaté ; le tout sous peine de nullité [2]. — Toutefois, si, par suite d'un empêchement quelconque, le procès-verbal est seulement signé par le garde, mais non écrit en entier de sa main, l'officier public qui en recevra l'affirmation devra lui en donner préalablement lecture et faire ensuite mention de cette formalité ; le tout sous peine de nullité du procès-verbal.*

L'art. 166 exonère explicitement de l'affirmation les procès-verbaux dressés par les agents forestiers, les gardes généraux et les gardes à cheval.

La règle que l'affirmation doit avoir lieu au plus tard le lendemain de la clôture des procès-verbaux est renouvelée de la loi du 23 thermidor an IV ; toutefois la Cour de cassation étend à trois jours le délai de l'affirmation pour les gardes-rivières, bien qu'ils soient, par ailleurs, assimilés aux gardes-champêtres (23 mars 1838, Piedfert).

En dehors de ces textes généraux, nous verrons les règles de l'affirmation pour la police du roulage (chap. XXVII), et la loi du 21 juill. 1856, relative aux appareils à vapeur, a posé également certaines règles en son art. 22. En l'absence d'ailleurs de dispositions de ce genre, l'affirmation n'est pas obligatoire (5 janv. 1838, Mayeur ; 23 fév. 38, Benjamin ; 1er mars 39, Parquois ; 29 nov. 51, Jacquet). Cette absence générale de l'obligation de l'affirmation est énoncée à l'égard des agents

---

1. Cet arrêt exige, à la suite de la constatation de l'affirmation, la double signature de l'agent verbalisateur et de l'officier public.

2. La nullité ainsi prononcée n'empêche pas naturellement des poursuites, puisque le procès-verbal n'est pas nécessaire, mais infirme seulement l'autorité de celui-ci (20 fév. 1862, Terrier).

voyers par l'art. 312 de l'instruction générale du 6 déc. 1870 sur le service des chemins vicinaux et par la circulaire du ministre de l'intérieur du 16 nov. 1874.

Le visa pour timbre et l'enregistrement en débet ont fait l'objet des dispositions étudiées à l'occasion de la grande voirie (p. 21) ; leur applicabilité, dans le cas actuel, ne soulève pas d'ailleurs les mêmes difficultés. L'art. 492 du décret du 1er mars 1854 stipule, du reste : *Les procès-verbaux constatant des contraventions du ressort des tribunaux de simple police sont essentiellement soumis à la double formalité du timbre et de l'enregistrement en débet.* L'art. 491 fixe d'ailleurs un délai de quatre jours et ajoute que, en l'absence d'un bureau d'enregistrement dans le lieu de la résidence, l'enregistrement a lieu à la diligence du ministère public. Comme le Conseil d'Etat, la Cour de cassation ne voit pas, dans le défaut de ces formalités, une cause de nullité pour les procès-verbaux (31 mars 1848, Redoulez ; 15 oct. 52, Esch ; 20 avril 63, Parmentier ; 18 nov. 63, Octave). En Corse, il y a dispense d'enregistrement, en vertu d'arrêtés du 1er floréal an IX, art. 6 et du 21 prairial an IX, art. 4 (23 janv. 1875, Benedetti ; 28 janv. 75, Morelli).

3° Autorité des procès-verbaux. — L'art. 154 du Code d'instruction criminelle porte : *Nul ne sera admis, à peine de nullité, à faire preuve par témoins outre ou contre le contenu aux procès-verbaux ou rapports des officiers de police ayant reçu de la loi le pouvoir de constater les délits ou les contraventions jusqu'à inscription de faux. Quant aux procès-verbaux et rapports faits par des agents, préposés ou officiers auxquels la loi n'a pas accordé le droit d'en être crus jusqu'à inscription de faux, ils pourront être débattus par des preuves contraires, soit écrites, soit testimoniales, si le tribunal juge à propos de les admettre.*

La foi jusqu'à inscription de faux étant exceptionnelle, c'est la foi jusqu'à preuve contraire qui est appliquée couramment (22 nov. 1856, Batardy ; 10 déc. 58, Bonneau ; 6 déc. 67, Nageotte ; 12 janv. 94, Chotel ; 23 fév. 94, Brisset). Cette foi empêche naturellement les déclarations de l'inculpé de prévaloir contre les constatations du procès-verbal (23 juill. 1868, Mallet ; 18 juill. 90, Sansot), la preuve contre celles-ci devant être réellement faite (24 nov. 1871, Robert) ; mais, en outre, cette preuve doit être faite suivant toutes les formes prescrites par les art. 153 à 155 du Code d'instruction (23 juin 1859, Pic ; 8 nov. 61, Corté ; 6 déc. 67, Morati ; 14 mai 70, Monnet), et le jugement doit articuler nettement les preuves (26 mars 1858, Noizet-Francart). En appel d'ailleurs, le tribunal peut s'appuyer sur une enquête faite en première instance (3 juin 1881, Gaujard).

La foi due au procès-verbal ne s'applique naturellement qu'aux faits matériels constatés par l'agent verbalisateur et ne saurait, par exemple, s'étendre à la question de publicité d'un chemin (4 déc. 1857, Collier ; 28 fév. 91, Reymond ; 1er déc. 93, Dupy ; 3 août 94, Langlois). Il

va de soi qu'un agent ne peut dresser un procès-verbal faisant foi que
dans les matières pour lesquelles il a reçu mission de la loi à cet effet :
ainsi un agent-voyer architecte d'une ville ne peut constater les contraventions à la police de la voirie urbaine (9 mars 1867, Breton).

§ 2

RÉPRESSION DES CONTRAVENTIONS

I. *Règles de compétence.* — II. *Procédure.* — III. *Excuses.* — IV. *Pénalités, réparations et dépens.* — V. *Prescription, grâce et amnistie.* — *Personnes responsables
des contraventions.*

I. Règles de compétence. — La loi du 27 janv. 1873 a ainsi
modifié l'art. 138 du Code d'instruction criminelle : *La connaissance des
contraventions de police est attribuée exclusivement au juge de paix du canton dans l'étendue duquel elles ont été commises.*

Ainsi que nous l'avons vu (p. 73), n'est qualifiée contravention de
simple police que celle qui ne peut donner lieu à une amende de plus
de 15 fr. ou à un emprisonnement de plus de cinq jours. Il en résulte
que le juge de paix est incompétent, non seulement pour appliquer une
peine supérieure à ces maxima, mais même pour en appliquer une inférieure si la loi permettait de les dépasser (10 mai 1883, Bernard ; 10
nov. 88, Lasnier ; 29 avril 93, Alauzé). L'arrêt Lasnier vise un cas où
l'amende est égale au dommage causé : c'est là un chiffre indéterminé,
incompatible avec la compétence du juge de paix. Au contraire, le
montant des réparations n'intéresse pas la compétence. Notons, comme
dérogation aux principes précédents, que les contraventions aux anciens règlements de police sur des objets confiés à la vigilance des maires par la loi du 24 août 1790 sont de la compétence des juges de paix,
quelles que soient les peines prononcées par ces règlements, le juge ne
devant appliquer que les peines de l'art. 471 du Code pénal qui ont
remplacé celles que la loi de 1790 avait substituées aux peines prévues
dans les dits règlements (11 oct. 1851, Chiffre). La multiplicité des contraventions, en accumulant les amendes, ne saurait d'ailleurs changer
la juridiction (17 août 1843).

Lorsqu'une contravention n'est pas de la compétence du juge de
paix, celui-ci doit naturellement statuer en ce sens et non acquitter,
ainsi que nous l'avons vu (p. 27). Si d'ailleurs un juge, s'étant en pareil cas déclaré compétent, avait prononcé une amende la Cour de cassation ne se bornerait pas à annuler son jugement, mais renverrait
l'affaire devant un autre juge pour permettre la déclaration d'incompétence (30 juin 1893, Hubert-Brierre).

Nous avons précédemment étudié le cas des doubles poursuites (p. 27). Mentionnons seulement ici la double compétence du juge de police et du conseil de préfecture, en cas d'empiétement sur les chemins vicinaux : l'art. 8 de la loi du 9 ventôse an XIII portant que les contraventions à cette loi, relative aux plantations des routes et chemins vicinaux, sont de la compétence des conseils de préfecture, la jurisprudence a étendu le principe aux constructions empiétant sur les dits chemins et a posé à leur égard une distinction entre l'amende et la réparation, la première étant appliquée par le juge de police, tandis que la seconde ne peut l'être que par le tribunal administratif (T. C. 21 mars 1850, Morel ; 7 nov. 50, Deswarte ; Cass. 19 juin 51, Beausseron ; 3 déc. 58, Nadaud-Beaupré [1] ; 7 janv. 60, Moret ; 14 fév. 63, Moreau ; 12 août 65, maire d'Ourville ; 8 déc. 65, Martin ; 27 janv. 66, Vialard ; 13 avril 66, Durazzo ; 1er fév. 67, Caillon ; 12 avril 67, Blaviel ; 21 mars 68, Marie ; 15 janv. 70, Moulinier ; 21 déc. 89, Labasse). Antérieurement aux décisions du Tribunal des conflits mentionnées ci-dessus, la Cour de cassation avait affirmé la compétence du juge de paix sur la démolition, malgré des ordonnances sur conflit contraires à cette thèse. L'arrêt de cassation Labasse fait nettement ressortir, contrairement à l'arrêt Nadaud-Beaupré, la distinction entre le cas d'empiétement et celui de dégradation, où la compétence judiciaire est entière (voir aussi T. C. 17 mai 1883, Desanti ; 13 mars 75, Gérentel ; Cass. 23 fév. 78, Douillet ; C. E. 28 avril 93, Grandchamp [2]). Est assimilée d'ailleurs à une dégradation et non à un empiétement la plantation d'arbres trop voisins (Cass. 15 fév. 1856, Joly), ainsi que l'établissement de portes ouvrant sur le chemin (27 juill. 1872, Fabre). Mais il y a plus : la compétence est aussi judiciaire pour la démolition, si le travail a été fait sur une construction en saillie, mais sans empiéter par lui-même (D. C. 30 janv. 1868, préfet de la Sarthe ; Cass. 20 nov. 79, Damiens ; 14 fév. 80, Jourde). Il y a exception lorsque la dégradation d'un chemin de grande communication est due à une contravention à la police du roulage, ainsi que nous le verrons en traitant de celle-ci, dans le chapitre suivant (loi du 30 mai 1851, art. 9 et 17 ; C. E. 15 janv. 1868, préfet de la Dordogne).

Conformément à un principe général, les règles de compétence sont d'ordre public, et il ne peut y être dérogé conventionnellement. C'est

---

1. Cet arrêt pose nettement le principe de l'indépendance des deux actions ; mais l'art. 317 de l'instruction du 6 déc. 1870 recommande d'engager la poursuite en simple police après la déclaration d'anticipation par le conseil de préfecture.

2. Les contraventions Douillet et Grandchamp consistaient dans la plantation de haies à moins de 0 m. 50 de la limite du chemin et dans le labourage de celui-ci sur une certaine largeur. Le texte applicable est l'art. 479, 11°, du Code pénal (voir n° IV, 1°). Un arrêt de cassation du 29 juill. 1864 (Siouret) avait statué en sens inverse.

ainsi que le cahier des charges d'une entreprise de balayage ne saurait conférer le caractère d'une simple infraction à un marché le fait d'exécuter irrégulièrement le balayage dontl'obligation se trouve transférée des riverains à l'entrepreneur (Cass. 19 juin 1869, Rancoule). Notons qu'au contraire une clause d'un marché ne saurait engendrer, pour un tiers,une obligation dont la violation serait soumise à une sanction pénale (22 déc. 1864, Lemoine, lestage).

Signalons enfin la possibilité d'une poursuite pour vol après un ac quittement en simple police sur une poursuite pour dégradation à un pont (28 janv. 1853 Vechioni).

L'article 172 du Code d'instruction criminelle fixe les cas dans les ·quels il peut y avoir appel : *Les jugements rendus en matière de police pourront être attaqués par la voie de l'appel lorsqu'ils prononceront un emprisonnement ou lorsque les amendes, restitutions ou autres réparations civiles excéderont la somme de cinq francs, outre les dépens.*

Il y a lieu à appel dans le cas où il y a condamnation à une réparation dont le montant n'est pas fixé, à la démolition d'un ouvrage indûment fait, par exemple (26 janv. 1856, Jobert). On remarquera, d'autre part, que la multiplicité d'amendes ne dépassant pas individuellement 5 fr. ne donne pas droit à l'appel (28 avril 1894, Salignat; 28 juill. 94, Millet ; voir *contra*, 31 août 54, Delignon). Enfin, le texte même de l'art. 172 marque qu'il est fait dans l'intérêt exclusif de la partie condamnée ; aussi la Cour de cassation refuse-t-elle le droit d'appel, tant au ministère public qu'à la partie civile (20 nov. 1846, Bernat).

L'appel est *porté au tribunal correctionnel,* en vertu de l'art. 174 du Code d'instruction.

Enfin *le ministère public et les parties pourront, s'il y a lieu, se pourvoir en cassation contre les jugements rendus en dernier ressort par le tribunal de police, ou contre les jugements rendus par le tribunal correctionnel sur l'appel des jugements de police* (art. 177). Comme conséquence naturelle de cette disposition, la partie condamnée par un jugement en premier ressort, même devenu définitif, ne peut se pourvoir en cassation (28 avril 1894, Salignat; 28 juill. 94, Millet),et il en est de même à l'égard de tout jugement par défaut qui n'est pas devenu définitif (12 janv. 1867, Colonna).

Au contraire, le ministère public peut se pourvoir contre tout jugement contradictoire, puisqu'il est en dernier ressort à son égard, mais il doit laisser écouler le délai d'appel accordé à la partie condamnée (3 mars 1866, Marseglesi ; 16 juin 70, Besini) ; il peut également se pourvoir contre un acquittement par défaut (26 déc. 1839). Nous ne voyons aucun motif pour qu'il n'en soit pas de même à l'égard de la partie civile.

Conformément au principe général posé par l'art. 441 du Code d'instruction criminelle, le procureur général près la Cour de cassation

peut, en dehors des délais, former un pourvoi dans l'intérêt de la loi
(21 juin 1879, Chazette) ; il peut même le former en même temps dans
l'intérêt du condamné (31 juill. 1873, Chigot). Dans le cas où, après
cassation, le même jugement est prononcé à nouveau, mais appuyé
sur des motifs différents, la chambre criminelle reste compétente, et il
n'y a pas lieu à l'application des art. 1 et 2 de la loi du 1er avril 1837
(I, LXXXIII ; 30 juill.1868, Bonnenfant).Conformément à une règle générale, la Cour ne connaît pas des questions de fait, jugées souverainement par le tribunal de dernier ressort (17 fév. 1893, Guignes); mais,
si les faits constatés par le juge sont contradictoires à son appréciation, son jugement est annulé (31 mai 1889, Marchioni).

Contrairement à ce que nous avons vu en matière de grande voirie
(p. 28), les particuliers intéressés peuvent engager une action ayant
pour objet de faire réprimer une contravention de police : *Les citations
pour contravention de police*, dit l'art. 145 du Code d'instruction criminelle, *seront faites à la requête du ministère public ou de la partie qui réclame*. Le désistement de la personne qui a donné la citation, fût-ce le
ministère public, ne dispense pas le juge de statuer (29 juin 1866,
Gonfroy).

Il va de soi qu'une partie intéressée peut intervenir, en cas de poursuites engagées par le ministère public, et cela jusqu'à la décision définitive (7 mars 1874, Guerlince) ; mais elle ne saurait le faire pour la
première fois devant la Cour de cassation (11 mai 1883, Duteillet, cas
d'un maire).

II. Procédure. — **1o En premier ressort.** — Les principes sur la
procédure devant les tribunaux de police se trouvent dans le titre 1er
du livre II du Code d'instruction criminelle.

*Art. 145. — Les citations pour contraventions de police seront faites à
la requête du ministère public ou de la partie qui réclame. — Elles seront
notifiées par un huissier; il en sera laissé copie au prévenu,ou à la personne
civilement responsable.*

*Art. 146. — La citation ne pourra être donnée à un délai moindre que
vingt-quatre heures, outre un jour par trois myriamètres, à peine de la nullité tant de la citation que du jugement qui serait rendu par défaut. Néanmoins cette nullité ne pourra être proposée qu'à la première audience, avant
toute exception et défense. — Dans les cas urgents, les délais pourront être
abrégés et les parties citées à comparaître même dans le jour, et à heure indiquée, en vertu d'une cédule délivrée par le juge de paix.*

Un point essentiel à noter est que le principe posé par l'art. 1033 du
Code de procédure civile et d'après lequel le jour de la signification et
celui de l'échéance ne sont point comptés dans le délai ne trouve pas
son application ici : le délai se comptant *de momento ad momentum*, les
24 heures peuvent appartenir à deux jours différents (17 déc. 1864,
arrêt cité par Rivière).

Art. 147. — Les parties pourront comparaître volontairement et sur un simple avertissement, sans qu'il soit besoin de citation.

Art. 148. — Avant le jour de l'audience, le juge de paix pourra, sur la réquisition du ministère public ou de la partie civile, estimer ou faire estimer les dommages, dresser ou faire dresser des procès-verbaux, faire ou ordonner tous actes requérant célérité.

Art. 149. — Si la personne citée ne comparaît pas au jour et à l'heure fixés par la citation, elle sera jugée par défaut.

La simple comparution du reste ne suffit pas à donner au jugement le caractère contradictoire : il faut qu'il y ait eu défense sur le fond (ou aveu).

Art. 150. — La personne condamnée par défaut ne sera plus recevable à s'opposer à l'exécution du jugement, si elle ne se présente à l'audience indiquée par l'article suivant ; sauf ce qui sera ci-après réglé sur l'appel et le recours en cassation.

Art. 151. — L'opposition au jugement par défaut pourra être faite par déclaration en réponse au bas de l'acte de signification, ou par acte notifié dans les trois jours de la signification, outre un jour par trois myriamètres. — L'opposition emportera de droit citation à la première audience, après l'expiration des délais, et sera réputée non avenue si l'opposant ne comparaît pas.

Le défendeur doit faire rendre un jugement déclarant cette absence ; sinon l'opposant peut se présenter à une audience suivante, sur ajournement donné par lui (26 avril 1860, Vilcoq).

Art. 152. — La personne citée comparaîtra par elle-même, ou par un fondé de procuration spéciale.

L'absence de procuration spéciale n'entraîne pas la nullité, mais elle peut être exigée par le ministère public ou la partie civile (6 avril 1866, Delafin).

Art. 153. — L'instruction de chaque affaire sera publique, à peine de nullité. — Elle se fera dans l'ordre suivant : — Les procès-verbaux, s'il y en a, seront lus par le greffier ; — Les témoins, s'il en a été appelé par le ministère public ou la partie civile, seront entendus s'il y a lieu ; la partie civile prendra ses conclusions ; — La personne citée proposera ses défenses et fera entendre ses témoins, si elle en a amené ou fait citer, et si, aux termes de l'article suivant, elle est recevable à les produire ; — Le ministère public résumera l'affaire et donnera ses conclusions : la partie citée pourra proposer ses observations. — Le tribunal de police prononcera le jugement dans l'audience où l'instruction aura été terminée, et, au plus tard, dans l'audience suivante.

Cet article n'est substantiel qu'en ce qui concerne la publicité de l'instruction, le résumé et les conclusions du ministère public ; ainsi, il n'y a pas nullité si le jugement n'est pas prononcé dans l'audience où l'instruction est terminée ni dans l'audience suivante (27 juill. 1866, Stablo). Au contraire, est nul un jugement appuyé sur des déclarations

ou documents non soumis à un débat contradictoire (3 janv. 1879,
Fiéreck) ou sur des renseignements pris en dehors de l'audience et non
soumis à contradiction (24 avril 1868, Dupuy ; 4 août 93, Gey ; 22 fév.
95, Chanzy). Nous avons reproduit l'art. 154 à propos de la foi due
aux procès-verbaux (p. 77).

*Art. 155. — Les témoins feront à l'audience, sous peine de nullité, le ser-
ment de dire toute la vérité, rien que la vérité ; et le greffier en tiendra note,
ainsi que de leurs noms, prénoms, âge, profession et demeure, et de leurs
principales déclarations.* La nécessité du serment n'est pas contestée
(4 fév. 1860, Thomas ; 30 janv. 68, Bordères).

Les art. 156 à 158 traitent encore des témoins, au point de vue du
degré de parenté avec l'inculpé, ainsi que des peines qui frappent ceux
qui ne défèrent pas à la citation.

Pour les visites des lieux, on applique le titre VIII du Code de procédure civile (27 nov. 1875, Roccaserra). *Lorsqu'il s'agira, soit de constater
l'état des lieux, soit d'apprécier la valeur des indemnités et dédommagements
demandés,* dit l'art. 41, *le juge de paix ordonnera que le lieu contentieux
sera visité par lui, en présence des parties.* Dès lors une visite des lieux
est nulle si elle est faite en dehors de la présence du ministère public
(17 fév. 1888, Ferrière) ; un procès-verbal de la visite n'est pas nécessaire, si le jugement constate la présence des parties, ayant plaidé
d'ailleurs sans réserves (4 déc. 1857, Collier).

On applique aussi l'art. 42 du Code de procédure, qui exige le serment des experts (30 janv. 1868, Bordères ; 27 fév. 75, Boussinesq). Le
juge ne saurait d'ailleurs se désigner lui-même comme tiers expert
(17 fév. 1888, Ferrière).

Revenons au Code d'instruction criminelle, en réservant les art. 161
et 162, relatifs aux réparations et aux dépens.

*Art. 163. — Tout jugement définitif de condamnation sera motivé, et les
termes de la loi appliquée y seront insérés, à peine de nullité. — Il y sera
fait mention s'il est rendu en dernier ressort ou en première instance.*

L'obligation de motiver les jugements entraîne celle de spécifier les
faits imputés aux prévenus, qu'il ne suffit pas de déclarer « convaincus
des contraventions qui leur sont reprochées » (6 mars 1858, Gateau [1] ;
voir aussi 24 mars 70, Philippe Jean ; et 15 nov. 72, L'Huillier), et
l'on doit pouvoir se rendre compte, à la lecture du jugement, s'il est
rendu en fait ou en droit (3 janv. 1879, Dauchin-Gérard ; 27 janv. 83,
Ahmed ben Moussa). Lorsqu'il y a doute sur la nature d'une voie publique et que cela intéresse la compétence, la question doit être éluci-
dée (8 mars 1866, Mariani ; 17 juin 81, Estrade), et, s'il s'agit d'un
chemin vicinal, il faut spécifier s'il y a eu ou non empiétement pour
permettre d'apprécier la question de compétence (21 déc. 1889, La-

---

1. Cet arrêt vise, nous ne savons pourquoi, au lieu de l'art. 163, l'art. 195
concernant la police correctionnelle.

basse). Enfin on doit considérer comme insuffisamment motivé un jugement prononçant une amende et ordonnant à la fois la suppression d'un accès, alors que la première suppose le caractère de voie publique et la seconde celui de domaine privé (12 avril 1889, Vernière-Dorlhac). Quant à l'insertion des termes de la loi appliquée, outre qu'elle n'est obligatoire que pour les jugements de condamnation (7 avril 1876, Busquet), elle ne comprend nécessairement que les dispositions pénales et ne s'étend ni à celles qui caractérisent la contravention, ni à l'arrêté administratif auquel il aurait été contrevenu (15 avril 1864, Leblond ; voir 23 fév. 1878, Douillet, arrêt refusant d'annuler un jugement visant un texte inapplicable).

Enfin l'obligation d'énoncer si le jugement est rendu en dernier ressort ou en première instance n'entraîne pas nullité en cas d'omission ou d'erreur (7 avril 1876, Busquet). A l'occasion de cet article sur la rédaction des jugements, nous remarquerons qu'un mauvais motif n'est pas une cause de cassation si le dispositif est conforme à la loi (16 mars 1878, Soulié).

Art. 164. — La minute du jugement sera signée par le juge qui aura tenu l'audience, dans les 24 heures au plus tard, à peine de 25 fr. d'amende contre le greffier, et de prise à partie, s'il y a lieu, tant contre le greffier que contre le président.

Le défaut de signature dans les 24 heures n'est pas une cause de nullité (1er déc. 1893, Dupy).

2° En appel et en cassation. — Nous avons reproduit et commenté l'art. 172 du Code d'instruction criminelle qui fixe dans quels cas et par qui peut être formé appel contre les jugements de simple police (p. 80). L'art. 173 porte que *l'appel sera suspensif.* Après avoir stipulé que l'appel est porté au tribunal correctionnel, l'art. 174, modifié par une loi du 6 avril 1897, ajoute : *Cet appel sera interjeté par déclaration au greffe du tribunal qui a rendu le jugement dans les dix jours, au plus tard, de la signification de la sentence à personne ou à domicile. Il sera suivi et jugé dans la même forme que les appels des sentences des justices de paix.* Notons que l'appel est recevable contre les décisions par défaut. La Cour de cassation, tout en déclarant d'ailleurs interlocutoire un jugement ordonnant une expertise et en reconnaissant qu'il acquiert l'autorité de la chose jugée, admet que toute discussion doit être admise contre la décision définitive, le juge n'étant pas lié par l'expertise (20 juin 1891, Nicolas).

Art. 175. — Lorsque, sur l'appel, le procureur impérial ou l'une des parties le requerra, les témoins pourront être entendus de nouveau, et il pourra même en être entendu d'autres.

Art. 176. — Les dispositions des articles précédents sur la solennité de l'instruction, la nature des preuves, la forme, l'authenticité et la signature du jugement définitif, la condamnation aux frais [1]*, ainsi que les peines que*

____

1. Au sujet des frais, voir l'art. 162, étudié ci-dessous, n° IV, 3°.

ces articles prononcent, seront communes aux jugements rendus, sur l'appel, par les tribunaux correctionnels.

Nous avons vu (p. 80) les dispositions de l'art. 177 sur le pourvoi en cassation. La jurisprudence fait application du délai de trois jours francs fixé par l'art. 373, relatif aux décisions du jury criminel, tant à l'égard de la partie condamnée qu'à celui du ministère public (1ᵉʳ avril 1865, Beauvais ; 16 juin 70, Besins ; 16 mars 78, Soulié ; 21 déc. 88, Lemaître). En ce qui concerne la partie, le délai ne court que du jour où elle a connaissance légale de la décision, « soit par la prononciation qui lui en est faite, soit par l'indication précise du jour où elle aura lieu, soit par la signification de l'arrêt ou du jugement » (29 mai 1868, Barit). L'art. 416 du Code d'instruction criminelle porte que le recours contre les arrêtés préparatoires n'est ouvert qu'après le jugement définitif ; mais il n'en est pas de même des jugements interlocutoires en dernier ressort, qui doivent être déférés immédiatement à la Cour suprême (16 mars 1878, Soulié, sursis pour appréciation administrative du caractère confortatif de travaux).

Lorsqu'un jugement est cassé et que la Cour déclare que le fait incriminé ne tombe sous le coup d'aucune loi, un renvoi est inutile (28 janv. 1875, Morelli ; 27 fév. 75, Sylva).

Si le pourvoi formé par le ministère public n'a pas été notifié à la partie, celle-ci peut former opposition, conformément aux art. 533 et 549 du Code d'instruction criminelle (2 mars 1878, Chazette). On se reportera d'ailleurs au tome I, p. LXXXV, au sujet de divers détails ; ajoutons qu'au principal de l'amende à consigner s'ajoutent les deux décimes et demi dont nous avons parlé p. 52 (16 juill. 1889, Barby-Cluzeau).

3º **Question des sursis.** — Cette question mérite un examen particulier, car elle soulève des difficultés fort délicates.

La Cour de cassation prescrit de faire application de l'art. 182 du Code forestier, ainsi conçu : *Si, dans une instance en réparation de délit ou contravention, le prévenu excipe d'un droit de propriété ou autre droit réel, le tribunal saisi de la plainte statuera sur l'incident en se conformant aux règles suivantes : — L'exception préjudicielle ne sera admise qu'autant qu'elle sera fondée, soit sur un titre apparent, soit sur des faits de possession équivalents, personnels au prévenu et par lui articulés avec précision, et si le titre produit ou les faits articulés sont de nature, dans le cas où ils seraient reconnus par l'autorité compétente, à ôter au fait qui sert de base aux poursuites tout caractère de délit ou de contravention. — Dans le cas de renvoi à fins civiles, le jugement fixera un bref délai dans lequel la partie qui aura élevé la question préjudicielle devra saisir les juges compétents de la connaissance du litige et justifier de ses diligences, sinon il sera passé outre. Toutefois, en cas de condamnation, il sera sursis à l'exécution du jugement, sous le rapport de l'emprisonnement, s'il était prononcé, et le montant des amendes, restitutions et dommages-intérêts sera versé à la caisse des dépôts et con-*

*signations, pour être remis à qui il sera ordonné par le tribunal qui statuera
sur le fond du droit* [1].

Le principe qu'il y a lieu à sursis et non à jugement direct sur le
fond a été mainte fois affirmé (12 janv. 1856, Blaise ; 22 nov. 56, Batardy ; 14 nov. 61, Dubois ; 29 mai 68, Barit ; 19 juin 68, Marchand ;
17 nov. 93, Dupont-Raudin, propriété d'une alluvion). Il est vrai qu'un
arrêt du 15 mai 1875 (Tesseidre) semble reconnaître la compétence
absolue du juge de police pour apprécier la portée des actes invoqués ;
mais il faut remarquer que le résultat de l'examen était négatif, et cet
arrêt ne signifie au fond que le devoir du juge de police d'apprécier
s'il existe un titre vraiment « apparent », comme dit l'art. 182 du
Code forestier (23 août 1879, Doulus). Ainsi que l'indique le même article, il n'y a naturellement lieu à sursis que si le droit de propriété reconnu ferait disparaître la contravention : il n'y a donc pas sursis à
raison d'un droit de propriété sur un terrain compris dans les limites
attribuées à un chemin vicinal (27 oct. 1892, Bernardini), à une voie
communale dont l'alignement est fixé (13 juill. 1861, Chicard ; 7 mars
74, Guerlince), ou à un chemin rural classé (31 mai 1895, Royer) ; mais
il y a lieu à sursis si l'inculpé invoque de façon plausible la propriété
d'un pont qu'il aurait construit pour son usage personnel (28 janv.
1853, Clodorez). On a vu d'ailleurs que l'art. 182 exige que le juge fixe
un délai pour saisir le juge compétent sur la question de propriété
(19 fév. 1858, Peytot ; 21 déc. 67, Moufle ; 7 mai 69, Jourdain ;
23 août 79, Doulus ; 17 nov. 93, Dupont-Raudin). Lorsque, faute de
justification de diligences, il est passé outre, le délai expiré, la question de propriété ne peut naturellement être soulevée devant le juge de
police (26 juill. 1894, Jougla). Si d'ailleurs, après condamnation, il est
justifié devant le juge d'appel des diligences faites, celui-ci ne doit pas
surseoir à nouveau, mais ordonner la consignation de l'amende et des
restitutions, conformément à l'art. 182 (6 août 1868, Délécray). Notons
d'ailleurs que la jurisprudence exige la fixation d'un délai même dans
le cas de sursis ne rentrant pas dans ceux qu'a prévus l'art. 182 du Code
forestier (27 juill. 1860, Bénard ; 4 avril 79, Forestier ; 3 fév. 88, Per-
raux). Il n'y a naturellement pas lieu à sursis si le juge reconnaît que,
en dehors de toute question de propriété, le terrain donnant lieu à contestation est en dehors de la voie publique (3 janv. 1879, Thureau).

Au premier rang des cas de sursis pour renvoi à l'autorité administrative, nous citerons celui de l'interprétation d'un acte administratif
de sens douteux (2 oct. 1852, Langlois ; 26 août 59, Sermet ; 10 fév. 77,
Courcelles ; 21 mars 90, Dorguin), notamment d'une autorisation dont
le caractère ou la portée est contestable (6 janv. 1853, Filiastre ; 24 mai
73, Bernardet ; 9 mars 77, Givaudan ; 5 nov. 81, Galli).

____

1. Sur ce dernier point, voir un arrêt du 4 fév. 1860 (de Lenferna).

Si au contraire le juge estime l'acte suffisamment clair, il l'applique immédiatement (21 août 1857, de Brault ; 14 mai 75, Brossard) ; mais il se produit parfois de piquantes contradictions, la Cour de cassation étant bien d'accord avec le juge sur la clarté du texte, mais non sur le sens à lui attribuer (1er juin 1888, Rolin). Comme cas particulier d'interprétation faite par le juge lui-même, nous citerons celle des dispositions réglementaires d'un acte de concession (30 mars 1876, Reynaud). Du moment d'ailleurs qu'un arrêté est légal et clair, il n'y a point lieu à sursis pour faire statuer sur des droits antérieurs à l'arrêté (21 fév. 1879, Giry).

Nous verrons, en parlant des excuses (n° III), que le juge apprécie la légalité des dispositions auxquelles il a été contrevenu, et il en résulte, comme règle générale, que le juge ne doit pas surseoir, même en présence d'un recours pour excès de pouvoir (11 mai 1883, Duteillet) ; mais il y a des cas spéciaux où il ne lui appartient pas de faire cette appréciation : telle est celui où la contestation reposerait sur l'absence prétendue d'anciens usages (10 mars 1881, Gavot ; idem, Lombardon). Dans le cas d'ailleurs où le Conseil d'Etat serait déjà saisi d'un recours pour excès de pouvoir, le motif ne serait pas suffisant pour motiver un sursis (8 janv. 1858, Garest). A plus forte raison, n'y a-t-il pas lieu à sursis lorsque, la légalité n'étant pas contestée, il ne s'agit que d'une demande de modification (7 déc. 1861, Consi).

Les procès-verbaux relatifs aux constructions riveraines des chemins (ou empiétant sur eux) donnent lieu à de nombreuses contestations. S'il y a doute sur l'alignement, l'autorité administrative peut seule le déterminer (19 août 1859, Sauret ; 24 déc. 59, Lasnier ; 1er mars 77, Galloni d'Istria) ; mais il convient de remarquer que le sursis doit s'étendre à la question d'amende pour travail non autorisé, bien que l'amende doive être prononcée dans tous les cas, attendu que l'article 161 du Code d'instruction criminelle prescrit de joindre la peine et les réparations, ainsi que nous le verrons en traitant de celles-ci (20 août 1858, Simonel ; 7 juill. 60, Duplessis ; 23 août 60, Martin ; 25 janv. 61, Caldier ; 21 fév. 63, Perrichon ; 7 nov. 63, Baron ; 24 avril 68, Dupuy ; 7 mai 69, Jourdain ; 29 janv. 70, Corbeau). Il va de soi qu'il n'y a pas lieu à sursis lorsqu'il appartient au conseil de préfecture de statuer sur la réparation.

Une des contestations les plus fréquentes est celle qui porte sur le caractère de publicité d'un chemin. Si celle-ci résulte d'un acte régulier, le juge le constate et passe outre (20 nov. 1858, Sermet ; 15 juill. 75, Bouton ; 5 mars 80, Griset-Maillard) ; mais, si l'acte est contesté, il ne peut le déclarer sans valeur sans empiéter sur la compétence administrative et doit par suite prononcer le sursis (15 mai 1856, Audibert ; 23 mars 88, Devys) ; en tout cas, si un acte est invoqué, le juge ne pourrait l'écarter sans le discuter (13 janv. 1888, Casanova). Dans le même ordre d'idée, il y a lieu à sursis, lorsqu'il y a doute sur un déclassement qui aurait mis fin à la publicité (27 déc. 1856, Maillard ; 24 nov. 59, Vicq ; 6 août 92, Jacquot).

Un arrêt du 9 fév. 1856 (Troubadi) a paru admettre que la publicité ne peut résulter que d'un acte exprès ; mais la jurisprudence est en général absolument contraire à cette thèse (10 avril 1856, Gérard ; 1er déc. 93, Dupy) ; c'est ainsi que de nombreux arrêts portent que, en l'absence d'un acte de classement, le juge apprécie la publicité (15 oct. 1852, Tourneyre ; 27 août 53, Pont ; 22 juill. 58, Costel ; 15 nov. 60, Demars ; 7 fév. 68, Pujos ; 17 avril 74, Portal ; 18 janv. 90, Le Guen : 28 fév. 91, Raymond : 26 juill. 94, Jougla ; 18 janv. 95, Mézamat). Le juge ne saurait d'ailleurs refuser d'accueillir la preuve testimoniale de la publicité en s'appuyant sur le cadastre, qui ne constitue qu'un élément d'appréciation (2 mars 1865, Crouzier), ni, par contre, faire reposer le caractère de publicité sur une présomption sans fondement dans la loi (30 juillet 1891, Moreau-Caron).

Il semble à première vue que le juge ne peut apprécier la question de publicité sans empiéter sur le domaine administratif ; mais, en réalité, il ne tranche pas la question de fond dans un sens négatif : il n'a qu'à constater l'absence de preuve de la publicité (3 août 1894, Langlois ; 10 avril 95, Martineau).

En général, le caractère de publicité est indépendant des questions de propriété ; quand il en est autrement, il y a naturellement lieu à sursis pour faire trancher celles-ci (15 mars 1889, comm. de Thennelières ; 20 déc. 89, Massoni ; voir aussi 10 oct. 1856, Dujouhannel ; 23 juill. 58, Tétard). Un arrêt du 18 janv. 1890 (Le Guen) a déclaré que, un sous-locataire ne pouvant exciper du droit de propriété, il ne peut y avoir sursis lorsqu'il soulève un incident de cette nature.

De la question de publicité des chemins on peut rapprocher celle du caractère public ou privé d'un canal : nous sommes porté à penser que, en l'absence d'un texte administratif bien précis, il conviendrait de prononcer le sursis pour décision administrative (1er mars 1888, Robert).

III. Excuses. — A propos de la procédure, nous avons signalé des excuses pouvant motiver une demande de sursis. Nous allons maintenant en examiner un certain nombre, en commençant précisément par celles que nous avions mentionnées alors.

On remarquera que nous ne parlons pas ici des circonstances atténuantes, qui seront étudiées à propos des pénalités (n° IV), mais uniquement des considérations qui peuvent être invoquées en faveur d'un acquittement.

1° **Droits de propriété et autres.** — Un droit de propriété reconnu ou le maintien en possession prononcé par l'autorité compétente ne fait point disparaître la contravention et ne peut l'excuser, si le terrain ayant fait l'objet de ce jugement a été régulièrement déclaré incorporé à un chemin vicinal (ou rural), puisque cette incorporation produit tous ses effets en ne laissant subsister qu'un droit à indemnité (26 janv. 1861, Patissier ; 11 avril 62, Desguez ; 27 oct. 92, Bernardini).

Non seulement un droit acquis par un tiers ne saurait excuser une contravention résultant de l'usage de ce droit (29 mars 1889, Véjux, matières provenant d'une fosse d'aisance s'écoulant sur la voie publique après avoir traversé une propriété tenue de les recevoir) ; mais encore celui qui a acquis un droit d'un tiers peut être poursuivi sur la plainte de celui-ci, si de l'usage de ce droit résulte une contravention (30 janv. 1890, Clavel, dépôt de fumier contre un mur mitoyen).

2° Illégalité des règlements. — Conformément au principe posé par l'art. 471, n° 15, du Code pénal qui vise les règlements *légalement faits* par l'autorité administrative, le juge, incompétent pour annuler un règlement illégal, doit relaxer celui qui aurait enfreint un tel règlement (7 juill. 1854, Chambourdon ; 5 août 58, Desvergnes ; 7 mars 62, Bourjade ; 16 déc. 64, chemin de fer d'Orléans ; 29 août 67, Laguionie ; 20 déc. 67, Cissac ; 1ᵉʳ mai 68, Gout ; 25 mars 69, Revil-Signorat ; 31 mars 70, Brunet ; 1ᵉʳ juill. 70, Badaroux ; 31 juill. 73, Chigot[1] ; 8 mars 74, Auméran ; 27 fév. 75, Sylva ; 27 juin 79, Roux ; 16 déc, 81, de Roquette-Buisson ; 16 fév. 83, Carton ; 9 nov. 83, Tartier ; 2 août 89, Flachier ; 9 janv. 92, Gonnetean ; 23 janv. 92, Massiani ; 27 juill. 93, Colette ; 3 août 93, Raoulx-Jay). Ces deux derniers arrêts concernent des arrêtés rapportant une permission de voirie pour un motif illégal[2] et l'arrêt du 23 janv. 1892 se rapporte à un arrêté fixant un alignement différent de la limite de la voie publique, en l'absence d'un plan général approuvé.

Si le juge n'a point à surseoir en présence d'un recours pour excès de pouvoir, il ne saurait prononcer une condamnation postérieurement à un arrêt d'annulation (11 avril 1862, Lebrun ; 29 juill. 64, Layrolle).

Il va de soi qu'une partie illégale dans un arrêté n'empêche pas d'en appliquer une autre partie (14 mars 1879, Lelièvre) ; d'autre part, on doit noter que si, dans une simple permission, figure une condition illégale, on est tenu de l'observer tant qu'on n'en a pas obtenu la réformation (2 août 1855, Le Conte). Le défaut de signature d'un arrêté le rend évidemment nul (1ᵉʳ mai 1868, Milloy) ; mais un arrêté peut être pris sous forme d'approbation d'un rapport d'ingénieur (10 juin 1869, Gehin).

---

1. Arrêté prescrivant l'échenillage aux administrateurs, en tant qu'il attacherait une sanction pénal à sa transgression.

2. Comme exemples de retraits légaux, entraînant obligation, voir 12 août 1862, Renaud, et 28 fév. 63, Clavel.

On a pu se demander si un arrêté de police individuel avait un caractère obligatoire, mais la chose n'est pas douteuse s'il est pris dans un intérêt général (5 nov. 1875, Chaix) ; on a même reconnu la légalité d'un arrêté individuel modifiant un règlement général, mais alors que tous les autres intéressés avaient adopté les nouvelles dispositions prescrites (13 mars 1862, Hutin). Quant à un arrêté qui aurait pour objet la protection d'une dépendance du domaine privé, s'il n'est pas illégal, il n'a que le caractère d'une injonction dont la transgression ne saurait donner lieu qu'à une action civile (16 avril 1891, Vernière ; idem, Facompré).

Un arrêté qui n'a été ni publié ni notifié n'est, bien entendu, pas obligatoire (5 mai 1883, Pégarier) ; toutefois, une preuve écrite de la publication n'est pas nécessaire (13 mars 1868, Lesage). Elle est même présumée si le texte de l'arrêté l'ordonne (5 avril 1872, Charamaule) ; mais on est admis à établir le contraire (12 avril 1861, Vidon-Gris). Dans un cas d'ailleurs où le règlement des chemins vicinaux prescrivait une forme de publication spéciale, la Cour de cassation a jugé suffisante l'insertion au bulletin des actes administratifs et la publication par le maire dans les formes ordinaires (3 oct. 1857, Robert).

Les arrêtés individuels, n'étant pas susceptibles de publication, doivent naturellement être appuyés d'un acte de notification régulier (10 mars 1893, Domergue ; 29 juill. 93, Papot ; 20 oct. 93, Dassy).

3° Autorisations modifiées ou rapportées. — En principe général, une autorisation dont il n'a pas encore été fait usage peut être rapportée ou modifiée (26 janv. 1856, Jobert), et au contraire le bénéfice en est acquis du moment qu'on en a profité, et cela alors même qu'il n'en aurait pas été fait notification régulière et qu'on aurait encouru l'amende pour commencement antérieur à l'autorisation (21 juill. 1864, Courboulin). Dans le même ordre d'idées, le Conseil d'Etat a déclaré acquis un arrêté relatif à des travaux partiellement exécutés au moment où l'on avait prétendu le rapporter (16 déc. 1864, Mottu-Pétillaut). Par contre, la Cour de cassation a reconnu l'obligation de démolir des travaux confortatifs à un immeuble en saillie, exécutés en vertu d'un arrêté régulier en la forme, mais dont la révocation constituait un retour à la légalité (2 mars 1877, Soulié).

4° Autorisations irrégulières. — Une permission illégale, à quelque titre que ce soit, ne peut évidemment faire disparaître la contravention (29 juill. 1858, Brives ; 5 mars 64, Depoilly [1] ; 29 juin 66, Gonfroy ; 30 juill. 75, Dubreil). Les autorisations verbales ne sont d'ailleurs pas valables (4 déc. 1857, Guillemot ; 23 avril 59, Benedetti ; 5 juill. 60, Testreau ; 15 juill. 64, Oberti ; 21 juill. 96, Dourrieux [2] ; dans l'affaire

---

1. S'il y a discussion sur l'autorité à laquelle il appartenait de donner l'autorisation, le juge doit la trancher.

2. La plupart de ces arrêts s'appuient sur l'édit de déc. 1607 qui, par ses

Guillemot, l'autorisation verbale était attestée par un certificat écrit.
A plus forte raison en est-il ainsi si i autorisation verbale émane d'un
agent n'ayant point qualité pour l'accorder (8 déc. 1882, Advielle ; 12
janv. 94, Chotel). Dans le même ordre d'idées, la simple tolérance ne
saurait équivaloir à une autorisation régulière (3 janv. 1874, Jonquiè-
res ; 11 nov. 81, Pichard ; 17 fév. 88, Ferrière).On ne saurait d'ailleurs
se couvrir de l'erreur commise par un agent de l'administration (4
août 1853, Langlois).

Une permission postérieure ne saurait évidemment faire disparaître
la contravention (15 juill. 1864, Oberti ; 23 fév. 78, Calvet ; 16 mars
78, Soulié ; 1er déc. 82, Martel ') ; mais les arrêts Oberti et Soulié portent avec raison que, s'il y a lieu à amende, il ne convient pas d'ordonner la démolition de l'ouvrage désormais autorisé (voir aussi 28 juill.
1854, Touillet).

A la légalité des autorisations se rattache la question de la durée de
leur validité. Quand il n'existe ni dans l'arrêté d'autorisation, ni dans
un texte général, un délai rendant la permission caduque, on peut en
user tant qu'elle n'est pas rapportée (22 juill. 1859, Divoux ; 25 janv.
95, Crochet). Le plus souvent, d'ailleurs, la durée est fixée à un an, par
exemple par l'arrêt du Conseil du 6 oct. 1733 sur la voirie urbaine (10
mars 1859, Bernardi ; 16 nov. 93, Crochet). Dans ce cas, d'ailleurs, il
suffit qu'on ait commencé les travaux dans l'année (20 déc. 1862, Val-
lentin-Dulac, arrêté de 1854, travaux continués en 1861).

5° Bonne foi et questions connexes. — L'absence d'excuse à raison
de la bonne foi est une règle générale en matière de simple contravention (29 juill. 1858, Brives ; 23 avril 59, Benedetti ; 12 nov. 59, Paradis ; 15 janv. 70, Michaux ; 2 janv. 79, Marron ; 30 janv. 79, Tétard,
écoulement sur la voie publique d'eau provenant de la condensation de
vapeur s'échappant par une toiture ; voir aussi 15 janv. 70, Michaux,
vieillard excusant par son âge un balayage fait à une heure interdite),
et elle est appliquée alors même que le contrevenant s'empresse de faire
disparaître à première réquisition l'objet de la contravention (10 déc.
1858, Bonneau) ².

Les usages locaux, qui si souvent engendrent la bonne foi, ne peuvent non plus être invoqués (17 août 1865, Lallemand ; 23 juill. 68,
Mallet ³ ; voir aussi, pour usages dans les localités voisines, 23 août 66,

art. 4 et 5, exige une autorisation écrite ; mais l'arrêt Guillemot est motivé par
la considération que l'existence légale d'une autorisation ne peut être prouvée
que par écrit ayant date certaine.

1. Cet arrêt et un autre du 13 août 1875 (Ferrand) ajoutent qu'une concession
municipale ne peut exonérer de l'observation des lois de police.

2. Il s'agit ici, bien entendu, de la suite que le juge doit donner à une poursuite portée devant lui, non de l'opportunité de cette poursuite.

3. Les deux jugements cassés dans ces affaires énonçaient l'utilité des contraventions pour les chemins sur lesquels elles avaient été commises.

Despujols ; 30 nov. 78, Gauzon), et il en est de même de la désuétude des règlements (27 fév. 1875, Boussinescq), ainsi que du fait qu'il ne s'agissait que du rétablissement d'un ouvrage existant (10 sept. 1857, Lasserre).Enfin, l'ordre d'un supérieur hiérarchique ne peut supprimer la responsabilité (17 fév. 1855, Lachaud, jet du produit des balayages dans une rivière par un cantonnier).

On a aussi cherché une excuse dans l'inutilité des prescriptions ou interdictions ; mais il est clair que le juge ne saurait discuter une question de ce genre sans sortir de sa compétence (14 mars 1887, Gillet ; voir aussi 4 juin 75, le Menn, et 11 mars 92, Béranger). A plus forte raison, ne peut-il excuser celui qui a commis une contravention caractérisée, sous prétexte que l'administration autorise des dispositions ayant même conséquence (14 fév. 1880, Domergue, jet de matières fécales dans un égoût, sous prétexte que les tinettes autorisées les y laissent s'écouler).

Quant à l'observation des règlements spéciaux à une industrie, elle ne peut dispenser de se conformer aux lois générales (30 janv. 1879, Tétard ; voir aussi 16 avril 58, Simon), et, dans un ordre d'idées analogue, on doit se pourvoir des autorisations multiples qui peuvent être nécessaires (6 déc. 1860, Oger, construction longeant la traverse d'une route).

6° **Force majeure et nécessité.** — La force majeure constitue naturellement une excuse ; mais la Cour de cassation n'en admet que difficilement la réalité. Elle exige naturellement qu'elle soit établie par les moyens de preuve autorisés par la loi (21 juin 1866, Desjardin) ; mais elle ajoute que, dans une foule de cas, on ne saurait l'admettre. Nous mentionnerons à ce sujet quelques arrêts, en indiquant sommairement la nature de l'affaire : 21 août 1856, Janvier (pacage sur un chemin) ; 11 mai 65, Pierlay, et 20 nov. 73, Velluet (réparation sans autorisation à un mur mis à jour par une démolition voisine) ; 27 janv. 77, Poulenc (maison détruite par une inondation reconstruite d'urgence sans autorisation) ; 30 janv. 79, Tétard (eau de condensation de la vapeur lancée dans l'atmosphère tombant sur la voie publique) ; 24 avril 68, Bourleau, et 14 avril 94, Pietri (défaut d'éclairage de matériaux à raison de bris ou de vols répétés des lanternes).

A côté de l'excuse générale de force majeure, nous devons signaler l'excuse de *nécessité*, prévue d'une façon spéciale par l'art. 471, n° 4, du Code pénal en ce qui concerne les embarras de la voie publique : — *Ceux qui auront embarrassé la voie publique, en y déposant ou y laissant sans nécessité des matériaux ou des choses quelconques qui empêchent ou diminuent la liberté ou la sûreté du passage.* En principe, le juge de police apprécie souverainement cette excuse (29 août 1867, Dubois ; 21 avril 70, Lescour ; 17 janv. 74, Lefebvre-Ducatteau ; 10 août 78, Cougny ; 12 déc. 78, Derouen ; 5 mars 80, Tonnione) ; mais il faut qu'il se conforme à l'esprit de la loi et que, par suite, les faits constatés par lui ne soient pas incompatibles avec l'excuse admise : il faut donc que le dépôt ait un caractère accidentel (21 mars 1868, Rousseville) et ne soit point permanent (7 mai 1874, Rivière). La Cour de cassation a déclaré illégitime l'excuse de nécessité dans de nombreuses circonstances, par exemple à l'égard d'un huissier ayant déposé un mobilier sur la voie publique, à la suite d'une expulsion, sous prétexte qu'il n'existait pas de fourrière (17 nov. 1893, Lieugard), et même à l'égard d'un commissaire-priseur qui avait procédé à une vente sur la voie publique (23 nov. 1893, Cordier).

L'excuse doit d'ailleurs être établie par le juge : ainsi, il doit donner une raison spéciale s'il s'agit d'un dépôt de fagots maintenu pendant cinq heures malgré l'injonction de le faire disparaître (24 août 1883, Hébert)[1]. Citons, d'autre part, des cas où l'excuse de nécessité a été admise : stationnement d'une voiture pendant le temps nécessaire pour dételer et la remiser (17 nov. 1893, Plateau); dépôt de briques, la voiture qui les apportait ne pouvant entrer (3 mai 1895, Tassel).

On doit remarquer en terminant, que l'excuse de nécessité pour les dépôts est indépendante de toute autorisation ou prohibition administrative : un maire ou un préfet ne peut la subordonner à une autorisation (31 mai 1889, Reynaud ; 3 mai 95, Tassel), et même d'après un arrêt du 23 août 1866 (Despujols), une autorisation d'un dépôt de matériaux de construction ne fait point disparaître la contravention si le juge ne reconnaît pas la nécessité de ce dépôt. Nous devons toutefois faire remarquer que la loi du 5 avril 1884 prévoit explicitement, en son art. 98, § 2, des permis de dépôt temporaire sur la voie publique : nous les étudierons spécialement chap. XXIX, § 2, n° IV.

7° Insignifiance des actes ou de leurs conséquences. — Cet ordre de considérations est absolument écarté par la Cour de cassation. Aussi importe-t-il peu que le fait incriminé n'ait eu aucune conséquence dommageable, s'il est interdit en lui-même (28 août 1874, Labbé, travail non autorisé sur un chemin ; 14 janv. 75, Blaise, inobservation du repère d'une usine; 18 août 81, Deloy, 25 janv. 83, Roy-Barcq, projection d'eau sur la voie publique soit par une fenêtre, soit par suite de la rupture d'un tuyau). Dans le cas où le dommage est une condition formelle de la contravention, dans celui, par exemple, où il s'agit d'un embarras de la voie publique, la Cour de cassation n'admet pas que le juge déclare qu'un dépôt matériel ne diminuait pas la liberté de la circulation (21 mars 1868, Rousseville, planches; 31 déc. 75, Dubreil ; 11 nov. 81, Pichard, grilloir à café; 24 août 83, Sghir ben Zouaoui, machine à fa-

---

1. A côté de l'abandon sur la voie publique d'objets qui l'encombrent simplement, on peut placer celui d'objets dont peuvent abuser les voleurs (art. 471, n° 7) ; à leur égard, la Cour de cassation est particulièrement sévère (10 nov. 1876, Marinichi, et 27 janv. 77, Debard, échelles de maçon).

briquer de la corde ; idem, Hameïda ben Korachi, quatre planches ;
7 déc. 94, Lapoutge, décombres)[1]. Au contraire, un jeu de paume peut
ne pas entraver la circulation, d'après la Cour suprême, parce qu'il
n'implique pas le dépôt de choses inanimées (23 nov. 1876, Gasquet).

La nécessité d'une permission pour les travaux aux constructions voisines des voies publiques s'étend aux réparations les plus insignifiantes,
si un arrêté en dispose ainsi (3 août 1888, Le Galle), et enfin on considère comme travaux irréguliers des faits qui pourraient être considérés
comme une mesure d'urgence (15 déc. 1864, Duffo, superposition sans
ordre sur une fondation en saillie de matériaux éboulés) ; voir aussi 30
avril 1853 et 27 janv. 54, Duffo). Notons que, par contre, un fait matériel est nécessaire pour constituer la contravention (24 déc. 1880, Fontaine).

IV. — Pénalités, réparations et dépens. — 1º Pénalités.—
Nous allons reproduire les principales dispositions du livre IV du Code
pénal.

1. GÉNÉRALITÉS SUR LES PEINES. — *Art. 464. — Les peines de police
sont : — L'emprisonnement ; — L'amende ; — Et la confiscation de certains
objets saisis.*

*Art. 465. — L'emprisonnement pour contravention de police ne pourra
être moindre d'un jour ni excéder cinq jours selon les classes distinctives et
cas ci après spécifiés. Les jours d'emprisonnement sont des jours complets de
vingt-quatre heures.*

*Art. 466. — Les amendes pour contravention pourront être prononcées
depuis un franc jusqu'à quinze francs inclusivement, selon les distinctions
et classes ci-après spécifiées.*

Les amendes de police sont, bien entendu, soumises comme toutes les
autres à la majoration fiscale de deux décimes et demi (p. 52).

*Art. 470. — Les tribunaux pourront aussi, dans les cas déterminés par
la loi, prononcer la confiscation, soit des choses saisies en contravention, soit
des choses produites par la contravention, soit des matières ou des instruments
qui ont servi ou étaient destinés à la commettre.*

2. PREMIÈRE CLASSE DE CONTRAVENTIONS. — La première classe de
contraventions fait l'objet des art. 471 à 474.

*Art. 471. — Seront punis d'amende, depuis un franc jusqu'à cinq francs
inclusivement :.....* Suit une énumération où l'on remarque : *3º Les aubergistes et autres qui, obligés à l'éclairage, l'auront négligé ; ceux qui auront
négligé de nettoyer les rues ou passages dans les communes où ce soin est laissé
à la charge des habitants.* L'obligation du balayage incombe aux propriétaires et non aux locataires (7 avril 1864, Bonnet) ; lorsqu'il y a d'ailleurs

---

1. Voir aussi 28 fév. 1874 (Bonnet), dépôt momentané de fumier sur une voie
peu fréquente.

un entrepreneur municipal, celui-ci, en cas d'inexécution, encourt la pénalité prévue par l'art. 471, 3° (24 juin 1866, Cabanis ; 11 juill. 68, Anglade ; 10 juin 69, Rancoule [1] ; 25 juin 69, Pucroux ; 1er déc. 77, Desprez ; 16 juin 93, Etienne). A l'égard des entrepreneurs d'éclairage, un arrêt du 3 août 1866 (Fourcassies) a fait application d'un arrêté les soumettant aux peines de police ; mais, comme l'obligation de l'éclairage n'est pas une obligation établie par la loi et simplement transférée à l'entrepreneur comme celle du balayage, il nous paraît plus juste de dire, avec un arrêt du 27 juin 1863 (cité par Rivière), qu'il ne s'agit que de l'exécution d'un marché.

4° Ceux qui auront embarrassé la voie publique, en y déposant ou y laissant sans nécessité des matériaux ou des choses quelconques qui empêchent ou diminuent la liberté ou la sûreté du passage ; ceux qui, en contravention aux lois ou règlements, auront négligé d'éclairer les matériaux par eux entreposés ou les excavations par eux faites dans les rues et places.

Nous avons examiné avec quelque détail (p. 92) l'excuse de nécessité ainsi prévue spécialement, et nous parlerons du stationnement des voitures à propos de la police du roulage (chap. XXVII).

Une question parfois délicate à trancher est celle de l'applicabilité de ce texte aux terrains privés réunis à la voie publique : on doit examiner s'ils sont ou non affectés à la circulation (voir spécialement deux arrêts en sens contraires : 16 juin 1893, Etienne, et 15 fév. 94, Pietri).

En ce qui concerne l'obligation d'éclairer les matériaux, la Cour de cassation estime qu'elle existe en vertu de ce texte, indépendamment de tout règlement spécial (19 fév. 1858, Dufour [2] ; 14 avril 94, Pietri). L'allumage d'une lanterne au commencement de la nuit n'est d'ailleurs pas suffisant pour satisfaire au n° 4 de l'art. 471 : on reste responsable des cas d'extinction (29 juill. 1865, Mesure ; voir p. 92 à propos des excuses). Le Conseil d'Etat, jugeant la question de responsabilité d'un accident paraît avoir admis l'obligation de signaler tout dépôt de matériaux, *même sur les accotements* (8 août 1892, Barnoin) : ce serait bien peu pratique.

5° Ceux qui auront négligé ou refusé d'exécuter les règlements ou arrêtés concernant la petite voirie ou d'obéir à la sommation émanée de l'autorité administrative de réparer ou démolir les édifices menaçant ruine.

Nous étudierons d'une façon générale la question des édifices menaçant ruine à propos des routes nationales.

6° Ceux qui auront jeté ou exposé au devant des édifices des choses de nature à nuire par leur chute ou par des exhalaisons insalubres.

7° Ceux qui auront laissé dans les rues, chemins, places, lieux publics ou dans les champs, des coutres de charrue, pinces, barres, barreaux, ou autres

---

1. Cet arrêt porte que le cahier des charges ne peut y déroger.
2. Cet arrêt concerne un dépôt de fagots et déclare que l'obligation d'éclairage s'applique aux choses quelconques de nature à gêner la circulation.

machines, ou instruments, ou armes dont puissent abuser les voleurs et autres malfaiteurs (voir p. 93, note). L'art. 472 prescrit la confiscation dans ce cas.

8° Ceux qui auront négligé d'écheniller dans les campagnes ou jardins où ce soin est prescrit par la loi ou les règlements.

Nous étudierons spécialement la question de l'échenillage des plantations des routes. Signalons seulement la loi du 24 déc. 1888 et un arrêt de cassation du 31 juill. 1873 (Chigot), aux termes duquel les ingénieurs n'encourent pas la pénalité de l'art. 471.

15° Ceux qui auront contrevenu aux règlements légalement faits par l'autorité administrative.

Nous avons étudié la portée du mot «légalement » à propos des excuses (p. 89).

Art. 474. — La peine d'emprisonnement contre toutes les personnes mentionnées en l'art. 471 aura toujours lieu en cas de récidive, pendant trois jours au plus.

Nous verrons la définition de la récidive à l'art. 483 (p. 97).

3. Deuxième classe de contraventions. — Elle fait l'objet des art. 475 à 478 du Code pénal.

Art. 475. — Seront punis d'amende, depuis six francs jusqu'à dix francs inclusivement :...

Nous en étudierons les n°s 3 et 4 à propos de la police du roulage.

L'art. 476 permet de prononcer, outre l'amende, *l'emprisonnement pendant trois jours au plus* dans les cas prévus par les n°s 3 et 4 de l'art. 475.

Art. 478. — La peine de l'emprisonnement pendant cinq jours au plus sera toujours prononcée, en cas de récidive, contre toutes les personnes mentionnées dans l'art. 475.

4. Troisième classe. — Elle fait l'objet des art. 479 à 482.

Art. 479. — Seront punis d'une amende de onze à quinze francs inclusivement :... 4° Ceux qui auront causé les mêmes accidents (mort ou blessures des animaux appartenant à autrui) *par la vétusté, la dégradation, le défaut de réparation ou d'entretien des maisons ou édifices, ou par l'encombrement ou l'excavation, ou telles autres œuvres dans ou près les rues, chemins, places ou voies publiques, dans les précautions ou signaux ordonnés ou d'usage ;... 9° Ceux qui auront méchamment enlevé ou déchiré les affiches apposées par ordre de l'administration ;... 11° Ceux qui auront dégradé ou détérioré de quelque manière que ce soit, les chemins publics ou usurpé sur leur largeur ; 12° Ceux qui, sans y être dûment autorisés, auront enlevé des chemins publics les gazons, terres ou pierres, ou qui, dans les lieux appartenant aux communes auraient enlevé les terres ou matériaux, à moins qu'il n'existe un usage général qui l'autorise.*

Les arrêtés de police sur les chemins vicinaux pris en vertu de l'art. 21 de la loi du 21 mai 1836 ne comportent, en principe, comme sanction que l'application de l'art. 471, 15°; mais, lorsque des contraventions tombent en même temps sous le coup direct d'un autre article du Code pénal, application de celui-ci est faite : ainsi en est-il dans le cas de dégradations à un chemin vicinal (18 nov. 1853, Richard de Rivière ; 15 fév. 56, Joly).

Art. 482. — La peine d'emprisonnement pendant cinq jours aura toujours lieu, pour récidive, contre les personnes et dans les cas mentionnés en l'art. 479.

5. DISPOSITION COMMUNE AUX TROIS CLASSES ET DISPOSITION GÉNÉ-, RALE.

Art. 483. — Il y a récidive dans tous les cas prévus par le présent livre, lorsqu'il a été rendu contre le contrevenant, dans les douze mois précédents, un premier jugement pour contravention de police commis dans le ressort du même tribunal. — L'art. 463 du présent Code sera applicable à toutes les contraventions ci-dessus indiquées.

Il n'est pas nécessaire, pour qu'il y ait récidive, que les deux contraventions soient de même nature (23 avril 1869, Geoffroy) ; mais il faut que la première condamnation soit passée en force de chose jugée (18 fév. 1869, cité par Rivière).

Le dernier paragraphe de l'art. 463, relatif à la réduction, pour circonstances atténuantes, des plus faibles peines correctionnelles (emprisonnement inférieur à un an et amende inférieure à 500 fr.) et applicable aux peines de police en vertu de l'art. 483, est ainsi conçu : *Ils* (les tribunaux) *pourront réduire l'emprisonnement même au-dessous de six jours et l'amende même au-dessous de seize francs. Ils pourront aussi prononcer séparément l'une ou l'autre de ces peines, et même substituer l'amende à l'emprisonnement, sans qu'en aucun cas elle puisse être au-dessous des peines de simple police.*

Le juge peut donc, même en cas de récidive, prononcer une simple amende d'un franc (31 mars 1855, Leloup, en fait amende de cinq francs).

Art. 484. — Dans toutes les matières qui n'ont pas été réglées par le présent Code et qui sont régies par des lois et règlements particuliers, les cours et les tribunaux continueront de les observer.

Lorsque les anciens règlements ont pour objet des matières de police, les infractions ne peuvent plus entraîner que les peines prévues par les art. 471 et 474 (11 oct. 1851, Chiffre ; 1er déc. 66, Saint-Blancat[1] ; 9 juin 77, Delaya). Ce dernier arrêt ajoute que les dommages-intérêts doivent, nonobstant toute disposition différente, être proportionnés au préjudice causé.

6. MULTIPLICITÉ DES AMENDES. — Nous avons vu (p. 75) qu'un procès-verbal unique peut constater plusieurs contraventions, que punissent autant d'amendes distinctes; mais il y a parfois des difficultés d'application, indépendantes d'ailleurs du nombre des procès-verbaux. Il a été jugé, par exemple, que l'entrepreneur de l'enlèvement des boues

---

1. Cet arrêt fait ressortir qu'il en résulte un changement de compétence.

7

d'une ville ne commet pas une contravention par tas non-enlevé,et qu'il
n'y a, chaque jour, qu'une seule contravention (23 janv. 1874, Gilot ;
1er déc. 77, Desprez) ; mais le premier de ces arrêts ajoute que le défaut de balayage des places où se tiennent les marchés et le long des
façades des édifices publics constitue une contravention distincte de la
précédente, et qu'il y a même autant de contraventions que de places
ou d'édifices négligés.

Notons aussi que, en cas de construction non autorisée, empiétant
sur la voie publique, la contravention est unique et ne comporte qu'une
amende (4 avril 1862, Cambuzat). Au contraire, il y a nouvelle contravention si un travail non autorisé est continué après une première condamnation (14 mars 1861, Allouis).

7. Recouvrement et répartition des amendes. — Les amendes de
police sont comprises au nombre de celles qui sont recouvrées par les
percepteurs des contributions directes, aux termes de l'art. 25 de la loi
de finances du 29 déc. 1873 (p. 53), et la répartition de leur produit est
faite conformément à l'art. 11 de la loi de finances du 26 déc. 1890,
modifié comme nous l'avons vu (p. 55) ; ces amendes ne donnent pas
lieu à gratification en faveur des agents verbalisateurs.

2° **Réparation**. — 1. Jonction de la peine et de la réparation.—
L'art. 161 du Code d'instruction criminelle dispose : *Si le prévenu est con-
vaincu de contravention de police, le tribunal prononcera la peine et statuera
par le même jugement sur les demandes en restitution et en dommages-intérêts.*
Ce principe a été notamment appliqué à l'égard de la démolition, considérée comme réparation, par des arrêts des 6 avril 1854 (Blondel),
1er août 56 (Baillet-Hecquet), 24 déc. 59 (Lasnier), 8 déc. 60 (Havet),
7 mai 70 (Tahar-Bel-Hadj-Mohamed), 15 janv. 74 (Chéradame), 31
mars 77 (Acary), 26 janv. 78 (Delaage), 24 août 83 (Benon), 7 fév. 96
(Caulet).

Nous avons vu du reste, à propos des sursis (p. 87), combien l'observation de ce principe est stricte, la démolition ne pouvant plus être
ordonnée si le jugement prononçant le sursis à son égard a condamné
l'inculpé à l'amende pour défaut d'autorisation. C'est ce que déclarent
également les arrêts ci-dessus des 1er août 1856, 7 mai 70 et 31 mars 77.
Mais une distinction doit être faite sur la possibilité de faire naître une
nouvelle affaire au moyen d'un arrêté de mise en demeure : s'il y a eu
empiétement sur le domaine public, le défaut d'obéissance à une mise
en demeure constitue une nouvelle contravention (7 mai 1870)[1]; mais, si
l'imprescriptibilité de ce domaine n'est pas en cause, s'il s'agit, par
exemple, d'une réparation à une construction en saillie sur l'alignement,
aucune poursuite n'est plus possible (1er août 1856).

1. Si au lieu d'une simple condamnation à l'amende il y avait eu acquittement
pour exécution conforme à une permission, une revendication devant le tribunal
civil serait seule ouverte (2 août 1856, Miraca).

Si d'ailleurs, par suite de l'inobservation de formalités qui seraient spécialement prescrites pour une exécution d'office, le remboursement des frais ne pouvait être obtenu, cela n'empêcherait pas la condamnation à l'amende (6 fév. 1863, Louvet).

2. DÉMOLITION. — La démolition d'un travail irrégulier est assimilée à la *restitution* et aux *dommages-intérêts* dont parle l'art. 161 du Code d'instruction criminelle (p. 98). Sur ce point, la jurisprudence est constante (17 nov. 1853, Blondel ; 18 janv. 55, Tattegrain ; 17 nov. 59, Marchand ; 22 nov. 60, Pagès ; 25 janv. 61, Caldier ; 4 avril 62, Cambuzat ; 20 nov. 73, Velluet ; 20 nov. 79, Damiens ; 20 déc. 79, Azoulay ; 14 fév. 80, Jourde).

Voyons maintenant dans quels cas la démolition doit être ordonnée, conformément à l'édit de décembre 1607, art. 4 et 5.

Le cas le plus simple est celui où il y a empiétement sur la voie publique, et cela même en l'absence d'une réquisition du ministère public à cet effet (23 fév. 1878, Douillet) [1], et alors même que le travail, tel qu'un trottoir, ne serait pas nuisible (16 avril 1858, Sudre). Mais il faut, bien entendu, réserver le cas des chemins vicinaux, dans lequel, comme nous l'avons vu à propos des règles de compétence (p. 79), la démolition ne peut être ordonnée que par le conseil de préfecture.

Le juge ne peut d'ailleurs se dispenser d'ordonner la démolition d'un ouvrage que le procès-verbal constate être établi en empiétement sur la voie publique sans demander que la question d'empiétement soit soumise à l'administration (28 déc. 1867, Sancey). Quant au cas où il s'agit de la réparation d'un travail existant antérieurement sur la voie publique, le juge ne peut ordonner la démolition de cette réparation, mais le maire conserve ce droit (29 avril 1852, Pierson).

A côté du principe de la démolition des travaux empiétant sur la voie publique vient celui qu'une *besogne bien plantée* ne saurait être démolie parce qu'elle a été faite sans autorisation (30 avril 1846, Giudicelli ; 2 janv. 47, Chefdebien ; 8 déc. 49, Jemain ; 30 juin 53, Bucheron ; 18 nov. 53, Despéroux ; 26 déc. 56, Soret ; 24 déc. 59, Lasnier ; 11 janv. 62, de Turenne ; 27 juill. 67, Congot ; idem, Enos ; 28 août 74, Lafosse ; 12 fév. 75, Lecarpentier ; 19 nov. 75, Bouffaré ; 7 juill. 76, Bailly ; 1er févr. 77, Gazalot ; idem, Le Bras ; 25 août 81, Maurin ; 4 fév. 82, Brau ; 11 mars 93, Blot ; 13 juill. 94, Hocquelet ; 21 juill. 94, Roubineau) [2]. Cette jurisprudence si rationnelle et si conforme à l'édit de 1607 qui ne prescrit la démolition que de la *besogne mal plantée*, n'a été adoptée qu'après 1845 (voir en sens contraire 15 fév. 1845, Michelini).

---

1. Il s'agissait d'une haie n'empiétant pas sur l'alignement, mais plantée à moins de 0 m.50 de celui-ci. Un arrêt du 15 fév. 1856 (Joly) avait déjà reconnu le devoir du juge de prescrire l'enlèvement d'arbres plantés à moins de deux mètres.

2. Conformément à un arrêt du 11 déc. 1869 (Michaut), un plan d'alignement approuvé entre le travail et le jugement ne permet pas d'ordonner la démolition.

Sur la question des travaux exécutés sur constructions en saillie, d'ailleurs beaucoup plus délicate, la Cour suprême ne paraît pas encore arrivée à une solution bien satisfaisante.

Un premier point sur lequel elle n'a pas varié consiste en ce que le juge ne peut apprécier si les travaux sont ou non confortatifs (25 juin 1836, Kœchlin; 13 sept. 44, Thomas; 12 nov. 59, Paradis; 5 juill. 60, Testreau; 23 août 60, Rateau; 8 nov. 61, Corte; 8 août 62, Lemercier; 10 déc. 64, Lorsères; 13 avril 66, Lenoir; 3 janv. 68, Stora; 30 janv. 68, Bordères; 22 janv. 69, Alex; 10 nov. 71, Delassus; 9 mars 77, Givaudan; 16 mars 78, Soulié; 3 janv. 79, Dubois; 5 nov. 81, Galy; 20 juin 91, Nicolas; 4 août 93, Gey; 7 fév. 96, Caulet)[1]; mais, en cas de contestation sur le caractère des travaux, le juge doit-il surseoir pour appréciation par l'autorité administrative, ou doit-il condamner *de plano* à la démolition ? Sur ce point, la jurisprudence a été variable.

Des arrêts des 13 sept. 1844 (Thomas), 27 juill. 60 (Bénard), 13 avril 66 (Lenoir) se sont prononcés dans le premier sens; mais les arrêts en sens contraire sont extrèmement nombreux (14 fév. 1845, Raimbaud; 26 juin 45, Canton; 19 sept. 45, Weyer; 17 déc. 47, Rouchon; 6 août 52, Romagné; 10 fév. 53, Crouzet; 27 août 53, Pont; 12 juill. 55, Lormaud; idem, Romagny; 1er février 56, Jourdan; 29 août 56, Champion-Cochart; 7 mars 57, Bruno-Nicolas; 23 août 60, Rateau; 8 août 62, Lemercier; 10 déc. 64, Lorsères; 17 nov. 66, Batisse; 10 nov. 71, Delassus; 3 janv. 74, Gasselin; 15 janv. 74, Chéradame; 27 fév. 75, Boussinesq; 3 janv. 85, Marcoin; 7 août 85, Petit; 7 mai 87, Front-Desmartin; 2 juin 88, Munier; 7 fév. 96, Caulet)[2]. Ce dernier arrêt ne traite pas directement du renvoi à l'autorité administrative, mais déclare que le caractère confortatif ou non doit rester sans influence sur le jugement, ce qui implique qu'il n'y a pas lieu de le faire reconnaître.

L'arrêt Marcoin du 3 janv. 1885 prescrit d'ordonner la démolition, même si l'autorité administrative a déclaré le travail non confortatif. L'administration peut toujours, il est vrai, autoriser la conservation des travaux, si elle ne les juge pas confortatifs; mais il semble qu'un renvoi de l'autorité judiciaire avant jugement accorderait, pratiquement, plus de garanties aux intéressés. Ceci serait surtout vrai si le Conseil d'Etat consentait à examiner les arrêtés déclaratifs du caractère confortatif; mais il refuse de le faire, déclarant que « le tribunal compétent pour appliquer la peine l'est également pour constater l'existence même de la contravention et, par suite, pour apprécier le caractère des travaux » (25 avril 1873, Prévost). Les deux juridictions se récusant, l'administration demeure toute puissante.

1. Voir cependant 21 févr. 1863 (Bodier-Coffinet).

2. Des arrêts des 17 juill. 1863 et 20 juin 64 (Giraud-Pinard), ont déclaré que devait être démoli un bout de mur de clôture en saillie, destiné à fermer une brèche ouverte par une démolition voisine. L'arrêt Lorsères vise la pose de tuiles neuves sur une toiture.

Lorsqu'il s'agit d'un travail ayant fait l'objet d'une autorisation, mais que la poursuite repose sur une violation prétendue de ses conditions, le juge fait application de cette autorisation, si le sens est clair (3 juin 1881, Gaujard ; 11 mai 83, Duteillet), et surseoit si le cas est douteux (14 juill. 1860, Tonnellier ; 9 mars 77, Givaudan). Il va de soi que, si un travail est autorisé au cours de la poursuite à laquelle il donne lieu, l'amende seule doit être prononcée (16 mars 1878, Soulié).

La démolition s'applique au travail fait incorrectement sur une construction en saillie et non à cette construction elle-même (23 fév. 1878, Roques) ; ainsi en est-il dans le cas d'un surhaussement (4 déc. 1856, Couasnon, arrêt intéressant [1]), et la démolition de celui-ci doit être ordonnée même s'il peut diminuer la solidité (22 janv. 1864, Schneider). De même, un ouvrage reconstruit d'une façon moins solide est sujet à démolition (20 avril 1883, Girard). Quant au cas d'une démolition partielle non autorisée, il peut avoir pour sanction la démolition du reste, pouvant être de nature à le consolider (5 nov. 1881, Galy).

En dehors des cas d'empiétement ou de travaux sur des constructions en saillie, quelques circonstances comportent encore la démolition. Ainsi en est-il du cas de constructions en retraite sur l'alignement (30 août 1855, Percin ; 18 fév. 60, Pillas ; idem, Thibaut [2]). Nous avouons ne pas comprendre ces arrêts, en tant du moins qu'ils ne posent pas le principe du choix entre la démolition et la construction d'une clôture à l'alignement.

Des travaux faits en contravention à des règlements de salubrité tombent naturellement sous le coup de l'art. 161 du Code d'instruction criminelle et doivent être démolis (27 avril 1877 et 2 mars 78, Chazette ; 11 mars 92, Béranger).

Nous ne voyons pas de motif pour que, en matière de cours d'eau non navigables, le juge n'ordonne pas aussi la démolition ; mais ici l'administration peut l'ordonner elle-même.

Il n'appartient pas au juge d'accorder un délai pour la démolition (17 fév. 1860, Malga ; 18 fév. 60, Pillas ; idem, Chapeaurouge ; 6 août 86, Orsini) ; l'administration fixe le délai, passé lequel elle exécute le travail d'office (8 août 1840, Levant). Au besoin, elle requiert des ouvriers en vertu de la loi du 22 germinal an IV, et les frais sont recouvrés dans la même forme que les amendes (p. 98).

3. EXÉCUTION DE TRAVAUX. — Dans certains cas, le juge de police peut autoriser l'exécution d'office de certains travaux : la Cour de cassation a, par exemple, approuvé un juge qui avait autorisé l'auto-

---

1. Un arrêt du 19 fév. 1859 (Douin) donne un exemple de démolition totale ; mais le bas avait également été construit irrégulièrement. Toutefois, comme il avait fait l'objet d'une poursuite antérieure, il a fallu déclarer que l'ensemble formait un tout indivisible.

2. La retraite n'était que de quelques centimètres dans cette espèce.

rité municipale à construire d'office une fosse d'aisance, obligatoire en vertu d'un arrêté de police (19 nov. 1869, Barraco), ou à combler un puits trop voisin de la voie publique (27 décembre 1889, Oger).

3° Dépens. — L'art. 162 du Code d'instruction criminelle est ainsi conçu : *La partie qui succombera sera condamnee aux frais, même envers la partie publique. — Les dépens seront liquidés par le jugement.* L'art. 176 étend ces dispositions à l'appel devant les tribunaux correctionnels.

Le ministère public ne doit d'ailleurs pas être condamné aux dépens en cas d'acquittement, car « c'est un principe constant du droit public en France que le ministère public n'est jamais passible des frais à l'occasion des poursuites qu'il exerce dans l'intérêt général » (19 juin 1868 Marchand ; 27 fév. 75, Boussinescq).

Il va de soi qu'un intervenant non recevable supporte les frais de son intervention (11 mai 1883, Duteillet). Un cas délicat est celui d'un jeune prévenu acquitté comme ayant agi sans discernement, en vertu de l'art. 66 du Code pénal : les frais sont mis à sa charge, c'est-à-dire à celle de celui qui en est civilement responsable (24 mai 1855, Michel ; 22 juin 55, Feretti ; 19 déc. 56, Chevalier ; 26 mars 58, Allain).

V. Prescription, grâce et amnistie. — **1° Prescription.** — L'art. 640 du Code d'instruction criminelle est ainsi conçu : *L'action publique et l'action civile pour une contravention de police seront prescrites après une année révolue, à compter du jour où elle aura été commise, même lorsqu'il y aura eu procès-verbal, saisie, instruction ou poursuite, si, dans cet intervalle, il n'est point intervenu de condamnation. S'il y a eu un jugement définitif de première instance, de nature à être attaqué par la voie de l'appel, l'action publique et l'action civile se prescriront après une année révolue, à compter de la notification de l'appel qui en aura été interjeté.*

La prescription s'applique à une contravention permanente du jour où elle a été commise (27 mars 1852, Bastard ; 3 déc. 58, Nadaud-Beaupré; 24 déc. 58, Battesti ; 1er mars 67, Lavoix; 29 mai 68, Barit ; 16 déc. 82, Burdel ; 13 janv. 85, Leroux[1]; 3 déc. 91, Brenot); mais, s'il s'agit d'actes successifs, chacun d'eux se prescrit séparément, et la prescription complète n'est acquise qu'un an après le dernier acte (11 avril 1868, Pasquiers, faits de culture sur un chemin; 30 janv. 79, Tétard, jets d'eau de condensation sur la voie publique). Quant à une plantat'·n, bien qu'elle s'accroisse progressivement, la contravention n'est pas successive, et la prescription part de la date de plantation (28 janv. 1854, Dauvergne ; 6 mars 84, Dalicieux) ; pour le défaut d'élagage, la contravention est à la fois continue et successive et se prescrit du jour où elle cesse par le fait de l'élagage (29 août 1867, Gallien). D'autre part, la non-obéissance à une prescription telle que celle d'é-

---

1. L'abandon d'une voiture sur la voie publique constitue une contravention permanente tant qu'elle n'est pas déplacée.

tablir des tuyaux de descente constitue une contravention se renouvelant chaque jour et ne pouvant être couverte par la prescription (8 janv. 1885, Chalvin).

Dans le cas où il est effectué un ensemble de travaux sur une maison en saillie, l'ensemble est soumis à une prescription unique (4 déc. 1857, Guillemot) ; cette prescription est d'ailleurs indépendante de la clandestinité des contraventions (26 juin 1847, Canton ; 10 janv. 57, Satabin).

La prescription s'applique également à la réparation et à l'amende, contrairement à ce qui a lieu en matière de grande voirie : c'est là une conséquence de ce que l'art. 161 du Code pénal (p. 98) exige la jonction de la réparation à la peine (17 fév. 1844, Marietton ; 26 juin 45, Canton ; 12 déc. 45, Noël ; 27 mars 52, Bastard ; 2 juin 54, Portier ; 28 nov. 56, Venèque ; 10 janv. 57, Satabin ; 27 déc. 58, Battesti ; 28 janv. 59, Lafond ; 28 avril 59, Barthélemy ; 1er mars 67, Lavoix ; 31 mars 77, Acary ; 3 déc. 91, Brenot).

Mais, comme le dit l'arrêt Bastard, cette prescription ne s'oppose nullement à l'exercice des droits civils ou administratifs résultant de l'imprescriptibilité des voies publiques.

La Cour de cassation, tout en admettant que les saillies non autorisées sur les constructions peuvent toujours faire l'objet de mises en demeure obligatoires en vertu de l'art. 5 de l'édit de 1607 (3 fév. 1844, Rivat-Madiguier ; 17 nov. 59, Beaugrand ; 31 janv. 90, Cherrier ; 27 oct. 92, Bernardini), a d'abord restreint cette jurisprudence en opposant l'autorité de la chose jugée dans le cas où la mise en demeure avait été précédée d'un jugement reconnaissant la prescription (1er août 1856, Baillet-Hecquet), et en la limitant strictement aux saillies prévues au dit art. 5, refusant de l'appliquer à un mur empiétant sur la voie publique (11 août 1864, Monnot). L'action civile, dans ces cas, aurait seule été ouverte. Aujourd'hui, la Cour de cassation admet qu'après déclaration de prescription une mise en demeure non obéie fait naître une nouvelle contravention (1er mars 1888, Robert, cours d'eau navigable). Il ne paraît pas douteux, d'ailleurs, que, en cas de travaux à une maison en saillie sur l'alignement, mais ne faisant pas eux-mêmes saillie sur elle, une mise en demeure soit impuissante à relever de la prescription (voir 1er août 1856, Baillet-Hecquet).

La prescription étant de droit public doit être évoquée d'office (28 nov. 1856, Venèque) et peut être invoquée pour la première fois devant la Cour de cassation (14 fév. 1874, Vibert ; 28 juill. 82, Bagnoli ; 13 mars 86, Marot). Lorsqu'elle est invoquée, le juge doit établir si elle est ou non acquise, faute de quoi son jugement doit être cassé en quelque sens qu'il se soit prononcé (11 avril 1868, Pasquiers ; 28 août 74, Labbé).

Un sursis suspendant la procédure suspend également la prescription

(11 déc. 1869, Michaut ; 24 août 82, Lévèque) ; mais il n'en est pas de même d'une expertise, laquelle n'empêche pas le juge de statuer (arrêt Lévèque et 14 avril 1893, Canourgues). Un jugement de condamnation interrompt toujours la prescription, fût-il annulé en appel (26 mars 1870, Goussin) ; s'il est rendu par défaut, l'opposition, ne l'anéantissant pas, ne fait pas courir de nouveau la prescription (14 mars 1846, Hue). Dans le cas d'appel, la prescription est acquise un an après la notification de celui-ci, et enfin, dans celui de cassation, un an après la date de l'arrêt (3 déc. 1891, Brenot).

La prescription des peines fait l'objet de l'art. 639 du Code d'instruction criminelle : *Les peines portées par les jugements rendus pour contraventions de police seront prescrites après deux années révolues, savoir, pour les peines prononcées par arrêt ou jugement en dernier ressort, à compter du jour de l'arrêt et, à l'égard des peines prononcées par les tribunaux de première instance, à compter du jour où ils ne pourront plus être attaqués par la voie de l'appel.*

L'art. 642 soumet la prescription des condamnations civiles aux règles établies par le Code civil. Ainsi en est-il en particulier dans le cas où une démolition a été ordonnée : l'art. 2262 du Code civil fixe à trente ans le délai de prescription.

2° Grâce et amnistie. — Nous n'avons rien de particulier à dire de la grâce qui, bien entendu, ne s'applique pas à la réparation civile ; on pourra voir ce que nous en avons dit à propos de la grande voirie (p. 64).

Quant à l'amnistie, comme elle fait, dans chaque cas, l'objet d'une loi spéciale (ordonnance ou décret sous les régimes monarchiques), il faut toujours s'y reporter. On trouvera des détails sur la dernière amnistie, accordée par la loi du 19 juill. 1889, p. 66. Deux dispositions se rencontrent d'ordinaire : la subordination au paiement des frais (voir arrêts des 20 déc. 1889, Massoni, et 21 déc. 89, Labasse) et la réserve des droits des tiers. Celle-ci permet toujours à l'autorité administrative de poursuivre la démolition d'ouvrages empiétant sur la voie publique ; mais, comme après l'amnistie, le juge de police ne peut être valablement saisi d'une action répressive, il ne peut l'être non plus au point de vue de la réparation, en raison de l'art. 161 du Code d'instruction criminelle (p. 98 ; 22 déc. 1870, Vezinhet), et l'affaire doit être portée devant le tribunal civil. Au contraire, si l'amnistie survenait après l'engagement des poursuites, le juge de police régulièrement saisi de l'affaire resterait compétent pour ordonner la réparation (11 déc. 1869, Michaut ; 31 déc. 69, Lair ; voir aussi les deux arrêts cités ci-dessus).

VI. Personnes responsables des contraventions. — Notons d'abord qu'en matière de contravention la complicité n'existe pas, les art. 59 et 60 du Code pénal, relatifs à la complicité, ne visant que les crimes et délits (7 avril 1870, Abrivard).

Bien que l'arrêt du Conseil du 27 fév. 1765 vise spécialement les constructions longeant les routes, la Cour de cassation applique à la petite voirie le principe posé par cet arrêt de la double responsabilité pénale du propriétaire et des « maçons, charpentiers et ouvriers » (17 juill. 1837, Long ; 10 sept. 57, Lasserre ; 12 mars 69, Jacquet ; 26 nov. 73, Velluet ; 14 nov. 74, Vidal [1]). Lorsqu'il y a un entrepreneur, ou à défaut un architecte, pour diriger les ouvriers, c'est lui qui encourt la responsabilité (30 avril 1863, Servat) ; sinon elle retombe sur les ouvriers eux-mêmes (13 juill. 1860, Fardé). Quant à l'entrepreneur ayant fourni des ouvriers à une administration, qui les emploie en régie, il n'est pas responsable de leurs contraventions (30 avril 1863, Servat).

En l'absence d'un texte législatif spécial, la violation d'un arrêté imposant une obligation aux propriétaires engage la responsabilité directe de ceux-ci, même s'ils n'ont pas commandé le fait incriminé (5 juin 1856, Plumey, irrigations ; 3 avril 57, de Maistre, idem ; 6 déc. 67, Morati, dépôt sur la voie publique par un entrepreneur à forfait ; 12 août 71, Rigade, vidange).

Le même principe s'applique aux entrepreneurs soumis à des prescriptions pénales par des textes spéciaux (voir p. 94 ce que nous avons dit des entrepreneurs du balayage ; ajoutons d'ailleurs qu'une cession non autorisée ne change rien à leur responsabilité, 21 juin 1866, Cabanis, et 9 déc. 76, Bédry). De même encore, les administrateurs de sociétés exerçant des professions réglementées ou chargées de services publics comportant des sanctions pénales encourent une responsabilité personnelle du fait de leurs agents (7 mai 1870, Trenis, omnibus ; 12 mai 93, Talandier, eau) ; mais une société, à moins de dispositions spéciales, ne peut encourir une responsabilité pénale, la responsabilité civile lui incombant seule (6 avril 1894, chem. de fer du Midi).

Au cas où la responsabilité incomberait à un fonctionnaire, la compétence du juge de paix ne saurait soulever de difficulté ; mais, s'il s'agissait d'un inculpé militaire, sans que des personnes civiles fussent en cause, la juridiction militaire devrait en être saisie (art. 76 et 271 du Code de justice militaire ; 30 avril 1863, Servat).

Si un acquéreur n'est pas responsable d'une contravention commise par son vendeur (11 juill. 1857, Chatard), le partage des responsabilités peut être parfois délicat entre propriétaire et locataire : on doit rechercher s'il s'agit d'un acte personnel (écoulement d'eaux ménagères incombant au locataire, 25 mars 1869, Saupin, et 23 août 79, Dejou), ou de l'inaccomplissement d'une obligation imposée spécialement à l'un d'eux (obligation du balayage incombant au propriétaire, 7 avril 1864, Bonnet). Dans le cas d'un travail non autorisé exécuté par le lo-

---

1. Ce dernier arrêt invoque, d'une façon bien contestable, l'édit de 1607.

cataire à l'insu du propriétaire la responsabilité de celui-ci est cependant engagée, en même temps que celle du contrevenant direct (1er fév. 1896, Macaudière).

Nous n'avons rien à dire de particulier de la responsabilité civile, dont nous avons parlé à propos de la grande voirie (p. 70) ; ajoutons toutefois ici le texte de l'art. 206 du Code forestier : *Les maris, pères, mères et tuteurs, et en général tous maîtres et commettants seront civilement responsables des délits et contraventions commis par leurs femmes, enfants mineurs et pupilles, demeurant avec eux et non mariés, ouvriers, voituriers et autres subordonnés, sauf tout recours de droit.—Cette responsabilité sera réglée conformément au paragraphe dernier de l'art. 1384 du Code Napoléon, et s'étendra aux restitutions, dommages et frais ; sans pouvoir toutefois donner lieu à la contrainte par corps....* On n'oubliera pas d'ailleurs que, en cas d'acquittement du contrevenant, il ne peut être prononcé aucune condamnation à titre de responsabilité civile (6 avril 1894, chem. de fer du Midi).

CHAPITRE XXVII

POLICE DU ROULAGE

*§ 1. Titre I de la loi du 30 mai 1851. Des conditions de la circulation des voitures.
— § 2. Titre II. De la pénalité. — § 3. Titre III. De la procédure. — § 4. Locomotives routières et voitures à moteurs mécaniques.— § 5. Vélocipèdes.*

La police du roulage est aujourd'hui régie par la loi du 30 mai 1851, qui l'a singulièrement simplifiée, en supprimant les limitations de poids et en entraînant comme conséquence celle des ponts à bascule destinés à contrôler ceux-ci. L'étude de cette loi nous servira de base, et nous en distinguerons le texte au moyen de caractères gras, pour éviter les confusions avec celui du règlement d'administration publique du 10 août 1852, qui se trouvera entremêlé avec lui.

Nous étudierons d'ailleurs simultanément la législation applicable aux voies publiques que ne vise pas la loi de 1851 ; puis nous parlerons des locomotives routières et voitures automobiles, ainsi que des vélocipèdes.

§ 1

TITRE I DE LA LOI DU 30 MAI 1851. — DES CONDITIONS DE LA CIRCULATION DES VOITURES

Art. 1er. — Les voitures suspendues ou non suspendues, servant au transport des personnes ou des marchandises, peuvent circuler sur les routes nationales, départementales et chemins vicinaux de grande communication, sans aucune condition de règlement de poids ou de largeur de jantes.

Cet article indique clairement à quelles voies de communication la loi du 30 mai 1851 est applicable : ses dispositions ne concernent que les routes et les chemins de grande communication. Ainsi on ne saurait l'invoquer quand il s'agit d'un chemin d'intérêt commun (Cass. 17 fév. 1855, Lagouge) ou d'une rue de ville ne faisant pas partie d'une traverse d'une des voies de communication visées par la loi (13 mai 1854,

Langlois ; 21 juin 55, Tanguy ; 21 déc. 55, Ardonneau ; 13 mars 56, Geffrain ; 9 mai 56, Tanguy ; 16 juill. 57, Goulias ; 27 avril 60, Boulanger ; 23 janv. 75, Benèdetti ; 28 janv. 75, Morelli). L'arrêt Lagouge énoncé même que, lorsqu'un préfet a pris un arrêté en exécution du règlement d'administration publique de 1852, il ne s'applique qu'aux voies en question, à moins d'indication contraire, bien qu'il ait pouvoir de prendre des arrêtés obligatoires sur toutes les voies publiques.

Quant aux traverses des routes et des chemins de grande communication, elles en sont des parties essentielles et sont comme telles soumises à la police du roulage (4 janv. 1862, Fraize).

Ce dernier arrêt de la Cour de cassation pose en principe que les maires (et les préfets, ajouterons-nous) ne peuvent exercer leur pouvoir de réglementation, pour les objets placés par la loi dans leurs attributions, qu'au cas où il n'existe pas de règlement d'administration publique, ou dans celui où, un tel règlement existant, le droit de modifier ou de compléter ses prescriptions leur a été formellement réservé.

Le droit de réglementer le roulage sur les chemins d'intérêt commun et les chemins vicinaux ordinaires, dans l'intérêt de leur conservation, appartient aux préfets en vertu de l'art. 21 de la loi du 21 mai 1836, leurs règlements devant d'ailleurs être communiqués au conseil général et soumis à l'approbation du ministre de l'intérieur. Il en résulte que, en l'absence de délégation du préfet, les maires sont incompétents pour statuer en cette matière (Cass. 4 sept. 1847, Deschamps ; 4 juill. 57, Moreau ; 20 déc. 67, Cissac). Ainsi que le fait remarquer M. Henry, dans son *Traité pratique des Chemins vicinaux* (titre VIII, chap. 2), le silence dudit article de la loi de 1836 sur les mesures relatives à la liberté et à la sécurité de la circulation n'empêche pas les préfets de statuer à leur égard en vertu de leurs pouvoirs de police générale, et les dispositions y relatives peuvent être insérées dans les mêmes arrêtés que les dispositions ayant la conservation des chemins pour objet.

Les maires, outre qu'ils ont les pouvoirs de police les plus étendus sur la petite voirie non vicinale, en vertu de l'article 97 de la loi du 5 avril 1884, ont encore *la police des routes nationales et départementales et des voies de communication dans l'intérieur des agglomérations, mais seulement en ce qui touche à la circulation sur lesdites voies* (art. 98), sous la réserve, bien entendu, de ne pas contredire les règlements sur la police du roulage, quand il s'agit de voies auxquelles elle est applicable (30 juill. 1875, Caylan). Nous aurons l'occasion de revenir sur ces questions.

Art. 2. — **Des règlements d'administration publique déterminent :**
§ 1. Pour toutes les voitures : 1° La forme des essieux, le maximum de leur saillie au-delà des moyeux ; 2° La forme des bandes de roues ; 3° La forme des clous des bandes ; 4° Les conditions à observer pour l'emplacement et les dimensions de la plaque prescrite par l'art. 3 ; 5° Le maximum du nombre des chevaux de l'attelage que peut comporter la police ou la libre circulation des routes ; 6° Les

mesures à prendre pour régler momentanément la circulation pendant les jours de dégel, et les précautions à prendre pour la protection des ponts suspendus ; — § 2. Pour les voitures ne servant pas au transport des personnes : 1° La largeur du chargement ; 2° La saillie des colliers des chevaux ; 3° Les modes d'enrayage ; 4° Le nombre des voitures qui peuvent être réunies en un même convoi, l'intervalle qui doit rester libre d'un convoi à un autre, et le nombre des conducteurs exigé pour la conduite de chaque convoi ; 5° Les autres mesures de police à observer par les conducteurs, notamment en ce qui concerne le stationnement sur les routes et les règles à suivre pour éviter ou dépasser d'autres voitures. Sont affranchies de toute réglementation de largeur de chargement les voitures de l'agriculture servant au transport des récoltes de la ferme aux champs et des champs à la ferme ou au marché. — § 3. Pour les voitures de messageries : 1° Les conditions relatives à la solidité et à la stabilité des voitures ; 2° Le mode de chargement, de conduite et d'enrayage des voitures ; 3° Le nombre de personnes qu'elles peuvent porter ; 4° La police des relais ; 5° Les autres mesures de police à observer par les conducteurs, cochers ou postillons, notamment pour éviter ou dépasser d'autres voitures.

Le règlement d'administration publique prévu par la loi de 1851 a été pris à la date du 10 août 1852 et modifié sur quelques points par décrets des 24 fév. 1858 et 29 août 1863 ; nous allons étudier les dispositions de ces textes, étant entendu que, sauf indication contraire, il s'agit de celui de 1852. Trois titres distincts (art. 1 à 10, 11 à 16, 17 à 42) répondent aux trois paragraphes de l'art. 2 de la loi de 1851.

1° **Titre I. Dispositions applicables à toutes les voitures.** — *Art. 1er.* — *Les essieux des voitures ne pourront avoir plus de 2^{m}50 de longueur, ni dépasser à leur extrémité le moyeu de plus de 0^{m}06. — La saillie des moyeux, y compris celle de l'essieu, n'excèdera pas de plus de 0^{m}12 le plan passant par le bord extérieur des bandes. Il est accordé une tolérance de 0^{m}02 sur cette saillie pour les roues qui ont déjà fait un certain service.*

A titre d'applications de ces dispositions, nous citerons deux arrêts du Conseil d'Etat en date des 4 juill. 1857 (Cazaux) et 23 mars 65 (Delaplace). Le premier de ces arrêts a écarté une excuse assez curieuse et que le ministre de l'intérieur avait proposé d'admettre. Il s'agissait d'une voiture dont les moyeux faisaient une saillie de 0^{m}18 et qui, ayant été requise pour les prestations d'un chemin vicinal ordinaire, avait été conduite sur un chemin de grande communication, conformément aux ordres de l'agent dirigeant les travaux. Le ministre avait présenté les observations suivantes : « Les règlements n'interdisent pas la possession de telle ou telle voiture, ils défendent seulement à leurs propriétaires de s'en servir sur les routes impériales et départementales et sur les chemins vicinaux ordinaires. Or, le sieur Cazeaux n'avait envoyé sa voiture que sur un chemin de cette dernière catégorie, conformément à la convocation du maire, et il ne saurait être responsable du fait de

l'administration qui, dans l'intérêt du service, a cru devoir l'employer
sur un chemin de grande communication. Je pense d'ailleurs qu'il aurait également pu l'employer directement sur ce chemin s'il en avait
été requis. En effet, la loi du 21 mai 1836, en soumettant aux prestations les propriétaires de voitures, n'atteint que celles qu'ils possèdent
et n'a pu entendre les obliger pour les acquitter à en acheter d'autres
conformes aux lois sur la police du roulage ». Pour répondre à cette
argumentation, le Conseil d'Etat s'est borné à déclarer que l'ordre qu'il
aurait reçu de l'agent de l'administration ne pouvait dispenser l'inculpé
de se conformer aux prescriptions de la loi. C'est qu'en effet il ne saurait dépendre d'une autorité locale de suspendre, sans un mandat spécial, l'application des règlements généraux ; nous étudierons d'ailleurs,
à propos des prestations en nature, les conclusions à tirer de ces
principes.

Art. 2.—Il est expressément défendu d'employer des clous à tête de diamant.
Tout clou de bande sera rivé à plat, et ne pourra, lorsqu'il sera posé à neuf,
former une saillie de plus de 0ᵐ005.

Nous étudierons, à propos des locomotives routières (§ 4), les dispositions concernant les bandes de leurs roues.

Art. 3. — Il ne peut être attelé : 1° Aux voitures servant au transport des
marchandises : plus de cinq chevaux si elles sont à deux roues, plus de huit
si elles sont à quatre roues, sans qu'il puisse y avoir plus de cinq chevaux de
file ; — 2° Aux voitures servant au transport des personnes : plus de trois
chevaux si elles sont à deux roues ; plus de six si elles sont à quatre roues.

Lorsqu'une voiture à marchandise à deux roues est attelée de plus
de cinq chevaux de file, il n'y a lieu qu'à une amende à raison du
nombre absolu, l'interdiction de la mise en file ne s'appliquant qu'aux
voitures à quatre roues (C. E. 17 sept. 1854, Lecoq ; voir aussi 13 juill.
77, Genest). On pourrait objecter que, si une file de plus de cinq chevaux
n'a pas été interdite pour les voitures à deux roues, c'est qu'on n'avait
pas à réglementer la répartition d'un attelage prohibé. On ne saurait
d'ailleurs invoquer comme excuse d'une contravention le mauvais état
du chemin (C. E. 22 juill. 1887, Sajus).

Art. 4. — Lorsqu'il y a lieu de transporter des blocs de pierre, des loco-
motives ou d'autres objets d'un poids considérable, l'emploi d'un attelage
exceptionnel pourra être autorisé, sur l'avis des ingénieurs ou des agents
voyers, par les préfets des départements traversés.

Au sujet de cette disposition, la circulaire du 25 août 1852 s'exprime
ainsi : « Avant de donner leur avis..., MM. les ingénieurs ou agents
« voyers exigeront l'indication de l'itinéraire qu'on se ˝ oposera de
« suivre, et s'assureront avec soin qu'on ne rencontre sur cet itinéraire
« aucun ouvrage dont la solidité puisse être compromise par le pas-
« sage demandé. Si ce passage faisait naître des craintes contre les-
« quelles on ne pourrait se prémunir par une consolidation temporaire,
« il faudrait modifier l'itinéraire ».

Art. 5. — Les prescriptions de l'article 3 ne sont pas applicables sur les parties de routes ou de chemins vicinaux de grande communication affectées de rampes d'une déclivité ou d'une longueur exceptionnelle. — Les limites de ces parties de routes ou de chemins sur lesquelles l'emploi de chevaux de renfort est autorisé sont déterminées par un arrêté du préfet, sur la proposition de l'ingénieur en chef ou de l'agent voyer en chef du département, et indiquées sur place par des poteaux portant cette inscription : **Chevaux de renfort.** *— Pour les voitures marchant avec relais réguliers et servant au transport des personnes ou des marchandises, la faculté d'atteler des chevaux de renfort s'étend à toute la longueur des relais dans lesquels sont placés les poteaux. — L'emploi de chevaux de renfort peut être autorisé temporairement sur des parties de routes ou de chemins de grande communication lorsque, par suite de travaux de réparation ou d'autres circonstances accidentelles, cette mesure sera nécessaire. Dans ce cas, le préfet fera placer des poteaux provisoires.*

Il est évident que l'existence de rampes exceptionnelles ne permet pas à elle seule l'emploi d'un nombre de chevaux supérieur à celui qui résulte, dans chaque cas, de l'art. 3 : il est indispensable qu'un arrêté préfectoral soit intervenu, et, s'il en était pris un après la constatation d'une contravention, celle-ci subsisterait (C. E., 21 juin et 17 sept. 1854, Lecoq).

Art. 6. — En temps de neige ou de verglas, les prescriptions relatives à la limitation du nombre des chevaux demeurent suspendues.

Pour l'Algérie, il n'existe pas de disposition analogue dans le décret et l'arrêté du 3 nov. 1855 (C. E., 8 juin 1894, Cambas).

L'art. 7, après avoir été partiellement modifié par le décret du 24 fév. 1858, a été remplacé par la disposition suivante, formant l'art. 1er du décret du 29 août 1863 : *Le ministre des travaux publics détermine les départements dans lesquels il pourra être établi, sur les routes impériales et départementales, des barrières pour restreindre la circulation pendant le dégel.— Les préfets, dans chaque département, déterminent les routes impériales et départementales, ainsi que les chemins de grande communication, sur lesquels ces barrières pourront être établies. — Ils prennent, sur l'avis des ingénieurs des ponts et chaussées ou des agents voyers, les mesures que la fermeture ou l'ouverture des barrières rendent nécessaires. Peuvent seuls circuler pendant la fermeture des barrières de dégel : 1º Les courriers de la malle ; — 2º Les voitures de voyage suspendues étrangères à toute entreprise publique de messagerie ; — 3º Les voitures non chargées; — 4º Les voitures chargées, montées sur roues à jantes d'au moins 0 m. 11 de largeur, et dont l'attelage n'excédera pas le nombre de chevaux qui sera fixé par le préfet, à raison du climat, du mode de construction et de l'état des chaussées, de la nature du sol, du nombre des roues de la voiture et des autres circonstances locales. — Toute voiture prise en contravention aux dispositions du présent article sera arrêtée, et les chevaux seront mis en fourrière dans l'auberge la plus rapprochée, le tout sans préjudice de l'amende stipulée à l'art. 4, titre II, de la loi du 30 mai 1851, et des frais de réparation mentionnés dans l'art. 9 de ladite loi. — Les préfets rendront compte immédiatement à notre ministre de l'agriculture, du commerce et des travaux publics, des mesures qu'ils auront arrêtées en vertu du présent décret.*

Nous noterons les recommandations suivantes, adressées aux préfets dans la circulaire du 15 sept. 1863 : « Le but des barrières de dégel est « moins de réaliser une économie sur les frais d'entretien ou de répa- « ration des chaussées que de prévenir des dégradations extraordinai- « res par suite desquelles la circulation se trouverait pour longtemps « interrompue ou au moins très fortement entravée. On ne doit donc, « et je vous fais à cet égard la recommandation la plus expresse, re- « courir à l'établissement de barrières qu'avec une extrême réserve et « en cas de nécessité parfaitement reconnue. Il ne faut pas, je le répète, « que l'intérêt qui s'attache à la conservation des routes dégénère en « un moyen d'économiser les deniers de l'Etat ou des départements ». Il est évident d'ailleurs qu'un arrêté légalement pris pour restreindre la circulation ne saurait motiver aucune demande d'indemnité (voir C. E., 14 juill. 1859, Longueville).

Le décret de 1852, en son art. 7, limitait le nombre de chevaux des voitures chargées autorisées à circuler, et le nouveau texte donne pou voir au préfet de le faire, en sorte qu'un arrêt du 24 août 1858 (Cou- ture), relatif à cette question, offre encore de l'intérêt : le Conseil d'Etat n'a pas admis l'excuse tirée de ce que le chargement d'une voiture at- telée de deux chevaux n'aurait constitué en réalité que la charge d'un cheval. Nous citerons encore un arrêt du 15 juin 1864 (Delan), à titre d'exemple de condamnation à l'amende et aux frais de réparation.

Conformément au principe général énoncé (p. 108), les maires ne peuvent établir de barrières de dégel, sans délégation du préfet, sur les chemins vicinaux ordinaires (Cass., 4 juill. 1857, Moreau).

Toutes les fois d'ailleurs qu'il s'agit de barrières établies en dehors des routes et des chemins de grande communication, les poursuites ne peuvent avoir lieu qu'en vertu de l'art. 471, n° 15, du Code pénal (Cass., 22 avril 1858, Lelong).

Art. 8. — Pendant la traversée des ponts suspendus, les chevaux seront mis au pas ; les voituriers ou rouliers tiendront les guides ou le cordeau ; les con- ducteurs ou postillons resteront sur leurs sièges ; — Défense est faite aux rou- liers et autres voituriers de dételer aucun de leurs chevaux pour le passage du pont. — Toute voiture attelée de plus de cinq chevaux ne doit pas s'engager sur le tablier d'une travée, quand il y a déjà sur cette travée une voiture d'un attelage supérieur à ce nombre de chevaux. — Pour les ponts suspendus qui n'offriraient pas toutes les garanties nécessaires pour le passage des voitures lourdement chargées, il pourra être adopté par le ministre des travaux publics ou par le ministre de l'intérieur, chacun en ce qui le concerne, toutes les autres

*dispositions qui seront jugées nécessaires. — Dans les circonstances urgentes,
les préfets et les maires pourront prendre telles mesures que leur paraîtra
commander la sûreté publique, sauf à en rendre compte à l'autorité supérieure.
— Les mesures prescrites pour la protection des ponts suspendus seront, dans
tous les cas, placardées à l'entrée et à la sortie de ces ponts.*

L'interdiction de dételer des chevaux au passage des ponts suspendus
peut paraître bizarre ; mais il s'agit d'empêcher d'éluder par une réduction artificielle du nombre des animaux composant l'attelage, les dispositions dépendant de ce nombre (voir C. E., 17 janv. 1873, Martin).

Des circulaires des 25 août 1852 et 7 mai 1866, avaient donné diverses
instructions aux préfets au sujet des mesures à prescrire pour les ponts
suspendus peu solides, puis la circulaire du 4 mai 1870 a envoyé un
type d'arrêté destiné à généraliser des mesures complémentaires de
celles de l'art. 8 du décret de 1852. L'art. 1er limite le nombre des chevaux ; l'art. 2, en reproduisant le parag. 3 du dit art. 8, applique la
règle énoncée aux attelages de 5 chevaux et ordonne d'espacer les voitures qui se suivent. L'art. 3 reproduit les deux premiers parag. du décret, en y ajoutant l'interdiction de laisser stationner les voitures.
L'art. 4 prévoit la limitation du nombre des bœufs ou vaches ; d'après
l'art. 5, l'infanterie passe sur deux rangs, en rompant le pas, et la ca-
valerie passe sur un seul rang. Enfin, l'art. 6 défend de stationner et de
fumer sur le pont.

*Art. 9. — Tout roulier ou conducteur de voiture doit se ranger à sa droite
à l'approche de toute autre voiture, de manière à lui laisser libre au moins
la moitié de la chaussée* [1].

Cet article et le suivant donnent lieu à une remarque assez curieuse :
la loi de 1851 avait compris les mesures qui y sont contenues parmi
celles qui ne devaient concerner que les voitures ne servant pas au
transport des personnes ; en les insérant dans le titre I du décret de
1852, il nous semble qu'on a commis un excès de pouvoir, mais nous
n'avons pas connaissance que cette contestation ait été jamais soulevée.

Il résulte clairement du texte de l'art. 9 qu'il n'est pas interdit aux
conducteurs de voitures de suivre la gauche lorsqu'une autre voiture
n'approche pas (Cass., 30 nov. 1872, Braban ; 19 avril 73, Debray [2]).
Lorsque, d'ailleurs, une voiture ne peut être aperçue, faute d'éclairage,
le conducteur venant à sa rencontre est fondé à invoquer l'excuse de
force majeure s'il n'a pas pris la droite (18 mars 1869, Onnin).

Nous étudierons au § 5 tout ce qui concerne les vélocipèdes.

Nous verrons, dans les deux paragraphes suivants du décret de 1852,

---

1. L'art. 475, n° 3, du Code pénal prévoit des règlements obligeant les conducteurs de voiture *d'occuper un seul côté des rues, chemins ou voies publiques ;
de se détourner ou ranger devant toutes autres voitures et à leur approche, de leur
laisser libre la moitié au moins des rues, chaussées, routes et chemins.*
2. Ces arrêts constatent qu'un espace suffisant avait été réservé aux piétons.

des dispositions spéciales à la conduite des voitures ne servant pas au
transport des personnes et d'autres concernant celles des voitures de
messageries. En dehors de là, la police du roulage ne stipule rien, et
l'on rentre dans les conditions du droit commun, qui ne punit que les
faits ayant entraîné des conséquences nuisibles. Ainsi, en est-il dans le
cas d'homicide ou blessures involontaires (Cass., 17 nov. 1873, Turin,
allure désordonnée de cavaliers, art. 319 et 320, C. p.), et dans celui
de mort ou de blessures causées à des animaux domestiques (Cass.,
5 juin 1874, Dieusy, rapidité ou mauvaise direction d'une voiture, art.
479 C. p.).

On remarquera que la conduite des chevaux non attelés échappe à
la police du roulage ; pour les routes, on peut invoquer parfois, devant
le conseil de préfecture, l'arrêt du 4 août 1731 (C. E., 12 avril 1889,
Fleury, promenade de chevaux sur un accotement) ; la Cour de cassation a d'ailleurs jugé que le fait de laisser circuler des bêtes de trait
harnachées mais non attelées, même sur une grande route, tombe sous
le coup de l'article 475, n° 3, du Code pénal [1] (1er juin 1855, Long) ;
on remarquera que la Cour n'a visé aucun règlement particulier à
l'appui de cet article.

D'autre part, les maires peuvent prendre des arrêtés ; mais leur
légalité doit être examinée avec soin (Cass. 1er juill. 1869, Bouchardon),
Ainsi, ils ne peuvent réglementer d'une façon générale la circulation
sur les chemins vicinaux sans empiéter sur les attributions du préfet
(20 déc. 1867, Cissac, interdiction de suivre une piste constante, voir
p. 108) ; mais la Cour de cassation leur reconnaît le droit d'interdire le
trot dans la traversée des lieux habités, conformément à l'art. 475, n°4,
du Code pénal, même sur les voies soumises à la police du roulage (30
juill. 1875, Caylan ; voir aussi 20 sept. 51, Noguès, et 18 juill. 68, Bé-
gué). L'arrêt Caylan concerne un chemin de grande communication et
est assez développé ; il déclare d'abord que le pouvoir conféré aux maires par la loi des 16-24 août 1792 pour ce qui intéresse la commodité et
la sûreté du passage est général et s'étend à toutes les voies publiques ;
puis il ajoute que, loin de contrevenir à la loi générale, l'arrêté du
maire ne faisait que répéter les prohibitions de l'art. 475, n° 4, du
Code pénal [2] et trouvait sa formelle justification dans les art. 14 et 34
du décret de 1852. On pourrait objecter que ces deux articles visent,

1. *N° 3. Les rouliers, charretiers, conducteurs de voitures quelconques ou de
bêtes de charge, qui auraient contrevenu aux règlements par lesquels ils sont
obligés de se tenir constamment à portée de leurs chevaux, bêtes de trait ou de
charge et de leurs voitures, et en état de les guider et conduire...*
2. *N° 4. Ceux qui auront fait ou laissé courir les chevaux, bêtes de trait,
de charge ou de monture dans l'intérieur d'un lieu habité, ou violé les règlements
contre le chargement, la rapidité ou la mauvaise conduite des voitures....* Un
arrêt de la Cour de cassation a sanctionné une application de ce texte à des
chevaux attelés et en l'absence d'un arrêté spécial (26 mars 1858, Guilleminot).

l'un, les voitures de marchandises et, l'autre, celles de messageries ;
nous avons vu d'ailleurs (p. 108), ce que porte l'art. 98 de la loi du
5 avril 1884.

En ce qui concerne l'interdiction du trot, le Conseil d'Etat n'en admet
la légalité qu'avec certaines restrictions, car il a annulé pour excès de
pouvoir un arrêté du maire du Tréport dans les termes suivants :
« Considérant que, s'il appartenait au maire du Tréport, agissant dans
l'exercice des pouvoirs de police qu'il tient de l'art. 97 de la loi du
5 avril 1884, de prescrire les conditions auxquelles la circulation serait
assujettie sur certaines voies publiques de la commune, à des jours et
heures déterminées, il ne pouvait, sans porter atteinte à la liberté du
travail et de l'industrie, faire défense aux conducteurs de voitures de
circuler sur le territoire communal, aussi bien dans les rues que sur
les quais, autrement qu'au pas » (16 juin 1893, Codevelle).

L'excuse de force majeure a été admise à l'occasion d'un cheval
attelé qu'avait effrayé le tir de boîtes à l'occasion d'une procession
(7 avril 1876, Busquet).

*Art. 10. — Il est interdit de laisser stationner sans nécessité sur la voie
publique aucune voiture attelée ou non attelée* [1].

Cette disposition se trouve remplacée, sur les voies où elle n'est pas
applicable, par l'art. 471, n° 4 du Code pénal : *Ceux qui auront embarrassé la voie publique, en y déposant ou y laissant sans nécessité des matériaux ou des choses quelconques qui empêchent ou diminuent la liberté ou la
sûreté du passage ; ceux qui, en contravention aux lois et règlements, auront
négligé d'éclairer les matériaux par eux entreposés ou les excavations par
eux faites dans les rues et places.*

L'excuse de nécessité, qu'il ne faut pas confondre avec la force majeure, est admise, on le voit, par les deux textes (Cass., 27 avril 1860,
Besnard ; 12 déc. 78, Derouen ; 17 nov. 93, Plateau). L'art. 471, n° 4,
atteint les stationnements de voitures non attelées (13 mai 1854, Langlois ; 20 fév. 74, de Bourgogne ; 3 janv. 79, Dauchin Gérard ; ces
arrêts visent aussi l'absence d'éclairage), comme celui des voitures
attelées (14 mars 1879, Vivès) [1]. Le juge de police apprécie l'excuse
(15 janv. 1859, Guignard).

Pour les voitures attelées, on doit bien distinguer le simple stationnement de l'abandon. Celui-ci tombe sous le coup de l'art. 475, n° 3, du
Code pénal (voir p. 114, note 1) et, en ce qui concerne les voitures de
roulage, sous celui de l'art. 14 du décret de 1852. La Cour de cassation
fait application de l'art. 475 aux voitures à voyageurs sur les routes
et chemins de grande communication (27 avril 1860, Besnard) [3], ne

1. Voir, p. 113, la remarque en tête du commentaire de l'art. 9.

2. Le fait de ferrer un cheval sur la voie publique constitue également un
embarras prohibé par l'art. 471, n° 4 (30 nov. 1878, Gouzon) ; cet arrêt ajoute
que l'usage local ne peut excuser le contrevenant.

3. Cet arrêt a considéré comme ne constituant pas une excuse le fait que la
voiture était surveillée du cabaret voisin.

pouvant invoquer l'art. 14 du décret comme pour les voitures de roulage (14 nov. 1874, Loyau). L'arrêt Besnard, de même qu'un arrêt du 14 août 1875 (Cuyaubère), fait ressortir nettement que l'art. 475 n'admet pas, comme l'art. 471, l'excuse de nécessité ; celle de force majeure serait au contraire toujours admissible (voir 14 nov. 1874, Loyau, rejet en fait dans le cas de l'art. 14 du décret de 1852). Citons encore, comme exemples d'application de l'art. 475, n° 3, au cas d'abandon de voitures attelées, des arrêts des 29 juill. 1870 (Deimat, Ruban, Le Breton) et 23 janv. 1875 (Benedetti).

Les trois arrêts du 29 juillet 1870 permettent de constater avec plus de précision que nous ne l'avons fait précédemment (p. 114) que l'application de l'art. 475, n° 3, n'exige nullement l'existence d'arrêtés spéciaux : la Cour a même déclaré superflu l'examen d'un arrêté existant. On peut aussi consulter un arrêt du 28 avril 1859 (Pelletier), concernant un conducteur éloigné de son attelage. En ce qui concerne l'art. 471, n° 4, il n'y a pas de doute que le stationnement constitue par lui-même une contravention (14 mars 1879, Vivès).

2° Titre II. — Dispositions applicables aux voitures ne servant pas au transport des personnes. — *Art. 11. — La largeur du chargement des voitures qui ne servent pas au transport des personnes ne peut excéder 2^m50. Toutefois les préfets des départements traversés peuvent délivrer des permis de circulation pour les objets d'un grand volume qui ne seraient pas susceptibles d'être chargés dans ces conditions. — Sont affranchies, conformément à la loi du 30 mai 1851, de toute réglementation de largeur de chargement les voitures d'agriculture lorsqu'elles sont employées au transport des récoltes de la ferme aux champs et des champs à la ferme ou au marché.*

Ainsi que le fait remarquer la circulaire du 25 août 1852, l'exception accordée en faveur des voitures d'agriculture n'est pas générale, mais est strictement limitée aux trajets définis par l'art. 2, § 2, de la loi de 1851 et l'art. 11 du décret de 1852.

Art. 12. — La largeur des colliers des chevaux ou autres bêtes de trait ne peut dépasser 0^m90, mesurés entre les points les plus saillants des pattes des attelles.

« On entend par pattes d'attelles des colliers les parties supérieures « et latérales dans lesquelles sont passés les guides ou cordeaux, soit « au moyen d'anneaux, soit simplement au moyen de trous pratiqués « dans les planchettes » (circ. du 25 août 1852).

Art. 13. — Lorsque plusieurs voitures marchent à la suite les unes des autres, elles doivent être distribuées en convois de quatre voitures au plus si elles sont à quatre roues et attelées d'un seul cheval ; de trois voitures au plus si elles sont à deux roues, et attelées d'un seul cheval ; et de deux voitures au plus si l'une d'elles est attelée de plus d'un cheval. — L'intervalle d'un convoi à l'autre ne peut être moindre de 50 mètres.

L'art. 3 du décret du 24 fév. 1858 a complété ainsi la disposition précédente : *Les préfets pourront restreindre, lorsque la dimension des objets transportés donnera aux convois une largeur nuisible à la liberté ou à la sûreté de la circulation, le nombre des voitures dont l'art. 13 du décret du 18 août 1852 permet la réunion en convoi. Leurs arrêtés seront affichés sur les parties de routes auxquelles ils s'appliqueront.*

Ainsi que le fait remarquer la circulaire du 9 mars 1858, les maires avaient déjà le pouvoir d'ajouter des restrictions à l'art. 13 du décret de 1852, en vertu de l'art. 14, dans la traversée des agglomérations ; la nouvelle disposition permet aux préfets de le faire en rase campagne à l'égard des chargements exceptionnels, tels que ceux de grandes pièces de bois.

Les dispositions de l'art. 13 ont un double objet : limiter le nombre des voitures pouvant se suivre et déterminer les conditions à observer pour que des voitures se suivant puissent jouir des facilités relatives à la conduite et à l'éclairage qu'accordent les art. 14 et 15. Ainsi les voitures isolées ne peuvent se suivre en nombre supérieur à celui qui est autorisé pour un convoi sans observer la distance de 50 mètres (Cass. 7 juin 1855, Roche), et d'autre part la Cour de cassation a refusé le bénéfice de la dispense partielle d'éclairage à des convois formés de trois voitures dont certaines étaient attelées de plus d'un cheval ou d'un bœuf (12 mai 1854, Fontaine ; 30 nov. 61, Latapie). En défendant d'ailleurs de former un convoi de plus de deux voitures, « si l'une d'elles est attelée de plus d'un cheval », l'art. 13 n'a pas prohibé les convois de deux voitures attelées toutes deux de plusieurs chevaux (21 juill. 1854, Jay ; 1er juill. 64, Driancourt).

On a pu remarquer la restriction plus étroite imposée aux voitures à deux roues ; voici, d'après la circulaire du 25 août 1852, le motif de cette différence : « l'articulation de l'avant-train donne au chariot le moyen de se déranger et se détourner sans que le derrière de la voiture se porte en travers de la route, comme cela a lieu inévitablement pour les charrettes. »

Art. 14. — Tout voiturier ou conducteur doit se tenir constamment à portée de ses chevaux ou bêtes de trait et en position de les guider. — Il est interdit de faire conduire par un seul conducteur plus de quatre voitures à un cheval si elles sont à quatre roues, et plus de trois voitures à un cheval si elles sont à deux roues. — Chaque voiture attelée de plus d'un cheval doit avoir un conducteur. Toutefois, une voiture dont le cheval est attaché derrière une voiture attelée de quatre chevaux au plus n'a pas besoin d'un conducteur particulier. — Les règlements de police municipale détermineront en ce qui concerne la traverse des villes, bourgs et villages, les restrictions qui peuvent être apportées aux dispositions du présent article et de celui qui précède.

Nous avons vu (p. 114, note 1) que l'art. 475, n° 3, du Code pénal contient des dispositions analogues au premier paragraphe de l'art. 14, ce qui uniformise les règles applicables aux diverses voies de communication. On se reportera p. 115 pour voir l'application de l'art. 475 au cas d'abandon d'un attelage.

Un conducteur monté sur une charrette dont les bêtes de trait n'ont pas de guides tombe sous le coup de ces dispositions (4 nov. 1858, Biron, vaches ; 29 août 61, Mallet ; 23 fév. 65, Gruz ; 17 nov. 81, Emery), et il en est de même de celui qui est couché sans tenir les guides dans ses mains (21 avril 1860, Rose), ainsi que de celui qui est endormi (14 nov. 1856, Dalley, guides en main ; 29 nov. 67, Lapierre). D'autre part, un attelage étant composé de trois chevaux et le conducteur étant monté sur celui du milieu, la Cour a jugé qu'il n'était pas suffisamment en mesure de les diriger (6 mars 1856, Mailloux ; 27 mars 62, Le Vaillant ; voir aussi 15 mars 78, Michon, deux chevaux en colonne, conducteur sur le premier), et enfin un attelage de quatre chevaux ne peut être dirigé par un conducteur monté sur le cheval de cheville (17 août 1867, Jusset).

Notons que les arrêts Mallet et Emery ont déclaré non recevable l'excuse tirée d'un usage local.

Art. 15. — Aucune voiture marchant isolément ou en tête d'un convoi ne pourra circuler pendant la nuit sans être pourvue d'un falot ou d'une lanterne allumée. — Cette disposition pourra être appliquée aux voitures d'agriculture par des arrêtés des préfets ou des maires.

Le décret du 24 fév. 1858, en son art. 2, a complété cet article par les dispositions suivantes qui auraient eu primitivement pour effet de le faire comprendre dans le titre I : *Les préfets pourront appliquer, par des arrêtés spéciaux, aux voitures particulières servant au transport des personnes les dispositions du premier paragraphe de l'art. 15 du décret du 10 août 1852, relatives à l'éclairage des voitures.*

Avant d'étudier la jurisprudence en ce qui concerne les voitures assujetties à l'éclairage, nous allons étudier le sens du mot « nuit », la façon dont l'éclairage doit être assuré et les excuses qui peuvent être invoquées.

A défaut d'indication de l'heure, le procès-verbal peut constater qu'il faisait nuit (Cass. 7 fév. 1857, Huet ; 7 juin 60, Augrel). D'autre part, ce dernier arrêt pose en principe qu'il n'appartient pas au préfet de fixer les limites de la nuit ; celles-ci seront marquées par le coucher et le lever du soleil (29 nov. 1860, Paillé ; 2 fév. 61, Dugardin ; 20 fév. 62, Feugas ; 20 mars 63 Guiguen ; 25 août 77, Philip ; 6 fév. 86, Boisson). Il en résulte, comme l'a dit expressément l'arrêt Feugas, que le juge n'a point qualité pour apprécier s'il régnait encore assez de clarté pour que l'éclairage ne fût pas obligatoire, et que le clair de lune n'excuse pas la contravention (4 fév. 1860, Deffains ; 30 nov. 61, Latapie). Ce dernier arrêt a toutefois reconnu que cette circonstance peut être considérée comme atténuante.

On a pu remarquer que l'art. 15 ne définit aucunement la position de la lanterne, tandis que l'art. 28, relatif aux voitures de messageries, stipule qu'elle doit être placée à droite et à l'avant de la voiture. La Cour de cassation a reconnu que, pour les autres voitures, si l'on ne pouvait exiger la position à droite, il fallait du moins que la lanterne fût fixée à la voiture et placée en avant, et non simplement tenue à la main (20 juill. 1861, Lecoq). L'obligation de l'éclairage s'applique d'ailleurs aux voitures momentanément arrêtées (14 janv. 1859, Crousillat ; 2 fév. 61, Dugardin ; 31 déc. 91, Vernhes). Pour celles qui seraient abandonnées sur la voie publique, l'art. 471, n° 4, du Code pénal, serait applicable (voir p. 115).

En ce qui concerne les voitures formant un convoi régulier, on a vu que la première seule est tenue d'être éclairée. Si le convoi ne répond pas aux conditions fixées par l'article 13, toutes les voitures doivent être éclairées (12 mai 1854, Fontaine, 30 nov. 61, Latapie, autant de condamnations que de voitures non éclairées). On ne saurait d'ailleurs considérer comme faisant partie d'un convoi une voiture distante de 20 mètres de celle qu'elle suit (10 mars 1859, Ricard), et, d'autre part, le seul fait de marcher derrière une autre voiture ne donne pas naissance à un convoi (20 août 1853, Debroize) : il faut en outre une communauté de destination et peut-être de propriétaire établissant que les diverses voitures font bien route de compagnie (1er juillet 1864, Driancourt). Ce dernier arrêt admet que la multiplicité des conducteurs ne s'oppose pas à l'existence d'un convoi.

Le second paragraphe de l'art. 15 semble indiquer que les voitures d'agriculture sont, en l'absence d'un arrêté spécial, dispensées en tout cas de l'éclairage, du moins quand elles sont employées aux besoins de l'agriculture et ne sont pas détournées de leur usage normal, et c'est dans cet esprit que paraissent rédigés certains arrêts de la Cour de cassation (15 juin 1855, Roman ; 2 août 55, Charpentier ; 26 février 57, Fauvernier). D'autre part, un arrêt du 14 avril 1859 (Guyard) a reconnu l'obligation de l'éclairage dans un cas où une voiture d'agriculture se rendait à une destination inconnue et non au marché. Cet arrêt semble bien admettre que cette dernière destination aurait entraîné dispense de l'éclairage ; mais il en est plusieurs qui se sont formellement prononcés contre une telle interprétation exigeant une lanterne pour les voitures allant au marché ou en revenant, à plein ou à vide (1er mars 1856, Masson ; 30 avril 57, Vittet ; 3 mars 59, Poulet ; 7 nov. 63, Mansard ; voir aussi 15 fév. 79, Lemire, destination non précisée).

Les trois premiers de ces arrêts sont longuement motivés. Ils rapprochent notre art. 15 et de l'art. 16 du même décret, concernant les plaques, et de l'art. 2 de la loi du 30 mai 1851, relatif à la largeur des chargements. Ce dernier (p. 108) étend la dispense au transport des récoltes au marché, tandis que l'art. 16 du décret, reproduisant d'ailleurs l'art. 3 de la loi de 1851, ne dispense de la plaque que *les voitures qui se rendent de la ferme aux champs, des champs à la ferme, ou qui servent au transport des objets récoltés du lieu où ils ont été recueillis jusqu'à celui où, pour les conserver ou les manipuler, le cultivateur les dépose ou les rassemble.* Or c'est au cas de la plaque que celui de l'éclairage a paru assimilable à la Cour suprème. Dans le même esprit, elle a déclaré l'éclairage obligatoire pour une voiture qui, transportant d'ordinaire des récoltes, transportait accidentellement des arbres destinés à être plantés dans la propriété rurale à laquelle elle était affectée (27 août 1863, Faux).

En ce qui concerne les voitures particulières servant au transport des personnes, il est clair que, en l'absence des arrêtés spéciaux autorisés par le décret de 1858, l'obligation de l'éclairage ne leur est pas applicable (27 août 1853,Trobot; 20 avril 54, Callier ; 8 fév. 56, Seligmann ; 29 janv. 58, Feugas). Mais la Cour de cassation est fort rigoureuse sur l'appréciation des espèces particulières, exigeant l'éclairage d'une voiture de boucher, vide et munie d'une banquette (1er mars 1855, Coiffard), ainsi que d'une voiture transportant ordinairement des personnes, mais contenant quatre sacs d'avoine (3 juill. 1857, Misset). On ne peut d'ailleurs considérer des voitures servant au transport des personnes comme susceptibles de former un *convoi*, en sorte que plusieurs voitures se suivant et allant au même lieu doivent toutes être éclairées, si un arrêté prescrit cet éclairage (7 juill. 1865, Gavarret).

Nous examinerons, à propos de l'art. 5 de la loi de 1851, la pénalité applicable en cas de transgression des arrêtés spéciaux étendant l'obligation de l'éclairage aux voitures d'agriculture ou aux voitures particulières servant au transport des personnes, et nous nous bornerons ici à signaler quelques arrêts faisant application de tels arrêtés (11 oct. 1856, Page[1] ; 18 mars 59, Perrin ; 7 juin 60, Augrel ; 7 juill. 65, Gavarret ; 5 juin 73, Bonnin).

Sur les voies publiques échappant à la loi de 1851, l'éclairage n'est naturellement obligatoire qu'en cas d'arrêtés spéciaux (28 janv. 1875, Morelli ; 25 fév. 76, Renard), et un arrêté pris en exécution du décret de 1858 à l'égard des voitures particulières transportant des personnes n'est pas applicable en dehors des routes et des chemins de grande communication, s'il ne contient aucune disposition à ce sujet (17 fév. 1855, Lagouge).

Un arrêt du 2 mars 1865 (Baillemont) a repoussé en termes très absolus une excuse d'absence d'éclairage, fondée sur la force majeure résultant d'une tempète ; mais il était constaté que la voiture n'avait pas de lanterne. Aussi cette décision ne contredit pas sans doute un autre arrêt (28 fév. 1861, Maisonneuve), qui a admis l'excuse, alors que, la lanterne étant en bon état, elle avait été éteinte à plusieurs reprises. Il en a été de même dans un cas où le conducteur se mettait en

---

1. On remarquera que cet arrêt, concernant des voitures servant au transport des personnes, est antérieur au décret de 1858.

mesure de rallumer sa lanterne encore chaude (10 janv. 1879, Devred).

Art. 16. — *Tout propriétaire de voiture ne servant pas au transport des personnes est tenu de faire placer, en avant des roues et au côté gauche de sa voiture, une plaque métallique portant, en caractères apparents et lisibles, ayant au moins 0^m005 de hauteur, ses nom, prénoms et profession, le nom de la commune, du canton et du département de son domicile. —Sont exceptées de cette disposition, conformément à la loi du 30 mai 1851 : — 1° Les voitures particulières destinées au transport des personnes, mais étrangères à un service public de messageries ; — 2° Les malles-postes et autres voitures appartenant à l'administration des postes ; — 3° Les voitures d'artillerie, chariots et fourgons appartenant aux départements de la guerre et de la marine; —Des décrets du Président de la République déterminent les marques distinctives que doivent porter les voitures désignées aux paragraphes 2 et 3, et les titres dont leurs conducteurs doivent être munis ; — 4° Les voitures employées à la culture des terres, au transport des récoltes, à l'exploitation des fermes, qui se rendent de la ferme aux champs ou des champs à la ferme, ou qui servent au transport des objets récoltés du lieu où ils ont été recueillis jusqu'à celui où, pour les conserver ou les manipuler, le cultivateur les dépose ou les rassemble.*

La Cour de cassation exige avec rigueur que la plaque réponde exactement aux prescriptions de l'art. 16 (7 mai 1853, Fontarabie ; 23 sept. 53, Varlet ; 25 août 54, Desbayes, profession non indiquée ; 26 fév. 57, Boudieu, deux lettres manquant au nom ; 21 août 73, Tousseau, nom de l'usine au lieu de celui du propriétaire).

L'obligation de la plaque s'étend même aux voitures attelées de chiens ; les plaques fixées aux colliers de ceux-ci ne sauraient en tenir lieu (9 mars 1889, Huclin). Quant aux voitures d'agriculture, elles n'en sont dispensées, bien entendu, que dans les conditions expressément déterminées par l'art. 16 du décret de 1852 et l'art. 3 de la loi de 1851, cette dispense étant motivée, comme l'indique la circulaire du 25 août 1852, par le fait que les gens conduisant ces voitures sont bien connus dans la circonscription de l'exploitation. Une voiture qui va au marché doit donc en être pourvue (22 juill. 1853, Verdier ; 19 avril 60, Bétoulières ; 24 juin 64, Hervé), et il en est de même d'une voiture apportant des matériaux destinés à la ferme (8 août 1861, Bidaud), ou se rendant à une sucrerie pour y charger les produits de défécation destinés à servir d'engrais (7 déc. 1893, Schouleville). Mais la Cour de cassation montre une certaine tolérance à l'égard des voitures qui ne sont qu'accidentellement employées au transport des marchandises (20 fév. 1862, Delatre ; 7 mars 62, Rallu).

En dehors des routes et chemins de grande communication, la Cour de cassation fait application de l'art. 475, n° 4, du Code pénal qui vise la violation des règlements ayant pour objet l'*indication à l'extérieur du nom du propriétaire* ; elle estime d'ailleurs que, sur ces voies, l'art. 34

du décret du 23 juin 1806 est encore en vigueur, sauf en ce qui concerne la pénalité : *Tout propriétaire de voiture de roulage sera tenu de faire peindre sur une plaque de métal, en caractères apparents, son nom et son domicile ; cette plaque sera clouée en avant de la roue et au côté gauche de la voiture...* (21 juin 1855, Tanguy ; 13 mars 56, Geffrain ; 9 mai 56, Tanguy ; 16 juill. 57, Goulias ; 27 avril 60, Boulanger ; 10 fév. 70, Pignon) [1]. L'arrêt Geffrain comporte relaxe, le nom et l'adresse suffisant d'après le décret de 1806.

Les excuses suivantes pour absence de plaque ont été admises : voiture conduite chez le charron devant poser la plaque (19 nov. 1858, Fauvel) ; force majeure ayant occasionné la perte de la plaque depuis la sortie de la voiture (29 avril 1853, Roussel). Nous avons vu d'ailleurs ci-dessus (p. 121) admise l'excuse d'usage accidentel au transport des marchandises. Mais un usage local ne saurait être invoqué (8 août 1861, Bidaud), non plus que le défaut d'intention (7 mai 1853, Fontarabie, simple conducteur d'une voiture à plaque irrégulière ; 23 sept. 53, Varlet ; 16 août 55, Hayrault, prêt d'une voiture sans plaque). C'est là un principe général en simple police (p. 91), et nous verrons, à propos de l'art. 8 de la loi de 1851, ce qu'il en est quand la pénalité devient correctionnelle (usage d'une fausse plaque).

3° Titre III. Dispositions applicables aux voitures de messageries. — Le titre III contient un grand nombre de dispositions bien compliquées pour des voitures publiques ne faisant que de courts trajets, « telles que celles qui desservent les marchés et les gares de chemins « de fer, sans sortir d'une même ville ou d'un rayon de quinze kilom. « de ses limites ». Aussi une circulaire du ministre de l'intérieur, concertée avec ceux des finances et des travaux publics et portant la date du 20 mars 1877 [2], a-t-elle déclaré qu'on doit considérer ces voitures comme n'étant pas soumises aux prescriptions du titre III du décret de 1852 ; cette circulaire rappelle d'ailleurs que ces voitures sont assimilées à celles partant d'occasion ou à volonté par l'art. 8 de la loi de finances du 28 juin 1833.

Art 17. — Les entrepreneurs des voitures publiques allant à destination fixe déclareront le siège principal de leur établissement, le nombre de leurs voitures, celui des places qu'elles contiennent, le lieu de destination, les jours et heures de départ et d'arrivée. Cette déclaration sera faite, dans le département de la Seine, au préfet de police, et dans les autres départements aux préfets ou sous-préfets..... Tout changement aux dispositions arrêtées par suite du premier paragraphe du présent article donnera lieu à une déclaration nouvelle.

Art 18. — Aussitôt après les déclarations faites en vertu des art 1 et 2

---

1. Un arrêt du 21 déc. 1855 (Ardonneau) a repoussé l'application de l'art. 475 à une charrette chargée de terre, sans que nous comprenions bien le motif.
2. *Annales des chemins vicinaux*, tome XXXIV, 1877, p. 50.

de l'article précédent, le préfet ou le sous-préfet ordonne la visite des voitures, afin de constater-si elles sont entièrement conformes à ce qui est prescrit par les articles ci-après de 19 à 29 inclusivement, et si elles ne présentent aucun vice de construction qui puisse occasionner des accidents. Cette visite, qui pourra être renouvelée toutes les fois que l'autorité le jugera nécessaire, sera faite, en présence du commissaire de police, par un expert nommé par le préfet ou le sous-préfet. — L'entrepreneur a la faculté de nommer, de son côté, un expert pour opérer contradictoirement avec celui de l'administration. — La visite des voitures ne peut être faite qu'à l'un des principaux établissements de l'entreprise ; les frais sont à la charge de l'entrepreneur. — Le préfet prononce sur le vu du procès-verbal d'expertise et du rapport du commissaire de police. — Aucune voiture ne peut être mise en circulation avant la délivrance de l'autorisation du préfet.

Ces deux derniers paragraphes se trouvent modifiés par l'art. 6, n° 4, du décret de décentralisation du 13 avril 1861, qui a donné compétence aux sous-préfets pour statuer sur l'*autorisation de mise en circulation des voitures publiques.*

Art. 19. — Le préfet transmet au directeur des contributions indirectes copie par extrait des autorisations par lui accordées en vertu de l'article précédent. — L'estampille prescrite par l'art. 117 de la loi du 25 mars 1817 n'est délivrée que sur le vu de cette autorisation, qui doit être inscrite sur un registre spécial.

Art. 20. — La largeur de la voie pour les voitures publiques est fixée au minimum à 1ᵐ65 entre le milieu des jantes de la partie des roues reposant sur le sol. — Toutefois, si les voitures sont à quatre roues, la voie de devant pourra être réduite à 1ᵐ55. — En pays de montagnes, les entrepreneurs peuvent être autorisés par les préfets, sur l'avis des ingénieurs ou des agents voyers, à employer des largeurs de voie moindres que celles réglées par les paragraphes précédents, mais à la condition que les voies seront au moins égales à la voie la plus large des voitures en usage dans la contrée.

Art. 21. — La distance entre les axes des deux essieux, dans les voitures publiques à quatre roues, sera égale au moins à la moitié de la longueur des caisses mesurées à la hauteur de leur ceinture, sans pouvoir néanmoins descendre au-dessous de 1ᵐ55.

Art. 22. — Le maximum de la hauteur des voitures publiques, depuis le sol jusqu'à la partie la plus élevée du chargement, est fixée à 3ᵐ00 pour les voitures à quatre roues et à 2ᵐ60 pour les voitures à deux roues. — Il est accordé, pour les voitures à quatre roues, une augmentation de 0ᵐ10, si elles sont pourvues à l'avant-train de sassoires et contre-sassoires[1] formant chacune au moins un demi-cercle de 1ᵐ15 de diamètre, ayant la cheville ouvrière pour centre. — Lorsque, par application du troisième paragraphe de l'art. 20, on autorisera une réduction dans la largeur de la voie, le rapport de la hauteur de la voiture avec la largeur de la voie sera au maximum

---

1. La sassoire est une pièce qui soutient la flèche.

de 1 3/4. — Dans tous les cas, la hauteur est réglée par une traverse en fer placée au milieu de la longueur affectée au chargement, et dont les montants, au moment de la visite prescrite par l'art. 17, sont marqués d'une estampille constatant qu'ils ne dépassent pas la hauteur voulue ; ils doivent, ainsi que la traverse, être constamment apparents. — La bâche qui recouvre le chargement ne peut déborder ces montants ni la hauteur de la traverse. — Il est défendu d'attacher aucun objet en dehors de la bâche.

Art. 23. — Les compartiments des voitures publiques seront disposés de manière à satisfaire aux conditions suivantes : — Largeur moyenne des places, 0^m48 ; — Largeur des banquettes, 0^m45 ; — Distance entre deux banquettes, 0^m45 ; — Distance entre la banquette du coupé et le devant de la voiture, 0^m35 ; — Hauteur du pavillon au-dessus du fond de la voiture, 1^m40 ; — Hauteur des banquettes, y compris le coussin, 0^m40. — Pour les voitures parcourant moins de 20 kilomètres et pour les banquettes à plus de trois places, la largeur moyenne des places pourra être réduite à 0^m40.

Art. 24. — Il peut être placé sur l'impériale une banquette destinée au conducteur et à deux voyageurs ou à trois voyageurs lorsque le conducteur se placera sur le même siège que le cocher. — Cette banquette, dont la hauteur, y compris le coussin, ne dépasse pas 0^m30, ne peut être recouverte que d'une capote flexible. — Aucun paquet ne peut être chargé sur cette banquette.

La circulaire du 25 août 1852 contient l'observation suivante : « Il « est bien entendu que l'art. 24... n'est pas applicable aux voitures « dites des environs de Paris, ni aux autres voitures publiques parcou- « rant moins de 20 kilom. de distance. Ces voitures qui ne transpor- « tent que peu ou point de messageries, pourront, comme par le passé, « en vertu d'autorisations spéciales, recevoir un plus grand nombre « de voyageurs sur l'impériale ».

Art. 25. — Le coupé et l'intérieur auront une portière de chaque côté. — La caisse de derrière ou la rotonde peut n'avoir qu'une portière ouverte à l'arrière. — Chaque portière sera garnie d'un marche-pied.

Art. 26. — Les essieux seront en fer corroyé, de bonne qualité, et arrêtés à chaque extrémité, soit par un écrou assujetti au moyen d'une clavette, soit par une boîte à huile, fixée par quatre boulons traversant la longueur du moyeu, soit par tout autre système qui serait approuvé par le ministre des travaux publics.

Art. 27. — Toute voiture publique doit être munie d'une machine à enrayer agissant sur les roues de derrière et disposée de manière à pouvoir être manœuvrée de la place assignée au conducteur. — Les voitures doivent être en outre pourvues d'un sabot et d'une chaîne d'enrayage, que le conducteur placera à chaque descente rapide. — Les préfets peuvent dispenser de l'emploi de ces appareils les voitures qui parcourent uniquement des pays de plaine.

Art. 28. — Pendant la nuit, les voitures publiques seront éclairées par une lanterne à réflecteur placée à droite et à l'avant de la voiture.

Pour le commentaire de cet article, on se reportera à celui de l'art.

15 (p. 118); mais on remarquera que, pour les voitures publiques seules, la position de la lanterne à droite est prescrite. Ce côté nous paraît du reste assez mal choisi, car, les voitures prenant leur droite ce sont leurs côtés extérieurs qui sont éclairés en cas de croisement. On pourrait répondre cependant que l'éclairage à droite est favorable aux piétons qui se garent sur le bord de la route.

Art. 29. — Chaque voiture porte à l'intérieur, dans un endroit apparent, indépendamment de l'estampille délivrée par l'administration des contributions indirectes, le nom et le domicile de l'entrepreneur, et l'indication du nombre des places de chaque compartiment.

L'estampille dont il est question ici fait l'objet de l'art 117 de la loi de finances du 25 mars 1817.

Art. 30. — Elle porte, à l'intérieur des compartiments : 1º le numéro de chaque place; 2º le prix de la place depuis le lieu du départ jusqu'à celui d'arrivée. — L'entrepreneur ne peut admettre dans les compartiments de ses voitures un plus grand nombre de voyageurs que celui indiqué sur les panneaux, conformément à l'art. 29.

La Cour de cassation applique cette dernière disposition avec une extrême rigueur, car elle interdit au juge de rechercher si une personne dont la présence en trop avait été constatée pendant un arrêt n'était pas montée pendant cet arrêt et sans intention de voyager (19 sept. 1856, Azard).

Art. 31. — Chaque entrepreneur inscrit sur un registre coté et parafé par le maire le nom des voyageurs qu'il transporte ; il y inscrit également les ballots et paquets dont le transport lui est confié. — Il remet au conducteur, pour lui servir de feuille de route, une copie de cet enregistrement, et à chaque voyageur un extrait en ce qui le concerne, avec le numéro de sa place.

Art. 32. — Les conducteurs ne peuvent prendre en route aucun voyageur, ni recevoir aucun paquet sans en faire mention sur les feuilles de route qui leur ont été remises au point de départ.

Art. 33. — Toute voiture publique dont l'attelage ne présentera de front que deux rangs de chevaux pourra être conduite par un seul postillon ou un seul cocher. — Elle devra être conduite par deux postillons ou par un cocher et un postillon, lorsque l'attelage comportera plus de deux rangs de chevaux.

Art. 34. — Les postillons ou cochers ne pourront, sous aucun prétexte, descendre de leurs chevaux ou de leurs sièges. — Il leur est enjoint d'observer, dans les traversées des villes et des villages, les règlements de police concernant la circulation dans les rues. — Dans les haltes, le conducteur et le postillon ne peuvent quitter en même temps la voiture tant qu'elle reste attelée. — Avant de remonter sur son siège, le conducteur doit s'assurer que les portières sont exactement fermées.

Les règlements de police dont parle le second paragraphe sont rendus par les maires, en vertu de l'art. 97, nº 1, de la loi du 5 avril 1884, qui comprend dans la police municipale *tout ce qui intéresse la sû-*

reté et la commodité du passage dans les rues, quais, places et voies publiques.

Art. 35. — Lorsque, contrairement à l'art. 9 du présent décret, un roulier ou conducteur de voiture n'aura pas cédé la moitié de la chaussée à une voiture publique, le conducteur ou postillon qui aurait à se plaindre de cette contravention devra en faire la déclaration à l'officier de police du lieu le plus rapproché, en faisant connaître le nom du voiturier d'après la plaque de sa voiture — Les procès-verbaux de contravention seront sur le-champ transmis au procureur de la République, qui fera poursuivre les délinquants.

Art. 36.— Les entrepreneurs de voitures publiques autres que celles conduites par les maîtres de poste, feront, à Paris, à la préfecture de police, et dans les départements à la préfecture ou sous-préfecture du lieu où sont établis leurs relais, la déclaration des lieux où ces relais sont situés et du nom des relayeurs. — Une déclaration semblable sera faite chaque fois que les entrepreneurs traiteront avec un nouveau relayeur.

Art 37. — Les relayeurs ou leurs préposés seront présents à l'arrivée et au départ de chaque voiture et s'assureront par eux-mêmes, et sous leur responsabilité, que les postillons ne sont pas en état d'ivresse. — La tenue des relais en tout ce qui intéresse la sûreté des voyageurs est surveillée, à Paris par le préfet de police, et dans les départements par les maires des communes où ces relais se trouvent établis.

Art. 38. — Nul ne peut être admis comme postillon ou cocher, s'il n'est âgé de seize ans au moins, et porteur d'un livret délivré par le maire de la commune de son domicile, attestant ses bonnes vie et mœurs et son aptitude pour le métier qu'il veut exercer.

Les maires ne sauraient légalement modifier ces dispositions et prendre, par exemple, des arrêtés élevant l'âge minimum des postillons au-dessus de seize ans. De tels arrêtés pourraient être déférés au Conseil d'État, ou bien, si procès-verbal était dressé, acquittement devrait être prononcé, l'absence du livret ne pouvant alors être reprochée (Cass. 4 janv. 1862, Fraize) ; cet arrêt constate d'ailleurs que le maire aurait pu refuser le livret, par une mesure particulière et par appréciation des conditions d'aptitude du postulant.

Art. 39. — A chaque bureau de départ et d'arrivée, et à chaque relais, il y a un registre coté et parafé par le maire, pour l'inscription des plaintes que les voyageurs peuvent avoir à formuler contre les conducteurs, postillons ou cochers. Ce registre est présenté aux voyageurs à toute réquisition par le chef du bureau ou par le relayeur. — Les maîtres de poste qui conduisent des voitures publiques présentent aux voyageurs qui le requièrent le registre qu'ils sont obligés de tenir d'après le règlement des postes.

Art. 40. — Les dispositions qui précèdent ne sont pas applicables aux malles-postes destinées au transport de la correspondance du gouvernement et du public, la forme, les dimensions, le chargement et le mode de conduite de ces voitures étant déterminés par des règlements particuliers. — Les voitures des entrepreneurs qui transportent les dépêches ne sont pas considérées comme malles-postes.

Art. 41. — Les voitures publiques qui desservent les routes des pays voisins, et qui partent des villes frontières ou qui y arrivent, ne sont pas soumises aux règles ci-dessus prescrites. Elles doivent, toutefois, être solidement construites.

L'exonération ainsi stipulée est générale et s'applique notamment à l'obligation de l'éclairage ; mais on conçoit qu'elle ne saurait soustraire les voitures auxquelles elle s'applique à toute réglementation locale, et les préfets peuvent suppléer à l'absence de réglementation générale, spécialement en ce qui concerne l'éclairage (Cass. 9 janv. 1857, Hivert).

Art. 42. — Les articles ci-dessus, de 16 à 38, seront constamment placardés à la diligence des entrepreneurs de voitures publiques, dans le lieu le plus apparent des bureaux et des relais. — Les articles de 28 à 38 inclusivement seront imprimés à part et affichés dans l'intérieur de chacun des compartiments des voitures.

Art. 3. — Toute voiture circulant sur les routes nationales, départementales et chemins vicinaux de grande communication doit être munie d'une plaque conforme au modèle prescrit par le règlement d'administration publique rendu en vertu du nᵒ 4 du premier paragraphe de l'art. 2. — Sont exceptées de cette disposition : — 1ᵒ Les voitures particulières destinées au transport des personnes, mais étrangères à un service public de messageries ; — 2ᵒ Les malles-postes et autres voitures appartenant à l'administration des postes ; — 3ᵒ Les voitures d'artillerie, chariots et fourgons appartenant aux départements de la guerre et de la marine ; — Des décrets du Président de la République déterminent les marques distinctives que doivent porter les voitures désignées aux paragraphes 2 et 3, et les titres dont les conducteurs doivent être munis ; — 4ᵒ Les voitures employées à la culture des terres, au transport des récoltes, à l'exploitation des fermes, qui se rendent de la ferme aux champs ou des champs à la ferme, ou qui servent au transport des objets récoltés du lieu où ils sont recueillis jusqu'à celui où, pour les conserver ou les manipuler, le cultivateur les dépose ou les rassemble.

Cette disposition a déjà été commentée, à l'occasion de l'art. 16 du décret du 10 août 1852, qui a reproduit intégralement l'énumération qui précède, après avoir déterminé le modèle de la plaque (voir p. 120).

§ 2

TITRE II DE LA LOI DU 30 MAI 1851. — DE LA PÉNALITÉ.

Nous rappellerons que toutes les amendes ont été majorées de deux décimes et demi (voir p. 52). On verra d'ailleurs que l'art. 17 attribue au conseil de préfecture l'application des seuls art. 4 et 9.

Art. 4. — Toute contravention aux règlements rendus en exécution des dispositions des n°s 1, 2, 3, 5 et 6 du premier paragraphe de l'art. 2, et des n°s 1, 2 et 3 du deuxième paragraphe du même article, est punie d'une amende de 5 à 30 fr.

On se reportera à la page 108 où se trouve l'art. 2 ainsi visé ; les dispositions réglementaires sont contenues dans les art. 1 à 8, 11 et 12 du décret du 10 août 1852 ou les textes modificatifs (voir p. 109 à 113 et 116).

Art. 5. — Toute contravention aux règlements rendus en exécution des dispositions des n°s 4 et 5 du deuxième paragraphe de l'art. 2 est punie d'une amende de 6 à 10 fr. et d'un emprisonnement de un à trois jours. En cas de récidive, l'amende pourra être portée à 15 fr. et l'emprisonnement à cinq jours.

Les n°s 4 et 5 du paragraphe 2 de l'art. 2 visent explicitement les règles concernant la marche en convoi et le stationnement, ainsi que les règles à suivre pour éviter ou dépasser les autres voitures et, en général toutes les mesures de police à observer par les conducteurs (voir p. 109) ; ces règles font l'objet des art. 9, 10, 13 et 14 du décret de 1852 et textes modificatifs (p. 113 à 118) ; mais on y a rattaché, grâce à l'élasticité de l'expression « mesures de police », la question de l'éclairage des voitures autres que celles de messageries, et celui-ci a fait l'objet de l'art. 15 du décret de 1852, complété par celui de 1858 (p. 118). La double pénalité de l'amende et de la prison est obligatoire, lorsque l'existence de circonstances atténuantes n'est pas constatée (Cass. 12 juill. 1855, Faure, et 29 nov. 67, Carrier, éclairage ; 29 nov. 67, Lapierre, conducteur endormi).

Au sujet des circonstances atténuantes, nous renverrons à l'étude de l'art. 14 de la présente loi.

Quant à la récidive, l'art. 483 du Code pénal porte qu'*il y a récidive lorsqu'il a été rendu contre le contrevenant, dans les douze mois précédents, un premier jugement pour contravention de police commise dans le ressort du même tribunal.*

On peut se demander quelle pénalité est applicable au cas de contravention aux arrêtés préfectoraux relatifs à l'éclairage des voitures d'agriculture[1] et des voitures particulières servant au transport des personnes. Deux systèmes eussent été logiques, ou admettre que ces arrêtés, pris en exécution des décrets de 1852 et de 1858, comportent la pénalité de la loi de 1851, ou n'admettre que celle de l'art. 471 du Code pénal, en donnant aux prévisions de ces décrets la signification que, en leur absence, les préfets n'eussent pu prescrire l'éclairage, conformément au principe énoncé p. 108. Mais la Cour de cassation applique l'art. 471 (18 mars 1859, Perrin ; 7 juin 60, Augrel ; 7 juill. 65, Gavarret ; 5 juin 73, Bonnin), bien qu'elle eût reconnu la validité

---

1. Nous avons vu (p. 119) que l'exonération des voitures d'agriculture est très-restreinte d'après la jurisprudence.

des arrêtés relatifs aux voitures particulières antérieurement au décret
de 1858 (11 oct. 1856, Page). Cette double jurisprudence a comme
conséquence d'ôter toute portée au deuxième paragraphe de l'art. 15
du décret de 1852 et à l'art. 2 du décret de 1858.

Nous avons vu, à propos de l'art. 10 du décret de 1852 (p. 115), que,
sur les voies publiques auxquelles la loi de 1851 n'est pas applicable,
le stationnement non justifié est interdit par l'art. 471, n° 4, du Code
pénal et l'abandon par l'art. 475, n° 3. Le premier de ces articles prévoit une amende de un à cinq francs, à laquelle s'ajoute un emprisonnement de un à trois jours en cas de récidive (art. 474). Quant à l'art.
475, il édicte une amende de six à dix francs ; puis l'art. 476 ajoute :
*Pourra, suivant les circonstances, être prononcé, outre l'amende portée en
l'article précédent, l'emprisonnement pendant trois jours au plus contre les
rouliers, charretiers, voituriers et conducteurs en contravention ; contre
ceux qui auront contrevenu aux règlements ayant pour objet, soit la rapidité,
la mauvaise direction ou le chargement des voitures ou des animaux, soit la
solidité des voitures publiques, leur poids, le mode de leur chargement, le nombre et la sûreté des voyageurs.* Enfin l'art. 478 porte : *La peine de l'emprisonnement pendant cinq jours au plus sera toujours prononcée, en cas de récidive, contre toutes les personnes mentionnées dans l'art. 475.*

Les contraventions qui nous occupent en ce moment ont un caractère personnel qui en rendent, en principe, exclusivement responsable
le conducteur de la voiture, le propriétaire n'ayant qu'une responsabilité civile. Toutefois, si le conducteur n'est pas connu, la peine doit
être prononcée contre le propriétaire (Cass. 13 mai 1854, Langlois ; 20
fév. 74, de Bourgogne ; 3 janv. 79, Dauchin-Gérard). Cette jurisprudence s'appuie sur ce que l'obligation de la plaque a pour objet de
signaler celui contre lequel la poursuite doit être dirigée, sauf à lui à
faire connaître à la justice, avec preuves à l'appui, l'auteur de la contravention. Quant au fait que le propriétaire se trouverait dans la voiture au moment de la contravention, il n'empêche pas la condamnation du conducteur (15 fév. 1862, Roumenguère).

Art. 6. — **Toute contravention aux règlements rendus en vertu
du troisième parag. de l'art. 2 est punie d'une amende de 16 à
200 fr. et d'un emprisonnement de six à dix jours.**

Il s'agit ici des contraventions à la police des messageries (p. 122 à
127). Ainsi que le remarque M. Aucoc (III, 210), le décret de 1852
contient certaines prescriptions qui ne sont pas prises en vertu de la
loi de 1851 ; quand elles ne tombent sous la sanction d'aucune autre
loi, les contraventions à ces prescriptions ne sont atteintes que par
l'art. 471, 15° du Code pénal (p. 96). Nous venons de voir, d'ailleurs,
quelles pénalités prononce l'art. 476 du Code pénal pour les contraventions à la police des messageries sur les voies non soumises

à la loi de 1851 ; quant au cas où un préfet appliquerait aux voitures visées par l'art. 41 du décret de 1852 (p. 127) des dispositions dont elles sont en principe exemptes, l'art. 471 du Code pénal serait naturellement seul applicable (9 janv. 1857, Hivert, éclairage).

Nous devons signaler d'ailleurs que le fait de prendre un nombre de voyageurs trop considérable (art. 30 du décret de 1852) tombant sous le coup de l'art. 122 de la loi du 25 mars 1817, qui le punit d'une amende de 100 à 1.000 fr., la citation par l'administration des contributions indirectes, assimilée à une partie civile (décret du 18 juin 1811, art. 158), saisit en même temps le tribunal correctionnel au point de vue de la loi de 1851, en vertu de l'article 182 du Code d'instruction criminelle, et que les deux peines se cumulent ; l'appel des contributions indirectes ne permettrait pas d'ailleurs de modifier la décision au point de vue de la loi de 1851 (11 juill. 1873, Ventach).

Art. 7. — Tout propriétaire d'une voiture circulant sur des voies publiques sans qu'elle soit munie de la plaque prescrite par l'art. 3 et par les règlements rendus en exécution du n° 4 du premier parag. de l'art. 2, sera puni d'une amende de 6 fr. à 15 fr. et le conducteur d'une amende de 1 à 5 fr.

Ainsi qu'il résulte clairement de ce texte, une double amende doit être prononcée contre le propriétaire et contre le conducteur (Cass. 16 août 1855, Hayrault ; 13 janv. 65, Maignac ; 18 août 71, Dalléas-Poucy ; 25 août 81, Laballe) ; mais, si le propriétaire conduit lui-même, une seule amende est applicable (6 janv. 1854, Fournier ; 26 fév. 57, Rougier). Ce dernier arrêt spécifie d'ailleurs que cette amende unique est la plus forte, celle qui vise le propriétaire. Quant à celle du conducteur, on a pu remarquer qu'elle est précisément la même que celle qui est prononcée par l'art. 471 du Code pénal, en sorte que, si le juge fait, par erreur, application de ce texte, il n'y a point lieu à annulation (art. 411 et 413 du Code d'instruction criminelle ; 13 janv. 1865, Maignac).

Nous avons vu (p. 121) que, en dehors des voies soumises à la loi de 1851, c'est l'art. 475, n° 4, du Code pénal, qui est applicable, et nous venons de voir (p. 129) la pénalité applicable.

Art. 8. — Tout propriétaire ou conducteur de voiture qui aura fait usage d'une plaque portant un nom ou domicile faux ou supposé sera puni d'une amende de 50 à 200 fr. et d'un emprisonnement de six jours au moins et de six mois au plus. — La même peine sera applicable à celui qui, conduisant une voiture dépourvue de plaque, aura déclaré un nom ou domicile autre que le sien ou que celui du propriétaire pour le compte duquel la voiture est conduite.

Les pénalités établies par cet article étant correctionnelles, l'excuse pour défaut d'intention est admise ; mais, cette excuse admise, le tribunal doit rechercher si la fausse plaque ne constitue pas alors la contravention de simple police non excusable, que punit l'art. 7 (4 août 1853, Havard).

Art. 9. — Lorsque, par la faute, la négligence ou l'imprudence du conducteur, une voiture aura causé un dommage quelconque à une route ou à ses dépendances, le conducteur sera condamné à une amende de 3 à 50 fr. — Il sera, de plus, condamné aux frais de la réparation.

On remarquera que cet article pose un principe spécial aux dégradations causées par le roulage aux routes et aux chemins de grande communication, principe spécial sans lequel elles constitueraient une contravention de grande voirie, quand il s'agit d'une route, et une contravention à l'art. 479, n° 11, du Code pénal (p. 96), quand il s'agit d'un chemin. Ce dernier article ne prévoit qu'une amende de 11 à 15 fr.; mais, l'art. 482 y ajoutant 5 jours d'emprisonnement en cas de récidive, on voit que la pénalité est plus sévère, dans ce cas, sur les voies publiques d'ordre inférieur. En déclarant l'art. 479, n° 11, applicable aux chemins non soumis à la loi de 1851, la Cour de cassation a ajouté, d'ailleurs, que les dégradations résultant d'un usage normal de la voie publique ne sauraient constituer une contravention, mais seulement motiver une demande de subvention spéciale devant le conseil de préfecture (31 mai 1888, Lignot).

Comme exemple de faits ayant motivé des condamnations, nous mentionnerons celui de morceaux de craie tombés d'un chargement et écrasés par d'autres voitures, la responsabilité des dégradations qui résultent de ce dernier fait remontant à celui qui avait laissé tomber cette craie (C. E. 8 août 1873, Baingean). Cet arrêt a condamné solidairement le conducteur et le propriétaire ; mais l'expression est incorrecte, celui-ci ne pouvant être que civilement responsable, conformément à l'article 13, puisque l'art. 9 ne vise que le conducteur. Il en résulte que, en l'absence d'une condamnation contre celui-ci, il ne peut en être prononcé contre le propriétaire (C. E. 15 fév. 1884, Bonfante).

Comme exemple d'excuse admise, nous citerons le cas où, un chemin sur lequel un riverain avait accès ayant été transformé, sans que la bordure de trottoir fût abaissée au droit de la porte charretière de ce riverain, les dégradations résultant de ce défaut d'abaissement n'ont pas été considérées par le Conseil d'Etat comme constituant une contravention (17 mars 1859, Radot).

Notons enfin que, dans un cas où une charrette attelée d'un trop grand nombre de chevaux avait causé des dégradations, le Conseil d'Etat n'a prononcé qu'une amende, bien que les art. 4 et 9 fussent tous deux déclarés applicables (22 juill. 1887, Sajus).

Art. 10. — Sera puni d'une amende de 16 à 100 fr., indépendamment de celle qu'il pourrait avoir encourue pour toute autre cause, tout voiturier ou conducteur qui, sommé de s'arrêter par l'un des fonctionnaires ou agents chargés de constater les contraventions, refuserait d'obtempérer à cette sommation et de se soumettre aux vérifications prescrites.

Art. 11. — Les dispositions du livre III, titre I, chap. III, section 4, parag. 2 du Code pénal sont applicables en cas d'outrages ou de violences envers les fonctionnaires ou agents chargés de constater les délits et contraventions prévus par la présente loi.

L'art. 224 du Code pénal est particulièrement applicable dans ce cas : *L'outrage fait par paroles, gestes ou menaces à tout officier ministériel ou agent dépositaire de la force publique, et à tout citoyen chargé d'un ministère de service public, dans l'exercice ou à l'occasion de l'exercice de ses fonctions, sera puni d'un emprisonnement de six jours à un mois et d'une amende de 16 fr. à 200 fr. ou de l'une de ces deux peines seulement.*

L'art. 227 ajoute que *l'offenseur pourra, outre l'amende, être condamné à faire réparation à l'offensé,* et que, *s'il retarde ou refuse, il sera contraint par corps.*

Art. 12. — Lorsqu'une même contravention ou un même délit prévu aux art. 4, 7 et 8 a été constaté à plusieurs reprises, il n'est prononcé qu'une seule condamnation, pourvu qu'il ne se soit pas écoulé plus de 24 heures entre la première et la dernière constatation. — Lorsqu'une même contravention ou un même délit prévu à l'art. 6 a été constaté à plusieurs reprises pendant le parcours d'un même relais, il n'est prononcé qu'une seule condamnation. — Sauf les exceptions mentionnées au présent article, lorsqu'il aura été dressé plusieurs procès-verbaux de contravention, il sera prononcé autant de condamnations qu'il y aura eu de contraventions constatées.

La raison d'être des deux premiers paragraphes est facile à saisir : il ne faut pas qu'un même fait motive plusieurs condamnations tant qu'on n'a pas eu le temps moralement nécessaire pour y mettre fin. Quant au 3e paragraphe, sa rédaction est un peu défectueuse, car elle a permis de soutenir que plusieurs délits ou contraventions constatés par un procès-verbal unique ne peuvent motiver qu'une seule condamnation ; mais la jurisprudence a repoussé cette thèse inadmissible (Cass., 27 juill. 1854, Aulut; C. E. 13 juillet. 77, Genest).

Art. 13. — Tout propriétaire de voiture est responsable des amendes, des dommages-intérêts et des frais de réparation prononcés en vertu des articles du présent titre contre toute personne préposée par lui à la conduite de sa voiture. — Si la voiture n'a pas été conduite par ordre et pour le compte du propriétaire, la responsabilité est encourue par celui qui a préposé le conducteur.

Cet article ne fait qu'appliquer au cas spécial qui nous occupe les principes de la responsabilité civile, posés par l'art. 1384 du Code civil.

Nous avons d'ailleurs étudié, à l'occasion des art. 5, 7 et 9, les diverses questions soulevées par les responsabilités respectives du propriétaire et du conducteur (p. 129, 130 et 131).

Art. 14. — **Les dispositions de l'art. 463 du Code pénal sont applicables dans les cas où les tribunaux correctionnels ou de simple police prononcent en vertu de la présente loi.**

Ainsi qu'on le voit, l'application de l'art. 463 du Code pénal, relatif aux circonstances atténuantes ne peut être faite que par les tribunaux judiciaires et non par les conseils de préfecture. C'est d'ailleurs l'art. 17 de la loi de 1851 qui règle le partage des compétences. Nous avons étudié l'article 463, p. 97.

Nous devons parler ici de la loi du 26 mars 1891, généralement connue sous le nom de *loi Bérenger*. Son art. 1er est ainsi conçu : *En cas de condamnation à l'emprisonnement ou à l'amende, si l'inculpé n'a pas subi de condamnation antérieure à la prison pour crime et délit de droit commun, les cours ou tribunaux peuvent ordonner, par le même jugement et par décision motivée, qu'il sera sursis à l'exécution de la peine. — Si, pendant le délai de cinq ans à dater du jugement ou de l'arrêt, le condamné n'a encouru aucune poursuite suivie de condamnation à l'emprisonnement ou à une peine plus grave pour crime ou délit de droit commun la condamnation sera comme non avenue. — Dans le cas contraire, la première peine sera d'abord exécutée sans qu'elle puisse se confondre avec la seconde.*

Aux termes de l'art. 2, *la suspension de la peine ne comprend pas le payement des frais du procès et des dommages-intérêts. — La condamnation est inscrite au casier judiciaire, mais avec mention expresse de la suspension accordée* (art. 3), et le même article ajoute qu'après cinq ans *elle ne doit plus être inscrite dans les extraits délivrés aux parties.*

Cette loi n'est pas applicable en matière de simple police (Cass. 5 mars 1892, Sénac ; 29 juill. 92, Flick ; idem Colas) ; mais elle l'est à l'égard des délits contraventionnels, ainsi que l'a énoncé, à propos d'un délit de pêche, un jugement du tribunal correctionnel de Rouen en date du 21 avril 1891 (Dalloz, 1891, II, 298). Comme le fait remarquer ce jugement, les délits contraventionnels étant inscrits au casier judiciaire, on ne peut admettre qu'ils placent le condamné dans une situation plus défavorable que les personnes coupables d'un délit proprement dit.

Le sursis s'applique d'ailleurs distinctement à l'amende et à l'emprisonnement, pouvant être prononcé séparément pour l'une des peines (14 mai 1892, Micholls).

§ 3

TITRE III DE LA LOI DU 30 MAI 1851. — DE LA PROCÉDURE

Art. 15. — Sont spécialement chargés de constater les contraventions et délits prévus par la présente loi : les conducteurs, agents voyers, cantonniers-chefs et autres employés du service des ponts et chaussées ou des chemins vicinaux de grande communication commissionnés à cet effet ; les gendarmes, les gardes champêtres, les employés des contributions indirectes, agents forestiers ou de douanes et employés des poids et mesures ayant droit de verbaliser, et les employés des octrois ayant le même droit.— Peuvent également constater les contraventions et les délits prévus par la présente loi : les maires et adjoints, les commissaires et agents assermentés de police, les ingénieurs des ponts et chaussées, les officiers et les sous-officiers de gendarmerie, et toute personne commissionnée par l'autorité départementale pour la surveillance de l'entretien des voies de communication.— Les dommages prévus à l'art. 9 sont constatés, pour les routes nationales et départementales, par les ingénieurs, conducteurs et autres employés des ponts et chaussées commissionnés à cet effet et, pour les chemins vicinaux de grande communication, par les agents voyers, sans préjudice du droit réservé à tous les fonctionnaires et agents mentionnés au présent article de dresser procès-verbal du fait de dégradation qui aurait lieu en leur présence. — Les procès-verbaux dressés en vertu du présent article font foi jusqu'à preuve contraire.

Il va de soi que les agents désignés doivent avoir été assermentés, et que, pour les contraventions et délits relevant des tribunaux judiciaires, l'assermentation devant l'administration ne saurait suffire. On se reportera à ce que nous avons dit de la prestation de serment à propos de la police de la grande voirie (p. 16 à 18). D'autre part, il est à peine besoin de signaler que, depuis la loi du 10 août 1871, les dégradations aux routes départementales sont constatées par les agents des services auxquels ces routes sont confiées par les conseils généraux. L'énumération des agents pouvant verbaliser étant très précise, il n'y a guère eu de difficulté à ce sujet ; citons seulement un arrêt reconnaissant le droit conféré aux gardes champêtres (Cass. 26 mai 1855, Vincent).

Le paragraphe final, en vertu duquel les procès-verbaux font foi jusqu'à preuve contraire, a été souvent appliqué (Cass. 24 août 1854, Deshayes ; 26 mai 55, Vincent ; 7 fév. 57, Huet ; 20 juin 57, Roche ; 8 août 61, Bidault ; 16 avril 63, Eycard de Morin). Il entraîne d'ailleurs le droit pour l'inculpé de prouver l'inexactitude du procès-verbal, et nous citerons comme ayant sanctionné la relaxe des arrêts de cassation des 7 fév. 1857 (Feron-Parisis) et 18 août 71 (Dalléas-Poucy). Si le premier de ces arrêts déclare que le juge du fait apprécie souverainement la preuve contraire, il n'en est pas moins incontestable que le jugement doit discuter la preuve pour motiver la relaxe (19 avril 1860, Bétoulières ; 29 août 61, Mallet ; 15 mars 78, Michon ; 17 nov. 81, Emery), et la Cour de cassation n'hésite pas à casser un jugement de relaxe fondé sur une preuve essentiellement insuffisante, telle que la production d'une plaque affirmée sans preuve être celle que visait le procès-verbal (26 fév. 1857, Boudieu ; 5 juin 74, Cougnet).

Il va de soi que, si l'inculpé, tout en établissant des inexactitudes du procès-verbal, avoue une contravention, une condamnation doit être prononcée contre lui (Cass. 19 nov. 1864, Destenaves), et l'aveu permet également de prononcer condamnation, bien que l'agent verbalisateur n'ait pas été témoin du fait incriminé (25 mars 1865, Frébillot). Nous pensons même que, comme en matière de grande voirie (p. 23), l'aveu n'est pas nécessaire dans ce cas, tout autre mode de preuve étant recevable. Du reste, pour tous les faits qui ne sont pas constatés par le procès-verbal, le tribunal doit apprécier (20 avril 1854, Callier ; 2 août 55, Charpentier ; 26 fév. 57, Fauvernier ; 20 fév. 62, Delatre) ; il ne saurait d'ailleurs refuser la preuve qu'offre de faire le ministère public pour suppléer à une insuffisance du procès-verbal (24 juin 1864, Hervé).

Art. 16. — Les contraventions prévues par les art. 4 et 6 ne peuvent, en ce qui concerne les voitures publiques allant au trot, être constatées qu'au lieu de départ, d'arrivée, de relais et de stations des dites voitures, ou aux barrières d'octroi, sauf toutefois celles qui concernent le nombre des voyageurs, le mode de conduire les voitures, la police des conducteurs, cochers ou postillons et les modes d'enrayage.

La rédaction de cet article nous paraît laisser quelque peu à désirer, car l'éclairage des voitures publiques rentre dans le cas de l'art. 6 et ne semble compris dans aucune des exceptions, alors qu'il serait absurde d'interdire la constatation du défaut d'éclairage en cours de route.

Art. 17. — Les contraventions prévues par les art. 4 et 9 sont jugées par le conseil de préfecture du département où le procès-verbal a été dressé. — Tous les autres délits et contraventions prévus par la présente loi sont de la compétence des tribunaux.

La compétence est ainsi réglée d'une façon qui ne paraît pas très rationnelle, car, si elle attribue au conseil de préfecture la connaissance de contraventions de nature à compromettre la conservation en bon état de la voie publique (forme des bandes et de leurs clous, maximum des attelages, barrières de dégel, ponts suspendus, modes d'enrayage, dégradations), elle lui confie aussi la surveillance de détails qui ne paraissent pas intéresser cette conservation (forme et maximum de saillie des essieux, largeur du chargement, saillie des colliers). Par contre, l'enrayage des voitures de messageries, le seul qui ait, en fait, été réglémenté, relève des tribunaux ordinaires. On remarquera que les dégradations aux chemins de grande communication relèvent ainsi des conseils de préfecture, bien que ces chemins ne fassent pas partie de la grande voirie et que leurs dégradations étrangères à la police du roulage soient du ressort de l'autorité judiciaire (p. 79 ; C. E. 15 janvier 1868, préfet de la Dordogne, chargement de bois traînant sur un chemin de grande communication) ; mais, si un chemin n'était pas encore livré à la circulation, la police du roulage ne lui étant pas applicable, le conseil de préfecture ne pourrait connaître des dégradations causées par le passage d'une voiture (C. E. 28 déc. 1853, Machaux).

Nous étudierons d'ailleurs, dans le § 4, les questions concernant les locomotives routières.

En ce qui concerne le partage entre les divers tribunaux de l'ordre judiciaire, il résulte de l'importance des pénalités que les tribunaux de simple police sont compétents dans les cas des art. 3 et 7 (p. 128 et 130), et les tribunaux correctionnels dans ceux des art. 6 et 8 (p.129 et 130). Les questions d'appel et de recours en cassation dans le cas des tribunaux de simple police sont réglées par les art. 172 à 177 du Code d'instruction criminelle (p. 80 et 84) ; pour les tribunaux correctionnels, on se reportera aux art. 199, 373 et 421 de ce Code (tome I, p. LXXVIII et LXXXV).

Art. 18. — **Les procès-verbaux rédigés par les agents mentionnés au parag. 1 de l'art. 15 ci-dessus doivent être affirmés dans les trois jours, à peine de nullité, devant le juge de paix du canton ou devant le maire de la commune soit du domicile de l'agent qui a verbalisé, soit du lieu où la contravention a été constatée.**

On se reportera à l'art. 15 (p. 133) pour la liste des agents dont les les procès-verbaux sont soumis à l'affirmation ; mais ainsi que nous l'avons vu à propos de la grande voirie (p.19), la loi du 17 juillet 1856 a dispensé les gendarmes de cette affirmation. Le délai de trois jours court de la clôture du procès-verbal, quelle que soit la date de la constatation de la contravention (Cass. 29 nov. 1889, Lusseaux).

Art. 19. — **Les procès-verbaux doivent être enregistrés en débet dans les trois jours de leur date ou de leur affirmation, à peine de nullité.**

Le jour de la rédaction ou de l'affirmation du procès-verbal n'est pas compris dans le délai, mais le jour de l'enregistrement y est compris ; si d'ailleurs le troisième jour est un dimanche ou un jour férié, le délai est prorogé d'un jour (C. E. 23 mars 1865, Delaplace). La nullité résultant du défaut d'enregistrement n'est pas absolue et n'empêche pas la condamnation en cas d'aveu (Cass. 15 août 1852, Derome ; 18 mars 54, Paradis ; C. E. 7 déc. 59, Blanc).

Notons enfin que, en vertu d'une décision impériale du 24 avril 1858, modifiant l'art. 498 du décret du 1er mai 1854, *les procès-verbaux de la gendarmerie... ne peuvent être annulés sous prétexte de vice de forme ou pour défaut d'enregistrement.* Quand d'ailleurs il s'agit de procès-verbaux déférés aux juges de police, en Corse, il y a dispense d'enregistrement en vertu d'arrêtés des 1er floréal an IX, art. 6, et 21 prairial an IX, art. 4 (Cass. 23 janv. 1875, Benedetti).

Art. 20. — Toutes les fois que le contrevenant n'est pas domicilié en France, la voiture est provisoirement retenue, et le procès-verbal est immédiatement porté à la connaissance du maire de la commune la plus proche sur la route que suit le prévenu. — Le maire arbitre provisoirement le montant de l'amende et, s'il y a lieu, des frais de réparation, et il en ordonne la consignation immédiate, à moins qu'il ne lui soit présenté une caution solvable.— A défaut de consignation ou de caution, la voiture est retenue jusqu'à ce qu'il ait été statué sur le procès-verbal. Les frais qui en résultent sont à la charge du propriétaire. — Le contrevenant est tenu d'élire domicile dans le département du lieu où la contravention a été constatée ; à défaut d'élection de domicile, toute notification lui sera valablement faite au secrétariat de la commune dont le maire aura arbitré l'amende ou les frais de réparation.

Au sujet des détails d'exécution relatifs à la consignation, on pourrait s'inspirer des dispositions relatives aux contraventions de grande voirie en matière de navigation (p. 54).

Art. 21. — Lorsqu'une voiture est dépourvue de plaque, et que le propriétaire n'est pas connu, il est procédé conformément aux trois premiers paragraphes de l'article précédent.—Il en est de même dans le cas de procès-verbal dressé à raison de l'un des délits prévus à l'art. 8.— Il sera procédé de la même manière à l'égard de tout conducteur de voiture de roulage ou de messageries inconnu dans le lieu où il serait pris en contravention, et qui ne serait point régulièrement muni d'un passe-port, d'un livret ou d'une feuille de route, à moins qu'il ne justifie que la voiture appartient à une entreprise de roulage ou de messageries, ou qu'il ne résulte des lettres de voiture ou des autres papiers qu'il aurait en sa possession que la voiture appartient à celui dont le domicile serait indiqué sur la plaque.

Art. 22. — Le procès-verbal est adressé, dans les deux jours de l'enregistrement, au sous-préfet de l'arrondissement.—Le sous-préfet le transmet, dans les deux jours de sa réception, au préfet, s'il s'agit d'une contravention de la compétence des conseils de préfecture, ou au procureur de la République, s'il s'agit d'une contravention de la compétence des tribunaux.

Art. 23. — S'il s'agit d'une contravention de la compétence du conseil de préfecture, copie du procès-verbal, ainsi que l'affirmation, quand elle est prescrite,est notifiée avec citation par la voie administrative au domicile du propriétaire, tel qu'il est indiqué sur la plaque, ou tel qu'il a été déclaré par le contrevenant, et quand il y a lieu, à celui du conducteur. — Cette notification a lieu dans le mois de l'enregistrement, à peine de déchéance. — Le délai est étendu à deux mois lorsque le contrevenant n'est pas domicilié dans le département, où la contravention a été constatée ; il est étendu à un an lorsque le domicile du contrevenant n'a pas pu être constaté au moment du procès-verbal. — Si le domicile du conducteur est resté inconnu, toute notification qui lui est faite au domicile du propriétaire est valable.

Toutes ces disposisitions restent en vigueur, l'art. 10 de la loi du 24 juill. 1889 qui fixe les règles relatives au cas de contraventions (p. 29) portant expressément : *à défaut de règles établies par des lois spéciales.*

La nullité qui résulte du défaut de notification dans le délai prescrit est beaucoup plus absolue que celle qui provient du défaut d'enregistrement et ne saurait être relevée par l'aveu de l'inculpé (C. E. 28 fév. 1856, Ducros); cette différence s'explique aisément puisque la notification intéresse directement le contrevenant. Le calcul du délai doit se faire naturellement suivant les mêmes règles que celui du délai de trois jours pour l'enregistrement. Ainsi qu'on pouvait le prévoir, la notification au conducteur n'est pas nécessaire pour la régularité de poursuites contre le propriétaire (28 fév. 1867, Grosselin ; 2 mai 68, Parisot).

Art. 24. — Le prévenu est tenu de produire, dans le délai de trente jours, ses moyens de défense devant le conseil de préfecture. — Ce délai court à compter de la notification du procès-verbal; mention en est faite dans la dite notification. — A l'expiration du délai fixé,le conseil de préfecture prononce,lors même que les moyens de défense n'auraient pas été produits. — Son arrêté est notifié au contrevenant dans la forme administrative, dix jours au moins avant toute exécution. Si la condamnation a été prononcée par défaut, la notification faite au domicile énoncé sur la plaque est valable. — L'opposition à l'arrêté rendu par défaut devra être formée dans le délai de quarante jours à compter de la date de la notification.

On voit que la question de l'opposition avait été réglée en ce qui concerne la police du roulage avant la loi de 1789 ; celle-ci d'ailleurs, en son art. 52 (p. 35), a fixé un délai général d'un mois, applicable au cas qui nous occupe.

Art. 25. — Cet article, réglant les questions relatives à l'appel, se trouve remplacé par l'art. 61 de la loi du 24 juill. 1889 qui en a généralisé les dispositions (voir p. 37) ; en outre, le dernier paragraphe stipulait, comme le fait l'art. 59 de la dite loi à l'égard de toutes les affaires répressives (p. 36), que le délai court contre l'administration à partir de la date de l'arrêté.

Art. 26. — L'instance à raison des contraventions de la compétence des conseils de préfecture est périmée par six mois, à compter de la date du dernier acte des poursuites, et l'action publique est éteinte, à moins de fausses indications sur la plaque ou de fausse déclaration en cas d'absence de plaque.

Il s'agit ici d'une péremption tout à fait spéciale aux contraventions à la police du roulage ; elle remplace la prescription annale établie par l'art. 640 du Code d'instruction criminelle et appliquée aux contraventions de grande voirie (p. 60). On remarquera l'absence de disposition dans le cas de fausse plaque ou de fausse déclaration M. Aucoc en conclut justement qu'il faut, par suite, s'en référer à la législation générale et, ajoute-t-il, appliquer le délai d'un an (III, 237). Sur ce dernier point, nous ferons remarquer que ce délai, courant du jour de la contravention, pourrait être en fait plus court que celui de l'art. 26 de la loi de 1851, auquel cas, ce dernier devrait évidemment être appliqué ; mais il faut noter en outre que l'usage d'une fausse plaque et une fausse déclaration constituent un délit correctionnel, en vertu de l'art. 8 de la loi de 1851. Il en résulte que le conseil de préfecture peut surseoir à statuer jusqu'après le jugement sur ce point, pour lequel le délai de prescription est de trois ans (art. 638 C. i. c.), ce sursis entraînant les conséquences indiquées p. 62 [1].

Art. 27. — Les amendes se prescrivent par une année, à compter de la date de l'arrêté du conseil de préfecture ou à compter de la décision du Conseil d'État, si le pourvoi a eu lieu. — En cas de fausses indications sur la plaque ou de fausses déclarations de nom ou de domicile, la prescription n'est acquise qu'après cinq années.

Nous avons vu (p. 64) que la prescription de droit commun est de deux ans. C'est elle qui est applicable aux condamnations prononcées par le juge de paix en application de la loi de 1851 ; mais, pour les condamnations correctionnelles, le délai de prescription est de cinq années, en vertu de l'art. 636 du Code d'instruction criminelle.

Art 28. — Cet article traitait de la répartition des amendes ; mais ses dispositions ont été abrogées par la loi de finances du 26 déc. 1890 (voir p. 55). Il faut toutefois retenir de cet art. 28 le principe de la gratification à l'agent verbalisateur, sauf dans le cas des art. 10 et 11

---

1. On ne saurait indiquer la manière de voir de M. Laferrière, qui n'a point compris la police du roulage dans son étude du contentieux de la répression.

(refus de s'arrêter et outrages). Le taux de 10 fr. n'étant applicable qu'aux délits de pêche ou de chasse, la gratification est de 1 fr. 25.

L'art. 28 stipule d'ailleurs que **le total des frais de réparations réglés en vertu de l'art. 9... est attribué, soit au trésor public, soit au département, soit aux communes intéressées, selon que la contravention ou le dommage concerne une route nationale, une route départementale ou un chemin vicinal de grande communication.**

Dans ce dernier cas, une circulaire du ministre de l'intérieur en date du 8 déc. 1885 prescrit d'encaisser ces frais au titre des produits éventuels du chemin qui a subi le dommage. Nous avons vu (p. 59) que, s'il s'agit d'une route nationale, les frais encaissés rentrent dans les ressources générales du budget.

La loi du 30 mai 1851 se termine par deux articles formant chacun un titre spécial. L'art. 29 abroge les dispositions antérieures, notamment les lois des 29 floréal an X et 7 ventôse an XII et le décret du 23 juin 1806 ; nous avons vu cependant (p. 121) que la Cour de cassation considère les dispositions de ce dernier relatives à la plaque comme toujours obligatoires en dehors des chemins de grande communication.

L'art. 30 accorde une amnistie sur laquelle nous n'avons rien à dire. En général, les questions d'amnistie ne présentent rien de particulier à l'égard de la police du roulage, et l'on ne peut que se reporter à ce que nous en avons dit à propos de la police de la grande voirie (p. 65). Néanmoins nous ferons remarquer que, la loi de 1851 étant intitulée *loi sur la police du roulage et des messageries publiques*, la Cour de cassation, dans sa rigueur, n'admet pas qu'une amnistie visant simplement les délits et contraventions en matière de police du roulage soit applicable aux délits concernant la police des messageries publiques (11 juill. 1856, Salmon).

Notons, en terminant, que le droit de *transaction* n'existe pas en matière de roulage, le décret du 7 sep. 1870 ne visant que la pêche fluviale ou maritime et la grande voirie.

§ 4

LOCOMOTIVES ROUTIÈRES ET VOITURES A MOTEUR MÉCANIQUE

1. *Principes généraux sur les locomotives routières. —* II. *Titre I de l'arrêté du 20 avril 1866. Autorisation à obtenir. —* III. *Titre II. Mise en circulation. —* IV. *Titre III. Marche et conduite des trains. —* V. *Titre IV. Dispositions générales. —* VI. *Voitures à moteur mécanique.*

I. Principes généraux sur les locomotives routières. — Le titre IV du décret du 30 avril 1880 est ainsi conçu :

Art. 26. — Les machines à vapeur locomotives sont celles qui, sur terre, travaillent en même temps qu'elles se déplacent par leur propre force, telles que les machines de chemin de fer et des tramways, les machines routières, les rouleaux compresseurs, etc.

Art. 27. — Les dispositions des art. 2 à 8 inclusivement et celles des art. 11 et 24 sont applicables aux chaudières des machines locomotives.

Nous ne reproduirons pas ces dispositions, la réglementation propre des appareils à vapeur ne rentrant pas dans notre programme.

Art. 28. — Les dispositions de l'art. 25, § 1er, s'appliquent également à ces chaudières.

Art. 29. — La circulation des machines locomotives a lieu dans les conditions déterminées par des règlements spéciaux.

L'art. 27 du décret du 25 janv. 1865, qu'a remplacé celui de 1880, portait : *Un règlement spécial fixera, s'il y a lieu, les conditions relatives à la circulation des locomotives sur les routes ordinaires.* Ce règlement a été fait, d'une façon quelque peu incorrecte, sous la forme d'un arrêté ministériel en date du 20 avril 1866, « auquel, dit M. Aucoc, on ne peut attribuer qu'un caractère provisoire » (III, 210). Nous allons en examiner les diverses dispositions.

L'art. 1er définit ainsi l'objet du règlement : *L'emploi des locomotives sur les routes* **autres que les chemins de fer** *est soumis aux dispositions suivantes.*

Il est bien entendu que les tramways sont exclus aussi bien que les chemins de fer proprement dits.

II. Titre I de l'arrêté du 20 avril 1866. Autorisation à obtenir pour faire circuler les locomotives. — *Art. 2. — Toute personne qui voudra établir un service de locomotives pour le transport soit des voyageurs, soit des marchandises, devra se pourvoir d'une autorisation qui sera délivrée par le préfet, si le service est compris dans un seul département, et par le ministre des travaux publics, s'il en embrasse deux ou un plus grand nombre.*

Cette dernière disposition prête à une critique assez sérieuse, le ministre des travaux publics se trouvant souvent appelé à donner des autorisations sur des voies publiques relevant du ministère de l'intérieur. A ce point de vue, les préfets sont dans une position bien plus correcte. On verra du reste, à propos des vélocipèdes (§ 5), sur quels textes repose leur compétence.

Art. 3. — La demande qui sera adressée à cet effet au préfet ou au ministre devra indiquer : — 1o L'itinéraire détaillé que le pétitionnaire a l'intention de suivre ; — 2o Le poids des wagons chargés et celui des machines, avec leur approvisionnement, et, pour ces dernières, la charge de chaque essieu ; — 3o La composition habituelle des trains et leur longueur totale, machine comprise.

La rédaction de cet article suppose un service à itinéraire fixe ; or, il

arrive assez souvent que des demandes sont faites en vue d'une circulation indéterminée dans un département. Ces demandes sont accueillies
sous réserve des interdictions spéciales que motive l'état des voies de
communication, mais il convient que le préfet les restreigne aux routes
et aux chemins de grande communication et d'intérêt commun ; à l'é-
gard des voies communales, il pourrait sans doute statuer, comme nous
le verrons à propos de l'art. 4, mais il serait indispensable d'avoir
consulté tous les maires. Nous reviendrons sur cette question de consultation des maires, à propos de l'art. 4.

*Art. 4.— Cette demande sera immédiatement communiquée aux ingénieurs
des ponts et chaussées et, si l'itinéraire comprend des chemins vicinaux, aux
agents voyers des départements traversés, qui seront appelés à donner leur
avis, en égard à l'état des routes et chemins que les locomotives doivent emprunter, ainsi qu'à la nature des ouvrages d'art qui se trouvent sur le parcours — Sur le vu de ces avis, les préfets statuent par des arrêtés spéciaux. —
Dans le cas où la décision est réservée au ministre, les préfets lui renvoient
les demandes, avec l'instruction dont elles auront été l'objet et leur avis personnel, pour y être statué ce que de droit.*

Une circulaire du 30 juin 1866 fait connaître que certaines personnes
se sont demandé si la rédaction du parag. 1 n'excluait pas la considération de l'*état des ouvrages d'art* ; il paraît superflu d'indiquer la
réponse ministérielle.

Une autre circulaire, en date du 30 avril 1866, portait que les autorités locales ne devaient pas être consultées ; mais cette assertion, déjà
très contestable à cette époque, ne saurait plus être soutenue depuis la
loi du 5 avril 1884. Même quand il s'agit d'une route nationale, l'avis
du maire doit être pris toutes les fois que la locomotive doit traverser
une agglomération, pour satisfaire à l'art. 98 de cette loi : « Si un
maire refuse ou néglige de donner son avis, le préfet doit le mettre en
demeure de donner cet avis dans un délai déterminé ; le préfet en
réfère ensuite au ministre des travaux publics, et la décision est prise
au besoin d'office, à l'expiration du délai (art. 85 de la loi) » ; ainsi le
porte un avis du Conseil général des ponts et chaussées en date du 12
avril 1888, approuvé par décision ministérielle du 4 mai suivant.

Il ne s'agit, bien entendu, que d'un *avis*, et il peut être statué contrairement. Il ne saurait y avoir de difficulté qu'à l'égard des voies purement communales ; même dans ce cas, le Conseil général a été d'avis
que le maire ne pouvait faire opposition à l'autorisation, sauf à réclamer une subvention spéciale pour détériorations extraordinaires, en
vertu des lois des 21 mai 1836 et 20 août 1881. Toutefois, si la locomotive ne devait pas sortir de la commune ni des voies communales, le
maire aurait sans doute qualité pour statuer. Si d'ailleurs il prenait des
arrêtés généraux de police, en vertu de l'art. 91 de la loi municipale,
l'administration supérieure pourrait, en vertu de ce même article, les

réformer, s'ils portaient atteinte aux autorisations délivrées par elle.

Très pratique lorsqu'il s'agit d'un itinéraire déterminé, la consultation des maires devient impraticable lorsqu'il s'agit d'une autorisation générale de circulation. Dans ce cas, on s'en dispense ; mais, comme nous l'avons dit, à propos de l'art. 3, le préfet ne statue pas alors à l'égard des voies purement communales. En principe, il pourrait sans doute le faire, comme en matière de vélocipèdes (voir § 5), en vertu de l'art. 85 de la loi du 5 avril 1884 ; mais il ne convient pas de le faire, en raison des dangers que les trains routiers peuvent présenter en bien des points.

Art. 5. — L'arrêté d'autorisation déterminera les conditions particulières auxquelles le permissionnaire sera soumis, indépendamment des prescriptions générales du présent règlement. — Il fixera notamment le maximum tant de la charge par essieu de locomotive, que de la longueur du convoi. — A moins de circonstances exceptionnelles qui nécessiteraient une réduction, la charge pourra être portée à 8.000 kilog. et la longueur du convoi à 25 mètres. — L'arrêté pourra d'ailleurs autoriser, lorsqu'il y aura lieu, des charges plus fortes et des longueurs plus grandes. — Enfin il prescrira les précautions spéciales à prendre au passage des ponts suspendus et autres ouvrages d'art.

Au sujet de la rédaction de ces arrêtés, nous pensons qu'il est essentiel, à défaut d'une reproduction dans leur texte des dispositions de l'arrêté ministériel de 1866, d'y énoncer du moins l'obligation de se conformer à ces dispositions. On peut fort bien soutenir, en effet, que cet arrêté est entaché d'excès de pouvoir, tandis que le préfet, en l'absence d'un règlement d'administration publique, a évidemment qualité pour statuer, étant chargé de veiller à la sûreté publique et à la sécurité sur les routes (voir Cass. 8 juin 1889, Poron-Grisart).

Contrairement au texte précis de l'art. 35, la circulaire du 30 juin 1866 dit que la charge de 8.000 kilog. par essieu est une limite extrême qui ne devra jamais être dépassée.

Art. 6. — Les arrêtés des préfets qui refuseraient les autorisations demandées pourront être l'objet d'un recours devant le ministre. — Les arrêtés qui auront autorisé la circulation sur des routes impériales et départementales devront, dans tous les cas, être portés à sa connaissance.

La circulaire du 30 juin 1866 fait remarquer que les arrêtés d'autorisation peuvent être déférés par les tiers aux ministres ; s'appliquant à tous les cas, ce droit de recours n'avait pas besoin d'être stipulé expressément.

III. Titre II de l'arrêté du 20 avril 1866. Mise en circulation des locomotives. — *Art. 7. — Les machines locomotives ne pourront circuler sur les routes autres que les chemins de fer qu'autant qu'elles satisferont, en ce qui concerne leurs générateurs, aux prescriptions du décret du 25 janv. 1865 (aujourd'hui 30 avril 1880), et qu'après l'accomplissement des conditions spéciales ci-après déterminées.*

Art. 8. — Elles seront munies : — 1° D'un appareil de changement de marche ; — 2° D'un frein assez puissant pour empêcher le mouvement de l'essieu moteur sous l'action de la vapeur au maximum de pression que comporte la chaudière ; — 3° D'un avant-train mobile autour d'une cheville ouvrière, ou de tout autre mécanisme équivalent permettant de tourner avec facilité dans des courbes de petit rayon.

Art. 9. — Le foyer de la chaudière devra être établi de manière à brûler sa fumée. — Des dispositions seront prises pour empêcher la projection des escarbilles par le cendrier et par la cheminée.

Art. 10. — La largeur de la machine, entre ses parties les plus saillantes, ne devra pas excéder 2^m 50. — Les bandages des roues devront être en surface lisse sans aucune saillie.

Art. 11. — Aucune locomotive ne pourra être mise en service qu'après avoir été visitée par les ingénieurs des mines, et, à leur défaut, par les ingénieurs des ponts et chaussées. En cas d'empêchement, ces ingénieurs pourront se faire remplacer par les agents sous leurs ordres. Ils s'assureront que la machine remplit les conditions prescrites par les art. 7 à 10 ci-dessus. Ils pourront exiger, lorsqu'ils le jugeront nécessaire, qu'elle soit soumise à une expérience qui leur permette de constater l'efficacité des appareils dont elle doit être pourvue et son aptitude au service auquel elle est destinée.

IV. Titre III. Marche et conduite des trains. — Art. 12. *— La vitesse en marche ne dépassera pas 20 kilom. à l'heure. Cette vitesse devra d'ailleurs être réduite à la traversée des lieux habités ou en cas d'encombrement sur la route. — Le mouvement devra également être ralenti, ou même arrêté toutes les fois que l'approche d'un train, en effrayant les chevaux ou autres animaux, pourrait être cause de désordre ou occasionner des accidents.*

La circulaire du 30 juin 1866 contient, au sujet du maximum de 20 kilom., les réflexions suivantes : « Dans l'intérêt de la sécurité pu-
« blique, il conviendra de n'autoriser, en aucun cas et sous aucun pré-
« texte, les permissionnaires à la dépasser. Mais, en outre, MM. les
« ingénieurs devront examiner avec la plus sérieuse attention toutes
« les parties de routes où ce maximum devra être réduit : en général,
« et jusqu'à ce que ce mode de locomotion soit entré dans les habi-
« tudes, que les animaux circulant sur les routes y soient plus accou-
« tumés, la vitesse de marche devra rester au dessous de 20 kilom. ;
« on ne devra la permettre jamais que sur les routes en plaine, larges,
« à courbes peu prononcées, éloignées de toute habitation et peu fré-
« quentées ».

Art. 13. — L'approche du train devra être signalée au moyen d'une trompe, d'une corne ou de tout autre instrument du même genre, à l'exclusion du sifflet habituellement employé dans les locomotives qui circulent sur les chemins de fer.

Art. 14. — Pendant la nuit, le train portera à l'avant un feu rouge et à l'arrière un feu vert. Ces feux devront être allumés une demi-heure après le coucher du soleil, et ne pourront être éteints qu'une demi-heure avant son lever.

On remarquera que cet article fixe d'une façon précise la durée de l'éclairage obligatoire, laquelle est d'une heure plus courte que celle que la jurisprudence a fixée par application de l'art. 15 du décret du 10 août 1852 (p. 118).

Art. 15. — Deux hommes devront être exclusivement attachés au service de la machine. Il y aura, en outre, un conducteur préposé à la manœuvre d'un frein placé à l'arrière du train, toutes les fois que la machine remorquera plus d'un véhicule. — Ce frein sera d'une puissance suffisante pour retenir le train entier, sauf la machine, sur les plus fortes pentes que présentera le parcours.

Art. 16. — Le machiniste devra se ranger à sa droite à l'approche de toute autre voiture, de manière à laisser libre la moitié de la chaussée.

Nous pensons que les trains traînés par une locomotive routière donneraient lieu à l'application des pénalités applicables aux diverses sortes de voitures ordinaires, conformément aux distinctions posées p. 128.

Art. 17. — Les locomotives et leurs trains ne pourront stationner d'une manière prolongée et sans nécessité sur la voie publique. Ils devront être remisés aux deux extrémités de leur parcours. — L'alimentation d'eau et de charbon ne pourra se faire qu'à la condition de ne point entraver la circulation. — Il est expressément interdit d'y opérer le décrassage des grilles.

Art. 18. — La largeur du chargement des voitures ne devra pas excéder 2^m 50. Toutefois il pourra être accordé, par les préfets des départements traversés, des permis spéciaux de circulation pour les objets d'un grand volume, qui ne seraient pas susceptibles d'être chargés dans ces conditions.

Cet article ne fait que reproduire l'art. 11 du décret du 10 août 1852, avec cette particularité que ce dernier ne vise que les voitures ne servant pas au transport des personnes.

Art. 19. — Les locomotives et les voitures porteront sur une plaque métallique, en caractères apparents et lisibles, le nom et le domicile de l'entrepreneur de transports. Chaque machine aura, en outre, un numéro d'ordre ou un nom particulier.

Rapprochée de l'art. 16 du décret du 10 août 1852, cette disposition montre que l'arrêt de 1866 dispense les voitures qu'il vise de l'obligation d'avoir des plaques dont les caractères aient au moins 0 m. 005.

V. Titre IV de l'arrêté du 20 avril 1866. Dispositions générales. — *Art. 20. — Pour tout ce qui n'est pas expressément réglé par le présent arrêté, les machines locomotives, ainsi que les voitures qu'elles remorqueront, seront soumises, en tout ce qui leur est applicable, aux dispositions des règlements sur la police du roulage, notamment à celles des titres I et III du décret du 10 août 1852.*

10

L'omission du **titre II** de ce décret s'explique par le fait que l'arrêté de 1866 contient des dispositions relatives à tous les points pour lesquels il eût pu être applicable (largeur des chargements, éclairage, plaque).

Art. 21. — *Les ingénieurs des ponts et chaussées et les ingénieurs des mines, ainsi que les agents sous leurs ordres dûment commissionnés, sont chargés, sous la direction des préfets et avec le concours des autorités locales, de la surveillance relative à l'exécution des mesures prescrites par le présent règlement.*

Art. 22. — *Les contraventions au présent règlement seront constatées, poursuivies et réprimées, suivant les cas, conformément aux lois du 30 mai 1851 et du 21 juillet 1856, ainsi qu'aux dispositions de l'art. 471 du Code pénal, sans préjudice de la responsabilité civile que les contrevenants peuvent encourir aux termes des art. 382 et suivants du Code Napoléon.*

La loi du 30 mai 1851 concerne la police du roulage (p. 127 à 139) et celle du 21 juill. 1856 concerne les contraventions aux règlements sur les appareils à vapeur. Il semble d'ailleurs que la loi de 1851 ne soit point applicable quand il s'agit réellement d'une infraction à l'arrêté de 1866, ou à un arrêté préfectoral conforme, et non d'une infraction au décret du 10 août 1852. On pourrait soutenir qu'on est dans ce cas lorsqu'il s'agit, par exemple, d'un chargement trop large ; mais, en thèse générale, la violation des dispositions des dits arrêtés, à supposer que celui de 1866 soit obligatoire par lui-même, ne saurait motiver que l'application de l'art. 471 du Code pénal, puisque les art. 2 et 3 de la loi de 1851 exigent des règlements d'administration publique pour l'établissement des mesures d'application. On remarquera toutefois que l'art. 471 du Code pénal n'est pas seul à pouvoir être invoqué, d'autres articles (475, 476 et 479, voir p. 96, 113 et 114) visant certaines contraventions qui peuvent être commises dans le cas actuel. Nous devons ajouter que le Conseil d'État a visé, en prononçant une condamnation, l'art. 10 défendant les saillies sur les bandages, la condamnation étant prononcée en vertu, non de l'art. 4 de la loi de 1851 (p. 128), mais de l'art. 9 (p. 131), vu que des dégradations à la chaussée étaient constatées (5 juill. 1889, Lusseaux ; idem, Poron-Grisart ; 29 nov. 89, Fache ; idem. Beaude ; idem, Lusseaux). Aussi, en l'absence de dégradations, conviendrait-il d'engager la poursuite devant le juge de paix, en vertu de l'art. 471 (Cass. 8 juin 1889, Poron-Grisart) ; on remarquera que cet arrêt vise un arrêté préfectoral reproduisant les dispositions de l'art. 10 de 1866. Dans le même esprit, le Conseil d'État a déclaré le conseil de préfecture incompétent pour statuer sur l'absence du frein prescrit par l'art. 15 (29 nov. 1889, Fache), alors qu'il le serait si un règlement d'administration publique avait statué à ce sujet pour les voitures ne servant pas au transport des personnes. Quant à l'absence de serre-frein, elle ne pourrait évidemment en aucun cas motiver une poursuite devant le conseil de préfecture (C. E. 29 nov. 1889, Beaude).

VI. Voitures à moteur mécanique. — L'arrêté ministériel du 20 avril 1866 vise les locomotives à vapeur et a en outre été rédigé spécialement en vue de machines remorquant d'autres véhicules. Il est facile d'adapter ses dispositions au cas de locomotives empruntant leur force motrice à une autre matière que la vapeur, et rien ne s'oppose en droit à cette adaptation par les arrêtés préfectoraux d'autorisation. Au contraire, le cas de voitures automotrices isolées comporte des simplifications rendant nécessaire une réglementation spéciale. Cependant aucune instruction générale n'a été encore donnée par l'administration supérieure. En l'attendant, on peut s'inspirer d'une ordonnance du préfet de police en date du 14 août 1893, maintenue en vigueur par l'ordonnance générale du 31 août 1897 (art. 383) ; toutefois cette ordonnance de 1893 nous paraît pouvoir être avantageusement simplifiée dans les départements, et nous donnerons à ce sujet quelques indications empruntées à l'arrêté du préfet de la Seine-Inférieure en date du 11 mars 1895, dont le projet a d'ailleurs été approuvé par les ministres des travaux publics et de l'intérieur. Comme il est à prévoir qu'une réglementation générale interviendra dans un avenir plus ou moins rapproché, nous ne reproduirons pas ces règlements intégralement. La compétence des préfets s'appuie d'ailleurs sur les textes dont nous parlerons à propos des vélocipèdes.

L'art. 1er de l'ordonnance du préfet de police[1] pose le principe d'une autorisation délivrée sur la demande du propriétaire ; l'autorisation est ainsi spéciale et au véhicule et au propriétaire. L'arrêté de la Seine-Inférieure dispense cependant d'une autorisation spéciale *les véhicules pourvus d'une autorisation analogue dans un autre département, si la charge maximum par essieu ne dépasse pas 4.000 kilog.*

L'art. 2 indique les renseignements à joindre à la demande d'autorisation ; y figure l'indication des voies publiques sur lesquelles le véhicule sera appelé à circuler. Cette indication peut être conçue dans les termes les plus généraux, et des autorisations sont délivrées pour l'ensemble des voies publiques ; mais il va de soi que, s'il existe des arrêtés imposant certaines limitations de chargement pour le passage sur certains ouvrages, les permissionnaires sont tenus de s'y conformer comme tous autres. Aux termes de l'art. 3, toutes les demandes sont communiquées à l'ingénieur en chef des mines, chargé de procéder à une série de vérifications ; si la charge maximum par essieu dépasse 4.000 kilog., la demande est ensuite communiquée à l'ingénieur en chef des ponts et chaussées et à l'agent voyer en chef.

---

1. Une sorte de préambule sans numéro dans cette ordonnance en ayant reçu un dans l'arrêté de la Seine-Inférieure, les numéros des articles de celui-ci sont en avance d'une unité jusqu'à l'art. 19 ; au-delà, la réunion de deux articles a rétabli la concordance.

L'autorisation est délivrée sur un livret spécial contenant le texte de l'arrêté réglementaire (art. 4). Elle fixe le maximum de charge par essieu qui, s'il y a lieu, peut dépasser 8.000 kilog. (art. 5), ainsi que le maximum de la vitesse dans les agglomérations ou en dehors, ce maximum ne pouvant dépasser 12 et 20 kilom. à l'heure (art. 6).

Aux termes de l'art. 7, l'autorisation devient caduque en cas de changement de propriétaire ou de modification aux énonciations de l'autorisation.

Les art. 8 à 17 sont consacrés aux conditions auxquelles doivent satisfaire les appareils. L'art. 10 fixe à 2 m. 50 le maximum de largeur et interdit les saillies sur les bandages des roues. Une plaque, placée du côté gauche du véhicule, indique le nom et le domicile du propriétaire, ainsi que le numéro distinctif énoncé dans la demande d'autorisation (art. 17) : ce numéro sert, aux termes de l'art. 2, à distinguer le véhicule de tous ceux qui ont été construits par la même maison.

L'art. 18 exige du conducteur un certificat de capacité délivré par le préfet de police et afférent au genre de moteur du véhicule : mais l'arrêté de la Seine-Inférieure n'a pas cette exigence, posant seulement le principe de l'obligation, pour le propriétaire, de ne confier la conduite du véhicule qu'à des personnes justifiant des connaissances nécessaires. Le conducteur doit toujours être porteur du livret contenant l'autorisation (art. 19). Il ne doit quitter son véhicule qu'après avoir pris les précautions utiles pour prévenir tout accident et *assuré la garde de l'appareil sous sa responsabilité* (art. 20).

Les articles suivants ordonnent diverses précautions à prendre en marche ; l'art. 24 prescrit l'emploi *d'une corne, d'une trompe ou de tout instrument du même genre, à l'exclusion des appareils qui feraient un bruit analogue à celui des sifflets à vapeur. — Indépendamment de ce moyen d'avertissement qui doit être à la portée du conducteur, le véhicule sera muni, si sa marche est naturellement silencieuse, d'une clochette ou de grelots suffisamment sonores pour annoncer son approche. Cette clochette ou ces grelots ne porteront aucun dispositif d'arrêt.*

L'art. 25 est beaucoup plus strict que l'art. 9 du décret du 10 août 1852 (p. 113) : *Le conducteur devra prendre la partie de la chaussée qui se trouvera à sa droite, quand bien même le milieu de la rue serait libre. — S'il est obligé de dévier à gauche, par la rencontre d'un obstacle, il devra reprendre sa droite immédiatement après l'avoir dépassé.* L'art. 27 défend aux conducteurs *de lutter de vitesse entre eux ou avec d'autres cochers ou conducteurs.*

Aux termes de l'art. 29, *il est défendu de faire remorquer par un véhicule à moteur mécanique une ou plusieurs voitures.* La rédaction de cet article laisse à désirer : il signifie seulement que les autorisations délivrées en vertu de l'ordonnance ou de l'arrêté ne comportent pas celle d'une remorque, laquelle rentrerait dans les prévisions de l'arrêté ministériel de 1866.

L'art. 30 exige deux falots ou lanternes à feu blanc, comprenant entre eux la largeur totale du véhicule. Ils doivent éclairer la voie publique suffisamment pour permettre l'arrêt en temps utile.

L'art. 31 concerne les avis à donner en cas d'accident. L'art. 32 renvoie aux titres I et III du décret du 10 août 1852 sur la police du roulage et, dans le cas où le moteur serait à vapeur, au décret du 30 avril 1880.

Aux termes de l'art. 33 de l'ordonnance du préfet de police, les procès-verbaux seront transmis aux procureurs de la République ; mais l'arrêté de la Seine-Inférieure porte : « aux juridictions compétentes ». C'est qu'en effet, suivant les cas, la compétence peut appartenir au tribunal correctionnel, au juge de simple police ou au conseil de préfecture, ainsi que nous l'avons vu en traitant de la police du roulage (p. 135).

§ 5

VÉLOCIPÈDES

Les vélocipèdes ont donné lieu à controverse au point de vue de l'application qui pourrait leur être faite de la législation et de la réglementation sur la police du roulage, et la Cour de cassation l'a close par la négative, en déclarant qu'une voiture n'est pas tenue de laisser libre la moitié de la chaussée à la rencontre d'une bicyclette (1er juin 1894, Godeau). Cette décision a rendu plus indispensable une réglementation spéciale, que beaucoup de maires avaient faites du reste, mais d'une façon peu uniforme.

Les ministres de l'intérieur et des travaux publics ont alors adressé aux préfets une circulaire en date du 22 fév. 1896, les invitant à prendre des arrêtés identiques, portant la date unique du 29 fév. 1896. Cet arrêté vise la loi des 22 déc. 1789-8 janv. 1790, dont la section III, art. 2, charge les administrations de département d'assurer le *maintien de la sûreté et de la tranquillité publique*, l'art. 9 de la loi du 21 mai 1836, plaçant les chemins de grande communication sous l'autorité des préfets, et enfin les art. 97 et suivants de la loi du 5 avril 1884 : l'art. 99 dispose que *les pouvoirs qui appartiennent aux maires en vertu de l'art. 91* (qui les charge de la police municipale) *ne font pas obstacle au droit du préfet de prendre, pour toutes les communes du département ou plusieurs d'entre elles,... toutes mesures relatives au maintien de la salubrité, de la sûreté et de la tranquillité publiques.*

Nous allons maintenant reproduire le texte de l'arrêté.

Art. 1er. — La circulation des vélocipèdes sur toutes les voies publiques, nationales, départementales et communales, est soumise aux règles ci-après énumérées.

Conformément au principe énononcé p. 108, il n'appartient plus dès lors aux maires de réglementer la circulation des vélocipèdes, sauf le cas prévu par l'art. 7.

L'art. 2 avait d'abord reçu la rédaction suivante : *Tout vélocipède doit être muni d'un appareil sonore avertisseur dont le son puisse être entendu à 50 mètres. — Dès la chute du jour, il doit être pourvu, à l'avant, d'une lanterne allumée.*

On remarquera que cette dernière disposition permet une plus large interprétation que l'art. 15 du décret du 10 août 1852.

La Cour de cassation rendit, à la date du 18 fév. 1897, un très intéressant arrêt (Aumas), portant interprétation de la clause relative aux appareils avertisseurs ; elle a déclaré que, si le choix de l'appareil est laissé à l'appréciation du vélocipédiste, « ce dernier doit le choisir, dans l'intérêt de la sûreté publique, de façon que le bruit produit par cet appareil soit constant pendant que le vélocipède est en marche, afin que les passants puissent être avertis, sans interruption, du danger auquel ils sont exposés ». A l'objection tirée de ce que l'art. 5 prescrit de prévenir les conducteurs et cavaliers qu'on veut dépasser au moyen de l'appareil sonore, l'arrêt répond que, l'allure devant être modérée à ce moment, en vertu du même article, le son de l'appareil avertisseur deviendrait moins fort et risquerait de ne pas être entendu, ce qui rend nécessaire d'avertir spécialement le conducteur ou le cavalier en faisant résonner cet appareil par un moyen autre que celui résultant de la marche ralentie du vélocipède. L'arrêt fait d'ailleurs remarquer que, rien n'étant spécifié spécialement à l'égard des piétons, il dépendrait uniquement de la volonté du cycliste de faire ou non résonner son appareil lorsqu'il les dépasse.

Cet argument final était très fort, et le signal automatique nous semble du reste très utile, quoi qu'en pense la *Revue du Touring-Club* (mars 1897) ; mais nous devons ajouter que les adversaires des signaux automatiques ont finalement obtenu gain de cause, car, dans une circulaire du 1er juin 1897, le ministre des travaux publics a déclaré que la pensée de l'administration n'avait pas été bien comprise et a invité les préfets à prendre, à la date du 15 juin, un arrêté modifiant ainsi le paragraphe 1er de l'art. 2 : *Tout vélocipède doit être muni d'un appareil sonore avertisseur dont le son puisse être entendu à 50 mètres, et qui sera actionné aussi souvent qu'il sera besoin.* L'ordonnance générale du préfet de police en date du 31 août 1897 dispose que *tout cycliste doit être muni d'un appareil sonore avertisseur fixé à la machine ou tenu à la main...* (art. 384) ; le texte en vigueur dans la généralité des départements est évidemment incompatible avec cette faculté de tenir l'appareil avertisseur à la main.

Art. 3. — Tout vélocipède doit porter une plaque indiquant le nom et le domicile du propriétaire, ainsi qu'un numéro d'ordre, si le propriétaire est loueur de vélocipèdes.

Art. 4. — Les vélocipédistes doivent prendre une allure modérée dans la traversée des agglomérations, ainsi qu'aux croisements et aux tournants des voies publiques. — Ils ne peuvent former de groupes dans les rues. — Il leur est defendu de couper les cortèges et les troupes en marche. — En cas d'embarras, les cyclistes sont tenus de mettre pied à terre et de conduire leur machine à la main.

Art. 5. — Les vélocipédistes doivent prendre leur droite, lorsqu'ils croisent des voitures, des chevaux ou des vélocipèdes, et prendre leur gauche lorsqu'ils veulent les dépasser ; dans ce dernier cas, ils sont tenus d'avertir le conducteur ou le cavalier au moyen de leur appareil sonore et de modérer leur allure. — Les conducteurs de voitures et les cavaliers doivent se ranger à leur droite à l'approche d'un vélocipède, de manière à lui laisser libre un espace utilisable d'au moins $1^m 50$ de largeur. — Les vélocipédistes sont tenus de s'arrêter lorsqu'à leur approche un cheval manifeste des signes de frayeur.

Nous avons déjà commenté cet article à propos de l'art. 2. On remarquera, d'autre part, que, dans la pensée qui avait inspiré l'arrêt de cassation Godeau (p. 149), on n'a pas obligé les conducteurs de voitures à laisser la moitié de la chaussée libre pour les cyclistes.

Art. 6. — La circulation des vélocipèdes est interdite sur les trottoirs et contre-allées affectées aux piétons. — Cette interdiction ne s'étend pas aux machines conduites à la main. — Toutefois, en dehors des villes et agglomérations, la circulation des vélocipèdes pourra s'exercer sur les trottoirs et contre-allées affectées aux piétons, le long des routes et chemins pavés ou en état de réfection. — Sur tous les trottoirs et contre-allées affectées aux piétons où la circulation des vélocipédistes est autorisée, ceux-ci sont tenus de prendre une allure modérée à la rencontre des piétons et de réduire leur vitesse à celle d'un homme au pas, au droit des habitations isolées.

La circulaire du 22 février 1896 commente cet article en disant que la circulation sur les voies pavées en rase campagne est difficile et périlleuse : cette dernière expression s'explique par l'état ordinaire des voies pavées en dehors des agglomérations.

Art. 7. — La circulation des vélocipédistes peut être interdite par des arrêtés municipaux, temporairement ou d'une façon permanente, sur tout ou partie d'une voie publique. — A chacune des extrémités des espaces interdits, des écriteaux placés et entretenus par la commune donnent avis de l'interdiction.

Art. 8. — Sont rapportés tous arrêtés préfectoraux ou municipaux pris antérieurement pour réglementer la circulation des vélocipèdes dans les diverses communes du département.

Cet article confirme ce que nous disions, à propos de l'art. 1er sur l'inaptitude des maires à réglementer désormais la circulation des vélocipèdes, en dehors du cas prévu par l'art. 7.

Art. 9. — Les contraventions au présent arrêté seront constatées par des procès-verbaux et déférées aux tribunaux compétents.

La simple inobservation des prescriptions de l'arrêté ne saurait constituer qu'une contravention de simple police, tombant sous le coup de l'art. 471, 15° du Code pénal, car nous ne pensons pas qu'il y ait lieu de faire application de l'art. 475, 3° (p.113, note 1), à ceux qui contreviendraient à l'art. 5 de l'arrêté ; en tout cas, le juge de simple police serait compétent. Il le serait également en cas d'abandon des vélocipèdes sur la voie publique; mais ici, l'arrêté serait sans application, et il s'agirait d'une contravention à l'art. 471, 4°, du Code pénal (p. 95).

Le tribunal correctionnel deviendrait d'ailleurs compétent si l'inobservation de l'arrêté avait entraîné mort ou blessure (art. 319 et 320, C. p.). S'il n'en était résulté que des dommages occasionnés à des animaux, le juge de paix resterait compétent (art. 479, 4°, p. 96).

Art. 10. — Les sous-préfets, maires, officiers de gendarmerie, ingénieurs et agents des ponts et chaussées, les agents voyers, les commissaires de police, gardes champêtres et tous officiers de police judiciaire sont chargés de veiller à l'exécution du présent arrêté qui sera inséré au recueil des actes administratifs, affiché et publié dans toutes les communes du département.

Nous n'avons rien à ajouter ici à ce que nous avons dit, dans le chapitre précédent, sur la constatation des contraventions de simple police.

HUITIÈME PARTIE

DOMAINE PUBLIC

Le domaine public comprenant à peu près la totalité des terrains et
ouvrages dont les ingénieurs des ponts et chaussées ont à diriger ou
surveiller la conservation ou la construction, les questions qui le concernent se rencontrent sans cesse, dans tous les services ; nous étudierons successivement les diverses parties du domaine public qui rentrent dans notre programme, mais auparavant il convient d'établir les
principes généraux applicables à tout le domaine public, ainsi que les
règles qui concernent tout un groupe de dépendances de ce domaine.
Dans bien des cas, d'ailleurs, par exemple à l'occasion des concessions *partielles*, nous devrons étudier des détails relatifs à une seule nature de domaine, mais dont le rapprochement d'espèces analogues, relatifs à d'autres branches du domaine public, offre de l'intérêt.

Nous serons grandement aidé dans notre étude par le *Traité du domaine public* de M. de Récy ; nous avions pensé d'abord lui emprunter
intégralement sa division rationnelle, sous réserve de l'histoire du domaine dont nous ne nous occuperons qu'à titre accessoire, et diviser,
en conséquence, la présente partie en trois chapitres, traitant successivement de la consistance et de la condition juridique du domaine public, de sa conservation et de sa gestion, de ses transformations et de
son déclassement. Mais nous avons reconnu ensuite que ce dernier
chapitre n'aurait renfermé que des sujets spéciaux à chaque classe du
domaine public, les mêmes questions se résolvant différemment suivant les diverses classes en cause. Nous avons donc renoncé à faire
une étude générale du sujet auquel il devait être consacré.

CHAPITRE XXVIII

CONSISTANCE ET CONDITION JURIDIQUE
DU DOMAINE PUBLIC

§ 1. *Consistance et formation.* — § 2. *Condition juridique.*

§ 1

CONSISTANCE ET FORMATION DU DOMAINE PUBLIC

1. *Distinction du domaine public et du domaine privé.* — II. *Enumération des choses qui composent le domaine public.* — III. *Distinction du domaine naturel et du domaine artificiel.* — IV. *Formation du domaine public naturel.* — V. *Formation du domaine public artificiel.*

I. Distinction du domaine public et du domaine privé. — Sous l'ancien régime, il existait deux sortes de domaines royaux : le grand et le petit; mais cette distinction différait notablement de celle qui existe aujourd'hui entre le domaine public et le domaine privé de l'Etat et autres personnes morales. L'expression de *petit domaine*, qui apparait pour la première fois dans un règlement du 8 avril 1672, désignait des objets séparés des grandes terres et seigneuries, dont les charges consommaient le revenu tant qu'ils restaient entre les mains du Roi, en sorte qu'il était de l'intérêt public de les exclure du principe d'inaliénabilité dont nous parlerons sous le n° II du présent paragraphe [1].

Le grand domaine, ou domaine proprement dit, confondait donc dans son sein, avec des forêts et terres quelconques, le rivage de la mer, les rivières navigables, routes, etc. Mais les jurisconsultes, s'inspirant des

1. Un édit d'août 1708 a rangé dans le petit domaine les îles et îlots formés dans le lit des rivières navigables, mais la Cour de cassation a refusé d'étendre aux îles à naître l'aliénabilité en résultant (18 janv.1843, de la Rochejacquelin).

principes du droit romain, posaient, depuis le commencement du XVIIᵉ siècle, une distinction entre les choses susceptibles, par leur nature, de la propriété privée et celles qui y résistent, et c'est de cette distinction que la Révolution devait faire sortir le droit moderne.

La loi des 22 nov.-1ᵉʳ déc. 1790, après avoir déclaré, en son art. 1ᵉʳ, que *le domaine national proprement dit s'entend de toutes les propriétés foncières et de tous les droits réels ou mixtes qui appartiennent à la nation*, disait, en son art. 2, que *les chemins publics... etc., et en général toutes les portions du territoire national qui ne sont pas susceptibles d'une propriété privée, sont considérées comme des dépendances du domaine public*. On voit apparaître ici nettement le principe de la distinction entre le domaine public proprement dit et le domaine privé de la nation. Le Code civil, en reprenant cette distinction, en a malheureusement obscurci la notion, du moins dans ses éditions postérieures à 1804, par la modification de l'art. 3 de la loi de 1790 : tandis que cet article portait que tous les biens vacants et sans maîtres *appartiennent à la nation*, l'art. 539 du Code dit qu'ils *appartiennent au domaine public*.

Ainsi que le disait l'exposé des motifs du Code, celui-ci ne devait s'occuper (et ne s'occupe en effet) que des choses qui se trouvent dans le commerce, parce qu'elles sont susceptibles de propriété privée, puis il ajoutait que « les biens susceptibles de propriété privée peuvent être en la possession de la nation ou des communes » ; telle est bien, en effet, la pensée des art. 537 et 538 du Code, le premier relatif aux *biens* des particuliers et à ceux qui ne leur appartiennent pas, mais peuvent être aliénés [1], le second reproduisant à peu près l'art. 2 de la loi de 1790 et posant ainsi le principe de *portions du territoire français qui ne sont pas susceptibles d'une propriété privée* [2]. Comme le disait l'exposé des motifs, les biens compris dans cette dernière classe « sont du ressort ou d'un code de droit public ou de lois administratives, et l'on n'a dû en faire mention que pour annoncer qu'ils étaient soumis à des lois particulières ». Le Code en question n'a pas été fait, et l'on n'est en présence que de textes disséminés que nous devrons étudier à l'occasion des diverses questions relatives au domaine public.

L'art. 538 du Code civil ne vise explicitement que le domaine public de l'Etat ; mais le principe sur lequel il s'appuie a une extension plus large, et les rues et chemins à la charge des communes et des dépar-

---

1. *Art. 537. — Les particuliers ont la libre disposition des biens qui leur appartiennent, sous les modifications établies par les lois. — Les biens qui n'appartiennent pas à des particuliers sont administrés et ne peuvent être aliénés que dans les formes et suivant les règles qui leur sont particulières.*

2. *Art. 538. — Les chemins, routes et rues à la charge de l'Etat, les fleuves et rivières navigables ou flottables, les rivages, lais et relais de la mer, les ports, les hâvres, les rades, et généralement toutes les portions du territoire français qui ne sont pas susceptibles d'une propriété privée, sont considérés comme des dépendances du domaine public.*

téments ont le caractère de dépendances du domaine public aussi bien que ceux qui sont à la charge de l'Etat. Nous étudierons la nature des droits des départements et des communes sur ces portions du domaine public en traitant de la condition juridique du dit domaine (§ 2).

II. Enumération des choses qui composent le domaine public. — Nous ne donnerons ici qu'une simple énumération, remettant à l'étude spéciale des objets qui nous intéressent particulièrement l'indication des textes y relatifs. En élaguant ce qui ne fait partie que du domaine privé, l'énumération donnée par le Code civil comprend les voies de terre à la charge de l'Etat, les fleuves et rivières navigables ou flottables, les rivages de la mer, les ports, les hâvres, les rades (art. 538, voir p. 156, note 2), les portes, murs, fossés, remparts des places de guerre et des forteresses (art. 540). On doit y ajouter les routes départementales, les chemins vicinaux et ruraux, les rues des villes, les canaux et chemins de fer et les cours d'eau non navigables en Algérie. Viennent ensuite les eaux publiques et les télégraphes et téléphones, puis les monuments publics proprement dits, c'est-à-dire sans affectation utilitaire et n'ayant qu'un caractère décoratif, et enfin les édifices religieux affectés à l'exercice public du culte.

Les objets déposés dans les musées, bibliothèques, etc., ont donné lieu à d'assez nombreuses discussions. La loi du 30 mars 1887 a établi le principe d'un classement ayant pour effet de rendre les objets qui le motivent inaliénables et imprescriptibles s'ils appartiennent à l'Etat ; en n'étendant pas ce double caractère aux objets appartenant aux départements, communes et établissements publics, pour lesquels il n'est établi qu'une inaliénabilité relative, cette loi a indiqué qu'ils ne font pas partie du domaine public.

III. Distinction du domaine naturel et du domaine artificiel. — On a pu remarquer que la plupart des objets compris dans le domaine public ont un caractère artificiel et n'entrent essentiellement dans ce domaine que grâce à un travail, mais les fleuves et les rivières navigables, ainsi que les dépendances de la mer, constituent une classe à part parmi les éléments divers du domaine, car ils sont de constitution naturelle. Il est superflu d'insister sur ce que certaines parties du domaine public fluvial ou maritime présentent un caractère nettement artificiel.

Nous aurons l'occasion d'établir diverses distinctions entre les deux branches du domaine public notamment au sujet de leur délimitation ; mais nous devons dès maintenant en signaler à l'égard de leur formation.

IV. Formation du domaine public naturel. — En principe, le domaine public naturel se forme lui-même : le fleuve s'ouvre son lit et le déplace, la mer remanie son rivage ; mais la main de l'homme concourt souvent avec les forces de la nature, de façon à en modifier les résultats. C'est ainsi que des travaux exécutés dans le lit d'une rivière peuvent modifier le courant et provoquer des corrosions : nous avons vu (I, 395) qu'un tel fait donne lieu à une indemnité pour dommage, mais ne constitue pas une expropriation du terrain incorporé à la rivière (T. C. 23 déc. 1850, Martin-Merrier ; voir aussi C. E. 10 avril 48, Roumieux, cas où le travail avait pour but de provoquer la corrosion). Cette jurisprudence est d'ailleurs bien établie et ne paraît pas contestée (27 janv. 1859, Grandjean; 26 mai 64 et 14 janv. 65, chem. de fer du Midi ; 8 janv. 86, Letourneur; 11 juill. 90, P.-L.-M., cours d'eau non navigable d'Algérie ; 28 avril 93, de Pontgibaud). Au contraire, si l'administration relève artificiellement le niveau de l'eau, l'incorporation des terrains submergés à la rivière constitue une expropriation irrégulière, relevant de l'autorité judiciaire (T. C. 11 janv. 1873, de Paris-Labrosse). La raison de cette différence s'aperçoit aisément, les faits de corrosion ayant un caractère mixte, tandis que le relèvement de l'eau par un barrage est purement artificiel. Nous devrons d'ailleurs étudier, à l'occasion des rivières, la distinction évidente, en principe, mais souvent subtile d'après la jurisprudence de la Cour de cassation, entre l'incorporation au domaine public et la simple inondation.

Les rivières peuvent donner lieu à une difficulté qu'on ne rencontre pas à propos de la mer, car il peut y avoir contestation sur leur caractère de navigabilité. Dans ce cas, la question est tranchée par décret, en vertu de l'art. 3 de la loi du 15 avril 1829 sur la police de la pêche fluviale. S'il ne s'agit pas d'une simple reconnaissance d'un fait préexistant, mais de travaux rendant la rivière navigable, la loi ou le décret ordonnant ces travaux lui confère officiellement ledit caractère. Comme d'ailleurs le lit des cours d'eau non navigables n'appartient pas aux riverains, le classement comme rivière navigable n'entraîne pas une expropriation ; mais, les riverains se trouvant dépouillés du droit de pêche, l'art. 3 de la loi de 1829 stipule qu'ils auront droit à une indemnité préalable, réglée comme en matière d'expropriation. Nous étudierons ces questions en détail à propos des rivières navigables.

V. Formation du domaine public artificiel. — Cette formation résulte de trois actes distincts, la décision de nature variable en vertu de laquelle la nouvelle dépendance du domaine public sera créée, l'acquisition des terrains dont ne dispose pas déjà l'administration ou l'affectation de ceux qui sont déjà entre ses mains et l'exécution des travaux nécessaires pour l'appropriation des terrains à leur destination.

1° **Décision de principe**. — Nous n'insisterons pas sur le premier point, vu qu'il varie avec chaque genre de travail public. Nous avons toutefois indiqué quelques principes généraux dans notre chapitre VI, § 1 (tome I, p. 122 à 128) ; rappelons d'ailleurs que les travaux neufs ne constituant que des améliorations de travaux antérieurs sont assimilés à des travaux de grosses réparation et soumis ainsi à de moindres formalités (I, 127).

2° **Acquisition ou affectation des terrains**. — 1. Propriétés particulières. — Lorsque les terrains nécessaires constituent des propriétés privées aux mains de particuliers ou de personnes civiles autres que celle qui doit exécuter les travaux, l'acquisition amiable, la donation et l'expropriation sont les seuls modes réguliers d'incorporation au domaine public ; mais dans notre tome I, après avoir étudié les lois des 3 mai 1841 et 21 mai 1836, nous avons vu que l'incorporation de fait d'un terrain à un ouvrage public constitue une expropriation véritable, bien qu'irrégulière (p. 314 à 318). Sans vouloir traiter à nouveau la question, nous allons mentionner un certain nombre d'arrêts ou décisions intervenus depuis la publication de ce volume ou qui, antérieurs, nous avaient échappé.

Il a été confirmé que l'autorité judiciaire ne peut ordonner la suppression des travaux indûment entrepris sur la propriété privée, pourvu du moins qu'ils aient été ordonnés par l'autorité compétente (Cass. 10 janv. 1883, Gallo ; 21 oct. 89, Leroy ; 16 nov. 92, Guibert ; T. C. 13 déc. 90, Parant), mais qu'au contraire elle peut ordonner la suspension des travaux (même décision du Tribunal des conflits). De même, la Cour de cassation a confirmé que le propriétaire évincé ne peut être remis en possession du terrain incorporé au domaine public (10 janv. 1883, Gallo ; 16 nov. 92, commune de St-Simeux).

Si la compétence de l'autorité judiciaire pour la fixation de l'indemnité d'expropriation ne soulève pas de difficulté, on doit bien remarquer que les dommages causés par une partie des travaux ne comportant pas d'emprise rentrent au contraire dans la compétence du conseil de préfecture (C. E. 6 fév. 1891, Guillaumin ; T. C. 28 nov. 91, Estable).

Nous avons vu, dans le chapitre XXV, que les contraventions de grande voirie ne sont point excusées par le droit de propriété du contrevenant sur le terrain irrégulièrement incorporé au domaine public (p. 33 et 42).

La question s'est posée de savoir si l'incorporation au domaine public pouvait avoir lieu par prescription. Remarquons d'abord que, dans le cas d'une incorporation de fait par des travaux, la prescription s'applique naturellement à l'indemnité due ; mais il y a plus, car la Cour de cassation a admis l'incorporation par le fait de l'usage d'un terrain comme place publique (9 janv. 1872, Fouquier ; voir le rapport du conseiller Rau ; voir aussi 31 déc. 1855, Martin). M. de Récy combat ce principe par des considérations qu'on lira avec intérêt (I, 344).

2. DOMAINE PRIVÉ. — Le cas où une personne civile doit faire entrer dans son domaine public une dépendance du domaine privé d'une autre personne civile ne donne lieu à aucune difficulté : on procède comme à l'égard des particuliers. Quant au simple passage du domaine privé dans le domaine public sans changement d'administration, il n'a fait l'objet d'aucune disposition législative spéciale, mais il a soulevé, en ce qui concerne l'Etat, des questions assez délicates dont il convient de parler.

L'art. 5 de l'arrêté du 13 messidor an X, portant que *nul édifice natio-nal ne pourra... être mis à la disposition d'aucun ministre qu'en exécution d'un arrêté des consuls,* a été interprété, par l'ordonnance du 14 juin 1833, comme s'appliquant à un *immeuble* quelconque : *Les ordonnances qui auront pour objet d'affecter un immeuble appartenant à l'Etat à un service public de l'Etat, seront concertées entre le ministre qui réclamera l'affec-tation et le ministre des finances* (art. 1er) [1]. Conformément à cette ex-pression générale, l'affectation d'un terrain quelconque à un service n'a lieu que par décret ; mais la portée de ce mot « affectation » a donné lieu à deux interprétations différentes. Jusqu'en 1883, la pratique ad-ministrative a été de prononcer l'affectation, conformément à l'ordon-nance de 1833, des terrains domaniaux devant être incorporés à une dépendance du domaine public ; mais cette pratique était contraire au véritable esprit de la législation, et M. Ducrocq avait fort bien fait res-sortir que l'affectation ne change rien au caractère du terrain et à son maintien dans le domaine privé [2]. Aussi, lorsque la question de savoir si l'incorporation dans le domaine public d'un terrain dépendant du domaine privé doit être précédée d'un décret d'affectation a fait l'objet d'un débat approfondi, le ministre des finances a dû reconnaître qu'il n'en était rien, conformément à des observations de la direction gé-nérale des domaines approuvées par décision du 26 fév. 1883, et qu'il nous paraît intéressant de reproduire intégralement :

« La réunion au domaine public national d'un immeuble détaché du
« domaine de l'Etat ne constitue pas une affectation de cet immeuble
« à un service public, dans le sens de l'ordonnance du 14 juin 1833. Il
« s'agit, en effet, non pas d'attribuer cet immeuble à une administra-
« tion de l'Etat, pour lui permettre d'assurer la marche des services
« dont elle est chargée, mais de le soustraire à l'usage privatif de
« l'Etat pour le mettre à la disposition du public, dans un but d'u-
« tilité générale. Si l'opération avait le caractère d'une affectation,

---

1. L'art. 4 de la loi de finances du 18 mai 1850 a postérieurement exigé une loi ; mais il a été abrogé par un décret-loi du 24 mars 1852.
2. *Cours de droit administratif,* 6e édit., t. II, p. 200-206.

« l'immeuble qui en fait l'objet ne sortirait pas du domaine de l'Etat ;
« la destination seule en serait modifiée. Or, ce n'est pas le résultat
« qui se produit, et l'immeuble incorporé au domaine public perd sa
« nature de propriété privée, se trouve mis hors du commerce et de-
« vient imprescriptible et inaliénable. Dans ces conditions, les disposi-
« tions de l'ordonnance du 14 juin 1833 ne sont pas applicables à la
« remise qui est faite de cet immeuble au service public (ponts et
« chaussées, guerre ou marine) chargé de la surveillance et de la con-
« servation des dépendances du domaine public auquel il doit être
« réuni, et l'émission d'un décret d'affectation n'est pas nécessaire.
« Quant aux mesures à prendre pour que cette réunion s'opère régu-
« lièrement, elles doivent varier selon les différentes circonstances
« dans lesquelles peut se produire l'incorporation. — Si les immeubles
« domaniaux doivent être réunis au domaine public pour l'exécution
« de grands travaux publics et qu'ils aient été, confusément avec
« les propriétés particulières à exproprier à cette occasion, désignés
« dans la déclaration d'utilité publique prononcée, soit par une loi,
« soit par un décret, la remise de ces immeubles au service des ponts
« et chaussées, de la marine ou de la guerre peut être opérée sans
« qu'il y ait lieu de recourir à une autorisation spéciale, et leur passage
« du domaine de l'Etat dans le domaine public national résulte du
« fait matériel de leur incorporation à ce dernier. L'enquête préalable
« à la déclaration d'utilité publique, les formalités dont cette déclara-
« tion est entourée, les précautions particulières édictées dans le cas où
« il s'agit de travaux exécutés dans la zone frontière, l'arrêté de cessi-
« bilité, lorsqu'il intervient, sont des garanties suffisantes pour que
« l'incorporation ne s'effectue qu'avec toute la régularité nécessaire.
« Après l'intervention d'une loi ou d'un décret, rien ne justifierait plus
« celle d'une autorisation ministérielle ou d'un arrêté préfectoral. —
« Au contraire, si, préalablement à l'incorporation, il n'y a pas eu
« déclaration d'utilité publique, ce qui arrive lorsque la réunion
« à opérer au domaine public ne comprend que des immeubles appar-
« tenant à l'Etat et que, par conséquent, il n'y a pas lieu de recourir à
« une expropriation, puisque l'Etat réunirait en lui-même la double
« qualité d'expropriant et d'exproprié, il convient de distinguer entre
« les routes nationales et les autres dépendances du domaine public.
« — En ce qui concerne les premières, la réunion peut s'opérer en
« vertu d'un arrêté préfectoral pris en conseil de préfecture, confor-
« mément à l'article 3, tableau C, n° 5, du décret du 25 mars 1852
« ainsi conçu : Les préfets statueront en conseil de préfecture, sans
« l'autorisation du ministre des finances... sur les *cessions* de terrains
« domaniaux compris dans le tracé des routes nationales, départemen-
« tales et des chemins vicinaux. Le mot *cession* employé dans cet ar-
« ticle, ne devrait, il est vrai, rigoureusement s'appliquer qu'à une

« opération entraînant transmission moyennant un prix, mais une
« telle opération n'est pas possible quant aux routes nationales, puis-
« que l'Etat ne saurait se payer à lui-même le prix des immeubles
« qu'il détache de son domaine particulier pour les réunir au sol des
« voies publiques nationales. On est, dès lors, conduit à admettre que
« ce mot doit s'entendre de la remise par le domaine et de la prise de
« possession par le service des ponts et chaussées des parcelles à in-
« corporer aux dépendances des routes nationales. — Pour toutes autres
« incorporations au domaine public, qu'il s'agisse de canaux, ports,
« chemins de fer construits par l'Etat, ouvrages de la marine ou de la
« guerre, canalisation de rivières, bassins, docks, etc., la remise, à dé-
« faut de disposition législative spéciale attribuant au préfet la com-
« pétence nécessaire, ne saurait être autorisée régulièrement qu'en
« vertu d'une décision du ministre des finances, prise sur la proposi-
« tion de ses collègues des départements intéressés. — Que si l'im-
« meuble à réunir au domaine public se trouve déjà sous la main du
« service qui doit faire les travaux, il n'y a pas à en faire la remise à
« ce service, et il suffit alors d'une décision du ministre du départe-
« ment affectataire de cet immeuble. »

S'il s'agissait de travaux exécutés par un concessionnaire, il n'y
aurait pas lieu non plus à expropriation, sauf dans le cas d'un concessionnaire perpétuel, mais il y aurait lieu au paiement d'une indemnité, conformément au principe posé par la circulaire du 19 août 1878
(I, 180). Nous reviendrons (p. 163) sur le mode de fixation de cette indemnité.

3. Domaine public. — Le passage d'une dépendance d'un domaine
public dans un autre soulève les questions les plus délicates, et nous en
avons fait l'objet d'une étude assez détaillée dans notre tome I (p. 178
et suiv.), pour que nous n'ayons pas à la recommencer ici. Nous noterons toutefois que le Conseil d'Etat a nettement étendu aux chemins de
fer exécutés par l'Etat les droits que le ministre des travaux publics
tient des cahiers des charges des concessions, au point de vue de la
déviation des voies de terre (27 mai 1892, préfet de la Charente-Inférieure); on se souvient que ces cahiers ont un caractère législatif
comme annexés à une loi.

En conséquence, le ministre autorise les modifications de l'emplacement ou du profil des voies publiques, et le préjudice qui peut résulter
de l'exécution de sa décision n'est pas de nature à ouvrir, en faveur
des communes (ou des départements), un droit à indemnité par la voie
contentieuse. Ajoutons que la Cour de cassation, conformément aux
principes posés par la décision du Tribunal des conflits du 3 juill. 1886
(dép. de la Loire ; voir t. I, p. 182), a reconnu que, en cas de déviation
d'un chemin vicinal, l'occupation de l'ancien sol ne constitue pas une
expropriation (9 juill. 1895, dép. de la Charente-Inférieure, arrêt de la
Chambre des requêtes). Rappelons, pour mémoire, qu'il y a, au con-

traire, lieu à expropriation lorsqu'un chemin se trouve intercepté sans qu'on rétablisse sa continuité (D. C., 15 mai 1858, Peray ; voir aussi un considérant du d. c, 1er mai 58, comm. de Pexiora)[1].

M. l'inspecteur général Henry, dans son *Traité pratique des chemins vicinaux* (p. 698), n'accepte pas cette distinction et soutient la nécessité de l'expropriation dans tous les cas. Au contraire, le ministre des travaux publics, par une dépêche du 4 janv. 1896, relative à la ligne de Dieppe au Havre, a invité la Compagnie de l'Ouest à ne pas porter sur les états parcellaires des terrains à acquérir les superficies des chemins et des rues et à ne pas teinter ces parcelles sur les plans.

Dans les cas où il y a expropriation, on considère le domaine public comme préalablement déclassé.

Nous devons, d'autre part, mentionner, en ce qui concerne l'incorporation des chemins de fer d'intérêt local dans le réseau d'intérêt général, le système adopté depuis 1878 et appliqué notamment par l'art. 1er de la loi du 18 mai 1878 ; après avoir prononcé de telles incorporations, cet article porte : *Il sera statué, par décret rendu en Conseil d'Etat, sur l'indemnité ou sur les dédommagements qui pourront être dus aux départements.* Aucune indemnité ni aucun dédommagement n'a été, croyons-nous, accordé dans de tels cas, et les décrets portant refus ne peuvent être déférés au Conseil d'Etat pour excès de pouvoir, la disposition précédemment reproduite ne posant pas, comme la loi du 3 mai 1841, le principe d'une indemnité obligatoire (10 juillet 1890, dép. du Jura ; 6 déc. 90, dép. de Saône-et-Loire). Nous aurons à étudier, d'autre part, à propos des routes nationales, le classement de leurs parties délaissées comme voies publiques inférieures, en vertu de la loi du 24 mai 1842.

On se reportera au tome I, p. 179, en ce qui concerne l'incorporation à un domaine concédé d'une partie du domaine public de l'Etat.

Nous ajouterons cependant quelques mots au sujet du mode de règlement de l'indemnité due par le concessionnaire. M. Picard dit simplement qu'elle est fixée par l'administration des domaines (II, 805), et l'instruction du directeur général en date du 1er avril 1879 ne donne aucune indication pour le cas où le prix fixé ne serait pas accepté (art. 48). L'article précédent, relatif au cas du domaine privé, dit que, bien que son occupation par un concessionnaire de l'Etat ne constitue pas une expropriation véritable, l'envoi en possession et le règlement de l'indemnité s'effectuent dans les formes et aux conditions détermi-

---

1. Le conseil général de la Charente-Inférieure ayant demandé que le législateur modifiât les principes posés par la jurisprudence, le comité de contentieux et d'études juridiques s'est, par avis du 8 janv. 1896, nettement prononcé contre tout changement, spécialement contre l'admission d'un droit à indemnité pour dommages. Tout en pensant, avec M. Picard (II, 838), que le plus souvent la plus-value compense largement le dommage causé, il nous paraît bien rigoureux d'écarter *a priori* tout droit à indemnité.

nées par la loi du 3 mai 1841 ; cette indication s'appuie sur un arrêt de la Cour de cassation du 8 mai 1865 (P.-L.-M.), qui a sanctionné l'expropriation d'une alluvion, considérée par elle comme sortie du domaine public à titre de concession d'endiguage. Dans cet ordre d'idées, on admettrait donc le prononcé d'un jugement d'expropriation à l'égard du domaine privé, préliminaire de la réunion du jury ; mais, pour le domaine public, à l'égard duquel l'expropriation est absolument inadmissible, il ne semble pas qu'un jury puisse être désigné, et dès lors nous ne voyons que le conseil de préfecture qui puisse prononcer entre l'Etat et son concessionnaire.

On ne saurait considérer comme rentrant dans le cas d'incorporation à un domaine concédé, celui où les concessions laissent subsister l'affectation primitive, telles que celles des voies ferrées, des quais et des routes et celles des diverses sortes d'outillages des ports de commerce. Au point de vue domanial, ces concessions se rapprochent davantage des permissions d'occupation temporaire ; en étudiant celles-ci, nous examinerons la question de paiement d'une redevance annuelle.

3º **Appropriation des terrains à leur destination.** — Le seul fait de l'acquisition de terrains en vue de leur incorporation à un ouvrage public ne suffit pas à leur conférer le caractère de domanialité publique : il faut encore qu'ils aient subi en fait cette incorporation au moyen d'une appropriation convenable. Aussi le Conseil d'Etat a-t-il refusé de condamner pour contravention de grande voirie l'auteur d'emprises commises sur un terrain destiné à être affecté au service d'une gare, mais n'ayant pas encore reçu cette affectation (7 août 1883, Allix). On doit en conclure que de tels terrains sont prescriptibles. M. de Récy (1, 358) indique d'ailleurs que c'est là le motif pour lequel tous les immeubles acquis par l'Etat doivent être immatriculés (provisoirement, dit-il) sur les sommiers des propriétés de l'Etat, conformément à l'article 23 de la loi de finances du 29 déc. 1873 : *Aucun paiement pour acquisition d'immeubles par l'Etat ne pourra avoir lieu sans que le mandat fasse mention du numéro sous lequel l'immeuble acquis a été immatriculé sur les sommiers des Domaines.* L'application de cette prescription, qui avait été d'abord suspendue, a fait l'objet de circulaires du ministre des travaux publics en date des 7 juin 1880 et 6 mai 81. Une circulaire postérieure du 29 juin 1892, après avoir constaté que cette immatriculation est faite régulièrement, ajoute que l'administration des Domaines doit pouvoir tenir ses sommiers au courant, et que les ingénieurs doivent par suite l'informer exactement des changements qui surviennent dans la consistance des biens affectés. Cette dernière expression permettrait de penser qu'il ne s'agit que des terrains ayant fait l'objet d'un décret d'affectation, mais nous pensons qu'il s'agit aussi des terrains acquis par les services, ainsi que l'indique la mention de l'immatriculation primitive.

§ 2

CONDITION JURIDIQUE DU DOMAINE PUBLIC

I. *Nature des droits dont il est l'objet.* — II. *Inaliénabilité.* — III. *Imprescriptibilité.*
— IV. *Actions réelles.* — V. *Inapplicabilité du Code civil.*

I. Nature des droits dont il est l'objet. — L'Etat, les départements et les communes ont des droits incontestables et incontes-
tés sur le domaine public national, départemental ou communal ;
mais on a soulevé des discussions assez subtiles sur la nature même
de ces droits. Comme le dit M. Ducrocq, « l'idée de domanialité publique est radicalement exclusive du droit de propriété défini par le
droit romain et par l'art. 544 du Code civil la réunion de l'*usus*, du
fructus et de l'*abusus* » (**IV**, 106) ; mais, d'autre part, le domaine public
est l'objet de droits fort étendus qui induisent à chercher quelque
expression se rapprochant de celui de propriété. C'est ainsi, par exemple, qu'un arrêt du Conseil d'Etat en date du 17 nov. 1882 (Cie Gle des
Eaux) parle des voies publiques qui *appartiennent* aux communes, et
M. de Récy, qui enseigne comme tout le monde que le domaine public
n'est pas susceptible de propriété, n'hésite pas à dire qu'il *appartient*.
Sans doute, l'usage et Littré sont d'accord pour traduire « appartenir
à... » par « être la propriété de.., » ; mais, trop heureux de pouvoir
user d'un mot couvert par l'autorité du Conseil d'Etat et de M. de Récy,
nous ne chercherons pas ce qu'il peut y avoir d'un peu puéril dans
cette querelle de mots [1].

Ce qui est incontestable, c'est qu'il y a une différence réelle entre
les droits de propriété privée et ceux dont le domaine public fait l'objet : c'est ce qui résultera des pages suivantes.

II. Inaliénabilité du domaine public. — Un historique
sommaire des questions relatives à l'inaliénabilité du domaine public
est indispensable pour rendre intelligible l'exposé des règles actuellement en vigueur.

1° Ancien régime. — Sous l'ancien régime, ainsi que nous l'avons
vu (p. 155), la distinction entre le domaine public royal et le domaine
privé n'existait pas ; mais l'inaliénabilité de ce qui devait devenir le
domaine public n'en avait qu'un caractère plus absolu. Dès 1356, une

---

1. Il semble qu'il serait bien simple de dire que le domaine public n'est pas
susceptible de propriété privée, mais l'est de propriété publique, le sens de
cette dernière expression étant fixé précisément par les droits des diverses personnes civiles sur leur domaine public.

ordonnance révoquait les aliénations faites au préjudice du domaine de la Couronne et contenait l'engagement qu'il n'en serait plus effectué ; puis ces mesures furent renouvelées à diverses reprises, étant peu exactement observées, et c'est à Charles IX, conseillé par le chancelier de l'Hôpital, qu'est due l'ordonnance à laquelle on fait remonter l'inaliénabilité effective du domaine royal : *Le domaine de nostre Couronne*, dit l'art. 1er de l'ordonnance de Moulins de fév. 1566, *ne peut être aliéné qu'en deux cas seulement : l'un pour appanage des puisnez mâles de la Maison de France....; l'autre pour l'aliénation à deniers comtans pour la nécessité de la guerre, après lettres patentes pour ce décernées et publiées en nos parlemens, auquel cas il y a faculté de rachat perpetuel.*

L'article 5 ajoute : *Défendons à nos cours de parlemens et chambres des comptes d'avoir égard aux lettres patentes contenant aliénation de nostre domaine et fruits d'icelui, hors les cas susdits, pour quelque cause et temps que ce soit, encore que ce fût pour un an, et leur est inhibé de procéder à l'entérinement et vérification d'icelles.*

Bien d'autres textes, antérieurs ou postérieurs à l'ordonnance de Moulins, pourraient être cités ; mais cette ordonnance présente un intérêt exceptionnel et toujours actuel, parce que le droit moderne, d'accord avec un édit d'avril 1683, la considère comme limitant les aliénations valables du domaine royal, du moins en ce qui concerne les rivières et leurs dépendances : *Nous avons par ces présentes, signées de notre main, confirmé et confirmons en la propriété, possession et jouissance des isles, islots, attérissements, accroissements, droits de pesche, péages, passages, bacs, batteaux, ponts, moulins et autres édifices et droits sur les rivières navigables dans l'étendue de notre royaume, pais, terres et seigneuries de notre obéissance, tous les propriétaires qui rapporteront des titres de propriété autentiques faits avec les roys nos prédécesseurs en bonne forme auparavant l'année 1566, c'est à sçavoir : inféodations, contrats d'aliénations et engagements, aveux et dénombremens qui nous auront été rendus, et qui auront été reçus sans blâme.... — Et quant aux possesseurs des dites isles, islots, fonds, édifices et droits susdits sur les dites rivières depuis les lieux où elles sont navigables sans écluse ni artifice, qui rapporteront seulement des actes autentiques de possession commencée sans vice avant le 1er avril 1566 et continuee sans trouble, voulons et nous plaît qu'eux, leurs héritiers, successeurs et ayants cause demeurent confirmez, comme nous les confirmons en leur possession, sans qu'à l'avenir ils puissent être troublez, à condition néanmoins de nous payer annuellement, à commencer du 1er janvier de la présente année, entre les mains et sur les quittances du fermier de notre domaine, par forme de redevance foncière, le vingtième du revenu annuel desdites isles, islots et autres droits et choses susdites, suivant la liquidation qui en sera faite sur le pied des baux passez sans fraude ou sur l'estimation des choses et fonds de pareille qualité...*

Cette ordonnance de 1566 avait déjà été rappelée dans l'édit d'août

1669 sur les eaux et forêts pour réitérer la défense d'aliéner les forêts royales (titre XXVII, art. 1er) [1], et dans les nombreux actes de Louis XIV lui-même,portant de si graves atteintes aux principes posés par l'édit de 1683, on voit toujours revenir cette date de 1566, qui demeura le point de départ de l'application de la règle de l'inaliénabilité du domaine royal.

Cette inaliénabilité, qui s'étendait à la totalité du grand domaine (voir p. 155), avait le caractère d'une mesure de défiance, prise,par les rois eux-mêmes, pour prévenir la dilapidation du domaine de la Couronne; en s'interdisant à l'avance toute diminution de ce domaine sauf dans des cas spécifiés, ils frappaient de nullité tout édit qu'ils rendraient en contradiction avec cette interdiction : tel fut, par exemple, un édit de décembre 1693 qui, après avoir soumis les détenteurs de moulins remontant à 1566 à un certain paiement, maintenait en possession les détenteurs de moulins plus récents moyennant un paiement double ; aussi ne reconnaît-on aucune valeur à cet édit.

2° Période révolutionnaire. — La loi des 22 nov.-1er déc. 1790, en posant comme nous l'avons vu, p. 155, le principe qu'il est des portions du territoire qui ne sont pas susceptibles de propriété privée, tandis qu'il en est d'autres qui, tout en appartenant à la nation, ont ce caractère de biens privés, prépara la division du domaine national en deux parties essentiellement distinctes ; mais cette division n'est pas encore opérée. Le domaine de la nation devient aliénable, mais seulement *en vertu d'un décret formel du corps législatif sanctionné par le Roi, en observant les formalités prescrites pour la validité de ces sortes d'aliénations* (art. 8) ; toutefois l'art. 12 exceptait de cette faculté d'aliénations *les grandes masses de bois et forêts nationales.* Les contrats d'échange antérieurs étaient déclarés valables ; mais les ventes et aliénations ne l'étaient qu'à condition d'être antérieures à l'ordonnance de février 1566 (art. 14), celles postérieures étant *réputées simples engagements, perpétuellement sujettes à rachat* (art. 24).

L'art. 37 ajoutait d'ailleurs : *Les dispositions comprises au présent décret ne seront exécutées à l'égard des provinces réunies à la France postérieurement à l'ordonnance de 1566 qu'en ce qui concerne les aliénations faites depuis la date de leur réunion respective, les aliénations précédentes devant être réglées suivant les lois en usage dans ces provinces* [2].

1. C'est même sur cet édit que s'appuie un arrêt du Conseil d'Etat du 17 mai 1844 (moulin d'Albarède) pour faire partir de 1566 l'inaliénabilité du domaine de l'Etat.

2. Une loi du 14 ventôse an VII a dit de même :

Art. 1er. — Les aliénations du domaine de l'Etat consommées dans l'ancien territoire de la France avant la publication de l'édit de 1566, sans clause de retour ni réserve de rachat, demeurent confirmées.

Art. 2. — En ce qui concerne les pays réunis postérieurement à la publication de l'édit de 1566, les aliénations de domaines faites avant les époques res-

Le domaine public n'ayant été distingué du domaine privé qu'en principe et non en fait, il fut procédé à des aliénations de parties du territoire non susceptibles de propriété privée, notamment par suite de la vente nationale des biens du clergé, lesquels comprenaient bien des dépendances du domaine public. Nous reviendrons tout à l'heure sur ces ventes.

3o **Droit moderne.** — 1. Principe. — L'art 538 du Code civil a repris la notion de portions de territoire qui ne sont pas susceptibles de propriété privée (note 2 de la page 156), et l'exposé des motifs les opposait aux *choses qui se trouvent dans le commerce.* Or ce qui n'est pas dans le commerce ne saurait être aliéné [1], d'où une inaliénabilité essentielle du domaine public ; mais, comme le caractère de domanialité publique résulte d'une destination et comme cette destination peut être retirée par la volonté de l'Etat, on voit que l'inaliénabilité du domaine public n'est plus que potestative et est moins absolue, du moins en principe, que sous l'ancien régime.

2. Sanctions de l'inaliénabilité. — La sanction de l'inaliénabilité consiste en ce qu'une vente d'une dépendance du domaine public, non précédée d'un déclassement, doit être annulée (Cass. 11 fév.1878, ville de Lille ; 30 mai 81, dép. de la Seine; voir art.13 du cahier des charges du 1er avril 1879 pour la vente des biens de l'Etat); le premier arrêt cité a d'ailleurs reconnu un droit à indemnité contre la ville qui avait vendu une dépendance de son domaine public. M. de Récy cite d'autre part un jugement du tribunal de la Seine (7 août 1879, Schamber) qui a condamné l'Etat à délivrer une parcelle dépendant du chemin de fer de ceinture ; mais il fait remarquer que cette condamnation ne pouvait aboutir qu'à l'allocation de dommages-intérêts, puisqu'on ne pouvait déférer à l'injonction de la justice. Le même auteur estime que, au cas où une partie seulement du terrain vendu serait inaliénable, l'acquéreur évincé serait en droit d'exiger la résiliation totale de la vente, conformément aux conditions fixées par l'art. 1636 du Code civil.

L'action en nullité serait prescrite au bout de trente ans (art. 2262) et même peut-être de dix (art. 1304). « Mais, dit M. de Récy, pour rentrer en possession des dépendances, indûment distraites du domaine public, l'autorité préposée à la garde de ce domaine n'a pas besoin de faire tomber préalablement la vente ; il lui suffit de se prévaloir du caractère de domanialité qui n'a point été effacé. Agissant comme

pectives des *réunions seront réglées suivant les lois alors en usage dans les pays réunis, ou suivant les traités de paix ou de réunion.*

L'art. 4 déclare nulles les aliénations postérieures à ces dates.

1. L'art. 1598, compris dans le chap. III du titre VI, consacré aux « choses qui peuvent être vendues », dit que *tout ce qui est dans le commerce peut être vendu, lorsque les lois particulières n'en ont pas prohibé l'aliénation.*

puissance publique, elle ne serait pas arrêtée par l'action civile *ex empto ;* cette action ne pourrait être opposée à l'Etat vendeur que comme personne privée, et elle donnerait lieu seulement à restitution du prix, avec ou sans dommages et intérêts pour défaut de délivrance. Et si, à la faveur de la vente, l'acquéreur avait transformé la chose vendue à ce point de lui faire perdre sa nature, il pourrait alors l'avoir prescrite, puisqu'elle serait sortie du domaine public par cette transformation ; mais la prescription s'appliquerait, dans ce cas, à la chose et non à l'action en nullité » (I, 430). Ce passage soulève deux ordres de questions délicates : comment l'autorité à laquelle appartient la portion de domaine public irrégulièrement aliénée rentrera-t-elle en possession si elle ne peut plus faire annuler la vente, et dans quelles conditions la prescription peut-elle s'appliquer à une portion transformée du domaine public ? Ces questions seront étudiées sous le n° VI, 1°, du 1er paragraphe du chapitre suivant et sous le n° III, 2°, du présent paragraphe.

L'expropriation, constituant l'une des formes de l'aliénation, est prohibée par le principe de l'inaliénabilité du domaine public, ainsi que nous l'avons vu tome I, p. 180 (voir aussi ci-dessus, p. 162 et suiv.).

3. EXCEPTIONS. — Il convient de revenir maintenant sur l'application des exceptions au principe de l'inaliénabilité,résultant soit de l'ancienneté de l'acte, soit d'une vente révolutionnaire. Nous avons vu que, tant sous l'ancien régime que pendant la révolution, l'année 1566 a été prise comme point de départ de cette inaliénabilité, par une sorte de privilège accordé à l'édit de Moulins entre bien des actes analogues, et que, pour les provinces réunies postérieurement à la France, les aliénations antérieures à cette réunion sont soumises aux lois qui y étaient alors en vigueur ; M.de Récy donne à ce sujet une étude assez détaillée que nous allons résumer. Les dates données sans explication sont à la fois celles de la réunion et du point de départ de l'inaliénabilité.

Artois, 1640. Corse, 1768. Flandre, 1668 ; mais, la coutume rédigée en 1533 étant muette sur la question du domaine public, le principe romain de l'inaliénabilité est appliqué à partir de cette date (Cass. 16 juill. 1877, ville de Lille). Franche-Comté, 1678 (C. E., 19 juin 1885,de Buyer). Lorraine, 1738 ; M. de Récy indique d'ailleurs 1600 ou tout au moins 1714 comme point de départ de l'inaliénabilité. Comté de Montbéliard, réunion en 1792, ratifiée en 1802 ; domaine aliénable auparavant (Cass. 10 janv. 1842, Grandgirard). Navarre, Béarn, duché d'Albret, réunion en 1589, régularisée en 1607. Roussillon, 1659 (Cass. 24 juin 1835, comm. d'Aiguetebia). Savoie, édit du 16 déc. 1678 pour les entreprises sur les cours d'eau navigables ou non,royales constitutions de 1729 aux autres points de vue. Trois Evêchés ; on admet que l'effet des traités de Westphalie remonte à 1559, et par suite la date de 1566 est applicable.

Les domaines *engagés,* c'est-à-dire aliénés avec faculté de rachat, antérieurement à la loi du 1er déc. 1790 sont devenus la propriété définitive de ceux qui les détenaient et doivent être assimilés aux biens vendus nationalement. Cela résulte de l'art. 9 de la loi du 12 mars 1820, qui permettait, il est vrai, de faire des réserves à ce sujet durant trente ans à partir de la publication de la loi du 14 ventôse an VII ; mais, à la suite d'actes interruptifs de prescription signifiés en 1829, un nouveau délai de trente ans s'est écoulé, et les engagistes sont devenus propriétaires définitifs.

Ainsi que nous l'avons dit, les ventes nationales faites du temps de la révolution se sont appliquées souvent à des dépendances du domaine public. Dans quelles mesures ces aliénations sont-elles couvertes par les lois qui ont garanti l'inviolabilité des ventes nationales [1] ? En principe, cette inviolabilité ne constituait qu'une garantie contre les revendications des anciens propriétaires et non contre l'exercice des droits de la nation ; c'est dans ce sens que s'était prononcé plusieurs fois le Conseil d'Etat avant 1830, et plus récemment la Cour de cassation, sans prononcer une nullité qu'il ne lui appartenait pas de prononcer, a admis qu'une vente nationale n'avait pu s'appliquer au rivage de la mer (17 janv. 1859, Javal) ; mais, depuis la révolution de juillet, le Conseil d'Etat s'est prononcé en faveur du respect absolu des ventes nationales (14 avril 1831, Malassis, et 2 fév. 54, comm. de Morteaux ; 15 avril 69, Lambert, 1re esp. ; 14 nov. 84, Guiblin ; 1er août 90, Richard Wallace ; voir aussi ce que nous avons dit de la légalité des usines hydrauliques, tome I, p. 475 à 477).

4° **Remarque sur les servitudes et les hypothèques.** — Les servitudes constituent des démembrements de la propriété et par suite sont soumises au principe de l'inaliénabilité ; ainsi, n'est-ce qu'en vertu de l'irrévocabilité des ventes nationales qu'a été reconnu le droit de prise d'eau en Seine dans l'affaire Wallace que nous venons de citer. En vertu de ce principe, non seulement on ne saurait exiger la cession de la mitoyenneté d'un mur dépendant du domaine public, par application de l'art. 661 du Code civil (Cass. 16 juin 1856, de Valary) ; mais l'administration n'a même pas le droit de céder cette mitoyenneté (avis du Conseil d'Etat du 13 avril 1880, de Récy I, 476, note 1). Le droit de passage en cas d'enclave ne saurait évidemment être exigé sur un chemin de fer, qui est incompatible avec une telle jouissance, mais il convient même d'étendre ce principe au cas d'une digue de canal, bien que la question soit controversée, ainsi que nous le verrons dans notre tome III. Les servitudes relatives au drainage et à l'irrigation ne peuvent non plus faire l'objet d'une revendication (C. E., 8 mars 1860, Sillé). Quant aux servitudes résultant forcément de la situation des lieux, comme celle

1. Loi des 14-17 mai 1790 ; acte constitutionnel du 22 frimaire an VIII ; sénatus-consulte du 6 floréal an X ; charte de 1814, art. 9 ; lois des 5-6 déc. 1814 et 27-28 avril 1825.

d'écoulement des eaux d'un fonds supérieur, il est évident qu'on ne peut y porter atteinte sans ouvrir un droit à indemnité; nous verrons d'ailleurs que les voies publiques sont assujetties à des obligations spéciales au point de vue de l'écoulement des eaux pluviales et ménagères. Mais les servitudes résultant du fait de l'homme donnent lieu à des dérogations apparentes au principe de l'inaliénabilité.

Il arrive en effet très fréquemment que, dans les actes d'acquisition ou les conclusions déposées devant le jury d'expropriation, on insère des clauses reconnaissant de véritables servitudes, par exemple un droit de passage sur une levée de canal. Le Conseil d'Etat a formellement reconnu la validité de telles conventions, refusant de voir des contraventions dans l'usage des droits ainsi accordés (28 juill. 1852, Mignon ; 19 janv. 54, Robinot), et d'autre part la Cour de cassation a déclaré que, en pareil cas, les lois protectrices du domaine public sont sans application (17 juill. 1849, de Courvol, 2e esp.)[1].

M. de Récy justifie parfaitement la validité des clauses de ce genre en faisant remarquer que, au moment où s'opère le démembrement de la propriété, le terrain ne fait pas encore partie du domaine public, auquel il n'est incorporé que par l'exécution des travaux, et cela tel qu'il se comporte, c'est-à-dire affecté d'une servitude.

Les difficultés que soulève ce genre de servitudes sont des plus délicates, et nous y reviendrons en traitant des actions dont le domaine public est susceptible (n° IV, 1°).

Les hypothèques constituant des droits réels sur les immeubles qu'elles frappent, le domaine public ne saurait, en principe, en faire l'objet. C'est du reste ce qui résulte de l'art. 2118 du Code civil, aux termes duquel n'en sont susceptibles que les biens immobiliers *qui sont dans le commerce*, ainsi que leur usufruit. Ce n'est donc que par dérogation à un principe général que plusieurs lois, énumérées par M. Picard (*Traité des Chemins de fer*, II, 216), ont autorisé ou prescrit l'inscription d'hypothèques sur des chemins de fer. Nous avons du reste traité cette question à l'occasion des principes généraux sur les concessions (Il, 1re partie, 335).

III. Imprescriptibilité. — **1° Principe.** — Le principe même de l'imprescriptibilité du domaine public ne soulève aucune difficulté. L'ordonnance de Moulins avait omis de formuler ce principe à l'égard du domaine royal, contrairement à ce qu'avait fait François Ier, dans un édit de 1539 ; mais l'imprescriptibilité est liée si intimement à l'inaliénabilité que l'édit d'avril 1683 a pris la date de 1566 comme limite des actes de possession pouvant entraîner prescription (voir p. 166). La loi des 22 nov.-1er déc. 1790 manque de netteté, mais admet implicitement l'imprescriptibilité du domaine public par le fait qu'elle régle-

1. Dans un arrêt du 13 janv. 1886 (Pertusier), elle n'a pas admis l'existence d'une telle convention, faute d'adhésion exprimée par l'Etat devant le jury.

mente, en son article 36, la prescription des *domaines nationaux dont l'aliénation est permise par les décrets de l'Assemblée nationale*. La question a été d'ailleurs nettement tranchée par le Code civil, dont l'art. 2226 porte qu'*on ne peut prescrire le domaine des choses qui ne sont point dans le commerce*.

Le principe de l'imprescriptibilité est sans cesse proclamé par la Cour de cassation et le Conseil d'Etat[1]; nous mentionnerons quelques-uns de leurs arrêts qui ont fait application de ce principe, en les divisant d'après le genre de domaine en question : Routes (C. E., 18 juillet 1866, Dora) ; chemins vicinaux (Cass., 1er août 1856, Baillet-Hecquet ; 22 avril 63 et 18 déc. 66, Alriq) ; domaine maritime (Cass., 8 juin 1875, ville de Cette) ; rivières navigables (C. E., 7 déc. 1854, de Matha, prise d'eau ; Cass., 9 juill. 46, Vauchel ; 8 déc. 63, Petit) ; canaux de navigation (Cass., 22 août 1837, canal de Briare) ; canaux de dessèchement (Cass., 3 fév. 1852, Wattringues) ; eaux servant à l'alimentation d'une commune (Cass., 20 août 1861, ville de Tourvès ; 30 avril 89, commune d'Alet)[2]. Nous avons vu, d'ailleurs (p. 60), en étudiant la répression des contraventions de grande voirie, de nombreuses décisions affirmant l'imprescriptibilité des poursuites ayant pour objet le rétablissement du domaine public dans son intégrité.

2° **Difficultés d'application.** — Si le principe de l'imprescriptibilité est au-dessus de toute contestation, son application ne laisse pas de soulever des difficultés fort délicates, parce qu'on peut se demander si certaines dépendances du domaine public n'en sont pas sorties et par suite ne sont pas devenues prescriptibles. Lorsqu'il ne s'agit que d'une simple servitude n'enlevant point au fonds son caractère, aucun doute n'est possible ; mais, s'il y a incorporation matérielle à une propriété privée, on peut soutenir que le terrain ainsi retranché ne fait plus partie du domaine public. A ce sujet, on doit faire une distinction entre le domaine naturel et le domaine artificiel.

1. DOMAINE ARTIFICIEL. — En ce qui concerne celui-ci, M. de Récy fait justement remarquer que l'imprescriptibilité a précisément pour but de s'opposer à ce que de telles prises de possession puissent conférer des droits à ceux qui s'en rendent coupables, et c'est dans cet esprit que le Conseil d'Etat a ordonné la démolition d'un ouvrage en maçonnerie, dit saut-de-loup, construit depuis plus de trente ans en saillie sur une route (18 juill. 1866, Dora). Mais, d'autre part, il ne faudrait pas cependant qu'il y eût déclassement par non-usage, qu'un chemin, par exemple, cessât d'une façon absolue de pouvoir être fréquenté (voir les considérants d'un arrêt de cassation du 24 avril 1855, Gorsse).

---

1. A titre de curiosité, nous signalerons que M. de Récy dénie formellement à la juridiction administrative le droit de faire application de l'imprescriptibilité du domaine public (II, 111-113).

2. Ces deux arrêts ont étendu l'imprescriptibilité aux eaux surabondantes.

La Cour de cassation a d'ailleurs été fort loin dans cette admission du déclassement par non-usage, car elle en a admis en principe l'application à un rétrécissement d'un chemin public (27 nov. 1861, Fraix). Il semble d'ailleurs qu'il s'agissait d'un rétrécissement général, s'étendant au droit de plusieurs propriétés ; mais M. de Récy réduit, selon nous, outre mesure la portée de cet arrêt en disant que son véritable motif consiste en ce que la domanialité publique antérieure n'était pas absolument établie : le texte de l'arrêt pose au contraire très nettement le principe indépendamment de cette question. Dans une autre espèce (18 mars 1845, comm. de Valdahon), la Cour de cassation a admis que, lorsqu'une route est établie dans un village sur l'emplacement d'une rue préexistante, mais avec une largeur moindre, l'excédent devient prescriptible, si la commune ne conserve pas une rue parallèle. Notons qu'au contraire le fait de l'approbation d'un plan d'alignement entraînant rétrécissement ne fait pas perdre aux excédents leur caractère de domanialité publique, qui subsiste jusqu'à la délivrance d'un alignement particulier (Cass., 31 mai 1855, Thiveau).

2. DOMAINE NATUREL. — Si maintenant nous examinons la question en ce qui concerne le domaine public naturel, elle change notablement d'aspect, en raison d'un fait que nous étudierons en détail à l'occasion de la délimitation du domaine public : les limites de ce domaine sont essentiellement variables, avancent ou reculent suivant que les rivières navigables et la mer modifient leurs rives ; ces variations naturelles peuvent être remplacées par des variations artificielles, causées par la main de l'homme, et la limite de la rivière ou de la mer résulte toujours d'un fait matériel, la limite atteinte par les eaux dans certaines circonstances. Du jour où, pour une cause quelconque, un terrain cesse ainsi d'être compris dans le lit d'un fleuve ou dans le rivage de la mer, il sort du domaine public et devient prescriptible, s'il n'est pas incorporé à un domaine public artificiel (Cass., 27 nov. 1867, Trouille ; voir aussi 8 déc. 63, Petit). Dans ces deux espèces, il s'agit de travaux exécutés par l'Etat ; mais « il importerait peu, dit M. de Récy à propos du domaine maritime, que les travaux eussent été indûment effectués par des particuliers, en contravention aux lois et règlements sur la police du rivage, aussi longtemps que les obstacles (à l'action des flots) subsistent, la domanialité maritime se trouve, au moins provisoirement, effacée ; la destruction des travaux, dans le cas où l'administration est fondée à l'ordonner, est nécessaire pour restituer aux terrains le caractère de dépendances du rivage, en permettant aux marées d'y revenir. C'est à tort, suivant nous, que le tribunal du Havre a décidé le contraire (17 janv. 1884, Bobée), car, en matière de domaine public naturel, le fait seul est constitutif du droit, et le rivage de la mer n'est inaliénable et imprescriptible qu'autant qu'il demeure à l'état de rivage, c'est-à-dire de terrain soumis à l'incursion des marées, sauf rétablisse-

ment des lieux en l'état ancien par mesure de police » (I, 204). Cette
thèse nous paraît d'autant moins contestable en pratique qu'il serait
souvent impossible d'établir que, plus de trente ans auparavant, la
limite de la rivière ou de la mer ne laissait pas en dehors le terrain
objet de la contestation.

3º **Servitudes.** — L'imprescriptibilité du domaine public s'applique
naturellement à l'acquisition de droits de servitude par usage. Ainsi
a-t-il été jugé au sujet des eaux d'un chemin public dirigées depuis plus
de trente ans sur une propriété, au moyen d'ouvrages apparents établis
sur le dit chemin (Cass., 22 avril 1863 et 18 déc. 68, Alriq). Nous verrons d'ailleurs, en traitant des permissions données sur le domaine public, qu'elles ont un caractère essentiellement précaire. Cette impossibilité de prescrire un droit de servitude trouverait son application dans
le cas suivant : nous verrons (nº V) que les dispositions du Code civil ne
sont point applicables *de plano* au domaine public, en sorte que, alors
qu'il ne s'agit pas d'une route ou d'un chemin, sur lequel les riverains
ont droit, comme nous le verrons, de prendre des vues, les riverains
d'un chemin de fer ou d'un canal, par exemple, peuvent prendre des
vues sans observer les prescriptions de ce Code ; mais ils ne sauraient
acquérir aucun droit leur permettant de réclamer contre l'exécution
d'un travail supprimant en fait leur jouissance, tel que l'élévation d'une
construction à la limite des terrains, contre le mur percé des ouvertures. Cette absence d'acquisition du droit de vue par prescription se
justifie non seulement par l'imprescriptibilité du domaine public, mais
encore par le fait que, du moment où les limites fixées par le Code ne
sont pas applicables, l'ouverture de vues à des distances moindres ne
constitue aucun empiétement sur le domaine public, tandis qu'il en
constituerait un sur les droits d'un voisin ordinaire.

IV. Actions réelles. — 1º **Actions en revendication.** — Le
domaine public ne saurait évidemment faire, à ce titre, l'objet d'une
revendication de propriété de la part d'un tiers ; mais il peut y avoir
discussion sur le fait même de la domanialité, ainsi que sur l'irrégularité dont serait entachée l'incorporation au domaine public. Nous
étudierons, à l'occasion des délimitations (chap. XXIX, § 1), les difficultés très délicates que soulève le premier genre de litiges ; quant au
second, nous l'avons étudié sous le titre d'expropriations irrégulières
(I, 314), et nous nous bornerons à rappeler nos conclusions, en indiquant en outre quelques décisions récentes.

Les tribunaux civils ont évidemment tout pouvoir pour reconnaître
les droits de propriété, abstraction faite des conséquences pratiques à
en tirer ; mais, du moment que l'incorporation au domaine public est
réalisée, ils ne peuvent porter atteinte au fait accompli, soit en ordonnant la destruction des travaux (Cass., 10 janv. 1883, Gallo ; 21 oct.

89, Leroy ; 16 nov. 92, Guibert ; T. C., 13 déc. 90, Parant), soit en prescrivant la remise en possession (Cass., 10 janv. 1883, Gallo ; 16 nov. 92, comm. de Simeux). Mais l'autorité judiciaire peut ordonner la suspension des travaux (T. C., 13 déc. 1890, Parant) et la restitution des terrains non incorporés au domaine public. Quant aux indemnités qu'elle peut toujours accorder (C. E., 6 fév. 1891, Guillaumin), elles ne doivent s'appliquer qu'au fait de la dépossession et au trouble causé directement par ce fait et non aux dommages résultant de l'exécution des travaux (T. C., 28 nov. 1891, Estable) ; toutefois, nous devons signaler un arrêt du Conseil d'Etat qui a renvoyé à l'autorité judiciaire la fixation de l'indemnité pour dommage en même temps que celle pour dépossession (21 avril 1893, comm. de Mustapha) ; mais, dans ce cas, il était difficile de distinguer le fait de l'occupation de celui des travaux, puisqu'il s'agissait de la prise de possession du sous-sol par l'ouverture d'une galerie.

Nous avons vu (p. 171) que, lors de l'acquisition des terrains, l'administration consent souvent à réserver certains droits aux vendeurs, constituant à leur profit sur le domaine public de véritables servitudes conventionnelles. Dans ce cas, l'autorité judiciaire a pleine compétence pour en reconnaître l'existence et la portée (Cass., 17 juillet 1849, de Courvol, 2e esp.) ; mais quels seraient ensuite ses pouvoirs si l'administration se refusait à laisser jouir les plaignants des servitudes reconnues ? Assurément, elle ne pourrait obliger celle-ci à exécuter ou à démolir un ouvrage sur le domaine public et ne pourrait qu'allouer une indemnité (voir t. I, p. 311 ; voir aussi Cass., 21 juill. 1874, Noël [1], et T. C., 11 janv. 73, Damours [2]). Si d'ailleurs le droit de servitude prétendu résultait d'un autre acte qu'une vente, les tribunaux ordinaires, tout en perdant la compétence sur l'indemnité (Cass., 26 avril 1865, Lebaudy), continueraient à connaître de l'existence de la servitude (T. C., 12 juin 1850, Guillot ; C. E., 19 mai 58, chem. de fer du Midi ; 28 juill. 59, Emery ; 18 avril 61, Bourquin ; 15 déc. 69, Filsac). Il n'en serait pas de même si la servitude dérivait d'un arrêt du Conseil du Roi (ainsi jugé alors qu'à cet arrêt s'ajoutait une convention avec une ville, C. E., 8 juin 1888, ville de Rennes ; voir aussi 11 nov. 82, ville de Rennes), ou même si la servitude dérivait du fait de la domanialité (17 déc. 1886, ville de Chaumont ; 28 janv. 87, comm. de Mauregny). Qu'arriverait-il s'il s'agissait d'un simple droit de passage sur une digue pour accéder à laquelle aucun ouvrage ne serait nécessaire ? Sans doute, l'administration pourrait établir une clôture et s'opposer ainsi matériel-

---

1. Il s'agissait d'un accès dans une gare, illégalement promis par le concessionnaire ; la Cour de cassation a déclaré irrecevable la demande de démolition de la clôture fermant l'accès.

2. Constatation de l'état primitif d'une prise d'eau accordée par l'acte de vente, puis modifiée, compétence judiciaire.

lement au passage ; mais, si elle dressait procès-verbal, le conseil de préfecture prononcerait l'acquittement (C. E., 28 juill. 1852, Mignon, suite de l'affaire de Courvol ; 19 janv. 54, Robinot, jugé sans interprétation judiciaire).

Il est superflu d'ailleurs d'insister sur la validité des concessions antérieures à 1566 et de celles qui résulteraient de ventes révolutionnaires ; mais nous mentionnerons quelques décisions reconnaissant la compétence judiciaire relativement aux droits de propriété qui résultent de concessions et d'actes de possession antérieurs à 1566 : D. C., 29 mars 1855, Lamache (comme il est question d'une pêcherie maritime, la date visée est celle de 1544, en vertu des ordonnances de mars 1584 et août 1681) ; Cass., 21 mai 55, Dumont.

Au cas où deux particuliers, dans un litige où l'administration ne serait pas partie, se disputeraient la propriété d'un terrain que celle-ci jugerait faire partie du domaine public, elle ne pourrait intervenir pour demander qu'il fût sursis jusqu'après délimitation de ce domaine, la décision à intervenir entre les deux particuliers ne devant faire aucun obstacle à l'exercice des droits domaniaux (D. C., 2 déc. 1853, Champel).

Enfin l'administration elle-même peut saisir la juridiction civile d'une demande en revendication ou plutôt en délaissement, fondée sur ce que le terrain n'est pas dans le commerce. Après avoir posé ce principe, M. de Récy ne cite aucun exemple.

2° Actions possessoires. — L'art. 23 du Code de procédure civile est ainsi conçu : *Les actions possessoires ne seront recevables qu'autant qu'elles auront été formées, dans l'année du trouble, par ceux qui, depuis une année au moins, étaient en possession paisible par eux ou les leurs, à titre non précaire.* La Cour de cassation interprète d'ailleurs cette dernière expression au moyen de l'art. 2229 du Code civil, concernant la prescription, comme signifiant *à titre de propriétaire,* « attendu, ajoute-t-elle, qu'on ne peut avoir la possession à titre de propriétaire d'une chose qui n'est pas susceptible de propriété privée », et elle conclut qu'une dépendance du domaine public ne peut être l'objet d'une action possessoire, qu'il s'agisse d'ailleurs d'un droit de propriété proprement dit ou d'un droit de servitude (26 nov. 1849, ville de Nogent-sur-Seine). Les mêmes principes ont été affirmés mainte fois par les diverses juridictions (O. C., 9 fév. 1847, Chevalier ; T. C., 3 avril 50, Deherrypon ; 30 juill. 50, Magnin ; 24 juillet 51, Bellonis ; D. C., 13 janv. 53, Gouhenans ; 1er juin 61, canal latéral à la Garonne [1] ; 2 mai 66, Hodouin ; Cass., 6 nov. 66, Dubast-Flandrin ; 24 janv. 93, comm. de Gonfreville ; T. C., 27 mai 76, comm. de Sandouville ; 12 mai 83, Faget) [2]. Toutes

---

1. Action fondée sur une promesse de droit de passage dans un acte de vente.
2. Un arrêt de cassation du 17 nov. 1891 (Porton) a admis une action posses-

ces décisions portent que, s'il y a contestation sur le caractère de domanialité, l'autorité judiciaire doit surseoir pour laisser trancher cette question par l'autorité administrative. Ces principes ne s'opposent pas, bien entendu, à ce que le juge de l'action possessoire constate les actes de possession justifiés et de nature à ouvrir des droits en indemnité ou en annulation d'un arrêté de classement (Cass., 2 mars 1887, d'Ortoli).

La jurisprudence admet d'autre part que l'administration seule peut opposer la précarité de la jouissance aux actions possessoires sur le domaine public, en sorte que les actions entre particuliers sont recevables, la question de domanialité étant réservée (O. C., 11 avril 1848, Richard ; D. C., 26 juin 52, David ; 2 déc. 52, Champel ; Cass., 5 juin 39, comm. de Flamanville ; 6 mars 55, Bonnel ; 9 nov. 58, Lancelevée ; 11 juill. 59, Bergerat ; 23 août 59, Lagarrigue ; 22 nov. 64, comm. de Mauguio ; 24 juill. 65, Geines ; 18 déc. 65, Révol ; 19 juin 77, Anglade ; 20 nov. 77, Méau ; 27 fév. 78, Manuaud ; 6 mars 78, Breton) [1]. Dans le cas où l'action possessoire serait dirigée contre un locataire de l'Etat, qui appellerait celui-ci en garantie, l'action cesserait d'être recevable et, au cas où il y aurait doute sur le caractère de domanialité publique, l'autorité judiciaire renverrait cette question préjudicielle à l'autorité administrative (T. C., 6 déc. 1884, Lacombe St-Michel). Nous devons enfin mentionner un arrêt relativement récent, dans lequel la Cour de cassation a déclaré que, les eaux pluviales qui coulent sur un chemin public n'étant à personne et leur possession étant de pure tolérance, cette possession ne peut servir de base à une action en complainte que lorsque les eaux ont été concédées administrativement ou ont été, entre particuliers, l'objet d'une attribution conventionnelle (13 janv. 1891, Mazou). Ce dernier cas est celui de l'arrêt Bergerat.

Dans le cas d'une concession, celui qui en jouit peut, en vertu des principes précédents, revendiquer contre les tiers la possession de la portion du domaine public qu'il détient (Cass., 5 nov. 1867, Clertan), bien qu'il ne puisse poursuivre la répression des contraventions de grande voirie (p. 28).

Nous devons d'ailleurs signaler une restriction à la recevabilité des actions possessoires, posée à l'occasion de la location d'un banc dans une église (20 janv. 1879, Daniaud) : « Si les choses du domaine public, dit cet arrêt, peuvent être l'objet de l'action possessoire, ce

---

soire sur une portion d'un chemin communal ; nous supposons qu'il n'était pas régulièrement classé comme rural et ne faisait pas dès lors partie du domaine public.

1. On peut consulter en sens contraire un arrêt de cassation du 21 juin 1859 (Mosselmann), aux termes duquel des actes de possession sur le rivage de la mer ne peuvent servir de base à une action possessoire qu'à dater de la concession qui en aurait été faite.

n'est que pour les droits réels de servitude, de jouissance ou d'usage, tels que celui de prise d'eau, et non pour les droits personnels de jouissance, tels que celui de fermier ou locataire ». La Cour de cassation ne semble pas avoir toujours tenu compte de cette distinction, car les arrêts cités des 5 juin 1839 et 22 novembre 1864 concernent la récolte des herbes marines.

Enfin, M. de Récy signale le cas où l'action possessoire est appuyée précisément sur le caractère domanial du terrain, un particulier revendiquant le droit d'usage qu'il possède en vertu de la destination publique d'une partie du domaine : tel est le cas où un riverain d'un chemin est troublé par un tiers dans l'usage qu'il a le droit d'en faire (5 janv. 1869, Simard ; voir aussi 12 juin 80, Pariset, espèce analogue mais où l'action était répressive : il s'agissait d'une construction élevée en saillie sur l'alignement). Dans l'un et l'autre cas, la Cour de cassation a déclaré que le riverain lésé n'avait pas besoin d'emprunter l'action de la commune et d'obtenir l'autorisation nécessaire en ce cas. Nous ferons remarquer que, comme il s'agissait de chemins ruraux, antérieurement à la loi du 20 août 1881, le domaine public n'était pas en cause[1] ; nous avons vu d'ailleurs que, en matière de grande voirie, nul que le préfet ne peut exercer l'action répressive. Dans une espèce plus récente (15 mai 1889, Flandrin), la Cour de cassation a motivé l'admission de l'action possessoire en disant qu'il s'agissait d'un chemin *simplement* communal et par suite non classé comme rural.

M. de Récy se montre peu favorable à l'extension donnée par la jurisprudence aux actions possessoires sur le domaine public, et il lui semble qu'elle doit logiquement conduire à l'admettre contre les administrations toutes les fois qu'un particulier jouit d'un certain droit sur ce domaine, par exemple quand il est riverain d'une route ou d'un chemin public, auquel il a droit d'accès et de vue. Cette crainte ne nous paraît pas justifiée, car il s'agira ou bien d'un refus de permission de voirie, ou bien d'un acte matériel de l'administration l'empêchant d'user de son droit. Dans le premier cas, le litige devra être tranché soit par un recours pour excès de pouvoir, soit par des poursuites pour exécution sans autorisation ; dans le second, il s'agirait d'un travail public qu'un tribunal ne saurait ordonner de démolir et qui, au point de vue de la réparation du dommage causé, relèverait du conseil de préfecture.

M. de Récy, comme M. Ducrocq, indique, sans citer d'arrêts, que la jurisprudence admet l'action possessoire de l'administration ; mais cette procédure est très rare, les empiétements sur le domaine public étant réprimés par des voies spéciales (voir chap. XXV, § 3, et chap. XXVI, § 2).

[1]. M. de Récy cite bien trois autres arrêts, mais sans rapport avec la question.

Quoi qu'il en soit, toutes les fois qu'une action possessoire est admise,
elle est soumise aux conditions spéciales à ce genre d'action. C'est
ainsi que, conformément à l'art. 25 du Code de procédure civile, le
possessoire et le pétitoire ne peuvent être cumulés (16 août 1869, Ber-
doly). D'autre part, on sait que, si aux termes de l'art. 23, il faut être
en possession depuis une année au moins pour pouvoir exercer une
action possessoire, la jurisprudence n'applique ce principe que s'il
s'agit d'une complainte (21 juin 1859, Mosselmann), et non quand on
est en présence d'une action en réintégrande[1] (27 fév. 1878, Manuaud ;
voir aussi 17 nov. 91, Berton).

V. Inapplicabilité du Code civil. — **1°** Discussion de
principe. — Les principes spéciaux de l'inaliénabilité et de l'imprescriptibilité du domaine public soustraient celui-ci à d'importantes dispositions du Code civil ; mais il y a plus, car, d'une façon générale,
ainsi que nous l'avons vu (p. 156), ce Code ne traite que des choses
qui sont dans le commerce ; d'où l'on a conclu qu'il est essentiellement
inapplicable quand le domaine public est en cause. Nous pensons qu'il
y a là une exagération. M. de Récy reconnaît que, si le domaine public
n'est la propriété de personne, il *appartient* à l'État, au département ou
à la commune, et il en conclut, avec la jurisprudence (Cass. 22 nov.
1864, comm. de Mauguio), que celui auquel il appartient a la disposition de tous ses produits, non point en vertu du droit d'accession (art.
547, C. c.), mais parce que, « ayant seul la disposition de son domaine
public, personne ne peut l'empêcher de s'en attribuer les produits ».
La raison nous paraît un peu faible, car on pourrait fort bien soutenir
que les produits sont à la disposition de tous, sous réserve des mesures de police à intervenir. Il semble qu'il serait beaucoup plus naturel
de dire que, en l'absence de disposition légale spéciale, il convient ou
non d'appliquer le Code civil au domaine public suivant que son affectation s'y oppose ou non : n'est-ce pas d'une façon analogue que, antérieurement à la loi du 22 juill. 1889, et même encore aujourd'hui dans
une moindre mesure, la jurisprudence appliquait à la procédure devant
les conseils de préfecture les dispositions du Code de procédure civile
qui peuvent s'adapter aux conditions spéciales de la juridiction administrative. Ce n'est évidemment pas là une solution rigoureuse ; mais
le sens pratique paraît l'imposer en l'absence d'un système complet de
dispositions légales : c'est ce que l'étude suivante de quelques difficultés va mettre en lumière.

2° **Droit d'accession.** — Nous avons tout à l'heure parlé du droit
d'accession : doit-il s'appliquer aux plantations et constructions faites
sur le domaine public ? Pas n'est besoin de parler des plantations fai-

1. La complainte concerne le cas de simple trouble à la possession, tandis que
la réintégrande s'applique au cas où il y a eu dépossession.

tes par les riverains en exécution des anciens règlements, puisque la
loi du 9 ventôse an XIII leur en attribuait formellement la propriété
(art. 3) ; mais on doit, d'une façon générale, reconnaître l'inapplicabilité de ce genre d'accession, attendu que les règlements de police, notamment ceux qui concernent la grande voirie, ont organisé tout un
système de répression qui se substitue naturellement aux dispositions
du Code civil.

Le droit d'accession qui attribue les alluvions au propriétaire riverain (art. 556) soulève des questions plus délicates. La jurisprudence,
lorsqu'une voie publique est interposée entre la propriété privée et le
cours d'eau, attribue la propriété de l'alluvion à l'Etat, au département
ou à la commune, suivant que cette voie dépend du domaine public
national, départemental ou communal (Cass. 10 juill. 1831, Labbé et
Bontemps ; 12 déc. 32, comm. de Roques ; 16 fév. 36, préfet du Loiret).
M. de Récy, qui accepte cette jurisprudence, la justifie assez aisément
à l'égard de l'Etat, vu que les atterrissements lui appartiennent quand
les art. 556 et 557 ne permettent pas à un riverain d'en revendiquer la
propriété. Outre que cet argument n'est bien valable que pour les
rivières navigables, il ne saurait s'appliquer aux départements et aux
communes ; aussi M. de Récy a-t-il eu besoin de toute son ingéniosité
pour concilier la jurisprudence avec l'inapplicabilité absolue du Code
civil : « Lorsque l'Etat, le département ou une commune, dit-il, créent
une route ou un canal, il faut qu'avant de les consacrer à l'usage commun ils se rendent propriétaires du territoire qu'ils destinent à recevoir cette affectation. Il suffira donc de supposer que le département
ou la commune n'ont pas étendu la domanialité publique jusqu'à l'extrême bord du terrain acquis, et qu'ils ont laissé entre la route et le
fleuve une bande, aussi étroite que l'on voudra, à l'état de propriété
privée, départementale ou communale, pour que l'alluvion puisse s'y
réunir par accession » (I, 473). Qui ne voit tout le parti qu'on pourrait tirer de cette bande infinitésimale pouvant à volonté être insérée
ou non, sinon entre une route ou un chemin et la propriété privée, du
moins entre celle-ci et un canal ou un chemin de fer? On tombe dans
l'arbitraire pur, et mieux vaut laisser de côté le dogme de l'inapplicabilité absolue du Code civil et examiner, pour chaque ordre de questions, s'il comporte ou non l'application de celui-ci.

3° **Droit d'accès et de vue.** — En traitant des servitudes, nous
avons fait allusion (p. 174) à la question des vues sur les canaux et les
chemins de fer et aux accès sur les avenues des gares. Nous devons
entrer dans quelques détails sur ces sujets.

Les canaux et chemins de fer n'étant aucunement destinés à desservir les propriétés riveraines ni créés en quoi que ce soit dans leur intérêt, l'administration a prétendu faire application contre elles des art.
678 et 679 sur les vues entre héritages voisins ; c'est ainsi que la circ.

du ministre des travaux publics en date du 8 déc. 1879 sur les occupations temporaires du domaine public porte que les vues droites dans les murs de façade, construits à l'alignement le long des canaux, ne doivent être autorisés que moyennant une redevance rappelant le caractère précaire de l'autorisation. Aussi n'est-ce qu'avec d'expresses réserves que fut insérée dans les *Annales des ponts et chaussees* (1881, t. II, p. 472) une intéressante étude de M. Doussot soutenant la thèse opposée, conformément du reste aux conclusions de Daviel et de Dalloz. Mais M. de Récy indique que le ministre des finances s'est rallié à la thèse de l'inapplicabilité du Code civil, par une décision du 5 fév. 1886, relative au canal du Loing.

La jurisprudence s'est d'ailleurs prononcée contre les prétentions primitives de l'administration dans une affaire dont le développement est intéressant à connaître. Un terrain voisin de la Saône canalisée ayant été d'abord réservé *pour les aisances* d'une route nationale, puis affecté à la construction d'une maison éclusière, l'Etat prétendit faire clore des vues prises sur ce terrain pendant la première période ; mais la cour de Besançon refusa de lui donner satisfaction, le terrain en question dépendant du domaine public (22 janv. 1868, Revon). Ensuite, l'Etat ayant construit une maison éclusière à 2^m des ouvertures, Revon en réclama la démolition, ce que la même cour lui refusa, vu qu'il s'agissait d'un travail public, tout en déclarant aussi l'incompétence judiciaire relativement à l'allocation d'une indemnité (14 fév. 1876). L'Etat s'étant pourvu contre cette disposition, la Cour de cassation rejeta son recours, attendu que, nonobstant la disposition incriminée, la juridiction administrative demeurerait juge du droit même à indemnité (28 mai 1878). Enfin le Conseil d'Etat, par arrêt du 4 juill. 1879, a refusé de reconnaître ce droit : cet arrêt mérite qu'on s'y arrête. Le Conseil constate d'abord que le terrain litigieux n'a jamais eu le caractère d'une voie publique (ce qui n'a pas supprimé le droit d'ouvrir des vues directes), puis il rejette la demande d'indemnité, après avoir constaté en outre que la maison éclusière a été construite à deux mètres de 'la maison voisine. Doit-on voir dans cette dernière constatation un élément essentiel de la décision ? Nous ne le pensons pas, et tel est l'avis de M. Picard : l'ouverture des jours ne saurait, en vertu même de l'imprescriptibilité du domaine public, donner naissance à un droit du riverain, et l'administration reste maîtresse d'obstruer les ouvertures en élevant elle-même un mur, même à la limite des terrains ; toutefois M. Picard n'écarte pas d'une façon absolue l'hypothèse d'une indemnité, précisément parce que, le droit commun étant inapplicable, les tribunaux administratifs conservent une entière liberté d'appréciation : tel serait le motif pour lequel le Conseil d'Etat aurait noté la distance de deux mètres qui dès lors pouvait être un élément d'appréciation (*Traité des Eaux*, III, 611 à 613). Les canaux concédés à perpétuité étant considérés par la Cour de cassation comme des propriétés privées, elle leur fait application des dispositions du Code civil, admettant que les riverains peuvent acquérir, même par prescription, des droits de vue sur leurs dépendances (11 nov. 1867, canal du Midi). On a fait remarquer que, dans l'espèce, on aurait pu opposer l'art. 164 du décret du 12 août 1807, qui interdit de pratiquer aucune ouverture sur les francs-bords de ce canal.

En étudiant les chemins de fer, dans le tome III, nous verrons que, si la loi du 15 juill. 1845 interdit de construire autre chose qu'un mur de clôture à moins de deux mètres de ceux-ci, cette distance est mesurée à partir d'une limite légale qui ne coïncide pas forcément avec celle du domaine public. Il en résulte que la même question se pose au sujet des .vues pour les chemins de fer que pour les canaux; la réponse doit être la même, et c'est en ce sens que se prononce M. Picard dans son *Traité des Chemins de fer* (II, 937). Nous devons noter toutefois qu'il paraît citer à tort deux arrêts du Conseil d'Etat (16 avril 1851, Délier; 13 déc. 60, Ricard) comme établissant l'inapplicabilité du droit civil, car ces arrêts se sont naturellement bornés à statuer sur la question de contravention à la police de la grande voirie.

L'arrêt Délier établit que l'ouverture d'issues à la limite même du chemin de fer ne constitue pas une contravention de grande voirie, et nous ne doutons pas que le droit civil ne pourrait pas davantage être invoqué [1]; mais il va de soi que l'usage de ces issues tomberait sous le coup de l'interdiction prononcée par l'art. 61 de l'ordonnance du 15 nov. 1846, à moins qu'il ne s'agit d'une dépendance du chemin de fer ouverte au public, comme une avenue de gare. Un arrêt du 22 mai 1885 (Peyron) a non seulement déclaré que, dans ce cas, l'ouverture de jours et d'accès ne constituait pas une contravention de grande voirie, mais qu'il en était de même du bris des clôtures posées par la compagnie, cette pose n'ayant pas fait l'objet d'une approbation ministérielle (voir dans le même sens 12 déc. 1884, P.-L.-M. ; 22 mai 85, Poidevin; 4 déc.85, Peyron). Le Conseil d'Etat a d'ailleurs émis un avis favorable au principe de cette approbation, à la date du 9 juill. 1879, reproduit sous l'arrêt Meuret du 1er fév. 1884. Ce dernier arrêt a, dans cet esprit,

---

1. Un ancien arrêt du Conseil d'Etat (22 août 1857, Boilié-Martin) indiquerait le contraire, car il a déclaré qu'un préfet, en autorisant une construction, mais avec interdiction de percer des ouvertures, ne donne pas un alignement, mais « agit comme représentant l'Etat pour la conservation du domaine dont il est propriétaire ». Deux arrêts contraires, des 10 janv. 1867 et 26 juin 69 sont sans portée, l'avenue reliant entre elles deux voies publiques. Dans une décision du 2 sept. 1897, relative à une voie ferrée du port de Dieppe, établie sur terrain spécial, le ministre des travaux publics, sans se prononcer sur l'applicabilité du Code civil, a déclaré que l'administration n'avait pas à fixer les droits que la Compagnie de l'Ouest pourrait tenir de ce Code et que, dès lors, l'arrêté préfectoral à intervenir ne devait renfermer aucune disposition à cet égard.

reconnu une contravention dans le fait d'établir une rampe d'accès dans le talus de déblai d'une avenue de gare.

Le déversement des eaux pluviales ne doit pas faire l'objet de l'application de l'art 681 du Code civil; mais, s'il causait des dégradations, il y aurait contravention de grande voirie (13 déc. 1860, Ricard ; voir les arrêts Peyron). Quant à l'écoulement des eaux ménagères et aux saillies, il ne paraît pas douteux qu'on ne doit pas admettre que les riverains puissent en grever les canaux et chemins de fer. M. Picard fait de justes réserves contre un arrêt de cassation du 29 fév. 1832 (can. de Givors), qui n'a pas admis qu'un concessionnaire perpétuel pût s'opposer à ce que les portes et volets s'ouvrissent sur les dépendances du canal.

Enfin les plantations sont soumises le long des chemins de fer, comme le long des routes et des rivières navigables, à des règles spéciales ; mais, pour les canaux, il n'y a aucun texte, et M. Picard estime que, contrairement à l'art. 49 du règlement de police-type, on ne saurait invoquer le Code civil. Il ajoute que c'est sans inconvénient, la police de la grande voirie permettant de réprimer les empiétements de branches et racines (*Traité des Eaux*, III, 620). Nous citerons d'ailleurs un arrêt de la Cour de cassation aux termes duquel les art. 671 et 672 du Code civil ne s'appliquent qu'aux arbres plantés sur la limite des deux héritages (16 déc. 1881, de Roquette-Buisson).

Pour que les questions d'inapplicabilité du Code civil (et du Code pénal quand il s'agit d'un bris de clôture) fussent clairement élucidées, il faudrait que la question fût portée devant l'autorité judiciaire ; or, nous ne connaissons que l'affaire Revon, citée ci-dessus (p. 181), qui ait amené la Cour de cassation à s'en occuper, et d'une façon peu directe. On trouvera d'ailleurs, dans les conclusions de M. Le Vavasseur de Précourt sur la première affaire Peyron, des développements très intéressants.

4° **Question de réciprocité**. — Si le Code civil n'est pas applicable aux constructions riveraines du domaine public, il ne doit pas l'être davantage à celles qui seraient édifiées sur ce domaine, à proximité des propriétés voisines. Telle est bien la pensée de M. de Récy, qui ne peut s'empêcher cependant de trouver dur qu'on puisse ouvrir des vues donnant directement sur ces propriétés. Il est certain qu'on ne voit pas en bonne logique pourquoi des bureaux, et même des maisons d'habitation, ne seraient pas traités à ce point de vue comme des propriétés privées ; mais, étant donnée la théorie absolue de M. de Récy, on doit reconnaître, avec lui, que « toute disposition légale fait défaut. En fait, ajoute-t-il, le cas se présentera rarement, car les compagnies, ne pouvant empêcher le riverain de construire à deux mètres, s'arrangent toujours pour que leurs bâtiments prennent jour sur des rues ou sur des espaces libres ».

Ne vaudrait-il pas bien mieux admettre que, lorsque le domaine public est en fait assimilable aux propriétés privées par son mode de jouissance (les maisons éclusières, les maisons de gardes-barrières et leurs jardins en sont un exemple caractéristique), on doit lui appliquer les règles du Code civil relatives aux rapports de voisinage ? Telle serait évidemment la tendance de l'administration active, plus soucieuse que les juristes des exigences de la pratique : si elle revendique souvent le bénéfice du Code civil, elle en fait volontiers bénéficier les riverains du domaine public. C'est ainsi que la circulaire du 9 août 1850 prescrivait de tenir les arbres à planter sur les routes à deux mètres de la limite des fonds riverains, et que la circulaire du 21 avril 1897, qui a remplacé la précédente, après avoir hautement affirmé le droit de l'Etat de faire des plantations sur les routes nationales à *une distance quelconque* des propriétés riveraines, recommande de n'user de ce droit qu'avec modération et d'adopter la distance de 2 m. aussi souvent que les circonstances le permettront ; puis c'est sans réserve que cette circulaire ajoute qu'il ne faut pas perdre de vue les dispositions de l'art. 673 du Code civil, modifié par la loi du 20 août 1881 et relatif aux branches et racines avançant sur l'héritage voisin.

CHAPITRE XXIX

CONSERVATION ET GESTION DU DOMAINE PUBLIC

§ 1. Délimitation. — § 2. Principes généraux sur les redevances et perceptions diverses. — § 3. Produits naturels. — § 4. Concessions. — § 5. Occupations temporaires.

La question de la conservation du domaine public se présente principalement sous la forme répressive ; elle constitue avant tout une question de police et, comme telle, a fait en grande partie l'objet du chapitre XXV, consacré à la police de la grande voirie, et, dans une mesure un peu moindre, celui du chapitre XXVI, traitant de la simple police. Un autre point touchant à la conservation du domaine public a d'ailleurs été étudié dans le chapitre précédent : c'est celui des actions qui peuvent s'engager à son sujet devant les tribunaux civils (p. 175). On peut donc dire que les diverses formes sous lesquelles s'exerce devant les tribunaux, administratifs ou judiciaires, l'action de conservation du domaine public sont examinées en dehors du présent chapitre ; mais nous n'avons pas moins à exposer ici des principes d'une grande importance, concernant la reconnaissance des limites du domaine public par l'autorité administrative proprement dite, et elles feront l'objet du premier paragraphe.

§ 1

DÉLIMITATION DU DOMAINE PUBLIC

I. Compétence. — II. Formes.— III. Principes d'après lesquels sont fixées les limites. — IV. Recours. — V. Actions judiciaires. — VI. Cas où il y a lieu à délimitation. — VII. Délimitation entre diverses dépendances du domaine public.

I. Compétence. — 1° Principe général. — L'art. 2 de la loi des 22 déc. 1789-8 janv. 1790 porte : *Les administrations de département seront chargées, sous l'autorité et l'inspection du Roi, comme chef suprême de la nation et de l'administration générale du Royaume, de toutes les parties* *de cette administration, notamment de celles qui sont relatives;.... 5° à la conservation des propriétés publiques ; 6° à celle des forêts, rivières, chemins et autres choses communes.*

C'est ce texte que l'on considère généralement comme servant de base au droit de l'administration de reconnaître les limites du domaine public, droit admis par toutes les juridictions (O. C. 18 mars 1842, Langlade ; 15 déc. 42, Neuville ; 4 mai 43, Alibert ; 26 juill. 44, Beaudenet d'Annoux ; 10 sept. 45, comm. de Village-Neuf ; 23 déc. 45, Bourguignon ; 5 sept. 46, Danzac ; 2 juill. 47, Orliac ; T. C. 3 avril 50, Deherry ; 20 mai 50, Desmarquet ; 3 juin 50, Dignat ; 30 juill. 50, Magnin ; 5 nov. 50, de Béthune ; 23 avril 51, ville de Marseille ; 31 mai 51, Duhamel ; 22 nov. 51 Roger ; 22 avril 82, Hédouin ; C. E. 31 mars 47, Ballias ; 11 mai 50, Lauque ; 14 juin 51, Dignat ; 3 juill. 52, Veye ; 5 mai 64, comm. d'Hautmont ; 22 nov. 66, Lecourtois ; 13 déc. 66, Richet ; 14 déc. 67, Menet ; D. C. 13 janv. 53, Gouhenans ; 14 déc. 59, Richet ; 26 avril 60, Gaudeau ; 2 août 60, Mazeline ; 30 nov. 69, Donnat ; idem, Pascal ; 7 mai 71, Jaboin ; Cass. 3 fév. 52, Wattringues ; 20 août 53, de Villequier ; 3 juill. 54, Artaud ; 6 nov. 66, Dubast-Flandrin ; 24 janv. 93, comm. de Gonfreville).

Nous verrons d'ailleurs cette compétence administrative admise sans discussion dans de très nombreuses décisions qui la supposent. Il convient d'ajouter que, lorsque la question de reconnaissance des limites du domaine public n'intéresse qu'un procès entre particuliers, l'autorité judiciaire peut les reconnaître, « sans que les conséquences de cette délimitation puissent, dans aucun cas, atteindre ou modifier les intérêts de voirie que l'autorité administrative a toujours le droit et le pouvoir de sauvegarder » (Cass. 25 fév. 1857, Broutta ; voir aussi 25 janv. 59, fab. de Dolbec, reconnaissance de la publicité d'un passage).

2° **Limites anciennes.** — Il convient de remarquer que l'administration reconnaît aussi bien les anciennes limites que les limites actuelles du domaine public (arrêts et décisions des 10 sept. 1845, 23 avril 51, 3 fév. 52, 3 juill. 52, 14 déc. 59, 22 nov. 66, 13 déc. 66, 14 déc. 67 et 22 avril 82, cités ci-dessus). Toutefois il n'appartiendrait pas à l'autorité administrative de rechercher ainsi une limite ancienne par interprétation d'actes civils (C. E. 25 fév. 1864, Vallette), et, d'autre part, l'autorité judiciaire, comme nous le verrons en traitant des circonstances où il y a lieu à délimitation (VI), n'est pas tenue de renvoyer, à titre de question préjudicielle, cette délimitation à l'autorité administrative, attendu que la conservation du domaine public n'est pas en cause comme lorsqu'il s'agit des limites actuelles (T. C. 1er mars 1873, Guillié) [1]. A *fortiori*, lorsque le domaine est désintéressé dans un pro-

---

1. Nous mentionnerons cependant le passage suivant de la décision sur conflit du 22 avril 1882 (Hédouin) : « Considérant que l'autorité administrative est

cès entre particuliers, l'autorité judiciaire a-t-elle compétence pour reconnaître les limites anciennes (Cass. 4 fév. 1891, Cadot).

Nous verrons enfin (V) que, la jurisprudence reconnaissant aux tribunaux ordinaires le droit d'allouer des indemnités aux riverains du domaine public naturel à la suite d'une délimitation, indemnités qui ne peuvent être motivées que par une erreur de l'autorité administrative, les dits tribunaux exercent, non, il est vrai, un droit de réformation, mais un droit de contrôle très effectif.

II. Formes des délimitations. — 1º Domaine maritime. — D'une façon générale, aucune forme spéciale n'est imposée pour la délimitation du domaine public. Toutefois le domaine maritime a fait l'objet de dispositions spéciales : *Les limites de la mer*, dit l'art. 2 du décret-loi du 21 fév. 1852. *seront déterminées par des décrets du Président de la République, rendus sous forme de règlements d'administration publique, tous les droits des tiers réservés, sur le rapport du ministre des travaux publics, lorsque cette délimitation aura lieu à l'embouchure des fleuves ou rivières, et sur le rapport du ministre de la marine, lorsque cette délimitation aura lieu sur un autre point du littoral* [1].

On remarquera que ce texte parle des limites *de la mer* et non du domaine public maritime en général. Cette dernière expression du reste n'est employée par le ministre de la marine que dans un sens restreint. « Le domaine public maritime, dit une circ. de ce ministre en date du « 22 janv. 1891, n'est pas toute partie du domaine public qui, par son « voisinage ou sa destination, peut présenter un caractère plus ou « moins maritime; c'est un domaine défini d'une manière précise par « la loi et la jurisprudence, et qui se compose exclusivement de la mer « et des espaces qu'elle baigne. Les mots *domaine public maritime* for- « ment ainsi une expression juridique certaine, dont on n'a pas plus le « droit d'étendre que de restreindre la portée. Le sens en a été consa- « cré par l'art. 2 du décret-loi du 21 fév. 1852, par le rapport qui pré- « cède cet acte et qui se réfère à l'art. 1er du Titre VII du livre IV de « l'ordonnance de 1681, et enfin par les divers arrêts du Conseil d'Etat

[1] seule compétente pour procéder à la reconnaissance de l'existence de l'étendue et des limites, tant anciennes qu'actuelles du domaine public ». Cet article se termine ainsi : *Quant aux déclarations de domanialité relatives à des portions du domaine public maritime, elles seront faites par les mêmes fonctionnaires* (préfets maritimes ou préfets de départements), *dont les arrêtés déclaratifs seront visés par le ministre de la marine.* On avait pensée d'abord que cette disposition donnait qualité aux préfets pour faire d'urgence, dans des cas isolés, ce qui en général et pour des portions plus considérables du littoral était réservé au chef de l'Etat, en Conseil d'Etat ; mais ce tribunal ne l'a pas admis (19 juin 1856, de Galiffet ; idem, Agard ; 7 janv. 58, Agard ; 28 janv. 58, de Grave), et le pouvoir des préfets se borne au droit de faire des applications partielles d'une délimitation générale faite par décret.

« rendus, depuis quarante ans, sur des affaires de domanialité mari-
« time. La circ. du 1ᵉʳ mai 1885 portant instruction sur la délimitation
« dans les ports de commerce ne pouvait pas contrevenir à cette défi-
« nition fondamentale, et, en effet, elle n'a point parlé du domaine
« public dans les ports, mais du rivage, c'est-à-dire des espaces, non
« couverts d'ouvrages d'art qui, dans certains ports, sont alternative-
« ment baignés et abandonnés par les eaux de la mer ».

2° Cas général. — En dehors du seul rivage de la mer (et des dépendances du domaine public militaire dont la délimitation est aussi faite
par décret), on ne se trouve qu'en présence de la loi des 22 déc. 1789-
8 janv. 1790 (p. 185) qui donne compétence aux administrations départementales, c'est-à-dire aux préfets [1]. Ceux-ci ne sont astreints à
aucune formalité spéciale : c'est ainsi qu'un arrêt du 8 mars 1866
(Jallain) a reconnu qu'une enquête n'est pas nécessaire. Toutefois, surtout lorsque, comme dans cette espèce, il s'agit de délimiter le lit d'une
rivière, opération toujours délicate, nous n'hésitons pas à nous prononcer en faveur de l'ouverture d'une enquête, ouverture qui est du
reste entrée dans la pratique courante. Il n'existe, bien entendu, aucune
disposition réglant la forme d'une telle enquête ; nous avons plusieurs
fois fait adopter celle des enquêtes parcellaires (art. 5 à 9 de la loi du
3 mai 1841, t. I, p. 178-188) ; mais nous pensons qu'il convient généralement d'augmenter la durée du dépôt des plans.

D'autre part, l'administration supérieure est généralement appelée à
contrôler l'œuvre des ingénieurs et du préfet, avant la mise à l'enquête,
puis sous forme d'approbation de l'arrêté de délimitation. D'après le
projet de loi sur le régime des eaux voté par le Sénat, l'enquête et l'approbation ministérielle seraient obligatoires.

**III. Principes d'après lesquels sont fixées les limites
du domaine public.** — Nous étudierons, à l'occasion de chaque dépendance du domaine public, l'application spéciale de ces principes ;
mais il convient d'indiquer ici la distinction entre le domaine naturel
et le domaine artificiel. Pour le premier, qu'il s'agisse du rivage de la
mer ou du lit des fleuves et rivières navigables, l'administration doit
se borner à constater un état de fait. Pour le domaine artificiel, il y a
lieu à distinction : en principe, un terrain ne peut lui être incorporé
qu'après que l'administration en a acquis, d'une façon ou d'une autre,
la disposition, et le Conseil d'Etat a annulé maint arrêté de délimitation

_1. Des décisions du Tribunal des conflits des 11 janv. et 1ᵉʳ mars 1873 (de
Pâris-Labrosse, Guillié) portent : « Considérant que..., si depuis le décret du
21 fév. 1852, la détermination des limites de la mer est faite par des décrets
rendus dans la forme des règlements d'administration publique, celle des fleuves
et des rivières navigables est restée dans les attributions de l'autorité préfectorale ».

méconnaissant ce principe (23 mai 1861, Coquard ; 3 déc. 63, Meurillon ; 12 juill. 66, Follin ; 23 avril 80, Chantiers de l'Océan ; 20 mai 81,
de Sommariva) ; mais cela n'empêche pas, ainsi que nous l'avons vu
(p. 159), l'incorporation de fait au domaine public de produire tous
ses effets, sous réserve des droits à indemnité des propriétaires évin-
cés. Il n'est pas douteux qu'une délimitation devrait comprendre de
tels terrains dans les limites du domaine public (voir C. E. 2 mai
1879, Digeon). Dans ce cas, qui ne devrait pas se présenter, la délimitation offre une réelle analogie avec ce qu'elle est pour le domaine naturel ; mais, lorsqu'on se trouve en présence de terrains domaniaux, il
peut y avoir lieu d'y tracer la limite du domaine public et du domaine
privé. En pareil cas, l'autorité administrative jouit d'une grande liberté
pour fixer les limites du domaine public, et cependant on ne saurait
lui reconnaître le droit d'y comprendre des terrains n'ayant évidemment aucune utilité pour le domaine public auquel ils seraient adja-
cents ; on verra d'ailleurs, dans les arrêts Coquard, Meurillon, Follin,
Chantiers de l'Océan et de Sommariva, que des terrains qui n'ont pas
fait l'objet de travaux d'appropriation pourraient, s'ils étaient utiles à
une dépendance du domaine public, être déclarés en faire partie du
moment où ils appartiendraient à l'Etat.

IV. Recours contre les actes de délimitation. — Un
arrêté de délimitation peut évidemment faire l'objet d'un recours hiérarchique devant le ministre ; mais la question des recours devant le
Conseil d'Etat a donné lieu à des variations de la jurisprudence. De
tout temps, celle-ci a admis les recours pour violation des formes prescrites par le décret du 21 fév. 1852, relativement au rivage de la mer
(19 juin 1856, de Galiffet ; idem, Agard ; 7 janv. 58, Agard ; 28 janv.
58, de Grave) ; mais pendant fort longtemps elle a refusé d'accueillir
les pourvois fondés sur l'inexacte appréciation des limites du domaine
public. Ainsi a jugé d'abord le Conseil d'Etat, tant à l'égard du domaine public naturel (4 avril 1845, Barsalou ; 30 juin 53, marais de
Fouesnant ; 7 août 56, David ; 19 juill. 60, pont de Bercy), qu'à celui
du domaine artificiel (20 avril 1854, ville de Nogent, digue d'une
rivière ; 9 août 55, Grass, dépendances d'un canal). Cette jurisprudence
s'appuyait sur ce que les actes de délimitation attaqués ne faisaient pas
obstacle à ce que les tiers lésés fissent valoir leurs droits de propriété.

Cette raison n'était pas très satisfaisante, puisque le recours ainsi
ouvert devant l'autorité judiciaire ne permet, comme nous le verrons
dans le n° suivant, que d'obtenir une indemnité et non la réintégration
dans la possession du terrain indûment incorporé au domaine public.

Dès 1856 (27 mars, Aubert de Berlaër), le Conseil d'Etat s'était laissé
aller à rejeter un pourvoi pour des raisons de fond (voir aussi 11 janv.
1862, de Nicolaï de Bercy), et nous avons vu (p. 189) plusieurs arrêts qui,

à partir de 1861, ont annulé [1] des arrêtés comprenant dans le domaine artificiel des terrains non acquis par l'Etat ; deux de ces arrêts d'ailleurs (23 mai 1861, Coquard, et 20 mai 81, de Sommariva) pouvaient être motivés par une sorte de détournement de pouvoir, la délimitation ayant pour objet de soustraire aux tribunaux une question de propriété qui leur était soumise.

C'est dans cet esprit aussi qu'à été rendu uu arrêt du 6 août 1861 (Revol), relatif à un îlot d'une rivière navigable ; mais c'est en 1863, que l'on voit, pour la première fois, le Conseil d'Etat annuler nettement, sur la question de fond, un acte de délimitation du domaine naturel, et cet acte était un décret relatif au rivage de la mer (27 mai 1863, Drillet de Lannigou) ; un arrêt du 10 mars 1882 (Duval) est dans le même cas, mais les plus nombreuses annulations ont été prononcées en matière de rivières navigables (13 déc. 1866, Coicaud ; 9 janv. 68, Archambault ; 21 juill. 70, Bertrand-Lamarre ; 30 mars 73, Pascal ; 23 avril 75, Bélamy ; 16 janv. 80 et 3 mars 82, Amiot ; 28 avril 82, Fouché ; 22 mars 89, Véron ; 24 janv. 90, Drouet ; 12 janv. 94, Leduc ; idem, Fouché ; 4 mai 94, Tostain). Signalons en outre un arrêt de doctrine rendu, à titre d'interprétation d'un décret de délimitation, sur les conclusions de M. Aucoc (15 avril 1868, Renouard) : il y est dit que ce décret « n'a pas eu pour but d'incorporer au domaine public des immeubles appartenant à des particuliers, dont le droit se résoudrait à un droit à indemnité », et que « si des propriétés particulières ont été comprises dans les limites assignées au domaine maritime..., aucune disposition législative ne fait obstacle à ce que l'administration ou les intéressés provoquent la révision de ce décret pour obtenir la réparation de l'erreur, et, s'il y a lieu, faire ordonner la remise à leurs propriétaires des terrains qui seraient reconnus ne pas appartenir au domaine de la mer ».

Notons enfin qu'une décision ministérielle portant simple refus de reconnaître les droits de propriété revendiqués par un particulier ne saurait être assimilée à un acte de délimitation ni être déférée au Conseil d'Etat (21 juill. 1870, Leroy).

Quant au cas où il y aurait lieu à interpréter un acte de délimitation, la compétence serait nécessairement administrative ; il a d'ailleurs été jugé que, s'il s'agit d'un décret, l'interprétation doit être demandée au Conseil d'Etat (D. C., 15 déc. 1866, société de la Gaffette).

Il nous reste à étudier, à propos des recours contre les actes de délimitation, une question qui présente, nous le verrons bientôt, une importance de premier ordre, celle du point de départ du délai de trois mois pendant lequel il peut être formé. Il semble bien clair que, conformément aux termes exprès de l'art. 11 du décret du 22 juill. 1806,

1 Il s'agit toujours (la remarque est absolument générale) d'une simple annulation, sans substitution d'une autre délimitation.

ce délai court du jour où l'acte aura été *notifié* (tome I, p. cxxiii), car on est ici en présence d'actes parfaitement susceptibles de notifications individuelles, puisqu'ils intéressent des propriétés bien déterminées. Il y a d'ailleurs, une autre considération bien puissante : le *Bulletin des lois*, s'il s'agit d'un décret, ou le *Recueil des actes administratifs* de la préfecture, s'il s'agit d'un arrêté, n'insère qu'un texte se référant au plan de délimitation et n'ayant aucune signification par lui-même. Il ne peut donc avoir d'autre portée que d'inviter les intéressés à venir prendre communication du plan dans les bureaux du ministère ou de la préfecture. Dans la plupart des cas, le droit de recours serait à peu près illusoire[1] ; aussi n'hésitons-nous pas à dire, avec M. de Récy, que le délai part de la *notification* de l'acte de délimitation (II, 53). Pas plus que lui, sans doute, nous n'eussions songé à discuter la question, si, d'une part, certains arguments invoqués dans la polémique sur les indemnités judiciaires (voir ci-dessous, n° V) ne paraissaient reposer sur l'absence de notification individuelle et si, d'autre part, dans certains départements, on n'avait prétendu faire partir le délai de publications par voie d'affiche. C'est ainsi que le décret du 9 juin 1877, fixant les limites de la mer dans la baie de la Seine, a été publié dans chaque commune en vertu d'un arrêté préfectoral portant que le délai courrait, pour les habitants de chaque commune, de la publication qui y serait faite. Un tel point de départ a un caractère arbitraire, car ou cette publication est inefficace, ou le délai court de l'insertion au *Bulletin des lois*. Parfois, on a été jusqu'à afficher les plans joints à des arrêtés de délimitation, faisant ainsi disparaître, il est vrai, dans une certaine mesure, une objection, mais laissant subsister la principale, reposant sur le fait que la délimitation est susceptible d'une notification individuelle.

Enfin, nous devons signaler le caractère des décisions du Conseil d'État portant annulation d'actes de délimitation incorporant au domaine public des terrains qui eussent dû être laissés en dehors de la délimitation : ces annulations sont faites pour excès de pouvoir, en raison de la violation de la loi du 3 mai 1841 sur l'expropriation. C'est dire que le recours peut être formé sans le ministère d'un avocat (I, cxxii). La situation est tout autre dans le cas exceptionnel où le pourvoi est dirigé contre une délimitation qu'on prétend laisser en dehors certaines dépendances du domaine public : le fait invoqué ne constituant pas un excès de pouvoir, le ministère d'un avocat est obligatoire (20 janv. 1888, Coursault)[2].

---

1. En matière de contributions directes, une publication de ce genre suffit, il est vrai, pour faire courir les délais ; mais la loi le prévoit explicitement, et en outre les rôles sont déposés à la mairie même de la situation des lieux.

2. La recevabilité du recours au fond était contestable, un particulier n'ayant pas qualité pour se faire le défenseur d'office du domaine public ; mais, comme

V. Actions judiciaires motivées par les actes de délimitation. — Lorsque le Conseil d'Etat refusait de contrôler au fond les actes de délimitation, l'administration proprement dite avait, en fait, tout pouvoir pour empiéter sur la propriété privée ; il était donc indispensable que celle-ci trouvât protection auprès de l'autorité judiciaire, sinon pour obtenir réintégration,ce qui eût été contraire à la séparation des pouvoirs (D. C., 14 déc. 1859, Richet), du moins pour faire réparer au moyen d'une indemnité l'expropriation irrégulière dont elle aurait été victime. Aussi, tant qu'a duré cette jurisprudence, celle de la Cour de cassation, conforme aux principes que nous venons d'énoncer, était-elle indiscutable [1] ; mais, une fois que le Conseil d'Etat a eu reconnu que l'administration commettait un excès de pouvoir en incorporant au domaine public des terrains n'en dépendant pas réellement, la situation s'est complétement modifiée, en principe, du moins en ce qui concerne le domaine public naturel, comme nous allons le voir tout à l'heure.

Il n'en est pas de même du domaine artificiel : pour celui-ci, toute incorporation au domaine public doit être précédée de l'acquisition du terrain, s'il n'appartenait pas à l'administration, et par suite il y a toujours à régler une question de propriété relevant de l'autorité judiciaire (T. C., 20 mai 1850, Fizes ; D. C., 21 nov. 61, port de Bayonne ; C. E., 11 mai 50, Lauque ; 9 août 55, Grass ; 5 mai 64, comm. d'Hauterive) ; le contrôle du Conseil d'Etat ne saurait d'ailleurs faire disparaître cette question, puisqu'il devrait sanctionner une délimitation conforme aux limites de fait du domaine public (2 mai 1879, Digeon), son intervention n'étant efficace que si la délimitation s'étendait à des terrains étrangers en fait à ce domaine. Il en serait de même du domaine naturel s'il y avait eu incorporation artificielle (C. E., 8 mars 1866, Jallain, berge de rivière rescindée).

Au contraire, dans les circonstances normales, la mer modèle son rivage, le fleuve s'ouvre son lit, et le propriétaire dépossédé par les forces naturelles n'a droit à aucune indemnité (T. C., 27 mai 1876, comm. de Sandouville) [2] ; dès lors donc que le Conseil d'Etat contrôle la reconnaissance des limites de la mer ou du fleuve, une indemnité allouée par l'autorité judiciaire ne peut logiquement être motivée que par une contradiction entre les appréciations de ces deux autorités souveraines.

il s'agissait d'une délimitation sur renvoi de l'autorité judiciaire, le commissaire du gouvernement, M. Le Vavasseur de Précourt, fit justement remarquer qu'il convenait d'accorder les mêmes droits aux deux parties.

1. Le Conseil d'Etat la sanctionnait du reste (D. C., 3 juill. 1852, Veye 1er déc. 53, Trouille), ainsi que le Tribunal des conflits (22 nov. 1851, Roger).

2. Si le jeu de ces forces avait été modifié par des travaux, il y aurait droit à indemnité pour dommages, à fixer par le conseil de préfecture (voir tome I, p. 467 .

Or la question à trancher ici n'est point une question de propriété à juger d'après des textes ou des faits d'ordre civil, tels que des actes de possession pouvant entraîner la prescription, mais une question d'ordre si essentiellement administratif qu'un tribunal administratif peut seul faire rentrer le particulier lésé dans la plénitude de ses droits.

Néanmoins, après comme avant l'évolution de la jurisprudence du Conseil d'Etat, la Cour de cassation a affirmé énergiquement la compétence des tribunaux ordinaires pour accorder des indemnités lorsqu'ils jugeaient une délimitation abusive [1] (23 mai 1849, Combalot ; 20 mai 62, Parrachon ; 14 mai 66, Aurousseau ; voir aussi 21 nov. 65, de Hédouville ; 6 nov. 72, Oinzille). Le Conseil d'Etat appelé à trancher la question par la procédure du conflit se prononça contre la compétence des tribunaux dans deux décisions fortement motivées (D. C., 7 mai 1871, Jaboin ; 13 mars 72, conflit de Tarn-et-Garonne) ; nous reproduirons le passage caractéristique de la seconde : « Considérant que le droit « qui appartient à l'administration, en vertu de la loi ci-dessus visée des « 22 déc. 1789-10 janv. 1790, de délimiter les cours d'eau navigables, ne « donne aux préfets d'autre pouvoir que celui de reconnaître et de dé- « clarer la ligne séparative du domaine public et de la propriété privée ; « qu'il s'ensuit que les limites fixées par l'administration doivent se « confondre avec les limites naturelles du cours d'eau, et qu'aucune « parcelle de terrain située en dehors des dites limites naturelles ne sau- « rait, même sous la réserve d'une indemnité, être comprise par voie « de délimitation administrative dans le lit du cours d'eau sans qu'il « en résultât un excès de pouvoirs ouvrant aux intéressés le recours « autorisé par la loi ; qu'ainsi les dispositions qui consacrent et cir- « conscrivent tout à la fois le droit de l'administration excluent pour « les tribunaux civils tout pouvoir de reviser la délimitation adminis- « trative, aussi bien au point de vue d'une indemnité à accorder aux ri- « verains qu'au point de vue de la possession des terrains, et par suite « la compétence que supposerait un tel pouvoir ; »...

Mais le Tribunal des conflits devait être bientôt appelé à juger de nouveau ce litige, nettement posé par un nouvel arrêt de la Cour de cassation (6 nov. 1872, Oinzille) [2]. La doctrine du Conseil d'Etat, énergi-

---

1. A vrai dire, la Cour de cassation évitait de se servir d'une telle expression et semblait admettre que l'administration eût le droit de remplacer une expropriation par une délimitation. On lit par exemple dans l'arrêt Parrachon : « Attendu qu'il appartient à l'autorité administrative, dans l'intérêt de la navigation, de déterminer les limites des fleuves et des rivières navigables ; que cette délimitation a pour effet d'exproprier, pour cause d'utilité publique, les terrains privés qu'elle incorpore au domaine de l'Etat ;...»

2. Dans cet arrêt, tenant compte de la doctrine administrative qui permet d'obtenir l'annulation de la délimitation, la Cour a déclaré que « les tribunaux civils doivent se borner à reconnaître et déclarer le droit de propriété réclamé par les propriétaires riverains, sauf à eux à invoquer ultérieurement le bénéfice

quement soutenue par le commissaire du Gouvernement, M. David, succomba néanmoins, en ce qui concerne l'incompétence judiciaire pour accorder une indemnité, dans deux décisions successives des 11 janv. 1873 (de Pâris-Labrosse) et 1er mars 1873 (Guillié). Vu l'importance de ces documents analogues, nous reproduisons les parties essentielles du premier : « Considérant que les actes de délimitation du domaine « public sont des actes d'administration, à l'occasion desquels l'auto- « rité administrative ne peut ni se constituer juge des droits de pro- « priété qui appartiendraient aux riverains, ni s'attribuer le pouvoir « d'incorporer au domaine public, sans remplir les formalités exigées « par la loi du 3 mai 1841, les terrains dont l'occupation lui semblerait « utile aux besoins de la navigation ; qu'en ce qui concerne la déter- « mination des limites de la mer, l'art. 2 du décret du 21 fév. 1852 dis- « pose expressément qu'elle est faite par l'autorité supérieure, *tous « droits des tiers réservés* ;… qu'évidemment la même règle doit être sui- « vie lorsqu'il s'agit des limites des fleuves ou des rivières navigables; « — Considérant que la réserve des droits des tiers est générale et ab- « solue ; qu'elle s'étend aux droits fondés sur une possession constante « ou sur des titres privés, comme à ceux qui reposeraient sur des alié- « nations ou sur des concessions émanées de l'administration, et « qu'elle doit être maintenue et appliquée, même alors que l'autorité « administrative prétendrait, comme dans l'espèce, déterminer, non « seulement les limites actuelles, mais encore les limites anciennes de « la mer ou des fleuves et des rivières navigables ; — Considérant qu'il « résulte des principes ci-dessus posés que les tiers dont les droits sont « réservés peuvent se pourvoir, soit devant l'autorité administrative « pour faire rectifier la délimitation de la mer, des fleuves et des ri- « vières navigables, soit devant le Conseil d'Etat, à l'effet d'obtenir « l'annulation, pour cause d'excès de pouvoirs, des arrêtés de délimi- « tation qui porteraient atteinte à leurs droits ; qu'ils ne peuvent en au- « cun cas s'adresser aux tribunaux de l'ordre judiciaire pour faire rec- « tifier ou annuler les actes de délimitation du domaine public et se « faire remettre en possession des terrains dont ils se prétendent pro- « priétaires ; — *Mais qu'il appartient à l'autorité judiciaire, lorsqu'elle est* « *saisie d'une demande en indemnité formée par un particulier qui soutient* « *que sa propriété a été englobée dans le domaine public par une délimitation* « *inexacte, de reconnaître le droit de propriété invoqué devant elle, de vérifier* « *si le terrain litigieux a cessé, par le mouvement naturel des eaux, d'être sus-* « *ceptible de propriété privée, et de régler, s'il y a lieu, une indemnité de dé-*

de cette décision, soit à l'effet de demander à l'autorité administrative l'annulation de l'arrêté de délimitation, soit à l'effet de demander à l'autorité judiciaire une indemnité d'expropriation si cet arrêté est maintenu ».

« *possession, dans le cas où l'administration maintiendrait une délimitation* « *contraire à sa décision* [1]... ».

Avant d'être ainsi posée par le Tribunal des conflits, cette doctrine, qui a été confirmée par des décisions postérieures (27 mai 1876, comm. de Sandouville ; 12 mai 83, Debord [2]) avait rencontré, entre autres adversaires, MM. Aucoc et Laferrière [3] ; mais ils n'y sont pas restés réfractaires et s'y sont ralliés, le premier avec quelque réserve dans une étude publiée par les *Annales de l'Ecole libre des Sciences politiques* de janv. 1887, le second plus nettement dans son *Traité de la juridiction administrative* : nous allons examiner les arguments produits par lui et à peu près acceptés par M. Picard, dans son *Traité des Eaux* (III, 77).

« Les pouvoirs de l'administration, dit M. Laferrière, consistent uniquement à tracer les limites du domaine public, sans s'occuper de ce qui est au-delà. La délimitation de la propriété privée n'est point dans les pouvoirs de l'administration, quand même cette propriété confine au domaine public, et cela parce que l'administration est sans qualité pour constater juridiquement l'existence et la consistance d'une propriété privée. C'est là une mission exclusivement réservée à l'autorité judiciaire, chargée de reconnaître les droits de propriété et l'étendue des biens sur lesquels ils s'exercent » (I, 531).

Les principes ainsi posés sont, d'une façon générale, incontestables, et, dans le cas du domaine artificiel, leur application ne soulève aucune difficulté : l'administration délimite le domaine public, l'autorité judiciaire reconnaît, en vertu des principes du droit civil, jusqu'où s'étendent les droits de propriété et tire les conséquences pécuniaires du rapprochement des deux limites. Lorsque, au contraire, il s'agit du domaine naturel, ce ne sont plus les titres ni les actes de possession qui permettent de reconnaître les limites de la propriété privée, et les tri-

---

1. M. Guillemain a bien fait ressortir combien serait moralement inacceptable la révision d'une délimitation en vue, non de réparer une erreur, mais d'éviter le paiement d'une indemnité par l'abandon d'une partie du domaine public (*Navigation intérieure*, I, 208). Dans la plupart des espèces, comme dans celle que nous venons de citer, les tribunaux ne peuvent évidemment ordonner une livraison des terrains ; mais il en serait autrement s'il s'agissait d'une délimitation avant remblai d'une partie du lit, car alors si ce remblai, une fois exécuté, ne constituait pas une dépendance artificielle du domaine public, la délimitation serait sans effet actuel, et le tribunal pourrait ordonner la remise d'un terrain que l'administration reconnaîtrait être retranché du domaine public.

2. Cette dernière décision concerne une route départementale, et nous avons vu que, dans le cas du domaine artificiel, l'autorité judiciaire conserve, en dehors de toute délimitation *inexacte*, le droit d'accorder des indemnités dans certains cas ; mais le Tribunal a tenu à reproduire cette expression caractéristique, ce qui rattache cette décision à la jurisprudence sur le domaine naturel.

3. Voir du premier : *Du caractère et des effets des actes administratifs qui délimitent le domaine public* (Revue critique de législation et de jurisprudence de février 1869). Le second a été commissaire du gouvernement dans le conflit de Tarn-et-Garonne (13 mars 1872).

bunaux sont amenés à rechercher celles du domaine public, parce que ce sont ces dernières qui constituent celles de la propriété privée, qui reculent (ou avancent aussi, s'il s'agit d'une rivière navigable), suivant les variations que les eaux font subir à leurs rives. Du moment donc que la question est réellement de savoir quelles sont les limites du domaine public, elle doit échapper à la compétence judiciaire ; en juger autrement, c'est déclarer que deux autorités peuvent trancher souverainement une même question, et c'est bien là ce qu'a proclamé le Tribunal des conflits, quand il a fondé le principe de l'indemnité sur l'*inexactitude* de la délimitation administrative aux yeux de l'autorité judiciaire.

M. Laferrière renforce son premier argument par la considération des alluvions que leur mention dans le Code civil place sous la compétence du juge civil ; or quel pouvoir resterait-il aux tribunaux pour l'application des art. 556, 557 et 562 du Code civil, si la délimitation administrative venait à comprendre dans le lit du fleuve tout ou partie des terrains en litige et si le riverain n'avait d'autre action que le recours au Conseil d'Etat ? A cela nous répondrons que, le droit d'alluvion étant accordé à la propriété privée devait être inscrit au Code civil, et qu'il reste aux tribunaux, du jour où l'autorité compétente a reconnu que les atterrissements sont sortis du domaine public, à en attribuer la propriété à qui de droit [1]. On pourrait encore leur reconnaître le droit de dire si l'on est en présence d'une alluvion ou d'un remblai artificiel (C. E., 11 mars 1887, Astier) ; étant donné d'ailleurs que le terrain en litige avait été compris dans une délimitation du domaine artificiel et incorporé à celui-ci, les tribunaux ne pouvaient naturellement que juger la nature du terrain et allouer, s'il y avait lieu, une indemnité.

Voici maintenant un argument, de convenance plus que de droit, qui ne laisse pas d'impressionner l'esprit : « Le recours au Conseil d'Etat contre un acte administratif argué d'excès de pouvoir n'est recevable que pendant trois mois ; il en résulte que les propriétés dont il s'agit pourraient être définitivement incorporées au domaine public à l'expiration de ce délai et que, dans tous les cas de délimitation administrative, les propriétés riveraines du domaine public pourraient être perdues par leurs propriétaires par l'effet d'une prescription trimestrielle au lieu d'une prescription trentenaire ». Cet argument, qui paraît grave aussi à M. Aucoc, repose en grande partie sur une équivoque et tourne finalement contre la thèse défendue. Il n'y a, en effet, aucune analogie entre la déchéance au point de vue du recours contre un arrêté de délimitation et la prescription trentenaire ; pour que la première soit en-

---

1. Le Conseil d'Etat, par une jurisprudence conforme à celle du Tribunal des conflits, a reconnu à la fois le droit de l'administration de n'opérer qu'au moment où elle lui paraît devoir être faite la remise d'alluvions aux riverains et celui de l'autorité judiciaire de déclarer ces alluvions acquises à ceux-ci par droit d'accession (30 juill. 1875, Levacher).

courue, il faut [1] que l'arrêté ait été notifié au propriétaire, et par suite
on se trouve dans un cas se rapprochant beaucoup plus de celui d'un
jugement, dont l'appel doit être formé dans les deux mois de la signification (art. 443 du Code de procédure civile [2]). Par contre, il paraît
monstrueux que, près de trente ans après une délimitation, un tribunal
puisse déclarer qu'elle était inexacte et condamner l'Etat en raison
de cette prétendue erreur commise par les autorités compétentes pour
reconnaître les limites du domaine public.

« On ne peut refuser non plus, continue M. Laferrière, une sérieuse
portée juridique à l'argument que le Tribunal des conflits a tiré de la
réserve du droit des tiers, insérée dans le décret du 21 fév. 1852 sur la délimitation de la mer, réserve qui s'applique également, tout le monde le
reconnaît, à la délimitation des fleuves. Cette réserve veut dire que
l'acte administratif de délimitation ne fait pas obstacle aux droits que
les tiers pourraient tenir de leurs titres : non seulement de ces titres
exceptionnels qui ont pu être conférés sur le domaine public, soit par
des concessions antérieures à 1566, soit par des ventes nationales, mais
encore de tous les titres de droit privé dont l'appréciation appartient
à l'autorité judiciaire » (552).

Cette extension donnée à la réserve des droits des tiers nous paraît
sans motif aucun, car on prétend la faire porter sur des droits qui, par
hypothèse, n'existent plus. Dans sa décision du 27 mai 1876 (comm.
de Sandouville), le Tribunal des conflits a formellement déclaré que
« les changements de limite qui peuvent résulter du mouvement naturel des eaux n'ouvrent aucun droit à indemnité », en sorte que, comme
il l'a dit avec autant de justesse que de précision, ces droits civils ordinaires ne peuvent donner lieu à indemnité qu'à raison de *l'inexactitude*
de la délimitation ; si donc cette délimitation est exacte, ces droits ont
cessé d'exister. La réserve des droits des tiers a, en dehors de cet objet
où elle implique contradiction, bien des applications légitimes, telles
que les recours devant le Conseil d'Etat et les actions devant le conseil
de préfecture fondées sur des ventes nationales (C. E. 17 déc. 1857, Richard ; 15 avril 69, Lambert [3]), ou devant les tribunaux ordinaires en
vertu de concessions antérieures à 1566 ou à la réunion à la France

1. Telle est du moins la manière de voir que nous avons soutenue p. 190, d'accord d'ailleurs avec M. de Récy. Nous reconnaissons que, si on la rejetait, l'argument de M. Laferrière prendrait une grande force morale, et c'est une raison
de plus pour admettre notre opinion, qui seule permet d'échapper à la fois à une
contradiction et à une atteinte pratique à la propriété.

2. Conformément à ces principes, le Conseil d'Etat a admis, en 1887, la discussion au fond d'une délimitation faite en 1859 (11 mars 1887, Astier).

3. Ce dernier arrêt a déclaré le pourvoi pour excès de pouvoir non recevable,
en raison même de la compétence du conseil de préfecture relativement à la vente
nationale.

(Cass. 26 déc. 1860, de Gallifet). Dans l'un et l'autre cas, les plaignants ont obtenu d'être maintenus en possession[1].

Il nous semble avoir montré qu'aucun des arguments de M. Laferrière n'est convaincant, et l'on reste toujours en présence de cette contradiction d'une autorité chargée de procéder à la délimitation et soumise au contrôle d'un tribunal suprême, mais pouvant se voir, nonobstant ce contrôle, condamnée à payer des indemnités pour inexactitudes dans son travail de reconnaissance, et cela pendant un délai de trente ans.

L'acquiescement donné par MM. Aucoc et Laferrière à la jurisprudence du Tribunal des conflits ne laisse pas moins subsister une sérieuse opposition, en tête de laquelle nous citerons M. Ducrocq (II, 154), auquel sa qualité de doyen d'une Faculté de droit donne une autorité toute spéciale pour revendiquer les droits de l'autorité administrative. Mentionnons encore M. Batbie qui, dans la 2ᵉ édition de son *Traité de droit public et administratif* (tome V, p. 328), a maintenu ses opinions antérieures, M. Schlemmer, qui a consacré à la question une importante étude dans les *Annales des ponts et chaussées* d'octobre 1874[2], et enfin M. Navereau, dont on consultera avec intérêt l'ouvrage sur la *Délimitation du domaine public fluvial et maritime*.

Quant à M. de Récy, sans contester formellement la jurisprudence, il en fait ressortir les contradictions en déclarant qu'elles annihilent les principes énoncés au sujet du caractère des délimitations : « Aux yeux du Tribunal des conflits, dit-il, la délimitation est donc un mode d'expropriation indirecte et non point une reconnaissance simplement déclarative. En effet, pour que l'exercice du pouvoir administratif de délimitation ouvre aux riverains une action civile en indemnité, il faut qu'il porte atteinte à leurs droits ; pour que leurs droits soient atteints, il faut que la délimitation soit inexacte; pour qu'une délimitation, même inexacte, s'impose aux tribunaux et leur interdise la réintégration d'un propriétaire, il faut que la délimitation puisse opérer dépossession légale. Telle est bien, au fond, et malgré certaines réticences, l'opinion qui a prévalu sur le caractère des délimitations administratives, et la juridiction civile ne s'y est point trompée. — En dépit des dénégations énergiques de la décision du 11 janv. 1873, la distinction entre la limite réelle et la limite administrative a donc trouvé, auprès du Tribunal des conflits, une consécration implicite; et la Cour de cassation a pu l'affirmer de nouveau comme par le passé[3] » (II, 36).

1. On consultera avec intérêt sur ce sujet l'étude de M. Aucoc sur *les Etangs salés des bords de la Méditerranée*.
2. Le même n° contient un article de M. Kleitz, favorable à la jurisprudence.
3. Dans un arrêt du 5 avril 1876 (Bonnigal). On y lit qu' « il appartient à l'autorité judiciaire, juge des questions de propriété, *d'assigner d'autres limites au domaine public* que celles qui ont été administrativement fixées ».

Disons enfin un mot du projet de loi sur le régime des eaux, tel qu'il est sorti des délibérations du Sénat. L'art. 36 porte que les arrêtés de délimitation *seront toujours pris sous la réserve des droits de propriété*, ce qui semble favorable à la compétence des tribunaux pour accorder des indemnités ; néanmoins, nous devons signaler que les rapporteurs, tant au Sénat qu'à la Chambre des députés, MM. Cuvinot et Maunoury, se sont prononcés en faveur de la doctrine du Conseil d'Etat, dans leurs rapports présentés en 1882 et 1888.

Quoi qu'il en soit, la jurisprudence étant ce que nous avons vu, il convient d'indiquer quelques principes qui en règlent l'application. Les actions civiles intentées contre l'Etat sont exercées conformément à la procédure relative à la propriété d'immeubles domaniaux (Cass. 19 juin 1872, Labry, assignation en la personne et au domicile du préfet). D'autre part, ainsi que dans tous les autres cas d'expropriation irrégulière (I, 317), c'est le tribunal et non le jury qui fixe l'indemnité (Cour de Paris, 7 avril 1868, Nozal, de Récy, II, 168, note 6). Un autre point assez important consiste en ce que la translation de propriété n'est considérée comme consommée que par le paiement de l'indemnité (Cass. 19 juin 1872, Nozal ; 7 fév. 76, Cély), d'où il résulte que celle-ci doit être calculée sur la valeur au moment de l'introduction de l'instance et non à celui de la délimitation [1]. L'arrêt Nozal en a tiré en outre cette conclusion que les baux faits postérieurement à la date de cette dernière sont valables et que l'Etat doit indemniser le locataire, notamment en raison des constructions élevées par lui. De même qu'un locataire, celui qui jouit d'une servitude doit être indemnisé (Cass. 4 janv. 1886, ville de Lyon).

VI. Cas où il y a lieu à délimitation. — 1° Initiative de l'administration. — L'administration est amenée à reconnaître les limites d'une rivière navigable ou du rivage de la mer, lorsqu'elle se propose d'exécuter des travaux devant modifier ces limites, soit afin de se défendre contre des réclamations, soit afin de fixer la limite des terrains qu'elle devra revendiquer à titre de conquête sur le fleuve ou la mer. Il ne faut pas toutefois exagérer l'importance de cette opération, en présence de la jurisprudence qui permet aux tribunaux de juger de l'exactitude des délimitations administratives : « Les riverains, dit M. de Récy, s'abstiennent d'attaquer la délimitation pour excès de pouvoir ; ils laissent commencer les travaux, et, quand le bouleversement des terrains a rendu impossible la vérification matérielle de l'ancien état des lieux, ils assignent l'Etat en indemnité, profitant ainsi, grâce aux dispositions toujours bienveillantes des tribunaux, de l'incertitude qu'ils ont laissé créer » (II, 23). Nous devons

---

1. L'arrêt Cély y ajoute les fruits, à partir du jour où l'Etat a connu le vice de sa possession.

ajouter que l'administration est souvent responsable de cette incertitude, car elle néglige fréquemment de notifier aux riverains les actes
de délimitation, avec les plans annexés. Or ce n'est que lorsqu'ils ont
connaissance de ces documents que les intéressés peuvent les attaquer;
en négligeant donc de les leur notifier, l'administration assume la responsabilité du fâcheux état de choses résultant de l'impossibilité matérielle de contrôler exactement son opération après l'exécution des travaux, tandis que, si elle fait cette notification, elle met cette responsabilité à la charge des intéressés qui n'ont pas formé un recours alors
que les lieux étaient dans leur ancien état.

En ce qui concerne spécialement le domaine maritime, une circulaire
du ministre de la Marine du 14 janv. 1890 a posé quelques règles sur
les cas où l'on doit procéder à une délimitation conformément au décret
du 21 fév. 1852 et ceux où, en cas d'accord avec les intéressés, on peut
se borner à un simple procès-verbal de constat, dressé amiablement.
Les délais considérables qu'exigent les délimitations du domaine maritime donnent un grand intérêt à des simplifications pratiques, et l'administration était entrée dans cette voie en 1886 ; mais la circulaire
précitée est revenue sur cette tolérance : « Les services publics ne
« peuvent, en effet, concourir à une *reconnaissance* de la nature de celle
« dont il s'agit, sans engager l'Etat et rendre fort difficile une délimi-
« tation ultérieure qui mordrait sur le terrain précédemment reconnu
« comme propriété privée. Le particulier, de concert avec qui s'opère
« la reconnaissance, veut évidemment rendre son droit hors de con-
« teste, pouvoir valablement se défendre contre la mer et s'endiguer
« au besoin sans que personne puisse jamais mettre en doute la léga-
« lité de ses travaux. Or un simple acquiescement administratif ne
« saurait conférer cette autorité, étant donné que la loi fixe les formes
« de rigueur suivant lesquelles la mer doit être délimitée. Il convient
« donc de n'établir de constat officiel que conformément à la procé-
« dure légale, c'est-à-dire la délimitation par voie de décret »[1]. Le
ministre pose cependant deux exceptions : « J'ajoute toutefois », dit-il,
« que, comme par le passé, il ne sera pas nécessaire de recourir à une
« délimitation en forme, quand il s'agira de concessions de terrains
« maritimes à endiguer et que le riverain aura accepté comme exacte
« la ligne du rivage tracée par les services publics. — De même, la déli-
« mitation préalable serait sans objet en matière de concessions de
« lais de mer, attendu que, dans la pratique, une bande de terrain
« plus ou moins large est toujours réservée entre le rivage et la par-
« celle de lais de mer concédée ». La raison d'être de la première
exception consiste en ce que l'on n'a pas à craindre les difficultés signa-

---

1. M. de Récy ajoute que la cour d'Aix, dans un arrêt du 15 juin 1892, a
refusé toute valeur à la reconnaissance du riverain.

lées précédemment par le ministre, puisque la portion du rivage limitrophe du terrain privé doit être soustraite à l'action des eaux et sortir du domaine public.

En matière de rivières navigables, on n'a pas les mêmes motifs que pour le rivage de la mer de chercher à éviter les délimitations, qui exigent des formalités beaucoup moins longues.

Nous avons signalé (p. 169) les difficultés que rencontrerait l'Etat à rentrer en possession d'une partie irrégulièrement aliénée de son domaine public, après l'expiration des délais durant lesquels la nullité de la vente peut être prononcée : indépendamment de la voie détournée de l'expropriation, il resterait le procédé de la délimitation du domaine public, dans le cas où le terrain aliéné en ferait encore réellement partie, le tout sous réserve de l'indemnité due.

2º Délimitation préjudicielle demandée par les tribunaux. — Le principe général d'après lequel on doit juger si l'autorité judiciaire est tenue ou non de surseoir à statuer, jusqu'après délimitation par l'autorité administrative, consiste à reconnaître si la décision du tribunal est appelée ou non à avoir une influence sur les limites du domaine public. Toutefois ce principe fléchit dans le cas où il s'agit d'appliquer des titres remontant au-delà de 1566 (p. 176 et 197) [1] ; et il en est de même pour un conseil de préfecture qui aurait à faire application d'un acte de vente nationale (voir p. 197).

En dehors de ces deux cas exceptionnels, le principe doit être toujours appliqué. Nous avons déjà vu un cas où il en est ainsi, celui où il s'agit d'un litige entre particuliers, dont la solution laisserait intacts les droits de l'administration, bien qu'elle comportât une reconnaissance des limites du domaine public (p. 186). Ainsi en est-il encore lorsque, l'administration étant en cause, son intérêt fiscal est seul en jeu, puisque la jurisprudence accorde aux tribunaux civils le droit de réviser les délimitations administratives, au point de vue des conséquences pécuniaires ; c'est pour ce motif que la reconnaissance des *limites anciennes* ne saurait motiver un sursis (T. C. 1er mars 1873, Guillié) [2]. M. de Récy fait remarquer à ce sujet qu'il y aurait exception s'il s'agissait de limites qui n'auraient été modifiées que par un travail usurpateur, vu qu'alors l'administration serait en droit de poursuivre la réincorporation au domaine public ; en principe, la remarque nous paraît juste, mais en fait c'est aux tribunaux administratifs que s'adresserait l'Etat pour obtenir la répression de la contra-

1. Voir un jugement du tribunal du Havre du 17 janv. 1884 (Bobée), dans de Récy, II, 132, note 1.

2. Voir des arrêts de cassation des 5 nov. 1890 et 21 fév. 1804 (Letourneux), relatifs à une affaire où, conformément au principe indiqué, le tribunal a fait procéder, sans qu'il ait été réclamé de sursis pour délimitation administrative, à la reconnaissance des limites d'une rivière avant remblai.

vention, répression qui n'exige pas une délimitation préalable, comme nous avons vu (p. 42). Enfin il n'y a point lieu à détermination administrative des limites actuelles si le demandeur ne réclame que le paiement d'un terrain occupé par l'administration. Tel n'est pas cependant l'avis de M. de Récy, d'après lequel « il est indifférent que les particuliers déclarent spontanément restreindre leurs prétentions à l'allocation d'une indemnité », attendu qu'il serait interdit aux tribunaux « de rendre une décision *par laquelle la délimitation du domaine public se trouverait supposée* ». Non-seulement nous ne voyons aucune utilité, en pareil cas et en l'état de la jurisprudence, à ce qu'une délimitation soit demandée par l'autorité judiciaire, mais de plus les décisions du Tribunal des conflits invoquées par M. de Récy (3 juin 1850, Vignat, et 27 mai 76, comm. de Sandouville) n'ont point, semble-t-il, la signification qu'il leur attribue, car la première vise une demande en délivrance d'alluvion, et la seconde une action possessoire. Revenant ensuite sur la question, il déclare que « les tribunaux empiéteraient sur les attributions de l'administration s'ils procédaient eux-mêmes à la vérification des limites du domaine public avant toute détermination administrative de ces limites, *car alors ils transformeraient en un pouvoir propre de recherche et de constatation le droit de contrôle des opérations administratives* attribué à l'autorité judiciaire pour la sauvegarde des intérêts privés » (II, 151). La distinction paraît subtile, et les décisions sur conflit citées semblent peu probantes : l'une (30 juill. 1850, Magnin), concerne une action possessoire ; une autre (28 avril 1851, ville de Marseille) met en cause une déclaration de domanialité déjà prononcée, et enfin une troisième (31 mai 1851, Duhamel) met en présence d'une demande de sursis de l'administration voulant réviser une précédente délimitation.

Nous n'avons pas besoin d'insister ici de nouveau sur la nécessité d'une délimitation lorsqu'il s'agit d'une revendication tendant à une mise en possession (p. 176).

3° **Demandes de particuliers.** — Il suffira de noter ici que les particuliers ne sauraient exiger que l'administration procède à une délimitation du domaine public, pas plus par demande adressée directement au Conseil d'Etat (10 sept. 1855 et 28 janv. 58, de Nicolaï de Bercy), que par demande au ministre, suivie d'un recours contre son refus (27 juill. 1877, Véron), attendu que ce refus « n'est qu'un acte de pure administration ».

VII. Délimitation entre diverses dépendances du domaine public. — 1° **Délimitation transversale à l'embouchure des fleuves.** — Nous ne nous sommes occupé jusqu'ici que de la délimitation du domaine public supposé bordé par des propriétés privées : c'est à vrai dire la seule limite véritable du domaine public ;

mais, comme il existe plusieurs catégories dans le domaine public, il peut y avoir lieu de déterminer leur commune limite. Il y a même un cas où cette question se pose nécessairement : c'est à l'embouchure des fleuves, où une délimitation transversale doit fixer la ligne séparative du fleuve et de la mer, soumis à des législations et réglementations différentes ; à cette délimitation on pourrait ajouter d'ailleurs la fixation de la limite de la salure des eaux, puis celle de l'inscription maritime[1]. Nous devrons étudier ces questions en détail, dans le tome III, mais ici nous nous bornerons à de brèves indications sur la délimitation entre les fleuves et la mer. Nous avons reproduit (p. 187) l'art. 2 du décret-loi du 21 fév. 1852, et l'on a vu que les limites de la mer sont reconnues à l'embouchure des fleuves ou rivières comme sur les autres points, mais sur le rapport du ministre des travaux publics.

Ces actes de délimitation ne touchent pas directement à la propriété privée, bien qu'ayant pour elle un grand intérêt, en raison du régime différent des alluvions ; aussi ne sont-ils pas susceptibles d'un recours direct pour excès de pouvoirs (C. E., 4 août 1876, Courage du Parc ; 4 avril 79, Labbé). Mais, le jour où un litige s'élève au sujet de la propriété des alluvions, l'administration est amenée à procéder à une délimitation latérale (T. C. 27 mai 1876, comm. de Sandouville), et alors les intéressés sont fondés à contester en même temps la délimitation transversale (C. E. 22 juill. 1881 et 10 mars 82, Duval ; voir Cass. 24 janv. 93, Bobée).

Au point de vue de la compétence des tribunaux à allouer des indemnités en cas de délimitations jugées par eux inexactes, on ne pourrait pas, croyons-nous, étendre à la délimitation transversale la jurisprudence établie pour la délimitation longitudinale, attendu que, si la propriété privée est intéressée à la question, elle ne l'est que d'une façon indirecte qui ne semble offrir à l'autorité judiciaire aucun prétexte plausible pour infirmer, pour ainsi dire, l'acte administratif. Dans l'affaire Bobée, relative à l'estuaire de la Seine, la cour de Rouen (29 juill. 1885 ; voir de Récy, II, 143, note 1) et la Cour de cassation (24 janv. 1893) ont paru admettre comme indiscutable la ligne de séparation fixée entre le fleuve et la mer.

2° **Voies de terre.** — Les voies de terre de tous genres sont en contact continuel les unes avec les autres, d'où la nécessité de délimitations quand il y a doute sur la ligne séparative. Cette délimitation ne saurait évidemment être faite que par l'autorité d'où dépend la voie d'ordre supérieur. Elle peut avoir lieu par l'approbation d'un plan

---

1. *Des décrets du Président de la République, insérés au Bulletin des lois et rendus sur la proposition du ministre de la marine, détermineront, dans les fleuves et rivières affluant directement ou indirectement à la mer, les limites de l'inscription maritime et les points de cessation de la salure des eaux* (décret du 21 fév. 1852, art. 1er).

général d'alignement ; mais ce n'est là qu'une forme pour ainsi dire accidentelle de la délimitation, qui paraît pouvoir être faite par le préfet, mais l'est plutôt par décision ministérielle lorsqu'une route nationale est en cause. Généralement, l'Etat demande l'adhésion de la commune ou du département, mais elle n'est évidemment pas nécessaire ; à son défaut, l'Etat est exposé à une revendication en indemnité devant les tribunaux judiciaires, et l'on doit noter qu'une acceptation de la commune n'est valable qu'après approbation par l'autorité supérieure, du moment qu'on l'interprète comme comportant abandon de droits de propriété, en vertu de l'art. 68 de la loi du 5 avril 1884 (C. E. 12 juin 1891, comm. de la Seyne). Le Conseil d'Etat est d'ailleurs seul compétent, aux termes de cet arrêt, pour apprécier la validité d'une telle adhésion.

Dans une espèce où les représentants de l'Etat et d'une commune se renvoyaient la charge de payer une indemnité de terrain, le Conseil d'Etat a jugé que l'autorité judiciaire devait surseoir à statuer jusqu'après délimitation par l'autorité administrative (O. C. 30 mai 1846, Rondet).

§ 2

PRINCIPES GÉNÉRAUX SUR LES REDEVANCES ET
PERCEPTIONS DIVERSES

I. *Textes fondamentaux.* — II. *Services financiers compétents.* — III. *Dépendances concédées du domaine public.* — IV. *Perceptions municipales sur la grande voirie.* — V. *Taxes sur la navigation maritime.*

I. Textes fondamentaux. — On n'est arrivé que progressivement à introduire dans les lois de finances un texte précis autorisant les perceptions auxquelles donnent lieu les permissions accordées sur le domaine public ou la vente de ses produits. Nous allons mentionner les divers textes y relatifs.

L'art. 8 de la loi de finances du 16 juill. 1840 a prévu la perception de *redevances pour permission d'usines et de prises d'eau temporaires, toujours révocables sans indemnité, sur les canaux et rivières navigables.* D'autre part, l'art. 2 de la loi de finances du 20 déc. 1872 a autorisé *la perception de redevances à titre d'occupation temporaire ou de location des plages et de toutes autres dépendances du domaine maritime.* Mais ce n'est que la loi de finances du 29 juill. 1881 qui a statué en termes suffisamment généraux, et aujourd'hui la formule adoptée dans les lois annuelles de finances est : *Revenus et produits de toute nature du domaine public, fluvial, maritime et terrestre* (état C annexé à la loi de finances du 29 mars 1897, I, § 3, avec référence à la loi de 1872).

En dehors de ces perceptions pour occupation du domaine public ou jouissance de ses produits, l'État a perçu longtemps un droit de péage sur la navigation intérieure (lois des 30 floréal an X et 9 juill. 1836 notamment), droit aboli par la loi du 19 fév. 1880. Au contraire, il continue à percevoir des droits de navigation sur la marine marchande, notamment en vertu de la loi du 30 janv. 1872, que nous étudierons, avec quelques autres textes, sous le n° V du présent paragraphe.

II. Services financiers compétents. — En thèse générale, l'administration des domaines a compétence pour procéder à l'aliénation des produits du domaine public et à la location de ses dépendances, sous réserve du concours des services administratifs intéressés, et pour recouvrer les sommes dues au Trésor par suite de ces ventes et locations. En ce qui concerne les ventes d'objets mobiliers, le principe a été posé par l'art. 3 d'un arrêté du 23 nivôse an VI[1], et des applications diverses en ont été faites, par des arrêtés concertés entre les divers ministres, aux produits du domaine public naturel; nous étudierons ces arrêtés dans les n°⁵ suivants. Une décision du ministre des finances a d'ailleurs autorisé les directeurs des domaines à consentir des cessions amiables jusqu'à concurrence de 500 fr., d'accord avec les chefs des services d'où proviennent les objets. Pour les locations, la compétence des domaines repose sur la loi des 19 août-17 sept. 1791[2]; quand le prix annuel ne dépasse pas 500 fr., les préfets peuvent statuer, en conseil de préfecture, sur les propositions des directeurs des domaines tendant à une location amiable, sans en référer au ministre des finances (décret du 25 mars 1852, tableau C, n° 2).

Mais ces principes généraux ont subi des dérogations importantes en ce qui concerne les voies navigables. Un arrêté des consuls du 5 germinal an XII a chargé les contributions indirectes de toucher le droit de navigation et les droits et revenus des bacs, bateaux et canaux (art. 4), et un décret du 23 déc. 1810 a beaucoup étendu ces attributions; nous n'en reproduirons pas les dispositions, qui sont remplacées par celles de l'art. 1ᵉʳ du décret du 25 mars 1863 : *A partir du 1ᵉʳ juill. 1863, les fermages de la pêche et de la chasse sur les cours d'eau, les produits de la récolte des francs-bords et les redevances pour prises d'eau d'usine seront recouvrés par l'administration des contributions indirectes dans les fleuves et rivières navigables et flottables, comme dans les canaux et rivières canalisées.*

---

1. *Ces ventes seront faites exclusivement par les receveurs ou autres préposés de la régie de l'enregistrement et des domaines.*

2. *Art. 4. — Tous les revenus des domaines nationaux... ne pourront être payés qu'entre les mains des préposés de la régie.*

Un premier point à noter consiste en ce que cette règle n'est applicable aux canaux qu'à partir de leur mise en exploitation (décision du min. des fin. du 6 nov. 1829, circ. du direct. gén. des ponts et ch. du 20 mars 1830, circ. du min. des tr. p. du 31 mars 1841). D'autre part, si les contributions indirectes perçoivent les produits des ilots ou atterrissements non émergés au-dessus des eaux de pleins bords, les domaines ont compétence quand la parfaite émergence de ces ilots ou atterrissements les a fait entrer dans le domaine privé, et alors cette compétence s'étend aux alluvions imparfaites qui y seraient attenantes (circ. min. trav. pub. 15 avril 1890) [1]. Enfin, pendant plusieurs années, les domaines ont prêté leur concours pour la détermination des droits et revenus des bacs, bateaux et canaux, des produits des récoltes des francs-bords et des plantations, du fermage des droits de pêche et de chasse (circ. de l'enreg. du 15 déc. 1874 et circ. des cont. ind. du 20 fév. 1875, commentant une décision ministérielle du 8 juin 1874), ainsi que pour la fixation des redevances pour occupations temporaires du domaine public (arrêté ministériel du 3 août 1878, art. 3, voir § 5, I). Mais cet état de choses a pris fin, en ce qui concerne le premier groupe, par une décision ministérielle faisant l'objet d'une circulaire de la direction générale des contributions indirectes en date du 7 sept. 1878, et, à l'égard des occupations temporaires, par un arrêté ministériel du 6 mars 1897.

Enfin nous devons signaler le concours des domaines dans le cas des traités amiables pour la location des dépendances du domaine fluvial et la cession des objets mobiliers qui en proviennent. Après avoir rappelé que, depuis le décret de 1863, ces traités échappaient entièrement à l'action des domaines, une circulaire de l'enregistrement du 15 déc. 1874 s'exprime ainsi : « Cet état de choses a été modifié par « une décision du ministre des finances du 8 juin 1874, aux termes de « laquelle les agents des domaines devront désormais concourir à la « préparation des locations ou concessions amiables confiées au service « des contributions indirectes. Le ministre a considéré que les agents « du service des domaines, acquérant dans la pratique de leurs travaux journaliers une aptitude toute spéciale pour la détermination « des valeurs et pour la rédaction des contrats il convenait de les char- « ger : 1° de régler, après avoir pris l'avis de l'administration des con- « tributions indirectes, et sauf l'approbation de l'autorité supérieure « compétente, le chiffre des redevances à exiger ; 2° de veiller à l'inser- « tion, dans les actes de location, de toutes les clauses destinées à sau-

---

1. Par dérogation à ces principes, les domaines sont chargés de l'administration des alluvions artificielles non émergées de la Basse-Seine (déc. min. fin. 29 fév. 1876) ; mais l'administration des contributions indirectes reste chargée de la vente des produits croissant sur les talus et francs-bords de cette partie du fleuve.

« vegarder les intérêts de l'Etat, au point de vue purement domanial.
« — La décision du ministre porte, toutefois, que ces dispositions ne
« devront pas être appliquées aux concessions de prises d'eau ou d'éta-
« blissement d'usines ; en raison du caractère particulier de ces con-
« cessions, les redevances auxquelles elles donneront lieu, continue-
« ront à être fixées par l'administration des contributions indirectes,
« sans que le service des domaines ait à émettre un avis, même pour
« la partie de la redevance qui, dans le cas de prise d'eau, par exem-
« ple, représente le prix de location du terrain domanial utilisé pour
« la dérivation[1] ».

Nous ferons remarquer, en terminant, que, suivant le cas, le préfet, les ministres des finances et des travaux publics ou le Président de la République ont à intervenir pour statuer définitivement ; mais leurs rôles respectifs ne sauraient être indiqués que pour chaque sujet déterminé.

Le mode de recouvrement et les règles de compétence en matière d'enregistrement et des domaines sont fixés par les art. 64 et 65 de la loi du 22 frimaire an VII : *Art. 64. — Le premier acte de poursuite pour le recouvrement des droits d'enregistrement est une contrainte : elle sera décernée par le receveur ou préposé de la régie ; elle sera visée et déclarée exécutoire par le juge de paix du canton où le bureau est établi, et elle sera signifiée. — L'exécution de la contrainte ne pourra être interrompue que par une opposition formée... devant le tribunal civil du département....*

Art. 65. — L'introduction et l'instruction des instances auront lieu devant les tribunaux civils de département... — L'instruction se fera par simples mémoires respectivement signifiés (sans plaidoiries, ajoute l'art. 17 de la loi du 27 ventôse an IX)... *Les jugements seront rendus dans les trois mois au plus tard, à compter de l'introduction des instances, sur le rapport d'un juge, fait en audience publique, et sur les conclusions du commissaire du directoire exécutif : ils seront sans appel et ne pourront être attaqués que par voie de cassation.*

En matière de contributions indirectes, les règles sont les mêmes : *La contrainte,* dit l'art. 44 du décret du 1er germinal an XIII sur les droits réunis, *sera décernée par le directeur ou receveur de la régie ; elle sera visée et déclarée exécutoire, sans frais, par le juge de paix du canton où le bureau de perception est établi, et pourra être notifiée par les préposés de la régie.* D'autre part, l'art. 2 de la loi du 7 sept. 1790 porte : *Les actions civiles relatives à la perception des impôts indirects seront jugées en premier et dernier ressort par les juges du district,* et l'art. 88 de la loi du 5 ventôse an XII ajoute que ces contestations *seront portées devant les tribunaux de pre-*

---

1. Nous verrons que l'arrêté ministériel du 3 août 1878 sur les occupations temporaires du domaine public terrestre ou fluvial a confirmé cette règle, dans son art. 15.

mière instance, qui prononceront dans la chambre du conseil et avec les mêmes
formalités prescrites pour le jugement des contestations qui s'élèvent en ma-
tière de paiement des droits perçus par la régie de l'enregistrement.

Les droits d'attache et de voirie perçus par les communes étant assimilés aux contributions indirectes, les tribunaux de première instance sont compétents à leur égard en premier et dernier ressort (Cass. 5 déc. 1887, Frétigny ; 8 mai 89, comm. de St-Nazaire).

La loi du 9 juill. 1836 chargeait l'administration des contributions indirectes du recouvrement des droits de navigation intérieure ; mais celui des droits qui frappent la navigation maritime est confié à l'administration des douanes, ainsi qu'il résulte des divers textes y relatifs, notamment de l'art. 6 de la loi du 30 janvier 1872. Les receveurs des douanes décernent des contraintes (loi des 6-22 août 1791, art. 31 à 33) ; elles sont visées par le juge de paix. Ce magistrat connaît de l'opposition que peut y former le redevable ; il est compétent pour connaître de toute difficulté contentieuse sur l'application des tarifs et, d'une manière générale, de toutes contestations en matière de douane, quelle que soit leur importance pécuniaire (loi du 14 fructidor an III, art. 10). Il statue en dernier ressort jusqu'à 100 fr. et, sauf appel, au-dessus de cette somme.

Quant aux contraventions, qu'elles se rattachent aux contributions indirectes ou aux douanes, elles relèvent des tribunaux de police correctionnelle (lois du 25 ventôse an XII, art. 90, et du 28 avril 1816, art. 36 et 53), sauf le droit de transaction de l'administration.

Les délais de prescription sont de deux ans, tant pour l'administration que pour les particuliers, à l'égard des droits perçus par les domaines (loi du 22 frimaire an VII, art. 61). En ce qui concerne les contributions indirectes, il y a lieu à distinction : aux termes de l'art. 247 de la loi du 18 avril 1816, les contribuables de qui il a été perçu une somme supérieure au tarif ne disposent que de six mois ; mais ce délai n'est pas applicable au cas de droits établis par une autorité incompétente (Cass. 11 juill. 1895, ville de Beaucaire) ; dans ce cas on rentre dans les conditions du droit commun, et la prescription trentenaire est seule applicable, en vertu des art. 2.227 et 2.262 du Code civil (trib. civ. de Lille, 24 juin 1897, Pavot).

III. Dépendances concédées du domaine public. — Nous avons vu (II, 1ʳᵉ p., p. 334) que, aux termes d'un avis du Conseil d'Etat en date du 9 mars 1889 et relatif à la tour Eiffel, un concessionnaire « ne peut exercer que les droits de jouissance limitativement énumérés dans l'acte de concession ». Sous cette forme absolue, ce principe nous paraît exagéré ; si, en effet, son application ne soulève aucune objection dans le cas à propos duquel il a été énoncé (absence d'un monopole sur les reproductions de la tour), il n'en serait pas de même dans le cas où il s'agirait de permissions à accorder sur le domaine concédé, même si le cahier des charges ne stipule rien à ce sujet ; ainsi, bien que celui des concessions de chemins de fer ne prévoie aucune perception en dehors des frais de transport et de péage et de leurs accessoires, M. Picard, parlant des permissions de voirie accordées sur les dépendances du chemin de fer, s'exprime en ces termes : « Elles sont subordonnées au paiement d'une redevance destinée, non seulement à en constater la précarité, mais encore à faire bénéficier l'exploitant d'une partie des avantages accordés au permissionnaire. Le montant des redevances de cette nature est versé entre les mains des compagnies, qui ont droit à tous les produits du chemin de fer » (II, 972). Par une application naturelle de ce principe, ce n'est pas l'administration des domaines qui perçoit ces redevances, non plus que le produit des ventes de fruits, en ce qui concerne les chemins de fer de l'Etat, mais l'administration de ces chemins, assimilée à une compagnie concessionnaire : *Les recettes se composent*, dit l'article 3 du décret du 25 mai 1878... *2° Des produits du domaine et de la vente des objets mobiliers.*

M. Picard signale les mêmes principes à l'égard des canaux concédés : « La redevance imposée au permissionnaire pour occupation des dépendances de la voie navigable est perçue par le concessionnaire, qui en débat préalablement le chiffre avec l'intéressé [1] » (III, 629). Pour le cas spécial des prises d'eau les actes de concession contiennent souvent des dispositions particulières.

IV. Perceptions municipales sur la grande voirie. — Les droits de voirie prévus par les art. 68, n° 7 et 133 n° 8, de la loi du 5 avril 1884 sont perçus aussi bien sur les routes que sur la petite voirie ; mais leur étude sera plus naturellement rattachée à celle de la voirie communale, et nous ne considérons ici que les perceptions soumises à des règles spéciales en ce qui concerne la grande voirie.

1° **Législation sur les locations et permis de stationnement. —** Les départements et communes tirent naturellement parti de leur domaine public comme l'Etat fait du sien ; mais les communes jouissent du droit tout particulier d'effectuer certaines perceptions sur le domaine public de l'Etat. Cette question a été traitée par M. de Récy avec un soin tout particulier (II, 279-303).

L'art. 7, § 3, de la loi du 11 frimaire an VII comprenait dans les

---

1. Quand l'occupation peut être autorisée d'office par l'administration, à raison de son caractère d'utilité publique, nous avons vu (II, 1re part., p. 337) que le concessionnaire n'a droit qu'à une indemnité pour dommage. Toutefois, si le permissionnaire tire un bénéfice de ce travail d'utilité publique (conduite d'eau par exemple), il y a lieu à redevance ; mais le montant n'en est pas laissé à l'arbitraire du concessionnaire et est fixé par l'administration.

14

recettes communales *le produit de la location des places dans les halles, les marchés et chantiers, sur les rivières, les ports et les promenades publiques, lorsque les administrations auront reconnu que cette location peut avoir lieu sans gêner la voie publique, la navigation, la circulation et la liberté du commerce.* Ce texte, assez restrictif, semblait limiter le droit des communes à la perception de taxes sur les marchands en plein vent autorisés à stationner sur la voie publique.

Mais la loi du 18 juill. 1837 comprit, en son art. 36, § 7, parmi les ressources communales, *le produit des permis de stationnement et de location sur la voie publique, sur les ports, les rivières et autres lieux publics.* Cette distinction entre le permis de stationnement et ceux de location rendait plus difficile de soutenir l'exclusion des occupations temporaires proprement dites ; aussi l'administration de l'intérieur soutenait-elle, contre celle des domaines, que les communes avaient le droit de percevoir les redevances d'occupation, toutes les fois qu'un texte spécial ne s'y opposerait pas. Ce dernier cas était celui du domaine maritime depuis la loi de finances du 20 déc. 1872, dont nous avons reproduit une disposition de l'art. 2 (p. 204).

La question fut tranchée en faveur des communes par un avis du Conseil d'Etat en date du 30 nov. 1882. Après avoir rappelé les dispositions des lois des 11 frimaire an VII et 18 juill. 1837, cet avis s'exprime ainsi : « Considérant que ces dispositions législatives n'ont point « donné aux communes le droit de percevoir des redevances à l'occa-« sion des occupations qui entraînent une emprise sur le domaine na-« tional ou qui en modifient l'assiette ; — mais qu'en ce qui concerne « les locations, les lois susvisées n'établissent de distinction, ni à rai-« son de la durée du bail, ni à raison du caractère plus ou moins pré-« caire des droits qui en résultent. — En ce qui touche la location des « kiosques servant à la publicité ou à la vente des journaux : — Con-« sidérant que, lorsque, à raison de la légèreté des travaux qui les « relient au sol, ces kiosques ne peuvent pas être considérés comme « des édifices modifiant l'assiette du domaine public, il y a lieu d'appli-« quer l'art. 31 de la loi du 18 juill. 1837 et d'autoriser la perception « des redevances au profit des communes... »

Lors de la discussion de la loi municipale du 5 avril 1884, le Sénat revint d'abord au système de l'an XI, en ne parlant que de *location de places* ; mais il ne maintint pas cette rédaction en deuxième délibération, et l'art. 133, n° 7, de cette loi, range parmi les recettes communales *le produit des permis de stationnement et de location sur la voie publique, sur les rivières, ports et quais fluviaux et autres lieux publics.*

Par suite de l'adoption de ce texte, le système de la loi de 1837 était maintenu, et par suite le commentaire qu'en avait donné le Conseil d'Etat, par son avis du 30 nov. 1882, conserve toute sa valeur, ainsi que l'a déclaré une circulaire du ministre de l'intérieur en date du 15 mai 1884.

2° **Formalités préalables**. — Nous avons vu que la loi de l'an VII ne permettait la perception de droits de location que lorsque les administrations auraient reconnu que cette location pourrait avoir lieu *sans gêner la voie publique, la circulation et la liberté du commerce.* La loi de 1884 se réfère explicitement à cette disposition et exige l'établissement régulier d'un tarif, car elle porte en son art. 98 : *Il* (le maire) *peut, moyennant le payement de droits fixés par un tarif dûment établi, sous les réserves imposées par l'art. 7 de la loi du 11 frimaire an VII, donner des permis de stationnement ou de dépôt temporaire sur la voie publique, sur les rivières, ports et quais fluviaux et autres lieux publics.* Cette condition d'un tarif régulier est si impérieuse que la Cour de cassation a refusé d'admettre qu'il pût y être suppléé par un prétendu contrat de bail (4 nov. 1890, Darbon). Aux termes de l'art. 68 de la loi de 1884, le tarif des droits de place et de stationnement sur les dépendances de la grande voirie n'est exécutoire qu'après avoir été voté par le conseil municipal et approuvé par l'autorité supérieure. La circulaire adressée aux préfets le 15 mai 1884 s'exprime d'ailleurs ainsi : « Ce tarif est d'abord voté par le con-
« seil municipal ; il est ensuite soumis à votre sanction s'il s'agit de
« droits de stationnement, de place ou de location à percevoir sur les
« dépendances de la petite voirie ou sur les rivières non navigables ni
« flottables... Quant aux droits de stationnement, de place ou de loca-
« tion à percevoir sur les dépendances de la grande voirie, comme ils
« peuvent affecter directement les intérêts généraux de l'Etat, le pou-
« voir d'en autoriser la création et d'en approuver le tarif n'a pas été
« décentralisé. Il est exercé par le Président de la République, sur le
« rapport du ministre de l'intérieur, après avis du ministre des travaux
« publics, au sujet des droits à percevoir soit sur les rivières naviga-
« bles ou flottables, soit sur leurs berges. Le ministre de l'intérieur
« statue lui-même après avoir consulté son collègue, lorsque la per-
« ception doit s'opérer sur d'autres dépendances de la grande voirie ».

La distinction ainsi posée entre les rivières navigables et les autres dépendances de la grande voirie, distinction affirmée de nouveau dans une circulaire du 10 mars 1894, ne paraît reposer que sur une circonstance purement accidentelle : une difficulté s'étant élevée à propos de stationnements sur une rivière navigable (pontons sur la Saône à Lyon), le Conseil d'Etat consulté se prononça en termes généraux [1] en faveur d'un décret soumis à la signature du Président de la République par le ministre de l'intérieur, après entente avec son collègue, et contresigné par les deux ministres, le Conseil d'Etat étant consulté en cas de désaccord (avis du 2 juin 1875). Le ministre de l'intérieur, sans s'arrêter à

---

1. « Considérant que, pour mieux assurer la conciliation des intérêts dont les
« deux ministres ont respectivement la garde, il paraissait utile de réserver au
« Chef de l'Etat le soin d'autoriser l'établissement de droits de stationnement et
« d'en fixer le tarif ».

la généralité des considérations présentées par le Conseil d'Etat et limitant sa portée à l'espèce en cause, c'est-à-dire aux rivières navigables, a continué de s'attribuer le droit de statuer à l'égard des autres dépendances du domaine public. Ajoutons que la Cour de cassation s'est prononcée dans le même sens que le Conseil d'Etat et en termes généraux, mais à propos de la même affaire et d'affaires analogues c'est-à-dire à propos de ports fluviaux. On lit en effet, dans son arrêt du 4 nov. 1890 (Darbon), les considérations générales suivantes : « que, « si le préfet a le droit d'autoriser ces tarifs, c'est seulement lorsqu'il « s'agit d'objets touchant à des intérêts d'administration départemen- « tale ou communale ; mais qu'il faut un décret du Gouvernement, « quand il s'agit de l'intérêt général de l'Etat, et qu'il en est ainsi no- « tamment des droits de stationnement et d'amarrage sur les ports, « quais, rivières et autres dépendances de la grande voirie, droits « dont la perception pourrait porter atteinte à la liberté du commerce « et de la navigation ». Dans un arrêt antérieur (9 décembre 1895 Cayla), la Cour s'était prononcée en termes plus généraux, à propos d'une cale située à Cahors, déclarant que l'approbation du préfet « ne « suffisait pas à assurer la légalité » (des taxes communales) « en ce « qui concerne les dépendances du domaine de l'Etat ». On pourra consulter encore un arrêt du 11 juill. 1895 (ville de Beaucaire), un autre du 23 mars 1897 (Comp. Gle de navigation) et neuf arrêts du 18 juin 1897 (Faure, Darbon et autres), tous ceux de 1897 étant relatifs à des procès de la ville de Lyon ; le premier de ces divers arrêts mentionne comme insuffisante une approbation donnée par le ministre de l'intérieur. Quoi qu'il en soit et si, au point de vue strict des principes, un décret devrait toujours être nécessaire, on doit reconnaître que les redevances sur les routes nationales affectent bien moins les intérêts généraux.

La circulaire du 15 mai 1884 prescrit de joindre, à l'appui des demandes des communes, le procès-verbal de l'enquête à laquelle le tarif aura été soumis dans les formes déterminées par l'instruction ministérielle du 20 août 1825[1] et les observations des ingénieurs des ponts et chaussées. Par circulaires des 15 janv. et 5 fév. 1890, le ministre des travaux publics a d'ailleurs prescrit aux ingénieurs de lui communiquer les demandes des communes avec leurs projets de rapport, afin de lui permettre de leur envoyer ses observations.

Lorsqu'une demande d'une commune est rejetée par le ministre de l'intérieur, qui refuse de soumettre un projet de décret à la signature du Président de la République, en se fondant sur les inconvénients des taxes projetées au point de vue des intérêts de la navigation et du

---

1. Cette enquête est l'enquête *de commodo et incommodo*. Nous rappellerons que la circulaire du 15 mai 1884 elle-même a indiqué, à propos de l'art. 3 de la loi du 5 avril, les modifications que la jurisprudence a apportées aux dispositions de la circulaire de 1825.

commerce, sa décision ne peut faire l'objet d'un recours pour excès de pouvoir (12 avril 1889, ville de Bourges). A plus forte raison, un décret qui a approuvé un tarif en y apportant certains adoucissements ne peut-il être attaqué par la commune par la voie contentieuse (24 mars 1893, comm. du Pecq).

Nous ferons remarquer, en terminant, que les droits de stationnement et de location sur un port public communal, desservant une rivière navigable ou un canal de l'Etat, ne peuvent être établis que suivant les formes mentionnées ci-dessus, c'est-à-dire par décret contresigné par les ministres de l'intérieur et des travaux publics. Telle est du moins la doctrine affirmée par ce dernier, notamment dans une décision du 18 fév. 1892, relative à la commune de Vigneux (Seine-et-Oise)[1], et par le tribunal civil de Lille (24 juin 1897, Pavot).

3° **Détails d'application.** — La circulaire du ministre de l'intérieur du 15 mai 1884 ne contient que quelques indications générales sur la fixation des bornes : « L'administration supérieure, dit-elle, a pour « devoir de veiller à ce que ces droits soient modérés, afin de ne pas « entraver le développement du commerce ou de l'industrie. En outre, « comme ils représentent, comme les droits de place dans les halles, « foires et marchés, le prix de location d'emplacements, elle doit exi-« ger que les uns et les autres soient calculés d'après la superficie de « ces emplacements et non à raison de la valeur des objets que l'on y « fait stationner ».

1. RIVIÈRES NAVIGABLES. — Nous pensons qu'il y aura quelque intérêt à étudier l'application faite dans un cas particulier, relatif à une rivière navigable : ce sera celui de la commune d'Issy sur la Seine, que nous commenterons en en rapprochant celui de la commune de Conflans-Sainte-Honorine[2] Un décret du 22 août 1891 a statué dans les termes suivants au sujet de la première de ces communes :

Art. 1er. — La commune d'Issy est autorisée à percevoir, dans les limites de son territoire[3], des redevances pour stationnement sur la Seine et sur les emplacements du port d'Issy, des quais ou berges à ce réservés par les arrêtés préfectoraux portant règlement de police de la navigation, conformément au tarif suivant :

1. Cette décision repousse pour un tel port, comme nous verrons qu'on le fait pour les autres, les droits de stationnement durant le délai accordé pour le chargement et le conditionnement des marchandises,

2. Un décret analogue, relatif à la commune de Neuville-sur-Saône, en date du 11 juin 1888, a été inséré dans les *Annales des ponts et chaussées* de 1888, p. 474 ; il est précédé des instructions adressées au préfet du Rhône pour son application, le 19 juin 1888.

3. Cette expression générale montre que la jurisprudence administrative ne s'arrête pas à une distinction posée par M. de Récy (II, 294), d'après laquelle les communes ne pourraient percevoir de droits que dans l'intérieur des agglomérations.

1re catégorie. — Etablissements flottants stationnant en permanence à un poste spécial suivant permissions de grande voirie, délivrées par le préfet, tels que bateaux-logements, bateaux-lavoirs, radeaux, pontons et autres bateaux analogues, par mètre de surface occupée sur la rivière et par an, 0 fr. 50.

2e catégorie. — Bateaux de plaisance et embarcations de toute nature autres que celles mentionnées comme exemples à l'art. 2. La pièce et par an, 3 fr.

Pour l'application des taxes qui précèdent, toute fraction de mètre et toute fraction d'année seront comptées comme une unité. — La redevance ne sera due qu'autant que le stationnement aura duré plus d'un mois.

3e catégorie. — Marchandises déposées sur les ports, quais ou berges, sous réserve des exceptions prévues à l'art. 2. Dépôts temporaires par mètre superficiel et par période de quinze jours, 0 fr. 05.

Abonnement à l'année par mètre superficiel et par an, 0 fr. 60.

Toute fraction de mètre, de quinzaine ou d'année sera comptée comme une unité.

Art. 2. — Sont exempts de toute redevance, quelle que soit la durée du stationnement ou du dépôt : — Les bateaux servant au transport commercial des voyageurs ou des marchandises, les remorqueurs et les toueurs ; — Les trains de bois et radeaux pour transports de bois ; — Les bacs et batelets des passages d'eau publics concédés par l'Etat ou le département ; — Les bateaux de pêche et les boutiques ou réservoirs à poissons, qui servent à l'exercice de la profession des adjudicataires de la pêche, de leurs co-fermiers et des permissionnaires de pêche dûment agréés et qui portent les marques de distinctions prévues par le cahier des charges de la pêche ; — Les bateaux appartenant à l'Etat ou employés à son service ; — Les bateaux, engins et établissements de toute nature employés par les entrepreneurs des travaux de l'Etat en vue de l'exécution de ces travaux ; — Les occupations des quais, berges ou francsbords par un service public de l'Etat ; — Les dépôts de matériaux appartenant ou destinés à l'Etat ; — Sont également exempts de toute redevance les marchandises à embarquer ou à débarquer, dont le stationnement ne se prolonge pas au-delà des délais impartis par les arrêtés préfectoraux sur la police de la navigation pour le chargement, le déchargement, la reconnaissance et le conditionnement, l'adduction et l'enlèvement des marchandises.

Art. 3. — La commune sera tenue d'entretenir, à ses frais, les emplacements susceptibles de recevoir des dépôts taxables à son profit.

Art. 4. — Le présent décret pourra être révisé tous les cinq ans.

On remarquera que sont écartées toutes taxes frappant la navigation proprement dite et celles que l'Etat supporterait directement ou indirectement.

En général, la prise d'un décret de ce genre est suivie d'un arrêté préfectoral en réglant l'application ; dans ses instructions au préfet du Rhône, dont il est parlé à la note 2 de la page 213, le ministre des travaux publics prescrivait la prise d'un tel arrêté. Pour la commune d'Issy, cet arrêté a été pris le 24 août 1892. L'art. 1er porte que les établissements flottants stationnant à poste fixe ne pourront être installés qu'en vertu d'un arrêté du préfet de la Seine, et que les barques particulières et bateaux de plaisance devant être garés à titre permanent sur les dépendances du domaine public ne peuvent rester à flot qu'en vertu d'un arrêté du préfet de police. Ampliation de ces arrêtés est adressée au maire en vue de la perception des taxes.

On remarquera que le maire n'intervient nullement pour autoriser les stationnements, contrairement à ce qu'on pourrait induire de l'art. 98 de la loi du 5 avril 1884, qui lui permet de *donner des permis de stationnement... sur les rivières, ports et quais fluviaux*. Une disposition prévoyant la délivrance par le maire de tels permis pour les établissements flottants et les bateaux particuliers ou de plaisance, dans un projet d'arrêté relatif à la commune de Conflans-Ste-Honorine, le ministre des travaux publics prescrivit, par dépêche du 4 nov. 1889, la suppression de cette disposition peu compatible avec les principes généraux sur la police des voies navigables.

L'art. 2 désigne les emplacements affectés aux stationnements taxables de 2° catégorie (toutes les rives et les bras secondaires en dehors du port d'Issy).

Aux termes de l'art. 3, les bateaux taxables, non soumis à autorisation, doivent faire une déclaration à l'inspecteur général de la navigation (l'ingénieur dans les autres départements) ; avis de la déclaration est donné au maire.

L'art. 4 oblige les bateaux et batelets à céder la place aux bateaux du commerce autorisés à faire des opérations en dehors du port d'Issy.

L'art. 5 soumet ces opérations à une autorisation de l'ingénieur ordinaire, ou de l'ingénieur en chef si elles doivent se renouveler. Les articles 5 à 18 réglementent d'ailleurs les dépôts sur le port d'Issy ; le maire délivre le permis de stationnement dans le cas où il doit y avoir taxation aux termes de l'art. 9, mais cette délivrance n'a lieu qu'après *fixation*, par l'inspecteur de la navigation, de l'emplacement et de l'étendue de la surface pouvant être attribuée au demandeur, ainsi que la date à partir de laquelle cette surface pourrait être mise à sa disposition.

L'art. 19 porte enfin : *Les permis de stationnement délivrés par le maire, conformément au tarif homologué, sont essentiellement précaires et révocables. — Indépendamment des déplacements ou enlèvements, qui, nonobstant les dits permis, peuvent être ordonnés par les agents de la navigation, en application des règlements sur la police de la navigation, les administrations préfectorales pourront faire annuler tout permis relatif à des stationnements qui gêneraient la circulation ou la liberté du commerce.*

Le décret du 6 déc. 1886, relatif à la commune de Conflans-Ste-

Honorine, prévoit notamment la *location de terrains dépendant des berges de la Seine, à l'usage de séchoirs, étendoirs de linge, etc., sans modification de l'assiette du sol,* le tarif étant de 0 fr. 10 par mètre superficiel et par an. L'arrêté préfectoral du 28 avril 1890, après avoir désigné, en son art. 2, les emplacements pouvant être ainsi loués (une longueur de berge de 100 m. seulement), prévoit, en son art. 5, des baux passés par le maire pour un trimestre, un semestre ou une année et portés par lui à la connaissance de l'ingénieur ; puis l'art. 6 réglemente l'occupation de ces mêmes berges en l'absence de bail : l'ingénieur fixe l'emplacement et l'étendue de la surface à occuper, ainsi que la date du début de l'occupation, puis le maire délivre le permis de stationnement. Aux termes de l'art. 7, les locations sont précaires et révocables comme les baux.

La ville de Paris n'étant pas soumise au droit commun (art. 168, n° 28 de la loi du 5 avril 1884), elle ne perçoit aucune redevance pour occupation de la Seine et de ses dépendances, et l'Etat en perçoit même pour les occupations qui ne modifient aucunement l'assiette du domaine public. Un tarif a été arrêté par le ministre des finances, à la date du 22 mars 1862.

2. ROUTES NATIONALES. — Le ministère des travaux publics prend une part bien moins active à l'instruction des demandes des communes tendant à établir des droits de place et de stationnement sur les dépendances des routes nationales.

Lorsque le ministre estime qu'une telle demande peut être accueillie, il invite généralement les ingénieurs à demander que l'autorisation à accorder à la commune soit subordonnée aux conditions ci-après :

1° Elle ne s'appliquera qu'aux parties du sol des routes qui sont désignées par une teinte rose sur le plan visé par les ingénieurs sous la date des..., auquel sera d'ailleurs apportée la modification suivante : La zone de un mètre au moins de largeur qui est laissée libre au bord des trottoirs, tout le long de la traverse devra se retourner à la rencontre de chacune des rues affluentes, parallèlement à cette rue et sur une largeur égale à la largeur entière du trottoir, de manière à permettre aux piétons allant de la route dans la dite rue, ou réciproquement, de le faire sans descendre du trottoir, au cas où la zone teintée en rose serait occupée jusqu'à son extrémité par des étalages. — 2° L'autorisation sera révisable tous les cinq ans. De plus, même dans l'intervalle de deux révisions consécutives, les permissions qui, par application de la loi municipale du 5 avril 1884, auront été délivrées directement par le maire, sur les dépendances de la grande voirie, pourront toujours, en cas de besoin et sur l'avis des ingénieurs, être retirées par l'administration préfectorale. — 3° Les dépôts et occupations temporaires que motiveront des travaux exécutés par l'Etat seront affranchies de toute redevance au profit de la commune.

Ce qui précède ne concerne que les simples dépôts, tels qu'étalages au droit des magasins ; pour les occupations permanentes, mais n'altérant pas l'assiette du domaine public, telles que les kiosques à journaux (voir p. 210) et les saillies prenant leur point d'appui sur les propriétés riveraines (les marquises par exemple, décision ministérielle du 9 juill. 1896. routes nationales, nᵒˢ 41 et 42, traverses de Lille, dame Vandenbrouck), il ne peut être arrêté qu'un tarif en principe, et chaque occupation doit être autorisée par arrêté préfectoral.

4° Dépendances de la grande voirie soustraites aux droits des communes. — 1. Ports maritimes. — Nous avons vu (p. 211 et 210) que l'art. 98 et l'art. 133, nᵒ 7, de la loi du 5 avril 1884 ne parlent que des permis de stationnement et de location sur les ports et quais *fluviaux*, excluant nettement ainsi les ports maritimes.

Sur la portée de cette expression, la circulaire du ministre de l'intérieur du 15 mai 1884 contient les indications suivantes : « Par ports « maritimes, d'après l'esprit, sinon d'après le texte de la nouvelle loi, « il faut entendre, indépendamment des ports existant sur le rivage « de la mer, ceux qui, dans les limites de l'inscription maritime, sont « situés au bord d'un fleuve ou d'une rivière où pénètre le flux de la « mer. Tels sont les ports de Bordeaux, de Nantes et de Rouen et au- « tres moins importants, mais dans une situation analogue ». Le ministre des travaux publics a également adopté la limite de l'inscription maritime comme séparant les ports fluviaux des ports maritimes, au point de vue qui nous occupe (circulaire du 5 fév. 1890). Cette interprétation repose sur la discussion qui a eu lieu au Sénat sur la loi municipale : dans la séance du 10 mars 1884, M. Ancel, à propos de l'art. 98, spécifia que les grands ports sur rivières devaient être considérés comme maritimes ; puis, le surlendemain, à propos de l'art. 133, M. Audren de Kerdrel fit remarquer que de petits ports sur rivières, notamment en Bretagne, sont fréquentés par une navigation essentiellement maritime et situés, eux aussi, dans les limites de l'inscription maritime. Ses paroles obtinrent un assentiment général, et M. Baragnon en tira ainsi la conclusion : « Voilà une limite légale : le territoire de l'inscription maritime ».

Quoi qu'il en soit, cette formule précise n'a pas été insérée dans la loi, et l'on peut se demander si elle répond exactement à la pensée du législateur. Si, en effet, sur la Seine par exemple, toute la partie située en aval du premier pont de Rouen présente une navigation incontestablement maritime, la partie située entre ce pont et le barrage de Martot, limite de l'inscription maritime, n'est pas, au point de vue de la navigation, moins fluviale que la partie comprise entre ce barrage et Paris. Cela nous a permis de soutenir que la ville d'Elbeuf pourrait peut-être continuer à percevoir des droits de stationnement et d'attache ; mais cette thèse a été repoussée par une décision ministérielle du

14 avril 1891. Néanmoins, les perceptions ont continué, et ce n'est qu'en 1896 qu'une opposition a été formée devant le tribunal civil de Rouen qui n'a pas eu à statuer sur la question de principe, la ville d'Elbeuf n'ayant pas produit ses titres de perception, qui étaient illégaux (une décision ministérielle et un simple visa préfectoral sur une délibération du conseil municipal).

La circ. du ministre de l'intérieur du 15 mai 1884 dit, en commentant l'art. 133 de la loi municipale : « Ce n'est que dans le cas où l'Etat « renoncerait en faveur des communes, dans les ports de mer ou sur « les quais maritimes, à percevoir des redevances à titre d'occupation, « que les municipités pourraient légalement y faire des perceptions de « cette nature ». Il semble en effet, à première vue, que, tous les revenus du domaine national appartenant à l'Etat quand il n'a pas transféré le droit de les percevoir, l'exclusion des ports maritimes dans la délégation aux communes fait rentrer l'Etat, en ce qui les concerne, dans la plénitude de ses droits. Mais telle n'est pas la manière de voir du ministre des travaux publics, et on doit reconnaître qu'elle est certainement plus conforme à l'intention du législateur, qui n'a point voulu soustraire les ports maritimes aux taxes communales pour faire rétablir les mêmes taxes au profit de l'Etat.

C'est ainsi que, dans une décision du 14 avril 1891, relative au port d'Elbeuf, ce ministre a déclaré que, dans les ports maritimes, l'Etat ne peut percevoir d'autres droits que ceux de locations prévus par la loi de finances du 20 déc. 1872 (p. 204) ; il considérait d'ailleurs comme douteux que l'Etat pût en faire légalement l'abandon aux villes.

Bien que le port de Rouen soit compris dans les limites de l'inscription maritime et ait même été nominativement désigné dans la discussion de la loi de 1884, les droits d'attache et de stationnement ont continué assez longtemps d'y être perçus, non sans donner d'ailleurs lieu à des procès intéressants. La raison d'être de cette anomalie se trouve dans une ordonnance du 8 oct. 1815, dont l'art. 7 était ainsi conçu : *La ville de Rouen jouira exclusivement et à perpétuité du droit d'étal, d'attache, de dépôt, de séjour et d'établissement de bureaux pour le service du commerce sur les quais. Le produit de cette perception sera spécialement employé, sous l'autorisation de notre directeur général des ponts et chaussées, aux dépenses d'embellissement des quais.*

Les transporteurs refusant de continuer à payer les droits d'attache et de stationnement ont soutenu que cette ordonnance avait été prise en application de l'art. 7 de la loi du 11 frimaire an VII (p. 209) et que la loi de 1884 avait eu dès lors pour effet d'abroger la disposition que nous venons de reproduire, tandis que la ville de Rouen prétendait qu'on était en présence d'un acte lui concédant un droit de perception en compensation de travaux dont elle assumait la charge, au lieu que les taxes perçues en vertu de la loi de l'an VII rentrent dans les ressources générales du budget des communes.

Sur cette base se sont déroulés plusieurs procès dont il est intéressant de noter, dans l'ordre chronologique, les étapes assez contradictoires. Les sieurs Gilles, dit Cardin, Frétigny et autres ayant fait opposition aux commandements de payer les droits d'attache, le tribunal de Rouen, par jugement du 14 avril 1885, sursit à statuer jusqu'après interprétation de l'ordonnance de 1815. Appel ayant été formé, la cour de Rouen, par arrêt du 6 juill. suivant, réforma ce jugement et déclara que, l'ordonnance de 1815 n'ayant que fait application de la loi de l'an VII, la ville de Rouen était sans droit pour percevoir les droits d'attache. Sur le pourvoi de celle-ci, la Cour de cassation confirma la thèse de la Cour d'appel, mais annula néanmoins son arrêt pour incompétence, les tribunaux de première instance statuant en premier et dernier ressort [1] (5 déc. 1887). La cour de Caen devant laquelle l'affaire était renvoyée, déclara l'appel non recevable, conformément aux principes rappelés par la Cour de cassation (13 mars 1889). Le sursis demeurait donc acquis, et l'interprétation fut demandée au Conseil d'Etat.

Cependant une nouvelle action s'était engagée. Cette fois, le tribunal de Rouen statua immédiatement et condamna les prétentions de la ville (14 août 1888, Barbé). Sur le pourvoi de celle-ci, la Cour de cassation confirma le jugement précédent par un arrêt du 22 janv. 1890 ; après avoir rappelé les dispositions de la loi de l'an VII et sa modification par celle de 1884, cet arrêt déclare que l'ordonnance royale du 8 oct. 1815 ne constitue point un titre spécial créateur du droit de la ville de Rouen, mais a eu uniquement pour objet de donner à celle-ci l'autorisation exigée par la loi de l'an VII, dont elle doit suivre le sort. Cette affaire se trouvait donc réglée définitivement contrairement aux prétentions de la ville de Rouen.

Mais le Conseil d'Etat, saisi, nous l'avons vu, d'une demande en interprétation à propos de l'affaire Cardin, statua par arrêt du 20 mars 1891. Après avoir rappelé que le produit des perceptions doit être employé aux dépenses d'embellissement des quais, le Conseil ajoute : « Considérant que cette dernière disposition ne saurait être considérée « comme ayant été rendue exclusivement pour l'exécution de la loi du « 11 frimaire an VII, qui d'ailleurs n'est pas visée par l'ordonnance ; « que, d'une part, le droit d'attache, sur lequel porte le débat actuel, « ne figure pas expressément parmi les perceptions prévues par la dite « loi ; que, d'autre part, la disposition qui subordonne à des condi- « tions d'emploi l'autorisation conférée à la ville de Rouen n'a pu être « édictée en vertu du pouvoir qui appartient à l'administration aux « termes de la loi précitée, de reconnaître si la location peut avoir lieu « sans nuire à la circulation ou à la liberté du commerce ; qu'elle

1. Voir p. 208.

« ne s'explique que par ce fait que la perception a été autorisée à titre
« de compensation des obligations mises par les autres articles à la
« charge de la ville de Rouen.... » Enfin le dispositif est ainsi conçu :
« Il est déclaré que l'ordonnance du 8 oct. 1815, en conférant à la ville
« de Rouen, en dehors des conditions de la loi du 11 frimaire an VII
« et en compensation des charges qu'elle lui imposait, la jouissance à
« perpétuité d'un droit d'attache, sous la seule condition d'en employer
« le produit aux dépenses d'embellissement des quais, a créé entre
« l'Etat et la ville de Rouen des obligations réciproques et a, ainsi,
« par l'ensemble de ses dispositions, un caractère contractuel ».

C'est, on le voit, le contre-pied de l'arrêt de la Cour de cassation
rappelé ci-dessus. Le tribunal de Rouen, se conformant à cette interprétation, ordonna le paiement des droits d'attache (27 juill. 1893) ;
son jugement est d'ailleurs intéressant, attendu qu'il recherche la base
légale du droit que l'Etat ne pouvait conférer à la ville de Rouen sans
en jouir lui-même, du moment que la loi de l'an VII était étrangère à
la question. Or il trouve cette base dans la loi du 14 floréal an X, qui
dispose en son titre III, art. 6, qu'*il sera perçu dans tous les ports de
la République une contribution dont le produit sera exclusivement affecté aux
dépenses et réparations des ports.*

Ce jugement, déféré à la Cour de cassation, a été annulé par arrêt du
29 juill. 1895, la Cour maintenant, conformément à son arrêt du
22 janv. 1890, que l'ordonnance du 8 oct. 1815 avait été prise en exécution de la loi de l'an VII et avait « nécessairement suivi le sort de
cette loi » ; elle ajoute que cette ordonnance n'a pu faire obstacle au
droit qui appartenait au pouvoir législatif de modifier cette loi, « sauf
à la Ville à faire valoir les droits qu'elle peut avoir contre l'Etat, en la
forme qu'elle jugera à propos » ; elle déclare enfin mal fondée l'invocation par le tribunal de la loi du 14 floréal an X, que ne visent ni l'ordonnance de 1815 ni les actes relatifs à son exécution, tandis que ces
derniers visent la loi de l'an VII, à laquelle se référerait *implicitement*
l'ordonnance elle-même.

Ce qu'il y a de caractéristique dans cet arrêt et lui donne un intérêt
qui dépasse l'affaire en cause, c'est qu'il considère comme non avenue
l'interprétation de l'ordonnance de 1815, donnée par le Conseil d'Etat
sur la demande du tribunal : il n'y est fait d'ailleurs aucune allusion.
On pourrait se demander ce que signifie alors la séparation des pouvoirs, si les tribunaux et la Cour de cassation peuvent ne tenir aucun
compte d'une interprétation d'un acte administratif régulièrement donnée par le Conseil d'Etat ; mais nous ne croyons pas qu'il faille exagérer la portée de cet incident. Cette interprétation, en effet, n'avait pas
été imposée à l'autorité judiciaire par une décision du Tribunal des conflits, mais avait été demandée librement par le tribunal civil ; il appartenait dès lors à la Cour de cassation d'apprécier si cette interprétation

avait été demandée à tort ou à raison, et elle a déclaré implicitement qu'elle l'avait été à tort. C'est ce qu'elle venait de faire du reste directement dans un arrêt du 28 mai 1895 (Gilles dit Cardin), cassant un jugement du tribunal de Rouen du 5 mai 1892 qui surséait à statuer jusqu'après interprétation administrative : cet arrêt est motivé sur ce que « l'autorité judiciaire, seule compétente pour statuer sur toutes contestations en matière de contributions indirectes, est nécessairement compétente pour interpréter les actes qui servent de titre à la perception de ces contributions ».

Le sens de l'arrêt du 29 juill. 1895 se trouvant ainsi précisé, il est clair que l'affaire pouvait être reprise devant le tribunal de renvoi : si celui-ci avait statué conformément au premier jugement, on serait retourné à la Cour de cassation, qui, statuant toutes chambres réunies, aurait imposé sa décision sur le droit au nouveau tribunal de renvoi, devant lequel l'autorité administrative aurait élevé enfin le conflit sur l'interprétation, et le Tribunal des conflits aurait décidé. si cette interprétation préalable était ou non nécessaire. Dans le cas de l'affirmative, nous ne doutons pas que la Cour de cassation ne se fût inclinée devant la nouvelle interprétation donnée par le Conseil d'État. Mais l'affaire n'apparut pas ainsi à la ville de Rouen, qui ne provoqua pas l'intervention du Préfet de la Seine-Inférieure devant le tribunal du Havre auquel elle avait été renvoyée [1], et, ce tribunal ayant statué, le 27 juin 1896, dans le sens indiqué par la Cour de cassation, le conseil municipal acquiesça à ce jugement : il était d'ailleurs trop tard pour songer à provoquer un conflit, ce jugement étant en dernier ressort. Ajoutons qu'au fond la ville de Rouen n'avait qu'un intérêt restreint à poursuivre l'affaire, car l'État s'est empressé d'établir en sa faveur, par une loi du 29 déc. 1896, un péage maximum de 15 centimes, pour lui permettre d'amortir la somme de 2.700.000 fr. qu'elle avait consacrée aux travaux d'amélioration du port.

2. CANAUX. — On a pu remarquer que l'art. 133, n° 7, de la loi du 5 avril 1884 (p. 210) ne nomme pas les canaux à côté des rivières. Toutefois, les termes *ports et quais fluviaux* qui y sont employés et la désignation générale *autres lieux publics* qui s'y trouve ont permis au ministre de l'intérieur de soutenir que les communes jouissent des mêmes droits sur les canaux que sur les rivières.

Au contraire, le ministre des travaux publics n'admet pas que les 5.000 kilom. de canaux soient compris dans la désignation vague de : *autres lieux publics* ; en outre, il invoque le fait que, en l'an VII, époque à laquelle ont été autorisées les taxes communales dont il s'agit, la plu-

---

1. L'intervention préfectorale s'était produite au contraire devant le tribunal de Rouen dans l'affaire Gilles, dit Cardin ; mais, ce tribunal ayant déféré au déclinatoire, le Tribunal des conflits n'avait pas été saisi.

part des canaux étaient concédés et échappaient ainsi à des taxes dont celles de la loi de 1884 ne sont que la continuation [1]. Ces divergences se sont manifestées à l'occasion d'une demande de la ville de Bourges, relative aux quais du canal du Berry ; mais, le ministre de l'intérieur s'étant décidé à refuser l'autorisation comme devant gêner la navigation, le gouvernement n'a pas eu à saisir le Conseil d'Etat, et celui-ci, quand la décision ministérielle lui a été déférée par la ville de Bourges, a repoussé le recours sans examiner si les quais et ports des canaux doivent être assimilés à ceux des rivières (12 avril 1889).

M. de Récy signale à ce sujet un arrêt de la Cour de cassation (8 juill. 1884, Lacassin), rendu sous l'empire de la loi de 1837 et sanctionnant l'application du droit de « hallage » à un bateau qui servait à l'usage de débit de boissons et stationnait dans le canal latéral à la gare ; mais il fait remarquer, d'abord, que la surveillance exercée par l'autorité municipale sur les débits justifiait une taxe, puis (et ceci nous paraît plus en rapport avec le texte de l'arrêt) que le canal en question dépendait d'un port maritime où les communes percevaient les droits en vertu de la loi de 1837.

3. Chemins de fer. — « Les chemins de fer et leurs dépendances, dit M. de Récy, restent en dehors des dispositions de l'art. 133, § 7, de la loi du 5 avril 1884 : non seulement les chemins de fer concédés, mais même ceux qui sont exploités par l'Etat. Le droit de police municipale ne peut en effet s'y exercer » (II, 294). MM. Carpentier et Maury citent à ce sujet un jugement du tribunal de Paris du 3 juill. 1874, aux termes duquel les omnibus qui stationnent seulement dans les cours des gares et se bornent à s'arrêter, en ville, pour prendre ou laisser des voyageurs et leurs bagages, ne sont pas soumis à la taxe municipale de stationnement (II, 472).

V Taxes sur la navigation maritime. — 1° **Taxes établies par l'Etat.** — 1. Droit de quai. — L'art. 6 de la loi du 30 janv. 1872 sur la marine marchande porte : *Les navires de tout pavillon, venant de l'étranger ou des colonies et possessions françaises, chargés en totalité ou en partie, acquitteront, pour frais de quai, une taxe fixée par tonneau de jauge, savoir : — Pour les provenances des pays d'Europe ou du bassin de la Méditerranée, 50 centimes ; — Pour les arrivages de tous autres pays, 1 franc. — En cas d'escales successives dans plusieurs ports pour le même voyage, le droit ne sera payé qu'à la douane de prime abord.* Ce droit est perçu aussi bien sur les navires à voyageurs que sur ceux

---

1. Le ministre des travaux publics a aussi fait valoir que les canaux font partie du domaine artificiel ; mais M. Le Vavasseur de Précourt y a répondu justement qu'il en est de même des routes nationales (conclusions sous l'arrêt du 12 avril 1889, ville de Bourges).

à marchandises ; mais il y a des règles spéciales pour les premiers [1].

Aux termes d'un décret du 17 juill. 1886, pris en vertu de la loi du 19 mai 1866 (art. 6), les navires italiens payaient un supplément de droit de quai ; mais un décret du 28 oct. 1896 y a mis fin. D'autre part, la loi de finances du 21 déc. 1895 a, par son art. 14, exempté du droit de quai la navigation entre l'Algérie et la France.

Les droits de quai sont exempts de décimes (voir le tarif des douanes n° 119).

1. Voir le *Traité pratique des douanes* de M. Délandre (2e édit. par M. Doucin), t. II, p. 46. Voir aussi un décret du 5 mai 1893, relatif aux paquebots faisant escales sur les côtes de France.

L'art. 7 de la loi de finances du 29 juillet 1884 pose une règle spéciale pour les cas où le chargement ne représente pas le dixième du tonnage légal.

La Chambre des députés avait introduit une réforme de la loi de 1872 dans la loi de finances de 1897 ; mais le Sénat prononça la disjonction de cette réforme. Il a adopté ensuite, après déclaration d'urgence, le texte suivant, dans sa séance du 9 juill. 1897 :

Art. 1er. — Les navires de tous pavillons, chargés en totalité ou en partie, venant de l'étranger ou des colonies françaises autres que l'Algérie, acquitteront le droit de quai dans les ports de France et d'Algérie d'après le tarif suivant : — 1 fr. par tonneau de jauge nette si le nombre total de tonnes métriques (1.000 kilog.) de marchandises débarquées ou embarquées est supérieur à la moitié de la jauge nette du navire. — 50 centimes par tonneau de jauge nette, si le nombre total de tonnes métriques débarquées ou embarquées est égal ou inférieur au quart de la jauge nette et supérieur au dixième de cette jauge. — 10 centimes par tonneau de jauge nette, si le nombre total de tonnes métriques de marchandises débarquées ou embarquées est égal ou inférieur au dixième de la jauge nette. — Cette taxe sera réduite de moitié pour les navires débarquant des marchandises, quand ces navires sont en provenance d'un port situé dans les limites du cabotage international, telles qu'elles résultent de l'art. 1er de la loi du 30 janv. 1893. Il en sera de même pour les navires embarquant des marchandises quand ces navires sont à destination d'un port situé dans les mêmes limites. — Les navires effectuant dans le même port des opérations de débarquement et d'embarquement seront taxés séparément pour les opérations d'entrée et de sortie d'après les taux indiqués ci-dessus.

Art. 2. — En cas d'escales successives, les droits de quai seront perçus dans chaque port d'après les règles fixées à l'art. 1er, mais en aucun cas le total des droits à percevoir sur un navire ne pourra dépasser 1 fr. par tonneau de jauge nette. — Ce taux est réduit à 50 centimes dans les conditions prévues au paragr. 6 de l'article précédent.

Art. 3. — Dans le calcul du tonnage des opérations, chaque passager embarqué ou débarqué sera considéré comme équivalent à une tonne de marchandises. Il en sera de même pour chaque tête de gros bétail, chevaux et mulets. Chaque tête de petit bétail équivaudra à un quart de tonne ; les bagages des passagers, y compris les petites provisions de voyage qu'ils ont avec eux, ne seront pas comptés dans l'évaluation des marchandises débarquées ou embarquées.

Art. 4. — Les droits de quai imposés dans les articles précédents ne seront perçus dans les ports de l'Algérie que sur les marchandises, passagers, animaux et voitures débarqués.

Art. 5. — Les opérations de ravitaillement et d'approvisionnement de charbon ne sont pas considérées comme opérations de commerce.

Le tonneau de jauge adopté par la plupart des pays, en vertu de nombreuses conventions diplomatiques, comme unité de mesure, est un volume de 100 pieds cubes anglais ou de 2 mètres cubes 83 centièmes. Pour obtenir le tonnage d'un navire, on mesure, avec cette unité, le volume de l'espace intérieur disponible pour la cargaison ; le calcul est fait suivant une méthode très précise, dite méthode Moorsom, dont les bases ont été établies par un bill du 10 août 1854. L'art. 6 de la loi du 5 juill. 1836 permettant de modifier par ordonnances le mode de jaugeage, un décret du 24 déc. 1872 a prescrit l'adoption en France de la méthode Moorsom, puis un décret du 24 mai 1873 en a précisé tous les détails d'application ; postérieurement des décrets spéciaux des 21 juill. 1887, 7 mars 89 et 31 janv. 93 sont venus modifier quelques détails, notamment en ce qui concerne les déductions à opérer dans le jaugeage des navires à vapeur. On trouvera dans les *Annales des ponts et chaussées* de 1887, 1er sem., un intéressant article de M. Thurninger sur le jaugeage des bateaux et des navires.

2. Droits divers de navigation. — Tout navire, pour être réputé français, doit être pourvu d'un acte de *francisation*, donnant lieu à la perception de droits fixés par les lois des 27 vendémiaire an II (art. 26) et 2 juill. 1836 (art. 6).

En outre, chaque bâtiment est tenu de prendre, chaque année, un *congé* (art. 5 de la loi du 27 vendémiaire an II) dont le montant est fixé par les art. 5, 6 et 26 de la même loi ; l'art. 22 de cette loi et une décision ministérielle du 27 juill. 1849 ont établi quelques exonérations, les bateaux qui en profitent recevant un congé dont le timbre seul est payé.

La loi du 22 août 1791, titre II, art. 13, exige la délivrance d'un *permis* pour autoriser l'embarquement ou le débarquement des marchandises, mais l'art. 20 de la loi du 6 mai 1841 a restreint cette obligation (ou du moins le paiement du droit afférent) aux marchandises en provenance ou à destination de l'étranger ; des décisions spéciales ont établi d'ailleurs diverses exonérations. Un seul permis suffit lorsqu'il n'y a qu'un envoyeur ou un destinataire et que les marchandises sont comprises dans une même déclaration. Le droit est de 60 centimes, décimes compris (lois des 27 vendémiaire an II, art. 37, et 19 mai 1866, art. 5).

Les mêmes textes appliquent le même chiffre au droit de *certificat*, mais ce droit n'est exigible que si le certificat doit être produit en justice (décret du 14 mars 1850) ; si celui-ci n'est demandé que pour justifier du débarquement de la marchandise, on fait seulement rembourser le prix du papier timbré.

Les congés des navires français soumis au visa de la douane avant le départ sont remplacés, pour les navires étrangers, par un *passeport*, qui n'est délivré qu'après que le capitaine a satisfait à toutes les obli-

gations imposées tant à l'égard du navire qu'à celui de la marchan.
dise.

Ce passeport est soumis à un droit de 1 fr. 00, décimes non compris
(loi du 27 vendémiaire an II, art. 37).

Tout transport par mer doit être accompagné de connaissements (loi du 30
mars 1872, art. 3), dont il est fait quatre originaux au moins (Code de
commerce, art. 282). Celui que le capitaine tient à bord, conformément à l'art. 226, est timbré à 2 fr., ce droit étant réduit à 1 fr. pour
le petit cabotage (loi de 1872, art. 3) ; les connaissements venant de
l'étranger sont soumis à un timbre de 1 fr., représentant les timbres
des connaissements du capitaine et du consignataire (art. 4). Tout ori-
ginal supplémentaire donne lieu à un droit de timbre de 0 fr. 50.

Tous les droits divers de navigation que nous venons d'étudier sont,
à la différence des droits de quai, soumis à une majoration de deux
décimes (lois des 6 prairial an VII, art. 1er, et 14 juill. 1855, art. 5 ;
voir le tarif des douanes n° 119).

3. TAXES SANITAIRES. — En vertu de l'art. 1er de la loi du 3 mars
1822, les questions concernant la police sanitaire sont réglées par décrets. Le titre X de celui du 22 fév. 1876 a réglé tout ce qui concerne les
droits sanitaires, dont le taux est fixé par l'art. 79 ; toutefois, quelques
modifications ont été apportées à cet article par le décret du 11 fév.
1893, remplacé ensuite par celui du 25 juill. 1894, concernant les
paquebots à vapeur faisant escale sur les côtes de France. Aux termes
dudit art. 79, les droits sanitaires comprennent ceux *de reconnaissance
à l'arrivée*, payables par tous les navires non spécialement exceptés, les
droits *de station*, payables par les navires soumis à une quarantaine,
ceux *de séjour au lazaret*, frappant les personnes, et enfin ceux *pour la
désinfection des marchandises*, indépendamment des dépenses résultant
de la désinfection des navires.

Les droits sanitaires ne sont pas soumis aux décimes additionnels
(circ. du 27 déc. 1850).

4. DROITS DE STATISTIQUE. — Il s'agit ici de droits perçus en tous
les points de la frontière et qui, par suite, n'ont pas en réalité un caractère maritime. Ces droits ont été établis par la loi du 22 janv. 1872,
dont l'art. 3 est ainsi conçu : *Il est établi, pour subvenir aux frais de la
statistique commerciale, un droit spécial de 10 cnetimes par colis sur les
marchandises en futailles, caisses, sacs ou autres emballages, de 10 centimes par 1.000 kilogrammes ou par mètre cube sur les marchandises en vrac,
et de 10 centimes par tête sur les animaux vivants ou abattus, des espèces
chevaline, bovine, ovine, caprine et porcine. Ce droit, indépendant de toute
autre taxe, mais affranchi des dixièmes additionnels, sera perçu, tant à
l'entrée qu'à la sortie, quelle que soit la provenance ou la destination.*

Qu'on nous permette ici une petite digression qui nous paraît avoir

15

son intérêt. On se figure assez souvent que les tonnages de marchandises figurant, dans les statistiques de la douane, aux importations et exportations des différents ports doivent indiquer les quantités de marchandises importées ou exportées par ces ports ; tel n'est aucunement l'objet de la statistique douanière, qui ne poursuit que l'exactitude sur l'ensemble du commerce de la France. C'est ce qui résulte clairement des règles concernant le transit par les bureaux de douanes et les admissions temporaires.

Quand une marchandise entre en transit, le bureau d'entrée n'en prend naturellement pas écriture. Si elle s'arrête à l'intérieur de la France, forcément en un point pourvu d'un bureau de douane, c'est celui-ci qui en prend écriture et qui figurera sur les statistiques. Si elle ne fait que traverser la France, le bureau de sortie constate et l'entrée et la sortie, lesquelles sont portées toutes deux à son compte sur l'état statistique. Quant aux admissions temporaires, elles donnent également lieu à une singularité, car les produits provenant de la transformation des matières admises sont tous inscrits comme sortant par le point d'entrée desdites matières.

Citons, d'après un curieux rapport de M. l'ingénieur Charguéraud, quelques conséquences de cette méthode en ce qui concerne le port de Calais. En 1892, il y est venu de Suisse 475.000 k. de lait condensé qui ont été réexpédiés en Angleterre : ce lait, au lieu d'être inscrit comme entré par Delle et Pontarlier, figure aux importations de Calais en même temps qu'à ses exportations [1]. Dans le même port, on souscrit chaque année des soumissions d'admission temporaire pour 10.000 tonnes de fonte brute, et tous les produits fabriqués avec cette fonte figurent aux exportations de ce port (3 millions de machines et mécaniques et 2 millions 1/2 d'outils et ouvrages divers), bien qu'il n'en sorte peut-être pas par là pour un centime.

Par contre, et sans qu'on puisse fournir ici de chiffre précis, il est certain que des quantités considérables de sucre sortent par Calais sans figurer à ses exportations, étant inscrites à Paris, et, d'autre part, beaucoup d'importations en transit pour Paris ou la Suisse ne sont pas portées à son compte.

5. ALGÉRIE.—Dans cette colonie, il n'est perçu ni droits de francisation, ni droits de permis et de certificat (ordonnance du 16 déc. 1843, art. 4 et 6, et loi du 19 mai 1866, art. 5), non plus que de droits de statistique, la loi du 22 janv. 1872 n'étant pas applicable à l'Algérie. Au contraire, il y a assimilation avec la métropole, en ce qui concerne les droit sanitaires (circ. de la douane du 12 mars 1886).

Les art. 5 et 6 de l'ordonnance du 16 déc. 1843 ont établi des droits

1. Nous pourrions naturellement signaler des faits semblables pour le port de Dieppe.

de congé et de passeport différents de ceux qui concernent les ports français ; l'art. 22 les exonère de tout décime additionnel. Notons que l'art. 5 frappe de droits de passeport annuel, plus élevés que celui de congé, les embarcations exclusivement employées comme allèges dans l'intérieur des ports de l'Algérie.

Enfin la loi du 20 mars 1875 avait, par son art. 1er, rendu applicable à cette colonie le droit de quai de 50 centimes et de un franc, établi par la loi du 30 janv. 1872, mais en le faisant percevoir par tonneau d'affrétement, sur les marchandises débarquées seules [1]. L'art. 14 de la loi de finances du 28 déc. 1895 a mis fin à ce régime exceptionnel, en rendant l'art. 6 de la loi du 30 janv. 1872 applicable intégralement à l'Algérie ; mais nous avons vu (p. 223, note 1) que l'art. 4 du projet de loi général voté par le Sénat le 9 juillet 1897 revient à peu près au système de 1875.

Mentionnons, en terminant, l'existence d'un *octroi de mer*, impôt municipal perçu sur les marchandises importées tant par mer (ordonn. du 21 déc. 1844, art. 1 et 2) que par terre (décret du 11 août 1853, art. 10). Aux termes de l'art. 5 de l'ordonnance de 1844 et de l'art. 1er d'un décret du 27 juin 1887, la perception de l'octroi de mer est faite par les soins de la douane [2].

2° **Péages locaux**. — La loi du 30 janv. 1893 sur la marine marchande porte en son art. 11 : *Le paragraphe 3 de l'art. 4 de la loi du 19 mai 1866 sur la marine marchande est modifié ainsi qu'il suit : Art. 4, § 3. Des décrets rendus en la forme des règlements d'administration publique, sur le rapport du ministre du commerce..., après enquête et après avis des ministres des travaux publics et des finances, peuvent établir dans un port maritime des péages locaux temporaires pour assurer le service des emprunts contractés par un département, une commune, une chambre de commerce, ou tout autre établissement public, en vue de subvenir à l'établissement, à l'amélioration ou au renouvellement des ouvrages ou de l'outillage public d'exploitation de ce port et de ses accès, ou au maintien des profondeurs de ses rades, passes, chenaux et bassins. — Ces péages sont payables par les navires tant français qu'étrangers, en raison de leur tonnage de jauge, des quantités de marchandises et du nombre des voyageurs embarqués et débarqués ; ils ne peuvent dépasser un franc par tonneau de jauge nette légale ; un franc par voyageur et cinquante centimes par tonneau d'affrétement ou par*

---

1. Le tonneau d'affrétement répond, pour les marchandises légères, à un volume de 1 m. c. 44 et, pour les marchandises lourdes, à un poids de 1.000 k. Des décrets des 25 août 1861 et 24 sept. 1864, relatifs aux anciennes colonies, ont fixé, pour de nombreuses marchandises, le poids correspondant au tonneau d'affrétement. Le dernier de ces décrets a d'ailleurs énoncé les deux chiffres indiqués ci-dessus pour le volume et le poids.

2. Voir l'ouvrage intitulé *Lois, décrets et règlements de douanes spéciaux à l'Algérie*, par M. Adnesse.

tonne métrique de marchandises. — Les tarifs peuvent comprendre des péages par tonneau de jauge gradués suivant l'espèce du navire, son tirant d'eau, la durée de son stationnement dans le port, le genre de navigation, l'éloignement du pays d'expédition ou de destination, la nature de la cargaison du navire, les opérations faites par lui dans le port au cours d'une escale. Ils peuvent établir des tarifs réduits d'abonnement ou des exemptions totales ou partielles en faveur de certaines catégories déterminées de navires, tant français qu'é-trangers. — Ils peuvent spécifier des péages par unité de trafic, différents à l'embarquement ou au débarquement suivant les diverses natures de mar-chandises ou les diverses catégories de voyageurs. — Les tarifs de péages ins-titués conformément au présent article ou des péages similaires en vigueur peuvent être modifiés avec ou sans conditions, dans les limites des maxima fixés par les décrets ou les lois qui les ont institués, sur la proposition des établissements publics au profit desquels ils sont perçus. — Les tarifs modi-fiés ne peuvent entrer en vigueur qu'après avoir été portés à la connaissance du public pendant un mois par voie d'affiches, et lorsqu'ils ont été homolo-gués par le ministre du commerce, après avis des ministres des travaux publics et des finances. — Les péages locaux sont recouvrés par l'administra-tion des douanes. — Ils sont assimilés aux droits de douane pour la forme des déclarations, le mode de perception et notamment le recouvrement par voie de contrainte, le mode de répression des contraventions, les règles de compé-tence et de procédure en cas de contestation sur l'application des tarifs. Toute contravention donnera lieu au payement d'une amende égale au double du péage compromis. — Les frais de perception et de procédure sont prélevés sur le produit des péages.

Nous allons examiner rapidement les diverses parties de ce texte assez développé.

Aux termes de l'art. 41 du règlement d'administration publique du 25 juill. 1893, pris en exécution de l'art. 13 de la loi du 30 janv. pré-cédent, *les enquêtes auxquelles sont soumis les projets d'établissement, de modification ou de prorogation des péages locaux... sont faites suivant les formes déterminées par l'ordonnance du 18 fév. 1834* (voir t. I, p. 123 et sv.).

Lorsque, concurremment avec la mesure relative aux péages, un travail doit être déclaré d'utilité publique, les deux enquêtes se con-fondent, et un seul décret statue sur le tout ; dans le cas où ledit tra-vail nécessite une loi, c'est celle-ci et non un décret spécial qui établit les péages.

Bien que le nouveau texte comprenne parmi les applications des péages l'entretien des profondeurs, travail à caractère permanent, il spécifie encore, non seulement qu'il ne s'agit que de péages temporai-res (mais renouvelables en fait, il est vrai), mais encore que ces péages sont destinés à assurer le service des *emprunts*. Dans tous les cas, il peut arriver qu'une certaine fraction de péages puisse être versée au Trésor d'une façon directe, sans l'intermédiaire d'un prêteur, et l'on ne songe pas à interdire cette marche plus économique ; mais elle devient assez nettement contraire au texte légal, quand, chaque année, le péage fournit la somme à verser.

L'indication de l'*outillage* mérite de fixer l'attention, car il semble qu'en principe celui-ci ne devrait faire l'objet que de taxes d'usage, payées par ceux-là seuls qui utilisent ledit outillage. On a pensé cependant que des remorqueurs, assurant les manœuvres dans des conditions rapides et sûres, et que des grues réduisant la durée d'occupation des quais, pour prendre deux exemples, rendent, dans un port, des services assez généraux pour que les navires ne les utilisant pas directement soient appelés cependant à participer, dans une certaine mesure, aux frais d'établissement et de renouvellement.

Les emprunts à contracter sont soumis à des conditions dont nous donnerons une idée assez précise en reproduisant les dispositions de l'art. 6 de la loi du 19 mars 1895, ayant pour objet l'amélioration du port du Havre et de la basse Seine :

« Les chambres de commerce du Havre et de Rouen sont autorisées
« à emprunter, à un taux qui n'excède pas 4 fr. 25 0/0, les sommes
« nécessaires pour satisfaire aux obligations résultant pour chacune
« d'elles des art. 2 et 3 de la présente loi. Cette autorisation d'emprunt
« est limitée : — Pour la chambre de commerce du Havre, à 9.685.500
« fr., et, pour la chambre de commerce de Rouen, à 4.937.500 fr. —
« La durée maxima de l'amortissement est fixée à 45 ans. — Les em-
« prunts pourront être contractés au Crédit foncier, à la Caisse des
« dépôts et consignations ou à tout autre établissement public de cré-
« dit, soit avec publicité et concurrence, soit de gré à gré, avec faculté
« d'émettre des obligations au porteur ou transmissibles par voie
« d'endossement. — Si les emprunts sont contractés auprès d'un éta-
« blissement public de crédit, les chambres de commerce du Havre et
« de Rouen devront se conformer aux conditions statutaires de cet éta-
« blissement, sans que toutefois la commission perçue en sus de l'inté-
« rêt puisse dépasser 0 fr. 45 par 100 fr. »

Remarquons que la liberté peut être laissée aux chambres de commerce de contracter leur emprunt auprès de qui bon leur semble. C'est ainsi que, en l'absence de clauses restrictives dans un décret du 28 avril 1892, la chambre du Tréport s'est adressée à la Compagnie du chemin de fer du Nord, qui l'a fait profiter de son crédit exceptionnel.

On a pu remarquer la clause fixant un maximum de délai pour l'amortissement ; cette clause, d'un usage habituel, peut surprendre, car il ne dépend pas de la chambre de commerce de faire produire la somme suffisante aux péages autorisés. Toutefois elle a cet intérêt pratique de poser un principe limitant les abaissements de taxes pouvant être consentis, et elle peut être considérée en outre comme devant, le cas échéant, justifier une augmentation des péages si ceux primitivement établis apparaissaient comme insuffisants.

La loi précitée du 19 mars 1895 contient de nombreuses applications des principes sur les diverses taxes et donne même un exemple de dérogation par l'autorisation de taxes sur les voyageurs supérieures à 1 fr. Il va de soi qu'une loi seule peut ainsi déroger aux maxima fixés par la loi de 1893.

La première de ces lois établit, en son art. 7, § 4, les exemptions suivantes, conformes à l'usage : « Sont exempts des péages ci-dessus « les navires appartenant à l'Etat ou employés à son service, les navi- « res faisant simplement au Havre une opération de cabotage entre « ports français, les navires affectés au pilotage ou au remorquage, « les navires et bateaux naviguant au bornage ou faisant la pêche « côtière ou la navigation intérieure, les navires en relâche forcée, et « en général ceux qui n'auront fait aucune opération de commerce. — « Les péages ci-dessus seront réduits au tiers pour tout navire qui, « entré au Havre, s'est borné à s'y alléger avant de se rendre à son « port de destination ». Sont exempts d'autre part, aux termes du § 5, des péages sur les marchandises, celles « appartenant à l'Etat ou « destinées à son service, en vertu de marchés passés par lui, ainsi « que les marchandises introduites sous le régime du cabotage de « port français à port français ». Enfin sont exempts de péages « les « passagers à destination ou venant d'un port français, ainsi que les « passagers des navires appartenant à l'Etat ou affrétés par l'Etat » (§ 6).

A propos des droits perçus par l'administration des douanes au profit de l'Etat, nous avons signalé les règles fondamentales relatives à cette perception, règles applicables ici. Nous rappellerons notamment les modes de calcul de la jauge légale et du tonneau d'affrétement (p. 224 et note 1 de la p. 227). L'art. 42 du décret du 25 juill. 1893 porte d'ailleurs que *les frais de perception de péages locaux sont fixés par le ministre des finances, après avis du ministre du commerce...* La circulaire du directeur général des douanes en date du 6 sept. 1893 dit à ce sujet : « Lorsqu'une nouvelle taxe de péage sera créée, les directeurs des « douanes auront à examiner et à faire connaître à l'administration, « le cas échéant, l'augmentation de personnel que nécessitera la per- « ception de cette taxe. En même temps, les villes et les chambres de « commerce seront prévenues qu'elles auront à rembourser à l'Etat le « montant du traitement et des indemnités de toute nature attribués « aux emplois jugés indispensables ». La même circulaire rappelle une décision ministérielle du 14 déc. 1868 devant être appliquée jus-

qu'à instruction contraire et aux termes de laquelle « la remise attri-
« buée au receveur des douanes sera fixée à 1/4 p. 100, soit à 0 fr. 25
« par 100 fr. des sommes encaissées » ; les registres et imprimés nécessaires sont d'ailleurs fournis aux frais de la ville ou de la chambre de
commerce.

§ 3

PRODUITS NATURELS

*I. Fruits et produits périodiques. — II. Produits de la pêche et de la chasse. —
III. Extractions de matériaux et de matières minérales. — IV. Prises d'eau.*

I. Fruits et produits périodiques. — **1° Routes nationales.** — L'art. 100 du décret du 16 déc. 1811 porte que *la vente des arbres
appartenant à l'Etat sera faite par voie d'adjudication publique* ; il ajoutait
que le prix en serait affecté au service des ponts et chaussées, mais
cette disposition est incompatible avec le principe général posé par
l'art. 43 du décret du 31 mai 1862, reproduit tome I, p. 131. Cet
article permettant toutefois le réemploi des matériaux pour les besoins du service même d'où ils proviennent, certains ingénieurs avaient
cru pouvoir étendre cette faculté à l'emploi des produits de plantations ;
mais cette pratique a été formellement condamnée par une circulaire
du 26 fév. 1897.

*La vente des branches élaguées, des arbres chablis et de ceux qui seraient
en partie déracinés*, dit l'art. 104 du décret de 1811, *sera faite par voie
d'adjudication publique*.

Une instruction générale pour l'entretien des plantations, jointe à
une circulaire du 9 août 1852, contient les dispositions suivantes : « On
« sait que les produits de l'élagage doivent être remis à la régie du
« domaine pour être vendus par ses soins ; il s'est élevé souvent des
« difficultés relativement à l'imputation des dépenses que nécessitent
« la coupe et la préparation des bois. Dans différentes circonstances,
« on avait demandé que les frais d'élagage fussent prélevés sur le pro-
« duit de la vente, mais M. le ministre des finances n'a pas admis cette
« mesure : les frais d'élagage, d'enliassement et autres frais jusqu'au
« moment de la vente doivent donc rester à la charge du budget des
« travaux publics ». L'instruction recommande de réduire ces frais le
plus possible, mais non de faire faire l'élagage par les adjudicataires,
ce qui serait compromettre la bonne conservation des arbres ; puis elle
ajoute : « Les arbres morts, ceux qui dépérissent ou ont atteint leur

« dernier degré de croissance doivent aussi être remis au domaine ;
« quand ces arbres ont de faibles dimensions, ils sont arrachés par les
« ouvriers qui font les remplacements, et, autant que possible, on fait
« la remise des bois en même temps que celle des produits de l'éla-
« gage. — Si, au contraire, il s'agit d'arbres déjà âgés, les ingénieurs
« marqueront à l'avance tous ceux à abattre, ils en feront la remise
« sur pied au domaine, en indiquant les conditions imposées à l'ac-
« quéreur dans l'intérêt de la circulation, de la sûreté publique, de la
« conservation des arbres voisins et même des ouvrages dépendant
« de la route ». Ajoutons qu'une circulaire du 21 juin 1875 a prescrit
aux ingénieurs en chef d'envoyer dans le premier trimestre de chaque
année, par l'intermédiaire du préfet, un état des arbres qui, à raison
de leur dépérissement, pourraient être remis au domaine.

On peut appliquer d'ailleurs aux arbres des routes certaines dispositions énoncées dans les instructions relatives à ceux des canaux, que
nous allons rappeler.

2° Canaux et rivières navigables. — La vente et l'amodiation des
produits des francs-bords des canaux et rivières navigables ont fait
l'objet de nombreuses circulaires, en date des 20 mars 1830, 20 fév.
et 24 oct. 32, 20 janv. 33, 30 avril 36, 31 mars 41, 15 juin 64, 22 mars
82 et 3 fév. 96.

Celle de 1833 a posé une distinction intéressante : les adjudications
qui n'ont lieu que pour une année et portent sur un objet bien défini
constituent de simples ventes de récoltes, régies par l'arrêté du 23 nivôse an VI, mais celles qui portent sur plusieurs années, ou sur plusieurs coupes, ou même sur une coupe unique d'herbes non encore
développées, constituent de véritables baux.

La circulaire de 1841 était accompagnée d'un type de cahier des
charges auquel celle de 1864 a prescrit d'apporter un certain nombre
de modifications. Cette dernière circulaire indique, conformément à
une décision du ministre des finances, « qu'il n'appartient aux employés
« des contributions indirectes ni de préparer ni de diriger les opéra-
« tions qui précèdent les adjudications, ce soin incombant exclusive-
« ment à l'administration des ponts et chaussées ; mais que les agents
« des contributions indirectes sont tenus de s'assurer si toutes les dis-
« positions nécessaires à la garantie du Trésor sont bien inscrites au
« cahier des charges, d'assister aux adjudications, de discuter, le cas
« échéant, la solvabilité des adjudicataires et de leurs cautions, et enfin
« de percevoir, pour le compte de l'autorité préfectorale, à titre offi-
« cieux, les frais d'adjudication, etc. »

Aux termes de l'art. 24 du cahier des charges de 1864, ces frais
étaient fixés à 1 1/2 0/0 du prix du bail pour une année, l'excédant
éventuel incombant au Trésor, qui profitait par contre des écono-

mies[1]; mais une circulaire du 3 fév. 1896 a prescrit de stipuler, dans les cahiers des charges, que les adjudicataires supporteraient la totalité des frais d'adjudication. Ils doivent payer en outre, d'après le même article 24, « les droits de timbre et d'enregistrement, tant de la minute du procès-verbal d'adjudication, que de l'expédition de ce procès-verbal et de celle du cahier des charges à lui délivrer ». Le droit d'enregistrement est, en principal, de 2 0/0 du prix unique (loi du 22 frimaire an VII, art. 69, § 5, 1°), ou de 0,20 0/0 du prix cumulé de toutes les années (loi du 16 juin 1824, art. 1er), suivant qu'il s'agit d'une coupe isolée et bien définie ou d'un véritable bail.

Rappelons d'ailleurs que les expéditions ne peuvent être délivrées que sur du papier de 1 fr. 80 (loi du 28 avril 1816, art. 63).

La circ. du 20 mars 1830 a recommandé d'une façon particulière de n'imposer aux adjudicataires, par les cahiers des charges, l'obligation d'aucun travail étranger à l'exploitation des produits qui leur sont affermés, tel que le renouvellement des plantations ou le faucardement des canaux ; elle prescrit d'ailleurs de réduire dans de justes limites les surfaces réservées pour le service particulier des éclusiers et pour le dépôt des matériaux.

Lorsque les produits à vendre sont trop peu importants pour motiver une adjudication, les ingénieurs cherchent généralement à provoquer des offres amiables, qui sont acceptées par le préfet, sur l'avis du directeur des contributions indirectes, si le prix ne dépasse pas 1.000 fr. et s'il y a accord entre les deux services ; dans les autres cas, l'approbation est réservée au directeur général des contributions indirectes (arrêtés ministériels des 31 oct. 1895 et 9 fév. 97 ; circ. cont. ind. 7 sept. 78)[2]. Pour réduire les frais, le soumissionnaire peut demander qu'il ne lui soit pas délivré expédition de sa soumission et de l'acceptation préfectorale.

L'art. 26 du cahier des charges porte que les contestations sur le sens et l'exécution du contrat seront portées devant le conseil de préfecture, quand elles s'élèveront entre l'État et les adjudicataires : ces contrats sont donc considérés comme des marchés de travaux publics. Mais, s'il ne s'agit que de la vente d'arbres tout abattus (ou de produits d'élagages faits par l'administration), le contrat perd ce caractère, et le conseil de préfecture est incompétent (29 nov. 1895, Gensollen), le tribunal civil étant alors appelé à statuer, comme il a été dit p. 207.

---

1. La liquidation des frais a fait l'objet d'une circulaire du ministre des travaux publics du 22 mars 1882.

2. Le système de la vente amiable est autorisé par l'art. 2 de la loi du 2 nivôse an IV et a été recommandé par la circulaire du 8 nov. 1841 au sujet des matériaux sans emploi.

Le Conseil d'Etat a eu à trancher quelques autres questions relatives aux amodiateurs des produits des francs-bords. C'est ainsi qu'il a reconnu que les dommages qui leur sont causés par les travaux exécutés sur la voie navigable elle-même sont soumis aux règles générales relatives aux dommages occasionnés par les travaux publics et relèvent par conséquent du conseil de préfecture (28 juin 1837, Papinot). D'autre part, le fait par l'amodiateur de ne pas remplir les obligations que lui impose le cahier des charges ne constitue pas une contravention de grande voirie, alors même qu'il en résulterait une gêne pour la navigation, mais alors qu'il s'agit d'un fait purement négatif et non d'une violation des textes réglementaires : ainsi en est-il dans le cas où les herbes et osiers n'ont pas été coupés à l'époque prescrite (9 juin 1842, Mourier ; 16 déc. 81, Bonnote).

3° Goëmons et varechs. — L'ordonnance d'août 1681 a posé à leur égard des principes tout particuliers, car l'Etat n'est pas appelé à en profiter. La question relevant du ministère de la marine, nous n'en dirons que quelques mots.

Les goëmons et varechs sont d'ailleurs classés de la façon suivante par l'art. 1er du décret du 8 fév. 1868 : *1° Goëmons de rive ; 2° Goëmons poussant en mer ; 3° Goëmons venant épaves à la côte*, les premiers pouvant être atteints du pied aux basses mers d'équinoxe, tandis que les seconds ne le peuvent pas.

L'art. 1er du livre 4 du titre X reconnaît le droit de récolte des goëmons de rive, c'est-à-dire attenants au rivage, aux *habitants des paroisses situées sur les côtes de la mer*. La matière a d'ailleurs été réglementée par le décret du 8 fév. 1868, modifié successivement le 31 mars 1873 et le 28 janv. 1890. La rédaction arrêtée par ce dernier décret porte :

Art. 2. — La récolte des goëmons de rive appartient aux habitants des communes riveraines et aux propriétaires de terres cultivées situées dans ces communes, lorsqu'ils sont de nationalité française ou admis à domicile en France, sous les conditions suivantes : — Tout habitant qui réside dans la commune depuis six mois a le droit de participer à cette récolte. — Les propriétaires de terres cultivées situées dans les communes du littoral ont droit à la récolte du goëmon de rive, sans être tenus de justifier du fait d'habitation, lorsque ces terres ont une contenance de 15 ares au moins et qu'elles sont exploitées par eux...

Aux termes de l'art. 2 *bis*, ces derniers *peuvent exercer leurs droits non seulement par eux-mêmes, mais de plus par leurs conjoints et par leurs enfants légitimes habitant avec eux. Toute autre personne employée par eux doit être habitante de la commune riveraine.*

Les art. 3 et 4 du décret de 1868 contiennent des dispositions de détails sur lesquelles nous n'insisterons pas [1] ; mais l'art 5 vaut d'être

---

1. Notons toutefois qu'il ne peut être autorisé plus de deux coupes chaque année.

cité : *Les dispositions des règlements antérieurs portant défense de vendre les goëmons de rive aux forains et de les transporter hors du territoire de la commune sont et demeurent abrogées.*

La déclaration du 30 mai 1731, en l'art. 3 du titre III, a permis à toute personne d'aller cueillir les varechs croissant sur les îles et rochers déserts en pleine mer ; mais, du jour où une concession d'une île était accordée, elle cessait d'être déserte au sens légal du mot et, si elle ne dépendait d'ailleurs d'aucune paroisse, le Roi pouvait accorder aux concessionnaires le droit exclusif de récolter les varechs, et le Conseil d'Etat a reconnu la validité de telles dispositions (2 mai 1884, Lecardonnel).

Les mesures administratives à prendre pour l'application du droit de récolte des herbes marines relèvent des autorités maritimes et non des préfets et du ministre de l'intérieur (C. E. 31 mars 1865, comm. d'Agon), et, d'autre part, l'autorité judiciaire est incompétente pour statuer sur les prétentions rivales de communes au droit de récolte : par exemple, en cas de division d'une commune, c'est l'administration qui règle les droits respectifs des nouvelles communes, et ce nonobstant lapossession et le long usage qui ne peuvent être invoqués qu'autant que les droits qu'ils tendent à maintenir sont susceptibles de propriété privée (D. C. 14 déc. 1857, comm. de Taulé).

En ce qui concerne les goëmons poussant en mer, l'art. 6 du décret du 8 fév. 1868 en permet la récolte, de jour, pendant toute l'année, à tout bateau pourvu d'un rôle d'équipage ; aux hommes du bord peuvent s'adjoindre les cultivateurs avec leurs valets de ferme, qui destinent les goëmons à leurs besoins particuliers.

Rappelant une disposition de l'art. 5, titre X, liv. 4, de l'ordonnance de 1681, l'art. 7 du décret de 1868 porte qu'*il est permis à toute personne de recueillir, en tout temps, les goëmons venant épaves à la côte.*

II. Produits de la pêche et de la chasse. — 1º **Principe du droit de pêche et de chasse.** — L'art. 1er de la loi du 15 avril 1829 est ainsi conçu : *Le droit de pêche sera exercé au profit de l'Etat : — 1º Dans tous les fleuves, rivières, canaux et contre-fossés navigables ou flottables avec bateaux, trains ou radeaux, et dont l'entretien est à la charge de l'Etat ou de ses ayants-cause ; — 2º Dans les bras, noues, boires et fossés qui tirent leurs eaux des fleuves et rivières navigables ou flottables dans lesquels on peut en tout temps passer ou pénétrer librement en bateau de pêcheur, et dont l'entretien est également à la charge de l'Etat. — Sont toutefois exceptés les canaux et fossés existants ou qui seraient creusés dans les propriétés particulières, et entretenus aux frais des propriétaires.*

Le droit de chasse n'a pas fait, croyons-nous, l'objet de disposition spéciale ; mais l'Etat l'exerce naturellement sur son domaine public, bien qu'il n'en soit pas propriétaire, au sens propre du mot, en vertu du principe général posé par l'art. 3 de la loi du 4 août 1789, abolitive du régime féodal : *Tout propriétaire a le droit de détruire et faire détruire, seulement sur ses possessions, toute espèce de gibier, sauf à se conformer aux lois de police qui pourront être faites relativement à la sûreté publique.* La loi du 3 mai 1844 est venue soumettre le droit de chasse à des restrictions plus étroites, mais sans changer le principe fondamental du droit du propriétaire. Ajoutons que, dans la pratique administrative, le droit de chasse est affermé en même temps que le droit de pêche.

Nous n'étudierons pas ici les difficultés que peut soulever la détermination précise des dépendances des voies navigables, car c'est un sujet qui sera discuté dans les chapitres consacrés à ces diverses voies. Nous ne devions ici que poser le principe.

En ce qui concerne la pêche dans les régions maritimes, la loi du 3 brumaire an IV en a accordé le privilége aux inscrits maritimes; son art. 2 porte : *Sont compris dans l'inscription maritime :... 2° Ceux qui font la navigation ou la pêche de mer, sur les côtes ou dans les rivières jusqu'où remonte la marée ; et pour celles où il n'y a pas de marée, jusqu'à l'endroit où les bâtiments de mer peuvent remonter.* Puis, dans la section III de ladite loi, consacrée aux avantages attachés à l'état des marins inscrits, on voit mentionner plusieurs fois le droit de pêche, et l'art. 25 stipule que, pour être rayé de l'inscription maritime, il faut *renoncer à la navigation et à la pêche.*

Il résulte de là que la pêche maritime est libre, sous réserve des mesures de police, pour les inscrits, et que par suite il n'y a point là, pour le Trésor, un droit à affermer. Nous n'avons donc à nous occuper que de l'exploitation du droit de pêche fluviale.

2° Adjudication du droit de pêche et de chasse. — Le titre III de la loi du 15 avril 1829 est spécialement consacré à l'adjudication du droit de pêche fluviale, auquel on a coutume d'annexer le droit de chasse. Nous allons en reproduire les divers articles en y ajoutant quelques commentaires.

Art. 10 [1]. — La pêche au profit de l'Etat sera exploitée soit par voie d'adjudication publique, soit par concession de licences à prix d'argent. — Le mode de concession par licences ne sera employé que lorsque l'adjudication aura été tentée sans succès. — Toutes les fois que l'adjudication d'un cantonnement de pêche n'aura pu avoir lieu, il sera fait mention, dans le procès-verbal de la séance, des mesures qui auront été prises pour donner toute la publicité possible à la mise en adjudication, et des circonstances qui se seront opposées à la location.

1. Ainsi modifié par la loi du 6 juin 1840.

Art. 11. — *L'adjudication devra être annoncée au moins quinze jours à l'avance par des affiches apposées dans le chef-lieu du département, dans les communes riveraines du cantonnement et dans les communes environnantes.*

Art. 12. — *Toute location faite autrement que par adjudication publique sera considérée comme clandestine et déclarée nulle. Les fonctionnaires et agents qui l'auraient ordonnée ou effectuée seront condamnés solidairement à une amende égale au double du fermage annuel du cantonnement de pêche. Sont exceptées les concessions par voie de licence.*

Art. 13. — *Sera de même annulée toute adjudication qui n'aura point été précédée des publications et affiches prescrites par l'art. 11, ou qui aura été effectuée dans d'autres lieux, à autres jour et heure que ceux qui auront été indiqués par les affiches ou les procès-verbaux de remise en location. — Les fonctionnaires ou agents qui auraient contrevenu à ces dispositions seront condamnés solidairement à une amende égale à la valeur annuelle du cantonnement de pêche; et une amende pareille sera prononcée contre les adjudicataires, en cas de complicité.*

Art. 14. — *Toutes les contestations qui pourront s'élever pendant les opérations d'adjudication, soit sur la validité desdites opérations, soit sur la solvabilité de ceux qui auront fait des offres et de leurs cautions, seront décidées immédiatement par le fonctionnaire qui présidera la séance d'adjudication*[1].

Réglant l'application du principe ainsi posé, l'art. 4 du cahier des charges type, joint à la circulaire du ministre des travaux publics du 15 nov. 1875, porte : « Le fonctionnaire qui présidera la séance pourra, « après avoir pris l'avis des membres du bureau, rejeter les offres des « personnes qui ne lui paraîtraient pas présenter des garanties de « solvabilité suffisantes ».

Art. 15. — *Ne pourront prendre part aux adjudications ni par eux-mêmes, ni par personnes interposées, directement ou indirectement, soit comme parties principales, soit comme associés ou cautions : — 1° Les agents et gardes forestiers et les gardes-pêche, dans toute l'étendue du royaume; les fonctionnaires chargés de présider ou de concourir aux adjudications et les receveurs du produit de la pêche, dans toute l'étendue du territoire où ils exercent leurs fonctions. — En cas de contravention, ils seront punis d'une amende qui ne pourra excéder le quart ni être moindre du douzième du montant de l'adjudication; et ils seront, en outre, passibles de l'emprisonnement et de l'interdiction, qui sont prononcés par l'art. 175 du Code pénal*[2]; — *2° Les parents et alliés en ligne directe, les frères et beaux-frères, oncles et neveux des agents et gardes forestiers et gardes-pêche, dans toute l'étendue du territoire pour*

---

1. Ainsi modifié par la loi du 6 juin 1840.
2. Emprisonnement de six mois à deux ans ; incapacité d'exercer aucune fonction publique.

lequel ces agents ou gardes sont commissionnés.— En cas de contraventions, ils seront punis d'une amende égale à celle qui est prononcée par le paragraphe précédent ; — 3° Les conseillers de préfecture, les juges, officiers du ministère public et greffiers des tribunaux de première instance, dans tout l'arrondissement de leur ressort. — En cas de contravention, ils seront passibles de tous dommages et intérêts, s'il y a lieu. — Toute adjudication qui sera faite en contravention aux dispositions du présent article sera déclarée nulle.

Art. 16. — Toute association secrète, toute manœuvre entre les pêcheurs ou autres tendant à nuire aux adjudications, à les troubler ou à obtenir les cantonnements de pêche à plus bas prix, donnera lieu à l'application des peines portées par l'art. 412 du Code pénal, indépendamment de tous dommages-intérêts; et, si l'adjudication a été faite au profit de l'association secrète ou des auteurs desdites manœuvres, elle sera déclarée nulle [1].

Nous avons reproduit et commenté l'art. 412 du Code pénal à l'occasion des adjudications des travaux publics (II, 1re part., p. 70).

Art. 17. — Aucune déclaration de command ne sera admise si elle n'est faite immédiatement après l'adjudication et séance tenante.

Une déclaration de command consiste dans le fait d'indiquer qu'on s'est porté adjudicataire pour une tierce personne.

Art. 18. — Faute par l'adjudicataire de fournir les cautions exigées par le cahier des charges dans le délai prescrit, il sera déchu de l'adjudication par un arrêté du préfet et il sera procédé dans les formes ci-dessus prescrites à une nouvelle adjudication du cantonnement de pêche, à sa folle enchère. — L'adjudicataire déchu sera tenu par corps de la différence entre son prix et celui de la nouvelle adjudication, sans pouvoir réclamer l'excédant s'il y en a.

Comme il ne s'agit ici que d'une matière civile, la contrainte par corps se trouve supprimée par l'art. 1er de la loi du 22 juin 1867. Aussi l'art. 7 du cahier des charges type, en reproduisant les dispositions de l'art. 18 de la loi de 1829, omet-il l'indication de cette contrainte ; il spécifie d'ailleurs que l'adjudicataire déchu paiera en outre les frais de la première adjudication. L'art. 6 de ce cahier contient d'ailleurs les dispositions suivantes relatives aux cautions : « L'adjudicataire sera « tenu de fournir, dans les cinq jours qui suivront celui de l'adjudica- « tion, une caution bonne et solvable, laquelle, après avoir été agréée, « s'il y a lieu, par le fonctionnaire qui présidera la séance, de l'avis « des membres du bureau, s'obligera solidairement avec le preneur, à « l'exécution de toutes les clauses et conditions du présent cahier des « charges ». Nous verrons que l'art. 22 de la loi de 1829 donne cette extension à la responsabilité des cautions.

Art. 19. — Toute adjudication sera définitive du moment où elle sera prononcée, sans que, dans aucun cas, il puisse y avoir lieu à surenchère [2].

---

1. Ainsi modifié par la loi du 6 juin 1840.
2. Ainsi modifié par la loi du 6 juin 1840.

Néanmoins l'art. 8 du cahier des charges porte : « L'adjudication ne
« sera définitive qu'après avoir été homologuée par le préfet ». La
validité de cette disposition nous paraît absolument contestable. En
tout cas, il est certain que le pouvoir du préfet serait limité au refus
d'homologation et ne comprendrait pas la faculté de substituer un
autre adjudicataire au premier (voir t. II, 1re part., p. 66).

*Art. 20. — Les divers modes d'adjudication seront déterminés par une
ordonnance royale. — Les adjudications auront toujours lieu avec publicité
et concurrence.*

Nous ne croyons pas que l'ordonnance prévue ait jamais été rendue.
L'art. 3 du cahier des charges-type supplée à ce défaut par les dispositions suivantes : « L'adjudication aura lieu publiquement soit sur
« soumission au rabais, soit aux enchère et à l'extinction des feux
« sous la présidence du préfet, du sous-préfet ou du maire, avec le
« concours d'un agent des ponts et chaussées et d'un agent des con-
« tributions indirectes. Dans le cas où certains cantonnements n'au-
« raient pas trouvé d'adjudicataires, l'amodiation sera remise séance
« tenante et sans nouvelles affiches, au jour qui sera indiqué par le
« président ». A ces dispositions de l'art. 3, il faut ajouter celles de
l'art. 5 : « Les enchères seront de 2 fr. au moins sur les estimations
« inférieures à 100 fr. et de 5 fr. au moins sur les estimations supé-
« rieures à cette somme et n'excédant pas 200 fr. ; de 10 fr, au moins
« pour celles de 201 à 1.000 fr. ; et de 25 fr. pour celles au-dessus de
« 1.000 francs ».

La loi du 15 avril 1829 contient encore les deux articles suivants :

*Art 21.— Les adjudicataires seront tenus d'élire domicile dans le lieu où
l'adjudication aura été faite : à défaut de quoi tous actes postérieurs leur seront
signifiés au secrétariat de la sous-préfecture* [1].

*Art. 22. — Tout procès-verbal d'adjudication comporte exécution parée et
contrainte par corps contre les adjudicataires, leurs associés et cautions, tant
pour le paiement du prix principal de l'adjudication que pour accessoires et
frais. — Les cautions sont en outre contraignables solidairement et par les
mêmes voies au paiement des dommages, restitutions et amendes qu'aurait en
courus l'adjudicataire.*

Nous avons vu, à propos de l'art. 18, que la contrainte par corps
n'existe plus en matière civile. Maintenue en matière pénale, elle ne
saurait évidemment être invoquée contre les cautions pour assurer le
paiement des amendes, leur responsabilité à cet égard étant purement
civile.

Le cahier des charges-type contient les dispositions suivantes relatives au paiements :

« Art. 27. — Indépendamment du prix du bail porté au procès-ver-

---

1. Ainsi modifié par la loi du 6 juin 1840.

« bal de l'adjudication, chaque adjudicataire sera tenu de payer comp-
« tant dans la caisse du receveur des contributions indirectes : — 1° A
« titre de remboursement dès frais d'adjudication, 1 et demi p. 100 du
« prix de son bail, pour une année ; — 2° Les droits de timbre et d'en-
« registrement, tant de la minute du procès-verbal d'adjudication
« que de l'expédition du procès-verbal et de celle du cahier des charges
« à lui délivrer ».

Comme pour le produit des francs-bords (p. 233), la circ. du 3 fév.
1896 a prescrit de stipuler désormais que les adjudicataires supporteraient la totalité des frais d'adjudication.

Le droit d'enregistrement est, en principal et non compris les deux
décimes et demi établis par les lois des 6 prairial an VII, 23 août 1871
et 30 déc. 1873, de 0,20 0/0 en vertu de l'art. 1er de la loi du 16 juin
1824. Aux termes d'une circulaire du 1er déc. 1863, l'avance des frais
est faite par le préfet, qui envoie au directeur des contributions indirectes l'état des sommes dues par chaque adjudicataire, pour le montant lui être versé après encaissement. Si les frais ne sont pas ainsi
entièrement couverts, le surplus reste au compte du service des rivières ou des canaux.

« Art. 28. — Le prix annuel des baux sera payé par trimestre et
« d'avance dans la caisse du receveur des contributions indirectes dans
« le ressort duquel est situé le lot amodié, aux époques des 1er janvier,
« 1er avril, 1er juillet et 1er octobre. L'adjudicataire ne sera tenu au
« payement du prix de son bail pour le premier trimestre qu'au pro-
« rata du temps qui devra s'écouler depuis le jour de l'entrée en jouis-
« sance constatée comme il est dit à l'art. 26, jusqu'au premier jour
« du trimestre suivant ».

L'art. 26 ainsi mentionné porte que la jouissance part de l'homologation de l'adjudication par le préfet. Il résulte de là que l'adjudicataire qui se livre à la pêche entre l'adjudication et son homologation
commet un délit ; mais il en résulte aussi qu'on ne peut faire courir
contre lui le loyer antérieurement à cette dernière date (Cass. 24 avril
1876, Sester).

« Art. 30. — Aucun délai de payement ne pourra être accordé ni
« aucune remise être faite sur le prix du bail que par une décision mi-
« nistérielle. Les demandes de résiliation ou de réduction de fermages
« ne suspendront pas l'effet des poursuites pour le recouvrement des
« termes échus ».

« Art. 31. — L'administration se réserve la faculté de prononcer la
« résiliation du bail de tout adjudicataire qui aura laissé écouler un
« terme sans satisfaire à ses engagements. Dans ce cas, la résiliation
« pourra être provisoirement prononcée par le préfet, sur la proposi-
« tion du directeur des contributions indirectes et l'avis de l'ingénieur

« en chef, mais elle ne sera définitive qu'après avoir été soumise à
« l'approbation du ministre des travaux publics ».

L'art. 4 de la loi du 15 avril 1829 a ainsi réglé les questions de compétence : *Les contestations entre l'administration et les adjudicataires, relatives à l'interprétation et à l'exécution des conditions des baux et adjudications,
et toutes celles qui s'élèveraient entre l'administration ou ses ayants-cause et
des tiers intéressés à raison de leurs droits, ou de leurs propriétés, seront portées devant les tribunaux.*

Conformément au principe ainsi posé, les tribunaux ordinaires ont
qualité pour interpréter les baux de pêche et ne doivent pas surseoir
en vue d'une interprétation administrative, lorsqu'un litige soulève
une question de cette nature (T. C., 29 mars 1851, Lambert), et la compétence reste judiciaire toutes les fois qu'aucun texte législatif spécial
n'établit pas la compétence administrative. Ainsi a-t-il été jugé à l'occasion d'un procès entre un fermier soutenu par l'administration et un
tiers prétendant jouir du droit de pêche (D. C., 14 déc. 1864, Boutillié),
ainsi qu'à propos d'une indemnité réclamée par un fermier à la suite
d'une réquisition du droit de pêche pendant la guerre de 1870 (C. E., 29
mai 1874, Duval) et à propos également d'une demande d'indemnité,
fondée sur des travaux exécutés dans le lit de la rivière par un tiers
autorisé (T. C., 11 déc. 1875, Maisonnable). Mais il n'en serait plus de
même s'il s'agissait de travaux publics, car alors les dommages causés
rentrent dans la compétence spéciale du conseil de préfecture (T. C., 9
déc. 1882, Dumoulin ; voir aussi C. E., 11 janv. 89, Sallefranque, extraction de gravier par l'entrepreneur construisant un chemin de fer).

Les règles de compétence étant d'ordre public, il ne saurait naturellement être dérogé par un cahier des charges au principe posé par
l'art. 4 de la loi de 1829 (C. E., 19 février 1868, Portalupi).

Mentionnons, en terminant, le décret du 7 nov. 1896 qui a placé dans
les attributions du ministre de l'agriculture et rattaché à l'administration des forêts la surveillance et l'exploitation de la pêche dans les
cours d'eau navigables et flottables *non canalisés.* Aux termes d'une
circulaire du ministre des travaux publics, en date du 16 déc. 1896, est
considérée comme canalisée « toute rivière dans laquelle la navigation
est rendue possible ou améliorée par l'établissement de barrages avec
écluses ou pertuis de navigation, ainsi que toute rivière faisant, dans
certaines parties de son cours, partie intégrante d'un canal de navigation ».

III. Extractions. — **1° Principes généraux.** — Les extractions
de matériaux sur les dépendances du domaine public sont naturellement soumises au principe d'une autorisation, et l'administration n'accorde généralement celle-ci que moyennant le paiement d'une rede-

vance. En ce qui nous concerne, les seules extractions présentant un intérêt pratique, en dehors des exploitations minières, sont celles qui ont lieu dans le lit des rivières navigables ou sur le rivage de la mer ; comme elles sont soumises à des règles assez différentes, nous les étudierons séparément, mais, auparavant, nous devons parler d'une question indépendante de la nature spéciale du domaine où se fait l'extraction.

Nous avons déjà vu (I, 131) que l'art. 43 du décret du 31 mai 1862, après avoir interdit aux ministres d'accroître par aucune ressource particulière le montant des crédits affectés à leurs services respectifs, permet cependant de réemployer les matériaux, et des dispositions relatives au cas où des matières neuves ou de démolition sont mises à la disposition d'un entrepreneur ont été insérées dans le cahier des clauses et conditions générales (art. 26, t. II, 1re part., p. 169). On pourrait être porté à étendre ces dispositions au cas où un entrepreneur doit extraire des matériaux sur le domaine public ; mais ce serait une extension évidemment abusive : lorsqu'un service a acquis des matériaux ou lorsque l'exécution d'un travail a entraîné des démolitions ou des extractions, le service qui y a procédé a réalisé des dépenses qui ont mis à sa disposition certains matériaux, et l'on conçoit qu'on le laisse en faire emploi. Au contraire, les matériaux existant sur le domaine public naturel dont il a la garde constituent une richesse qu'il ne saurait s'approprier sans se créer une ressource extrabudgétaire. Aussi les cahiers des charges des entreprises comportant l'emploi de matériaux de ce genre spécifient-ils que les entrepreneurs devront acquitter les redevances domaniales.

Les autorisations sont toujours accordées à titre précaire, c'est-à-dire avec faculté pour l'administration de les retirer sans autre indemnité que le remboursement des redevances payées d'avance ; mais l'administration ne peut user de cette faculté que dans un intérêt public de police et de conservation, et elle commettrait un excès de pouvoir en le faisant dans un but fiscal (14 nov. 1873, Astier) ; les autorisations sont d'ailleurs limitées soit au point de vue du cube à extraire, soit au point de vue du temps. Dans l'affaire Astier, le ministre des finances avait soutenu qu'il s'agissait de difficultés sur l'exécution d'un contrat, dont il appartenait aux tribunaux judiciaires de connaître ; mais le Conseil d'Etat a déclaré que l'arrêté d'autorisation constituait une permission de police relevant de l'autorité administrative, en tant que les difficultés venaient de sa révocation.

Notons enfin que, en cas de retard de paiement de la redevance, à encaisser, suivant le cas, par le domaine ou les contributions indirectes, le paiement est poursuivi par voie de contrainte administrative (jugem. du trib. du Havre du 27 nov. 1891, Saffray, cité par M. de Récy, II, 215).

2° Domaine public fluvial. — Les extractions de matériaux sur le domaine public fluvial n'ont pas fait l'objet d'une réglementation spéciale. Elles sont autorisées par des permissions de grande voirie accordées par le préfet sur l'avis des ingénieurs, ainsi que du directeur des contributions indirectes, ce dernier étant chargé du recouvrement des redevances (décision du ministre des finances du 20 fév. 1882 ; voir p. 205).

Un arrêt du Conseil d'Etat, en date du 11 janv. 1889 (Sallefranque), ayant condamné l'Etat à payer une indemnité à un fermier de la pêche à raison du trouble causé par les dragages autorisés, le ministre des travaux publics a prescrit, par circulaire du 4 mai 1893, d'insérer, dans les autorisations d'extraction, une clause ainsi conçue :

« L'autorisation n'est accordée qu'en ce qui concerne le domaine « public, et sans préjudice des droits des tiers. — Le permissionnaire « est, par suite, tenu de garantir l'Etat contre toute réclamation de la « part des fermiers de la pêche, des locataires d'îlots et francs-bords, « des riverains en général et de leurs ayants-droit ».

Le Conseil d'Etat considère les extractions non autorisées comme constituant des contraventions de grande voirie. Dans les canaux, il ne saurait y avoir de doute, car ceux-ci constituent dans leur totalité des ouvrages faits pour la facilité de la navigation, en sorte que toute dégradation les atteignant tombe sous le coup de l'art. 11 de l'arrêt du 24 juin 1777 ; mais, dans les rivières, il n'en est pas de même, et il semble que l'on ne saurait invoquer à leur égard que l'art. 4, fort restrictif, car il ne défend que *d'y tirer aucunes pierres, terres, sables et autres matériaux plus près des bords que de six toises* (11 m. 69), sous peine de 500 livres d'amende [1]. Néanmoins, le Conseil d'Etat paraît en faire l'application aux extractions opérées en un point quelconque du lit (19 avril 1844, Dubourg ; 10 juill. 91, Ermoglio). Le premier de ces arrêts vise, il est vrai, l'art. 3 qui ordonne à tous d'enlever tous empêchements étant de leur fait, ce qui est le cas contraire ; quant au second, il ne vise spécialement aucun article. M. Picard invoque ces deux arrêts à propos de l'art. 4, en en ajoutant deux autres relatifs à des extractions voisines de la rive.

3° Domaine public maritime. — Un décret du 8 février 1868, relatif aux côtes de la Manche et de l'Océan, porte :

Art. 9. — *L'enlèvement des amendements marins et sables coquilliers ne peut avoir lieu que sur l'autorisation du préfet maritime, après avis du préfet du département. — S'il s'agit de l'extraction des sables à bâtir, pierres et produits naturels autres que ceux considérés comme amendements marins, les autorisations sont délivrées par le préfet du département après avis du préfet maritime.*

---

1. Voir, au sujet de l'application des amendes, p. 50.

Des dispositions analogues avaient été déjà établies pour le littoral de la Méditerranée par l'art. 83 du décret du 19 nov. 1859.

Un arrêté du 2 décembre 1875, signé par les ministres des travaux publics, de la marine et des finances, a réglementé l'extraction des matières autres que les amendements marins : nous le reproduirons intégralement.

Art. 1er. — Les demandes pour extraction, sur le rivage de la mer, de sables, terres, pierres, galets ou de tous matériaux et produits autres que les amendements marins, seront soumises à une première instruction de la part des ingénieurs des ponts et chaussées chargés du service maritime. — Ceux-ci examineront si les permissions sollicitées peuvent être accordées sans inconvénient et, en cas d'affirmative, ils formuleront les conditions à prescrire au point de vue de la conservation et de la police du rivage, comme à celui de toute autre convenance du service qui leur est confié. Ils présenteront, en outre, des propositions relativement aux prix qu'il pourrait y avoir lieu d'exiger. — Lorsqu'ils estimeront que les extractions devront être favorables à la conservation du rivage et au maintien des passes d'entrée aux ports, ou à tout autre intérêt public dont la sauvegarde est confiée à l'administration des travaux publics, ils examineront si ces extractions ne devraient pas être autorisées à titre gratuit, et ils présenteront des propositions motivées à cet égard. — Dans les cas prévus par l'art. 7 du décret du 16 août 1853 sur les travaux maritimes, les ingénieurs se conformeront aux prescriptions de ce décret.

Le décret de 1853 dont il est ici question concerne les travaux *mixtes* et non les travaux maritimes en particulier. Son art. 7 a d'ailleurs été remplacé par l'art. 3 du décret du 8 septembre 1878 (I, 144).

On remarquera que, si l'arrêté ministériel, comme les arrêtés préfectoraux dont il sera parlé tout à l'heure, suppose toujours qu'il y a demande d'autorisation et ne fait aucune allusion à l'adjudication d'un droit exclusif d'extraction, ce dernier mode de procéder est appliqué en certains points du littoral, notamment dans le département de la Somme pour l'extraction du galet céramique.

Art. 2. — Si les ingénieurs estiment que l'autorisation sollicitée peut être accordée, le dossier sera successivement communiqué, d'abord au préfet maritime, pour avis, et ensuite au directeur de l'enregistrement, des domaines et du timbre, pour ce qui concerne l'exigibilité d'un prix de vente et la détermination de sa quotité.

Art. 3. — Lorsqu'il y aura lieu au payement d'un prix, la fixation de ce prix ainsi que le règlement des conditions de payement seront faits par le service du domaine.

Art. 4. — Lorsqu'il y aura accord entre les représentants de tous les services intéressés, l'autorisation d'opérer les extractions sera accordée par le préfet du département.

Art. 5. — Lorsque cet accord n'existera pas, l'affaire sera soumise à l'ad-

ministration supérieure, pour y être statué par les ministres des travaux publics et des finances, selon leur compétence respective.

Art. 6. — En cas de dissentiment entre les ministres des travaux publics et des finances sur la question de savoir si des extractions doivent être autorisées gratuitement ou soumises à des redevances, cette question sera déférée au Conseil d'Etat pour y être statué par un décret du gouvernement.

Art. 7. — Pour faciliter l'instruction des demandes relatives aux extractions sur le rivage de la mer, les préfets des départements, sur les propositions et avis des chefs des services intéressés, arrêteront, par un règlement de police, les conditions auxquelles les extractions devront être soumises sur les différentes parties du rivage, soit au point de vue de sa conservation, soit en faveur des intérêts de la navigation ou de la pêche côtière, soit enfin sous le rapport des prix à exiger. — Cet arrêté réglementaire, pris sur les propositions de l'ingénieur en chef du service maritime et du directeur des domaines, après avis du préfet maritime et, au besoin, du directeur des fortifications, indiquera : 1° les parties du rivage où les extractions seront interdites ; 2° celles où elles ne seront autorisées qu'à charge de payer un prix ; 3° celles où elles seront gratuites, mais soumises à des autorisations spéciales ; 4° enfin celles où les extractions seront gratuites et libres aux conditions déterminées par les circonstances locales. — A défaut d'accord entre les chefs des services intéressés pour la préparation du règlement de police prévu au présent article, il sera procédé comme il est dit aux art. 5 et 6 pour les autorisations particulières.

Par circulaire du 16 décembre 1880, le ministre des travaux publics a adressé aux préfets un règlement-type, dont nous allons signaler les principales dispositions, en tant qu'elles ne se bornent pas à satisfaire strictement aux prévisions de l'arrêté ministériel.

« Art. 6. — Toute demande en autorisation sera écrite sur papier
« timbré, signée par le pétitionnaire ou une personne se portant fort
« pour lui, et adressée directement par lui à l'ingénieur ordinaire des
« ponts et chaussées chargé du service maritime dans la circonscrip-
« tion duquel l'extraction devra avoir lieu. — Elle devra indiquer la
« nature des matériaux à extraire, le lieu de l'extraction, le délai
« demandé et le mode d'enlèvement par terre ou par mer. — S'il s'agit
« d'une extraction à quantité déterminée, la demande devra faire con-
« naître, en outre, le cube à extraire. — S'il s'agit d'une extraction par
« abonnement, la dite demande devra indiquer soit le nombre des ou-
« vriers à employer par jour, soit le nom, le tonnage et le port d'at-
« tache du bateau, ainsi que la destination présumée des chargements
« suivant que l'enlèvement serait fait par terre ou par mer.

« Art. 7. — S'il s'agit de matériaux pour lesquels la gratuité est
« prévue ou le prix fixé par le présent règlement, le service des do-
« maines ne sera pas consulté, et l'ingénieur en chef soumettra direc-
« tement au préfet, avec son avis, les propositions de l'ingénieur

« ordinaire. — Dans tous les autres cas, il adressera le dossier au direc-
« teur des domaines, qui y joindra son avis et le transmettra au préfet.
« — Le préfet prendra ensuite les avis du préfet maritime et du direc-
« teur des fortifications, dans les cas spécifiés à l'art. 8 ci-après ».

Cet article, sur le type, laissè en blanc l'indication des cas en ce qui
concerne le préfet maritime : on comble souvent le blanc en indiquant
tous les cas. Quant au directeur des fortifications, il doit être consulté
pour les extractions « de toute nature à faire dans le rayon des enceintes
fortifiées » (voir tome I, p. 147). On peut y ajouter d'autres cas, mais
d'ordinaire on ne le fait pas.

« Art. 10. — Le préfet rédigera, à la suite de la demande du péti-
« tionnaire, l'arrêté d'autorisation qui restera classé à son rang dans
« les actes préfectoraux. — Il délivrera au permissionnaire, sur papier
« libre, une carte constatant l'autorisation qui lui aura été accordée·
« — Il adressera en même temps des ampliations de cette carte à l'ingé-
« nieur en chef des ponts et chaussées et au directeur des domaines…»

Suivent des indications sur le libellé de la carte dont un modèle est
joint à la circulaire du 16 décembre 1880. Celle-ci fait remarquer
d'ailleurs que le double remis au domaine pour servir au recouvrement serait frappé de timbre, aux frais de la partie, le jour où
celle-ci rendrait les poursuites nécessaires.

« Art. 11. — Le permissionnaire sera tenu de faire viser sa carte
« par le receveur des domaines du lieu où l'extraction devra s'opérer,
« d'acquitter le droit d'enregistrement et de payer le prix des maté-
« riaux à extraire, conformément aux prescriptions de l'art… ci-après,
« avant de pouvoir commencer ses extractions ».

Le droit d'enregistrement est le même que pour les ventes d'élagages
et de coupes d'herbes ou d'arbres (p. 233).

L'art. 12 prescrit de se renfermer dans les limites de l'autorisation
et de se conformer aux ordres de détail des agents des ponts et chaussées. Pour les extractions à quantité limitée, l'ingénieur ordinaire doit
être prévenu 24 heures au moins à l'avance du commencement des
opérations.

« Art. 13. — Le permissionnaire ou son représentant sur le lieu de
« l'extraction devra être constamment porteur de sa carte et la repré-
« senter à toute réquisition des agents de l'Etat chargés de la surveil-
« lance de la côte ».

La circulaire du 16 décembre 1880 contient à ce sujet quelques indications intéressantes : « Par cette désignation générale d'agents de
l'Etat, on doit entendre tous les fonctionnaires ou agents de la guerre,
de la marine, des finances et des travaux publics. — J'ajouterai que les
droits conférés aux agents du service militaire par les articles 30 et 31
du décret du 16 août 1853, relativement à la répression des contraventions commises dans la zone soumise à la juridiction mixte des tra-

vaux publics, sont formellement maintenus. — Les agents des douanes, disséminés sur toute l'étendue des côtes de France, étant mieux que tous autres à même d'exercer une surveillance efficace sur les extractions de matériaux et la police du littoral, M. le ministre des finances a admis en principe la nécessité de charger ce service, concurremment avec ceux de la guerre, de la marine et des travaux publics, mais d'une façon plus étroite et plus spéciale, d'assurer l'exécution de l'arrêté réglementaire du 2 déc. 1875 ». Une entente s'est établie entre les ministres des travaux publics et des finances, sur le concours que le service des douanes doit apporter à la surveillance, et une circulaire du premier de ces ministres, en date du 19 mai 1883, a porté à la connaissance des préfets et des ingénieurs les instructions adressées, le 10 avril précédent, par le directeur général des douanes aux directeurs locaux. Nous allons les résumer en reproduisant les dispositions principales.

La surveillance des agents des douanes n'a pas à s'exercer sur les points où les extractions sont libres ; sur ceux où elles sont interdites, leur rôle consiste « à prévenir les délinquants de cette interdiction, à les inviter à cesser leurs extractions et, en cas de refus, à prendre note de leurs opérations et à transmettre ces renseignements à l'ingénieur ». Enfin, sur les points où les extractions sont sujettes à autorisation, les agents des douanes requèrent la présentation de la carte d'autorisation, et, si cette présentation n'est pas faite, ils procèdent comme pour les points où l'extraction est interdite ; si la carte est produite, ils veillent à l'observation des conditions imposées, donnent avis à l'ingénieur des infractions commises, mais ne procèdent pas à des vérifications exigeant un emmétrage régulier des matériaux. La circulaire ajoute que les infractions constatées sont portées par les soins du directeur à la connaissance de l'ingénieur en chef.

L'art. 14 indique des précautions à observer dans les opérations et ajoute que l'extraction et l'enlèvement par terre des matériaux ne pourront s'effectuer que pendant le jour. L'art. 15 déclare le permissionnaire responsable envers les tiers.

« Art. 16. — A moins de circonstances exceptionnelles, aucune « extraction ne sera autorisée pendant la saison balnéaire, sur les por- « tions de plage utilisées pour l'exploitation des établissements de « bains de mer. »

Les articles suivants ne sont pas numérotés sur le type. Celui qui fixe le tarif (en blanc sur le type) porte que, pour les extractions par abonnement, « le tarif au jour ne sera appliqué qu'aux permissions d'une durée inférieure à un mois » et que, pour celles d'une durée supérieure, « la redevance sera calculée par mois et fractions de mois ». D'une façon générale, « si le prix total n'excède pas 100 fr., il devra « être acquitté immédiatement. S'il excède 100 fr., il pourra être sti-

« pulé payable moitié comptant et moitié à une date intermédiaire
« entre celle de l'autorisation et celle de l'expiration du délai d'extrac-
« tion ; mais dans ce dernier cas, le permissionnaire sera tenu de
« fournir une caution solidaire dans la quinzaine, faute de quoi la
« portion restant due deviendra sur-le-champ exigible. »

Les autres articles du règlement-type se rapportent à des dispositions de l'arrêté ministériel que nous allons voir et à l'occasion desquelles nous parlerons des dits articles. Reprenons donc la suite du
texte de l'arrêté ministériel du 2 déc. 1875.

*Art. 8. — Les autorisations auxquelles s'appliquent le présent arrêté seront
accordées à titre précaire et révocables sans indemnité à première réquisition
de l'administration. — Le retrait des autorisations sera prononcé par le
préfet, si elles ont été accordées par ce magistrat conformément à l'art. 4, et
par le ministre des travaux publics dans les cas prévus par les art. 5 et 6.*

*Art. 9. — L'autorisation pourra être révoquée, soit à la demande du
directeur des domaines, en cas d'inexécution des conditions financières de la
concession, soit à la demande de l'ingénieur en chef du service maritime en cas
d'inexécution de toutes autres conditions, sans préjudice, s'il y a lieu, des
poursuites pour délits de grande voirie.*

Deux articles du règlement-type reproduisent ou appliquent simplement les art. 8 et 9 dont nous venons de donner le texte, puis un autre
ajoute : « Si l'autorisation est révoquée dans un intérêt public, pour
« un motif indépendant des actes du permissionnaire, le service des
« domaines fera restituer la portion du prix applicable au nombre de
« journées de travail restant à courir ou au cube que le permission-
« naire justifiera n'avoir pas extrait, suivant qu'il s'agira d'une auto-
« risation par abonnement ou à quantité déterminée. — Si l'autorisa-
« tion a pour objet l'enlèvement d'une quantité déterminée de matériaux
« et si le délai stipulé vient à expirer avant que le permissionnaire
« ait terminé son extraction, l'Etat lui fera restituer la portion du prix
« payé applicable aux matériaux qu'il justifiera n'avoir pas enlevés,
« mais en retenant toutefois le dixième de cette portion du prix. Dans
« tous les autres cas, toute somme payée sera, par ce seul fait, défini-
« tivement acquise au Trésor ».

On ne doit pas perdre de vue d'ailleurs qu'une autorisation ne peut
être retirée pour des motifs étrangers à l'intérêt de la police et de la
conservation du domaine public (voir p. 242). Mentionnons d'autre
part une disposition introduite dans l'arrêté du préfet de la Seine-
Inférieure, en date du 3 nov. 1882 : « Dans le cas où, à la suite d'un
coup de vent, dit l'art. 17, le relief de la plage viendrait à s'abaisser
notablement, les ingénieurs pourront suspendre l'autorisation pendant
un délai dont ils seront seuls juges ; la permission serait alors pro-
rogée, de plein droit, d'un nombre de jours égal à la durée de la suspension. »

Nous avons vu que l'art. 8 de l'arrêté ministériel de 1875 prévoit des poursuites pour contraventions de grande voirie ; un article spécial du règlement-type porte d'une façon plus générale : « Toute infraction aux dispositions du présent arrêté sera poursuivie conformément à la loi ». La jurisprudence a posé à ce sujet des principes assez intéressants. Un arrêt du 13 nov. 1885 (Vidal) avait paru admettre que toute extraction non autorisée constitue une contravention à l'art. 2 du livre IV, titre VII, de l'ordonnance d'août 1681, qui punit d'une amende arbitraire (voir p. 50) le fait de faire sur le rivage de la mer *aucuns ouvrages qui puissent porter préjudice à la navigation*. Mais un arrêt un peu postérieur (25 nov. 1887, Marchesseau) a déclaré que « le fait seul d'enlever du gravier sur le domaine public maritime ne constitue, en dehors de toute circonstance de nature à porter préjudice à la navigation, aucune infraction à l'ordonnance d'août 1681 sur la marine », qu'aucun autre règlement sur la grande voirie n'établit d'amende à raison du fait en question et qu'enfin, « aucun dommage n'étant allégué, la loi du 29 floréal an X n'est pas applicable ». Cet arrêt ajoute d'ailleurs que, s'il y a contravention à l'art. 471 du Code pénal, pour inobservation de l'arrêté préfectoral réglementant les extractions, le conseil de préfecture n'est pas compétent pour réprimer cette contravention, qui est de simple police.

Enfin deux arrêts des 26 juin 1891 (Burlot) et 24 nov. 93 (Holl) ont reconnu que le fait d'opérer une extraction sur un point où toute extraction est absolument interdite par l'arrêté préfectoral réglementaire, constitue une contravention à l'art. 2, livre IV, titre VII, de l'ordonnance de 1681.

Il résulte d'une façon très-nette de ces arrêts qu'une extraction non autorisée constitue une contravention de grande voirie si elle a lieu en un point où elle était absolument interdite, mais qu'en principe elle ne constitue, partout ailleurs, qu'une contravention de simple police. Toutefois, même dans ce cas, il y aurait certainement contravention de grande voirie si l'extraction portait atteinte à la conservation du domaine maritime. A ce point de vue, on pourrait sans doute poursuivre devant le conseil de préfecture celui qui, muni d'une carte d'autorisation, enfreindrait des dispositions édictées dans l'intérêt de cette conservation, par exemple celle, souvent énoncée, de n'effectuer aucune extraction au-dessus d'un certain niveau. Il nous paraît certain d'ailleurs que le juge de paix ne saurait se dispenser de prononcer une condamnation sous prétexte qu'il y aurait contravention de grande voirie (voir p. 26 et 27).

Ainsi qu'on l'a vu (p. 243) l'extraction d'amendements marins est autorisée par le préfet maritime, aux termes de l'art. 9 du décret du 8 fév. 1868, mais après avis du préfet du département. Un arrêté ministériel du 10 mai 1876, tout à fait analogue à celui du 2 déc. 1875,

a réglementé cette question. Nous n'en citerons que ce qui intéresse le
service des ponts et chaussées. L'art. 3 porte que *les ingénieurs des ponts
et chaussées et le préfet du département seront appelés, à leur tour, à donner
leur avis ;* l'art. 9 prévoit que les autorisations pourront être retirées
à la demande de ces ingénieurs, et enfin l'art. 10 spécifie que les règlements de police pris par les préfets maritimes le seront *sur les propositions des chefs des services intéressés.* A défaut d'accord, il est d'ailleurs
référé aux ministres et même au Conseil d'Etat, s'il est nécessaire. On
doit noter, d'ailleurs, que, aux termes de l'art. 11, l'arrêté ministériel
n'est pas applicable aux extractions opérées au moyen de bateaux.

4° Extractions de matières minérales. — Ces extractions ne donnent lieu à aucune règle spéciale, quand il ne s'agit que de celles qui
sont classées par la loi du 21 avril 1810 sous les qualifications de minières [1] et de carrières [2]. Mais il n'en est plus de même quand on est
en présence de matières classées sous la qualification de mines [3], et il
y a lieu alors à l'application des règles spéciales à la concession des
mines : c'est un sujet que nous n'avons pas à développer et pour lequel
nous renverrons à l'ouvrage de M. Aguillon sur la *Législation des Mines*,
nous bornant à parler brièvement de quelques détails.

Les redevances tréfoncières ne donnent lieu à aucune difficulté spéciale ; mais il n'en est pas de même des questions soulevées par les
mesures prescrites en vue de préserver la surface contre tout dommage et aussi par les dommages qu'elle éprouverait. Les mesures de
précaution peuvent consister dans l'établissement d'un investison ou
dans l'exécution de travaux. Dans ce dernier cas, il ne peut être question que d'une demande en indemnité pour dommage, de la part du
concessionnaire ; mais on s'est demandé si, en cas d'investison, il n'y
a pas expropriation. Comme le fait remarquer M. Aguillon, cette
dernière thèse est inadmissible, car qui dit expropriation dit translation de propriété ; or l'investison ne transfert aucunement la propriété
du massif interdit. Il semble donc qu'il ne puisse y avoir doute sur la
compétence du conseil de préfecture, et cependant la jurisprudence est
pleine de contradictions, ayant tantôt reconnu la compétence judiciaire (O. C., 8 avril 1831, mine de Couzon ; T. C., 5 mai 77, houillères

1. Minerais de fer, dits d'alluvion, terres pyriteuses propres à être converties
en sulfate de fer, terres alumineuses, tourbes (art. 3).

2. Ardoises, grès, pierres à bâtir et autres, marbres, granits, pierres à chaux,
pierres à plâtre, pouzzolanes, trass, basaltes, laves, marnes, craies, sables,
pierres à fusil, argiles, kaolin, terres à foulon, terres à poterie, substances ter-
reuses et cailloux de toute nature, terres pyriteuses regardées comme engrais
(art. 4).

3, Or, argent, platine, mercure, plomb, fer en filons ou couches, cuivre,
étain, zinc, calamine, bismuth, cobalt, arsenic, manganèse, antimoine, molyb-
dène, plombagine ou autres matières métalliques, soufre, charbon de terre ou
de pierre, bois fossile, bitumes, aluns, sulfates à base métallique (art. 2).

de St-Etienne) et tantôt confirmé le conflit élevé par l'autorité administrative (D. C., 11 mars 1861, et T. C., 7 avril 84, mines de Combes)[1].

La question même du droit à indemnité est fort délicate. D'une part, quand la surface est une propriété privée, il n'est pas douteux que son propriétaire ne peut devoir aucune indemnité ; mais, d'autre part, on sait combien le Conseil d'Etat est large quand il s'agit de travaux publics (I, 418), et, dans l'espèce, il faut bien reconnaître que les canaux et les chemins de fer particulièrement exigent une protection bien plus complète qu'une simple maison et que leur construction postérieure à la concession de la mine peut causer à celle-ci un préjudice considérable, d'autant plus que les terrains ordinaires n'ont droit à aucune protection. Il semble donc, d'après la jurisprudence générale que nous venons de rappeler, que l'on doit accorder une indemnité dans le cas de la construction postérieure et non dans le cas inverse. C'est dans cet esprit qu'est rédigé l'art. 24 du cahier des charges type pour les chemins de fer d'intérêt local, approuvé par décret du 6 août 1881, ainsi que l'article de même numéro figurant dans les concessions récentes de lignes d'intérêt général. Le premier de ces articles est ainsi libellé : *Si la ligne du chemin de fer traverse un sol déjà concédé pour l'exploitation d'une mine, les travaux de consolidation à faire dans l'intérieur de la mine qui pourraient être imposés par le ministre des travaux publics, ainsi que les dommages résultant de cette traversée pour les concessionnaires de la mine, seront à la charge du concessionnaire.* Il semble qu'il ne faille voir dans ce texte que l'énonciation d'un principe général de droit, applicable à un travail public quelconque, notamment aux chemins de fer dont les cahiers de charges ne contiennent aucune clause à ce sujet ; ainsi l'ont compris la Cour de cassation (18 juill. 1837 et 3 mars 41 — toutes chambres réunies — mine de Couzon) et le Conseil d'Etat (15 juin 1864, mines de Combes). On notera toutefois que, dans un arrêt du 22 mai 1896 (P.-L.-M. c. Neyret), le Conseil d'Etat n'a accordé d'indemnité qu'en raison du fait que les investisons étaient antérieurs à la loi du 27 juill. 1880 qui a étendu aux voies de communication les mesures de protection que le préfet peut prendre en vertu de l'art. 50 de la loi de 1810, et « dont l'application, disent ces arrêts, ne saurait donner lieu à indemnité ». Quant aux bases de calcul de l'indemnité, elles doivent comprendre les dépenses nécessitées par les travaux prescrits, mais non en principe la valeur totale de l'investison, car, outre que sa durée peut n'être pas perpétuelle, il est fort possible que son absence d'exploitation ne cause qu'un faible préjudice au concessionnaire de la mine. On consultera à ce sujet l'ouvrage de M. Aguillon (II, 58).

1. Il est vrai que la décision de 1861 prend soin de spécifier que le préfet avait déclaré que l'interdiction d'exploitation n'avait pas un caractère définitif et que celle de 1884 déclare que ce caractère n'est pas prouvé. Au contraire, dans l'affaire de St-Etienne, l'interdiction avait été prononcée à titre définitif.

Un arrêt du 5 fév. 1877 (Ogier) a admis que, l'investison s'étendant au delà des limites du domaine public, le propriétaire de la surface avait droit à une indemnité pour privation de la redevance tréfoncière; cette jurisprudence paraît contestable, attendu que la dite redevance est essentiellement aléatoire, étant subordonnée à l'exploitation, laissée en principe à la libre appréciation du concessionnaire. Deux arrêts du 22 mai 1896 (P.-L.-M. c. Thiollière et Merlat) ont également accordé des indemnités, mais en ajoutant qu'il n'en eût pas été de même si les investisons avaient été établis postérieurement à la loi de 1880 (voir ce que nous venons de dire à propos de l'indemnité à l'exploitant).

Il nous reste à étudier les dommages causés aux ouvrages publics par les exploitations de mines. Si une contravention de grande voirie est relevée, le conseil de préfecture a naturellement compétence pour condamner au paiement des travaux de réparation (voir C. E. 24 juin 1887, mines de Meurchin); mais il nous semble, comme à M. Aguillon, qu'il serait également compétent, en l'absence de toute contravention s'il s'agissait de la grande voirie, en vertu de l'art. 4, 5°, de la loi du 28 pluviôse an VIII (I, xciv). Les tribunaux ordinaires n'auraient donc compétence qu'en ce qui concerne la petite voirie. Néanmoins, ils ont jugé sans contestation une affaire de ce genre entre les houillères de Rive-de-Gier et le chemin de fer P.-L.-M. Dans son arrêt du 25 juill. 1885, la Cour de cassation a d'ailleurs admis des principes peu compatibles avec ceux qui sont exposés ci-dessus et avec ses arrêts relatifs à la mine de Couzon, car elle a reconnu le droit à indemnité de la compagnie jusqu'au jour où l'art. 24 dont il a été parlé ci-dessus a été introduit dans son cahier des charges. Il semble en effet qu'il n'y ait droit à indemnité que si la concession de la mine est postérieure à la construction de l'ouvrage public, sous réserve toutefois du cas où, par l'inexécution de mesures prescrites, le concessionnaire aurait engagé sa responsabilité d'une façon spéciale.

IV. Prises d'eau. — **1° Nécessité d'une autorisation.** — Les prises d'eau dans les rivières navigables, comme dans les canaux de navigation, ne peuvent être pratiquées sans une autorisation administrative. Un principe contraire avait été posé par la loi des 28 sept.-6 oct. 1791 à l'égard des rivières navigables : *Nul ne peut se prétendre propriétaire exclusif des eaux d'un fleuve ou d'une rivière navigable ou flottable ; en conséquence, tout propriétaire riverain peut, en vertu du droit commun, y faire des prises d'eau, sans néanmoins en détourner ni embarrasser le cours d'une manière nuisible au bien général et à la navigation établie* (tit. I, sect. 1re, art. 4). Mais ce principe, contraire à l'ancien droit [1], fut

---

1. *Défendons à toutes personnes de détourner l'eau des rivières navigables et flottables, ou d'en affaiblir et altérer le cours par tranchées, fosses et canaux, à*

bientôt rapporté par l'arrêté du 13 nivôse an V, dont l'art. 4 porte : *Toutes les rivières navigables et flottables... étant propriété nationale, nul ne peut en détourner l'eau ni en altérer le cours par fossés, tranchées, ou autrement. En cas de contravention, seront les ouvrages détruits réellement et de fait, sans préjudice des dommages résultant des pertes occasionnées par leurs entreprises.* Puis l'art. 10 de l'arrêté du 19 ventôse an VI disposa : *Ils* (les administrations centrales et municipales et les commissaires du Directoire) *veilleront pareillement à ce que nul ne détourne le cours des eaux des rivières et canaux navigables et flottables et n'y fasse des prises d'eau ou saignées pour l'irrigation des terres, qu'après y avoir été autorisé par l'administration centrale, et sans pouvoir excéder le niveau qui aura été déterminé.* Notons enfin que l'art. 644 du Code civil n'accorde au riverain d'une eau courante le droit de s'en servir pour l'irrigation de ses propriétés que si cette eau est *autre que celle qui est déclarée dépendante du domaine public par l'art. 538* (voir p. 156, note 2). Il résulte de tous ces textes que l'ordonnance de 1669 et l'édit de 1777 sont rentrés sur ce point en vigueur, et le Conseil d'Etat fait application de leurs dispositions répressives même à l'égard des eaux d'un cours d'eau non navigable, si elles sont affectées à l'alimentation d'un canal (22 août 1844, Cartier ; 28 déc. 50, Guyot). Elles protègent également les eaux des cours d'eau non navigables et des canaux d'irrigation publics de l'Algérie, rangés dans le domaine public par l'art. 2 de la loi du 16 juin 1851 (25 fév. 1881, Crochet ; 4 avril 84, Labouré ; 11 juill. 84, de Tourdonnet ; 28 janv. 87, Alberge).

Ajoutons que la jouissance d'une prise d'eau, quelque longue qu'elle soit, ne saurait équivaloir à une autorisation, puisqu'on ne peut prescrire sur le domaine public ; l'amende seule est prescriptible comme nous l'avons vu dans le chapitre XXVI (19 mai 1843, Hébert ; 7 déc. 54, de Matha).

2° Autorité compétente. — L'art. 9 de l'arrêté du 19 ventôse an VI, relatif à l'établissement de ponts, digues, etc., dans les rivières navigables, défend aux autorités que nous venons de mentionner, à propos de l'art. 10, de l'autoriser *sans en avoir préalablement obtenu la permission de l'administration centrale, qui ne pourra l'accorder que de l'autorisation expresse du Directoire exécutif.* Cette disposition, qui a paru s'appliquer aux prises d'eaux faisant l'objet de l'art. 10, a pour conséquence l'intervention du chef de l'Etat, c'est-à-dire la prise d'un décret. Les préfets sont donc en principe incompétents pour accorder

---

peine contre les contrevenants d'être punis comme usurpateurs, et les choses réparées à leurs dépens (Ordonn. d'août 1669, tit. XXVII, art. 44).

Défend Sa Majesté sous les mêmes peines (amende de 500 livres et frais de réparation) *à tous riverains et autres... d'en* (des rivières et canaux navigables) *affaiblir et changer le cours par aucunes tranchées ou autrement* (arrêt du 24 juin 1777, art. 4).

les autorisations de prises d'eau (C. E. 8 mars 1866, Trône). Le décret
d'autorisation n'est d'ailleurs pas un règlement d'administration publique (voir, au sujet des usines, 4 mai 1883, de Luynes de Chevreuse);
mais, dit M. Picard, la section des travaux publics du Conseil d'Etat
est toujours consultée.

Une exception a été apportée au principe de la nécessité d'un décret
par le décret de décentralisation du 25 mars 1852, car le premier paragraphe du tableau D, qui y est annexé, range parmi les matières sur
lesquelles les préfets statuent, sur l'avis des ingénieurs en chef, *l'autorisation sur les cours d'eau navigables ou flottables, des prises d'eau faites
au moyen de machines et qui, eu égard au volume du cours d'eau, n'auraient
pas pour effet d'en altérer sensiblement le régime.*

Après avoir recommandé aux préfets de veiller à ne porter atteinte
ni aux intérêts de la navigation, ni à aucun droit privé, une circulaire
du 27 juill. 1852 ajoute : « Il pourra même y avoir lieu, dans certaines
circonstances,... de stipuler que la prise d'eau nouvelle sera fermée
sur l'ordre du préfet, toutes les fois que cette mesure sera reconnue
nécessaire, soit dans l'intérêt de la navigation, soit pour assurer aux
anciens usagers les eaux auxquelles ils ont droit en vertu de leurs
titres, soit pour laisser dans la rivière le volume d'eau que l'on jugera
utile d'y maintenir en étiage. » La circulaire prescrit d'ailleurs de déterminer le volume d'eau concédé et de prescrire que les eaux qui ne
seraient pas absorbées d'une manière utile seront rendues à la rivière.

Par un avis du 3 août 1867, le Conseil d'Etat a reconnu que la compétence exceptionnelle du préfet s'applique aussi bien aux rivières canalisées qu'aux rivières naturellement navigables; mais il n'en saurait
être de même à l'égard des canaux, « dont les moyens d'alimentation
sont, en général, si difficiles et si dispendieux » (avis du Conseil d'Etat
du 6 oct. 1859, porté à la connaissance des préfets par circulaire du
26 janv. 1860). M. Picard ajoute toutefois que la section des travaux
publics a admis exceptionnellement la compétence du préfet au sujet
de l'alimentation d'une forme de radoub, destinée aux bateaux fréquentant le canal (avis du 24 nov. 1885 ; voir *Traité des Eaux*, III,
633).

3° **Formalités d'instruction**. — Une instruction du 19 thermidor an
VI sur l'exécution de l'art. 9 de l'arrêt du Directoire du 19 ventôse
précédent a posé la règle suivante : *L'administration municipale aura à
examiner les convenances locales et l'intérêt des propriétaires riverains ; et
afin d'obtenir à cet égard tous les renseignements et de mettre les intéressés à
même de former leurs réclamations, elle ordonnera l'affichage de la pétition à
la porte principale du lieu de ses séances ; cette affiche devra demeurer posée
pendant l'espace de deux décades, avec invitation aux citoyens qui auraient
des observations à proposer, de les faire au secrétariat de la municipalité*

dans lesdites deux décades, ou au plus tard dans les trois jours qui suivront l'expiration du délai de l'affiche.

Ce texte, qui a été singulièrement complété depuis par des circulaires ministérielles, offre cet intérêt que, à la différence de celles-ci, on s'accorde à lui reconnaître le caractère d'un acte réglementaire du gouvernement.

Une circulaire du 23 oct. 1851 vise d'une façon plus particulière la réglementation des usines sur cours d'eau non navigables, mais concerne aussi les usines sur rivières navigables et les prises d'eau.

Rappelant l'instruction de l'an VI, la circulaire prescrit aux préfets d'ordonner une enquête de vingt jours, par un arrêté qui doit être affiché par les soins du maire, « tant à la principale porte de l'église qu'à « celle de la mairie et publié à son de caisse ou de trompe, le dimanche « à l'heure où les habitants se trouvent habituellement réunis ». Un régistre est ouvert à la mairie pendant le dépôt des pièces. « Si l'entre- « prise paraît de nature à étendre son effet en dehors du territoire de « la commune, l'arrêté désignera les autres communes dans lesquelles « l'enquête doit être annoncée. — Si ces communes appartiennent à « plusieurs départements, l'enquête sera ordonnée par le préfet du dé- « partement où se trouve le siège principal de l'établissement, et l'ar- « rêté transmis aux préfets des autres départements pour être publié « dans toutes les communes intéressées ».

L'absence d'enquête vicie d'autant plus la décision que l'instruction du 19 thermidor an VI est considérée comme ayant le caractère d'un acte du gouvernement; aussi la jurisprudence n'offre-t-elle aucune hésitation à ce sujet (15 juill. 1842, Oudot; 26 nov. 63, Rallier). Antérieurement à la circulaire de 1851, l'annonce de l'enquête dans toutes les communes intéressées n'était pas obligatoire (18 nov. 1852, Magnier); mais, depuis cette circulaire, le Conseil d'Etat exige l'accomplissement de cette formalité (28 nov. 1861, Maréchal; 1er mars 89, Faucheux, usine; voir aussi 19 juill. 71, Neveu, et 3 août 77, Brescon). Toutefois il a admis qu'une omission de ce genre, reconnue lors de l'instruction, pouvait utilement être réparée lors de la seconde enquête dont nous parlerons tout-à-l'heure (10 sept. 1864, de Laferrière, les plaignants avaient déposé à la seconde enquête). A l'occasion de cette seconde enquête, le Conseil d'Etat a reconnu que la publication d'un simple avis suffit dans les communes considérées comme accessoires (20 fév. 1885, Sellier).

Nous verrons, en traitant spécialement des cours d'eau non navigables, que, sauf les cas d'urgence, l'enquête prescrite par l'instruction de l'an VI est nécessaire non-seulement avant les retraits d'autorisation (20 juill. 1867, Trône), mais même avant de donner l'ordre de supprimer un ouvrage existant non autorisé (15 juin 1864, Gaunard). Sur un cours d'eau du domaine public au contraire, l'administration n'a aucune formalité à observer avant de mettre en demeure de supprimer une prise d'eau non autorisée (7 déc. 1854, de Matha).

A la suite de l'enquête, l'ingénieur ordinaire doit procéder à une visite des lieux. Il « annonce à l'avance son arrivée aux maires des « diverses communes intéressées, avec invitation de donner à cet avis « toute publicité. Il prévient directement le pétitionnaire, les prési- « dents des syndicats s'il en existe sur le cours d'eau, les mariniers « les plus expérimentés, s'il s'agit d'une rivière navigable ou flottable, « et toutes autres personnes dont la présence lui paraît utile, et pour « lesquelles il pense que cet avertissement direct est nécessaire. Ses « avis doivent être adressés de telle sorte qu'il y ait, dans tous les cas, « au moins cinq jours pleins entre la date de la réception de la lettre « et le jour de la visite des lieux ». La circulaire donne ensuite des indications sur la visite elle-même et le procès-verbal qui doit en être dressé.

Lorsque les ingénieurs ont préparé le projet de règlement, conformément aux instructions [1], le dossier est soumis à une seconde enquête, analogue à la précédente, mais ne durant que 15 jours.

La jurisprudence n'a pas nettement tranché la question de savoir si les formalités qui suivent la première enquête sont exigées à peine de nullité. M. G. de Passy se prononce pour l'affirmative dans son *Etude sur le service hydraulique* ; mais M. Picard est porté à admettre que la violation d'une simple circulaire ministérielle ne saurait constituer un excès de pouvoir (II, 46). Dans l'espèce, nous serions disposé à adopter l'avis de M. de Passy, attendu que le fait de savoir qu'une enquête doit être ouverte sur un projet détaillé empêche bien des intéressés de déposer à la première enquête, qui ne satisfait plus dès lors, par elle seule, au but de l'instruction de l'an VI. On peut dire à peu près la même chose de la visite des lieux ; aussi le Conseil d'Etat, dans un arrêt du 19 juill. 1871 (Neveu), a-t-il pris soin de constater que tous les intéressés avaient été appelés à la visite. Il paraît du reste admettre que les diverses formalités prescrites par la circulaire de 1851 forment un ensemble indivisible dont les éléments se complètent les uns les autres ; mais il a reconnu qu'un pétitionnaire peut modifier sa demande entre les deux enquêtes (12 juin 1860, Pujo).

Si nous ne saurions admettre la manière de voir de M. Picard sur le caractère de la seconde enquête, nous sommes au contraire pleinement d'accord avec lui quand il enseigne qu'on doit distinguer entre l'omission des formalités réglementaires et les irrégularités commises dans l'accomplissement de ces formalités, la première entraînant toujours la nullité de l'acte, tandis qu'il n'en est de même des simples irrégu-

1. En matière de cours d'eau non navigables, une circulaire du ministre de l'agriculture, en date du 26 déc. 1884, est venue compléter la circulaire de 1851.

larités que si elles ont pu influer sur les résolutions de l'autorité administrative (II. 48).

Un arrêt du 4 mai 1883 (de Luynes), relatif à une usine, a reconnu que, les deux enquêtes ayant eu lieu en 1869, une nouvelle seconde enquête avait pu être ouverte, en 1876, sur un nouveau projet de règlement, et ce nouveau projet être adopté avec de petits changements.

Un avis du Conseil d'Etat en date du 22 déc. 1874 a été porté à la connaissance des préfets par une circulaire du 29 janv. 1875. Aux termes de cet avis, les formalités peuvent être simplifiées dans deux cas, lorsqu'il s'agit de prises d'eau d'irrigation sur un canal navigable[1] et « en ce qui touche les prises d'eau faites au moyen de machines, sur tous les cours d'eau du domaine public[2], et qui, eu égard au volume du cours d'eau, n'ont pas pour effet d'en altérer sensiblement le régime. » Dans l'un et l'autre cas, la première enquête est supprimée[3], mais celle qui est ouverte sur les propositions des ingénieurs, en même temps que sur la demande, doit avoir une durée de vingt jours, pour satisfaire à l'instruction du 19 thermidor an VI ; une seconde enquête, de quinze jours, serait d'ailleurs nécessaire si les ingénieurs modifiaient leurs propositions. Dans le second cas, on se dispense souvent, en fait, de procéder à aucune enquête, mais cette omission est absolument irrégulière.

Les frais de déplacement et d'étude des ingénieurs et des agents sous leurs ordres, tant pour la préparation du projet de règlement que pour la visite des lieux et le récolement, donnent lieu, à la charge des intéressés, à des paiements réglementés par les décrets des 13 oct. 1851 et 10 mai 1854 ; nous en renverrons l'étude au moment où nous traiterons des cours d'eau non navigables ni flottables, ainsi que nous l'avons indiqué tome I, p. 20.

4° **Dispositions des règlements.** — Nous verrons, en traitant des usines, que l'administration a arrêté un type de règlement, modifié pour la dernière fois en 1878 (circ. du 18 juin). Ce type peut être appliqué en majeure partie aux prises d'eau sur rivières navigables, quand elles sont faites au moyen d'un barrage spécial ; il doit au contraire subir de nombreuses simplifications s'il n'y a pas de retenue spéciale au concessionnaire, qui prend l'eau soit à son niveau naturel, soit à celui où la maintient l'administration dans l'intérêt exclusif de la navigation.

Un article spécial limite généralement le cube pouvant être prélevé

1. Une circulaire du 13 fév. 1890 insiste sur la limitation aux prises d'eau d'irrigation, les autres prises d'eau sur les canaux restant soumises à la double enquête.
2. D'après M. Picard (III, 634), cette expression s'applique aussi bien aux canaux qu'aux rivières.
3. Il va de soi, semble-t-il, qu'il en est de même de la visite des lieux.

et parfois prescrit d'en rendre une plus ou moins grande partie. Du moment d'ailleurs qu'une certaine quantité d'eau peut faire retour à la voie navigable, on introduit la disposition suivante : *Les eaux rendues à la rivière* (ou au canal) *seront, autant que possible, pures, salubres et à la température du bief alimentaire. Toute infraction à cette disposition, dûment constatée, pourra entraîner le retrait de l'autorisation, sans préjudice, s'il y a lieu, des pénalités encourues.*

Les poursuites ainsi prévues reposeraient, suivant les cas, sur les règlements de grande voirie, l'art. 475 du Code pénal ou l'art. 25 de la loi du 15 avril 1829 sur la police de la pêche [1].

Nous avons vu (p. 204 et s.) les principes généraux sur les redevances dont sont passibles les bénéficiaires des permissions sur les cours d'eau navigables. Cette question de redevance fait, dans le règlement type, l'objet de l'art. 8 ainsi conçu : *Le concessionnaire sera tenu de verser à la caisse du receveur des contributions indirectes de l'arrondissement une redevance annuelle de... — Le chiffre de cette redevance pourra être revisé tous les... — Elle sera payable d'avance par trimestre, et exigible à partir du procès-verbal de récolement ou, au plus tard, à partir de l'expiration du délai fixé par l'art.... pour l'achèvement des travaux. — Le premier terme comprendra le payement rétroactif des annuités dues à partir du...* La circulaire du 18 juin 1878 a donné un commentaire des divers paragraphes de cet article. « La redevance peut être payée en une seule fois et d'avance quand elle est d'un chiffre minime. Elle peut être revisée au bout d'un certain délai, ordinairement trente ans ; mais il convient de réserver liberté entière à l'administration de modifier cette période en vue des espèces particulières qui pourraient motiver un délai plus court ». Nous ferons remarquer à ce sujet que, lorsqu'il s'agit d'une petite prise d'eau, faite au moyen d'une pompe et autorisée par le préfet, on ne voit pas de motif pour ne pas appliquer la période de cinq ans, adoptée pour les occupations temporaires.

En ce qui concerne la fixation de la redevance, il convient de distinguer le cas où le concessionnaire utilise un barrage servant à la navigation, car alors il doit payer, en sus de la redevance proprement dite, une somme représentant sa part contributive dans les frais d'entretien du barrage. Que cette contribution soit fixée à un chiffre fixe ou à une part proportionnelle de la dépense, elle est établie par un décret rendu dans la forme des règlements d'administration publique, conformément à l'art. 34 de la loi du 16 sept. 1807. Comme l'acte de concession en lui-même n'exige pas de telles formalités, on prend deux décrets distincts, pour que la révision d'une clause étrangère à ce partage

1. *Quiconque aura jeté dans les eaux des drogues ou appâts qui sont de nature à enivrer le poisson ou à le détruire sera puni d'une amende de trente francs à trois cents francs et d'un emprisonnement d'un mois à trois mois.*

des dépenses ne rende par nécessaire une délibération de l'assemblée générale du Conseil d'Etat. Le principe, ainsi posé en termes généraux par la circulaire de 1878, paraît devoir subir d'importantes restrictions. L'art. 34 de la loi de 1807 parle, en effet, d'ouvrages *auxquels des propriétaires de moulins ou d'usines seraient intéressés*. Or M. Picard indique, d'après un certain nombre d'avis du Conseil d'Etat, que ce texte doit être appliqué dans un sens restrictif, en sorte que les prises d'eau non industrielles sont soustraites à son application. Comme d'ailleurs le dit article ne parle que du partage entre le gouvernement et le propriétaire, un concessionnaire de canal ne pourrait en réclamer le bénéfice (III, 269).

Quant au chiffre de la redevance elle-même, il fait l'objet des indications suivantes : « Dans certains cas, et notamment lorsqu'il s'agit de prises d'eau domestiques ou d'alimentation, la redevance n'a d'autre objet que d'affirmer les droits de l'Etat et de bien établir la précarité de la concession ; le taux de la redevance est alors presque nominal car il ne dépasse pas 1 fr.[1]. — Pour les prises d'eau servant aux irrigations, la redevance est annuellement du dixième de l'augmentation brute du revenu due à l'emploi des eaux concédées, après avoir retranché de cette augmentation l'intérêt à 6 0/0 des dépenses de premier établissement (barrages, prises d'eau, porteurs, fossés de colature, etc.), ainsi que le prix annuel d'entretien de ces ouvrages[2]. — Pour les prises d'eau sans barrages servant à l'agrément ou à l'arrosage des propriétés, *et pour celles destinées* à la mise en jeu des machines à vapeur ou autres établissements industriels, la redevance est généralement de 0 fr. 10 par mètre cube d'eau pouvant être puisé ou dérivé en 24 heures. toute fraction de mètre cube étant comptée pour 1 mètre. ».

Un arrêté du ministre des finances, en date du 9 février 1897, relatif à l'avis à donner sur la fixation de la redevance et des autres conditions financières, donne compétence au directeur général des contributions indirectes, si la redevance proposée est supérieure à 1000 fr. et au directeur local en cas contraire. Par circulaire du 2 juin 1897, le ministre des travaux publics a invité les préfets à ne lui envoyer les

1. Les prises d'eau *d'alimentation* sont celles destinées à un service public ; mais M. Picard fait remarquer que, si le concessionnaire, ville ou compagnie doit faire de l'eau une source de recettes, on doit lui imposer une redevance proportionnelle, comme pour les prises d'eau industrielles (III, 265).

2. Dans certains cas, l'Etat a encouragé les irrigations en participant aux dépenses. Nous signalerons notamment la loi du 3 avril 1880 qui a créé un régime tout spécial pour certains canaux de défense contre le phylloxéra. L'Etat a exécuté les travaux, et les intéressés lui paient une taxe destinée à l'indemniser de la dépense faite. Ce n'est pas là une redevance domaniale à raison de la fourniture de l'eau, car cette redevance appartiendrait à la Cie du Midi, qui d'ailleurs a consenti à fournir l'eau gratuitement.

dossiers qu'après y avoir joint cet avis définitif de l'administration des finances, avis supprimant l'intervention du ministre lui-même. Notons enfin que le dernier paragraphe de l'art. 8, relatif au paiement rétroactif, ne s'introduit que lorsqu'il y a lieu de le faire : le ministre fait remarquer, en note, que l'art. 2277 du Code civil, relatif à la prescription quinquennale de ce qui est payable par annuités ou par termes plus courts, n'est pas ici applicable. Nous reparlerons de cela à propos des usines (§ 5, III).

Lorsqu'une prise d'eau ne fonctionne pas, le permissionnaire peut obtenir remise de sa redevance ; mais, tant qu'il n'a pas fait rapporter l'acte de concession, il doit se faire dégrever chaque année (circ. du min. des fin. du 19 nov. 1890).

En ce qui concerne les anciennes prises d'eau, fondées en titre, la circulaire du 18 juin 1878 indique quelques variantes dans la rédaction, mais, sur ce point, il n'y a pas de différence avec les usines. Nous noterons seulement les libellés à donner, suivant le cas, à l'art. 1er.

Est soumis aux conditions du présent règlement l'usage de la prise d'eau que le sieur... est autorisé à pratiquer dans la rivière de..., pour... ou bien : *Est soumis aux conditions du présent règlement l'usage de la prise d'eau pratiquée par le sieur... dans la rivière de... pour...*

Une prise d'eau ayant une existence légale ne peut naturellement être soumise à aucune charge fiscale nouvelle, et la suppression totale ou partielle ne peut être prononcée sans indemnité ; il y a de même lieu à indemnité si un travail d'utilité publique, même exécuté par l'Etat, vient à empêcher d'en jouir : tel est le cas, où la construction d'un égoût contamine les eaux (1er août 1890, Richard Wallace). Aussi, lorsqu'un règlement n'a pour objet que la réglementation d'une prise d'eau, sans en autoriser l'augmentation, l'art. 19 ne doit-il pas spécifier la révocabilité sans indemnité, mais se borner à spécifier que les modifications au règlement ne pourront être prescrites qu'après l'accomplissement de formalités semblables à celles qui auront précédé la prise de celui-ci.

5° **Questions de compétence.** — Nous avons vu, en traitant des dommages causés par les travaux publics, que la légalité des usines est reconnue en pareil cas par le conseil de préfecture (1, 476) ; il n'en est pas autrement quand il s'agit d'une prise d'eau au lieu d'une usine. Mais, s'il s'agissait d'une question qui ne fût pas soumise, au fond, à ce conseil, on devrait s'adresser à lui ou au Conseil d'Etat, selon que la légalité prétendue reposerait sur une vente nationale ou sur une ancienne concession ; quant à la simple existence avant 1566, on sait qu'elle relève de l'autorité judiciaire (p. 178).

Il appartient naturellement au préfet d'inviter un concessionnaire à se renfermer dans les termes de sa concession (20 juill. 1854, Rampal) ou, si l'existence d'un titre est douteuse, à produire ce titre et, à défaut, à supprimer sa prise d'eau (4 mai 1858, de Colmont). Mais ces arrêts ajoutent, le premier, que le concessionnaire peut demander alors l'interprétation de son ancienne concession au Conseil d'Etat et, le second, que si, à défaut de production du titre et de suppression de la prise d'eau, des poursuites sont exercées, l'inculpé conserve le droit de faire valoir tous ses moyens de défense devant le conseil de préfecture.

Lorsqu'il y a litige pour savoir si une prise d'eau a été régulièrement autorisée, l'autorité judiciaire doit naturellement renvoyer cette question préjudicielle à l'autorité administrative (D. C. 12 août 1854, Etienne); dans le cas de cet arrêt, il s'agissait d'une prise d'eau communale, en sorte que la régularité de la prise d'eau entraînait la compétence administrative sur le fond ; mais, si deux particuliers étaient en présence, il n'y aurait là qu'une question préjudicielle.

§ 4

CONCESSIONS

I. Concessions générales. — II. Concessions spéciales. — III. Installation d'outillage sur les quais des ports de commerce. — IV. Locations de plages. — V. Bacs et passages d'eau. — VI. Ponts à péage. — VII. Touage et remorquage.

I. Concessions générales. — L'Etat, les départements et les communes peuvent charger un concessionnaire de constituer dans sa totalité une dépendance du domaine public, dont l'exploitation lui est conférée pendant un temps déterminé. On est alors en présence d'un mode d'exécution des travaux publics, et nous avons examiné ces concessions, à ce titre, dans la première partie de ce volume (chap. xxiv); nous avons d'ailleurs complété cette étude, au point de vue de la généralité des droits dont jouit le concessionnaire sur la portion du domaine public qu'il a constituée (p. 208).

II. Concessions spéciales. — D'autres fois, le domaine public, constitué à l'avance, peut, tout en conservant son caractère essentiel, recevoir une appropriation spéciale confiée à un concessionnaire. Tel est le cas des tramways que, vu leur importance et leur similitude avec les chemins de fer, nous étudierons à part, à la suite de ces derniers, et qui font d'ailleurs l'objet d'une législation spéciale. Tels sont aussi les cas de l'outillage des ports maritimes, de la location des plages, des bacs et passages d'eau, des ponts à péage et des distributions d'eau, de gaz ou d'électricité. Avant d'étudier ceux de ces exemples qui ren-

trent dans notre programme, il convient de bien distinguer les concessions des simples occupations temporaires [1].

1° Distinction des concessions et des occupations temporaires.
— Un particulier désire amener des eaux dont il dispose à un titre
quelconque en un point où il doit en faire l'emploi ; mais, pour le faire,
il a besoin de poser une conduite sous une voie publique : à cet effet,
il doit obtenir une permission d'occupation temporaire, accordée,
suivant la nature de la voie, par simple arrêté du préfet ou du maire.
De même, un négociant désirant établir, sur un quai, un hangar pour
abriter ses marchandises ou celles qu'il transporte et une grue pour en
opérer le chargement et le déchargement peut obtenir par un simple
arrêté préfectoral l'autorisation nécessaire. Ce ne sont là que des occupations temporaires qui feront l'objet du paragraphe suivant.

Mais, que le permissionnaire veuille distribuer de son eau aux tiers,
qu'il veuille abriter sous son hangar et décharger avec sa grue les
marchandises qui ne lui appartiennent pas ou dont il n'est pas le
transporteur, alors une simple permission ne lui suffit plus, ses installations deviennent une appropriation du domaine public et un décret délibéré en Conseil d'Etat et précédé d'une enquête d'utilité publique est nécessaire pour lui permettre d'y procéder et de percevoir
les taxes destinées à le rémunérer. Nous reproduirons à ce sujet un
avis du Conseil d'Etat en date du 16 mars 1888, spécial aux grues sur
rivières, mais d'une portée générale ; on notera l'exception qui y est
signalée. « Considérant », dit la section des travaux publics du Conseil d'Etat « que le droit d'autoriser l'établissement d'un service public
« et la perception de taxes sur le domaine public appartient essen-
« tiellement à l'administration supérieure chargée de la gestion de ce
« domaine et ne saurait être exercée par les préfets à moins d'une dé-
« légation précise et formelle ; — Considérant qu'à la vérité le décret de
« décentralisation a placé dans les attributions des préfets l'autorisa-
« tion et l'établissement des débarcadères sur les bords des fleuves et
« rivières pour le service de la navigation, la fixation des tarifs et des
« conditions d'exploitation [2], et qu'on peut se demander si cette dis-
« position ne s'applique point aux grues ; — Mais que l'expression de
« *débarcadères* est généralement employée pour désigner des ouvrages
« qui ne comportent point d'engins mécaniques et qui, étant destinés
« plutôt au service des voyageurs qu'à celui des marchandises, ne peu-
« vent guère donner lieu à la perception de taxes gênantes pour le
« commerce ; que cette expression ne saurait être étendue aux grues

1. Nous n'étudierons pas d'une façon complète les distributions d'eau, de
gaz et d'électricité ; mais nous en parlerons, dans le paragraphe suivant, à
l'occasion des occupations temporaires du domaine public de l'Etat qu'elles
nécessitent le plus souvent.
2. Tableau D, n° 9.

« qui constituent, au contraire, un des éléments les plus importants
« de l'outillage d'un port et dont les tarifs peuvent exercer une grande
« influence sur sa plus ou moins bonne utilisation ; — Considérant
« d'ailleurs que la loi du 27 juillet 1870, qui règle les formes dans
« lesquelles doivent être autorisés les divers travaux publics, est ap-
« plicable à tous les engins établis en vue d'un service public, aussi
« bien sur les ports fluviaux que sur les ports maritimes, et les com-
« prend sous la désignation générale de *travaux de moindre importance*;
« — Que, si la dite loi vise spécialement les travaux exécutés, soit par
« l'Etat, soit par des concessionnaires d'un service public, il est ra-
« tionnel d'en appliquer les dispositions aux ouvrages exécutés en vue
« d'un service privé, alors même qu'ils conservent le caractère de
« propriété particulière, du jour où ils viennent à être affectés à un
« service public ; — Qu'au point de vue des intérêts du commerce, il y
« a en effet les mêmes raisons de réserver, dans l'un et l'autre cas, à
« l'administration supérieure la décision des questions qui touchent à
« l'exploitation des voies navigables et notamment à leur outillage, de
« manière à empêcher que, sous la pression d'intérêts locaux, il ne
« puisse être pris de mesures qui seraient contraires à l'intérêt gé-
« néral....»

Il semble d'ailleurs que la loi annuelle de finances impose l'obligation d'un décret rendu en Conseil d'Etat, car un des tableaux qui y
sont annexés (C.. n° II, pour la loi du 29 mars 1897) comprend, parmi
les droits à percevoir, les *taxes perçues à raison des services rendus pour
l'exploitation des ports de mer, des fleuves et rivières navigables ou des canaux, par les départements, les villes, les chambres de commerce, les établissements publics et les particuliers à ce autorisés par des lois et par des décrets
rendus en Conseil d'Etat*. On pourrait se demander si cette disposition
n'annule pas l'exception relative aux débarcadères sur rivières, qu'a
établie le décret de décentralisation. Le même tableau comprend dans
les droits à percevoir *les droits de touage*; ce visa spécial est motivé
par un avis du Conseil d'Etat demandant que la perception de droits
de halage, là où un service *obligatoire* est établi, fût sanctionnée par
une disposition de la loi de finances.

Du moment que nous ne nous occupons ici que de concessions comportant une installation matérielle sur le domaine public, on est en
présence d'un travail public qui entraîne comme conséquence la compétence du conseil de préfecture pour les litiges entre l'Etat et les concessionnaires, et toutes les règles de compétence étudiées dans la première partie de ce tome (p. 354 à 358) sont applicables.

2° Droits d'enregistrement. — Toutes les concessions faites par
l'Etat sont susceptibles de donner lieu a un double droit, basé sur le
montant cumulé des redevances et sur la valeur des travaux devant
lui faire retour en fin de concession. Ces deux droits sont en principal

de 20 centimes par 100 fr. (25 avec les décimes additionnels), en vertu, le premier, de l'art. 1er de la loi du 16 juin 1824 et, le second, de l'art. 19 de la loi du 28 avril 1893, qui a transformé en droit proportionnel le droit gradué sur les marchés de l'Etat. En outre, quand il y a cautionnement, fourni par un tiers, un droit spécial de 10 centimes par cent francs, en principal, est perçu en vertu de l'art. 1er de la loi du 16 juin 1824.

III. Installation d'outillage sur les quais des ports de commerce. — Une circulaire du 19 janvier 1886 a envoyé un cahier des charges type pour les concessions d'outillage à établir sur les quais des ports maritimes de commerce. Il est clair qu'on pourrait y faire de larges emprunts en ce qui concerne les ports fluviaux. Nous ne reproduirons pas intégralement le texte de ce cahier type, mais nous en signalerons les dispositions les plus intéressantes.

1° **Titre Ier. Objet de l'autorisation.** — L'article 1er, qui définit l'objet de l'autorisation en énumérant la composition de l'outillage, désigne les hangars en ces termes : *les hangars pour abriter les marchandises pendant les opérations de reconnaissance sur le terre-plein des quais.* Ce texte indique bien l'objet des hangars en question, alors même qu'ils sont fermés la nuit; ce ne sont point des magasins destinés au dépôt des marchandises, mais de simples abris recouvrant une portion des terre-pleins sans en changer la destination. L'article 23, que nous reproduirons, entre à ce sujet dans des détails très précis. Nous verrons, en traitant des locations, sous le n° IV, qu'on autorise parfois l'établissement de véritables magasins sur les dépendances du domaine public, mais qu'alors une loi est nécessaire si la location est faite pour plus de neuf ans.

L'art. 2, définissant la nature de l'autorisation, vaut d'être reproduit : *L'autorisation ne constitue aucun privilège en faveur du permissionnaire. — L'usage des appareils et des hangars est toujours facultatif pour le public, et il est subordonné aux nécessités du service général du port dont l'administration est seule juge. — Les quais sur lesquels ils sont installés restent affectés à l'usage libre du public, sous l'autorité exclusive de la police du port. — L'administration se réserve le droit d'établir et d'autoriser toute autre personne à employer ou à mettre à la disposition du public tels appareils, engins ou abris qu'elle jugera convenables, sans que le permissionnaire puisse élever aucune réclamation.*

2° **Titre II. Exécution des travaux et entretien.** — L'art. 3 prescrit au permissionnaire *de soumettre au ministre des travaux publics les projets d'exécution ou de modification de tous les ouvrages ou engins à installer :* il spécifie, pour le ministre, *le droit de prescrire les modifications qu'il juge nécessaires pour assurer la liberté et la sécurité des quais ainsi que la conservation des ouvrages du port* et celui d'ordonner *que certaines par-*

ties des hangars soient disposées de manière à être fermées la nuit par mesure de sécurité et que certaines parties couvrent les voies ferrées affectées au stationnement des wagons...

Après avoir imposé au permissionnaire l'obligation d'entretenir en bon état ses ouvrages et engins et leurs abords, l'art. 7 ajoute : *Si l'entretien est négligé sur quelques points par le permissionnaire, il y sera pourvu d'office à la diligence des ingénieurs du port, à la suite d'une mise en demeure adressée par le préfet et restée sans effet. Le montant des avances faites par le service du port sera remboursé par le permissionnaire au moyen de rôles rendus exécutoires par le préfet.*

Les art. 8 et 11 posent le principe de la responsabilité envers les tiers.

L'art. 10 règle la grosse question des pavages : *Le permissionnaire a à sa charge la construction et l'entretien des pavages dans l'intervalle compris entre les rails servant au déplacement des grues mobiles et sur une bande de... de largeur de chaque côté de la voie. — Il en est de même des pavages de la surface couverte par les hangars, à l'exception des parties restant affectées à la circulation ordinaire des voitures. — Avant la mise en service des grues mobiles et des hangars, il sera dressé un procès-verbal contradictoire de reconnaissance des pavages exécutés et à entretenir par le permissionnaire.* Il va de soi que celui-ci devrait entretenir un passage préexistant dans une des zones où il est tenu en principe d'en établir.

L'art. 13 tire les conséquences de la subordination des engins concédés à l'ensemble du port : *Le permissionnaire n'est admis à réclamer aucune indemnité, à raison des dommages que le roulage ordinaire causerait aux voies ferrées et aux autres ouvrages fixes qui ne doivent former aucun obstacle à la circulation publique. — Il ne peut non plus élever contre l'administration aucune réclamation en raison de l'état des chaussées et terrepleins des quais ou de l'influence que cet état exercerait sur l'entretien et le fonctionnement de ses ouvrages, ni en raison du trouble ou des interruptions de service qui résulteraient pour ses divers engins, soit de mesures temporaires d'ordre et de police prises par le service du port, soit de travaux exécutés sur le domaine public, tant par l'administration que par les particuliers régulièrement autorisés, ni en raison d'une cause quelconque résultant du libre usage de la voie publique.*

L'art. 15 place tous les travaux, y compris ceux d'entretien, sous le contrôle des ingénieurs du port ; la mise en service de chaque engin ou abri est autorisée par le préfet, sur le vu d'un procès-verbal de récolement dressé par les ingénieurs.

L'art. 16 est spécial au cas où le permissionnaire est une chambre de commerce. Il est ainsi conçu : *Lorsque le nombre des engins ou l'étendue des hangars ne seront plus suffisants pour les besoins du commerce, la chambre de commerce sera tenue de l'augmenter par l'établissement et la mise en service d'engins supplémentaires de même nature ou de hangars nouveaux dans la mesure reconnue nécessaire à la bonne exploitation du port par les ministres des travaux publics et du commerce... d'accord avec la Chambre de commerce ou, à défaut de cet accord, par un décret rendu en Conseil d'Etat, après enquête, sur le rapport des ministres des travaux publics et du commerce. .*

3º **Titre III. Exploitation.** — Ce terme d'exploitation doit partout être remplacé par celui *d'administration* si le permissionnaire est une chambre de commerce.

Aux termes de l'art. 17, le permissionnaire n'a aucun droit d'intervention dans la police des quais et du port. L'art. 18 prescrit la tenue de registres où sont inscrites les demandes, qui doivent recevoir satisfaction dans l'ordre d'inscription ; les bâtiments de l'Etat jouissent d'ailleurs d'un droit de priorité.

D'après l'article 19, *le permissionnaire est tenu : — Soit de donner ses appareils en location au public, à l'heure ou à la journée, avec la force motrice et les mécaniciens nécessaires pour faire fonctionner les appareils à vapeur et hydrauliques ; — Soit de les employer directement, sur la demande du public, à l'enlèvement des colis ou des mâts.*

L'art. 20 spécifie les obligations des usagers, et l'art. 21 porte que *les engins... donnés en location ne peuvent travailler que sous la surveillance d'un agent du permissionnaire, dont le salaire est compris dans la taxe de location.*

L'usage des hangars, dont nous avons déjà parlé à propos de l'art. 1ᵉʳ, est réglé par l'art. 23 : *Les hangars sont exclusivement affectés à abriter la marchandise immédiatement avant son embarquement, ou après son débarquement. — Ils peuvent être fermés pendant la nuit par mesure de sécurité, mais ils restent ouverts pendant le jour. — Le permissionnaire ne peut s'opposer à la libre circulation du public pendant le jour sous ces hangars. Le sol occupé par eux reste soumis au régime légal de la grande voirie sous réserve seulement de la perception, par le permissionnaire, des taxes établies pour le dépôt et la manutention des marchandises. — Le payement de ces taxes ne donne pas au public le droit de laisser stationner les marchandises sous les hangars ou les navires devant les quais au delà des délais fixés, soit par les règlements généraux de police du port, soit par les arrêtés préfectoraux pris en vertu de l'art. 25 ci-après. — Dans le cas où ces délais seraient dépassés, les officiers de port pourraient prendre les mesures prévues par les règlements généraux de police du port.*

Aux termes de l'art. 24, *le permissionnaire est tenu d'éclairer les hangars pendant la nuit et d'entretenir à ses frais un nombre de gardiens suffisant pour assurer la régularité du service. — Mais la garde et la conservation des marchandises placées sous les hangars ne sont point à sa charge, et aucune responsabilité ne pèse sur lui pour la perte ou le dommage ne résultant pas de son fait ou de celui de ses agents.*

L'art. 25 soumet le permissionnaire aux règlements du port, ainsi qu'aux arrêtés pris par le préfet, après l'avoir entendu, pour régler le stationnement, les mouvements et le fonctionnement de ses engins. *Il est tenu de déplacer momentanément ses engins, loués ou non, toutes les fois qu'il en est requis soit par les officiers de port pour les besoins de l'exploitation du port, soit par les ingénieurs du port, pour les réparations à exécuter aux ouvrages de l'Etat. — Ces déplacements sont ordonnés verbalement aux agents du permissionnaire, qui doivent obtempérer immédiatement aux injonctions des officiers de port et des ingénieurs ; faute de quoi, les dits agents sont personnellement passibles de procès-verbaux de contravention à la police de la grande voirie, et il est procédé d'office à l'exécution des ordres des officiers de port et des ingénieurs, aux frais des contrevenants, sauf recours contre le permissionnaire civilement responsable.*

L'art. 26 prévoit des arrêtés préfectoraux pris, le permissionnaire entendu, pour régler le détail de ses rapports avec les usagers de ses appareils.

Aux termes de l'art. 27, le permissionnaire peut faire commissionner ses agents et gardiens par le préfet ; ils sont alors assimilés aux gardes particuliers et assermentés devant le tribunal de première instance.

L'art. 28 prévoit des sous-traitants agréés par le ministre des travaux publics, mais sous réserve de la responsabilité personnelle du permissionnaire envers l'administration et envers les tiers.

Enfin, l'art. 29 confie aux ingénieurs du port le contrôle de l'exploitation.

4° **Titre IV. Tarifs**. — L'art. 30 pose le principe de la perception de taxes pendant toute la durée de l'autorisation, et l'art. 31 fixe le maximum de ces taxes. Le détail en est laissé en blanc dans le type, mais un nota donne les indications suivantes : « On devra établir des prix différents pour les diverses catégories d'appareils, suivant leur force et leur nature. — Les taxes afférentes au chargement et au déchargement des marchandises seront fixées, d'après le poids réel de ces marchandises, pour 1000 kilogrammes et pourront varier avec le poids des colis. On pourra aussi prévoir la location des appareils à l'heure ou à la demi-journée. — Pour les opérations de mâtage ou de démâtage, on établira, pour chaque opération, un prix variable avec le tonnage brut du navire... — On devra d'ailleurs établir des tarifs différents, correspondant aux diverses périodes de travail, en définissant exactement l'origine et la fin de ces périodes. — Les taxes afférentes à l'occupation des hangars seront établies soit d'après la surface occupée, soit d'après le poids réel des marchandises, soit d'après le nombre de tonneaux d'affrètement que représentent ces marchandises. Ce prix par jour d'occupation croîtra avec la durée du séjour ; il sera le même pour les jours fériés que pour les jours ouvrables ».

Les art. 32 à 35 contiennent des dispositions de détail sur l'application des tarifs. L'art. 36 spécifie que *les taxes ne comprennent aucune assurance contre les incendies ou contre les avaries et aucune garantie contre le vol*, sous réserve de la responsabilité prévue par l'art. 8 à raison du défaut de solidité ou d'entretien desconstructions et engins et de celle qui résulterait des fautes des agents du permissionnaire.

L'art. 37 fixe les règles relatives au recouvrement des taxes. L'art. 38 ajoute : *La perception doit être faite d'une manière égale pour tous, sans aucune faveur. Toute convention contraire à cette clause est nulle de plein droit. — Toutefois cette clause ne s'applique pas aux traités qui pourraient intervenir entre le permissionnaire et l'Etat, dans l'intérêt des services publics de l'Etat. — Il peut, en outre, être établi des abonnements à prix réduits, en faveur des lignes régulières de navigation jouissant d'une place à quai spéciale en vertu d'arrêtés préfectoraux intervenus ou à intervenir. Le tarif de ces abonnements doit être soumis à l'homologation du ministre des travaux publics. Toute réduction de taxe ou tout avantage consenti par abonnement en faveur d'une ligne régulière doit être accordé de droit à toute autre ligne régulière qui se soumet aux mêmes conditions.*

Aux termes de l'art. 39, *le permissionnaire peut, s'il le juge convenable, abaisser les taxes au-dessous des limites déterminées par les tarifs maxima. — Les taxes ainsi abaissées ne peuvent être relevées qu'après un délai de trois mois. — Toute modification des tarifs est portée à la connaissance du public par des affiches placardées au moins quinze jours avant l'époque fixée pour la mise à exécution. — La perception des tarifs modifiés ne peut avoir lieu qu'avec l'homologation du ministre des travaux publics.*

L'art. 40 règle l'affichage permanent des tarifs et l'inscription des recettes.

5° Titre V. Révision des tarifs et affectation des recettes. — Ce titre est exclusivement spécial au cas où le permissionnaire est une chambre de commerce.

L'art. 41 pose le principe que *l'ensemble des comptes et budgets spéciaux mentionnés à l'art. 2 du décret auquel est annexé le présent cahier des charges ne doit être, pour la chambre de commerce, l'objet d'aucun bénéfice et d'aucune perte.* L'art. 2 en question se rédige de la façon suivante : « Les comptes « et budgets relatifs à l'établissement et à l'administration de cet outillage formeront des comptes et des budgets spéciaux.—Ces comptes « et budgets comprendront, en outre, toutes les recettes et dépenses ·« faites par la chambre de commerce à l'occasion des services publics « entretenus ou subventionnés par elle, avec approbation de l'autorité « compétente dans l'intérêt de l'exploitation du port. - Ils seront défini- « tivement approuvés par le ministre du commerce..., conformément « à l'art. 17 du décret du 3 sept. 1851, portant règlement d'adminis- « tration publique sur l'organisation des chambres de commerce, mais « après avis du ministre des travaux publics. — Aucune nature non-

« velle de dépenses n'y pourra figurer que sur avis conforme du mi-
« nistre des travaux publics ».

L'obligation de ne faire ni bénéfice ni perte oblige, dans bien des
cas [1], à reviser les tarifs, et cette révision fait l'objet de l'art. 42 du
cahier des charges. Aux termes de l'art. 43, le produit des taxes est
exclusivement employé, par ordre de priorité, à solder les dépenses
d'administration et d'entretien et celles de remplacement, à *concourir* [2]
à l'amortissement du capital de premier établissement et à constituer
un fonds de réserve qui, entre autres objets, a celui de permettre le
perfectionnement de l'outillage. Jusqu'à l'amortissement complet du
capital, un maximum est imposé, en l'absence d'une autorisation spéciale des deux ministres intéressés, au prélèvement annuel en faveur du
fonds de réserve. Les mêmes ministres fixent un maximum à ce fonds,
et, lorsqu'il est atteint, toutes les ressources disponibles sont affectées
à l'amortissement du capital. Celui-ci amorti, on procède à la révision
des tarifs. Le fonds de réserve ne peut être employé qu'aux besoins
des entreprises figurant aux comptes et budgets et sur autorisation
préalable des deux ministres, excepté dans le cas où il s'agirait de
solder des indemnités allouées judiciairement à raison de faits relatifs
à l'administration de l'outillage.

La chambre de commerce, dit l'art. 44, *doit communiquer aux ingénieurs
du port, dans les six premiers mois de chaque année, le projet du budget
spécial de l'année suivante et le compte spécial des recettes et dépenses d'établissement et d'exploitation de l'année précédente.*

*En cas de retrait de l'autorisation ou de suppression d'ouvrages ordonnée
en exécution de l'art. 51 ci-après*, dit l'art. 45, *il sera pourvu par décret
délibéré en Conseil d'Etat aux moyens de faire face aux charges des emprunts
qui auraient pu être contractés par le permissionnaire.*

Enfin l'art. 46 prévoit des taxes relatives aux services accessoires
non prévus, taxes arrêtées annuellement par le ministre des travaux
publics sur la proposition du permissionnaire.

**6° Titre VI. Durée et retrait de l'autorisation, suppression totale
ou partielle des installations.** — L'art. 47 fixe la durée de l'autorisation. Remarquons à ce sujet que, comme il ne s'agit pas d'une location
faite dans l'intérêt du locataire et dans un but fiscal, mais d'une meil-
leure appropriation du domaine public, l'autorisation n'est pas limitée

---

1. Parfois l'absence de perte est assurée par le concours de l'Etat, qui les
prend à sa charge lorsqu'il s'agit d'un ouvrage établi par lui, tel qu'une forme
de radoub.

2. Cette expression « concourir » s'explique par le fait que l'art. 11 de la loi
du 30 janv. 1893 permet d'autoriser les chambres de commerce à percevoir sur
les navires des péages destinés à assurer le service des emprunts contractés en
vue de subvenir à l'établissement ou à l'amélioration de l'outillage d'exploitation (voir p. 227).

à neuf ans, comme le sont les locations faites sans loi spéciale (voir le n° IV, 2°).

L'art. 48 prévoit le retrait de l'autorisation pour inexécution des obligations imposées, ce retrait étant prononcé par décret rendu en Conseil d'Etat, sur le rapport du ministre des travaux publics et le permissionnaire entendu.

L'art. 49 réglant le retour à l'Etat doit être reproduit intégralement : *Par le seul fait de la notification du décret prononçant le retrait de l'autorisation, ou à l'expiration de la... année et par le seul fait de cette expiration, l'Etat se trouvera subrogé à tous les droits du permissionnaire. Il entrera immédiatement en possession de tous les appareils et de leurs accessoires, ainsi que de tous les ouvrages mobiliers ou immobiliers établis sur le domaine public ou sur le domaine de l'Etat et de toutes les dépendances immobilières. Le permissionnaire sera tenu de lui remettre ces ouvrages en bon état d'entretien. — En ce qui concerne les ustensiles et objets mobiliers qui seraient nécessaires au fonctionnement des appareils, l'Etat sera tenu, si le permissionnaire le requiert, de reprendre tous ces objets sur l'estimation qui en sera faite à dire d'experts* [1]*, et réciproquement, si l'Etat le requiert, le permissionnaire sera tenu de les céder de la même manière. — Les dispositions qui précèdent ne sont applicables qu'au cas où le gouvernement déciderait que les engins et abris doivent être maintenus en totalité ou en partie. — Dans le cas au contraire où le gouvernement déciderait que les engins doivent être supprimés en tout ou en partie, ces engins et abris seront enlevés et les lieux remis dans l'état primitif aux frais du permissionnaire sans qu'il puisse prétendre à aucune indemnité.*

Dans le cas d'interruption des services, le ministre des travaux publics prend, aux frais et risques du permissionnaire, en vertu de l'art. 50, les mesures nécessaires pour les assurer provisoirement.

L'art. 51 prévoit une mesure fort dure : *Dans le cas où, à une époque quelconque, il serait reconnu nécessaire, dans l'intérêt public, de supprimer, soit momentanément, soit définitivement, une partie ou la totalité de ses installations, le permissionnaire devra à la première réquisition de l'administration supérieure, évacuer les lieux et les remettre dans leur état primitif. — Faute par lui de se conformer à cette obligation dans un délai de... mois à dater de la réquisition, il sera procédé d'office et à ses frais à l'exécution des travaux nécessaires. — Cette suppression ne donnera lieu à aucune indemnité. Elle ne pourra être prononcée que dans les formes suivies pour la présente autorisation, à moins qu'elle ne résulte d'un projet d'amélioration du port, déclaré d'utilité publique par un décret ou par une loi.*

Nous avons vu les dispositions prévues par l'art. 45 pour permettre aux chambres de commerce de faire face aux difficultés résultant de

---

1. Cette clause ne saurait constituer un compromis supprimant la compétence du conseil de préfecture, à laquelle il ne saurait être dérogé que par une loi (voir tome II, 1re part., p. 355).

l'application de l'art. 51. L'art. 52 spécifie qu'une simple invitation du préfet, prononcée sur l'avis de l'ingénieur en chef, suffit pour obliger le permissionnaire à déplacer les ouvrages fixes qui peuvent être réinstallés, ainsi que les engins roulants ou flottants qu'il serait reconnu utile d'exclure d'un quai ou d'un bassin déterminé.

7° **Titre VII. Clauses diverses.** — L'art. 53 règle les questions de bureau et d'élection de domicile. L'art. 54 oblige le permissionnaire à laisser les propriétaires d'autres grues *user des voies ferrées qu'il aura installées, sous la condition de contribuer, dans une juste mesure, aux frais d'établissement et d'entretien desdites voies.* Le ministre des travaux publics statue sur les difficultés. Dans le cas où il s'agit d'un outillage hydraulique, l'art. 55 oblige le permissionnaire à livrer de l'eau sous pression à l'administration au prix moyen de revient pendant l'année.

L'art. 56 impose le paiement d'une redevance annuelle pour l'occupation des terrains du domaine public, cette redevance n'étant que d'un franc pour les chambres de commerce ; dans les autres cas, son montant est arrêté suivant les règles que nous étudierons à l'occasion des occupations temporaires du domaine public. Ce montant, révisable tous les cinq ans, est exigible en général à partir du décret d'autorisation, mais seulement du 1er janvier suivant s'il s'agit d'une chambre de commerce.

L'art. 57 met à la charge du permissionnaire les frais d'impression et d'enregistrement. Nous avons vu (p. 263) quels sont ces derniers. Le tirage du cahier type fait en 1892 ajoute d'une façon générale aux frais précédents les impôts afférents à l'autorisation.

8° **Question des engins flottants.** — Ainsi que nous l'avons vu, l'art. 52 du cahier des charges type fait allusion à des engins flottants. Il en est cependant qui, à raison de leur mobilité, ne paraissent pas devoir faire l'objet d'une concession ni même d'une simple permission d'occupation temporaire. Tel est le cas des grues flottantes. La question a été discutée à propos d'engins de cette nature qui avaient été autorisés au port de Dunkerque comme appareils purement privés, en même temps que des grues roulantes. Leurs propriétaires ayant demandé l'autorisation de les mettre à la disposition du public, il fut reconnu par une décision ministérielle du 8 janv. 1889 que, s'il y avait lieu de prendre un décret après enquête à l'égard des grues roulantes, aucune autorisation n'était nécessaire à l'égard des grues flottantes, à l'égard desquelles les pétitionnaires ne devaient être soumis qu'aux règlements généraux du port de Dunkerque et à ceux qui concernent les appareils à vapeur. La discussion du Conseil général des ponts et chaussées qui a précédé cette décision, dans la séance du 24 déc. 1888, est intéressante et doit être résumée. Un membre rappela une décision ministérielle du 13 janv. 1876, conforme à l'avis du Conseil général et relative à une grue devant être mise en service au port de Boulogne. Cette décision portait :

« Une grue à vapeur établie sur un ponton que sa mobilité permet de transporter n'importe sur quel point dans un port ou dans un bassin est un engin d'une incontestable utilité. N'occupant d'une manière permanente aucune partie du domaine public, il ne paraît pouvoir être astreint, eu ce qui concerne la navigation, qu'aux dispositions générales du règlement de police du port, et en ce qui concerne les appareils à vapeur qu'aux règlements qui régissent ce genre de machines, quand elles ne sont pas employées à terre. — Des pontons semblables fonctionnent dans le port de Rouen et n'y sont assujettis à aucune réglementation spéciale [1]. Il ne paraît exister aucun motif pour que, quant à présent au moins, il en soit autrement à Boulogne. — En résumé, le Conseil général des ponts et chaussées a été d'avis que le sieur Duhamel ne réclamant aucun privilège n'avait besoin d'aucune autorisation pour exercer son industrie au moyen d'une grue à vapeur placée sur un ponton, et ne pouvait que rester soumis aux règlements généraux qui régissent respectivement les machines à vapeur et le port de Boulogne ».

Certains membres du Conseil pensèrent qu'il y aurait des inconvénients à n'assujettir les grues flottantes à aucune réglementation, par assimilation aux bâtiments de servitude et aux remorqueurs ; il leur semblait que le nombre de ces engins pouvait devenir gênant, et ils ajoutaient qu'il est dangereux de laisser mettre à la disposition du public des instruments pour lesquels aucun tarif ne serait fixé et qui viendraient faire concurrence aux grues établies à terre. Le Conseil ne pensa pas devoir s'arrêter à ces objections ; mais il résulte de la discussion qu'il pourrait y avoir ultérieurement des mesures à prendre dans le cas où la multiplication des bâtiments de servitude de toute sorte viendrait à nuire à la navigation. Nous pensons en effet qu'on ne saurait admettre qu'un port soit encombré par des installations mobiles sans doute, mais qui, y séjournant constamment, ne sauraient être assimilées aux navires et bateaux ordinaires. Une disposition spéciale à leur égard pourrait donc être introduite dans le règlement d'un port ; mais, en principe, la liberté doit être reconnue tant qu'une disposition réglementaire spéciale ne vient pas la restreindre.

Il convient de remarquer que ces règles générales subiraient une exception dans le cas où, en exécution de l'art. 11 de la loi du 30 janv. 1893 sur la marine marchande (p. 227), un droit de péage aurait été établi pour assurer le service d'un emprunt pour l'acquisition de l'outillage. Dans ce cas, le péage doit être justifié par un intérêt public qui ne serait pas sauvegardé en l'absence d'un tarif maximum ; il en est souvent ainsi, spécialement lorsqu'une chambre de commerce veut établir un service de remorquage.

---

1. Il en a été de même, dans ce port, d'un élévateur à grains flottant qui appartenait à une société privée.

IV. Locations de plages. — Nous avons vu (p. 204) que
l'art. 2 de la loi du 20 déc. 1872 prévoit explicitement la location des
plages dépendant du domaine public maritime ; les locations ainsi
faites s'étendent d'ailleurs presque toujours en même temps sur des
terrains dépendant du domaine privé de l'Etat, et nous verrons d'autre
part que certaines réserves insérées dans les actes de location n'ont de
raison d'être qu'en ce qui concerne la portion des terrains comprise
dans le domaine public[1]. Nous étudierons d'abord les conditions énoncées dans ces actes, puis les formes dans lesquelles ils interviennent ;
nous dirons enfin quelques mots sur une difficulté spéciale et sur les
questions de compétence.

1° Cahier des charges. — M. de Récy donne le texte d'un cahier
des charges type qu'il dit avoir été adopté par l'administration des
domaines, mais qui ne paraît pas avoir été appliqué d'une façon générale, car il existe, dans plusieurs départements, des cahiers des charges
généraux plus ou moins différents du texte en question, dont nous
rapprocherons plus d'une fois les dispositions correspondantes du cahier des charges adopté dans la Seine-Inférieure en vertu d'un arrêté
préfectoral du 28 déc. 1878, pris après accord entre les ministres des
finances et des travaux publics. Dans tout ce qui suit, les caractères
italiques désignent le texte emprunté à M. de Récy.

*Art. 1ᵉʳ. — L'adjudication sera faite au plus offrant et dernier enchéris-
seur et à l'extinction des feux. Elle ne sera prononcée qu'autant qu'il aura
été porté sur le montant de la mise à prix au moins une enchère, et que deux
bougies se seront éteintes successivement sur une même enchère. La mise à
prix annoncée ne pourra pas être abaissée séance tenante. En cas de difficultés
relativement aux enchères, le président de l'adjudication décidera.*

Cet article se rattache en fait au n° 2, sous lequel nous en reparlerons, ne le reproduisant ici que pour ne pas scinder le texte du cahier
des charges.

*Art. 2. — L'adjudicataire sera tenu de fournir, à la clôture du procès-
verbal, une caution bonne et valable ; à défaut par lui de remplir cette condition, il sera procédé à une nouvelle adjudication à sa folle enchère.*

Art. 3. — Les enchères seront au moins de...

*Art. 4. — La location comprend : 1° le droit de placer, pendant la saison
des bains, c'est-à-dire depuis le 1ᵉʳ juin jusqu'au 15 octobre, et sur les par-*

---

1. Ainsi que nous l'avons dit (p. 264), on procède également à des locations
de terre-pleins dépendant du domaine public maritime en vue de l'établissement
de magasins. On emploie bien alors l'expression de « concession » ; mais,
comme on a recours à une loi si la durée doit être supérieure à neuf ans, il s'a-
git bien d'une location (voir la loi du 29 juill. 1887, relative aux Magasins généraux de Dieppe ; il y est parlé, à la vérité, d'un terrain domanial, mais ce terrain a été compris dans le domaine public par un arrêté de délimitation, un peu
postérieur devons-nous ajouter).

ties de plages désignées sur les plans annexés et en vertu de l'autorisation con-
tenue dans les arrêtés préfectoraux, des tentes, cabanes, chemins en planches,
mâts et poteaux indicateurs destinés à l'exploitation des bains de mer à la
lame ; 2° le droit de percevoir les redevances auxquelles donneront lieu :
a. les permissions de dépôt de cabines accordées à des tiers, sur les mêmes par-
ties de la plage conformément à l'art. 7 qui suit ; b. la location des sièges aux
particuliers. — L'Etat conserve la faculté d'autoriser toutes les occupations
ayant une autre destination, notamment les kiosques pour la vente des livres,
des journaux, de la pâtisserie etc., et d'encaisser les redevances auxquelles
ces occupations pourront être assujetties.

. Ce dernier paragraphe est entièrement absent du type adopté dans
la Seine-Inférieure ; il semble d'ailleurs ne pouvoir être appliqué dans
les cas fort nombreux où la location comprend le droit d'exploiter un
casino.

Art. 5. — L'adjudicataire ni ses ayants-cause ne pourront élever sur la
plage aucune construction ni aucun ouvrage fixe ou permanent. Les mâts et
les poteaux indicateurs seront combinés et disposés de façon à ne pas induire
les navigateurs en erreur et à ne pas constituer un danger pour les bateaux
qui viennent s'échouer sur la plage. Les emplacements désignés pour les bains
devront être clos, perpendiculairement au rivage, par des cordes tendues à
marée haute et détendues à marée basse, sans pouvoir prolonger ces cordes plus
loin que la laisse des hautes mers de vives eaux ordinaires. L'adjudicataire
devra, le cas échéant, obtempérer immédiatement aux injonctions qui pour-
raient lui être faites à ce sujet par les services compétents. Le parcours des
plages louées, encloses ou non, sera toujours laissé libre, de jour comme de
nuit, aux agents des services publics, notamment des douanes et de la ma-
rine. Les adjudicataires auront le droit de constituer un garde assermenté
accepté par le préfet, pour assurer l'exécution des règlements actuels et à ve-
nir, en vue de la police de la plage.

Le cahier type de la Seine-Inférieure est beaucoup plus large sur la
question des travaux pouvant être exécutés. Son art. 2 porte en effet :
« Les concessionnaires ou leurs ayants-cause ne pourront, sauf auto-
« risation spéciale, élever sur la plage aucune construction, ni aucun
« ouvrage permanent, ni travaux d'aucune sorte *en contre-bas des plus*
« *grandes marées.* Les travaux exécutés au dessus de ce niveau ne de-
« vront apporter aucune modification au relief naturel des plages ».
Le même cahier ne fait pas mention des cordes devant limiter les emplacements affectés aux bains, sans doute parce que les plages de la
Seine-Inférieure présentent des épis en charpente défensifs, qui four-
nissent toujours des lignes de démarcation bien visibles. Dans le cas
où des terrains doivent être clos et des bâtiments y être édifiés, il est
d'usage, dans ce département, de stipuler que pour l'exercice des droits
de surveillance qui leur incombent, les agents des domaines et des
ponts et chaussées pourront y circuler pendant les heures où ils seront ouverts au public.

Art. 6. — Cette location ne privera pas les particuliers du droit commun de pêcher, d'échouer et de réparer les chaloupes et bâtiments, de se promener, de pratiquer la grève comme voie de communication, ni même de prendre ou de donner des bains, en se soumettant aux mesures qui auraient été arrêtées pour assurer l'administration, la surveillance et la police des bains. Ils ne seront tenus de payer une rétribution à l'adjudicataire qu'autant qu'ils se serviront des cabanes ou autre matériel lui appartenant.

Cet article a une grande importance et sa rédaction a été inspirée par des arrêts du Conseil d'Etat et de la Cour de cassation. Le dernier paragraphe ne se trouvant pas dans un bail intervenu entre l'Etat et la commune de Trouville, le maire avait cru pouvoir imposer le paiement d'une redevance aux baigneurs ne faisant pas usage des cabanes de l'établissement ; mais le Conseil d'Etat annula son arrêté, comme contraire au principe que, les rivages de la mer faisant partie du domaine public, « tout le monde a le droit d'y accéder librement » (19 mai 1858, Vernes). Postérieurement et en vertu du même principe, il a annulé un acte de location à la commune de Boulogne-sur-Mer, parce que cet acte avait « pour but de donner à la ville le droit de faire circuler et stationner sur la plage des voitures à l'usage des baigneurs, en excluant toute concurrence » ; l'arrêt constate d'ailleurs que l'usage établi à Boulogne est de donner les bains avec les voitures circulant sur la plage (30 avril 1863, Bourgois). Enfin la Cour de cassation a confirmé un arrêt de la Cour de Caen annulant un bail passé entre l'Etat et la commune de Langrune, qui concédait à celle-ci le droit exclusif d'avoir des cabanes à l'usage des baigneurs (7 juill. 1869, commune de Langrune). Nous allons voir, dans l'article suivant, la réglementation de cette question des cabanes.

Art. 7. — Tout particulier ou établissement privé aura la faculté de placer sur les parties de la plage affermées des cabanes, tentes ou guérites à l'usage des bains, en tel nombre qu'il jugera convenable, et sur les emplacements qui seront désignés par l'adjudicataire, mais à la charge de se conformer aux règlements de police qui auront pu être faits par l'autorité compétente, et de payer pour chacune, à l'adjudicataire, la rétribution déterminée par ce dernier et qui ne pourra excéder le maximum fixé ci-après [1]. En cas de difficultés entre l'adjudicataire et les particuliers, soit pour la désignation des emplacements à occuper, soit pour tout autre motif, il devra en être référé à M. le préfet, qui statuera d'une manière définitive. En ce qui concerne les sièges, le droit de l'adjudicataire est expressément restreint aux sièges fournis par lui; il ne pourra, en aucun cas, exiger des redevances pour les sièges mobiles que les promeneurs apportent en vue de leur usage personnel, non plus

____

1. On ne voit pas, dans le texte donné par M. de Récy, où est fixé ce maximum ; dans le cahier de la Seine-Inférieure, l'art. 13 fixe ce maximum à 15 fr. par mètre carré de plancher et par saison de bains.

que pour les abris mobiles contre le soleil, enlevés chaque soir, ni pour les voitures d'enfants et de malades circulant ou stationnant sur la plage.

La partie de cet article consacrée aux cabanes répond directement aux exigences de la Cour de cassation, dans son arrêt du 7 juill. 1869, mentionné à propos de l'article précédent ; mais il nous semble que, interprétée strictement, elle conduirait à des conséquences inadmissibles, puisque tout particulier ou tout établissement aurait, en fait, le droit d'accaparer toute la plage. C'est donc avec beaucoup de raison, selon nous, que le cahier type de la Seine-Inférieure spécifie que les cabanes en question sont consacrées à l'usage personnel de leurs propriétaires et qu'elles ne peuvent occuper qu'une portion déterminée de la plage : « Toutefois », ajoute l'art. 4 de ce cahier, « cette faculté « ne pourra s'exercer que sur les parties des plages déterminées « d'avance par le cahier des charges ou l'arrêté de concession, en « raison de l'étendue et de la configuration des plages et des circons- « tances locales. — La faculté dont il s'agit ne pourra être revendi- « quée d'ailleurs que par des particuliers pour leur usage personnel, « celui de leur famille ou de leurs domestiques. — Dans le cas où l'es- « pace disponible ne permettrait pas d'accueillir toutes les demandes, « celles qui seraient restées sans effet immédiat, seraient inscrites, par « ordre de dates, pour recevoir satisfaction au fur et à mesure des « vacances qui viendraient à se produire. » ·

Art. 8. — Dans le cas où des travaux seraient jugés utiles ou ordonnés, soit dans l'intérêt de la navigation, soit pour la défense de la côte ou pour tout autre motif d'utilité publique, dont l'administration sera seule juge, non seulement l'adjudicataire ne pourra y mettre obstacle, mais encore il ne pourra, à raison de l'exécution de ces travaux, réclamer aucune indemnité de non jouissance, ni aucune réduction de prix du bail. Il en serait de même si une partie du terrain loué devait être occupée par suite d'une opération de sauvetage.

Art. 9. — L'adjudicataire prend l'obligation de se procurer en temps utile et de conserver en bon état tout le matériel nécessaire à la bonne exploitation des bains et des services accessoires qui font l'objet de la location. Un canot de sauvetage sera, par les soins de l'adjudicataire, tenu constamment à la mer pendant la durée des bains. Le service de l'exploitation sera tenu, en outre, d'avoir sur la plage tout ce qui peut être utile pour secourir les personnes en danger et, entre autres objets, des bouées de sauvetage, une boîte de secours, un appareil fumigatoire, des couvertures de laine, un brancard, le tout en bon état. Les adjudicataires devront se servir d'appareils fumivores pour le chauffage de l'eau, afin de ne pas incommoder les riverains.

Art. 10. — Il ne pourra, dans l'étendue de la plage affermée, être enlevé par l'adjudicataire, du sable, du gravier, des pierres ou de l'eau de mer, sans autorisation préalable, donnée dans la forme ordinaire. Le fait de la location ne fera pas obstacle à ce que des autorisations de cette nature soient données à des tiers.

L'usage par l'Etat de la faculté qui lui est ainsi réservée dégénérerait facilement en abus de sa part ; mais nous avons vu (p. 247) que le type d'arrêté réglementant les extractions dispose, en son art. 16, que, à moins de circonstances exceptionnelles, aucune extraction n'est autorisée pendant la saison balnéaire, sur les parties de plages affectées aux bains.

Art. 11. — La présente location est consentie pour 3, 6 ou 9 années qui commenceront le..... Elle sera en tout temps révocable à la volonté de l'administration et sans qu'il y ait lieu à aucune indemnité au profit de l'adjudicataire. Seulement, dans ce cas, le prix de la location cessera d'être dû à partir de la cessation effective de l'occupation. Si l'adjudicataire désire cesser la jouissance à l'expiration de l'une des deux premières périodes, il devra notifier son intention au moins six mois à l'avance.

La durée de neuf ans, comme nous le verrons sous le n° 2, est un maximum au-delà duquel on ne peut aller sans faire intervenir une loi.

Art. 12. — A l'expiration de chaque saison, l'adjudicataire et les permissionnaires devront enlever les cabanes déposées sur la plage ; ils combleront les creux, nivelleront le sol et mettront le terrain en bon état. L'adjudicataire pourra être autorisé à remiser son matériel sur la plage, dans l'endroit qui sera désigné par le service des ponts et chaussées.

Art. 13. — L'adjudicataire ne pourra substituer un tiers aux droits et obligations résultant du présent, sans une autorisation spéciale des domaines.

Art. 14. — Le prix de la location sera versé, en un seul terme, le 1ᵉʳ septembre de chaque année, dans la caisse du receveur des domaines du lieu de la situation.

Aux termes de l'art. 11 du cahier type de la Seine-Inférieure, le versement a lieu d'avance le 1ᵉʳ janvier ; mais, si le prix dépasse 20 fr., il est divisé en deux fractions semestrielles égales.

Art. 15. — Conformément à l'art. 19, titre II, de la loi des 28 oct.-5 nov. 1790, l'adjudicataire ne pourra prétendre à aucune indemnité ou diminution du prix de son bail en aucun cas, même pour les cas fortuits.

Cette clause draconienne est un peu adoucie dans le cahier de la Seine-Inférieure, dont l'art. 1ᵉʳ porte que « les concessionnaires ne « pourront prétendre à une réduction de redevance que si la mer faisait disparaître définitivement les deux tiers au moins *en longueur* des « parcelles concédées ».

Art. 16. — L'adjudicataire paiera comptant, sans diminution de son prix, entre les mains du receveur des domaines, les droits de timbre, tant de la minute et des annexes que des expéditions à remettre à qui de droit, ainsi que les droits d'enregistrement de la minute. Il paiera également comptant les frais d'affiche et de publication, selon le règlement qui en sera fait par le magistrat présidant l'adjudication.

Nous avons vu (p. 233) quels sont les droits d'enregistrement.

On stipule d'ailleurs souvent que « tous les impôts afférents à l'emplacement concédé, y compris l'impôt foncier, seront à la charge des concessionnaires ».

Notons enfin, pour le cas où des travaux doivent être exécutés par les concessionnaires, l'insertion d'une clause de retour, telle que la suivante : « A l'expiration des 25 années de location, en cas de résilia-« tion du bail ou en cas de déchéance dûment prononcée, les ouvrages « de défense établis par l'association syndicale sur les terrains loués « resteront sans indemnité la propriété de l'Etat, s'il n'aime mieux en « exiger la démolition aux frais de l'association ; il en sera de même, « mais seulement à l'expiration des 25 années de location, pour les « constructions édifiées sur lesdits terrains et pour tout ce qui y sera « attaché à perpétuelle demeure » (art. 3 du cahier des charges relatif à la plage de Puys, loi du 25 juill. 1894).

2º **Formes des locations.** — La location des plages constitue une dérogation aux formes généralement suivies à l'égard du domaine public, lequel comporte plutôt des occupations temporaires que des locations proprement dites. La raison paraît en être que, le plus souvent, la location s'applique beaucoup plus à des terrains domaniaux voisins du rivage qu'à celui-ci lui-même, qui ne constitue qu'un accessoire des terrains loués. On fait donc application de la loi des 23-28 oct. 5 nov. 1790, dont nous allons reproduire les principales dispositions sur ce sujet, dispositions contenues dans le titre II.

Art. 13. — Les baux seront annoncés un mois d'avance par des publications, de dimanche en dimanche, à la porte des églises paroissiales de la situation et de celles des principales églises les plus voisines, à l'issue de la messe de paroisse, et par des affiches, de quinzaine en quinzaine, aux lieux accoutumés. L'adjudication sera indiquée à un jour de marché, avec le lieu et l'heure où elle se fera. Il y sera procédé publiquement par devant le directoire du district, à la chaleur des enchères, sauf à la remettre à un autre jour s'il y a lieu.

Nous avons reproduit (p. 273) l'art. 1er du cahier des charges type, faisant application de ces dispositions. L'adjudication est présidée par le sous-préfet.

Le principe de l'adjudication n'est pas absolu, et les décrets de décentralisation ont rangé parmi les objets sur lesquels statuent les préfets, en conseil de préfecture, sur la proposition des chefs de service, la « location amiable, après estimation contradictoire de la valeur « locative des biens de l'Etat, lorsque le prix annuel n'excède pas « 50 fr. ». Au-delà, l'approbation du ministre des finances est nécessaire.

Art. 14. — Le ministère des notaires ne sera nullement nécessaire pour la passation desdits baux, ni pour tous les autres actes d'administration ; ces actes, ainsi que les baux, seront sujets au contrôle, et ils emporteront hypothèque et exécution parée. La minute sera signée par les parties qui sauront signer et par les membres présents du directoire, ainsi que par le secrétaire qui signera seul l'expédition.

La clause relative à l'hypothèque ne saurait s'appliquer au domaine public ; en ce qui concerne le domaine privé, M. Ducrocq estime que l'hypothèque n'est pas légale, mais simplement conventionnelle et qu'elle doit être stipulée (II. 209).

Art. 15. — Les baux des droits incorporels seront passés pour neuf années ; ceux des autres biens seront passés pour trois, six ou neuf années.

Cette disposition fixant un maximum de neuf ans pour les locations de biens domaniaux, une loi est nécessaire pour toute location plus prolongée.

Nous avons étudié, à propos de l'art. 16 du cahier des charges type, les formalités de timbre et d'enregistrement (p. 277).

3º Cas de vente de terrains domaniaux riverains. — Nous croyons devoir dire ici quelques mots d'une difficulté qui s'est élevée entre l'Etat et l'acquéreur de terrains domaniaux voisins d'une plage, parce qu'elle paraît pouvoir se présenter en d'autres points. Le cahier des charges servant de base à l'adjudication de terrains domaniaux joignant la plage de Pourville portait : « La zone des terrains situés en avant des lots à vendre devra rester complètement libre pour le service de l'administration des ponts et chaussées et pour les usages publics auxquels elle est destinée. » L'administration, considérant cette clause comme inscrite en sa seule faveur, prétendit mettre ladite zone en location ; mais, appelé à l'interpréter à la suite d'une décision sur conflit (1er mai 1875, Tarbé des Sablons), le conseil de préfecture de la Seine-Inférieure déclara que, par cette clause, l'Etat s'était interdit d'amodier les parties de plage situées au droit des terrains vendus. L'administration soutint en appel que la clause susdite ne pouvait profiter qu'à elle seule et que, interprétée autrement, elle serait nulle de droit, comme établissant une servitude sur une dépendance du domaine public. A cela le Conseil d'Etat répondit, dans un arrêt du 7 fév. 1879, que, en fait, il s'agissait d'une clause additionnelle, ajoutée après une tentative infructueuse dont l'insuccès était dû à l'intention attribuée aux domaines de louer la zone litigieuse à des particuliers et, en droit, que les terrains en question étaient distincts de la plage, dépendance du domaine public ; en conséquence, il confirma la décision du conseil de préfecture. Depuis lors, l'Etat a loué aux acheteurs de l'acquéreur primitif les portions de lais de mer comprises entre leurs terrains et le rivage proprement dit.

4º Questions de compétence. — Conformément aux principes généraux exposés p. 207, les difficultés qui peuvent s'élever entre les locataires des plages et l'administration relèvent des tribunaux ordinaires, quand il ne s'agit pas de questions spécialement réservées à l'autorité administrative, telles que sont, par exemple, les contraventions de grande voirie. Mais deux arrêts que nous avons cités (p. 275), l'un du Conseil d'Etat (30 avril 1863, Bourgois), l'autre de la Cour de cassation (7 juill. 1869, comm. de Langrune), ont annulé des actes de location sur le recours de tiers lésés dans leurs droits, en sorte que l'on peut se demander si les demandes de ce genre doivent être soumises au Conseil d'Etat ou aux tribunaux ordinaires. Nous n'hésitons pas à nous prononcer dans ce dernier sens, et il semble que l'administration a adopté cette manière de voir, car, dans l'affaire Tarbé des Sablons, qui a donné lieu à la décision sur conflit du 1er mai 1875, elle a reconnu à l'autorité judiciaire le droit de statuer sur une opposition à une adjudication projetée, se bornant à revendiquer l'interprétation d'un acte de vente nationale.

V. Bacs et passages d'eau. — 1° Etablissement. — 1. PRINCIPES GÉNÉRAUX. — L'art. 15, 2°, des lettres patentes du 28 mars 1790 exceptait de l'abolition des droits féodaux ceux de bac et de voiture d'eau ; mais l'art. 7 de la loi du 25 août 1792 mit fin à cette exception, et l'art. 9 ajouta : *Il sera libre à tous citoyens de tenir sur les rivières et canaux des bacs, coches ou voitures d'eau, sous les loyers et rétributions qui seront fixés et tarifés par les directoires de département.* Cet état de choses prit fin à son tour en vertu de la loi du 6 frimaire an VII, dont l'art. 1er abroge toutes les dispositions antérieures.

Cette loi pose d'une façon un peu implicite, mais parfaitement claire, le principe que tous les bacs établis sur les fleuves, rivières ou canaux navigables doivent être concédés par l'Etat ; mais elle ne règle que le rachat des passages d'eau existants, sans s'occuper de l'établissement de nouveaux passages. La première loi qui fasse allusion à ce dernier est celle du 14 floréal an X, dont l'art. 9 porte : *Le gouvernement, pendant la durée de dix années, déterminera, pour chaque département, le nombre et la situation des bacs ou bateaux de passage établis ou à établir sur les fleuves, rivières ou canaux.* Ce droit est prorogé chaque année par la loi de finances (voir l'état C annexé à la loi du 29 mars 1897).

Ces textes ne visent pas les rivières non navigables, bien que le caractère de navigabilité ne soit pas énoncé dans le dernier. Néanmoins la jurisprudence en a étendu l'application auxdites rivières : la Cour de cassation considère que la loi de l'an X a prononcé cette extension (27 janv. 1876, Pradès), et M. Aucoc cite à ce sujet des avis du comité des finances du Conseil d'Etat des 3 oct. 1817, 3 août 1819, 2 avril et 16 déc. 1829 et des arrêts des 29 sept. 1810 (Ledoux), 11 août 1824 (comm. de Langeac) et 11 fév. 1836 (de Chevreuse) [1]. L'avis du 16 déc.

-----

1. Ce dernier arrêt est assez intéressant, car il a sanctionné la prise de possession d'un bac établi pour passer le public dans une île appartenant à un particulier.

1829 s'appuie sur ce que, si un bac aboutit à un chemin public, il en est une dépendance et ne peut, comme tel, appartenir à un particulier, mais ne peut non plus être la propriété d'une commune, à la discrétion de laquelle se trouveraient les habitants des communes voisines, fréquentant ledit chemin.

Une autre extension, plus difficile peut-être à justifier doctrinalement, est celle qui a été faite, dans la pratique, aux bacs établis dans les dépendances des ports maritimes. Il en existe un à Dieppe (décret du 10 avril 1889), et le ministre de la marine a émis un avis favorable à l'établissement et à l'affermage d'un bac au Tréport, bien que nous eussions signalé l'objection (dépêche du ministre des travaux publics du 24 juin 1897).

Depuis la loi départementale du 10 août 1871, l'Etat a perdu le monopole des bacs, car l'art. 46, n° 13, de cette loi comprend, parmi les objets sur lesquels le Conseil général statue définitivement, *l'établissement et l'entretien des bacs et passages d'eau sur les routes et chemins à la charge du département*. Le ministre des travaux publics a donné le commentaire suivant de ces expressions, dans une circulaire du 14 oct. 1871 : « On peut à la rigueur dire que dans cette catégorie sont com- « pris non-seulement les routes départementales, mais encore les che- « mins de grande communication à la dépense desquels les dépar- « tements contribuent pour une forte part ; mais, pour les chemins « d'intérêt commun et pour les chemins vicinaux ordinaires, on ne « peut les considérer comme étant à la charge du département, et en « conséquence les bacs et passages d'eau sur ces chemins restent sou- « mis aux dispositions de la loi de frimaire an VII. »

Dans le cas où un passage d'eau relie une route ou un chemin qui est à la charge du département à une autre voie de communication, le Conseil général des ponts et chaussées a émis, le 7 déc. 1872, l'avis qu'« il doit être considéré comme la continuation et la dépendance de « la voie de communication de l'ordre le plus élevé qui y aboutit », mais, en l'absence d'une consécration de ce principe, M. Aucoc pense que ce passage relève à la fois de l'Etat et du département et doit donner lieu à un accord entre eux (III, 70). Nous devons ajouter que cet avis du Conseil général a été suivi dans la pratique administrative.

Lorsqu'un passage dessert un chemin parallèle à la rivière, il ne saurait en être considéré comme la continuation et la dépendance, et, par suite, un bac reliant dans ces conditions deux voies départementales rentre dans la catégorie des bacs administrés par l'Etat.

Il convient de remarquer que le monopole de l'Etat et des départements ne s'étend qu'aux bacs publics, ainsi qu'il résulte de l'art. 8 de la loi du 6 frimaire an VII : *Ne sont pas compris dans les dispositions des articles précédents les bacs et bateaux non employés à un passage commun, mais établis pour le seul usage d'un particulier ou pour l'exploitation d'une pro-*

*priété circonscrite par les eaux. — Ils ne pourront toutefois être maintenus,
il ne pourra même en être établi de nouveaux, qu'après avoir fait vérifier
leur destination et fait constater qu'ils ne peuvent nuire à la navigation ; et,
à cet effet, les propriétaires ou détenteurs desdits bacs et bateaux, établis ou à
établir, s'adresseront aux administrations centrales, qui, sur l'avis de l'administration municipale, pourront en autoriser provisoirement la conservation
ou l'établissement, qui toutefois devra être confirmé par le Directoire exécutif,
sur la demande qui lui en sera faite par l'administration centrale.*

Cette dernière formalité a été supprimée, car le tableau D, n° 12,
annexé aux décrets de décentralisation, comprend l'autorisation et
l'établissement des bateaux particuliers parmi les objets sur lesquels
les préfets statuent sans autorisation, sur l'avis ou la proposition des
ingénieurs en chef.

Le principe de la nécessité d'une autorisation est confirmé par la
jurisprudence (C. E., 11 fév. 1836, de Chevreuse); mais celle-ci se
montre assez large : c'est ainsi qu'un avis du comité des finances du
Conseil d'Etat, en date du 29 janv. 1847, a reconnu qu'il y a lieu d'autoriser le bateau d'un moulin ne devant être « employé qu'à passer
les personnes de la rive gauche qui viennent moudre au moulin, ainsi
que les chevaux, mulets et ânes qui portent la farine ». Statuant au
contentieux, le Conseil d'Etat avait déjà admis qu'un entrepreneur de
travaux publics peut obtenir l'autorisation de faire passer lui-même
ses ouvriers et ses matériaux (7 fév. 1834, Bijon-Toncin ; 25 sept. 34,
bac du Pouzin), et à plus forte raison que l'administration peut transporter son personnel (5 déc. 1837, Robin).

2. FORMALITÉS. — La circulaire du 31 août 1852 a donné des
instructions sur les formalités qui doivent précéder l'établissement
d'un passage d'eau. Au sujet de la production des projets, cette circulaire s'exprime ainsi : « Le projet de tarif sera accompagné d'un
« cahier des charges destiné à la mise en ferme du passage, d'un plan
« général indiquant l'emplacement général du nouveau bac, ainsi que
« les voies de communication qu'il doit relier entre elles et d'un rap-
« port de MM. les ingénieurs contenant leurs propositions pour l'éta-
« blissement du travail projeté ». La circulaire prévoyait en outre la
production éventuelle du projet du matériel à fournir par l'Etat ; mais
nous verrons que la circulaire du 6 fév. 1891 a décidé que le matériel
appartiendrait désormais toujours au fermier. Toutefois, cette décision
ne s'applique naturellement pas aux passages départementaux. Nous
étudierons spécialement les projets de tarifs et de cahiers des charges
sous les n°s 2° et 3°.

L'instruction prévue était fort simple : « Les conseils municipaux
« des communes intéressées », disait la circ. de 1852, « le sous-préfet
« de l'arrondissement et le directeur des contributions indirectes du
« département devront être consultés sur l'utilité du passage aussi

« bien que sur le projet de tarif ». Une circulaire du 20 avril 1890 a
prescrit de compléter cette instruction par l'ouverture d'une enquête
de commodo et incommodo) voir p. 212, note 1), en ajoutant que cette enquête doit avoir lieu également chaque fois qu'il s'agit de modifier soit
l'emplacement d'un bac existant, soit les conditions du fonctionnement
de ce bac, soit le tarif des droits à percevoir.

Le dossier ayant été transmis au ministre des travaux publics,
celui-ci statue sur l'établissement du passage ; précédemment le projet
de cahier des charges était approuvé par le ministre des finances,
mais un décret du 12 juill. 1896 a placé dans les attributions du ministre des travaux publics toutes les questions concernant l'amodiation des bacs et passages d'eau administrés par l'Etat, la perception
des redevances continuant seule d'être assurée par les soins du ministre
des finances. En ce qui concerne le tarif, l'art. 10 de la loi du 14 floréal
an X porte que *le tarif de chaque bac sera fixé par le gouvernement, dans la
forme arrêtée pour les règlements d'administration publique* [1].

Dans sa circulaire du 14 oct. 1871, le ministre des travaux publics
indique que l'établissement de nouveaux bacs départementaux doit
être précédé des mêmes formalités ; on doit remarquer toutefois que
la loi du 10 août 1871 (art. 46, 13°) a donné qualité aux conseils généraux pour statuer sur la *fixation des tarifs de péage*, comme sur l'établissement des passages.

La même circulaire ajoutait que, les travaux relatifs à ces bacs
devant être exécutés sur les rivières ou canaux, les projets devaient
nécessairement en être préparés par les ingénieurs des ponts et chaussées chargés du service de la navigation, lesquels proposeraient en
même temps le tarif de péage à percevoir. Mais une nouvelle circulaire, en date du 21 avril 1897, a reconnu que le législateur de 1871 a
entendu laisser aux conseils généraux toute latitude pour l'administration des bacs départementaux, ces bacs ne relevant plus du service
des ponts et chaussées qu'à un point de vue général, celui de la surveillance de la partie du domaine public dont il a la garde. « C'est
donc, conclut la circulaire, aux agents du département qu'il appartient
de dresser les projets de travaux, de préparer les projets de cahier des
charges et de tarif, de faire procéder aux enquêtes, d'assister aux adjudications, en un mot, de s'occuper de tout ce qui peut concerner la
gestion des bacs départementaux. » Nous ajouterons seulement que
rien n'empêche les conseils généraux de confier cette gestion au service
de la navigation, s'ils le jugent utile.

Dans le cas où un cours d'eau se trouve à la limite de deux départements, il est indispensable que les conseils généraux se mettent
d'accord, suivant les formes prévues par les art. 89 et 90 de la loi
de 1871 (t. I, p. xxvii). Ainsi que nous le disions en étudiant ces

1. Voir la circulaire du 31 août 1852.

articles, les différends ne peuvent être tranchés que par des lois : dans l'avis du Conseil d'Etat que nous avons cité alors (16 juin 1875, bac du Brault sur la Sèvre-Niortaise), il s'agissait du partage du prix du matériel remis par l'Etat et devant lui être remboursé ; il nous paraît fort douteux que le pouvoir législatif fût disposé à intervenir pour imposer la création d'un nouveau bac.

2º **Cahier des charges**. — L'art. 26 de la loi du 6 frimaire an VII porte : *Le procès-verbal d'adjudication contiendra les clauses, charges et conditions qui, conformément à la présente loi, auront, par le directoire, été jugées les plus convenables à l'intérêt public, les plus utiles à la nation et aux localités : il fixera également le nombre des mariniers nécessaires à chaque bateau, celui des bateaux utiles au service de chaque passage, leur forme, leur dimension, leur construction, ainsi que la quantité et la nature des agrès dont ils devront être pourvus.*

Plusieurs types de cahiers des charges ont été successivement arrêtés par le ministre des travaux publics ; le dernier est en date du 17 déc. 1868, mais a subi quelques modifications de détail, en vertu de circulaires que nous mentionnerons à l'occasion des articles qu'elles visent.

Jusqu'en 1891, les bacs de l'Etat se divisaient en deux catégories, suivant que le matériel lui appartenait ou était la propriété du fermier ; mais une circulaire du 6 fév. de cette année a prescrit l'abandon du premier système. Comme il subsiste cependant encore pour un assez grand nombre de bacs départementaux, nous indiquerons les dispositions qui le concernent, mais seulement à titre accessoire.

Nous allons reproduire et commenter brièvement les divers articles du cahier type.

CONDITIONS PRÉALABLES. — *Art. 1er. — L'adjudicataire est tenu de fournir, dans les vingt-quatre heures de l'adjudication, un cautionnement ayant pour objet de garantir le payement du prix de fermage, ainsi que l'accomplissement de toutes les obligations par lui contractées*[1].

Art. 2. — Ce cautionnement présentera une valeur de..... — Il sera constitué, au choix de l'adjudicataire, soit en numéraire, soit en rentes sur l'Etat, soit en immeubles libres de toute hypothèque, au moins jusqu'à concurrence de la somme stipulée ci-dessus. — Ces immeubles devront être situés dans le département ou dans les départements limitrophes.

Les inscriptions de rentes sur l'Etat sont admises au cours moyen du jour de l'approbation de l'adjudication (décret du 31 janv. 1872). Quant au montant du cautionnement, on stipule souvent qu'il sera égal à une fraction ou à un multiple du prix de l'adjudication. Lorsque le bac est

---

1. Variante si le matériel appartient à l'administration :.... *de garantir non seulement le payement du prix du fermage, mais encore le recouvrement de la moins-value qui pourrait être due en exécution de l'art. 11 ci-après, ainsi que.....*

établi dans les limites de l'inscription maritime, on stipule parfois que le cautionnement consistera dans une hypothèque sur le bac lui-même, conformément à la loi du 10 juill. 1885 sur l'hypothèque maritime.

Art. 3. — Le cautionnement sera reçu par le préfet ; il sera préalablement débattu par lui, par l'ingénieur en chef des ponts et chaussées et par le directeur des contributions indirectes.

Les trois articles qui précèdent paraissent exclusifs du système de la caution personnelle, et cependant le modèle d'acte de cautionnement joint à la circulaire du 31 août 1852 est rédigé dans ce système, bien que ces articles aient la même rédaction dans le type de 1852. Aussi ce modèle n'est-il pas appliqué.

Franchises et modérations. — *Art. 4. — Le fermier ne pourra, dans les cas prévus par le présent article, exiger aucun droit de passage des fonctionnaires, employés ou agents ci-après désignés, savoir : — 1º Les préfets et sous-préfets en tournée dans leurs départements et arrondissements, les maires, les juges d'instruction et procureurs de la République, les juges de paix et leurs greffiers, les commissaires de police et autres agents de police judiciaire, les ingénieurs et agents des ponts et chaussées, les inspecteurs des finances, les directeurs et employés des administrations de l'enregistrement et des domaines, des contributions directes (percepteurs compris), des contributions indirectes et des douanes, les agents des manufactures de l'État, les agents de l'administration forestière, les agents voyers, piqueurs et cantonniers des chemins vicinaux, les receveurs des communes, les vérificateurs des poids et mesures, les préposés d'octroi et les agents de l'administration des postes et télégraphes, mais pour le cas seulement où ces divers fonctionnaires et employés seront obligés de passer d'une rive à l'autre pour cause de service, et sous la condition que les employés seront revêtus des marques distinctives de leurs fonctions ou porteurs soit de leurs commissions, soit de cartes personnelles tenant lieu de ces commissions, soit enfin de réquisitions délivrées par le directeur du service intéressé : — Les ministres des différents cultes reconnus par l'État, ainsi que leurs assistants [1] ; — Les préfets, sous-préfets et autres fonctionnaires, désignés au présent paragraphe, auront le droit, dans leurs tournées, de réclamer le passage en franchise de leurs secrétaires, des domestiques attachés à leurs personnes et de leurs voitures et conducteurs ; — 2º Les malles-postes, les courriers et les estafettes du gouvernement ; — 3º Les trains d'artillerie, c'est-à-dire les bouches à feu et caissons militaires chargés de munitions de guerre, ainsi que les militaires ou conducteurs qui les accompagnent ; les bouviers, bœufs, chevaux et voitures requis pour le transport des vivres de l'armée, des équipages, des troupes et des militaires malades ; les voitures cellulaires et leurs chevaux et conducteurs ; — 4º Les militaires de tous grades, voyageant avec leurs corps, les sous-officiers*

1. Pour les bacs départementaux, on ajoute parfois les instituteurs et institutrices.

et soldats voyageant isolément, la gendarmerie dans l'exercice de ses fonctions, ainsi que les individus conduits par la gendarmerie et les voitures et chevaux servant à les transporter, les officiers lors de la durée et dans l'étendue de leur commandement ; — 5° Les pompiers et les personnes qui, en cas d'incendie, iraient porter secours d'une rive à l'autre, ainsi que le matériel nécessaire ; — 6° Les gardes champêtres dans l'exercice de leurs fonctions ; — 7° (Dans les limites de l'inscription maritime), les officiers et les agents des divers corps de la marine, se rendant d'une rive à l'autre pour cause de service; les officiers et agents ayant le siège de leurs fonctions dans la circonscription maritime qui comprend l'une et l'autre rive ; les inspecteurs des pêches, les syndics des gens de mer, les gardes maritimes, les prud'hommes pêcheurs, les gardes jurés et autres fonctionnaires ou agents préposés à la police de la navigation et des pêches. — Quelque fréquents et nombreux que soient les passages des corps et des individus qui, aux termes des dispositions ci-dessus, doivent jouir du droit de franchise, le fermier ne pourra prétendre à aucune indemnité.

Les n°ˢ 1 et 4 ont la rédaction donnée ci-dessus depuis des circulaires des 7 juillet 1882 et 16 juin 1880. On remarquera d'ailleurs que l'art. 50 de la loi du 6 frimaire an VII avait posé le principe de ces franchises[1]. Mentionnons aussi l'art. 49 qui exclut explicitement de la franchise « les entrepreneurs d'ouvrages et fournitures faits pour le compte de la République et ceux des charrois à la suite des troupes. »

OBLIGATIONS DU FERMIER. — *Art. 5. — Le bail sera fait pour......... années, qui commenceront le............ et finiront le............* L'art. 25 de la loi du 6 frimaire an VII porte que l'adjudication aura lieu pour trois, six ou neuf années ; mais cette disposition ne visait explicitement que les adjudications auxquelles il allait être procédé. Aussi l'arrêté du 8 floréal an XII, tout en maintenant ces durées pour « les baux ordinaires » (art. 2), ajoute-t-il : « Lorsque, pour l'intérêt et l'avantage de « la perception, il sera jugé convenable de passer des baux d'une plus « longue durée, les préfets pourront les consentir pour douze, quinze « et dix-huit années, à la charge de les soumettre à l'approbation du « ministre des finances » (art. 3). Rappelant ces dispositions, la circulaire du 31 août 1852, recommande aux préfets d'en référer préalablement au ministère des travaux publics, lorsqu'ils voudront user de la faculté accordée par ce dernier article.

Art. 6. — Le prix du bail sera payable entièrement en argent à l'exception de l'appoint de la pièce de 5 fr. (art. 2 du décret du 10 août 1810) de trois mois en trois mois et d'avance, à la caisse du receveur des contributions indirec-

---

1. *Ne seront point toutefois assujettis au payement des droits compris auxdits tarifs, les juges, les juges de paix, administrateurs, commissaires du directoire, ingénieurs des ponts et chaussées, lorsqu'ils se transportent pour raison de leurs fonctions respectives ; les cavaliers et officiers de gendarmerie, les militaires en marche, les officiers, lors de la durée et dans l'étendue de leur commandement.*

*tes dans le ressort duquel le passeur a son domicile de droit, conformément à
l'art. 32 de la loi du 6 frimaire an VII* [1]. — *L'adjudicataire sera tenu de
payer en sus du prix du bail, la contribution foncière et autres charges publiques auxquelles le bac et ses dépendances sont ou pourront être imposés.*

Lorsqu'il s'agit d'un bac départemental, le versement du prix du
bail est fait à la caisse du percepteur. D'autre part, le Conseil d'Etat
a jugé que, lorsque le cahier des charges d'un bac est muet au sujet de
la contribution foncière, celle-ci reste à la charge de l'administration
(5 avril 1851, Dumontet).

*Art. 7. — L'adjudicataire payera, dans les 24 heures de l'adjudication,
les frais d'expédition du bail, d'impressions, de criée, d'affiches, de droits
de timbre et d'enregistrement. — Le procès-verbal d'adjudication et l'acte de
cautionnement seront soumis au droit proportionnel d'enregistrement fixé par
la loi du 16 juin 1824. La minute et les expéditions qui en seront délivrées
seront sur papier timbré. — Les frais d'inscription hypothécaire seront aussi
à la charge du fermier.*

Nous avons parlé des frais d'expédition à l'occasion des entreprises (t. II, 1re part., p. 110). Quant aux droits d'enregistrement, ils
sont fixés à 0,20 0/0 sur le montant cumulé des redevances et à
0,10 0/0 sur le cautionnement, en vertu de l'art 1er de la loi du 16 juin
1824. Le droit de cautionnement n'est d'ailleurs dû que sur les garanties données par des tiers, et non sur les garanties fournies par l'obligé
principal.

Lorsque l'Etat accorde une subvention, au lieu de percevoir une redevance, l'enregistrement du traité et de l'acte de cautionnement est
tarifé à 0,20 0/0 en vertu de l'art. 19 de la loi du 28 avril 1893[2], les
subventions fournies par les départements ou les communes étant
taxées à 1 0/0 pour droit de marché (loi du 28 avril 1816, art. 51, 3o),
mais le droit de cautionnement n'étant que de 0,50 0/0 (loi du 22 frimaire an VII, art. 69, § 2, 8o).

Tous les droits d'enregistrement qui précèdent sont, bien entendu,
indiqués en principal et soumis par suite à la majoration de deux décimes et demi.

*Art. 8. — Faute par l'adjudicataire de fournir le cautionnement prescrit
par l'art. 1er, d'acquitter les frais d'adjudication, de payer le prix de ferme
aux époques prescrites et généralement de remplir les conditions imposées par*

---

1. *Lorsque les passages sont communs à deux départements, l'administration
et la police desdits passages appartiendront à l'administration centrale dans
l'arrondissement de laquelle se trouvera située la commune la plus prochaine du
passage ; en cas d'égalité de distance, la population la plus forte déterminera :
en conséquence, la gare, le logement et le domicile de droit du passager seront
toujours établis de ce côté.*

2. Cet article a remplacé par ce droit proportionnel le droit gradué qui existait en vertu de la loi du 28 fév. 1872, sur les adjudications et marchés de l'Etat
(voir 1re partie, p. 45).

le présent cahier des charges, la résiliation du bail sera prononcée par le préfet sur le vu d'un simple commandement resté sans effet pendant trois jours, et il sera procédé à la réadjudication de la perception, à la folle enchère du fermier évincé.

Au cas où le fermier contesterait le bien fondé de la résiliation prononcée par le préfet, il aurait incontestablement le droit de saisir le conseil de préfecture de sa réclamation ; mais nous ne savons si celui-ci devrait se borner à accorder une indemnité ou s'il aurait le droit d'annuler la résiliation, comme nous avons vu qu'il peut le faire en matière de concessions proprement dites (t. II. 1ʳᵉ part., p. 364) : nous ne voyons du reste aucun motif sérieux de ne pas appliquer la même règle aux bacs. Il va de soi que, si le conseil de préfecture connaît que le préfet a fait une juste application de l'art. 8 et que le fermier n'a d'ailleurs fait aucune dépense ayant profité à l'Etat, aucune indemnité ne doit être accordée (C. E. 21 décembre 1877, Canard).

Art. 9. — Le fermier ne pourra demander ni la résiliation de son bail, ni indemnité, ni diminution de prix, sous prétexte d'événements imprévus, tels que grosses eaux, sécheresses, inondations, glaces et autres accidents quelconques, causés par l'imtempérie des saisons, ni même pour réparations faites au bac, aux routes ou aux chemins qui y conduisent. Le fermier ne pourra non plus réclamer aucune indemnité dans le cas où le gouvernement autoriserait, dans l'étendue du port du bac, l'établissement de bateaux particuliers, conformément à l'art. 8 de la loi du 6 frimaire an VII.

L'interdiction de réclamer une indemnité en cas d'accident causé par l'intempérie des saisons ne saurait évidemment être étendue, dans l'application, au cas d'un dommage causé par un travail public (7 fév. 1834, Bijon-Toncin) ; mais l'administration ne pourrait, bien entendu, être déclarée responsable des faits personnels de son entrepreneur (même arrêt).

Au sujet des circonstances pouvant donner droit à résiliation, il a été jugé que, à supposer que l'administration dût entretenir les cales (voir l'art. 13 et son commentaire), le fermier ne serait fondé à élever une réclamation qu'après avoir mis l'administration en demeure de faire les réparations nécessaires (C. E. 27 juill. 1842, Pujol). D'autre part, le Conseil d'Etat a refusé toute indemnité pour défaut d'entretien d'un chemin aboutissant au bac (20 juill. 1850, Mariaud).

En ce qui concerne les ports des bacs, on se reportera ci-dessous à l'art. 16 du cahier des charges ; nous avons d'ailleurs précédemment étudié l'autorisation de bateaux particuliers (p. 281).

Art. 10. — Si, avant l'expiration du bail, le passage est supprimé pour une cause quelconque, le fermier n'aura droit à aucune indemnité à raison de cette circonstance, qui n'aura d'autre effet que de faire résilier le bail, à compter du jour où l'exploitation aura cessé. L'adjudicataire sera, en conséquence, tenu d'exécuter jusqu'à la dite époque toutes les clauses et conditions de son adjudication [1]. — L'établissement d'un nouveau bac public ou d'un pont dans une étendue de....... à partir de l'extrémité de la limite ou port du bac affermé, ne pourra aussi donner ouverture qu'à la demande en résiliation du bail, sans indemnité ; les changements apportés dans l'exploitation des bacs existant au moment de l'adjudication ne donneront lieu, en aucun cas, à résiliation ou indemnité.

Le premier paragraphe de cet article nous paraît d'une dureté excessive, lorsque le matériel appartient au fermier, ce qui est aujourd'hui le cas général pour les bacs de l'Etat, car ledit fermier se trouve en possession d'un matériel sans emploi et d'un placement souvent fort difficile. En l'absence d'une telle clause, le droit à indemnité ne saurait faire doute (15 mai 1848, Cie des bateaux à manége de Cubzac, indemnité calculée sur les bénéfices moyens de quatre ou cinq années). Quant à la clause du cahier type, elle a été appliquée dans un cas où un bac était transformé en passage d'eau pour piétons seulement : le Conseil d'Etat a reconnu le droit à résiliation, mais sans indemnité naturellement (22 déc. 1859, Canouet).

Au sujet de l'établissement de nouveaux bacs ou de ponts, nous renverrons à l'art. 16 pour l'étude des questions concernant l'étendue du port d'un bac, et nous noterons seulement que, si le cahier des charges avait stipulé la distance entre les deux ports, cette distance serait comptée entre leurs limites les plus voisines (27 juill. 1842, Pujol).

Art. 11. — Le nouveau fermier sera tenu de prendre du fermier sortant les bateaux, agrès, ustensiles affectés au service du bac, d'après l'estimation qui en sera faite par l'ingénieur de l'arrondissement, en présence du maire et des parties intéressées, à la charge par lui d'en rembourser la valeur dans le délai d'un mois.

La décision de l'ingénieur ne nous paraît pas pouvoir être imposée ainsi à titre d'arbitrage, d'autant plus qu'aucun article du type n'oblige le fermier sortant à remettre son matériel au fermier entrant. Les intéressés nous paraissent donc avoir le droit de soumettre la question aux tribunaux ordinaires. On remarquera que le type ne garantit pas au fermier entrant la reprise de son matériel par le fermier suivant. Certains cahiers de charges posent au contraire le principe de la transmission du matériel après l'expiration du bail, et l'on peut se demander si cette disposition n'est pas de droit en l'absence d'une stipulation contraire, en vertu de l'art. 29 de la loi de l'an VII [2]. En

---

1. Quand le matériel appartient à l'administration, on ajoute : *et notamment de payer, conformément à l'article suivant, la moins-value du mobilier, s'il existe une moins-value.*

2. *Au moyen de cet acquit, les nouveaux adjudicataires seront propriétaires desdits objets, tenus de les entretenir et transmettre en bon état, à l'expiration de leur bail, au nouveau fermier, qui leur en payera le prix suivant l'estimation qui en sera faite lors de ladite expiration.*

tout cas il nous paraîtrait bon de la formuler, en l'absence de raison spéciale contraire ; une telle disposition rend d'ailleurs plus criante l'injustice de l'art. 10. Notons que, comme le matériel remis peut n'être pas complet, il est sage d'indiquer un délai dans lequel le fermier entrant sera tenu d'approvisionner ce qui fera défaut.

Lorsque le matériel appartenait à l'Etat, système abandonné depuis une circulaire du 6 fév. 1891, on employait la rédaction suivante, qu'on adapte encore aux bacs départementaux pour lesquels on a conservé ce régime : *Le fermier sera tenu de payer, en fin de bail, la différence qui existera à cette époque entre la valeur des bacs et bateaux et des effets mobiliers et celles qu'ils avaient au moment de son entrée en jouissance, augmentée tant du prix des objets fournis depuis par le gouvernement que de celui des réparations qui auront été faites des deniers de l'Etat, quelle que soit la cause de cette différence, et lors même qu'elle proviendrait uniquement de l'usage. — Le recouvrement de cette moins-value sera opéré par le receveur des contributions indirectes* [1].

Il convient de remarquer que souvent le matériel est mixte, les bacs appartenant au département et les batelets au fermier. Dans ce cas, on doit combiner les deux textes.

Art. 12. — Pendant la durée du bail, le fermier sera tenu : — 1° D'entretenir en bon état les bacs, bateaux, agrès et leurs accessoires ; — 2° De réparer et entretenir les cales d'abordage servant d'accès au bac.

Le premier paragraphe ne donne lieu à aucune observation, si ce n'est que, en cas d'inexécution, malgré une mise en demeure, le préfet pourrait sans doute ordonner la réadjudication à la folle enchère du fermier, sous réserve du droit de celui-ci de réclamer une indemnité devant le conseil de préfecture, s'il croyait la mesure non justifiée. La circulaire du 31 août 1852 prescrivait de stipuler que, « si le fermier néglige l'entretien du passage d'eau de manière à compromettre la sûreté publique, l'administration se réserve de prendre d'office, aux frais, risques et périls de l'adjudicataire, telles mesures qu'il appartiendra pour que le service des communications ne soit pas interrompu » ; mais cette disposition ne figure pas sur les formules imprimées en usage, dont nous avons reproduit le texte.

Quant au second paragraphe, il est d'une application bien difficile, et il y aurait intérêt à le faire disparaître, car il reste fort souvent à l'état de lettre morte, fait toujours fâcheux. On conçoit que l'entretien et la réparation des cales constituent une charge fort aléatoire et pouvant être hors de proportion avec les autres obligations pécuniaires du fermier. On remarquera du reste que l'art. 30 prescrit des mesures de propreté qu'il est indispensable d'imposer à celui-ci. Nous devons ajouter que le Conseil d'Etat a fait application de la disposition met-

1. Le *percepteur* pour un bac départemental.

tant l'entretien à la charge du fermier (15 mars 1878, Vieille-Montagne [1]).

Au cas de matériel appartenant au département, on s'inspirerait du texte suivant : *Si, au moment de la mise en jouissance, le bac ou les bateaux exigent des réparitions, ou s'il est nécessaire de remplacer quelques agrès ou ustensiles, le gouvernement mettra le tout en bon état de service, conformément aux devis et détails estimatifs qui seront dressés par l'ingénieur en chef.* — *La valeur des objets nouvellement fournis, ainsi que l'accroissement de valeur de ceux qui auront été réparés, seront ajoutés à la valeur constatée au moment de la prise de possession du fermier, et dont il est devenu comptable aux termes de l'article précédent ; la livraison des dits objets ou leur réparation sera constatée et reconnue dans la forme qui va être prescrite par l'art. 21, relativement à la mise en jouissance.*

On remarquera que ce texte ne correspond pas exactement à l'art. 12 relatif au matériel appartenant au fermier, et l'on se reportera à ce sujet à l'art. 13.

Art. 13. — *Il* (le fermier) *se procurera, en outre, tous les outils et ustensiles qui pourraient lui être nécessaires.*

L'article portant le même numéro pour les bacs où le matériel appartient à l'administration, article correspondant aussi à l'art. 12, est ainsi conçu :

L'adjudicataire sera tenu d'entretenir en bon état les bacs, passe-cheval et bateaux agrès, cordes etc., et de se fournir de tous les ustensiles et outils nécessaires ; de faire peindre et goudronner, au moment de l'entrée en jouissance, et ensuite de trois ans en trois ans, les parties des bacs, bateaux et batelets qui ne plongent pas dans l'eau ; le remplacement des bacs, bateaux, passe-cheval ou barques aura lieu par les soins du gouvernement, au moyen d'adjudications passées sur des devis et détails estimatifs fournis par l'ingénieur en chef. Il en sera de même des réparations jugées trop importantes pour être laissées aux soins du fermier, et de celles qu'il négligerait et dont le retard pourrait compromettre la sûreté publique. Le prix de ces reconstructions ou réparations sera avancé par le gouvernement et ajouté à la valeur du mobilier constatée au moment de la mise en jouissance, ainsi qu'il sera dit ci-après ; les travaux de réparation et d'entretien des cales d'abordage seront à la charge du fermier, pour tout ce qui sera étranger aux routes ou chemins vicinaux servant d'accès au passage.

Art. 14. — *Aussitôt sa mise en possession, l'adjudicataire sera tenu de faire placer à ses frais, si déjà ils n'existent, les tarifs des droits de passage en lieu apparent, de l'un et de l'autre côté du fleuve ou de la rivière, sur un poteau où sera tracé le niveau de l'eau au-dessus duquel le supplément de*

---

1. Cet arrêt vise l'art. 13 du cahier relatif au cas où le matériel appartient à l'administration ; il constate d'ailleurs que le fermier avait exécuté les travaux sans en avoir référé à l'Etat.

taxe sera exigible, ainsi que celui des hautes eaux au-dessus duquel tout pas-sage est interdit. Il en sera de même chaque fois que les poteaux ou tarifs devront être renouvelés.

Il convient de fixer ces deux niveaux dans le présent article, attendu qu'ils ne peuvent généralement figurer dans le tarif, souvent arrêté pour plusieurs passages à la fois et dans lequel on doit d'ailleurs éviter d'insérer des dispositions trop sujettes à révision. Bien souvent, d'ailleurs, les tarifs ne prévoient pas d'augmentation à raison des hautes eaux, et alors on modifie en conséquence le présent article. Notons que celui-ci est à peu près la reproduction de l'art. 30 de la loi du 6 frimaire an VII.

Art. 15. — La charge que les bacs, bateaux et batelets pourront contenir est limitée, savoir : — Pour le bac, à... individus y compris les mariniers, ou à... chevaux, mulets, bœufs, vaches, etc. — Pour chaque bateau, à... individus, y compris le passeur. — Pour chaque batelet, à... individus, y compris également le passeur. — En cas de chargement mixte dans les bacs ou bateaux, ce chargement ne devra jamais produire un enfoncement supérieur à la ligne de flottaison. Pour qu'elle soit fixée invariablement le long du bac ou bateau, il sera posé, aux frais du fermier et en présence de l'ingénieur ou d'un agent de l'administration des ponts et chaussées, dûment autorisé, et du maire, des planches ou linteaux qui indiqueront la hauteur de cette ligne de flottaison ; la charge sera complète lorsque la surface de l'eau affleurera l'arête inférieure desdites planches ou linteaux, et l'on ne pourra plus admettre une nouvelle charge sous quelque prétexte que ce soit.

On remarquera que cet article, prévu par l'art. 44 de la loi de l'an VII[1], fixe deux sortes de limites de chargement, au nombre ou à l'enfoncement. Il n'est pas superflu d'ajouter une clause prescrivant de peindre sur les bateaux les nombres maxima.

La Cour de cassation a reconnu que les dispositions de l'art. 15 étaient assimilables à un règlement légalement fait et que leur violation comportait l'application de l'art. 471, n° 15, du Code pénal (9 déc. 1882, Cléré). Il semble qu'on aurait pu invoquer aussi l'art. 51 de la loi du 6 frimaire an VII[2].

Art. 16. — L'étendue du port du bac sera déterminée par l'ingénieur en

---

1. *Il (le Directoire) fixera aussi le nombre de passagers et la quantité de chargement que chaque bac ou bateau devra contenir en raison de sa grandeur.*

2. *Il est enjoint aux adjudicataires, mariniers et autres personnes employées au service des bacs de se conformer aux dispositions de police administrative et de sûreté contenues dans la présente loi, ou qui pourraient leur être imposées par le directoire et les administrations pour son exécution, à peine d'être responsables, en leur propre et privé nom, des suites de leur négligence, et, en outre, être condamnés, pour chaque contravention, en une amende de la valeur de trois journées de travail ; le tout à la diligence des commissaires du directoire exécutif près les administrations centrales et municipales.*

*chef et indiquée par des bornes que l'adjudicataire fera placer à ses frais.
Il fera aussi remplacer, à ses frais, celles qui auraient disparu ou qui auraient été endommagées pendant la durée du bail. — Quand l'étendue du port
d'un bac n'aura pas été déterminée, elle sera considérée comme étant d'un
kilomètre au plus, moitié au-dessus et moitié au-dessous de la ligne de
passage.*

La signification du terme « port d'un bac » et la portée pratique de
sa détermination sont fixées par les art. 10 et 24 du cahier des charges ; il en résulte, comme l'a indiqué la circulaire du 11 sept. 1858,
que le port d'un bac est « l'étendue de rivière dans laquelle le gouvernement (ou le département) concède un droit exclusif aux fermiers… Au-delà et en dehors du port du bac, le fermier n'a pas d'action personnelle à exercer ; c'est à l'autorité publique seule qu'il
appartient d'agir pour réprimer les contraventions qui peuvent être
commises ou les abus qui peuvent exister. »

On voit que la fixation du port d'un bac peut avoir une grande
importance pratique ; il arrive souvent que l'on considère le texte
ci-dessus de l'art. 16 comme devant être reproduit purement et simplement : c'est là une grave erreur, car il est fort à désirer que tous
les droits soient fixés avant l'adjudication ; aussi la circulaire du 2 février 1857 a-t-elle recommandé expressément de déterminer l'étendue
du port des bacs à l'avance et de l'inscrire dans les cahiers des charges. Elle recommande d'ailleurs de faire de cette détermination « l'objet d'un travail d'ensemble qui précéderait le renouvellement des
baux de tous les bacs d'un même cours d'eau, et sur lequel on con-
sulterait les conseils municipaux des communes intéressées. » La
circulaire du 11 septembre 1858 ajoute que, « sauf quelques cas exceptionnels motivés par des circonstances spéciales ou par d'anciennes habitudes locales, l'espace affecté à chaque passage d'eau ne
doit pas avoir en longueur plus d'un kilomètre. »

Il est à peine besoin d'ajouter que lorsque, conformément à ces instructions, l'art. 16 fixe la longueur du port, le deuxième paragraphe
de cet article doit disparaître.

*Art. 17. — Faute par l'adjudicataire d'avoir rempli, dans la quinzaine
de son entrée en jouissance, ou de la sommation qui lui en aura été faite,
les obligations qui lui sont imposées par les deux articles précédents, il y
sera pourvu par les soins du maire, après commandement préalable. L'état
de la dépense, ainsi que celui de la sommation, après avoir été certifiés par
le maire et rendus exécutoires par le préfet, seront remis au receveur des
contributions indirectes, chargé du recouvrement du prix de ferme, qui en
remboursera le montant au maire, et qui en poursuivra le recouvrement en
même temps que celui du fermage.*

Comme nous l'avons vu, à propos de l'art. 6, le percepteur doit
être substitué au receveur des contributions indirectes, lorsqu'il s'agit
d'un bac départemental.

Art. 18. — Les personnes qui, en vertu de l'art. 8 de la loi du 6 frimaire an VII, ont obtenu ou obtiendront l'autorisation de conserver ou d'établir des bateaux particuliers, ne pourront être troublées dans cette possession par l'adjudicataire, ni tenues à aucun dédommagement envers lui.

Ce n'est là qu'un complément à l'art. 9, complément d'ailleurs assez superflu, le fermier n'ayant évidemment aucun droit contre les personnes visées.

Art. 19. — L'adjudication sera approuvée par le préfet.

Mise en jouissance. — *Art. 20. — L'adjudicataire ne pourra, sous quelque prétexte que ce soit, être mis en possession du bac qu'après avoir justifié de l'accomplissement des obligations qui lui sont imposées par les art. 1, 6 et 7 ; et, faute par lui d'avoir fait cette justification un mois avant l'époque fixée pour l'entrée en jouissance et après un simple commandement resté sans effet pendant trois jours, il sera procédé, à la folle enchère, à une nouvelle adjudication, comme il est dit à l'art. 8.*

Art. 21. — La mise en jouissance sera constatée par un procès-verbal particulier, auquel sera joint un inventaire exact, descriptif et estimatif des objets mobiliers qui seront mis à la disposition du fermier entrant. Ce procès-verbal, ainsi que l'inventaire descriptif et estimatif dont il vient d'être parlé, seront dressés par l'ingénieur ordinaire des ponts et chaussées ou par la personne que le préfet aura désignée, en présence du maire, d'un employé des contributions indirectes désigné par le directeur, et de l'ancien et du nouveau fermier, ou eux dûment appelés. Ces pièces devront être en quadruple expédition et signées de toutes les parties. Une expédition du procès-verbal et de l'inventaire sera remise à chacun des deux fermiers : les deux autres seront conservées, l'une par l'ingénieur ou l'agent qui le remplacera, et l'autre par l'employé des contributions indirectes, qui le remettra au directeur de cette administration.

La circulaire du 31 août 1852 porte qu'on supprimera toutes les dispositions relatives à l'inventaire, dans le cas, aujourd'hui général pour les bacs de l'Etat, où tout le matériel appartient au fermier. Cette suppression nous paraît d'une opportunité contestable, ledit inventaire étant motivé par la remise du fermier entrant au fermier sortant et devant être utile pour la préparation de la remise ultérieure.

Dans le cas d'un matériel appartenant à l'administration, un article portant le n° 22 et changeant le numérotage de tous les articles suivants réglait la remise du matériel en fin de bail[1].

---

1. *Pareil procès-verbal sera dressé à l'expiration du bail ; et si l'évaluation du mobilier est inférieure à celle qui a été établie lors de l'entrée en jouissance, augmentée du prix des constructions ou réparations faites par le gouvernement et payées des deniers de l'Etat pendant la durée du bail, la différence ou moins-value devra être acquittée par le fermier sortant entre les mains du receveur des contributions indirectes, ainsi que le porte l'art. 11. — Dans le cas où la va-*

Perception. — *Art. 22.* — *Le fermier ainsi que les passagers se con-formeront au tarif arrêté par le gouvernement le..... et dont une copie est annexée au présent cahier des charges.*

Nous parlerons des tarifs sous le n° 3. Les articles suivants contiennent des renvois, que nous étudierons, aux dispositions légales assurant le respect des tarifs.

Art. 23. — *Le fermier pourra poursuivre, conformément aux art. 56, 57, 58, 59, 60 et 61 de la loi du 6 frimaire an VII, et à ses risques et périls, toute personne qui se soustrairait au payement des sommes portées aux tarifs, ou qui, sans autorisation préalable et dans les limites du port du bac, établirait un bateau particulier, ainsi que celle qui, après avoir obtenu une autorisation, se servirait de son bateau pour passer, moyennant rétribution, des personnes étrangères à sa famille ou à son exploitation, ou enfin qui se permettrait des injures, menaces ou voies de fait envers le fermier, ses préposés ou mariniers.*

Nous donnons, en note, le texte des articles cités de la loi de l'an VII [1]. On doit noter que le fermier n'a de droit que dans l'étendue du

leur du mobilier se trouverait supérieure à celle qui a été reconnue lors de l'entrée en jouissance, augmentée du prix des constructions et réparations faites par le gouvernement, il sera tenu compte audit fermier de la différence ou plusvalue.

1. *Art. 56.* — *Toute personne qui se soustrairait au payement des sommes portées auxdits tarifs sera condamnée par le juge de paix du canton, outre la restitution des droits, à une amende qui ne pourra être moindre de la valeur d'une journée de travail, ni excéder trois jours.* — *En cas de récidive, le juge de paix prononcera, outre l'amende, un emprisonnement qui ne pourra être moindre d'un jour, ni être de plus de trois, et l'affiche du jugement sera aux frais du contrevenant.*

Art. 57. — *Si le refus de payer était accompagné d'injures, menaces, violences ou voies de fait, les coupables seront traduits devant le tribunal de police correctionnelle, et condamnés, outre les réparations civiles et dommages-intérêts, en une amende qui pourra être de cent francs, et un emprisonnement qui ne pourra excéder trois mois.*

Art. 58. — *Toute personne qui aura aidé ou favorisé la fraude ou concouru à des contraventions aux lois sur la police des bacs, sera condamnée aux mêmes peines que les auteurs des fraudes ou contraventions.*

Le batelier qui fait passer la rivière à des étrangers, dans l'étendue du port du bac, est un complice (26 déc. 1857, Pacaud).

Art. 59. — *Toute personne qui aurait encouru quelques-unes des condamnations prononcées par les articles précédents, sera tenue d'en consigner le montant au greffe du juge de paix du canton, ou de donner caution solvable, laquelle sera reçue par le juge de paix ou l'un de ses assesseurs ;* — *sinon, ses voitures et chevaux mis en fourrière, et les marchandises déposées à ses frais jusqu'au payement, jusqu'à la consignation ou jusqu'à la réception de la caution.*

Art. 60. — *Toute consignation ou dépôt sera restitué immédiatement après l'exécution du jugement qui aura prononcé sur le délit pour raison duquel les consignations ou dépôts auront été faits.*

Art. 61. — *Les délits plus graves et non prévus par la présente, ou qui se compliqueraient avec ceux qui y sont énoncés, continueront d'être jugés suivant les dispositions des lois pénales existantes, auxquelles il n'est point dérogé.*

port du bac et ne peut par suite exercer aucune poursuite à l'occasion des traversées faites en dehors (Cass., 18 fév. 1856, Ozanne). Cet arrêt concerne un cas spécial, car l'embarquement avait eu lieu dans l'étendue du port et le débarquement en dehors. Il est vrai que le trajet avait été de 20 kilomètres, en sorte que le défendeur était fondé à soutenir que le transport avait été longitudinal, bien plutôt que transversal. Aucune réclamation ne peut d'ailleurs être formulée, contre l'administration, à l'occasion de passages illicites étant du fait de tiers quelconques (C. E., 5 déc. 1837, Robin), ou même d'un entrepreneur travaillant pour elle (7 fév. 1834, Bijon-Toncin). Le passage à gué ne constitue pas une contravention (24 mai 1862, Delille).

Art. 24.— Tout fermier est autorisé à requérir, le cas échéant, l'assistance de la force armée.

Art. 25. — Le fermier, ses préposés ou mariniers, ne pourront, sous les peines portées par les art. 52, 53, 54 et 55 de la loi de frimaire an VII, exiger autres et plus fortes sommes que celles qui sont portées aux tarifs, ni se permettre d'injurier, menacer ou maltraiter les passagers [1].

Art. 26. — Les contestations qui pourront s'élever sur la quotité du droit exigé par le fermier ou ses préposés seront portées devant le maire le plus voisin ou son adjoint, et par lui décidées sommairement et sans frais.

« Cette disposition, dit justement M. Aucoc (III, 74), indique un

---

[1]. Nous reproduisons les articles mentionnés de la loi de l'an VII :

Art. 52. — Il est expressément défendu aux adjudicataires, mariniers et autres personnes employées au service des bacs et bateaux d'exiger, dans aucun temps, autres et plus fortes sommes que celles portées aux tarifs, à peine d'être condamnés par le juge de paix du canton, soit sur la réquisition des parties plaignantes, soit sur celle du directoire, à la restitution des sommes indûment perçues, et en outre, par forme de simple police, à une amende qui ne pourra être moindre de la valeur d'une journée de travail, et d'un jour d'emprisonnement, ni excéder la valeur de trois journées de travail et trois jours d'emprisonnement. — En cas de récidive, la condamnation sera prononcée par le tribunal de police correctionnelle, conformément à l'art. 607 du Code des délits et des peines.

On consultera pour l'application de cet article, un arrêt du 6 septembre 1894 (Mouzie), relatif à un pont suspendu.

Art. 53. — Si l'exaction est accompagnée d'injures, menaces, violences ou voies de fait, les prévenus seront traduits devant le tribunal de police correctionnelle, et, en cas de conviction, condamnés, outre les réparations civiles et dommages-intérêts, à une amende qui pourra être de cent francs et un emprisonnement qui ne pourra excéder trois mois.

Art. 54. — Les adjudicataires seront, dans tous les cas, civilement responsables des restitutions, dommages-intérêts, amendes et condamnations pécuniaires prononcées contre leurs préposés et mariniers.

Art. 55. — Ils pourront même, dans le cas de récidive légalement prononcé par un jugement, être destitués par les administrations centrales, sur l'avis des administrations municipales ; et alors leurs baux demeureront résiliés sans indemnité.

moyen de concilier les parties ; elle n'a pas d'autre valeur. Il est évident que, si la conciliation n'a pas lieu, c'est devant le juge de paix que le débat doit être porté » (voir ci-dessous 5º).

Police. — *Art. 27.* — *Le passage sera desservi par..... grand bac ayant de longueur...., de largeur....., garni de..... par..... bateaux ; chaque bateau sera garni de..... par..... batelets ; chaque batelet sera garni de....., et par..... mariniers.*

On remarquera que la rédaction de cet article est assez pénible et qu'il est bon de la couper ; elle met d'ailleurs sur le même plan les bateaux et les mariniers, ce qui paraît bizarre. Il est aisé d'ailleurs de corriger ces petits défauts.

Les objets dont les divers bateaux doivent être garnis comprennent, suivant les cas, des avirons de nage et de gabare, des gaffes. écopes, chaînes d'amarrage, cadenas, chandeliers de nage, supports de lanterne, ancre et corde.

Art. 28. — *Le fermier entretiendra constamment. pour le service de son exploitation, le nombre de préposés ou mariniers indiqué par l'art. 27 du présent cahier des charges ; leur salaire sera à sa charge.*

Art. 29. — *Le fermier ne pourra employer au service de son exploitation que des gens âgés au moins de vingt et un ans, de bonnes vie et mœurs, et bien au fait de la navigation. Dans les limites de l'inscription maritime, les hommes employés à la conduite du bac seront choisis parmi les inscrits maritimes ; les dispositions des décrets-lois des 20 et 23 mars 1852 seront observées, et le bac sera muni d'un rôle d'équipage, conformément au décret-loi du 19 mars 1852. — Tout individu, soit fermier, soit marinier, faisant le service du passage, devra être constamment muni : 1º du certificat d'aptitude exigé par l'art. 47 de la loi du 6 frimaire an VII ; 2º d'un certificat de moralité délivré par le maire de la commune qu'il habite. — Il sera tenu de représenter ces pièces à toute réquisition des autorités locales, des ingénieurs et agents des ponts et chaussées, ainsi que des employés de l'administration des contributions indirectes, des agents de la marine et de la gendarmerie. — Les inscrits maritimes seront dispensés du certificat d'aptitude, mais ils devront être munis du certificat de moralité. — L'inexécution de ces prescriptions entraînera la résiliation du bail et la réadjudication du passage d'eau à la folle-enchère du fermier évincé.*

Nous donnons en note le texte de l'art. 47 de la loi du 6 frimaire an VII [1]. En ce qui concerne le rôle d'équipage, nous signalerons simplement qu'il doit être renouvelé chaque année, aux termes de l'art. 2

---

1. *Les adjudicataires ne pourront se servir que de gens de rivière ou mariniers reconnus capables de conduire sur les fleuves, rivières et canaux, à cet effet les employés devront, avant que d'entrer en exercice, être munis de certificats des commissaires civils de la marine, dans les lieux où ces sortes d'emplois sont établis, ou de l'attestation de quatre anciens mariniers conducteurs donnée devant l'administration municipale de leur résidence, dans les autres lieux.*

du décret du 19 mars 1852. Quant au décret du 20 mars, il concerne la navigation au bornage, et celui du 23 mars les novices et les mousses.

Art. 30. — Le fermier fera exactement balayer les ports et les cales lors des crues d'eau, et tenir propres en tout temps les abords et pontons des bacs et bateaux. — Il garnira les bacs et bateaux de planches pour sièges, de manière que les passagers y soient avec propreté et sûreté, et tiendra toujours les bateaux vides d'eau.

Il convient d'examiner, dans chaque cas, s'il n'y a pas lieu de prescrire que des bancs seront disposés au pourtour, position plus commode pour la circulation, et qu'une balustrade en fer y sera également installée.

Art. 31. — Les bacs et bateaux, au moment de l'embarquement et du débarquement, seront amarrés de manière à éviter les accidents que leur recul pourrait occasionner.

Art. 32. — Le fermier ne pourra passer ni être contraint à passer, lorsque les rivières charrieront des glaces, ni lorsque le vent et les grandes eaux seront assez considérables pour faire craindre des accidents ; il demeurera personnellement responsable de tout dommage et accident auquel l'inexécution de cet article donnerait lieu.

Art. 33. — Le fermier sera tenu de passer une personne seule, sans exiger d'autre droit que le droit simple, lorsqu'elle aura attendu sur le port le laps de temps qui sera d'une heure pour les bacs, et d'une demi-heure pour les passe-cheval et pour les batelets. — Il devra passer sans aucun délai les fonctionnaires, agents et autres personnes désignées à l'art. 4. — Toute autre personne qui voudra passer isolément et sans attendre ce laps de temps payera le droit fixé dans ce cas par le tarif. — Le fermier sera tenu de passer, soit avant le lever, soit après le coucher du soleil, sans exiger aucun droit, mais seulement pour l'exercice de leurs fonctions, les fonctionnaires, employés, agents et autres personnes désignées à l'art. 4.

Comme nous le verrons à propos des tarifs, ceux-ci spécifient souvent que le passage immédiat ne donne lieu à aucun supplément ; dans ce cas, l'art. 33 doit être modifié en conséquence.

Art. 34. — Le fermier, conformément à l'art. 54 de la loi du 6 frimaire an VII, sera responsable des délits commis par les préposés et mariniers et des accidents imputables à leur négligence ou à leur impéritie, ainsi que des restitutions, dommages, amendes ou condamnations pécuniaires prononcées contre lesdits préposés ou mariniers.

Nous avons reproduit l'art. 54 de la loi de l'an VII, p. 296, note 1.

Art. 35. — Tout fermier sera tenu d'accompagner les ingénieurs des ponts et chaussées dans les visites semestrielles que prescrit l'art. 34 de la loi du 6 frimaire an VII, de leur donner tous les renseignements qu'ils requerront, et de signer avec eux le procès-verbal de ces visites, dans lequel il lui sera loisible de faire insérer ses observations.

L'art. 34 ainsi visé de la loi de l'an VII doit attirer tout particuliè-
ment l'attention des ingénieurs : « Dans le cours de vendémiaire et de
« germinal de chaque année, sans préjudice des autres visites qui
« pourraient être jugées nécessaires, les administrations centrales
« prescriront aux ingénieurs des ponts et chaussées de faire, en pré-
« sence des administrations municipales ou d'un commissaire nommé
« par elles, la visite des bacs, bateaux et autres objets dépendant de
« leur service, afin de juger s'ils sont régulièrement entretenus. »

Bien que l'initiative de ces visites n'appartienne pas aux ingénieurs,
d'après ce texte, ils seraient assez mal venus à se dispenser de faire
les visites périodiques en l'absence d'ordres spéciaux. Rappelons que
le mois de vendémiaire s'étend du 22 .septembre au 21 octobre, et le
mois de germinal du 21 mars au 19 avril.

L'art. 31 de la loi du 6 frimaire an VII, après avoir placé les bacs
sous l'autorité des administrations centrales de département, réserve
« la surveillance de l'administration municipale de chaque lieu. » Il
convient de profiter des visites semestrielles pour rappeler aux maires
leurs attributions en les appelant à formuler notamment leurs observations sur les points principaux sur lesquels peut s'exercer le plus
efficacement leur surveillance : tels sont, par exemple, le chargement
maximum des embarcations (art. 15 du cahier des charges), l'application des tarifs (art. 25), laquelle peut donner lieu à des litiges portés devant eux (art. 26), le balayage des cales et le nettoiement des
abords (art. 30), les précautions pour l'embarquement et le débarquement (art. 31). De cette façon, l'autorité municipale conserve d'une
façon effective la responsabilité qui lui appartient tout particulièrement au point de vue de la surveillance quotidienne des passages
d'eau.

Dispositions particulières. — Le cahier des charges type se termine à l'art. 35 ; mais il est des dispositions spéciales qu'il convient d'ajouter suivant les circonstances. L'art. 42 de la loi du 6 frimaire an VII porte que le directoire exécutif « désignera les passages
dont la communication devra être suspendue depuis le coucher du
soleil jusqu'à son lever ». Il y a là une question que doit résoudre le
cahier des charges, soit pour imposer la continuité du service, soit
pour en ordonner l'interruption, soit enfin pour autoriser à titre facultatif le service de nuit. Dans ce dernier cas, on doit se préoccuper
de la question des taxes, que le passage facultatif tend à faire discuter de gré à gré ; à ce sujet, nous reproduirons, à titre d'exemple, la
façon dont la question a été résolue pour le passage d'eau de Quille-
bœuf, sur la Seine maritime : *Les voyageurs... devront s'entendre avec le
directeur du passage, qui passera alors sous sa propre responsabilité, s'il
n'y voit aucun inconvénient, suivant un tarif débattu, dans le cas d'entente
directe, mais qui ne pourrait, autrement, dépasser le triple du tarif annexé.*

Lorsque le service est suspendu, l'art. 42 de la loi de l'an VII porte que « les bacs, bateaux et agrès devront être fermés avec chaînes et cadenas solides ». Nous rappellerons d'ailleurs que l'art. 33 du cahier type contient une disposition relative au passage des fonctionnaires, pendant la nuit, qui paraît supposer la suspension du service.

Il convient souvent de spécifier explicitement l'obligation de desservir les bateaux à vapeur ; toutefois, on pourrait soutenir que le seul fait de l'insertion de prix relatifs à ce service dans les tarifs suffit à le rendre obligatoire.

La plus ou moins grande activité de la circulation amène à insérer des dispositions variables, telles que la présence constante d'un marinier au port ou celle, pour le fermier, d'avoir son habitation à moins de 100 m., par exemple, du passage, faute de quoi il serait tenu d'établir une loge près de celui-ci et d'y rester à la disposition du public. Souvent aussi il est bon de prescrire la pose d'une cloche sur la rive opposée.

Mentionnons enfin une disposition qui nous paraîtrait devoir figurer avec avantage dans le cahier type, la défense d'affecter les bateaux à un autre service que celui du passage.

3º Tarifs. — Les circonstances locales peuvent faire varier les sommes exigées pour le passage ; aussi l'art. 20 de la loi du 6 frimaire an VII prescrit-il aux ingénieurs de joindre aux projets de tarifs *les motifs qui les auront déterminés ; en conséquence : — 1º Ils indiqueront la largeur des fleuves et rivières, leur niveau lors des hautes, moyennes et basses eaux ; — 2º Ils proposeront, s'il est nécessaire, un supplément de taxe proportionnel aux travaux lors des débordements ; à l'effet de quoi ils désigneront le niveau où le supplément pourrait être exigible : — 3º Ils comprendront dans la somme à percevoir les frais d'entrée et de sortie des voitures et marchandises.* La circulaire du 31 août 1852 rappelle en outre que le projet de tarifs doit, aux termes d'un avis en date du 18 déc. 1849 du comité des finances du Conseil d'Etat, rappeler les exemptions de péage stipulées par le cahier des charges. A ce sujet, nous ferons remarquer qu'il conviendrait de ne pas donner une énumération détaillée de ces exemptions, mais de s'en référer au cahier des charges : le tarif, en effet, arrêté par décret, doit en principe avoir un caractère permanent, et n'a pas besoin d'être approuvé de nouveau à chaque adjudication, tandis que la liste des exemptions est susceptible de varier et peut le faire aisément au moment de chaque adjudication, si on ne l'insère qu'au cahier des charges. On ne voit pas d'ailleurs à quoi sert cette dernière insertion si les exemptions sont fixées par décret.

A titre d'exemple, nous reproduirons le tarif du bac de Régneville, sur la Meuse, approuvé par décret du 30 oct. 1883 :

1° *Pour le passage d'une personne non chargée ou chargée d'un poids au-dessous de cinq myriagrammes, cinq centimes, ci.* 0,05

2° *De denrées ou marchandises embarquées à bras d'homme et d'un poids de cinq myriagrammes, cinq centimes, ci.* 0,05

3° *Pour chaque myriagramme en sus, deux centimes, ci* . . . 0,02

Nota. Le chargeur déclarera le poids, qui pourra être vérifié par le batelier.

4° *Pour le passage d'un cheval ou mulet avec son cavalier, valise comprise, quinze centimes, ci* 0,15

5° *D'un cheval ou mulet chargé, quinze centimes, ci.* 0,15

6° *D'un cheval non chargé, dix centimes, ci.* 0,10

7° *D'un âne chargé ou d'une ânesse, dix centimes, ci* 0,10

8° *D'un âne non chargé ou d'une ânesse, cinq centimes, ci* . . 0,05

9° *D'un bœuf ou d'une vache, dix centimes, ci* 0,10

10° *D'un veau ou d'un porc, cinq centimes, ci* . . . , . . 0,05

11° *D'une charrue attelée de deux chevaux, conducteur compris, dix centimes, ci* 0,10

12° *De chaque cheval ou bœuf, en sus de deux, allant à la charrue, trois centimes, ci* 0,03

13° *De chaque homme allant à la charrue, en sus d'un par charrue, deux centimes, ci* 0,02

14° *D'un cheval avec une herse, y compris le conducteur, cinq centimes, ci* 0,05

15° *De chaque herse en plus, un centime, ci* 0,01

16° *D'un mouton, brebis, bouc, chèvre, cochon de lait, pour chaque paire d'oies ou de dindons, deux centimes, ci* 0.02

Nota. Le fermier ne pourra être contraint de passer ces animaux que lorsque les conducteurs lui assureront une recette d'au moins quinze centimes.

17° *Pour le passage d'une voiture suspendue à deux roues, attelée d'un cheval ou d'un mulet et d'une litière à deux chevaux, conducteur compris, trente centimes, ci* 0,30

18° *D'une voiture suspendue à quatre roues, attelée d'un cheval ou d'un mulet, y compris le conducteur, cinquante centimes, ci.* 0,50

19° *D'une voiture suspendue à quatre roues, attelée de deux chevaux ou mulets, y compris le conducteur, soixante centimes, ci* 0,60

Nota. Les voyageurs payeront séparément, par tête, le droit dû pour une personne à pied.

20° *D'une charrette ou chariot attelé d'un cheval, conducteur compris, trente centimes, ci* 0,30

21° *D'une charrette ou chariot attelé de deux chevaux ou mulets, y compris le conducteur, quarante cinq centimes, ci* 0,45

---

1. Ce chiffre de 0 fr. 05 est assez faible et souvent remplacé par 0 fr. 10. Tout le tarif est d'ailleurs très modéré.

22° D'une charrette ou chariot attelé de trois chevaux ou mulets, y compris le conducteur, soixante centimes, ci *0,60*

23° De chaque cheval ou mulet au-delà de trois, dix centimes, ci. *0,10*

24° D'une charrette ou d'un chariot à vide, attelé d'un cheval ou d'un mulet, conducteur compris, vingt centimes, ci *0,20*

25° De chaque cheval ou mulet en plus, dix centimes, ci . . . *0,10*

Le service des bateliers durera chaque jour depuis une heure avant le lever du soleil jusqu'à une heure après son coucher [1].

Toute personne qui voudra passer isolément et sans attendre le laps de temps fixé par l'art. 33 du cahier des charges, payera le double droit porté au tarif, c'est-à-dire dix centimes, ci. *0,10*

Durant le temps des hautes eaux, les taxes du présent tarif seront doublées, et les fermiers pourront refuser de passer des animaux attelés ou non attelés.

A l'époque de la fenaison, les cultivateurs se rendant à leurs prairies ne payeront que cinq centimes pour l'aller et le retour. — Ils pourront d'ailleurs contracter des abonnements amiables avec le fermier.

Les eaux seront considérées comme hautes à partir de un mètre soixante-dix centimètres au-dessus de l'étiage.

Le tarif précédent ne comprend pas de prix pour le service des bateaux à vapeur. Au bac départemental de Duclair (Seine-Inférieure), l'embarquement ou le débarquement des voyageurs est tarifé à 0 fr.25, avec un minimum de perception de 0 fr. 50 [2]. Nous extraierons du tarif de ce passage les prescriptions suivantes : *La hauteur du chargement des voitures, quelles qu'elles soient, doit être inférieure à quatre mètres, comptés au-dessus du sol ; dans le cas où un chargement s'élèverait plus haut, il serait en partie enlevé de la voiture, de manière à le ramener à la hauteur de quatre mètres, et la partie déchargée serait embarquée à part, au prix du tarif. — Quand les voitures, charrettes et chariots seront attelés, le conducteur devra toujours être à la tête de ses chevaux et obéir aux indications qui lui seront données par le patron pour diriger la voiture à l'entrée comme à la sortie.*

Le développement de l'usage des vélocipèdes et voitures automobiles a rendu nécessaire l'addition de prix y relatifs ; mais les passages d'eau de l'Etat sont encore dépourvus de dispositions à cet égard : la question est, croyons-nous, à l'étude. Pour les bacs départementaux, dont les tarifs sont arrêtés par simple délibération du conseil général, on a pu souvent procéder plus rapidement. Dans la Seine-Inférieure, on a adopté, pour les vélocipèdes, des tarifs assez élevés, atteignant 30 centimes à Quillebeuf, et même 40 centimes pour le service des

---

1. Il nous paraît préférable de régler cet ordre de questions dans le cahier des charges (voir p. 299).

2. Le passage ordinaire d'un voyageur coûte 0 fr. 10.

bateaux à vapeur. Pour les passages ordinaires, où les voyageurs paient 10 centimes, on a fixé les chiffres suivants :

Tricycles, vingt centimes, ci. . . . . 0 fr. 20

Bicyclettes, quinze centimes, ci. 0   15

et cinq centimes pour chaque place en plus. Aucun de ces prix ne comprend le passage du ou des voyageurs.

Une demande du *Touring-Club* tendant à la nomination d'une commission chargée d'entendre les représentants des associations vélocipédiques a été repoussée par le conseil général (séance du 20 août 1897).

En ce qui concerne les voitures automobiles, nous ne connaissons aucun tarif de bac, mais on verra celui du transbordeur de Rouen au n° VI.

4° Adjudications et soumissions directes. — L'art. 25 de la loi du 6 frimaire an VII pose le principe de l'adjudication des droits de passage ; mais l'arrêté du gouvernement du 8 floréal an XII l'a fait avec plus de précision : *Art. 1ᵉʳ. — La perception des droits de bacs et passages d'eau, dont les tarifs ont été arrêtés ou le seront à l'avenir par le gouvernement, sera affermée à l'enchère publique, d'après les ordres et instructions du ministre des finances, à la diligence des préfets de département.*

En principe, l'adjudication a lieu à la préfecture ; mais la circulaire du 31 août 1852 autorise les préfets à déléguer aux sous-préfets et ceux-ci aux maires la faculté de procéder aux adjudications dans le lieu de leur résidence. Elle recommande d'ailleurs d'adjuger autant que possible à la même époque tous les bacs du même département. L'adjudication est annoncée par affiches, au moins un mois à l'avance (décision du ministre des finances du 19 mai 1841) ; trois jours avant la date fixée, les concurrents doivent déposer au lieu fixé des certificats de capacité et de moralité (voir l'art. 29 du cahier des charges, p. 297). Il nous semble peu logique d'exiger la production d'un certificat de capacité de la part des concurrents, car ils ne sont pas tenus de conduire eux-mêmes leurs bateaux : l'art. 47 de la loi de l'an VII et l'art. 29 du cahier des charges ne formulent cette exigence qu'à l'égard des mariniers et non du fermier personnellement.

En ce qui concerne la mise à prix, la circulaire recommande de la fixer sensiblement au-dessous du produit présumé du passage d'eau, afin de provoquer la concurrence. Ce calcul, bon parfois, peut être mauvais dans certains cas, car il est des localités où nul ne songe à se porter comme compétiteur d'un fermier auquel tout le monde est habitué.

« Dans le cas où il ne se présenterait pas d'enchérisseurs à l'adjudication, dit la circulaire du 31 août 1852, les mises à prix pourront, séance tenante, être successivement diminuées ; et même, à défaut d'offres plus avantageuses, le passage d'eau pourra être adjugé sous la simple condition de l'entretenir en bon état et de se soumettre aux obligations imposées aux fermiers par le cahier des charges ».

Une instruction du ministre des finances du 19 prairial an XII autorisait les préfets à recevoir des enchères collectives portant sur la totalité des résultats des adjudications partielles ; mais le même ministre a décidé, à la date du 20 mars 1841, que la mise à prix de toute adjudication collective serait d'un dixième au moins en sus de cette totalité ; puis il a ajouté, par décision du 19 mai 1841, que l'adjudication collective ne pourrait avoir lieu que quinze jours après l'apposition d'affiches spéciales, devant elles-mêmes être apposées dans la quinzaine des adjudications partielles. La même décision ajoute que l'affiche publiée pour celles-ci devra, lorsqu'il sera jugé utile de réserver la faculté éventuelle de l'adjudication collective, énoncer cette réserve par une mention expresse.

Autrefois, les adjudications étaient approuvées par le ministre des finances ; mais le décret du 13 avril 1861 a accordé aux préfets le pouvoir de donner cette approbation (tableau C, 11°).

A défaut de résultat des tentatives d'adjudication, la circulaire de 1852 admet les abonnements par voie de soumission directe. « Les actes d'abonnement, à moins de circonstances particulières, énonceront simplement les bases du traité, c'est-à-dire la durée du bail, le prix annuel de la redevance, enfin l'engagement pris par l'abonnataire de se soumettre aux clauses et conditions du cahier des charges ». L'affermage par abonnement direct n'étant qu'un mode d'exploitation provisoire, le traité doit prendre fin à l'époque fixée pour la réadjudication des autres passages d'eau du département.

Le décret de 1861 n'ayant pas donné compétence au préfet pour accepter les soumissions directes, le ministre des finances était, semble-t-il, fondé à revendiquer pour lui, comme il l'a fait, ladite compétence. Mais le ministre des travaux publics a constamment invité les préfets à procéder eux-mêmes aux dites acceptations, sur l'avis des ingénieurs en chef et des directeurs des contributions indirectes, pourvu, bien entendu, que le soumissionnaire acceptât le cahier des charges approuvé par l'administration supérieure.

5° Questions de compétence. — La jurisprudence ne s'est fixée que progressivement dans le sens de la compétence exclusive du conseil de préfecture dans les litiges entre l'administration et les fermiers. A l'origine, toutes les questions financières étaient attribuées aux tribunaux ordinaires, compétents en matière de contributions indirectes. Ainsi en était-il, non-seulement quand il s'agissait du recouvrement du fermage (O. C. 9 août 1836, Salers) ou de la moins-value du matériel (Cass. 6 août 1829, Beaudoin ; O. C. 25 avril 34, Ancel)[1], mais même

---

1. Un arrêt du 27 août 1839 (Robert) concerne l'indemnité pour liquidation du matériel, par suite de suppression prématurée.

au sujet de demandes d'indemnité à raison du mauvais état des chemins accédant au bac (ordonn. Salers) ou de la construction d'un pont
(O. C. 22 oct. 1830, Matignon). Au contraire, dès la même époque, les
autres difficultés étaient déférées au conseil de préfecture ; c'est ainsi
que l'ordonnance Salers appliquait ce principe aux contestations soulevées par l'ordre d'ajouter un bac.

Dès 1840 (O. C. 16 juill., Miozé), on pouvait prévoir un changement
de jurisprudence ; toutefois, il pouvait y avoir doute, une demande de
réduction du bail étant fondée sur un dommage causé par un travail
public, la construction de digues. La nouvelle jurisprudence s'affirma
à l'occasion de la construction d'un pont et de la suppression d'un chemin (O. C. 26 avril 1844, Cie du bateau de Cubzac, et 23 mars 45, Mariaud), et fut confirmée, d'une façon définitive, par l'attribution au conseil de préfecture des litiges sur la plus ou moins-value due à raison
des variations de valeur du matériel (C.E. 26 janv. 1850, Cartier ; 7 mai
52, Paturot). Il est à peine besoin de mentionner une décision du Tribunal des conflits (7 nov. 1850, Perriat), qui a affirmé la compétence
administrative au sujet de difficultés relatives à la fourniture et au
remplacement du matériel. On pourrait d'ailleurs citer ici des arrêts
plus récents, mentionnés précédemment, qui ont reconnu implicitement
la compétence du conseil de préfecture.

Cette compétence est d'ailleurs naturellement exclusive de recours
directs au Conseil d'Etat pour excès de pouvoir (C. E. 7 mai 1852, Paturot).

Ajoutons que cette compétence est fondée à la fois sur l'art. 4 de la
loi du 28 pluviôse an VIII et sur l'art. 35 de la loi du 6 frimaire an
VII, article portant que les administrations centrales contraindront les
adjudicataires à faire les réparations nécessaires *par les mêmes voies
que pour les autres entreprises nationales.*

Le Conseil d'Etat n'a pas jugé qu'on pût assimiler un bac desservant
des biens communaux, situés au milieu d'un fleuve, à un bac public et
a, en conséquence, renvoyé à l'autorité judiciaire, les difficultés entre
la commune et le fermier (26 oct. 1888, comm. de Miribel). M. Le Vavasseur de Précourt avait fait remarquer que, si le bac était public, sa
mise en ferme par la commune serait irrégulière.

En ce qui concerne les contestations avec les tiers sur l'application
du tarif, nous avons vu (p. 296) que l'art. 26 du cahier des charges ins-
titue un moyen de conciliation devant le maire ; mais c'est le juge de
paix qui est compétent pour trancher les litiges, en vertu des art. 56
et suivants de la loi du 6 frimaire an VII (voir p. 295, note 1).

Nous avons vu, à l'occasion de divers articles du cahier des charges (n°s 3, 8, 11, 15, 16, 17, 19, 21, 26, 35), les attributions des divers
représentants de l'autorité publique ; nous ajouterons simplement ici
que, lorsque l'administration veut faire appel sur une décision relative

à une indemnité allouée au fermier, c'est au ministre des travaux publics, et non à celui des finances, qu'il appartient de former le pourvoi (20 juill. 1850, Mariaud).

Enfin, nous devons signaler que les bateaux des passages d'eau, même dépendant d'une route, ne constituent point des dépendances de la grande voirie, en sorte que le conseil de préfecture est incompétent sur les poursuites exercées à raison d'avaries qui leur sont faites (C. E., 15 mai 1874, Sauvignon).

VI. Ponts à péage. — 1° **Etablissement.** — La loi du 14 floréal an X, après avoir statué par ses art. 9 et 10 (voir p. 280 et 283) sur l'établissement des bacs ou passages d'eau, s'exprime ainsi, en son art. 10 : *Le gouvernement autorisera dans la même forme* (c'est-à-dire dans la forme arrêtée pour les règlements d'administration publique), *et pendant la même durée de dix années, l'établissement des ponts dont la construction sera entreprise par des particuliers : il déterminera la durée de leur jouissance, à l'expiration de laquelle ces ponts seront réunis au domaine public, lorsqu'ils ne seront pas une propriété communale. Il fixera le tarif de la taxe à percevoir sur ces ponts.*

Ce pouvoir est renouvelé annuellement par les lois de finances [1] ; mais la loi du 30 juill. 1880 en a restreint l'étendue, en disposant, par son art. 1er, qu'*il ne sera plus construit à l'avenir de ponts à péage sur les routes nationales ou départementales.*

Une première règle fondamentale ressort de la loi de l'an X, c'est que tout pont à péage doit être autorisé par le gouvernement, quelle que soit la voie de communication desservie, et cela même sur les cours d'eau non navigables (Cass., 27 janv. 1876, Pradès). Un second point consiste en ce que la concession doit être accordée par un décret pris dans la forme des règlements d'administration publique, un simple décret (ou ordonnance) étant insuffisant (Cass., 14 juin 1844, Marcellin). Il est vrai que le décret du 14 sept. 1864 a attribué à la section de l'intérieur du Conseil d'Etat la connaissance des affaires concernant l'établissement des ponts *communaux* à péage, et que la Cour de cassation a reconnu la légalité de concessions ainsi faites (27 janv. 1876, Pradès); mais le décret du 2 août 1879, portant règlement intérieur du Conseil d'Etat, est revenu à une application plus stricte de la loi de l'an X, par son art. 7, n° 24, comprenant parmi les affaires qui sont portées à l'assemblée générale l'approbation des tarifs des ponts à péage et des bacs; ajoutons que le décret du 3 avril 1886 a complété ce numéro, devenant le vingt-deuxième, par l'addition du rachat des concessions de ponts à péage.

L'arrêt de cassation du 14 juin 1844 énonce que la nécessité d'un

---

1. Voir l'état C (n° I, § 1, 7°), annexé à la loi du 29 mars 1897.

règlement d'administration publique s'applique aussi bien à la prorogation d'une concession qu'à la concession primitive elle-même ; mais il y a exception dans le cas où l'acte primitif aurait prévu une durée maximum, tout en n'accordant d'une façon ferme qu'une concession de moindre durée : alors un simple décret suffit pour accorder une prorogation enfermée dans les limites du maximum (C. E., 2 déc. 1887, Escarraguel).

Le décret autorisant la construction d'un pont à péage ayant tous les caractères d'un décret d'utilité publique, on ne le prend qu'à la suite d'une enquête conforme, suivant les cas, aux prescriptions de l'ordonnance du 18 fév. 1834 ou de celle du 23 août 1835 (voir t. I, p. 123-127). Au sujet de cette dernière, mentionnons des circulaires du ministre de l'intérieur en date des 22 mars 1883, 12 avril 1892 et 25 avr. 1894 : cette dernière donne des modèles des diverses pièces.

Les lois des 10 août 1871 et 5 avril 1884 ne contiennent aucune disposition spéciale relative aux ponts à péage.

Une circulaire du ministre des travaux publics en date du 30 sept. 1832 a indiqué la composition des dossiers à produire ; elle peut se résumer ainsi : un plan des lieux qui indique l'emplacement du pont et la direction des abords ; un profil transversal de la rivière, avec les niveaux des hautes, basses et moyennes eaux ; un rapport motivé discutant la fixation du débouché des eaux, la largeur entre garde-corps, l'élévation de la partie inférieure du tablier ou de la clé de voûte au-dessus des plus hautes eaux ; le rayon des courbes de raccordement avec les portions de route exécutées ou à exécuter aux abords, la limite supérieure des pentes et les dispositions à prendre dans l'intérêt de la navigation ou du flottage ; un projet de tarif et l'indication du maximum de durée à assigner à la concession du péage.

Cette circulaire ajoutait que les ingénieurs devaient réunir tous les renseignements nécessaires à la rédaction du cahier des charges, lequel doit naturellement figurer au dossier d'adjudication. Elle invite d'ailleurs les préfets à consulter les conseils municipaux intéressés et à faire ouvrir les conférences nécessaires. Aujourd'hui, l'initiative appartient à peu près exclusivement aux départements et aux communes, l'art. 1er de la loi du 30 juill. 1880 portant qu'*il ne sera plus construit à l'avenir de ponts à péage sur les routes nationales ou départementales*. Le même article ajoute que, *en cas d'insuffisance de ressources immédiatement disponibles pour la construction des ponts dépendant de la voirie vicinale, il pourra y être pourvu par les départements et communes au moyen d'un emprunt à la caisse des chemins vicinaux*. Cette disposition, on le voit, a pour objet de rendre de plus en plus rare la concession de nouveaux ponts à péage.

2° **Cahier des charges.** — Une circulaire du 3 août 1852 a envoyé un type de cahier des charges, qui a été remplacé par un autre, joint à une circulaire du 7 mai 1870. Ces cahiers visent spécialement les ponts suspendus, à l'égard desquels ils édictent des dispositions d'ordre exclusivement technique ; mais ils contiennent aussi des prescriptions générales que nous devons étudier dans le dernier texte. Nous appellerons d'ailleurs l'attention sur le cahier des charges annexé au décret du 13 oct. 1896, qui a accordé la concession d'un pont à transbordeur pour la traversée de la Seine à Rouen : ce cahier est établi sur le type relatif à l'outillage des ports (p. 264), convenablement modifié.

CONDITIONS SPÉCIALES RELATIVES A L'EMPLACEMENT, AUX DIMENSIONS GÉNÉRALES, AU DÉLAI D'EXÉCUTION. — *Art. 1er. — L'adjudicataire s'engage à exécuter à ses frais, risques et périls, et à terminer dans le délai de... à dater de l'homologation de son adjudication ou plus tôt, si faire se peut, tous les travaux nécessaires à la construction du pont suspendu sur... (emplacement, alignement, abords compris dans la concession, dimensions générales, largeurs, hauteurs...).*

Dans un cas où le cahier des charges obligeait le concessionnaire à construire un chemin de 800 m. et où les circonstances rendirent nécessaire un chemin plus long, le Conseil d'Etat déclara l'obligation limitée à 800 m. (22 août 1868, Boulland). Notons que les dessins figurant au dossier n'obligent l'adjudicataire que sur les points pour lesquels ils sont visés par le cahier des charges (31 août 1837, Séguin ; 17 mai 50, Boulland). Ce dernier arrêt fait application du plan dans les limites des lettres visées.

PROJET EXIGÉ DE L'ADJUDICATAIRE. — *Art. 8. — Avant de commencer les travaux et dans le délai de trois mois à dater du jour où la décision qui aura homologué l'adjudication lui aura été notifiée, l'adjudicataire sera tenu de présenter au ministre de......, par l'intermédiaire du préfet, le projet du pont et de ses dépendances, tel qu'il se propose de l'exécuter.*

L'art. 9 donne des détails sur le projet à fournir, qui doit être en double expédition.

L'art. 10 prescrit l'examen par le conseil des ponts et chaussées, même lorsque l'affaire ne relève pas du ministre des travaux publics, mais cette disposition est aujourd'hui sans application lorsqu'aucun service relevant de ce ministère n'est en cause. Cet article prévoit le cas où le ministre prescrivait des modifications. Il va de soi que si ces modifications sont contraires aux prévisions de l'avant-projet et onéreuses en même temps, le concessionnaire a droit à une indemnité (7 décembre 1850 et 5 janv. 54, Jeannez).

L'art. 11 prescrit de déposer à la préfecture une copie de la décision ministérielle et une des expéditions du projet.

L'art. 12 défend d'apporter au projet des modifications non approuvées.

ÉPREUVES ET RÉCEPTION. — Les art. 13 à 19 leurs sont consacrés. Aux termes de l'art. 15, le préfet autorise provisoirement l'ouverture ; mais, d'après l'art. 19, la réception n'est définitive qu'après l'homolo gation par le ministre. Un arrêt du 28 déc. 1849 (Manuel) a reconnu qu'en présence de travaux incomplets, le refus de la réception défini- tive et, *a fortiori*, la retenue d'une partie du cautionnement étaient bien justifiées.

ENTRETIEN. — *Art. 20.* — *Le pont, ses abords et tous les ouvrages quels qu'ils soient qui auront été exécutés par l'adjudicataire seront constamment entretenu en bon état dans toutes leurs parties.* — .... *Les frais de toute na- ture relatifs à l'entretien, ainsi que ceux de construction première, et même, le cas échéant, de reconstruction, demeureront à la charge de l'adjudi- cataire.*

Le Conseil d'Etat a plusieurs fois fait application de l'obligation d'entretenir les abords établis par le concessionnaire (20 juin 1844, pont de Cubzac, arcades supportant la chaussée avoisinante ; 28 juillet 49, pont de Meung, levées ; 23 mars 70, du Hamel, rampes de raccorde- ment avec le chemin de halage). Toutefois, si le cahier des charges im- posait l'obligation d'établir un passage provisoire à l'aide d'un bac en cas d'interdiction du pont, le concessionnaire ne serait pas tenu d'entretenir la voie publique servant d'accès à ce bac (18 déc. 1862, Debans). De même, un concessionnaire obligé d'établir un chemin avant de supprimer un bac n'est pas tenu de rétablir celui-ci, si le chemin se trouve enlevé par un cas de force majeure (18 janv. 1844, pont de Parentignat).

Dans ce cas, l'entretien du chemin n'était évidemment pas à la charge du concessionnaire, et le visa de la force majeure établit qu'il n'était pas responsable de l'enlèvement du chemin. Il est, au contraire, des cas où la force majeure, bien loin de dégager le concessionnaire, éta- blit sa responsabilité ; citons d'abord des arrêts posant le principe de l'obligation de la reconstruction, en cas de destruction par force ma- jeure (16 juin 1853, Gabaud ; 3 juin 58, Ruiz ; 10 sept. 64, pont de Ville-sur-l'Ardèche ; 28 mars 79, Escarraguel [1]). Le dernier de ces ar- rêts fait remarquer que la chute du pont ne peut être imputée à un vice du plan, qui engagerait la responsabilité de l'administration, pré- cisément parce que cette chute a été causée par une crue qu'on ne pouvait prévoir. Au contraire, l'arrêt du 10 sept. 1864, relatif aux le- vées d'un pont, tout en déclarant le concessionnaire tenu de le recons- truire, fait des réserves sur la responsabilité pouvant incomber à l'ad- ministration du fait des vices que pouvaient présenter les dispositions prescrites par elle.

A un autre point de vue, la force majeure empêche l'administration

1. A la suite de dragages faits par l'Etat, tant pour enlever des décombres provenant de chutes du pont et laissées dans la rivière par le concessionnaire que pour des motifs étrangers à celui-ci, le Conseil d'Etat a opéré un partage des dépenses (3 janv. 1881, Escarraguel).

de réclamer une indemnité au concessionnaire pour l'interruption du passage (3 août 1858, Gabaud) [1].

SURVEILLANCE. — L'art. 21 prescrit une visite annuelle et permet au préfet d'en ordonner d'autres toutes les fois qu'il le juge utile. Le même article ordonne de renouveler l'épreuve tous les cinq ans. L'art. 29 met tous les frais de visite et d'épreuve à la charge du concessionnaire.

Souvent les cahiers de charges anciens prescrivaient une visite avant la décision ordonnant le renouvellement de l'épreuve (voir 13 juin 1860, Chavier ; 8 janv. 63 et 18 mars 68, Séguin), Sur l'exécution de l'épreuve en régie, on verra un arrêt du 27 juill. 1859 (Surville).

Notons que, à propos des ponts suspendus, une circulaire du ministre des travaux publics en date du 26 nov. 1888 a prescrit aux ingénieurs des ponts et chaussées de remettre le contrôle au service chargé de l'entretien de la voie de communication desservie.

DÉPENSES A LA CHARGE DU CONCESSIONNAIRE. — L'art. 22 y comprend les frais d'acquisition ou d'expropriation des terrains et bâtiments nécessaires à l'exécution des travaux, et l'art. 23 les indemnités pour dommages ; l'art. 24 énonce, comme étant au nombre de ceux-ci, les frais d'éviction du fermier du bac, s'il en existe un. Ce même article autorise d'ailleurs le concessionnaire du pont à transporter ses matériaux et ouvriers sans avoir recours à ce fermier. L'article 25 impose au concessionnaire l'obligation de prendre les mesures nécessaires pour assurer le maintien de la navigation ou du flottage.

Enfin l'art. 26 est ainsi conçu : *Dans le cas où la circulation serait interrompue, pour cause de travaux de réparation et d'entretien ou de reconstruction, l'adjudicataire sera tenu d'établir à ses frais et sans délai un passage provisoire à l'aide d'un bac ou de bateaux en nombre suffisant. Un arrêté du préfet, motivé soit sur la courte durée de l'interruption, soit sur le peu d'éloignement d'un autre pont, pourra seul dispenser le concessionnaire de cette obligation. Les droits à percevoir sur ce passage provisoire ne pourront jamais être autres que ceux qui sont fixés par le tarif du péage concédé.* On a vu (p. 309) un arrêt relatif à l'entretien du chemin servant d'accès à un tel passage.

Rappelons aussi que les frais de surveillance et d'épreuve sont à la charge du concessionnaire, en vertu de l'article 29. L'art. 32 y met aussi ceux *de régie, de perception, d'administration et d'éclairage du pont.*

CONCESSION ET SUBVENTION. — *Art. 30. — Pour indemniser l'adjudicataire des dépenses qu'il s'engage à faire par les articles précédents, et sous a condition expresse qu'il en remplira toutes les obligations, le gouvernement lui concède, pour le temps qui sera déterminé par l'adjudication à intervenir,*

---

1. Il y avait eu réadjudication, sur la demande du concessionnaire, et elle avait eu lieu aux mêmes conditions que l'adjudication primitive.

le produit d'un péage dont le tarif est annexé au présent cahier des charges, et dont la perception sera autorisée en la forme réglée par les art. 15 et 19 ci-dessus.

Art. 31. — L'adjudicataire recevra en outre, à titre de subvention … (fixer les termes du payement).

Art. 32. — L'adjudication aura lieu au profit de celui des concurrents qui fera le plus fort rabais sur la durée du péage. Cette durée sera comptée pour le concessionnaire à dater du jour où le pont aura été livré au public, même à la suite d'une demi-épreuve et avec les restrictions que l'administration aura jugé à propos d'imposer.

Une annotation du modèle indique que le rabais peut porter sur le montant de la subvention ; dans ce cas, il conviendrait de modifier, non-seulement l'art. 32, mais aussi l'art. 30. En ce qui concerne ce dernier, nous renverrons pour l'examen des tarifs au 3° du présent numéro, et nous rappellerons que les art. 15 et 19 règlent les formes de l'autorisation d'ouvrir le pont à la circulation et de percevoir les tarifs.

On voit, d'autre part, que le type de cahier des charges suppose le système de l'adjudication ; mais, dans certains cas, on a recours à des concessions de gré à gré. C'est ce que l'Etat a fait récemment pour le pont à transbordeur de Rouen, concédé, par décret du 13 oct. 1896, à M. Arnodin, inventeur du système, comme il l'avait fait pour le pont roulant de Saint-Malo, concédé également à l'inventeur (décret du 10 fév. 1873 ; voir un article de M. Floucaud de Fourcroy dans les *Annales des ponts et chaussées* de 1874, 2° sem.).

Une subvention ne peut naturellement être réclamée s'il n'y a eu que de simples pourparlers à ce sujet et si aucune disposition y relative ne se trouve dans le texte du contrat (18 mars 1881, Maurel), et la subvention promise ne saurait être augmentée obligatoirement, en l'absence d'une augmentation des charges imposées par le traité (11 nov. 1887, Boutré). Si l'Etat subventionne un pont départemental ou communal, il ne saurait être tenu de verser une somme supérieure à celle qu'il a promise (21 janv. et 21 juill. 1853 et 22 juin 77, Escarraguel). Toutefois, sa responsabilité pourrait se trouver engagée par les vices du plan dressé par ses ingénieurs, agissant à ce titre (9 juill. 1880, David, débouché insuffisant). Nous ferons remarquer à ce sujet que, lorsqu'il s'agit de ponts communaux ou départementaux, on ne voit pas pour quel motif l'Etat ferait dresser aucun projet : il n'a qu'à exercer un contrôle sur les projets présentés, et, si le débouché approuvé est insuffisant, du moins n'en a-t-il pas la responsabilité pécuniaire. Mentionnons enfin, au sujet des subventions, un arrêt du 17 fév. 1853 (Escarraguel), d'après lequel, si des communes en ont promis et si le préfet a procédé à l'adjudication, la demande de versement et l'assignation lui sont régulièrement adressées.

Art. 33. — A l'expiration de la concession, le pont, ses abords et tous les ouvrages quels qu'ils soient qui auront été construits par le concessionnaire

*seront remis à l'administration en bon état d'entretien dans toutes les parties.
Les terrains achetés des deniers du concessionnaire pour l'établissement des
abords ne pourront donner lieu à aucune répétition de sa part.*

Sur l'étendue du retour à l'administration, on peut consulter un arrêt du 11 juillet 1890 (dép. de l'Indre), qui a déclaré le principe du retour applicable à la maison du gardien, en s'appuyant sur ce qu'elle
figurait sur le projet approuvé. Le même arrêt a refusé au concessionnaire tout remboursement sur la dépense qu'avait nécessitée l'établissement de chambres de visite. L'obligation de livrer le pont et ses dépendances *en bon état* a donné lieu à un certain nombre d'arrêts. Dans
l'un d'eux (2 avril 1886, comm. de Buzet), le Conseil d'Etat ne s'est pas
arrêté à une objection fondée sur ce que la mise en demeure de faire
des réparations avait été notifiée quatre jours après l'ouverture du
pont à la libre circulation. Deux arrêts des 8 janv. 1863 et 18 mars 68
(Séguin) ont reconnu le droit de l'administration de faire procéder à
des épreuves, mais c'est à tort que celle-ci refuse de vérifier les réparations faites et de prendre livraison du pont sous réserve des résultats des épreuves retardées par la contestation soulevée à leur sujet.

Enfin un arrêt du 28 mai 1868 (Escarraguel) traite plusieurs questions
intéressantes. Après avoir compris, au nombre des travaux pouvant
être exigés avant la remise, des enrochements destinés à combattre des
érosions menaçant la solidité du pont, cet arrêt reconnaît que le préfet
a pu, sur le refus du concessionnaire, les faire exécuter en régie et saisir le péage à titre de garantie. Sur ce dernier point, nous verrons les
dispositions de l'art. 44 du cahier type.

RESPONSABILITÉ DE L'ADJUDICATAIRE. — *Art. 34. — Dans aucun cas,
l'adjudicataire ne pourra se prévaloir, pour réclamer une indemnité quelconque, soit des modifications que son projet aurait subies en vertu de l'art. 10,
soit de l'élévation de la dépense, soit des restrictions qui pourraient avoir été
mises à l'usage du pont dans l'intérêt de la sûreté publique. — Il doit aussi être
entendu que, nonobstant la surveillance exercée sur les travaux par l'administration, le concessionnaire restera responsable de tous les défauts de solidité, et que tous les frais d'entretien ainsi que les dommages-intérêts qui pourraient être dus à des tiers, en cas d'accident, seront à sa charge.*

Nous verrons, au 4° du présent numéro, que dans bien des cas non
énumérés au présent article, le concessionnaire peut avoir droit à indemnité. Après avoir constaté que l'administration ne saurait d'ailleurs
se prévaloir de son droit d'approbation pour imposer au concessionnaire, sans indemnité, des dispositions constituant des dérogations aux
dispositions du marché, nous nous bornerons ici à noter quelques arrêts faisant application du principe de responsabilité à l'égard des
dommages causés par les travaux (30 mars 1854, Goffard ; 18 juill. 73,
Legrand, 2ᵉ esp.) et des accidents résultant du défaut d'entretien (16 fév.
1855, Escarraguel, animaux blessés, compét. judic. et art. 479, 4°,C. p.).

Cas de déchéance, d'éviction et de saisie. — *Art. 37.* — *Faute par l'adjudicataire d'avoir présenté son projet dans le délai fixé par l'art. 8 ci-dessus, il encourra de plein droit la déchéance, sans qu'il soit besoin d'aucune mise en demeure, et perdra son cautionnement, qui sera retenu à titre de dommages-intérêts.*

Le cautionnement fait l'objet de l'art. 35, aux termes duquel il est rendu dès la réception définitive des travaux.

Art. 38. — *La déchéance et la perte du cautionnement seront également encourues si, après avoir fourni un projet dont l'administration n'aura pas autorisé l'exécution, il n'en présente pas un acceptable dans le délai que le ministre d.... aura fixé.*

Art. 39. — *L'adjudicataire encourra les mêmes peines s'il n'a pas commencé les travaux dans le délai que déterminera la décision d'autorisation et qui ne sera pas moins de trois mois.*

Art. 40. — *Faute par le concessionnaire, après avoir été mis en demeure d'avoir terminé dans le délai fixé par l'art. 1er les travaux qu'il aura commencés, et d'avoir rempli les diverses obligations qu'il contracte, il sera pourvu à la continuation et à l'achèvement de ces travaux au moyen d'une adjudication nouvelle, qui sera ouverte sur une mise à prix des ouvrages déjà construits, des matériaux approvisionnés, des terrains achetés, et qui sera dévolue à celui des nouveaux soumissionnaires qui, pour succéder aux droits et charges du premier adjudicataire, en fournissant un nouveau cautionnement, offrira la plus forte somme desdits ouvrages, matériaux et terrains. Les soumissions pourront être inférieures à la mise à prix.*

Art. 41. — *La somme offerte par le nouvel adjudicataire sera remise au concessionnaire évincé, mais le cautionnement de celui-ci sera retenu à titre de dommages-intérêts.*

L'art. 42, prévoyant le cas où une subvention supplémentaire serait nécessaire, dit qu'elle sera imputée sur le cautionnement. L'art. 43 pose le principe de l'excuse pour force majeure.

Art. 44. — *Faute par le concessionnaire de maintenir le pont en bon état d'entretien ou de remplir les autres obligations qui lui seraient imposées par l'administration en vertu des clauses du présent cahier des charges, il y sera contraint par les voies de droit ; l'administration aura d'ailleurs la faculté de mettre le séquestre sur les produits du péage et d'en disposer jusqu'à concurrence des sommes nécessaires à l'exécution des travaux ou au payement des dépenses qu'il y aura lieu de faire pour le compte du concessionnaire.*

Un arrêt du 7 juin 1859 (Boulland) a déclaré l'exécution de réparations en régie régulièrement faite après une mise en demeure accordant un délai de huit jours ; il est clair que le délai doit dépendre des travaux prescrits. Le même arrêt donne quelques détails sur la gestion de la régie. Nous avons déjà mentionné, à propos de la remise en bon état en fin de concession, un arrêt du 28 mai 1868 (Escarraguel) reconnaissant également la régularité d'une régie, ainsi que celle d'un séquestre.

3º Tarifs. — Il est d'usage d'insérer les tarifs dans le décret et non dans le cahier des charges ; mais rien ne s'oppose à la pratique contraire, qui exige l'annexion du cahier des charges au décret. C'est ainsi, du reste, qu'on a procédé pour le pont à transbordeur de Rouen. A titre de spécimen, nous donnerons ce tarif récent (décret du 13 oct. 1896).

A. — *Voyageurs à pied, à cheval ou en voiture.*

1.— Par personne, non chargée ou chargée d'un poids de 20 kilog. au maximum. 0 05

B. — *Animaux attelés ou non, non compris les conducteurs.*

2.— Cheval, mulet, âne, bœuf et autres bêtes bovines, par tête. 0 10

3. — Veau, mouton, porc, chèvre. 0 05

C. — *Objets divers non placés sur véhicules.*

4. — Valises, colis, caisses, sacs, volailles et tous objets ou marchandises non placés sur véhicules, par lot d'un poids de 20 à 100 kilog. 0 05

5. — Les mêmes, lorsque le poids du lot dépasse 100 kilog., par fraction de 50 kilog. 0 05

D. — *Véhicules, conducteur et animaux non compris.*

6. — Charrettes ou voitures servant au transport des marchandises, à deux roues, à vide. 0 10

7. — Charrettes ou voitures servant au transport des marchandises, à quatre roues, à vide 0 15

8. — Chargement dans les voitures, par chaque cheval attelé. 0 15

9. — Voiture suspendue ou à ressort, servant au transport des personnes, à deux roues. 0 15

10. — Voiture suspendue ou à ressort, servant au transport des personnes, à quatre roues 0 25

11. — Vélocipède, voiture à chiens, voiture à bras, brouette, à vide 0 05

12. — Chargement de chacun des véhicules du tarif nº 11. 0 05

13. — Voitures de tramways ou voitures automobiles, jusqu'à 5.000 kilog. de poids. 1 00

14. — Voitures de tramways ou voitures automobiles, par 1.000 kilog. ou fraction de 1.000 kilog., au-dessus de 5.000 kilog. 0 10

Les vélocipèdes ne figurent naturellement pas dans les anciens tarifs, et la Cour de cassation n'admet pas, dans ce cas, qu'on exige d'un vélocipédiste plus que d'un simple piéton (8 sept. 1894, Mouzie). A l'occasion d'un tarif qui taxait d'une façon particulière les voitures de roulage, la même Cour a reconnu que l'expression s'applique à des charrettes lourdement chargées, appartenant à un négociant qui fait lui-même ses transports (28 oct. 1890, Joubert).

A la différence de ce qui a lieu pour les bacs, les exonérations de péage sont généralement insérées dans les décrets, comme annexe au tarif. L'énumération est naturellement à peu près la même que pour les bacs (p. 285) ; mais la liste est parfois un peu plus étendue : ainsi un décret du 30 janv. 1869 (pont de Ghyvelde) y comprend les enfants se rendant à l'école ou au catéchisme. Le Conseil d'Etat a reconnu que l'énumération s'appliquait à certains fonctionnaires n'existant pas à l'époque de la concession, mais similaires à des fonctionnaires déclarés exempts de péage (20 janv. 1865, ponts de Lyon) ; mais la Cour de cassation s'est montrée très stricte au sujet des voitures de prisonniers escortées par la gendarmerie (16 mai 1861, Bayard de la Vingtrie) ; il est vrai qu'il s'agissait d'appliquer une exonération figurant, non dans le décret de concession, mais dans l'ordonnance du 29 oct. 1820 sur la gendarmerie, dont l'art. 636 du décret du 1er mars 1854 a reproduit une disposition portant que *les officiers, sous-officiers et gendarmes sont exempts des droits de péage et de passage des bacs, ainsi que les voitures, chevaux et personnes qui marchent sous leur escorte.*

4° **Rachat.** — On a pu remarquer que le cahier des charges type ne contient aucune disposition en ce qui concerne le rachat des concessions de ponts à péage, et cependant il est peu de concessions plus souvent soumises à cette opération. Or, jusqu'en 1880, aucune disposition législative générale ne permettait d'y procéder, en l'absence d'une entente amiable, car la loi du 3 mai 1841 sur l'expropriation est inapplicable à ce cas, puisqu'elle ne concerne que les expropriations d'immeubles et la fixation des indemnités mobilières connexes à ces expropriations ; or le droit des concessionnaires d'un pont est purement mobilier, conformément à un principe général (Cass. 20 fév. 1865, Rolland ; voir t. II. 1re p., p. 335).

Dans ces conditions, on peut trouver quelque ironie dans certains décrets qui autorisaient un rachat, soit à l'amiable, soit *par toute autre voie légale* (26 août 1865, pont d'Argentat ; 20 déc. 65, ponts de Lyon). En fait, lorsque le cahier des charges était muet et qu'il n'y avait pas accord, une loi spéciale était nécessaire, et il était d'usage d'y insérer des dispositions analogues à celles que nous avons indiquées (II, 1re p. p. 342), à propos du rachat des canaux (lois des 6 juillet 1862, pont de Bordeaux ; 27 août 76, pont de Pont-sur-Seine)[1].

Cette situation était fâcheuse, et il y a été mis fin par la loi du 30 juillet 1880, qui a fixé des règles générales pour le rachat, sous réserve des dispositions spéciales qui se trouveraient à ce sujet dans les actes de concession. Après avoir énoncé, dans son art. 1er, qu'*il ne sera*

---

1. Nous ne mentionnerons que pour mémoire deux cas où, soit le ministre des finances, soit le préfet avait prononcé la suppression du péage sans aucune base légale, semble-t-il. Les concessionnaires ayant seulement réclamé une indemnité, le Conseil d'Etat reconnut la compétence administrative (D. C. 20 mai 1848, Bodin) et spécialement celle du conseil de préfecture (2 déc. 1887, Escarraguel).

plus construit à l'avenir de ponts à péage sur les routes nationales ou départementales, cette loi pose les principes suivant sur le rachat.

Art. 2. — Le rachat de la concession de tout pont à péage dépendant de la grande ou de la petite voirie peut être autorisé et déclaré d'utilité publique par décret rendu en Conseil d'Etat, après enquête. — L'enquête a lieu dans les formes déterminées par l'ordonnance du 18 fév. 1834.

La circulaire du ministre de l'intérieur du 31 juillet 1880 indique que ces formes sont nécessaires même si le concessionnaire consent au rachat, « non seulement pour autoriser le rachat et assurer à l'opération l'exonération du timbre et la gratuité de l'enregistrement, mais encore pour supprimer définitivement le péage. »

Art. 3. — A défaut d'arrangement amiable, si les droits du concessionnaire ne sont pas réglés soit par le cahier des charges, soit par une convention postérieure, l'indemnité à allouer pour le rachat de la concession est fixée par une commission spéciale, instituée et composée comme il suit : — Cette commission est instituée par décret et composée de trois membres dont un désigné par le préfet, un par le concessionnaire, et le troisième par les deux autres membres.—Si ces deux membres ne parviennent pas, dans le mois qui suivra la notification à eux faite de leur nomination, à se mettre d'accord sur le nom du troisième, il sera procédé à sa désignation par le président du tribunal de première instance du chef-lieu du département dans le ressort duquel le pont est situé. Le choix ne pourra être fait que parmi les personnes désignées par le conseil général pour la formation du jury d'expropriation pour cause d'utilité publique dans les divers arrondissements dont le département se compose. — Lorsque le pont est établi sur un cours d'eau servant de limite à deux départements, la nomination est faite, dans les mêmes conditions, par le président du tribunal de première instance du chef-lieu de celui des deux départements qui devra être désigné par le décret déclarant l'utilité publique du rachat. — Le même décret désignera celui des préfets qui devra faire la nomination prévue par le second paragraphe du présent article.

Aucune disposition n'a réglementé la manière de procéder des commissions chargées de fixer l'indemnité de rachat, et le Conseil d'Etat a reconnu que le fait par elles de ne pas appeler les parties à discuter leurs prétentions ne constitue pas un vice de forme (23 mai 1890, préfet de l'Isère). Le même arrêt a déclaré que, si les décisions des commissions spéciales ne sont pas susceptibles d'appel, elles le sont d'un recours pour excès de pouvoir. A titre d'indication, nous signalerons un arrêt relatif à une affaire de suppression de péage dont il a été parlé dans la note de la page 315 : le Conseil d'Etat a posé en principe que l'indemnité doit être réduite de façon à tenir compte des frais de mise en état et d'entretien qui auraient normalement incombé au concessionnaire (15 déc. 1893, Escarraguel).

Antérieurement à la loi de 1880, il était surgi une difficulté, à la suite d'un rachat, sur la question de savoir si le concessionnaire conservait la propriété des arbres plantés sur les levées construites par lui et comprises dans le rachat, et le Conseil d'Etat avait jugé que l'affaire relevait du conseil de préfecture (24 janv. 1872, Boulland). Nous pensons qu'il en serait de même aujourd'hui, car il s'agit là d'interpréter le cahier des charges, et d'ailleurs la commission arbitrale, qui a rempli sa mission, ne saurait être reconstituée.

Art. 4. — L'indemnité allouée doit être payée ou consignée avant la prise de possession du pont.

Art. 5. — Les actes de toute nature faits en vertu de la présente loi seront dispensés du timbre et enregistrés gratis, lorsqu'il y aura lieu à la formalité de l'enregistrement.

L'art. 6 prescrivait le rachat, dans le délai de huit ans, des ponts à péage établis sur les routes nationales.

Art. 7. — Il pourra être accordé sur les fonds de l'Etat, pour le rachat des ponts à péage, dépendant des routes départementales ou des chemins vicinaux de toute catégorie, une subvention dont le maximum est fixé à la moitié de la dépense. — Ce maximum est réduit à un tiers pour les rachats des ponts à péage situés sur les routes départementales dans les départements où le produit du centime additionnel au principal des quatre contributions directes est compris entre 20.000 et 40.000 fr., et à un quart dans les départements où il est supérieur à 40.000 fr. — Il ne sera accordé aucune subvention pour le rachat des ponts à péage qui seraient construits sur les chemins vicinaux après la promulgation de la présente loi.

En demandant des propositions aux préfets, le ministre de l'intérieur a indiqué, dans une circulaire du 15 avril 1882, que les proportions du maximum de la subvention de l'Etat fixées pour les routes départementales seraient en fait étendues aux chemins vicinaux.

Ajoutons que la loi du 10 avril 1879, relative à la caisse des chemins vicinaux, a compris, en son art. 3, 2°, le rachat des ponts à péage parmi les opérations en vue desquelles les départements et les communes peuvent obtenir des avances. Le paragraphe III de la circulaire du ministre de l'intérieur du 15 oct. 1879 contient à ce sujet quelques indications pratiques.

5° Indemnités. — Un certain nombre de circonstances ont motivé des indemnités en faveur des concessionnaires de ponts à péage. En première ligne, nous signalerons le cas où l'administration n'a pas rempli un engagement constaté au marché, tel que celui d'exécuter, dans un délai déterminé, certains travaux aux abords (3 août 1849, Dalgabio); mais il n'en serait pas de même si ces travaux, bien que prévus, ne faisaient l'objet d'aucune disposition du marché (31 juill. 1843, Séguin ; 25 nov. 52, Escarraguel) ; dans ce dernier cas, prorogation du point de départ de la concession avait été accordée jusqu'à l'autorisation d'ouverture du pont. On a d'ailleurs été jusqu'à refuser toute indemnité pour défaut complet d'exécution de travaux prévus mais non promis (21 mai 1875, Escarraguel); il ne faudrait évidemment pas pousser cette jurisprudence à l'excès.

A côté des travaux promis ou prévus que l'administration n'exécute pas, on doit mentionner ceux qu'elle exécute et qui peuvent paraître porter atteinte aux droits du concessionnaire. Si, par exemple, l'acte de concession porte qu'un pont desservira une certaine route, la déviation postérieure de celle-ci donne droit à indemnité (27 avril 1850 et 26 juill. 54, pont de Dormans). En ce qui concerne la construction d'un nouveau pont dans le voisinage, il semble que le Conseil d'Etat ait tendance à refuser toute indemnité quand rien n'est prévu dans le marché (1er avril 1869, Guérin [1] ; 23 juillet 75, Roux). Toutefois il ne faudrait pas qu'il s'agît d'un ouvrage nouveau ne desservant que la voie publique sur laquelle est situé le pont (12 mars 1875, ponts de Saint-Marcel et de Cuxac, chaussée au-dessus de l'eau avec passerelle).

Le droit à indemnité est clair si un engagement a été inséré au traité, et alors le Conseil d'Etat ne s'arrête pas à des querelles de mots, comme dans le cas où, au lieu d'un pont, le traité interdit un bac (7 août 1891, pont du Drac, à voir au sujet de l'attribution de la responsabilité). Le principe de l'indemnité s'applique même dans le cas d'un pont de chemin de fer (26 mai 1853 et 16 juill. 57, pont de Rognonas [2]), ou d'un pont-canal (22 fév. 1889, Pochet). Ce dernier arrêt, accordant une indemnité pour le détournement des piétons et des marchandises, accorde à l'administration le choix entre une indemnité annuelle et une indemnité en capital.

Les travaux faits dans l'intérêt de la navigation sur la rivière franchie par le pont justifient la construction de ponts de service qui ne sauraient donner lieu à indemnité (26 mai 1853, pont de Rognonas), et les ouvriers et matériaux peuvent également être passés en bateau (19 mars 1847, Ruiz ; 30 mars 54, Giraudel).

Les principes sont d'ailleurs les mêmes à l'égard des bacs, et le Conseil d'Etat a refusé la résiliation au concessionnaire d'un pont pour refus de suppression d'un bac voisin, en l'absence d'une disposition au marché et malgré les réserves formulées entre l'adjudication et son approbation (26 juill. 1854, Malboz).

Les gués font également l'objet d'une jurisprudence analogue, et le rétablissement d'un gué supprimé en vertu du marché donne droit à indemnité jusqu'à ce que le concessionnaire soit autorisé à faire les travaux nécessaires à sa suppression (20 mai 1868 et 4 août 70, Grulet);

----

1. Dans ce cas, le nouveau pont était éloigné de 3.000 mètres; le ministre de l'intérieur avait soutenu qu'on devrait appliquer le principe du port des bacs s'étendant à 500 m., mais le Conseil d'Etat a rejeté *de plano* la demande.

2. En l'absence d'une disposition spéciale dans le cahier des charges du chemin de fer, l'indemnité a été mise à la charge de l'Etat.

en l'absence de dispositions spéciales, le concessionnaire n'a d'ailleurs pas le droit de faire des travaux empêchant le passage à gué (1ᵉʳ déc. 1859, Perpignan).

Mentionnons simplement l'allocation d'une indemnité à la charge d'une compagnie de chemins de fer pour l'établissement d'un passage à niveau gênant sur une rampe d'accès construite par le concessionnaire du pont (19 déc. 1868, Fournery).

6° Dispositions pénales et jurisprudence. — En l'absence de toute disposition pénale explicite spéciale aux ponts à péage, on s'est demandé si l'on pouvait leur appliquer celles que la loi du 6 frimaire an VII a édictées à l'égard des bacs. La question avait d'ailleurs de l'importance, car si le droit commun fournissait des armes suffisantes contre les concessionnaires, ceux-ci se trouvaient désarmés contre les tiers éludant leurs priviléges. La Cour de cassation a d'abord nié formellement l'applicabilité de la loi de l'an VII (9 juill. 1851, Coste) ; mais sa jurisprudence s'est nettement fixée en sens contraire (voir notamment 18 juill. 1857, Bourgeois ; 16 mai 61, Bayard de la Vingtrie ; 24 mai 62, Delille ; 6 sept. 94, Mouzie [1]). Ces deux derniers arrêts sont particulièrement formels. On se reportera donc au texte des art. 52 à 59 de la dite loi, que nous avons reproduits en notes aux pages 295 et 296.

Nous avons donné quelques indications, à propos des tarifs, sur la jurisprudence relative à leur application [2]. Il nous reste à parler des passages à gué ou en bateau.

Conformément au principe de l'applicabilité de la loi de l'an VII, doit être condamné celui qui élude le passage par le pont en traversant la rivière au moyen d'un bateau qui ne lui appartient pas ou qui n'a pas été autorisé conformément à l'art. 8 de la loi de l'an VII (p. 281 ; 8 juill. 1852, Despierres ; 18 juill. 57, Bourgeois). Ces autorisations ne peuvent d'ailleurs donner lieu à un recours pour excès de pouvoir de la part du concessionnaire, car elles ne sont données qu'au point de vue de la police de la navigation (C. E., 28 déc. 1877, Lanthier) ; mais, si l'autorisation ne paraît pas légitime, l'Etat est condamné à payer une indemnité (12 nov. 1880, Lanthier) : il s'agissait d'un bac privé pour le passage des ouvriers d'une usine ; le cahier des charges n'interdisait pas les ponts dans le voisinage, mais l'arrêt constate qu'il n'y avait aucune voie publique nouvelle desservie par le bac.

En ce qui concerne les gués, la Cour de cassation a posé, dans un arrêt du 24 mai 1862 (Delille), des principes qui paraissent fort sages : « Le passage à gué, a-t-elle dit, placé en dehors des prévisions et même de la raison d'être de la concession (à savoir l'obstacle opposé par les

---

1. L'arrêt Mouzie concerne une contravention de la préposée à la perception.
2. En principe, un débat sur un tarif pourrait se traiter au civil ; mais presque toujours on le traite au criminel (exigence d'un prix trop élevé, art. 52, ou refus de paiement, art. 56).

eaux), reste un bénéfice acquis au public, sans avoir besoin d'être réservé, sauf les mesures qui pourraient être prises compétemment pour en régler ou, s'il y avait lieu, pour en défendre l'usage [1] ». En vertu même de ce principe, ce droit du passage à gué ne peut être invoqué que si le passage « s'opère sur le lit même de la rivière et sans interposition d'aucune base artificielle d'appui » (Cass., 27 janv. 1876, Pradès).

Notons en outre un arrêt du 4 déc. 1852 (Gauthier), qui a déclaré illicite le passage d'ouvriers en charrette hors des conditions mises à l'emploi d'un batelet (celui-ci ne devait servir aux ouvriers d'une exploitation rurale que pendant le travail et non le soir, pour rentrer chez eux).

7° **Questions de compétence.** — 1. Litiges sur la régularité des concessions. — Nous avons vu que, dans certains cas, les concessionnaires peuvent demander une indemnité à raison de la construction d'un pont voisin. Dans un cas où cette construction devait avoir lieu elle-même par voie de concession, les concessionnaires de ponts existants ont fait opposition à l'adjudication ; mais le Conseil d'Etat a déclaré une telle opposition non recevable (18 août 1831, Compagnie des trois ponts). Dans le même ordre d'idées, une prorogation de péage ne peut être attaquée par une commune par la voie contentieuse (15 juill. 1835, pont de Dax).

Au contraire, les irrégularités dans une adjudication, ouvrent au soumissionnaire classé second le droit d'en demander l'annulation (28 janv. 1836, pont de Port-Boulet ; voir t. II, 1re p., p. 66) ; mais, en cas de refus d'approbation d'une adjudication, le premier soumissionnaire ne peut se pourvoir devant le Conseil d'Etat et est sans qualité pour attaquer l'acceptation d'une soumission ultérieure (25 mai 1832, pont de la rue des Saints-Pères ; il est vrai que le mode de construction était changé, mais la circonstance paraît accessoire).

La Cour de cassation peut être appelée, de son côté, à apprécier la régularité d'une concession, à l'occasion d'un refus de paiement d'une taxe : elle apprécie alors si les formes requises ont été observées, mais il ne lui appartient pas d'apprécier si le péage est légal plus de dix ans après la loi du 14 floréal an X (C. E., 23 déc. 1845, Hingray ; on a vu, p. 306, que les lois de finances ont régularisé cette prolongation).

2. Litiges entre le concessonnaire et l'administration. — Les concessions de ponts à péage étant des marchés de travaux publics, les difficultés qui surgissent entre l'administration et le concessionnaire au sujet de l'application du cahier des charges relèvent, en premier ressort, du conseil de préfecture, en vertu de l'art. 4 de la loi du 28 plu-

---

1. Le Conseil d'Etat a déclaré non susceptible de recours une décision annulant un arrêté qui obligeait les usagers d'un gué de payer le droit de passage au concessionnaire du pont (6 avril 1836, pont de la Madeleine).

viôse an VIII (18 août 1831, compagnie des Trois-Ponts ; 6 avril 36, pont de la Madeleine ; 3 mars 37, Liébault ; 12 avril 38, Loirette ; 30 juill. 57, pont de Cubzac ; 29 mai 67, pont de Cournon ; 28 déc. 77 et 12 nov. 80, Lanthier ; art. 45 du cahier des charges type). Les dispositions relatives à la déchéance figurant au cahier des charges, il appartient dès lors au conseil de préfecture d'en connaître et même, semble-t-il, de prononcer la déchéance, aucune disposition du cahier type ne donnant pouvoir à l'administration de la prononcer (8 avril 1842, pont de Roquemaure) ; toutefois, un décret du 22 août 1881 a prononcé la déchéance du pont de bateaux situé sur le Petit-Rhône, à Saint-Gilles. L'arrêt de 1842 a d'ailleurs reconnu que le conseil de préfecture ne peut accorder un sursis, l'administration seule ayant ce pouvoir. En ce qui concerne les rachats, nous avons indiqué les règles de compétence en les étudiant, p. 316 ; nous ajouterons cependant que, à l'occasion du rachat amiable du droit de péage par des départements, le Tribunal des conflits a déclaré qu'il s'agissait d'un contrat purement civil, pouvant seulement nécessiter une interprétation administrative du cahier des charges (25 juin 1887, Malboz).

Les clauses d'exonération de péage figurant, non dans le cahier des charges, mais dans le décret de concession, il appartient au Conseil d'Etat de les interpréter directement sans passer par le conseil de préfecture (8 août 1834, pont d'Auterive ; 22 fév. 36, Mauvette ; 20 janv. 65, ponts de Lyon). M. Aucoc critique du reste cette jurisprudence et soutient la compétence du conseil de préfecture (III, 60).

3. LITIGES AVEC LES TIERS. — Les contestations entre le public et les concessionnaires sont de la compétence des tribunaux judiciaires, conformément aux principes posés par les art. 52 et suivants de la loi du 6 frimaire an VII pour les bacs (voir p. 296, note 1). C'est là une jurisprudence constante (C. E., 18 août 1833, pont de la Cité, à Périgueux ; 17 mai 55, Mahé ; 14 juill. 58, Séguin ; 1er juin 70, Woilquin ; O. C., 28 août 44, Ruiz ; 23 déc. 45, Hingray ; T. C., 9 mai 51, Astugue ; Cass., 8 fév. 45, Vidal ; 2 déc. 46, Cie des Trois-Ponts ; 8 mai 57, Faucompré). Ce dernier arrêt est particulièrement explicite sur l'assimilation aux bacs et l'application de la loi de l'an VII. C'est donc le juge de paix, statuant comme juge de police ou comme juge civil, qui connaît des litiges, lorsqu'il n'existe pas de charges spéciales entraînant la compétence correctionnelle. On remarquera d'ailleurs que la plupart des arrêts de la Cour de cassation sur les ponts à péage émanent de la chambre criminelle, les affaires étant engagées comme constituant soit l'exigence de sommes trop fortes (art. 52), soit le refus de payer le tarif légal (art. 56).

Quelques-uns des arrêts que nous venons de citer présentent un intérêt particulier. Nous avons déjà vu, p. 320, ce que dit l'ordonnance du 23 déc. 1845 sur le contrôle de la légalité de la concession. D'autre part, l'arrêt Vidal reconnaît formellement au juge le pouvoir d'interpréter l'acte de concession, et la décision Astugue, comme l'arrêt Séguin, affirme le même principe au cas où il s'agit d'une disposition d'exonération en faveur d'un entrepreneur, que cette disposition figure au cahier des charges ou qu'elle résulte d'un texte à caractère législatif (arrêt du Conseil du 23 juill. 1783 sur les matériaux des digues de la Loire).

Toutefois, cet ordre de questions est assez obscur, car à côté de ces décisions reconnaissant la compétence judiciaire, il en est d'autres qui, pour ces litiges avec les entrepreneurs, affirment les droits de la juridiction administrative. Ainsi, un arrêt du 30 mars 1854 (Giraudel) a affirmé la compétence du conseil de préfecture, dans un cas où l'entrepreneur avait organisé son service de bateaux sur l'ordre des ingénieurs, et une ordonnance du 28 août 1844 (Ruiz), tout en maintenant la compétence judiciaire, a réservé le droit pour l'administration de faire interpréter l'acte de concession par le Conseil d'Etat. On remarquera que, dans ces deux espèces, l'Etat intervenait ou était indirectement en cause. Il n'y aurait donc aucun doute sur la compétence du conseil de préfecture, si le concessionnaire avait offert le passage gratuit pour les matériaux nécessaires à un travail public, car il s'agirait là d'une véritable offre de concours (O. C., 15 août 1839, Ruiz).

Il va de soi qu'il en serait de même dans le cas d'un dommage causé par la construction du pont, notamment au concessionnaire d'un pont voisin (D. C., 12 fév. 1849, pont de Rognonas). Quant au dommage causé par une voiture à un pont, il rentre naturellement dans la compétence judiciaire ; toutefois, si le pont faisait partie de la grande voirie, le concessionnaire pourrait intervenir dans la poursuite en répression de la contravention devant le conseil de préfecture, mais, conformément à un principe général que nous avons étudié (p. 28), il ne pourrait saisir ce conseil d'une demande d'indemnité en l'absence d'une poursuite par l'autorité publique (25 juin 1857, Coste).

Notons enfin que le fermier d'un concessionnaire, sans qualité pour actionner l'Etat, ne peut que saisir l'autorité judiciaire d'une action contre le concessionnaire (C. E., 22 déc. 1882, Molinary).

VII. Touage et remorquage. — 1o Halage et remorquage. — La traction des bateaux au moyen de chevaux ou de remorqueurs ne donne pas lieu à des concessions proprement dites, puisqu'elle ne nécessite pas une appropriation spéciale du domaine public. Toutefois, certaines entreprises ayant cet objet ont motivé des décrets : tel est le cas où leur emploi est rendu obligatoire ; nous citerons à ce sujet un décret du 19 juin 1875, organisant un service obligatoire de halage par chevaux sur certaines voies navigables entre la Belgique et Paris. A cette occasion on a introduit, dans la loi annuelle de finances, l'autorisation des *taxes perçues à raison des services rendus pour l'exploitation des ports de mer, des fleuves et rivières navigables ou des canaux, par les départements, les villes, les chambres de commerce, les établissements publics et les particuliers à ce autorisés par des lois ou par des décrets rendus en Conseil d'Etat* (voir l'état C, n° II, annexé à la loi du 29 mars 1897). Nous mentionnerons encore, comme exemple de halage concédé, celui du port de Saint-Nazaire, pour le passage des écluses (voir le décret du 19 janv. 1882 qui en a accordé la concession à la chambre de commerce).

En dehors même de ce cas, on a eu recours à des décrets, lorsqu'il s'est agi d'organiser des services libres de remorquage subventionnés par l'Etat (décrets des 15 mai 1869 et 2 mars 85, Erdre canalisée et Vilaine entre Redon et Rieux).

2° **Touage et traction par locomotive.** — SERVICES ORGANISÉS PAR DÉCRET. — A la différence du remorquage et du halage proprement dit, la traction au moyen de toueurs ou de locomotives exige des installations fixes sur le domaine public, installations motivant naturellement des décrets et auxquelles s'applique la disposition des lois de finances que nous venons de rappeler, lorsque ces services ne sont pas organisés et exploités en régie par l'Etat. Pour ce dernier cas, la loi de finances prévoit les *droits de touage* (état C annexé à la loi du 29 mars 1897, n° I, § 1, 7°). Nous mentionnerons à ce sujet les services de touage obligatoires suivants, qui sont exploités en régie : canal de Bourgogne, souterrain de Pouilly (décrets des 28 avril 1866 et 3 nov. 90) [1] ; canal de la Marne au Rhin, bief de partage de Mauvages (décret du 27 juin 1878); canal de l'Est, souterrain de Ham (décret du 15 mars 1880).

On a eu recours également à un système de halage funiculaire organisé en régie : canal de l'Aisne à la Marne, souterrain du Mont-de-Billy (décret du 28 mars 1893) [2].

Mais ce qui doit faire l'objet propre de la présente étude, ce sont les concessions d'entreprises de touage. Parfois, ces concessions ont fait l'objet d'adjudications (canal latéral à l'Oise et Oise entre Chauny et Conflans, décret du 12 juill. 1873 ; Garonne entre Bordeaux et Castets, décret du 15 juin 1875); mais, le plus souvent, on procède au moyen de concessions amiables, accordées par des décrets rendus en la forme des règlements d'administration publique.

Le plus souvent, ces décrets sont précédés d'une enquète faite suivant les formes prescrites par l'ordonnance du 18 fév. 1834 (I, 123) ; mais, pour utile qu'elle soit, cette enquète ne paraît pas rigoureusement nécessaire, et c'est ainsi qu'elle a été supprimée, sur la demande

1. Voir dans les *Annales des ponts et chaussées* (déc. 1893 et déc. 1894), les articles de M. Galliot sur l'application de l'électricité à ce touage.

2. Voir dans les *Annales des ponts et chaussées* du 2e trimestre de 1897, un article de M. Bourguin.

expresse du Conseil général des ponts et chaussées, lors de la concession d'un service de touage à établir sur le canal latéral à l'Oise, entre Chauny et Janville (décret du 24 janv. 1882). L'absence de monopole et.la durée de la concession limitée à trente années (au lieu de cinquante suivant un usage souvent suivi) avaient paru au Conseil général justifier cette suppression ; mais cette simplification nous paraît d'une opportunité bien contestable, car il serait souvent fort difficile de superposer deux entreprises de touage et par suite la concession établit, par la force des choses, un monopole restreint sur lequel il n'est pas superflu de consulter les chambres de commerce et les particuliers intéressés. Nous croyons du reste que l'usage des enquêtes est aujourd'hui généralisé, et c'est ainsi qu'il en a été prescrit lors de la prorogation de la concession précitée pour une nouvelle période de trente ans à partir du renouvellement, la première concession n'ayant reçu aucune suite (décret du 1er sept. 1896).

Nous allons prendre comme exemple le cahier des charges annexé à ce dernier décret et l'étudier sommairement. L'art. 1er définit l'autorisation accordée, et l'art. 2 qualifie cette autorisation de *permission* et non de *concession*. C'est là une qualification toujours employée, bien que les entreprises de touage présentent les caractères essentiels d'une concession. Ce qui peut expliquer cette terminologie, dit M. Picard, c'est que le matériel ne fait pas gratuitement retour à l'Etat (III, 442, note 1 ; voir ci-dessous l'art. 19 du cahier des charges).

Art. 3. — Le touage se fera au moyen d'une chaine noyée au fond du lit et de bateaux toueurs marchant à la vapeur. — Si l'expérience vient à démontrer que le système de touage adopté ne se prête pas, en totalité ou en partie, à un remorquage sûr et convenable, la société permissionnaire sera tenue de le modifier de manière à atteindre ce but. — ...

L'art. 4 prescrit l'organisation de moyens de traction spéciaux pour divers services, ces moyens spéciaux étant *réglés par des arrêtés préfectoraux, la société entendue,* et ne donnant lieu à la perception d'aucune taxe en dehors de celles que détermine le cahier des charges.

Art. 5. — La chaine devra être placée d'après les ordres de l'administration et maintenue de telle sorte que, du côté du halage, la moitié au moins du canal soit libre, pour que, au croisement des bateaux halés, ceux-ci conservent toujours le côté du chemin de halage. — Dans ces rencontres, le toueur devra toujours ralentir le jeu de sa machine. — Le permissionnaire pourra, néanmoins, sur les points où on en reconnaîtra l'opportunité, placer deux chaines à côté l'une de l'autre.

Art. 7. — ...Si le matériel de l'entreprise n'est pas constamment entretenu en bon état, il y sera pourvu d'office à la diligence de l'administration et aux frais de la société permissionnaire, sans préjudice, s'il y a lieu, de l'application des dispositions ci-après indiquées à l'art. 20. — Le montant des avances faites sera recouvré au moyen de rôles que le préfet rendra exécutoires.

Art. 9. — La société permissionnaire devra faire sans délai, sans préférence et dans l'ordre des déclarations, le remorquage de tous les bateaux chargés ou vides et des trains, soit qu'ils se trouvent aux extrémités de la chaîne, soit qu'ils stationnent aux points intermédiaires, pourvu qu'ils aient à bord l'équipage, les ancres et les agrès nécessaires, et sauf le cas de force majeure, d'insuffisance du mouillage ou d'interdiction régulière de la navigation.

Art. 10. — La société permissionnaire pourra transporter pour son propre compte des marchandises, mais à la condition expresse que les embarcations autres que les siennes seront, à quelque moment qu'elles se présentent, toujours remorquées avant les siennes. — Toutefois cette faculté de transport ne s'étendra pas au delà de 200.000 tonnes par an.

Sur ce point, les cahiers des charges varient beaucoup : les uns interdisent absolument le transport des marchandises pour le compte du permissionnaire, tandis que d'autres se bornent à spécifier, pour les bateaux étrangers, le privilége de la moitié de chaque convoi.

Art. 11. — La société permissionnaire jouira du droit de trématage, soit en route, soit aux passages des ponts et des écluses, sur les bateaux halés par des chevaux.—(Suit une restriction de rédaction assez compliquée).—*Dans tous les cas, le droit de trématage ne sera maintenu à la société permissionnaire qu'autant qu'il sera constaté que la vitesse des toueurs est supérieure à celle des bateaux halés par des chevaux.*

Art. 12. — Le ministre des travaux publics se réserve le droit de réglementer la composition, la vitesse maxima et le tonnage des convois, au double point de vue de la sécurité publique et de la navigation.

L'art. 13 prévoit des arrêtés préfectoraux réglant de nombreux détails, même les heures de départ et d'arrivée et le nombre des convois, ainsi que les obligations des mariniers des bateaux remorqués.

Art. 15. — La société permissionnaire sera responsable, vis-à-vis de l'administration, des contraventions qu'entraînerait le stationnement des bateaux pour lesquels il aurait été fait une déclaration régulière, à fin de remorquage, lorsque ce stationnement sera de son fait.

L'art. 17 pose le principe du contrôle de l'administration et le droit, pour les ingénieurs et agents, de monter sur les remorqueurs.

Art. 18. — La permission pour l'exploitation du service de touage, mentionné à l'art. 1er du présent cahier des charges, prendra fin le 1er oct. 1926.

Comme nous l'avons dit, on adopte souvent une durée de 50 ans.

Art. 19. — A l'expiration de la présente permission, le permissionnaire, s'il n'est pas chargé de continuer le service, sera tenu de vider les lieux ou de céder, à dire d'experts, au permissionnaire qui pourrait être appelé à lui succéder, telle partie de son matériel fixe et mobile, ainsi que des immeubles et des approvisionnements faisant partie de l'entreprise que l'administration jugerait convenable de retenir pour la continuation du service.

Art. 20. — La présente permission est toujours révocable, sans indemnité, avant le terme fixé pour sa durée par l'art. 18. — La révocation ne pourra être prononcée que pour cause d'intérêt public et dans la forme de la présente permission.

Art. 20. — Faute par la société permissionnaire d'avoir terminé les travaux dans le délai fixé par l'art. 6, faute aussi par elle d'avoir rempli les diverses obligations qui lui sont imposées par le présent cahier des charges, elle encourra la déchéance, et il sera pourvu, si l'administration le juge convenable, tant à la continuation et à l'achèvement des travaux, qu'à l'exécution des autres engagements contractés par la société permissionnaire, au moyen d'une adjudication qu'on ouvrira sur une mise à prix des ouvrages exécutés, des matériaux approvisionnés et, s'il y a lieu, du matériel fixe et mobile de l'exploitation. — Dans le cas de l'adjudication, les soumissions ne pourront être inférieures à la mise à prix. — Le nouveau permissionnaire sera soumis aux clauses du présent cahier des charges, et la société permissionnaire évincée recevra le prix que la nouvelle adjudication aura fixé. Si l'adjudication ouverte n'amène aucun résultat, une nouvelle adjudication sera ouverte sur les mêmes bases dans un délai de trois mois. Si cette seconde tentative reste également ment sans résultat, la société permissionnaire sera tenue d'enlever son matériel et de remettre les lieux en état. — La somme de 10.000 fr. qui aura été déposée, ainsi qu'il sera dit à l'art. 34, à titre de cautionnement, deviendra propriété de l'Etat et restera acquise au Trésor public.

Il y a, dans cet article, une disposition bizarre, celle qui prescrit l'enlèvement du matériel si deux essais d'adjudication ne permettent pas de faire couvrir une mise à prix, fixée d'ailleurs on ne sait comment : il semble qu'il devrait suffire finalement d'une offre quelconque.

Art. 22. — En cas d'interruption partielle ou totale du service, l'administration se réserve la faculté de prendre immédiatement, aux frais, risques et périls de la société permissionnaire, les mesures nécessaires pour assurer provisoirement le service. L'article ajoute qu'au bout de trois mois, la déchéance est prononcée par le ministre et le cautionnement confisqué, si la société ne peut reprendre l'exploitation ; il est d'ailleurs procédé conformément à l'art. 21. L'art. 23 réserve les cas de force majeure.

L'art. 24 fixe les tarifs suivants :

Par tonne de jauge possible et par kilomètre, 0 f. 0012.

Par tonne de chargement effectif et par kilom., 0,0012.

Ces prix comprennent tous les frais de traction, quels qu'ils soient, sauf ceux des cordages de remorque. — Ils seront augmentés de 50 p. 100 pour le service de nuit demandé par les mariniers. — ...Pour le transport des engrais, les prix du tarif ci-dessus seront réduits de moitié, tant pour la remonte que pour la descente. — Lorsque le prix du blé à Paris dépassera 25 fr. par hectolitre, les prix de traction seront également réduits à moitié pour chaque tonne de substance alimentaire, excepté pour les vins... L'art. 24 fixe enfin les heures de nuit pour les diverses époques de l'année.

Art. 25. — La société fournira les cordages de remorque nécessaires à la traction des bateaux chargés. — Elle aura la faculté de percevoir, pour la location de ces cordages, une taxe maxima de 0 f. 50 par bateau et par bief ou fraction de bief, chaque bateau devant payer au minimum pour deux biefs. — Cette taxe comprend la fourniture à bord et l'enlèvement des remorques, abstraction faite de la pose et de la dépose de ces cordages qui restent à la charge des mariniers. — La société munirait gratuitement de remorques les bateaux chargés qui auraient au moins une écluse à franchir, en cas de doublement des quatre écluses du canal.

Cette clause manque dans les anciens cahiers des charges ; en ce cas, chaque bateau conserve la responsabilité de ses cordages ; mais, si une amarre venait à se rompre par suite d'une fausse manœuvre du toueur, les dégradations causées par le bateau remorqué, à la suite de cet accident, constitueraient une contravention à la charge du concessionnaire du touage (C. E., 16 déc. 1887, touage de Conflans à la mer). On pourrait même spécifier (et c'est ce qui a été fait par des arrêtés relatifs à des permissions de touage sur les canaux, ainsi que nous le verrons) que le permissionnaire devra vérifier l'état des remorques ne lui appartenant pas.

Aux termes de l'art. 26, les taxes abaissées ne peuvent être relevées qu'après un délai d'un an. Tout changement est affiché un mois à l'avance et doit être autorisé par l'administration et rendu exécutoire par le préfet.

L'article 29 interdit tout traité particulier abaissant les tarifs. Certains cahiers des charges autorisent ces traités, mais donnent à l'administration le droit de déclarer les réductions consenties obligatoires vis-à-vis de tous les expéditeurs.

Art. 30. — L'administration se réserve le droit de reviser le tarif tous les cinq ans, après avoir pris l'avis des chambres de commerce des départements traversés par la ligne navigable de Paris en Belgique, sans toutefois que ce tarif puisse être abaissé au-dessous des quatre cinquièmes des prix fixés par l'art. 24.

L'art. 31 interdit toute demande d'indemnité dans une série de circonstances, et l'art. 32 réserve le droit du gouvernement d'admettre tout autre mode de traction.

Art. 33. — Il est expressément interdit à la société permissionnaire de faire tout traité avec une ou plusieurs compagnies de chemins de fer, de faire toute cession de son entreprise à ces compagnies ou d'opérer toute fusion avec elles. — Toute dérogation quelconque à cette interdiction entrainera la revocation de la présente permission, et le cautionnement deviendra la propriété de l'Etat.

L'art. 36 donne privilège exclusif à la société permissionnaire de présenter, pendant deux ans à partir de la mise en service, des propositions pour l'établissement d'un touage sur l'Oise entre Janville et Conflans. Enfin, l'art. 38 énonce le principe de la compétence du con-

seil de préfecture pour les litiges avec l'administration au sujet de
l'exécution et de l'interprétation du cahier des charges.

Il nous reste à signaler la suppression opérée, en 1882, par le Conseil d'Etat, d'un article qui avait été inséré dans le cahier des charges.
Cet article était ainsi rédigé : « Les agents et gardes que la société
« établira, soit pour la perception des taxes, soit pour la surveillance
« du service, pourront être assermentés et seront dans ce cas assimilés
« aux gardes champêtres... » Or, par un avis du 5 janv. 1882, le Conseil d'Etat demanda la suppression de cette disposition, ayant « déjà
« eu l'occasion de faire remarquer que ce n'est que par une loi que l'on
« pourrait conférer aux agents du permissionnaire le caractère d'offi-
« ciers de police judiciaire ».

Cet avis paraît assez surprenant, car, comme nous l'avons vu (p.267),
le cahier des charges type en usage pour les concessions d'outillage
contient un article permettant de faire commissionner et assermenter
les agents et gardiens employés pour la garde des ouvrages et assimilant
ces agents aux gardes des particuliers, c'est-à-dire aux gardes champêtres, conformément à l'art. 4 de la loi du 20 messidor an III (p. 74),
loi appliquée souvent d'une façon très large. Il semble que le motif de
la jurisprudence restrictive du Conseil d'Etat dans le cas présent réside
dans l'absence de propriété ou d'ouvrage à garder, la loi de l'an III
visant la garde des « domaines ». Il est vrai qu'on pourrait viser ici la
garde de la chaîne, qui est un ouvrage ; mais l'utilité des agents assermentés ainsi réduite serait faible, du moment qu'ils ne pourraient pas
constater les infractions des autres mariniers à la police de la navigation.

2. SERVICES AUTORISÉS PAR PERMISSIONS DE VOIRIE. — Le système
de la concession par décret est seul conforme aux principes du droit
administratif, ainsi que nous l'avons vu p. 262 ; mais le système des
simples permissions de voirie, accordées par le préfet sur l'autorisation
du ministre ou par le ministre lui-même, présente de bien grands
avantages pratiques, en sorte qu'on ne saurait s'étonner qu'on y ait
recours. Il faut même reconnaître que, lorsqu'il s'agit d'un essai plus
ou moins hasardeux et n'exigeant, comme dans le cas du touage, qu'un
matériel facilement déplaçable, l'administration et le permissionnaire
ont un égal intérêt à ne pas faire intervenir un décret dès le début.
Mais il arrive qu'un système s'imposant presque pour une période
d'essai se perpétue ensuite sans raison particulière.

Nous donnerons comme exemple des arrêtés ministériels qui, de
trois ans en trois ans, ont renouvelé une autorisation accordée pour la
première fois le 24 mai 1887 à MM. Montagne et Duez et ayant pour
objet l'établissement d'un service de touage sur la Scarpe moyenne,
entre les écluses de Lambres et des Augustins. Cet exemple, du reste,
peut être défendu au point de vue des principes du droit, attendu qu'il

n'est fixé aucun tarif, et il n'y aurait même absolument rien à dire si, malgré l'absence théorique de tout privilége (art. 1er), il n'était pas pratiquement impossible d'autoriser d'autres entreprises de touage dans la même section. Nous noterons d'ailleurs la clause suivante de l'art. 7, qu'il nous paraîtrait sage d'introduire dans tous les actes relatifs à des permissions de touage : *Ils* (les permissionnaires) *seront tenus de vérifier constamment et avec soin l'état des remorques rattachant entre eux les divers bateaux d'un même train, et, qu'ils aient ou non fourni eux-mêmes ces remorques, seront responsables des entraves ou des retards qui pourraient être apportés à la navigation par le fait de la rupture de l'une d'elles.*

Dans d'autres cas, concernant encore des voies navigables du Nord et du Pas-de-Calais, des tarifs maximum ont été fixés, et cela s'imposait lorsque l'État fournissait un toueur, moyennant un prix de location : signalons, par exemple, un arrêté préfectoral du 9 juill. 1896 relatif à un service de touage entre l'écluse du Haut-Pont et les Fontinettes (s. Vaast). L'autorisation accordée pour trois ans, est toujours révocable, moyennant avis deux mois à l'avance, et le permissionnaire jouit du même droit de dénonciation (art. 10).

On voit par ces détails qu'il s'agit d'entreprises bien différentes de celles qui lient un permissionnaire pour 30 ou 50 ans.

Le même système de permission a été appliqué sur le canal d'Aire, pour la traction par locomotive, et une décision ministérielle du 19 nov. 1896 a autorisé la prise d'arrêtés préfectoraux relatifs à l'établissement d'un service public libre de halage au moyen de l'électricité, sur les canaux de l'Aire et de la Deule. Des arrêtés ont été pris en conséquence, les 25 et 26 nov. 1896, par les préfets du Nord et du Pas-de-Calais.

L'art. 1er autorise la société de traction électrique sur les voies navigables à établir *un service public de traction et de propulsion électrique pour les bateaux de toute espèce.* Le même article stipule que le service sera fait à tels prix que la société jugera convenable. Il lui est imposé seulement :

1° De tractionner sans aucune faveur indue les bateaux qui le demanderont, dans les limites de capacité du matériel par elle employé ; — 2° D'appliquer simultanément les mêmes prix aux bateaux qui se trouveront dans les mêmes conditions.

Art 2. — Les usines pour la production de l'énergie électrique seront installées en dehors du domaine public. — Les fils aériens, destinés à la transmission de l'énergie électrique aux appareils de propulsion et de traction, seront établis sur poteaux le long du chemin de contre-halage, sur lequel seulement pourront circuler les engins de traction sur berge.

L'art. 8 fixe à la vitesse de pleine marche des limites, inférieure et supérieure, de 3 et de 6 kilomètres à l'heure et règle en conséquence le droit de trématage.

Art. 12. — La présente autorisation est essentiellement précaire et révoca-

ble. — L'administration se réserve le droit de la retirer à toute époque, dans le cas où un intérêt public lui paraîtrait justifier cette mesure, sans que la société permissionnaire puisse prétendre à aucune indemnité. — Cette autorisation n'est d'ailleurs accordée que pour trois ans, à dater au plus tard du 1er juill. 1897. — Elle expirera de plein droit si elle n'a pas été renouvelée.

L'art. 13 impose une redevance annuelle de cent francs.

§ 5.

OCCUPATIONS TEMPORAIRES.

I. Réglementation générale. — Les occupations temporaires du domaine public de l'Etat ont fait l'objet de deux arrêtés ministériels en date du 3 août 1878, l'un relatif au domaine maritime et l'autre au domaine fluvial ou terrestre. Nous allons reproduire et commenter les textes de ces deux arrêtés, en tenant compte d'ailleurs d'une modification apportée à l'art. 4 par arrêté du 30 octobre 1895 et en signalant d'autres modifications, résultant d'un arrêté du 6 mars 1897. Nous reproduirons intégralement le texte de l'arrêté relatif au domaine fluvial ou terrestre et indiquerons seulement les différences à l'égard du domaine maritime.

Art. 1er. — Les autorisations d'occuper temporairement, sur les routes, rivières et canaux et toutes autres dépendances du domaine public, fluvial et terrestre, des emplacements qui peuvent sans inconvénients être soustraits à l'usage de tous, pour être affectés à un usage privatif ou privilégié, sont accordées par le département des travaux publics [1].

L'expression « des emplacements qui peuvent sans inconvénients être soustraits à l'usage de tous » pourrait faire croire que l'arrêté ne s'applique réellement qu'aux occupations ayant pour effet d'empêcher l'usage par tous de la partie du domaine public occupée : nous verrons, en parlant de l'art. 14, que cette interprétation serait trop étroite.

Art. 2. — Les redevances perçues au profit du trésor, à raison de ces occupations temporaires, sont fixées par l'administration des finances.

Nous avons vu (p. 204) la disposition légale qui autorise ces redevances. M. de Récy est même porté à croire que cette disposition était

1. Pour le domaine maritime : *Les autorisations d'occuper temporairement, sur les rivages de la mer, les ports, havres et rades et toutes autres dépendances du domaine public maritime des emplacements... par le département des travaux publics, lorsque ces autorisations n'ont pas pour objet l'exploitation d'établissements de pêche régis par le décret-loi du 9 janv. 1852 et l'arrêté réglementaire du 12 mai 1876.*

superflue, vu qu'il ne s'agit pas d'un impôt, puisque la permission émane de la libre volonté de l'administration et est librement acceptée par celui qui en use (II, 268) ; il semble d'ailleurs que la Cour de cassation serait portée à envisager la question de la même façon (11 août 1891, Georgi). Quoi qu'il en soit, le Conseil d'Etat reconnaît à l'administration le droit de refuser une permission à raison du refus d'acceptation de la redevance (19 mars 1880, Cⁱᵉ centrale du gaz ; 26 déc. 91, Cⁱᵉ générale du gaz) ; dans la première espèce, un premier arrêté avait accordé la permission sous réserve de la fixation d'une redevance : sur le refus de celle-ci, le préfet put retirer la permission.

Art. 3. — Toute demande d'occupation temporaire est rédigée sur papier timbré. Elle doit indiquer l'objet et la durée de cette occupation. — Elle est adressée au préfet, qui la communique à l'ingénieur en chef des ponts et chaussées chargé du service intéressé. — Si les ingénieurs estiment que la demande peut être accueillie, ils formulent les conditions à imposer au permissionnaire, au point de vue des convenances du service qui leur est confié. Ils présentent, en outre, des propositions relativement à la redevance. Ils joignent un plan à leur rapport. — Lorsqu'il s'agit de portions du domaine public dont l'occupation temporaire est de nature à intéresser la défense du territoire[1]*, l'avis de l'administration de la guerre continue à être pris, conformément aux règlements existants. — Le directeur des domaines est également consulté lorsqu'il y a lieu. — Les pièces sont ensuite envoyées, pour l'instruction de l'affaire, en ce qui concerne le chiffre de la redevance, la date de sa révision, les époques des payements, au besoin l'obligation de fournir caution et toutes les autres conditions d'intérêt financier ou domanial, savoir : lorsqu'il s'agit du domaine public terrestre, au directeur des domaines, et lorsqu'il s'agit du domaine public fluvial, au directeur des contributions indirectes*[2]*. — Cet article se terminait par le membre de phrase suivant : ..., lequel les fait lui-même parvenir, avec ses observations et son avis, à son collègue des domaines* ; mais cette disposition a été abrogée par un arrêté ministériel du 6 mars 1897, dont l'article unique est ainsi conçu ; « Sont transférées à l'administration des contributions indirectes les « attributions conférées à l'administration des domaines par les arrê- « tés des 3 août 1878 et 30 oct. 1895 en matière d'occupations tempo- « raires du domaine public fluvial, tant pour l'instruction des affaires « que pour la fixation des redevances ».

---

1. ...*ou le service de la marine, les avis des administrations de la guerre et de la marine continuent à être pris, conformément aux règlements existants.*

2. Pour le domaine maritime, le dernier paragraphe porte : *En cet état de l'instruction, les pièces sont envoyées au directeur des domaines, et ce chef de service fixe ou fait fixer par qui de droit, suivant les distinctions établies dans l'art. 4 ci-après, le chiffre de la redevance, la date à laquelle elle devra être revisée, les époques des payements, au besoin l'obligation de fournir caution, et toutes les autres conditions d'intérêt domanial ou financier.*

Au sujet de la consultation éventuelle des services de la guerre et de la marine, consultation qui est faite directement par le préfet, nous devons signaler une circulaire du ministre de la marine en date du 2 déc. 1886, aux termes de laquelle les préfets maritimes peuvent adhérer aux occupations temporaires, alors que l'art. 3 du décret-loi du 21 fév. 1852 exigeait une décision ministérielle.

En ce qui concerne les permissions de grande voirie sur les cours d'eau ou parcelles de terrain soumis à la fois au régime de l'autorité militaire et de l'autorité civile, une circulaire du 22 mars 1893 indique qu'il doit y avoir deux autorisations distinctes, la première émanant de l'autorité militaire; mais le service militaire doit, avant de statuer, provoquer l'avis du service civil, et la permission qu'il délivre doit spécifier l'obligation de se soumettre aux conditions qu'imposera l'autorité préfectorale. Il est essentiel de se rappeler que l'art. 98 de la loi du 5 avril 1884 oblige les préfets à consulter les maires avant de délivrer aucune permission de voirie sur les voies de communication terrestre (voir le commentaire des art. 7 et 8, p. 334).

Pour ce qui est des propositions relatives aux redevances, nous renverrons à l'examen de l'art. 14 à propos duquel nous indiquerons quelques principes.

Art. 4. — La quotité de la redevance est fixée, savoir : par le directeur des domaines lorsqu'elle ne dépasse pas 1.000 fr. par an ; par le directeur général des domaines au-delà de 1.000 fr. jusqu'à 5.000 fr. et par le ministre des finances au-delà de 5.000 fr. — La redevance ainsi fixée est revisée, au plus tard, tous les cinq ans.

Ce texte de l'art. 4 qui a été fixé par arrêté ministériel du 30 octobre 1895 se trouve modifié par l'arrêté ministériel du 6 mars 1897 qui a transféré au directeur des contributions indirectes la compétence attribuée à celui des domaines en ce qui concerne le domaine fluvial (p. 331).

On doit remarquer que le taux de la redevance ne saurait être réduit en raison d'avantages spéciaux concédés au service chargé de l'entretien du domaine occupé. C'est ce qui a été reconnu à l'occasion de conduites d'eau devant être posées dans la banlieue de Rouen par la société lyonnaise des eaux. Comme elle devait fournir gratuitement une certaine quantité d'eau pour les besoins des routes suivies par les conduites, les ingénieurs avaient proposé de réduire à 0 fr. 02 la redevance par mètre courant. Mais le ministre des finances repoussa cette réduction et, dans une lettre du 10 sept. 1885 adressée au ministre des travaux publics, informa celui-ci qu'il fixait la redevance à 0 fr. 05 sans tenir compte de la fourniture consentie. Il faisait remarquer, en effet, que les règles de la comptabilité publique prohibent d'une manière absolue toute compensation entre les produits à encaisser et les dépenses à faire par les services publics (voir l'art. 43 du décret du

31 mai 1862, t. I. p. 131). Une dépêche du ministre des travaux publics du 23 sept. 1885 adhéra à la décision du ministre des finances.

Art. 5. — Les conditions financières de l'autorisation étant réglées conformément aux art. 3 et 4 ci-dessus, le directeur des domaines ou le directeur des contributions indirectes se fait remettre par la partie une soumission portant acceptation de ces conditions. Cette soumission est souscrite sur papier timbré par le pétitionnaire, et, le cas échéant, par la caution ; si l'un ou l'autre ne sait pas signer, il peut à son choix, ou faire constater son engagement par le maire de son domicile, ou le faire souscrire en son nom par une personne solvable, se portant fort pour lui. Dans tous les cas, une copie de la soumission, certifiée par le directeur du service financier, est jointe au dossier [1].

Art. 6. — Si les ingénieurs estiment que, dans un intérêt public, la quotité de la redevance, telle qu'elle a été fixée, doit être diminuée, ou même que l'autorisation demandée doit être accordée gratuitement, ils présenteront à cet égard des propositions motivées.

On se reportera à l'examen de l'art. 14 pour tout ce qui concerne les redevances à exiger ou non.

Art. 7. — Lorsqu'il y aura accord entre les représentants de tous les services intéressés, l'occupation temporaire demandée sera autorisée par un arrêté du préfet du département. — Une ampliation de cet arrêté, portant la mention de la date de la notification à la partie, sera remise, par le préfet, au directeur des domaines ou au directeur des contributions indirectes. Cette ampliation doit être timbrée aux frais du permissionnaire. Quant à la soumission, elle doit être enregistrée, aussi à ses frais, dans le délai légal. — Une ampliation de l'arrêté sera en outre remise à l'ingénieur en chef du service intéressé.

L'indication qu'il est statué par le préfet montre qu'il s'agit en principe d'occupations qu'il lui appartient d'autoriser ; nous aurons à examiner, en traitant de chaque partie de la grande voirie, à quelle autorité il appartient d'accorder les permissions de chaque nature.

Comme nous l'avons vu à propos des permissions de grande voirie (p. 5, note 1), les ampliations timbrées sont sur papier de 1 fr. 80, en vertu de l'art. 63 de la loi du 28 avril 1816 ; quant à l'enregistrement de la soumission, il donne lieu à un droit de 0 fr. 20 par 100 fr. de redevance (0 fr. 25, décimes compris), avec minimum de 0 fr. 20 en principal, ainsi que nous l'avons vu à propos des concessions (p. 263). Le droit est perçu sur la totalité des redevances à payer jusqu'à l'époque fixée pour la révision ou à l'expiration de la concession, si elle est à durée limitée. Dans les cas, très fréquents, de petites redevances, le minimum de 0 fr. 20 correspond à un grand nombre d'années ; l'usage s'était établi de le percevoir à chaque révision ; mais une circulaire du directeur général de l'enregistrement en date du 8 juill. 1892 (*Journal*

---

1. L'art. 5 de l'arrêté relatif au domaine maritime ne mentionne naturellement que le directeur des domaines ; il prévoit éventuellement la signature de la soumission par la caution (voir l'art. 3).

de l'enregistrement, art. 23.968) a interdit cette pratique, car la révision, avec ou sans modification de l'ancien chiffre, ne comporte pas un nouvel acte à enregistrer.

Art. 8. — Lorsqu'il n'y aura pas accord entre les chefs des services intéressés sur les conditions de l'autorisation, l'affaire sera soumise à l'administration supérieure, pour y être statué par les ministres des travaux publics et des finances, selon leur compétence respective. En cas de dissentiment entre les ministres des travaux publics et des finances, sur la question de savoir si l'autorisation doit être gratuite ou soumise à une redevance, cette question doit être soumise au Conseil d'Etat, pour y être statué par un décret. — L'autorisation est ensuite accordée dans les formes tracées par l'art. 7 ci-dessus.

Au sujet des deux articles précédents, qui prévoient l'octroi de l'autorisation, nous devons indiquer que l'administration apprécie en toute liberté s'il y a lieu ou non de l'accorder. Nous avons vu déjà, à propos de l'art. 5, que le refus d'acceptation des conditions financières justifie le refus d'autorisation. Quant aux intérêts de la voirie, ils sont appréciés en toute liberté, sans recours au Conseil d'Etat (27 juill. 1884, Trié, cas de refus d'une permission nécessaire pour satisfaire à l'autorisation d'un établissement insalubre ; 6 mars 85, Bonhomme). Ce dernier arrêt mérite une mention spéciale, car, à propos du refus, par un maire, d'autoriser la pose d'une conduite d'eau purement privée, il décide qu'un tel refus « n'est pas de nature à être déféré à la juridiction contentieuse ». Comme le remarque M. Laferrière, cette expression dépasse évidemment la pensée du Conseil d'Etat, qui, nous allons le voir, admet les recours pour vice de forme ; mais cet arrêt signifie qu'on ne saurait admettre le recours pour détournement de pouvoir, ouvert contre les retraits d'autorisation (voir le commentaire de l'art. 12). Cette distinction a été vivement critiquée dans le recueil de Lebon ; mais celui de Dalloz (1886, III, 113) a bien fait ressortir que l'autorité use d'un pouvoir *discrétionnaire* en accordant ou refusant les permissions, tandis que le retrait d'une autorisation, non fondé sur l'intérêt de la voirie, constitue un acte *arbitraire*, et M. Laferrière s'est prononcé dans le même sens (III, 553). Nous étudierons d'ailleurs, sous le n° III du présent paragraphe, les questions relatives aux canalisations destinées à un service public.

Ainsi que nous venons de le dire, le Conseil d'Etat accueille les recours fondés sur un vice de forme : c'est ainsi qu'il a annulé un arrêté portant refus d'autorisation d'établir une canalisation, sous une route départementale, cet arrêté ayant été pris par le préfet sans avis préalable du maire, alors que cet avis est exigé par l'art. 98 de la loi du 5 avril 1884 (p. 5 ; 26 nov. 1886, Larbaud). Conformément à l'avis de M. de Récy (II, 341), nous pensons que le préfet doit fixer au maire un délai, passé lequel son silence serait considéré comme un acquiescement.

Les arrêtés d'autorisation ne peuvent faire l'objet d'un recours pour excès de pouvoir de la part des tiers ; ainsi a-t-il été jugé à l'occasion d'une permission de bâtir sur un *chantier* de la Loire, permission attaquée par un propriétaire voisin comme contraire à l'arrêt du Conseil du 23 juill. 1783 et portant atteinte à ses intérêts : le Conseil d'Etat, en déclarant qu'à l'administration seule il appartient d'assurer l'exécution du dit arrêt, a fait remarquer que les droits des tiers étaient réservés (23 janv. 1880, Boitard). Il n'est pas douteux d'ailleurs qu'un maire peut demander l'annulation d'une autorisation accordée sans que son avis ait été pris, dans un des cas où cet avis est obligatoire en vertu de l'art. 98 de la loi du 5 avril 1884 (12 fév. 1886, comm. de Baho). *A fortiori.* s'il s'agissait d'une autorisation accordée par une autorité incompétente, le recours serait ouvert de la part de l'autorité compétente, qui d'ailleurs pourrait faire verbaliser contre celui qui ferait usage de cette permission illégale (voir p. 45 et 90).

Art. 9. — La redevance commence à courir à compter soit de la notification de l'arrêté de concession, soit de l'occupation du terrain, si elle a eu lieu antérieurement.

On peut se demander si l'art. 2277 du Code civil, établissant une prescription de cinq ans, est applicable en ce cas : cette question sera discutée à l'occasion des usines sur rivières navigables (n° III, 2°).

Le recouvrement par l'administration des domaines a lieu suivant les formes établies par l'art. 4 de la loi des 19 août-12 sept. 1791, c'est-à-dire que, en cas de retard ou de refus, le directeur décerne une contrainte qui, moyennant le visa du président du tribunal, est mise à exécution sans autre formalité (Cass. 11 août 1891, Georgi).

Art. 10. — Lorsque le directeur des domaines ou le directeur des contributions indirectes demande que la concession soit faite aux enchères, et que les ingénieurs n'y voient pas d'inconvénient au point de vue de leur service, il est procédé à l'adjudication devant l'autorité compétente, en présence d'un agent du domaine ou des contributions indirectes, aux conditions déterminées par un arrêté pris ainsi qu'il a été dit à l'art. 7 ci-dessus.

Art. 11. — Trois mois avant l'époque fixée par l'acte d'autorisation pour la révision du montant de la redevance, il y est procédé par les soins du service des domaines, suivant les règles de compétence tracées par l'art. 4. — Cette révision est provoquée en temps utile par le directeur des contributions indirectes, pour les occupations concernant le domaine public fluvial. — Le service chargé du recouvrement notifie immédiatement à la partie, par simple lettre, la décision prise, et, le cas échéant, se fait remettre un nouvel engagement portant acceptation des conditions arrêtées en dernier lieu[1].

Le libellé de cet article se trouve implicitement modifié par l'arrêté

---

1. Les articles 10 et 11 de l'arrêté relatif au domaine maritime diffèrent des textes ci-dessus par l'absence de mention du directeur des contributions indirectes.

ministériel du 6 mars 1897, qui fait fixer le montant des redevances par le directeur des contributions indirectes pour le domaine fluvial (p. 331).

Le droit de reviser la redevance suppose celui de retirer la permission pour refus d'acceptation du nouveau chiffre. Nous étudierons cette question à propos de l'art. 14.

On voit, par le dernier paragraphe de l'article que, lorsque la redevance est maintenue sans changement, il n'intervient aucun acte nouveau ; lorsqu'il y a révision, il en est du reste de même, un nouvel arrêté préfectoral n'étant pas nécessaire et tout se bornant à la souscription d'un nouvel engagement, qui ne donne pas lieu à un nouvel enregistrement, mais sert de base aux perceptions (circulaire du directeur de l'enregistrement du 8 juill. 1892, *Journal de l'enregistrement*, art. 23.968).

Art. 12. — Les autorisations auxquelles s'applique le présent arrêté sont accordées à titre précaire et révocable, sans indemnité, à la première réquisition de l'administration. — Le retrait des autorisations est prononcé par le préfet, si elles ont été accordées par ce magistrat, conformément à l'art. 7, et par le ministre des travaux publics, dans les cas prévus par l'art. 8.

Art. 13. — L'autorisation peut être révoquée, soit à la demande du directeur des domaines ou du directeur des contributions indirectes, en cas d'inexécution des conditions financières, soit à la demande de l'ingénieur en chef du service intéressé, en cas d'inexécution des autres conditions, sans préjudice, s'il y a lieu, des poursuites pour délit de grande voirie. — A partir du jour où la révocation a été notifiée à la partie, la redevance cesse de courir, mais la portion de cette redevance afférente au temps écoulé devient immédiatement exigible. — Quant au permissionnaire, il ne peut renoncer au bénéfice de la concession, avant l'époque fixée pour la révision des conditions financières.

Les commentaires des art. 12 et 13 doivent être réunis. De nombreux arrêts du Conseil d'Etat ont confirmé le caractère précaire et révocable, sans indemnité, des permissions d'occupations temporaires (1er fév. 1844, Gouzer ; 23 déc. 44, Wateringues ; 5 janv. 50, Delalain ; 8 mars 60, Sillé [1] ; 15 juin 64, Ployer ; 6 janv. 65, Joanne-Rousseray ; 14 janv. 65, ville de Marseille ; 2 mai 84, Lecardonnel ; 10 déc. 86, ville de Tourcoing ; 19 juin 96, Navet [2]). A côté de ces arrêts il convient toutefois d'en citer qui en limitent la portée en spécifiant que la révocation de la permission doit être motivée par des raisons tirées des intérêts de la police du domaine occupé (18 mars 1868, Dubur ; suppression d'un aqueduc pour faciliter à un tiers la jouissance des eaux d'une route ; 12 fév. 86, Charret, suppression de conduites d'eau

1. Malgré les droits conférés par la loi du 29 avril 1845 sur les irrigations.
2. Suppression d'un port particulier par suite des travaux d'un pont, exécutés par l'Etat avec le concours de la Ville de Paris, action engagée contre celle-ci.

pour favoriser une distribution municipale ; 8 fév. 89, Thorrand, idem
à raison de contestations sur la propriété des eaux y passant ; 15 nov.
95, Tauveron, idem dans le but de protéger la distribution d'eau de
la ville; 4 janv. 95, gaz d'Agen, suppression de conduites de gaz dans
le but d'obtenir un éclairage plus avantageux ; voir aussi 31 juill. 91,
Fidèle Simon)[1]. Toutefois le Conseil d'Etat admet que la révocation
peut être prononcée sans indemnité dans l'intérêt d'un autre travail
public (4 mai 1877, de la Tour du Breuil c. chem. de fer de l'Ouest, grue
et embarcadère sur le port de Caen ; 29 nov. 95, Bovis, occupation sur
le domaine maritime révoquée pour l'exécution de travaux communaux déclarés d'utilité publique).

Le Conseil d'Etat est d'ailleurs peu disposé à rechercher si un motif de voirie invoqué par l'arrêté de révocation n'est qu'un prétexte
servant à dissimuler un détournement de pouvoir (19 fév. 1886,
Georgi).

La Cour de cassation professe les mêmes principes que le Conseil
d'Etat sur l'illégalité des révocations de permissions non motivées par
l'intérêt de la voirie et veut que les juges de paix acquittent les personnes inculpées de désobéissance à ces révocations, lorsque l'affaire est
de leur compétence (27 juill. 1893, Colette, et 3 août 93, Raoulx-Jay,
suppression de fils électriques pour prémunir la ville contre un procès).

Au cas où une demande, non d'annulation de la révocation, mais
d'indemnité serait formulée, on peut se demander à qui appartiendrait
la compétence. Nous pensons que ce serait au conseil de préfecture,
vu qu'il s'agirait d'une difficulté en matière de grande voirie (art. 4 de
la loi du 28 pluviôse an VIII, tome I, p. XCIII). En ce qui concerne
les départements et les communes, sauf pour les routes départementales, le conseil de préfecture serait incompétent (C. E. 10 déc. 1886,
ville de Tourcoing). Dans une autre espèce, la compétence du ministre
de l'intérieur, avec appel au Conseil d'Etat, a été reconnue (2 mai
1861 et 14 janv. 65, ville de Marseille).

Nous croyons devoir appeler tout particulièrement l'attention sur le
dernier paragraphe de l'art. 13, qui, dans certains cas, est bien rigoureux à l'égard des permissionnaires, puisqu'il les empêche de se soustraire au paiement de la redevance, jusqu'à l'époque de la révision, en
renonçant à en profiter. Lors donc que les ingénieurs ont des raisons
de penser que l'intéressé n'aura pas besoin d'une occupation de cinq
années, ils feront bien de lui faire demander une permission à durée
limitée ou de proposer un délai de révision de plus courte durée. Il va
de soi que, si la renonciation du permissionnaire se rattachait à un
fait intéressant le service, les ingénieurs pourraient provoquer le re-

1. Nous étudierons à propos de l'art. 14 les révocations motivées par un intérêt financier.

trait de l'autorisation, ce qui entraînerait la suppression de la redevance. Ainsi d'ailleurs que le fait remarquer M. de Récy et que le ministre des finances l'a admis, par une solution du 11 mai 1887, les permissions de voirie devenant caduques quand il n'en est pas usé dans le délai d'une année, la redevance, qui n'en est qu'une condition, cesse par là même d'être exigible.

Nous noterons aussi que, dans le cas de décès du pétitionnaire entre la signature de son engagement et celle de l'arrêté, les héritiers ne voulant pas profiter de celui-ci pourraient refuser le paiement de la redevance, bien que le pétitionnaire eût réalisé l'occupation (Cass. 23 avril 1891, Aubergier).

Art. 14. — Il sera dressé avant le 1er janvier 1879, par les soins des ingénieurs des ponts et chaussées, un état de toutes les permissions accordées sur le domaine public terrestre ou fluvial avec ou sans redevance. Cet état sera adressé au ministre des travaux publics et transmis par ce dernier au ministre des finances. — Après révision ou fixation de la redevance, conformément à l'art. 4 ci-dessus, les détenteurs seront prévenus par l'administration des ponts et chaussées qu'ils doivent souscrire entre les mains des agents du service financier compétent, l'engagement de payer cette redevance, qui courra à partir du 1er janvier 1879. — Dans le cas où l'engagement dont il s'agit ne serait pas souscrit, la concession de jouissance sera retirée [1].

Cet article a un caractère transitoire; mais il prétend trancher une question de principe que le Conseil d'Etat a résolu en sens contraire‘ et, d'autre part, il a donné lieu à une circulaire contenant des indications intéressantes sur les redevances.

Les ministres des finances et des travaux publics ont, on vient de le voir, affirmé le droit de soumettre à redevance une permission qui en était primitivement exempte et, comme sanction, celui de la retirer en cas de refus de souscription de l'engagement y relatif. Mais le Conseil d'Etat a formellement condamné cette prétention, le refus de paiement de la redevance étant étranger à la conservation et à la police du domaine public (29 nov. 1878, Dehaynin; 19 mars 80, Cie centrale du gaz, 15 juin 83, Société française de matériel agricole).

On doit bien remarquer que les permissions ayant un caractère personnel, sous réserve de la transmission aux héritiers, le transfert constitue une permission nouvelle, grâce à laquelle l'administration peut imposer une redevance à raison d'une installation qui n'y était pas soumise : c'est ce qui a été décidé par le ministre des travaux publics, conformément à l'avis du Conseil général, à l'occasion du transfert d'une compagnie à la ville du Havre, des permissions relatives aux conduites d'eau alimentant cette ville (31 oct. 1885).

---

1. Cet article ne se trouve pas dans l'arrêté relatif au domaine maritime, ce domaine ayant donné lieu antérieurement à un autre arrêté ministériel (15 sept. 1874).

Nous avons vu, d'autre part, à propos de l'art. 2 (p. 331), que l'administration peut refuser une autorisation à raison du refus de la redevance qu'elle prétend imposer ; en outre, l'art. 11 (p. 335) pose le principe de la révision des redevances, et l'art. 13 (p. 336) celui de la révocation des permissions pour inexécution des conditions financières. Sur le premier point, nous ne connaissons pas d'arrêt ; mais, du moment que le contrat primitif, librement accepté, pose le principe de cette révision et que le permissionnaire demeure libre de renoncer à l'occupation et de faire supprimer ainsi la redevance au moment de la révision, il ne semble pas que la légalité de celle-ci, ainsi que celle du retrait de l'autorisation en cas de refus du nouveau chiffre, puisse être sérieusement contestée (voir de Récy, II, 333).

Les mêmes principes justifient le retrait des permissions pour refus d'acceptation du montant revisé de la redevance, ainsi que pour inexécution des conditions acceptées. En cas de retrait, le maintien de l'occupation au-delà du délai imparti pour la supprimer constituerait une contravention (de grande voirie s'il s'agit des dépendances de celle-ci) ; mais il n'en serait pas de même du simple défaut de paiement de la redevance, en l'absence d'un retrait d'autorisation (20 déc. 1878, Joncour).

Une circulaire du 8 déc. 1879 a donné des instructions au sujet de la rédaction des états prévus par l'art. 14 ; ces instructions présentent encore de l'intérêt parce qu'elles énoncent certains principes toujours applicables. On y trouve d'abord une énumération des occupations ne devant pas être portées sur les états et qui, par suite, ne sont pas assujetties au principe de la redevance ou ne constituent pas des permissions de voirie. Reproduisons textuellement l'énumération donnée par la circulaire :

1° Les occupations dérivant implicitement non de simples permissions de voirie, mais de concessions du gouvernement, telles que les passages supérieurs, inférieurs ou à niveau des chemins de fer concédés et les voies ferrées des tramways également concédés ;

2° Les occupations d'une durée plus ou moins longue, résultant d'amodiations faites directement par l'administration des finances, et qui n'entraînent pas une permission de voirie dans le sens de l'art. 14 de l'arrêté de 1878 ;

3° Les occupations d'intérêt public comme celles ci-après : poteaux télégraphiques de l'Etat, guérites et corps de garde des douanes, fontaines, lavoirs, puits et pompes à usage public et gratuit, avec les branchements qui les alimentent ; candélabres, réverbères et lanternes publics et branchements à gaz qui en dépendent ; égoûts, urinoirs et bancs publics ; passages supérieurs, inférieurs ou à niveau des chemins publics, vicinaux, communaux ou ruraux et poteaux indicateurs de ces chemins ; les bacs publics, affermés au profit de l'Etat, des départements et des communes; les monuments historiques ou religieux (statues, pyramides, colonnes commémoratives, croix, etc.) érigés par l'Etat ou les communes et autorisés par arrêté préfectoral, sur l'avis du service des ponts et chaussées;

4° Les occupations pour lesquelles les communes perçoivent des droits, conformément à la loi du 18 juill. 1837 [1], et pour lesquelles il ne paraît pas possible de faire payer deux redevances, tels sont : les étalages permanents de marchandises, devant les magasins riverains, les étalages semblables, mais périodiques ou exceptionnels les jours de marchés, foires ou fêtes; les stationnements de voitures publiques ou particulières, les dépôts de tables, chaises, vases de fleurs et arbustes pour cafés, estaminets ou restaurants; les locations sur la voie publique, sur les ponts et rivières;

5° Les occupations d'intérêt privé qui sont de droit pour les propriétaires riverains, comme les ponceaux, aqueducs et passerelles sur les fossés des routes, les rampes et escaliers d'accès sur leurs talus; les remblais de talus en avant des maisons construites au pied des levées et sans qu'il y ait annexion, même temporaire, à la propriété riveraine, de la plate-forme ainsi créée;

6° Les occupations d'intérêt privé qui sont utiles à la circulation, comme les trottoirs, les pavages d'accottement, les rigoles pavées, les cassis qui se trouvent en fait incorporés à la route et qui ne sont pas soustraits au service public;

7° Les occupations d'intérêt privé de trop minime importance pour donner lieu à redevance, comme les saillies autorisées par l'art. 19 du règlement général de 1858 sur les permissions de voirie, et encore *les occupations d'intérêt privé* de trop courte durée, comme les échafaudages et dépôts de matériaux pour reconstruire ou réparer les maisons riveraines, les dépôts de betteraves pendant la récolte et la fabrication du sucre et les autres dépôts agricoles momentanés;

8° Enfin, il semble convenable de ne pas mentionner dans les états les marches d'escaliers, bornes, chasse-roues, entrées de caves, trappons, soupiraux qui font saillie sur l'alignement. Ces saillies sont interdites par l'art. 21 du règlement général de 1858, sur les permissions de voirie. On ne peut en autoriser l'établissement, à moins de circonstances exceptionnelles dont l'administration supérieure seule est juge; et il serait fâcheux de paraître consacrer, par une redevance, l'existence de celles qui proviennent d'ouvrages anciens et que les ingénieurs doivent s'appliquer à faire disparaître.

La question des caves et de leurs trappes a donné lieu à une discussion assez intéressante : des trappes de caves existant à Cambrai dans

---

1. Aujourd'hui la loi du 5 avril 1884. Nous avons déjà étudié spécialement ces occupations (p. 209-222).

les trottoirs des routes nationales, la ville percevait à leur occasion
des redevances que revendiquait l'inspection des finances. Mais le ministre des travaux publics a fait ressortir, dans une dépêche du
14 avril 1897, que ces trappes, datant d'une époque antérieure à l'annexion de la Flandre à la France, doivent être assimilées aux saillies
des édifices qui dépassent l'alignement et considérées comme une dépendance de ces mêmes édifices : l'Etat ne saurait donc les frapper
d'une redevance, dont le refus ne permettrait pas de les supprimer
sans indemnité. Quant aux perceptions municipales, il appartient aux
intéressés, ajoute la dépêche ministérielle, de protester contre elles,
s'ils le jugent utile.

Après avoir énuméré les occupations ne donnant pas lieu à redevance, la circulaire du 8 déc. 1879 donne une nomenclature des occupations qui, au contraire, doivent être subordonnées au paiement
d'une redevance. Elles sont classées en cinq catégories, si on laisse de
côté les usines et prises d'eau que l'art. 15 de l'arrêté de 1878 exclut
de son application. Nous allons indiquer d'abord la qualification des
diverses catégories, puis nous reproduirons l'énumération des occupations comprises dans chacune d'elles.

1re catégorie. — Occupations ayant réellement pour effet de soustraire momentanément à l'usage de tous des portions du domaine public ;

2e catégorie. — Occupations souterraines n'ayant pas pour effet de
soustraire les emplacements à l'usage de tous, ni même d'en changer
la forme extérieure ;

3e catégorie. — Occupations superficielles ayant pour effet de modifier la forme sans affecter en rien la destination et l'usage des ouvrages ;

4e catégorie. — Servitudes concédées, mais n'altérant en rien la
forme non plus que la destination et l'usage public des ouvrages ;

5e catégorie. — Occupations par des objets mobiliers.

Voyons maintenant le détail de chaque catégorie :

1° Les emplacements occupés par : — Les bureaux, poteaux et bascules d'octroi ; — Les plantations d'agrément effectuées par les communes ; — Les arbres plantés par les riverains sur les talus en déblai
ou en remblai des routes ; — Les kiosques pour vente de journaux [1] ;
— Les bâtiments de stations d'omnibus et leurs annexes ; — Les bureaux
de contrôle et de stations de tramways ; — Les candélabres, réverbères
ou lanternes d'intérêt privé ; — Les poteaux télégraphiques d'intérêt

____

1. Nous avons vu, p. 210 que ces kiosques rentrent dans la catégorie des occupations donnant lieu à une redevance au profit de la commune et non à celui
de l'Etat.

privé ; — Les bornes-fontaines, pompes, puits et fontaines d'intérêt
privé ; — Les poteaux d'enseignes ou attributs ; — Les ateliers de cor-
derie et de maréchalerie ; — Les étendoirs de linge ; — Les dépôts
permanents susceptibles d'être autorisés ; — Les bureaux de négo-
ciants, hangars, magasins, guérites de corps de gardes privés, grues
fixes, cabestans, écuries sur les routes et les ports et les francs-bords
des rivières et canaux ; — Les cales de radoub et cales d'accès particulières ; — Les appontements, estacades, embarcadères et débarcadères fixes ; — Les réservoirs à poissons dans les berges, réservoirs à
purin, trous de fumier.

2° Passages inférieurs des voies ferrées particulières et des chemins
d'intérêt privé exécutés par les intéressés ; — Conduites d'eau ou de
gaz avec leurs branchements particuliers pour les riverains ; — Conduites d'intérêt privé ; — Égoûts privés débouchant dans les égoûts
publics ; — Caves et bassins sous la voie publique.

3° Voies ferrées particulières et passages supérieurs ou à niveau de
ces voies ; — Passages supérieurs des chemins d'intérêt privé ; —
Murs de soutènement dans les talus des routes ou dans ceux des digues des rivières et canaux ; remblais sur ces talus, pour formation
de terrasses, cours ou jardins annexés, à titre précaire et temporaire,
à la propriété riveraine ; — Murs de quai pour la création de gares
privées ; — Barrages d'irrigation et prises d'eau dans les fossés des
routes et les contre-fossés des canaux ; — Aqueducs, ponceaux, passerelles sur les contre-fossés des canaux dont les digues ne constituent
pas des voies publiques, dans le sens absolu du mot ; — Rampes d'accès, escaliers, descentes maçonnées, lavoirs, abreuvoirs sur leurs berges [1] ; — Gares particulières pour canots, batelets, nacelles de plaisance ; — Extraction de sables, graviers et matériaux divers dans le
lit ou sur le bord des rivières, des lacs et des routes, notamment par
ceux qui en font commerce et dont l'exploitation, régulièrement autorisée, a une certaine durée [2].

4° Portes d'accès dans les murs de façade ou les murs de clôture
construits à l'alignement le long des canaux ; — Passage sur les digues pour piétons, bestiaux et voitures, en vue de faciliter la desserte
des propriétés riveraines, agricoles ou industrielles [3] ; — Suppression
de plantations dans l'intérêt des habitations ou des cultures des riverains [4] ; — Déversement d'eaux industrielles et ménagères ou d'eaux de

1. Il n'y a aucun motif pour ne pas comprendre dans la même catégorie les
mêmes ouvrages sur berges de rivières navigables.

2. Nous avons étudié ces extractions à part, p. 241-243.

3. Nous étudierons spécialement ce genre d'occupation temporaire, sous le
n° II, 1° (p. 344).

4. Nous ne voyons guère comment on peut comprendre ceci dans les occupations temporaires.

drainage dans les fossés des routes, dans les contre-fossés ou dans le lit des rivières et canaux; — Appui de constructions privées sur les murs de soutènement et sur les parapets des ponts dépendant des routes, rivières et canaux.

5° Installations sur les berges ou dans le lit des rivières et canaux (en tant qu'elles ne sont pas déjà frappées d'une redevance au profit des communes) de grues mobiles, passerelles roulantes, pontons flottants d'embarquement, bateaux-lavoirs à eau chaude ou à eau froide, bateaux de bains, écoles de natation, bateaux dragueurs, bateaux remorqueurs, batelets particuliers, bateaux de pêche et bascules à poissons, nacelles et canots de plaisance.

L'insertion de cette dernière catégorie dans la circulaire du 8 déc. 1879 est due à une manière de voir qui a inspiré pendant plusieurs années l'attitude du ministère des travaux publics dans ces questions, mais n'a pas été admise par le ministère des finances. Le premier, en effet, estimait que l'Etat devait percevoir des redevances pour les occupations mobilières, aussi longtemps que la commune n'aurait pas reçu l'autorisation d'en percevoir elle-même ; mais le ministre des finances écrivit, le 11 juin 1888, à celui des travaux publics, qu'il ne saurait se rallier à cette doctrine : « En fait, disait-il, la loi du 5 avril 1884 a réduit les attributions fiscales de l'Etat en matière d'occupation du domaine public, et le département des finances ne me semble pas autorisé à en éluder les conséquences en se prévalant de ce que les municipalités n'ont pas pris les dispositions nécessaires pour profiter du droit qui leur a été concédé. En sa qualité de tuteur des communes, l'Etat a évidemment le droit de ne permettre aucune mesure intéressant la fortune et la sécurité des contribuables, avant que cette mesure n'ait été préalablement approuvée, et c'est à juste titre que les art. 68 et 69 de la loi de 1884 ont maintenu en vigueur le principe de la sanction gouvernementale édictée par l'art. 7 de la loi du 11 frimaire an VII ; *mais l'exercice de ce droit ne saurait aller jusqu'à permettre d'attribuer au trésor public les redevances afférentes à des occupations qui n'auraient pas donné lieu à une autorisation spéciale.* » Conformément aux principes ainsi posés, le ministre des finances a donné des instructions pour qu'on cessât de percevoir les redevances indûment établies, et, dans ce but, les ingénieurs ont été invités, en 1891, à se prononcer sur le caractère mobilier ou immobilier des occupations déjà autorisées. Ils doivent d'ailleurs, dans leurs propositions sur les nouvelles demandes, faire connaître si l'occupation à autoriser comporte ou non emprise du domaine public ou modification de son assiette, selon les termes de l'avis du Conseil d'Etat en date du 30 nov. 1882 (lettre du 15 déc. 1890 de la direction générale des contributions indirectes au directeur de l'Yonne). On se reportera d'ailleurs à l'étude déjà faite (p. 209) des perceptions autorisées en faveur des communes.

Comme celles-ci ne perçoivent pas de redevances sur les dépendances du domaine maritime, l'Etat peut naturellement en percevoir à raison des occupations mobilières sur ce domaine, pourvu toutefois qu'il ne s'agisse pas de permis de stationnement ou de droits de location frappant la navigation (voir p. 218).

Ainsi qu'on a pu le remarquer, la circulaire du 11 déc. 1879 ne concerne pas le domaine maritime ; mais il est aisé de rapprocher les occupations le concernant des diverses catégories énoncées par cette circulaire.

Art. 15. — Il n'est rien innové par le présent arrêté en ce qui touche les demandes de permissions d'usines ou de prises d'eau industrielles lesquelles continueront à être instruites comme par le passé, et sans l'intervention des agents du domaine, même pour la partie de la redevance qui représente le prix de location du terrain occupé.

Nous avons traité déjà des prises d'eau (p. 252) et nous parlerons des usines dans le n° III du présent paragraphe.

Les art. 14 et 15 de l'arrêté ministériel relatif au domaine public fluvial ou terrestre ne figurent pas dans l'arrêté qui concerne le domaine maritime, lequel se termine par un art. 14 qui rapporte l'arrêté ministériel du 15 sept. 1874.

II. Règles particulières. — Sans déroger aux principes généraux que nous venons d'étudier, les permissions relatives aux conduites d'eau, de gaz et d'électricité ont donné lieu à des difficultés d'un ordre spécial qui justifient une étude particulière. D'autre part, les permissions de circulation sur les digues et chemins de halage donnent lieu à des redevances en nature, et les pêcheries maritimes sont soumises à une réglementation propre, dont nous devrons dire un mot. Traitant à part la question des usines hydrauliques (n° III du présent paragraphe), nous terminerons ce numéro en parlant des occupations temporaires des chemins vicinaux et des permissions accordées, dans certains cas, par le préfet sur la voirie municipale.

1° **Circulation sur les digues et chemins de halage.** — Ce genre de permission, qui figure dans la 4e catégorie de la nomenclature fixée par la circulaire du 8 déc. 1879, offre ce caractère particulier d'être onéreux pour le service sur les dépendances duquel il est accordé. Anciennement, ce fait avait motivé l'imposition de redevances dont les produits étaient rattachés, à titre de fonds de concours, au budget des travaux publics pour être mis à la disposition des ingénieurs. Mais, en 1876, l'administration des finances jugea que les redevances en question constituaient un produit direct des canaux ou rivières et devaient, à ce titre, être encaissées par l'administration des contributions indirectes. Les services de navigation virent ainsi les dépenses d'entretien s'augmenter, sans compensation, avec le nombre des permissions accordées.

Pour remédier à cette situation, le ministre des travaux publics proposa à celui des finances de réduire la redevance à une valeur nominale, les permissionnaires devant en outre être soumis à des fournitures de matériaux d'entretien, en vue de la réparation de l'usure causée aux chaussées par une circulation étrangère à l'objet spécial pour lequel elles ont été créées. Le ministre des finances entra dans ces vues, mais préféra la suppression de toute redevance en espèces. En conséquence, une circulaire du ministre des travaux publics en date du 13 mars 1880 invita les préfets à accorder les permissions de circulation sous les conditions suivantes : A. Ces autorisations seront précaires et révocables; B. Les permissionnaires devront prendre l'engagement de fournir, chaque année, la quantité de matériaux d'entretien qui sera déterminée par le préfet, d'après l'état de répartition qu'auront dressé les ingénieurs ; C. Ces matériaux, de la qualité exigée, seront livrés aux emplacements qui auront été assignés conformément aux réquisitions de l'administration ; D. Toute négligence ou tout retard dans la fourniture requise entraînera le retrait de l'autorisation accordée.

2° Conduites d'eau, de gaz et d'électricité. — 1. Circulaire du 15 août 1893. — Les ministres de l'intérieur et des travaux publics ont adressé aux préfets, le 15 août 1893, une importante circulaire relative aux conduites d'eau, de gaz et d'électricité. Cette circulaire rappelle d'abord que des industriels ont demandé l'autorisation de poser des conduites de gaz sous les traverses de routes nationales ou départementales à seul effet de la rétrocéder au concessionnaire de l'éclairage municipal. Pour prévenir les abus de ce genre, une circulaire du ministre des travaux publics en date du 22 juin 1882 avait invité les préfets à prendre, dans chaque cas, les instructions de l'administration supérieure. La question reprit une grande importance lorsque se développa l'emploi de l'électricité, et, depuis 1889, il fut de règle de ne délivrer des permissions, dans chaque commune, qu'à la municipalité elle-même ou à ses concessionnaires ou permissionnaires. Cette jurisprudence ayant soulevé des protestations, une commission spéciale fut chargée d'étudier la question.

Les principes généraux en l'espèce peuvent se résumer ainsi. L'éclairage *public* rentre naturellement dans les attributions municipales [1]; l'éclairage *privé* est entièrement libre pourvu qu'il n'emprunte pas les voies publiques. Lorsqu'au contraire des conducteurs ou canalisations doivent être établis sur ces voies, deux cas peuvent se présenter. Ou bien il s'agit d'un particulier, ne devant profiter de la conduite que *pour son propre usage*, et alors rien ne s'oppose à ce que l'autorisation lui soit accordée à titre de permission de voirie, pourvu qu'il n'en résulte aucun inconvénient pour la circulation, le préfet étant compé-

---

1. On doit noter toutefois que l'État assure souvent l'éclairage des ports, avec le concours des villes et des chambres de commerce.

tent à cet égard en ce qui concerne la grande voirie (31 juill. 1896, de la Roche-Aymon). Ou bien l'usage doit être collectif et il doit être *fait commerce* de l'exploitation des installations; alors un acte de concession doit réglementer cette exploitation et fixer un tarif maximum. Ces principes s'appliquent d'ailleurs aux distributions d'eau comme au cas de l'éclairage [1].

La concession n'empêche pas d'ailleurs qu'il y ait besoin d'une permission de voirie, s'il s'agit d'exécuter un travail sur une voie publique relevant d'une autorité autre que celle qui a accordé la concession. Si celle-ci émanait de l'État, le maire donnerait les permissions sur les voies communales, à moins d'un texte spécial comme la loi du 11 juin 1880 sur les tramways; mais le préfet aurait, en vertu de l'art. 98, § 4, de la loi du 5 avril 1884, le droit de délivrer une permission refusée sans motif d'intérêt général. Quant au cas de concession par la commune, il nécessite une autorisation du préfet, sauf recours au ministre compétent, pour les occupations de la grande voirie et des chemins de grande communication ou d'intérêt commun.

En ce qui concerne particulièrement les canalisations et conducteurs, il y a tout intérêt à laisser aux communes le soin d'accorder les concessions sur les voies publiques de toute nature. Le Conseil d'État est même allé plus loin que la commission, car, ainsi que le constate la circulaire que nous analysons, il a, dans un avis du 27 juin 1893, répondu affirmativement à la question de droit suivante : « Le corps municipal est-il *exclusivement* compétent pour accorder une concession de distribution d'eau ou de lumière, suivant les conditions d'un tarif et d'un cahier des charges, pour toutes les voies publiques du territoire communal, *même pour celles de la grande voirie*, étant entendu que le cahier des charges subordonne l'exécution des travaux sur la grande voirie à la permission du préfet ? »

Ces considérations ont amené à poser les principes suivants :

A. *Les canalisations ou conducteurs qu'un particulier demande à établir pour le service d'un immeuble dont il est propriétaire, usufruitier ou locataire, sont installés sous ou sur la voie publique, en vertu d'une simple permission de voirie délivrée par le maire pour la petite voirie, ou par le préfet pour la grande voirie et pour les chemins vicinaux de grande communication ou d'intérêt commun.*

B. *Toute entreprise de distribution collective d'eau ou de lumière sur les voies publiques doit faire l'objet d'une concession municipale. — Le projet de concession est soumis par le maire au conseil municipal. Ce projet doit indi-*

-1. Aujourd'hui encore, il arrive quelquefois qu'une commune accorde, non une concession, mais une simple permission de voirie ; dans ce cas, l'art. 4 de la loi du 24 pluviôse an VIII, sur la compétence du conseil de préfecture, est inapplicable (2 mai 1861 et 14 janvier 65, ville de Marseille ; 10 déc. 86, ville de Tourcoing ; voir p. 347).

*quer : 1° Le tarif maximum des abonnements ; 2° les conditions du service
qui sera offert au public moyennant ce tarif; 3° toutes les autres conditions
d'établissement et d'exploitation de la distribution collective sur l'ensemble
des voies publiques de la commune; le tout arrêté dans un cahier des charges
qui, d'une part, règle les obligations de l'entrepreneur envers la commune et
envers le public, notamment en ce qui concerne le service à fournir et le
maximum des tarifs exigibles, et qui, d'autre part, détermine les obligations
de la commune envers l'entrepreneur. Ledit cahier des charges soumet l'entrepreneur aux règlements de voirie et autres, faits ou à faire par l'autorité
compétente ; il subordonne l'établissement des ouvrages de la distribution sur
les voies nationales ou départementales et sur les chemins de grande communication ou d'intérêt commun à des permissions de voirie qui seront éventuellement délivrées, s'il y a lieu, par le préfet sur la demande du maire. — Le
projet, après avoir été voté par le conseil municipal, est soumis par le maire
à l'approbation de l'autorité supérieure compétente. — Une fois cette approbation intervenue, s'il y a lieu, les permissions de voirie à délivrer par le préfet font l'objet d'arrêtés préfectoraux ; elles sont données à la commune, représentée par le maire, et non à l'entrepreneur du service de la distribution
collective d'eau ou de lumière. Elles soumettent l'établissement et l'exploitation des ouvrages de la distribution sur la voie publique aux conditions jugées nécessaires pour assurer la sécurité et la commodité de la circulation et
pour éviter tout danger et toute gêne au public comme aux riverains : elles réservent notamment l'application de tous règlements faits ou à faire dans ce but.*

On remarquera le principe posé en termes formels que les autorisations doivent être délivrées au nom du maire ; le but de cette prescription est sans doute bien atteint, mais nous croyons qu'on l'a dépassé. Ce qu'à bon droit on a voulu, c'est empêcher que des permissions accordées sans le concours de l'autorité municipale vinssent entraver l'action de celle-ci pour organiser des services satisfaisants ;
mais cela pouvait être obtenu tout en accordant les autorisations aux
concessionnaires, sur la demande ou l'avis favorable du maire. Cela
eût eu l'avantage de simplifier les rouages administratifs, car, dans la
pratique courante, l'autorisation accordée au maire interpose celui-ci
entre le concessionnaire et l'administration, toutes les fois qu'il surgit
quelque difficulté, et, d'autre part, les difficultés deviennent plus graves par le fait même qu'on y mêle forcément l'autorité locale.

Il arrive enfin des cas irréguliers qui placent les ingénieurs dans une
situation délicate. Parfois, en effet, les maires donnent de simples
permissions sur la voirie municipale à des entrepreneurs de distribution d'eau ou de lumière et insistent pour que le préfet en accorde
également sur les autres voies, sans vouloir d'ailleurs faire la demande
au nom de la commune : alors les ingénieurs apparaissent comme des
obstacles à des travaux unanimement désirés, bien que les intérêts de
la voirie ne soient pas en jeu.

Nous ajouterons que le transfert aux communes des anciennes permissions accordées à des concessionnaires, transfert qu'on a souvent voulu opérer à l'occasion d'extensions, se heurte à une difficulté, lorsqu'une partie du réseau, antérieure à 1878, n'est pas soumise à une redevance. Nous avons vu, en effet, que les transferts (p. 338) constituent des permissions nouvelles, sujettes à redevances : pour éviter les difficultés que soulèverait cette imposition, on continue parfois d'accorder, dans ce cas, les nouvelles permissions au concessionnaire; mais nous devons ajouter que ce transfert *d'ordre* paraît pouvoir s'opérer sans imposition de redevance, car cela a eu lieu pour le gaz de la ville d'Eu (arrêté préfectoral du 31 mars 1897).

La circulaire du 15 août 1893 ne parle pas du cas où une commune ayant garanti à une compagnie le monopole de l'éclairage public et privé, il s'agit d'autoriser le passage, sur cette commune, de canalisations ou de conducteurs destinés à l'éclairage d'autres communes : des dépêches des ministres de l'intérieur et des travaux publics au préfet du Rhône en date des 6 déc. 1892 et 25 août 1893 ont reconnu que l'autorisation nécessaire peut être accordée, et cette manière de voir paraît difficilement contestable. Le même principe s'applique naturellement aux conduites d'eau, pour lesquelles il constitue le plus souvent une véritable nécessité.

2. DÉTAILS RELATIFS AUX CONDUITES D'EAU ET DE GAZ. — Souvent on accorde des permissions spéciales pour chaque branchement et chaque prolongement des conduites; mais, dans un but de simplification, on a, dans certains cas et particulièrement dans le département de la Seine-Inférieure, pris des arrêtés permettant d'éviter des décisions aussi multipliées. Il y a peut-être quelque intérêt à reproduire la rédaction la plus récente adoptée dans ce département.

Art. 1er. — La commune de... est autorisée, sous les réserves et conditions suivantes, sans préjudice de tous règlements faits ou à faire en vue d'assurer la sécurité et la commodité de la circulation et de sauvegarder les intérêts des tiers, à maintenir, entretenir et étendre, s'il y a lieu, les conduites nécessaires à la distribution du gaz (ou de l'eau) sur son territoire, dans les limites du domaine public, tant terrestre que maritime, savoir.....

Art. 2.— Aucun travail de premier établissement ou d'entretien de la canalisation ne pourra être entrepris sur les terrains ci-dessus désignés sans que le maire en ait fait la demande par écrit à l'ingénieur du service intéressé et se soit concerté avec lui [1]; les demandes seront, s'il y a lieu, accompagnées de plans et de dessins cotés. — On utilisera autant que possible, pour l'installation des conduites, les accotements non empierrés ou les zones longeant les

_____

1. Cette disposition est exclusive d'un arrêté préfectoral spécial, par dérogation à l'arrêté réglementaire de 1858; pour éviter tout doute, on pourrait être encore plus explicite (voir C. E. 13 nov. 1891, Coquillet).

trottoirs. — Dans la traversée des ouvrages d'art, la démolition et la reconstruction des maçonneries, dallages, etc. auront lieu sous la direction exclusive des ingénieurs. — En outre, lorsque les canalisations ou branchements devront franchir la ligne télégraphique souterraine de... à..., le maire fera connaître au directeur-ingénieur du service télégraphique de la région de Paris, 103, rue de Grenelle à Paris, cinq jours au moins à l'avance, la date à laquelle les fouilles traverseront la ligne souterraine. — Aux points de croisement les conduites et branchements devront rester à 0 m.70 au moins des câbles télégraphiques normalement placés à 1 m. 20 au-dessous de la surface du sol. — Lorsque les conduites et branchements, sans franchir la ligne télégraphique, devront s'en approcher à moins d'un mètre, les travaux ne pourront être entrepris qu'après entente avec le service des postes et télégraphes. — Si ces travaux de canalisation étaient exécutés dans le voisinage de la ligne souterraine urbaine, il en serait donné avis, comme il est dit ci-dessus, au directeur des postes et télégraphes de la Seine-Inférieure. — La commune de...remboursera, le cas échéant, à l'administration des télégraphes, majorées de 10 0/0 à titre de frais généraux, toutes les dépenses en personnel, matériel et main-d'œuvre, qui pourraient être effectuées pour la protection ou la réparation des lignes souterraines, si celles-ci venaient à subir des avaries.

Ces dernières dispositions concertées avec le service des postes et des télégraphes, donnent satisfaction à la circulaire du 6 oct. 1888.

Art. 3. — L'exécution des travaux demeure soumise à l'arrêté réglementaire sur les permissions de grande voirie, en date du 14 oct. 1858, et notamment aux art. 28 et 29, concernant l'établissement de tuyaux et aqueducs sous la voie publique, et au chap. IX fixant les conditions générales des autorisations. — On se conformera de plus aux conditions particulières suivantes : — Les tranchées auront au plus 0 m. 60 de largeur en gueule et ne seront jamais ouvertes plus de 100 m. de longueur de suite à la fin d'une journée ; les matériaux provenant des tranchées seront déposés en cavaliers, autant que possible, entre le bord des tranchées et les bordures du trottoir voisin, et seront dans tous les cas disposés de manière à ne pas empêcher l'écoulement des eaux le long des trottoirs. La pose des tuyaux sera exécutée au fur et à mesure de l'avancement des tranchées, et les lieux seront remis en l'état primitif dans le délai de 48 heures après l'installation de la conduite. Les pavages et empierrements à remplacer par suite du déchet seront de nature identique à celle des matériaux primitifs.

Art. 4. — Les travaux seront soumis à la surveillance des ingénieurs et agents des services intéressés, sans préjudice de mesures d'ordre et de police incombant à l'administration municipale. Ils seront conduits avec toute la promptitude nécessaire pour réduire au minimum la gêne causée au public ; dans ce but, les ingénieurs pourront exiger l'augmentation des ateliers. Les ouvriers qui procéderont à la réfection des pavages devront être agréés par les ingénieurs et seront tenus de se conformer aux ordres des agents de l'administration en tout ce qui concerne la bonne exécution du travail.

Art. 5. — L'inexecution d'une ou de plusieurs des clauses qui précèdent entraînera de plein droit la révocation de la présente autorisation, indépendamment des mesures qui pourraient être prises contre la commune pour répression de la contravention de grande voirie et pour la suppression des ouvrages existants.

Art. 6. — L'état annexé au présent arrêté détermine les éléments de canalisation occupant, à la date du..., des dépendances du domaine public ; chaque année, dans le courant du mois de janvier, le maire adressera à l'ingénieur du service intéressé un état détaillé des additions ou modifications à y apporter pour établir la consistance de la canalisation au 31 décembre précédent ; l'ingénieur contrôlera les dites additions ou modifications et arrêtera l'état définitif devant servir à la fixation de la redevance, comme il sera dit ci-après.

Art. 7. — La commune de... paiera à l'État, pour l'occupation du sous-sol du domaine public par la canalisation existante, une redevance de...; pour toute addition ultérieure, une redevance de 0 f.05 par mètre linéaire de conduite maîtresse et de 1 fr. par branchement particulier sera ajoutée à la précédente. En outre, toute conduite non taxée[1], dont le diamètre sera agrandi, paiera une redevance de 0 f.01 par mètre courant. — La redevance totale sera payée à la caisse du receveur des domaines, en un seul terme pour chaque année, après que le montant en aura été fixé d'après l'état arrêté par l'ingénieur. — Le premier terme sera payé dans le délai d'un mois après la notification du présent arrêté à la commune de... — Le taux des redevances pourra être revisé tous les cinq ans à dater du...

Art. 8. — Les redevances déjà imposées par des arrêtés particuliers cesseront d'être perçues.

Nous rappellerons, à propos des redevances, que l'on ne peut en réduire le montant en raison de fournitures gratuites ou à prix réduits au service chargé de l'entretien du domaine occupé (p. 332).

3. Détails relatifs aux conducteurs d'électricité. — Les conducteurs d'énergie électrique autres que les conducteurs télégraphiques et téléphoniques ont fait l'objet d'une loi en date du 25 juin 1895. L'art. 1ᵉʳ pose en principe que, en dehors des voies publiques, ces conducteurs peuvent être établis sans autorisation ni déclaration. Toutefois, aux termes de l'art. 2, les conducteurs aériens ne peuvent être établis dans une zone de dix mètres, en projection horizontale, de chaque côté d'une ligne télégraphique ou téléphonique sans entente préalable avec l'administration des postes et des télégraphes. L'art. 3 donne d'ailleurs au ministre le droit de prescrire les modifications nécessaires aux conducteurs existant dans cette zone.

Art. 4. — Aucun conducteur ne peut être établi au-dessus ou au-dessous des voies publiques sans une autorisation donnée par le préfet, sur l'avis tech-

---

1. Il s'agit des conduites établies régulièrement sans imposition de redevance et portées comme telles, à l'état visé par l'art. 6.

nique des ingénieurs des postes et télégraphes et conformément aux instruc-
tions du ministre du commerce, de l'industrie, des postes et des télégraphes.

Antérieurement à la loi de 1895, la matière était réglementée par un décret du 15 mai 1888, qui soumettait tous les conducteurs à une déclaration, mais ne mentionnait pas la nécessité d'une autorisation sur les voies publiques; aussi a-t-il été établi sans autorisation un assez grand nombre de fils au-dessus desdites voies, mais le Conseil d'Etat y a vu, quand il s'agissait de la grande voirie, des contraventions à la police de cette voirie, le décret de 1888 n'ayant d'autre objet qu'une réglementation technique dans l'intérêt de la sécurité (25 mars et 3 juin 1892, Parent; 20 avril 94, Bruandet; 13 déc. 95, Margueritat). Il ne nous paraît pas douteux que sous le régime de la loi de 1895, la permission exigée devra encore être accordée sur la proposition du service de voirie en même temps que sur celle de l'administration des postes et télégraphes, et en fait on a laissé en vigueur les arrêtés réglementaires pris en vertu de la circulaire ministérielle du 1ᵉʳ sept. 1893, que nous étudierons tout à l'heure et qui soumettent les conducteurs établis sur la grande voirie à une surveillance étroite de la part des ingénieurs des ponts et chaussées. Ces arrêtés paraissent peu conformes à l'esprit de la loi de 1895, et il ne semble pas douteux qu'une entente interviendra entre les ministères intéressés pour établir l'harmonie entre les divers textes.

Art. 5. — Les dispositions ci-dessus ne concernent pas les installations de conducteurs d'énergie électrique faites pour les besoins de leur exploitation par les administrations de l'Etat ou par les entreprises de services publics soumises au contrôle de l'administration. — Les projets de ces installations électriques ainsi que toutes les modifications qui y sont apportées devront, sauf lorsqu'ils concerneront les chemins de fer et les voies navigables être soumis à l'approbation du ministre des postes et des télégraphes, après examen en conférence par les services intéressés.

Jusqu'à ce jour, le ministre des travaux publics n'a donné aucune instruction pour l'application de ces dispositions, et il nous a fait savoir, par une dépêche du 19 fév. 1896, que les ingénieurs ne doivent prendre l'initiative d'aucune conférence, tant qu'ils n'auront pas reçu d'instructions générales à cet effet [1]. Il va de soi que, lorsque l'initiative est prise par l'administration des postes et télégraphes, les ingénieurs des ponts et chaussées doivent prendre part aux conférences prescrites par la loi.

L'art. 6 prévoit la formation, près du ministre des postes et des télégraphes, d'un *comité d'électricité permanent*, appelé à donner *son avis sur les règles générales applicables dans les cas visés aux art. 4 et 5 et sur toutes les questions qui lui seront soumises par le ministre.*

---

1. Depuis lors, nous avons été invité à faire ouvrir une conférence, dans une espèce particulière.

L'art. 7 prévoit les mesures à prendre pour prévenir les troubles dans les transmissions télégraphiques ou téléphoniques par les lignes préexistantes.

Art. 8. — Quiconque aura contrevenu aux dispositions de la présente loi ou des règlements d'exécution sera, après une mise en demeure non suivie d'effet, puni des pénalités portées à l'art. 2 du décret-loi du 27 déc. 1851. — Les contraventions seront constatées, poursuivies et réprimées dans les formes déterminées par le titre V dudit décret.

Ce décret-loi ne prévoit de pénalité que pour les troubles aux communications et pour le fait de communication illicite; or les pénalités pour ce dernier cas ont une gravité qui ne permet évidemment pas de les appliquer par assimilation au cas d'un conducteur d'énergie non autorisé, et dès lors il ne reste de puni que les troubles aux communications télégraphiques et téléphoniques. L'art. 471,15°, du Code pénal paraît seul applicable aux autres contraventions, lesquelles d'ailleurs ne peuvent pas être constatées par les agents des ponts et chaussées (art. 10). Toutefois nous pensons que les travaux exécutés sur la grande voirie continueront à être soumis aux règlements de celle-ci et que les contraventions, constatées par les agents des ponts et chaussées, seront déférées, suivant leur nature, au conseil de préfecture ou au juge de paix.

Art. 9. — Le décret du 15 mai 1888 est abrogé.

Ainsi que nous l'avons déjà indiqué, une circulaire du 1er sept. 1893 a envoyé aux préfets le texte d'un arrêté réglementaire, à prendre uniformément à la date du 15 du même mois pour l'établissement et le fonctionnement des conducteurs d'électricité sur la grande voirie nationale ; un texte presque identique a été envoyé pour les routes départementales, par circulaire du 2 septembre. Les dispositions de ces arrêtés étant appelées à être modifiées à assez bref délai, ainsi que l'indique la circulaire du 1er septembre, nous n'en ferons qu'une étude sommaire en nous attachant spécialement aux prescriptions ayant un caractère administratif.

L'art. 1er exclut de l'application les *conducteurs sur lesquels les trains de chemins de fer ou de tramways, ou les bateaux mus par l'électricité, recueillent directement les courants qui actionnent leurs machines ;* ces conducteurs *continuent à être exclusivement soumis aux conditions prescrites, tant par l'autorité chargée du contrôle des dits chemins de fer, tramways ou bateaux, que par le service des postes et télégraphes.*

L'art. 2, relatif aux demandes des permissions de grande voirie, porte notamment : *Lorsqu'il s'agit d'une concession municipale de distribution d'électricité, empruntant la grande voirie, la demande est présentée par le maire, et la permission est accordée, s'il y a lieu, à la commune, avec faculté de rétrocession aux concessionnaires choisis par elle.* Aux termes de l'art. 4, *l'arrêté d'autorisation désigne, dans chaque cas, le service d'ingénieur en chef et les services d'ingénieur ordinaire qui sont chargés du contrôle, en ce qui concerne la grande voirie nationale.*

Au sujet de la surveillance, l'art. 13 spécifie que *les ingénieurs et agents chargés du service du contrôle ont le droit d'entrer dans les usines contenant les appareils d'électricité, pour y faire procéder en leur présence aux expériences et épreuves de contrôle intéressant l'application du présent règlement et la sécurité de la voie publique.*

Art. 26. — L'occupation du domaine public de la grande voirie nationale par les conducteurs d'électricité aériens ou souterrains donne lieu à la perception, au profit du trésor, de redevances qui sont établies et perçues conformément aux prescriptions de l'arrêté des ministres des finances et des travaux publics en date du 3 août 1878.

En ce qui concerne les conducteurs aériens, nous pensons que les supports seuls doivent motiver une redevance, car on ne saurait dire que les fils entraînent une emprise sur le domaine public ou en modifient l'assiette, pour employer les termes dont a usé le Conseil d'Etat dans son avis du 30 nov. 1882 (p. 210).

Art. 27. — Les contraventions au présent règlement et aux arrêtés spéciaux portant autorisation d'installations électriques, rendus par application de ces prescriptions, sont constatées par les ingénieurs, conducteurs, commis et autres agents assermentés des ponts et chaussées.

Au point de vue de la compétence, on doit naturellement examiner, dans chaque cas, si la contravention rentre dans les termes, souvent généraux, des règlements sur la grande voirie ; dans le cas contraire, l'affaire relèverait du juge de simple police. On se reportera d'ailleurs à l'art. 8 de la loi du 25 juin 1895 et à son commentaire (p. 352).

Dans ce qui précède, nous n'avons pas parlé de l'autorité qui peut accorder les concessions, quand il s'agit d'une entreprise de distribution. Pour la distribution de lumière, nous avons vu que ce pouvoir appartient essentiellement à l'autorité municipale (p. 346); mais il s'est manifesté une divergence d'appréciation entre les ministères de l'intérieur et des travaux publics au sujet des distributions de force motrice.

A l'occasion d'une distribution mixte de lumière et de force, le ministre des travaux publics a adressé au préfet du Rhône une dépêche en date du 25 août 1893, qui a été portée à la connaissance des ingénieurs des ponts et chaussées chargés de services ordinaires. Aux termes de cette dépêche, la compétence des communes, des départements et en général des établissements publics est déterminée limitativement par la loi munipale, par la loi sur les conseils généraux ou par des lois spéciales. Tout ce que la loi ne comprend pas explicitement dans leur compétence, en matière de concession de services à rendre au public, est de la compétence de l'Etat. Or, si les distributions de lumière sont des services municipaux, aux termes de la loi du 5 avril 1884, la concession des distributions d'électricité pour force motrice ou tous autres usages industriels n'est attribuée par aucune loi à la commune ou au département, *et par suite elle reste dans les attributions de l'Etat*. Dans le cas d'une distribution mixte, de force et de lumière, le ministre des travaux publics reconnaît la nécessité d'une concession municipale s'ajoutant, dans chaque commune, à celle de l'Etat, le cahier des charges de cette dernière concession permettant cette addition.

En fait, cette consultation ne paraît avoir qu'une portée doctrinale, car les concessions municipales sont sanctionnées par les décrets rendus sur l'avis du ministre de l'intérieur, et celui-ci fait constamment approuver des concessions mixtes pour la distribution de la lumière et de la force (voir par exemple les décrets des 16 avril 1891 et 19 mars 94, relatifs aux distributions d'électricité au Havre et à Rouen). Il nous paraît d'ailleurs bien difficile de s'en tenir dans la pratique à la doctrine, si fortement motivée d'ailleurs, du ministre des travaux publics. Le véritable caractère des distributions d'électricité est en effet celui de distributions d'énergie, et c'est affaire au client d'employer celle-ci selon qu'il lui convient. N'en est-il pas, du reste, de même pour le gaz ? et a-t-on jamais entendu dire qu'il fût défendu d'employer celui-ci à actionner des moteurs ou que l'Etat ait revendiqué à cette occasion un droit de concession ?

3° **Pêcheries maritimes**. — Ainsi qu'on l'a vu (p. 330, note 1), l'art. 1ᵉʳ de l'arrêté réglementaire sur les occupations temporaires du domaine public maritime exclut de son application l'exploitation des pêcheries maritimes. Nous n'en dirons du reste qu'un mot, vu qu'elles ne relèvent pas du service des ponts et chaussées. Elles sont réglementées par un arrêté du ministre de la marine en date du 12 mai 1876. Aux termes d'une circulaire du 2 fév. 1888, les demandes sont adressées au commissaire de l'inscription maritime ; s'il ne s'agit que d'une mutation, ne modifiant ni l'assiette, ni l'étendue, ni la nature des établissements, le préfet maritime statue ; dans tous les autres cas, la décision appartient au ministre, conformément à l'art. 2 du décret-loi du 9 janv. 1852 sur l'exercice de la pêche côtière.

L'art. 2 de l'arrêté ministériel de 1876 pose le principe général d'une redevance, en rappelant celui de l'exemption des marins inscrits, exemption que nous étudierons tout à l'heure. Cette redevance est fixée, suivant les cas, par le directeur des domaines, le directeur général des domaines ou le ministre des finances (art. 4).

La question de l'exonération de la redevance offre un certain intérêt pour les ingénieurs des ponts et chaussées, car les principes qui la concernent pourraient peut-être être appliqués aux pêcheries établies dans les fleuves et rivières navigables entre les limites de l'inscription maritime et de la salure des eaux. Dans ces régions surtout, où l'exercice de la pêche n'exige en fait aucunement la qualité de marin, une foule

de gens trouvent doux de se faire *inscrire* après leur passage sous les
drapeaux de l'armée de terre, ce qui les dispense des appels de la réserve et de l'armée territoriale. A la suite de remarques faites à l'occasion de la section de la Seine comprise dans l'inscription maritime,
en amont de la salure des eaux, le ministre des travaux publics écrivit,
le 14 sept. 1888, à son collègue des finances, et il semble que la suite,
bien anodine, en ait été l'insertion dans la loi de finances du 29 déc.
1888, de la disposition suivante, figurant à l'art. 25 : *Ne seront pas
exonérés de la redevance à payer conformément à l'art. 2 de la loi du 20
déc. 1872, pour occupation temporaire du domaine maritime, les concession
naires qui, postérieurement à la promulgation de la présente loi, ne seront devenus inscrits maritimes qu'après l'âge de 30 ans révolus, à moins qu'ils
n'aient servi pendant 36 mois dans les équipages de la flotte.*

4° **Chemins vicinaux**. — Dans l'instruction générale de 1870 sur les
chemins vicinaux, les ouvrages exécutés sur la voie publique font l'objet de la section VII du chap. 1er du titre V ; nous allons la reproduire
en indiquant la correspondance des articles avec ceux du règlement
préfectoral type.

*Art. 299. — Les autorisations pour l'établissement, par les propriétaires
riverains, d'aqueducs et de ponceaux sur les fossés des chemins vicinaux, ré-
gleront le mode de construction, les dimensions à donner aux ouvrages et les
matériaux à employer ; elles stipuleront toujours la charge de l'entretien par
l'impétrant et le retrait de l'autorisation donnée dans le cas où les conditions
posées ne seraient pas remplies ou qu'il serait reconnu que ces ouvrages nui-
sent à l'écoulement des eaux ou à la circulation* (art. 197 du règlement).
Comme le fait remarquer M. Henry (p. 568, note 1), il ne faut user que
très discrètement du droit de désigner les matériaux.

*Art. 300. — Les autorisations de conduire les eaux d'un côté à l'autre du
chemin prescriront le mode de construction et les dimensions des travaux à
effectuer par les pétitionnaires* (art. 198 du règlement).

*Art. 301. — Les autorisations pour l'établissement de communications
devant traverser les chemins vicinaux indiqueront les mesures à prendre
pour assurer la facilité et la sécurité de la circulation* (art. 199 du règlement).

Parmi les ouvrages à établir par dessus les chemins et aussi sous
leur sol, se trouvent les conducteurs télégraphiques ou téléphoniques,
au sujet desquels nous devons noter les droits que l'Etat tient de la loi
du 28 juill. 1885, dont l'art. 2 est ainsi conçu : « L'Etat a le droit
« d'exécuter sur le sol ou sous le sol des chemins publics et de leurs
« dépendances tous les travaux nécessaires à la construction et à l'en-
« tretien des lignes télégraphiques ou téléphoniques. — Les fils télégra-
« phiques ou téléphoniques, autres que ceux des lignes d'intérêt gé-
« néral, ne pourront être établis dans les égouts appartenant aux
« communes qu'après avis des conseils municipaux, et moyennant

« une redevance, si les conseils municipaux l'exigent. — Un décret
« rendu en forme de règlement d'administration publique déterminera
« le taux de cette redevance. »

*Art. 302. — Les autorisations pour établissement de barrages ou écluses
sur les fossés des chemins ne seront données que lorsque la surélévation des
eaux ne pourra nuire au bon état de la voie publique. Elles prescriront
les mesures nécessaires pour que les chemins ne puissent jamais être submergés. Elles seront toujours révocables sans indemnité si les travaux étaient reconnus nuisibles à la viabilité* (art. 200 du règlement).

On remarquera qu'il n'est pas question de redevance, et en fait les
arrêtés préfectoraux qui interviennent pour les chemins de grande
communication ou d'intérêt commun n'en imposent pas, et les communes sont seules à en percevoir sur les chemins de toute catégorie.

**5° Permissions accordées par le préfet sur le domaine public
communal.** — Le dernier paragraphe de l'art. 98 de la loi du 5 avril 1884
est ainsi conçu : *Les permissions de voirie à titre précaire ou essentiellement
révocable sur les voies publiques qui sont placées dans les attributions du
maire et ayant pour objet, notamment, l'établissement dans le sol de la voie
publique des canalisations destinées au passage ou à la conduite, soit de l'eau,
soit du gaz, peuvent, en cas de refus du maire non justifié par l'intérêt général, être accordées par le préfet.*

Ainsi que le fait remarquer la circulaire du ministre de l'intérieur du
15 mai 1884, il y a une grande différence entre le cas prévu par cette
disposition et celui du refus d'accueillir une demande d'alignement.
Dans ce dernier, l'administration est obligée d'accorder l'autorisation
de bâtir, lorsque la demande réunit les conditions prévues par les lois
ou règlements, et dès lors il appartient essentiellement au préfet de
procéder à l'acte prescrit par la loi que le maire refuse de faire (art. 15
de la loi du 18 juill. 1837 et art. 85 de la loi du 5 avril 1884). Mais,
dans le cas de l'art. 98, il s'agit d'autorisations facultatives et pour lesquelles le préfet ne pouvait, en l'absence d'une disposition spéciale,
substituer son action à celle du maire (C. E., 10 déc. 1880, Poirel).
La loi de 1884 contient donc à ce sujet une importante innovation.

A l'occasion d'un recours pour excès de pouvoir formé par un maire
contre une autorisation ainsi accordée par le préfet, M. Valabrègue,
commissaire du gouvernement, s'est prononcé nettement contre la
possibilité de tout recours contentieux, l'appréciation du fait rentrant
essentiellement dans la compétence du préfet. En termes sommaires,
le Conseil d'Etat a statué conformément, disant que le préfet n'avait
fait qu'user des pouvoirs d'administration et du droit d'appréciation à
ui conférés, et que, par suite, le recours pour excès de pouvoir n'était
pas ouvert (27 mai 1887, comm. de Pépieux). Il est clair toutefois
qu'un préfet ne pourrait donner une permission de canalisation avec
droit de distribution aux tiers, puisqu'alors il sortirait de sa compé-

tence (voir p. 346). Il convient enfin de remarquer que le pouvoir des préfets n'est pas limité aux canalisations d'eau et de gaz, ainsi du reste qu'il ressort du texte de l'art. 98. Aussi le Conseil d'Etat a-t-il déclaré non recevable un recours contre une autorisation relative à l'établissement d'un trottoir (31 janv. 1890, comm. de Pétosse).

III. Usines hydrauliques établies sur les rivières navigables ou flottables et les canaux. — Nous avons vu que l'art. 15 de l'arrêté ministériel du 3 août 1878 sur les occupations temporaires du domaine public terrestre ou fluvial porte qu'il n'est rien changé aux règles relatives aux usines (p. 344).

1° Autorité compétente et formalités. — L'ordonnance d'août 1669, en l'art. 43 du titre XXVII, exige une permission du Roi pour l'établissement des usines sur rivières navigables ou flottables. Faisant application de ce principe, l'art. 9 de l'arrêté du Directoire en date du 19 ventôse an VI, dispose : *Il est enjoint aux administrations centrales et municipales, et aux commissaires du Directoire exécutif établis près d'elles de veiller avec la plus sévère exactitude à ce qu'il ne soit établi, par la suite, aucun pont, aucune chaussée permanente ou mobile, aucune écluse ou usine, aucun batardeau, moulin, digue ou autre obstacle quelconque au libre cours des eaux dans les rivières navigables et flottables, dans les canaux d'irrigations ou de dessèchements généraux sans en avoir préalablement obtenu la permission de l'administration centrale, qui ne pourra l'accorder que de l'autorisation expresse du Directoire exécutif.*

Il résulte de ce texte qu'un décret est nécessaire tant pour de nouvelles autorisations que pour la modification d'autorisations antérieures (C. E., 25 mai 1832, Phulpin [1] ; 14 juill. 41, Lahore ; 3 août 65, Erard ; 25 juin 68, Pradier-Faurot ; 6 juin 72, Roche [2]). Conformément à une ordonnance du 27 déc. 1846, les projets de décrets sont soumis à la section des travaux publics du Conseil d'Etat, et la consultation de l'assemblée générale est superflue (11 déc. 1848, Priot-Letourmy ; 4 mai 83, de Luynes).

En ce qui concerne les formalités d'instruction, nous n'avons rien à ajouter ici à ce que nous avons dit à propos des prises d'eau (p. 254). On pourra se reporter à ce que nous dirons, dans un autre volume, des usines sur cours d'eau non navigables.

La compétence du chef de l'Etat est toutefois sujette à une exception, le décret de décentralisation du 25 mars 1852 ayant donné compétence aux préfets à l'égard des établissements hydrauliques tempo-

1. Usine située sur un canal dérivé d'une rivière navigable.
2. Un arrêt du 18 août 1849 (Truelle-Mullet) indique qu'un décret était nécessaire avant l'arrêté du 19 ventôse an VI, en vertu d'un arrêté du 13 nivôse an V et une instruction du 24 pluviôse an V.

raires ; le tableau D (affaires sur lesquelles ils statuent sur l'avis ou la proposition des ingénieurs en chef) qui est joint au décret du 13 avril 1861 comprend, sous le n° 2 : *Autorisation des établissements temporaires sur lesdits cours d'eau (navigables ou flottables), alors même qu'ils auraient pour effet de modifier le régime ou le niveau des eaux ; fixation de la durée de la permission.* La circulaire du 27 juill. 1852 indique que ce paragraphe « s'applique aux établissements qui n'ont qu'un caractère purement accidentel et temporaire, tels que les scieries destinées à l'exploitation d'une coupe de bois, ou les ouvrages provisoires, soit en graviers, soit en fascinages qui peuvent être nécessaires, pendant la saison d'étiage, pour assurer l'alimentation d'une prise d'eau d'usine ou d'irrigation régulièrement autorisée... Il importe, continue la circulaire, que MM. les ingénieurs ne proposent d'accorder des autorisations de cette nature, qu'autant qu'il n'en peut résulter aucun inconvénient pour la navigation. L'arrêté fixera toujours la durée de la permission, qui ne pourra excéder une année [1], aucune redevance ne sera d'ailleurs exigée du permissionnaire, attendu le caractère éminemment précaire de l'autorisation qui lui est accordée ». Cette dernière indication ne paraît plus avoir de raison d'être depuis l'imposition générale de redevances aux occupations temporaires du domaine public.

2° Dispositions des règlements. — Une circulaire du 18 juin 1878 a envoyé aux préfets un modèle de règlement pour les usines sur cours d'eau navigables ou flottables, modèle arrêté par une commission composée de conseillers d'Etat et d'inspecteurs généraux des ponts et chaussées. Nous allons reproduire ce modèle, en en commentant les dispositions.

Art. 1er. — Cet article est susceptible de recevoir deux rédactions différentes. Si l'usine n'existe pas encore ou si, bien qu'existant, elle n'est pas fondée en titre, on le libelle ainsi : *Est soumis aux conditions du présent règlement l'usage de la force motrice que le sieur........ est autorisé à emprunter à la rivière de........ pour la mise en jeu d........ dans la commune d....... département d.......* La circulaire indique qu'on doit éviter de spécifier la destination de l'usine, le concessionnaire pouvant faire tel usage qu'il veut de la force motrice (27 août 1857, Marchand ; idem, Perrault).

Lorsqu'il s'agit de la réglementation, sans modification de consistance [2], d'une ancienne usine fondée en titre, on doit remplacer les mots *est autorisé à emprunter* par *emprunte*, car l'existence légale de l'établissement exclut formellement la nécessité de l'autorisation. C'est ainsi qu'un arrêt du 15 février 1866 (Fresneau) a rapporté non seule-

---

1. Le projet de loi sur le régime des eaux porte ce délai à deux ans.
2. Sur le sens de ce mot, on consultera ce que nous en avons dit tome I, p. 478.

ment les dispositions d'un règlement portant atteinte directe aux droits de l'usinier, mais aussi l'art. 1er « en tant que sans tenir compte des droits antérieurs du sieur Fresneau, il aurait entendu l'autoriser à nouveau à maintenir son usine en activité. »

Art. 2. — Le niveau légal de la retenue est fixé à..,..... en contre-bas..... point pris pour repère provisoire.

Le plus souvent, sur les rivières navigables, les usines utilisent une retenue faite dans l'intérêt de la navigation, en sorte que son niveau est tout déterminé. Une circulaire du 23 oct. 1851 a indiqué 0 m. 16 comme différence à maintenir normalement entre le niveau de la retenue et les points les plus déprimés des terrains qui s'égouttent directement dans le bief, sauf à ne pas prendre pour base une dépression exceptionnelle de peu de surface. Si le bief est supérieur à des terrains riverains ayant un autre moyen d'égouttement, ces terrains doivent être protégés par des berges naturelles ou des digues artificielles dont la hauteur soit au moins de 0 m. 30 au-dessus de la retenue ; les digues artificielles ont en général une largeur de 0 m. 60 en couronne et des talus réglés à 3 de base pour 2 de hauteur.

Dans le cas d'une usine jouissant d'une existence légale, le niveau de sa retenue ne pourrait généralement pas être abaissé sans donner ouverture à un droit à indemnité ; mais on verra, dans un arrêt du 9 déc. 1858 (Raffray), des circonstances spéciales à raison desquelles ce droit n'existait pas.

Art. 3. — Le déversoir sera placé (indiquer l'emplacement du déversoir et spécifier s'il est formé d'une ou de plusieurs parties, en laissant au concessionnaire autant de latitude que possible). — *Il aura une longueur de...; sa crête sera dérasée à... en contre-bas du repère provisoire.*

(S'il paraît inutile de spécifier l'emplacement du déversoir, ou s'il n'est pas possible de déterminer à l'avance la hauteur de son couronnement, on emploiera la formule suivante) :

Le déversoir aura une longueur totale de... — Sa crête sera dérasée suivant le plan de pente de l'eau retenue au niveau légal, l'usine fonctionnant régulièrement et le bief étant convenablement curé.

La circulaire du 23 oct. 1851 indique que la longueur du déversoir doit être généralement égale à la largeur du cours d'eau aux abords de l'usine, dans les parties où le lit a conservé son état normal. Sur les rivières dont les eaux ne sont pas utilisées en totalité par l'usine, le déversoir peut être disposé de manière à servir à l'écoulement d'une partie de la rivière, même pendant les eaux ordinaires, et par conséquent être dérasé au-dessous de la hauteur de la retenue, sauf une partie du couronnement qui devra être réglée à cette hauteur, afin que l'état des eaux devant le déversoir permette d'apprécier si le niveau légal est observé.

Art. 4. — Le vannage de décharge présentera une surface libre de...

au-dessous du niveau de la retenue. — Pourront être conservées les vannes de décharge actuelles qui présentent ensemble une surface libre de... savoir : (indiquer ici l'emplacement, la largeur, la hauteur au-dessous de la retenue, la surface libre de chacune des vannes de décharge qui peu-- vent être conservées). — *Les vannes nouvelles qui seront construites pour obtenir le débouché ci-dessus fixé auront leur seuil à... en contrebas du repère provisoire, de telle sorte que, si le concessionnaire* [1] *conserve toutes les vannes de décharge actuelles, le van⸱⸱ge neuf devra présenter une largeur libre totale de... — S'il veut, au contraire, modifier tout ou partie des vannes actuelles, il devra leur substituer un vannage de même surface et dont le seuil soit placé au niveau ci-dessus fixé. — Le sommet de toutes les vannes sera dérasé, comme la crête du déversoir, dans le plan de la retenue. — Elles seront disposées de manière à pouvoir être facilement manœuvrées et à se lever au-dessus du niveau des plus grandes eaux.*

Ainsi que le fait remarquer une note du modèle, ce libellé de l'art. 4 suppose une usine déjà existante : il doit être simplifié s'il s'agit d'une usine à établir. Si le déversoir n'est pas dérasé dans le plan de pente de la retenue, conformément à une hypothèse admise par la circulaire de 1851, on modifiera naturellement l'avant-dernier paragraphe.

Conformément à la même circulaire, le débouché des vannes de décharge doit être tel que, la rivière coulant à pleins bords, toutes les eaux s'écoulent comme si l'usine n'existait pas, et cela indépendamment des vannes motrices dont l'usinier doit disposer librement. Lorsque les usiniers demanderont l'autorisation de faire usage de vannes automobiles, « cette autorisation pourra leur être accordée à leurs risques et périls, et sous la condition expresse que les vannes seront manœuvrées à bras, toutes les fois qu'elles ne s'ouvriraient pas par la seule action des eaux ».

Art. 5. — Les canaux de décharge seront disposés de manière à embrasser, à leur origine, les ouvrages auxquels ils font suite et à écouler facilement toutes les eaux que ces canaux peuvent débiter.

Art. 6. — (Indiquer ici les dimensions des vannes motrices [2] et la hauteur de leurs seuils par rapport au niveau légal).

Cet article, qui n'a pas son correspondant dans les règlements d'usines sur cours d'eau non navigables, s'impose ici, puisqu'il s'agit de concéder une force motrice déterminée ou d'en régler l'usage. Peut-être pourrait-on fixer simplement le débit des ces vannes, sans en déterminer les dimensions.

---

1. Une note placée en tête du modèle prescrit de remplacer partout le mot « concessionnaire » par le nom de l'usinier, lorsqu'il s'agit d'une ancienne usine fondée en titre.

2. « Ou des prises d'eau », dit le texte qui doit être adapté au cas des dites prises.

Art. 7. — (Indiquer ici, s'il y a lieu, les dispositions accessoires).

La circulaire de 1851 indique qu'il s'agit du rétablissement de gués, construction de ponts, ponceaux ou aqueducs, ou autres ouvrages présentant un caractère d'intérêt général. Elle ajoute que les prescriptions doivent être rédigées en termes généraux, les détails devant rester dans les attributions des autorités locales, et que les ingénieurs doivent se conformer à la circulaire du 12 juin 1850 (tome I, p. 168), lorsque plusieurs services sont intéressés.

Art. 8. — *Le concessionnaire sera tenu de verser à la caisse du receveur des contributions indirectes de l'arrondissement une redevance de... — Le chiffre de cette redevance pourra être revisé tous les... — Elle sera payable d'avance par trimestre, et exigible à partir du procès-verbal de récolement ou, au plus tard, à partir de l'expiration du délai fixé par l'art... pour l'achèvement des travaux.*

Le principe de la redevance a été posé par la loi du 16 juill. 1840 (voir p. 204).

Sur le taux de cette redevance, la circulaire du 18 juin 1878, après avoir constaté qu'il n'a fait l'objet d'aucune réglementation de principe, ajoute que, « d'après la jurisprudence du Conseil d'Etat, la redevance représente généralement la deux centième partie (1/2 p. 100) de la valeur vénale de la force motrice brute dans chaque localité, ou un dixième (1/10) de la valeur locative de cette force ». M. G. de Passy fait remarquer assez justement qu'il peut y avoir lieu de réduire la redevance à raison de la part contributive que prendrait l'usinier dans les dépenses faites pour les ouvrages intéressant la navigation. En tout cas, le règlement indique le montant de la redevance, sans mentionner la base de calcul, cette dernière indication tendant à appliquer une règle générale que pourrait seul établir un règlement d'administration publique (avis du Conseil d'Etat du 11 nov. 1862).

Rappelons d'ailleurs que la fixation de la redevance a lieu sans le concours de l'administration des domaines, celle des contributions indirectes continuant à être seule compétente (arrêté ministériel du 3 août 1878, art. 15 ; voir p. 344).

La circulaire de 1878 indique 30 ans comme délai ordinaire pour la révision, mais en réservant la liberté entière de l'administration d'adopter une période plus courte si des espèces particulières le motivent. Au cas où les travaux devraient exiger moins d'un an, une annotation au modèle recommande de supprimer la mention du procès-verbal de récolement, dans le 3° paragraphe.

Enfin, au cas où la jouissance serait antérieure à la concession, ce paragraphe serait modifié ainsi : *Le premier terme comprendra le paiement rétroactif des annuités dues à partir du...*

Une annotation ajoute : « Si cette jouissance a eu lieu en vertu d'une autorisation provisoire, le point de départ sera la date de l'arrêté préfectoral ayant provisoirement autorisé la prise d'eau [1]. — S'il n'y a pas eu d'autorisation provisoire, la fixation du point de départ doit être laissée à l'appréciation de l'administration et réglée d'après les circonstances de l'affaire, l'art. 2.277 du Code civil n'étant pas ici applicable ».

C'est cet article qui prescrit par cinq ans tout ce qui est payable par année ou à des termes périodiques plus courts. Rapportant cette énonciation, M. Picard l'accompagne de la remarque qu'autrefois on admettait l'applicabilité de l'article ; puis, sans fournir aucune raison à l'appui, il ajoute ; « Mais les auteurs du modèle ont jugé l'art. 2.277 inapplicable en l'espèce » (*Traité des Eaux*, III, 255). Cela ressemble beaucoup à une dénégation implicite, et nous serions porté à l'accentuer.

Toutefois nous devons préciser quelle paraît avoir été la pensée de l'administration. L'art. 2.277 vise des arrérages dont le chiffre est déterminé : tel n'étant pas le cas actuel, puisqu'il s'agit de donner un effet rétroactif à la détermination, on est en dehors des prévisions de cet article, et le concessionnaire peut contester qu'il doive payer cinq années ; d'autre part, l'administration n'étant plus liée par ce texte affirme son droit de subordonner l'autorisation au paiement rétroactif de toutes les annuités échues depuis la jouissance. Il nous semble qu'il y a quelque abus et que, dans la pratique, il conviendrait de considérer cinq annuités comme un maximum.

Les usines antérieures à 1566, ou vendues nationalement, ne sont pas sujettes à redevance, en tant que leur consistance n'a pas subi de variation (voir l'étude de l'inaliénabilité p. 165). Les augmentations de force motrice justifient une redevance ; mais celle-ci ne saurait être appliquée de plein droit, pour le seul fait que des travaux de navigation rendraient possible l'emploi d'une force supérieure (13 janv. 1882, Bellanger).

Art. 9. — Il sera posé près de l'usine, aux frais du concessionnaire, en un point qui sera désigné par l'ingénieur chargé de dresser le procès-verbal de récolement, un repère définitif et invariable du modèle adopté dans le département. — Ce repère, dont le zéro indiquera seul le niveau légal de la retenue, devra toujours rester accessible aux agents de l'administration qui ont qualité pour vérifier la hauteur des eaux et visible aux tiers intéressés. — Le concessionnaire ou son fermier sera responsable de la conservation du repère définitif, ainsi que de celle des repères provisoires, jusqu'à la pose du repère définitif.

La circulaire de 1878 dit au sujet de cet article : « Le nouvel article diffère des instructions antérieures en ce que l'on a supprimé l'interdiction, pour les tiers intéressés, de « pénétrer dans la propriété du

1. On ne conçoit guère, en effet, une autorisation provisoire pour une usine.

concessionnaire ». Le motif de cette suppression a été qu'en attribuant au concessionnaire la jouissance privative d'une partie du domaine public, l'administration conserve le droit et contracte le devoir d'imposer au demandeur les conditions jugées nécessaires pour que ceux qui pourraient souffrir de l'abus de cette jouissance privative soient à même de s'assurer si l'abus existe. A cet effet, il convient de réserver, dans les termes les plus généraux, aux intéressés, le moyen de voir le repère. La rédaction nouvelle ne donne pas l'affirmation formelle du droit d'accéder au repère, mais elle ne renferme plus la négation de ce droit pour le cas, par exemple, où, par suite d'une disposition particulière locale, l'accessibilité du repère serait la condition indispensable de sa visibilité ».

Art. 10. — Dès que les eaux dépasseront le niveau légal de la retenue, le concessionnaire ou son fermier sera tenu de lever les vannes de décharge pour maintenir les eaux à ce niveau. Il sera responsable de la surélévation des eaux, tant que les vannes ne seront pas levées à toute hauteur. — En cas de refus ou de négligence de sa part d'exécuter cette manœuvre en temps utile, il y sera pourvu d'office et à ses frais, soit à la diligence du maire de la commune, soit par les agents de l'administration des ponts et chaussées, et ce sans préjudice de l'application des dispositions pénales encourues et de toute action civile qui pourrait lui être intentée à raison des pertes et dommages résultant de ce refus ou de cette négligence.

Cet article est rédigé exclusivement au point de vue de la protection des riverains ; mais, bien souvent, on interdit à l'usinier de laisser le plan d'eau s'abaisser au-dessous d'un certain niveau, afin de ne pas nuire à la navigation. Il est tenu alors de fermer ses vannes motrices dès que l'eau atteint ce niveau en baissant : c'est ce qu'a fait, par exemple, un décret du 22 nov. 1877 à l'égard d'un moulin antérieur à 1566, et le Conseil d'Etat en a reconnu la légalité, sous réserve de l'indemnité qui pourrait être due (4 mai 1883, de Luynes).

Pour qu'il y ait contravention, en cas d'abaissement des eaux au-dessous du niveau prescrit, il faut naturellement que la responsabilité de l'usinier soit établie (8 juin 1894, Wallon).

On remarquera que l'art. 10 et les dispositions de même genre destinées à interdire l'abaissement des eaux laissent à l'usinier le soin de faire des manœuvres qui intéressent grandement la navigation. Aussi M. de Passy insiste-t-il sur la convenance de placer des vannes de garde en tête de la prise d'eau, ces vannes étant manœuvrées exclusivement par les agents de l'administration. Cette mesure permet encore à l'usinier de faire des manœuvres modifiant le niveau de la retenue si la contrepartie n'en est pas faite immédiatement. On obtiendrait ce résultat au moyen de vannes de chômage reliées aux vannes motrices et commandées, comme elles, par un vannage de garde.

Art. 11. — (Relatif aux manœuvres pour le service de la navigation).

Il est expressément interdit au concessionnaire de s'immiscer en rien, sans un ordre spécial de l'administration, dans les manœuvres relatives au service de la navigation.

Nous venons de voir qu'en fait l'art. 10 lui confie des manœuvres intéressant la navigation.

Art. 12. — (Relatif aux manœuvres pour le service du flottage). *Le concessionnaire sera tenu de procéder à la manœuvre des vannes du pertuis de flottage et du canal de prise d'eau sur la réquisition des flotteurs, sans que le concessionnaire puisse réclamer aucune indemnité, à moins de contraventions de la part des flotteurs aux règlements auxquels ils sont soumis.*

Comme l'indique la circulaire de 1878, cet article suppose qu'il existe un service de flottage.

Art. 13. — (Spécial au cas où il y aurait des inconvénients à ce que les eaux fussent immédiatement rendues à la rivière après un usage qui en aurait modifié la température ou la pureté). *Les eaux rendues à la rivière seront, autant que possible, pures, salubres et à la température du bief alimentaire. Toute infraction à cette disposition, dûment constatée, pourra entraîner le retrait de l'autorisation, sans préjudice, s'il y a lieu, des pénalités encourues.*

Art. 14. — (Spécial au cas où il paraîtrait utile de favoriser la migration du poisson). *Le concessionnaire sera tenu d'établir et d'entretenir dans le barrage une échelle à poissons ; il devra en outre placer et entretenir des grillages à l'amont de la prise d'eau et à l'aval du canal de fuite. — L'échelle à poissons et les grillages seront exécutés sur les emplacements et d'après les dispositions que prescriront les ingénieurs chargés du service de la navigation.*

A notre avis, on devrait toujours imposer les grillages (surtout ceux d'amont) dans le cas où l'usinier viendrait à faire usage de turbines, parce que celles-ci tuent infailliblement le poisson ; elles sont particulièrement meurtrières pour les anguilles, qui se laissent aller à la dérive au moment de leur descente à la mer pour le frai ; il en est du reste de même des aloses, quand elles retournent à la mer après le frai.

Art. 15. — *Le concessionnaire sera tenu de se conformer à tous les règlements existants ou à intervenir sur la police, le mode de distribution et de partage des eaux.*

Il est de principe que les usines jouissant d'une existence légale soient soumises elles-mêmes aux règlements de police (14 déc. 1844, moulin de Tapon), et le Conseil d'État a formellement approuvé à leur égard le libellé qui précède, tout en réservant le droit éventuel à indemnité (15 fév. 1866, Fresneau). Les règlements en question peuvent d'ailleurs revêtir la forme d'arrêtés spéciaux (6 déc. 1860, Sourdeaux): il s'agissait, dans cette espèce, d'un arrêté modifiant les conditions de manœuvre d'un pertuis navigable ; le Conseil d'État a déclaré que cet arrêté avait pu être pris sans enquête et a réservé le droit à indemnité. Divers autres arrêts ont statué de façon semblable à l'occasion de mesures variées prescrites par le préfet ou le ministre pour assurer la navigation (23 déc. 1844, Lalande ; 18 avril 45, Wiard ; 10 sept. 45, Viard ; 30 mars 53, de Bréval).

Art. 16. — Les droits des tiers sont et demeurent expressément réservés.

Ainsi que le dit un arrêt du 15 fév. 1866 (Fresneau), cette disposition ne peut porter atteinte aux droits du concessionnaire.

Art. 17. — Les travaux ci-dessus prescrits seront exécutés sous la surveillance des ingénieurs ; ils devront être terminés dans le délai de..., à dater de la notification du présent décret. — A l'expiration du délai ci-dessus fixé, l'ingénieur rédigera un procès-verbal de récolement, aux frais du concessionnaire, en présence de l'autorité locale et des parties intéressées dûment convoquées. — Si les travaux sont exécutés conformément au décret d'autorisation, ce procès-verbal sera dressé en trois expéditions. L'une de ces expéditions sera déposée aux archives de la préfecture, la seconde à la mairie du lieu, et la troisième sera transmise au ministère des travaux publics.

Comme l'indique la circulaire du 23 oct. 1851, l'ingénieur fait mention, au procès-verbal de récolement, de la pose du repère définitif et, pour en définir la position, le rattache à des points fixes servant de contre-repères. En ce qui concerne les frais, nous avons déjà dit (p. 257) que nous en parlerions à propos des cours d'eau non navigables ni flottables.

Art. 18. — Faute par le concessionnaire de se conformer dans le délai fixé aux dispositions prescrites, l'administration pourra, selon les circonstances, prononcer la déchéance du concessionnaire ou mettre son usine en chômage et, dans tous les cas, elle prendra les mesures nécessaires pour faire disparaître, aux frais du concessionnaire, tout dommage provenant de son fait, sans préjudice de l'application, s'il y a lieu, des dispositions pénales relatives aux contraventions en matière de grande voirie. — Il en sera de même dans le cas où, après s'être conformé aux dispositions prescrites, le concessionnaire changerait ensuite l'état des lieux fixé par le présent règlement sans y être préalablement autorisé. — Le concessionnaire pourra d'ailleurs, sans autorisation nouvelle, changer la destination de son usine, ainsi que les dispositions des ouvrages utilisant la force motrice concédée, sauf l'application des règlements spéciaux auxquels pourrait être soumise, en raison de sa nature, la nouvelle usine. — Dans tous les cas, la redevance stipulée à l'art.... sera due à partir du jour fixé par ledit article, jusqu'au jour où la révocation de la présente autorisation aura été notifiée au concessionnaire.

Ce dernier paragraphe est supprimé, s'il s'agit d'une usine ayant une existence légale et dont on n'augmente pas d'ailleurs la consistance. Quant au premier paragraphe, il doit, dans le même cas, être ainsi rédigé : *Faute par le sieur... de se conformer dans le délai fixé aux dispositions prescrites, l'administration prendra les mesures nécessaires pour faire disparaître*, etc. S'il y avait modification de la consistance, on dirait : *Faute par le concessionnaire de se conformer dans le délai fixé aux dispositions prescrites, l'administration pourra décider que le concessionnaire est déchu des avantages résultant du présent règlement, et, en tout cas, elle prendra les mesures nécessaires*, etc.

La mise en chômage d'une usine sans existence légale est une mesure d'administration que le Conseil d'État a refusé d'examiner (14 janv. 1839, moulin du Château-Narbonnais) ; actuellement, il s'assurerait sans doute que la mesure est bien motivée par les intérêts de la navigation ou ceux de la police des eaux et non par un motif étranger. Dans l'espèce précitée, il s'agissait d'une usine à existence légale, mais dont les propriétaires avaient augmenté la prise d'eau sans autorisation et avaient subi de ce chef une condamnation (9 août 1836). On voit que la mise en chômage peut être prononcée contre une usine jouissant d'une existence légale (et c est ce que fait remarquer M. Picard à propos des cours d'eau non navigables, II, 121) ; mais, en ne la mentionnant pas explicitement dans ce cas, le modèle de règlement indique qu'on ne doit y recourir qu'au cas où l'on ne pourrait réprimer autrement l'entreprise illicite.

Les travaux de simple entretien ne nécessitent aucune autorisation (20 avril 1839, Faugas ; 16 juill. 42, de Virieu ; 28 fév. 73, moulins de Moissac), à condition toutefois qu'ils n'exigent aucune occupation spéciale de la rivière et n'entraînent pas une suppression temporaire de certains ouvrages régulateurs et qu'il ne doive être fait aucune manœuvre d'eau intéressant la navigation (24 mai 1851, Leblanc). Quant à un travail nouveau, il doit toujours être autorisé, même s'il s'agit d'une usine à existence légale (9 août 1836, moulin du Château-Narbonnais) ; dans le cas de simple reconstruction, il semble qu'il n'y aurait lieu qu'à un arrêté préfectoral, du moment que l'usine aurait été déjà autorisée, mais un arrêt du 19 déc. 1855 (Puzin) paraît exiger un nouveau décret (il s'agissait d'un moulin à nef entièrement détruit).

Un arrêt du 3 août 1866 (Erard) paraît contraire au droit de modifier les ouvrages utilisant la force motrice ; mais M. Picard indique que la substitution de turbines à des roues, dont il y est parlé, était de nature à modifier le débit de la prise d'eau (III, 260).

Art. 19. — Si, à quelque époque que ce soit, dans l'intérêt de la navigation, de l'agriculture, du commerce, de l'industrie ou de la salubrité publique, l'administration reconnaît nécessaire de prendre des dispositions qui privent le concessionnaire, d'une manière temporaire ou définitive, de tout ou partie des avantages à lui concédés par le présent règlement, le concessionnaire n'aura droit à aucune indemnité et pourra seulement réclamer la remise de tout ou partie de la redevance qui lui est imposée. — Si ces dispositions doi-

vent avoir pour résultat de modifier d'une manière définitive les conditions du présent règlement, elles ne pourront être prises qu'après l'accomplissement de formalités semblables à celles qui l'ont précédé.

Quand il s'agit de réglementer une usine ayant une existence légale, sans augmenter sa consistance, l'art. 19 doit être ainsi rédigé : *Si, à quelque époque que ce soit, l'administration reconnaît nécessaire de prendre des dispositions ayant pour résultat de modifier d'une façon définitive les conditions du présent règlement, ces dispositions ne pourront être prises qu'après l'accomplissement de formalités semblables à celles qui l'ont précédé.*

Nous croyons devoir rappeler que les concessions accordées moyennant un prix en capital, ainsi qu'il y en a eu sous l'ancien régime depuis 1566, sans conférer une existence légale aux usines, donnent droit à indemnité (t. I, p. 476). La clause de non-indemnité est d'ailleurs prescrite par l'instruction du 19 thermidor an VI. Nous avons étudié cet ordre de questions dans notre tome I (p. 475, 476, 478 et 480; voir aussi p. 394 pour les règles de compétence). Nous ajouterons seulement aux arrêts sanctionnant le principe de non-indemnité un arrêt du 8 déc. 1876 (Pommier), et nous signalerons un arrêt du 4 juill. 1890 (Gigandet), portant interprétation d'une clause de non-indemnité insérée dans un acte de vente nationale. Il est toutefois un principe qui mérite une mention spéciale : il consiste en ce qu'un chômage d'une usine à existence légale, nécessaire pour rétablir la navigation à la suite d'un échouage auquel l'administration était étrangère, ne permet pas de réclamer une indemnité à l'État, qui n'a fait qu'user de son pouvoir de police (24 janv. 1861, Douliez). Un autre arrêt rendu au même nom (13 juill. 1864) a d'ailleurs reconnu que, dans le cas où il y a droit à indemnité, le calcul du préjudice doit être basé sur le niveau légal et non sur une cote supérieure constituant une marge accordée pour la conduite pratique de l'usine.

Mentionnons quelques arrêts à ajouter à ceux qui figurent dans notre tome I, au sujet de la fixation des indemnités. S'il ne doit pas être tenu compte de la force motrice supplémentaire qui avait été due à des travaux de l'État (15 nov. 1889, François), ni de la force motrice comprise dans l'existence légale, mais non utilisée au moment du dommage (27 avril 1877, Baudry), les améliorations apportées à l'utilisation de la force brute concédée doivent être prises en considération (22 nov. 1889, Nicquevert). Cet arrêt contient d'intéressantes indications sur le calcul de l'indemnité (déductions diverses à opérer, prix de 5 fr. indiqué comme « généralement adopté » pour la valeur du cheval-vapeur par 24 heures). Un autre arrêt (28 juin 1895, Gatellier) a admis, sur la demande de l'État, qu'au lieu d'appliquer un tel chiffre (4 fr. 375 dans l'espèce), il convenait de rechercher les frais effectifs qu'entraînerait l'augmentation des appareils à vapeur, tant comme établissement que comme fonctionnement.

Nous indiquerons, à propos des recours, divers arrêts relatifs à certaines dispositions spéciales que peuvent présenter les règlements.

3° Dépenses d'entretien des ouvrages intéressant les usines et la navigation. — L'art. 34 de la loi du 16 sept. 1807 porte : *Lorsqu'il y aura lieu de pourvoir aux dépenses d'entretien ou de réparation des mêmes travaux, au curage des canaux qui sont en même temps de navigation et de dessèchement, il sera fait des règlements d'administration publique qui fixeront la part contributive du gouvernement et des propriétaires. Il en sera de même lorsqu'il s'agira de levées, de barrages, de pertuis, d'écluses, auxquels des propriétaires de moulins ou d'usines seraient intéressés.*

On remarquera la nécessité des formes exigées pour les règlements d'administration publique, c'est-à-dire de l'avis de l'assemblée générale du Conseil d'Etat. Il en résulte que, les règlements n'exigeant que l'avis d'une section (p. 357), on prend des décrets distincts pour ceuxci et pour la répartition des frais.

Les dispositions de la loi de 1807 ne sont d'ailleurs pas applicables lorsqu'il s'agit d'usines « auxquelles des conditions spéciales ont été imposées par leurs titres de concession ou par des règlements particuliers » (21 déc. 1837, Petit-Clerc). Cet arrêt vise un cas où les conditions spéciales étaient plus onéreuses à l'usinier que ne l'eût été l'application de la loi de 1807. Dans le cas contraire, le conseil de préfecture n'a pas à s'arrêter devant un décret de répartition, qui n'est qu'un acte d'administration de même que les arrêtés préfectoraux, pris pour son exécution, mais il doit appliquer les textes spéciaux qui existaient ; s'il s'agit d'une usine vendue nationalement, il interprète librement l'acte de vente et en fait l'application (14 janv. 1869, Leblanc Davau). Si l'acte à interpréter échappait à sa compétence, il y aurait lieu à sursis (voir 4 mai 1870, Chassériau). On doit bien remarquer d'ailleurs que les établissements fondés en titre sont soumis, en principe, comme les autres, à l'art. 34 de la loi de 1807 (14 déc. 1894, Roussier).

Les décrets de répartition (voir par exemple celui du 30 janv. 1869, relatif aux usines de Nogent-sur-Seine, reproduit en annexe n° 27 par M. de Passy) distinguent généralement trois sortes d'ouvrages : ceux qui concernent le jeu particulier de chaque usine, ceux qui n'intéressent que la navigation et ceux qui ont un caractère mixte : ce sont généralement les barrages fixes ou mobiles (voir 25 nov. 1831, Borel). « La contribution de l'usinier, dit M. Picard, affecte des formes diverses. Tantôt c'est une redevance annuelle invariable, un abonnement forfaitaire ; tantôt c'est une proportion déterminée des frais effectifs ; tantôt c'est une combinaison de l'abonnement pour l'entretien et de la répartition proportionnelle des dépenses de grosses réparations » (III, 267). Ce dernier système, séduisant au premier abord, nous paraît à écarter, car les grosses réparations dépendent grandement de la façon dont est fait l'entretien, et par suite l'Etat est exposé à grever l'usinier de dépenses exagérées.

L'art. 1er du décret du 30 janv. 1869 précité opère la répartition des ·
ouvrages entre les trois catégories sus-énoncées, met la moitié des dépenses relatives aux ouvrages de la troisième à la charge de l'Etat
et la moitié à celle des usiniers, puis ajoute : *La dépense à la charge des*
usines sera supportée par chacune d'elles en proportion de la force hydrau
lique brute évaluée en chevaux-vapeur, nécessaire à sa pleine activité au mo
ment des travaux occasionnant la dépense. L'art. 2 est ainsi conçu : *Les*
travaux concernant les ouvrages de la troisième catégorie... seront préparés
par les ingénieurs des ponts et chaussées et exécutés sous leur surveillance.
Les usiniers intéressés seront admis à présenter leurs observations sur les pro
jets des travaux, à en apprécier et à en contester l'utilité, le mode d'exécu
tion, etc.— Il sera statué sur le tout par le ministre des travaux publics, après
avoir pris l'avis du conseil général des ponts et chaussées. — Lorsque les pro
jets des travaux seront approuvés et leur exécution autorisée, chacun des usi
niers sera également admis à les entreprendre, en se conformant aux plans et
devis approuvés, sous la condition du paiement de la part afférente à l'admi
nistration.— Il est expressément stipulé que l'administration aura la faculté
de faire tous les travaux d'urgence, sans le consentement préalable des usi
niers, sauf à justifier cette urgence.

On remarquera la faculté laissée aux usiniers d'exécuter les travaux ;
nous pensons, avec M. Picard, que cette disposition est à éviter, « car
la négligence de l'usinier pourrait mettre l'intérêt public en souffrance
et la faculté d'y pourvoir d'office ne constituerait en général qu'un
palliatif insuffisant ».

Le même auteur ajoute que certains décrets réservent au préfet le
droit d'exécution d'office des travaux aux ouvrages usiniers dans le
cas où le défaut d'entretien compromettrait la navigation. Il ne nous
paraît pas douteux d'ailleurs que, en l'absence de toute disposition
spéciale, le préfet a le droit de prescrire les travaux nécessaires au
maintien de la navigation et d'en assurer, au besoin, l'exécution aux
frais de l'usinier (voir 4 nov. 1835, Petit-Clerc).

Art. 3. — Aucune indemnité pour chômage ne pourra être réclamée par
les usiniers de Nogent, à l'occasion de travaux quelconques exécutés aux ou
vrages de troisième catégorie.

M. Picard dit à ce sujet qu'on conçoit cependant des cas où ces chômages pourraient être évalués et entrer dans la masse des dépenses
à répartir. Il ajoute que le Conseil d'Etat a refusé de laisser introduire,
dans les décrets de répartition, une clause interdisant toute indemnité
pour le cas où, par sa négligence dans l'entretien, l'Etat occasionnerait
un préjudice à l'usinier.

Art. 5. — Le présent règlement pourra être revisé tous les trente ans, sur
la demande d'une des parties intéressées.

Art. 6. — *Les sommes que les usiniers de Nogent auront à payer, en exé-cution du présent règlement seront recouvrées, s'il y a lieu, dans la même forme que les contributions directes, en vertu de l'art. 37 de la loi du 16 sept. 1807.*

Telle était la rédaction autrefois adoptée. Mais cet article 37 ne vise que les deux articles précédents, relatifs aux travaux de salubrité, et non l'art. 34, à quoi on pourrait ajouter qu'il parle simplement de la compétence des préfets et des conseils de préfecture, sans établir l'as-similation avec les contributions directes. Aussi a-t-on adopté une rédaction portant que les sommes dues seront versées au trésor à titre de fonds de concours ; nous avons étudié, dans la première partie de ce volume (p. 7 à 9), le recouvrement de ces fonds.

4° **Contentieux des règlements et des décrets de partage des dé-penses**. — Il va de soi qu'aucun recours n'est possible contre le refus d'une autorisation demandée pour travail nouveau, même partiel (14 janv. 1839, moulin du Château-Narbonnais ; voir aussi 23 déc. 44, Séjourné), non plus que contre un refus de révision (9 fév. 1865, comm. de Chalette).

Quant aux règlements eux-mêmes, s'il s'agit d'usines sans titre et s'ils se bornent à régler le régime des eaux et à prescrire les mesures destinées à assurer leur libre écoulement, ils constituent des actes de pure administration qui ne peuvent être attaqués par la voie conten-tieuse qu'en cas de violation des formalités (23 avril 1836, Vigule ; 27 mai 46, usines du pont de Moret ; 8 avril 47, Bouillant), ou pour in-compétence, s'il était fait par le préfet ou le ministre (25 juin 1868, Pradier-Faurot ; 6 juin 72, Roche[1]).

L'arrêt Pradier-Faurot prononce aussi l'annulation à raison d'un dé-tournement de pouvoir, l'arrêté ayant eu pour objet de faire un par-tage d'eau d'intérêt privé. Un arrêt du 8 août 1884 (Dufaur) a rejeté comme mal fondé un grief de nature analogue.

Les usines ayant une existence légale donnent lieu à des difficultés assez délicates. Nous avons déjà vu qu'une formule d'*autorisation*, là où il y a un droit, doit être annulée (15 fév. 1866, Fresneau). Ce même arrêt a refusé, au contraire, d'annuler une clause interdisant toute indemnité dans certains cas, par le motif qu'une telle clause n'empêche pas de porter une réclamation devant l'autorité compé-tente. Au contraire, un arrêt du 13 janv. 1882 (Bellanger) a annulé une disposition analogue, et cela nous parait préférable[2]. Annulation a encore été prononcée d'une disposition imposant l'établissement

1. Dans cette dernière espèce, il s'agissait d'un arrêté modifiant le régime des eaux, en interdisant d'en prendre au-dessous d'un certain niveau.
2. Un arrêt plus récent (4 mai 1883, de Luynes) a refusé l'annulation, mais parce que le règlement visait des règlements locaux et ne prétendait pas inter-dire toute indemnité en dehors des cas prévus par ces règlements.

d'une échelle à poissons, alors que, la consistance de l'usine n'étant point augmentée, cet établissement aurait constitué une charge nouvelle sans contre-partie (8 août 1884, Dufaur). L'arrêt Fresneau, déjà cité, a aussi annulé une clause prescrivant le dérasement des vannes d'une pêcherie et la manœuvre de ces vannes lorsque les eaux dépasseraient le niveau légal : cette décision nous surprend quelque peu, car elle a dû s'appuyer sur des questions de fait, disant qu'il n'était pas même allégué que ces ouvrages fussent une cause de danger pour les propriétés riveraines. Bien plus satisfaisants sont deux arrêts des 23 janv. 1874 et 14 nov. 79 (de la Vigne), dont le premier a refusé d'annuler des dispositions portant entrave à l'usage de pêcheries et dont le second a alloué une indemnité à cette occasion.

Contestable aussi est l'arrêt Fresneau lorsqu'il rejette le recours en tant que basé sur un changement du niveau de la retenue, par le motif que ce changement ne serait pas prouvé : plus justement, l'arrêt de Luynes (4 mai 1883) déclare inattaquable une disposition qui réduirait la force motrice de l'usine, ainsi qu'une autre obligeant à fermer les vannes de prise d'eau dès que les eaux s'abaisseraient au-dessous du niveau légal, dispositions prises dans l'intérêt de la navigation et la sécurité des propriétés riveraines, l'arrêt réservant d'ailleurs le droit de réclamer une indemnité dans le cas où l'usinier serait privé d'une partie de la force à laquelle il avait droit.

Enfin nous signalerons, au sujet des règlements, un arrêt du 9 fév. 1883 (Heid) qui a réservé le droit à indemnité pour le cas où il serait reconnu que certaines dispositions d'un règlement n'avaient été rendues nécessaires que par l'établissement d'un chemin de fer.

En ce qui concerne les décrets fixant la répartition des dépenses en exécution de l'art. 34 de la loi de 1807, le principe déjà énoncé (p 368) qu'ils n'empêchent pas les intéressés de faire valoir leurs droits, s'ils en possèdent de contraires, devant le conseil de préfecture, a conduit le Conseil d'Etat à déclarer irrecevables les recours pour excès de pouvoir (4 mai 1870, Chassériau) ; mais un arrêt plus récent (14 déc. 1894, Roussier) nous le montre discutant l'affaire au fond. Il paraît désirable que cette évolution de la jurisprudence s'accentue. Il va de soi que lorsque l'affaire vient devant le conseil de préfecture, celui ci interprète les actes de vente nationale qui peuvent être en cause (14 janvier 1869, Leblanc-Davau), ou ordonne un sursis pour interprétation par le conseil d'Etat, s'il s'agit d'un acte de l'autorité souveraine (voir 4 mai 1870, Chassériau, cas d'un acte d'engagement).

ADDENDA ET ERRATA[1]

Page 11. *Ajoutez après le premier paragraphe* : Un arrêt du 8 août 1896
(Hawke) a annulé un refus d'autorisation de travaux, mais,
comme dans l'affaire Clément, parce que la servitude ne
s'appliquait pas à la construction visée ; il s'agissait d'une
maison atteinte sur la moitié de sa surface par le redresse-
ment d'une rue.

Page 34, note 1. *Ajoutez* : ou si indication erronée (8 août 1896,
Gueirouard).

Page 38, ligne 16. *Au lieu de 1 fr. 80, lisez 1 fr. 20 et ajoutez* : et de
1 fr. 80 pour une feuille double.

Page 39. *Ajoutez avant le premier paragraphe* : Un arrêt du 7 août 1896
(Gateau), relatif au fait d'avoir mis un bateau en travers
d'un canal et d'avoir refusé de laisser passer les autres
bateaux, a encore condamné le contrevenant aux frais du
procès-verbal, sans aucune allusion à la distinction posée
par M. Laferrière.

Même page. *Ajoutez avant le dernier paragraphe* : Dans le cas où il y a
plusieurs contrevenants, la condamnation aux dépens est
naturellement solidaire (20 nov. 1896, Urvois).

Page 42, ligne 18. *Au lieu de 31, lisez 33.*

Page 49. *Ajoutez avant le n° V* : Le conseil de préfecture ne peut naturellement motiver un acquittement en s'appuyant sur ce
que d'autres contrevenants n'ont pas été poursuivis à l'occasion de faits identiques (20 nov. 1896, Urvois).

Page 51, ligne 26. *Ajoutez* : Un arrêt du 11 déc. 1896 (Picquet) semble
d'abord contraire à cette jurisprudence, car il a fait application de la pénalité prévue par l'art. 11 de la loi de 1845
au cas de violation d'un arrêté préfectoral réglementant les

---

1. Nous n'indiquons que les corrections de quelque intérêt, laissant de côté
les fautes d'impression sans portée.

carrières, mais il convient de se rendre compte de la nature très spéciale de cette contravention. Ainsi que l'établit
M. Aguillon dans son traité sur la *Législation des mines* (II,
291), l'inobservation des règlements de cette nature ne
constitue point des contraventions de voirie, alors qu'elles
concernent des dispositions édictées pour la protection des
routes et chemins, mais sont réprimées conformément au
titre X de la loi du 21 avril 1810. Du moment donc que, à
l'égard des chemins de fer, le Conseil d'Etat considérait la
contravention comme étant de grande voirie, il se trouvait
en présence d'une contravention n'ayant pas son analogue
à l'égard des routes, et, par suite, il ne pouvait appliquer
que la pénalité de l'art. 11.

Page 61, ligne 10. *Ajoutez aux arrêts cités* : 11 déc. 1896, Picquet.

Page 74, ligne 20. *Au lieu de* et à de simples particuliers, *lisez* et à des
groupes de simples particuliers.

Même page, même paragraphe. Voir ce qui est dit du même sujet à
propos des entreprises de touage, page 328.

Page 85, ligne 8. *Ajoutez aux arrêts cités* 28 nov. 1896, Trébouet.

Page 91, ligne 6. *Ajoutez aux arrêts cités* 28 nov. 1896, Trébouet.

Page 97. *Ajoutez avant l'art. 484* : On verra, p. 133, que la loi sur les
sursis, connue sous le nom de *loi Bérenger*, n'est pas applicable en matière de simple police.

Page 101, ligne 7 en montant. *Ajoutez aux arrêts cités* 18 déc. 1896,
Hadj Mourad Lehaëli.

Page 119, ligne 2. Voir page 125 et l'*addendum* suivant.

Page 125, ligne 6. *Ajoutez* : Dans le ressort de la préfecture de police,
toute voiture, *quelle qu'elle soit*, doit être pourvue d'une
lanterne qui *sera placée soit au milieu, soit à gauche* (ordonnance générale du 31 août 1897, art. 2).

Page 151. *Ajoutez avant l'art. 7* : Des pistes spéciales destinées aux vélocipèdes ayant été aménagées sur certains accotements
non relevés, les ministres de l'intérieur et des travaux publics ont invité les préfets, par circulaire du 23 sept. 1897,
à y interdire la circulation des chevaux, bestiaux et voitures. Ces arrêtés doivent prescrire l'établissement, aux
frais des sociétés vélocipédiques, de poteaux avisant de cette
interdiction, tant aux extrémités qu'à des intervalles ne dépassant pas un kilomètre.

Page 177. *Ajoutez après le premier paragraphe* : Deux décisions du Tribunal des conflits du 12 déc. 1896 (Cauvain et Cerf) ont admis la compétence de l'autorité judiciaire pour statuer sur
des actions possessoires relatives à la rivière de Bièvre et
reconnaître si le caractère de domanialité de cette rivière,

dénié par les demandeurs, existait dans les espèces. Ces décisions s'appuient sur ce que les actions ne portaient pas sur une question de délimitation du domaine public.

Même page, ligne 20. *Ajoutez après la parenthèse* : Un arrêt de la Cour de cassation en date du 6 juill. 1896 (Audoly c. ville de Grasse), après avoir rappelé que la domanialité n'est pas opposable par un particulier, a admis cette exception sur l'intervention de la Ville, prenant fait et cause pour son permissionnaire.

Page 190, ligne 12. *Ajoutez en note, après l'arrêt du 27 mai 1863* : Vers la fin de la même année, par un arrêt du 3 décembre (Meurillon), le Conseil d'État a annulé un arrêté préfectoral délimitant la retenue des chasses de Fécamp et s'appuyant à cet effet sur la limite du grand flot de mars. C'est une affaire d'un caractère mixte assez bizarre.

Page 223, note 1. Le texte de loi voté par le Sénat et que nous avons reproduit, a été adopté par la Chambre des députés dans sa séance du 21 déc. 1897 et promulgué à la date du 23 décembre.

Page 251, ligne 13, en remontant. *Ajoutez* : Un arrêt du 27 nov. 1896 a étendu à la Société de Rive-de-Gier la décision prise en 1864 à l'égard de celle de Combes.

Page 252, ligne 7. *Ajoutez aux deux arrêts du 22 mai 1896* trois arrêts du 27 nov. 1896 (P. L. M. c. Tézenas, Thiollière et David).

Page 260, ligne 4, en remontant. *Au lieu de 178, lisez 176.*

Page 288, ligne 12. *Au lieu de* connaît, *lisez* reconnaît.

TABLE ALPHABÉTIQUE DES MATIÈRES[1]

---

1. Les détails contenus dans la table analytique nous permettront d'abréger la table alphabétique en signalant simplement, au moyen de caractères italiques, les pages où un sujet est développé, sans en énoncer ici les divisions. En outre, nous avons renoncé à y faire figurer certains termes, tels que *routes, rivières, chemins de fer, préfets, ministres,* etc., qui auraient nécessité un nombre de renvois absolument exagéré.

TABLE ANALYTIQUE DES MATIÈRES

CHAPITRE XXVII

POLICE DU ROULAGE

1. Les titres de la loi de 1851 sont indiqués
en gros caractères gras, ceux du décret de
1852 en caractères italiques, les articles de
la loi en petits caractères gras, ceux du décret en caractères ordinaires.

FIN DU TOME II

ENCYCLOPÉDIE DES TRAVAUX PUBLICS (*suite*)

OUVRAGES DE M. ERNEST HENRY, INSPECTEUR GÉNÉRAL DES PONTS ET CHAUSSÉES

Théorie et pratique du mouvement des terres, d'après le procédé Bruckner. 1 vol., 2 fr. 50.
— *Ponts métalliques à travées indépendantes : formules, barèmes et tableaux.* 1 vol. de 639 pages, avec 267 figures, 20 fr. — *Traité pratique des chemins vicinaux*, volume de près de 800 pages, 20 fr.

Le second de ces ouvrages rend très faciles et d'une rapidité inespérée les calculs relatifs aux ponts métalliques. — Le troisième élucide toutes les questions concernant les chemins vicinaux.

OUVRAGES DE DIVERS AUTEURS

M. EMILE BOURRY, ingénieur des Arts et Manufactures, *Traité des Industries céramiques,* 1 vol. Voir *Encyclopédie industrielle*................................ 20 fr.

M. CHARPENTIER DE COSSIGNY, ingénieur civil des mines, lauréat de la Société des agriculteurs de France. *Hydraulique agricole.* 2e édit., 1 vol., avec 160 figures..... 15 fr.

M. DEGRAND, inspecteur général honoraire des ponts et chaussées. *Ponts en maçonnerie* (Voir ci-dessus : *J. Résal*).

M. DEBÔME, *Chimie appliquée.* (Voir ci-dessus *Durand-Claye*).

M. le Dr DUCHESNE, ancien président de la Société de médecine pratique. *Hygiène générale et Hygiène industrielle,* ouvrage rédigé conformément au programme du *Cours d'hygiène industrielle* de l'Ecole centrale. 1 vol. de 740 pages, avec figures..... 15 fr.

M. FERET. *Chimie appliquée.* (Voir ci-dessus *Durand-Claye*).

M. Maurice KOECHLIN, ingénieur. *Applications de la statique graphique.* 1 vol., avec 270 figures et 1 atlas de 80 planches doubles.................... 30 fr.

M. LALLEMAND, ingénieur en chef des mines. *Nivellement de précision* (Voir ci-dessus : *Durand-Claye*).

M. LAVOINNE, ingénieur en chef des ponts et chaussées. *La Seine maritime et son estuaire,* avec une *Introduction* par M. M.-C. LECHALAS. 1 vol., avec 49 figures, 10 fr. Ouvrage publié avec le concours de la Chambre de commerce de Rouen.

M. LECHALAS père, inspecteur général des ponts et chaussées. *Hydraulique fluviale.* 1 vol., avec 78 figures. 17 fr. 50. — *Des conditions générales d'établissement des ouvrages dans les vallées* (Voir ci-dessus : *J. Résal et Degrand*; c'est l'introduction à leur *Traité des Ponts en maçonnerie*).

M. LECHALAS fils, ingénieur en chef des ponts et chaussées. *Manuel de droit administratif.* Tome I, 20 fr.; tome II, 1re partie, 10 fr.; tome II, 2e partie.............. 10 fr.

M. LÉVY-LAMBERT, ingénieur civil, inspecteur de l'exploitation à la Compagnie du Nord. *Chemins de fer à crémaillère.* 1 vol., avec 79 figures. 15 fr. — *Chemins de fer funiculaires, Transports aériens.* 1 vol., avec 150 figures...................... 15 fr.

M. LEYGUE, ancien ingénieur auxiliaire des travaux de l'Etat, agent voyer en chef de la province d'Oran. *Chemins de fer. Notions générales et économiques.* 1 vol. de 617 pages, avec figures.. 15 fr.

M. E. PONTZEN, ingénieur civil (l'un des auteurs de *Les chemins de fer en Amérique*). *Procédés généraux de construction : Terrassements, tunnels, dragages et dérochements.* 1 vol. de 572 pages, avec 234 figures.............................. 25 fr.

M. TARBÉ DE SAINT-HARDOUIN, inspecteur général des ponts et chaussées, ancien directeur de l'Ecole de ce corps. *Notices biographiques sur les ingénieurs des ponts et chaussées,* un vol.. 5 fr.

Chaque ouvrage se vend séparément (et quelquefois aussi chaque volume des ouvrages qui en comprennent plusieurs). Il n'y a pas de numérotage général des volumes formant la collection.

Les ouvrages formant l'*Encyclopédie des Travaux publics* sont en vente chez Baudry et Cie, chez Gauthier-Villars et fils, etc.

Laval. — Imprimerie Parisienne, L. BARNÉOUD et Cie, 8, rue Ricordaine.